PRINCÍPIOS DE DIREITO ADMINISTRATIVO

THIAGO MARRARA

Coordenador

PRINCÍPIOS DE DIREITO ADMINISTRATIVO

2ª edição revista, ampliada e atualizada

Belo Horizonte

2021

© 2012 Editora Atlas - 1ª edição
2021 Editora Fórum Ltda.

É proibida a reprodução total ou parcial desta obra, por qualquer meio eletrônico, inclusive por processos xerográficos, sem autorização expressa do Editor.

Conselho Editorial

Adilson Abreu Dallari	Floriano de Azevedo Marques Neto
Alécia Paolucci Nogueira Bicalho	Gustavo Justino de Oliveira
Alexandre Coutinho Pagliarini	Inês Virgínia Prado Soares
André Ramos Tavares	Jorge Ulisses Jacoby Fernandes
Carlos Ayres Britto	Juarez Freitas
Carlos Mário da Silva Velloso	Luciano Ferraz
Cármen Lúcia Antunes Rocha	Lúcio Delfino
Cesar Augusto Guimarães Pereira	Marcia Carla Pereira Ribeiro
Clovis Beznos	Márcio Cammarosano
Cristiana Fortini	Marcos Ehrhardt Jr.
Dinorá Adelaide Musetti Grotti	Maria Sylvia Zanella Di Pietro
Diogo de Figueiredo Moreira Neto (*in memoriam*)	Ney José de Freitas
Egon Bockmann Moreira	Oswaldo Othon de Pontes Saraiva Filho
Emerson Gabardo	Paulo Modesto
Fabrício Motta	Romeu Felipe Bacellar Filho
Fernando Rossi	Sérgio Guerra
Flávio Henrique Unes Pereira	Walber de Moura Agra

CONHECIMENTO JURÍDICO

Luís Cláudio Rodrigues Ferreira
Presidente e Editor

Coordenação editorial: Leonardo Eustáquio Siqueira Araújo
Aline Sobreira de Oliveira

Av. Afonso Pena, 2770 – 15º andar – Savassi – CEP 30130-012
Belo Horizonte – Minas Gerais – Tel.: (31) 2121.4900 / 2121.4949
www.editoraforum.com.br – editoraforum@editoraforum.com.br

Técnica. Empenho. Zelo. Esses foram alguns dos cuidados aplicados na edição desta obra. No entanto, podem ocorrer erros de impressão, digitação ou mesmo restar alguma dúvida conceitual. Caso se constate algo assim, solicitamos a gentileza de nos comunicar através do *e-mail* editorial@editoraforum.com.br para que possamos esclarecer, no que couber. A sua contribuição é muito importante para mantermos a excelência editorial. A Editora Fórum agradece a sua contribuição.

Dados Internacionais de Catalogação na Publicação (CIP) de acordo com a AACR2

P957	Princípios de Direito Administrativo / Thiago Marrara (coord.). 2. ed. – Belo Horizonte : Fórum, 2021.
	543 p; 17x24cm
	ISBN: 978-65-5518-166-1
	1. Direito Administrativo. I. Marrara, Thiago. II. Título.
	CDD 341.3
	CDU 342.9

Elaborado por Daniela Lopes Duarte - CRB-6/3500

Informação bibliográfica deste livro, conforme a NBR 6023:2018 da Associação Brasileira de Normas Técnicas (ABNT):

MARRARA, Thiago (coord.). *Princípios de Direito Administrativo*. 2 ed. Belo Horizonte: Fórum, 2021. 543 p. ISBN 978-65-5518-166-1.

AGRADECIMENTOS

Esta obra é resultado do esforço coletivo de inúmeros juristas brasileiros que, prontamente e em detrimento de seus incontáveis e ingentes afazeres, conturbados num momento de pandemia mundial, aceitaram o convite para refletir sobre um dos princípios gerais do Direito Administrativo brasileiro. Não se poderia deixar de consignar aqui os agradecimentos sinceros a todos esses queridos colegas coautores.

Igualmente importante para esta obra foi o apoio, desde sua edição inaugural, de membros do grupo de estudos de Direito Administrativo da FDRP/USP. Na primeira edição, os queridos estudantes Ana Paula Klemp Rego, Bruna de Cássia Teixeira, Danilo Sérgio de Sousa, Gustavo Gil Gasiola, Heloísa Barbosa Pinheiro Rodrigues, Ingrid Garbuio Mian, Nina Cappello Marcondes, Nicolas Negri Pereira, Rafael Nardi Marchilli e Reila Cabral Sasso auxiliaram grandemente na revisão de textos. Nesta segunda edição, Paulo Victor Barbosa Recchia teve um papel imprescindível na organização dos textos, contato intenso com coautores e organização de documentação.

Enfim, esta nova edição não seria possível sem o apoio integral da equipe competentíssima da Editora Fórum, casa que tem promovido o direito público brasileiro há anos com muito carinho, dedicação e profissionalismo. A todos, meu muito obrigado.

SUMÁRIO

APRESENTAÇÃO DA 2ª EDIÇÃO 17

BREVE INTROITO: POR QUE AINDA FALAR DE PRINCÍPIOS?
Thiago Marrara 19

PARTE I
Legalidade e Segurança Jurídica

O PRINCÍPIO DA SEGURANÇA JURÍDICA DIANTE DO PRINCÍPIO DA LEGALIDADE
Maria Sylvia Zanella Di Pietro 25
1   A escolha do tema 25
2   Do princípio da legalidade 26
3   Constitucionalização do direito administrativo 30
4   O princípio da segurança jurídica 32
5   O princípio da segurança jurídica no direito positivo brasileiro 36
6   Manutenção de atos administrativos inválidos 38
7   Prazo para anulação dos atos administrativos 40
8   Regulação dos efeitos já produzidos pelo ato ilegal 45
9   Conclusões 49
Referências 50

A "CRISE" DO PRINCÍPIO DA LEGALIDADE DO PONTO DE VISTA DA TEORIA DA INTERPRETAÇÃO
Gustavo Just 53
1   Introdução. O princípio da legalidade, o problema da interpretação e os ideais do direito público 53
2   A legalidade e o modelo histórico inicial: um ponto de partida seguro para a dogmática 53
3   Uma organização dogmática tranquila, até que 54
a)   O parâmetro da legalidade: lei e demais espécies normativas de *status* legal 54
b)   Lei e normatividade administrativa 55
c)   Lei e normas constitucionais 56
4   O sentido da subordinação. O problema da interpretação e a precariedade dos instrumentos dogmáticos 56

a)	Por que a legalidade não se desvincula de um juízo interpretativo concreto?...57
b)	A reação da dogmática: elementos precários...60
5	Legalidade, agências reguladoras e pluralismo normativo....................62
6	Consideração final sobre o "lugar" da crise..66

O PRINCÍPIO DA LEGALIDADE, A LEI E O DIREITO
Egon Bockmann Moreira..67

1	Introdução...67
2	A origem do princípio da legalidade: soluções simples para tempos simples......68
3	O início da complexidade e os desafios da legalidade de conteúdo ativo...........72
4	A evolução do princípio da legalidade: a lei, o Direito e os direitos....................77
4.1	Evolução ampliativa: legalidade e juridicidade 78
4.2	Evolução restritiva: legalidade, sanções administrativas e relações administrativas especiais...79
5	Considerações finais..82

ENSAIO SOBRE A AMBIVALÊNCIA DA SEGURANÇA JURÍDICA NAS RELAÇÕES DO ESTADO: DA REALIZAÇÃO DE JUSTIÇA À FACETA PERVERSA DO ARGUMENTO
Irene Patrícia Nohara..83

1	Considerações introdutórias 83
2	As várias dimensões de realização do anseio humano de segurança..................84
3	Estado Democrático de Direito: estabilização ou transformação no *status quo*? 87
4	Insuficiência da opção metodológica positivista em erigir o rigor e a segurança como valores superiores do Direito..90
5	Princípio da segurança jurídica da perspectiva da tópica e da argumentação......92
6	Teoria do fato consumado 97
7	Invalidação e convalidação do ato administrativo.................................99
8	Princípio da proteção à confiança e *venire contra factum proprium* 101
9	Da realização de justiça à estabilização do erro 106
10	Conclusões 111
Referências	112

PRINCÍPIO DA SEGURANÇA JURÍDICA E SUA INFLUÊNCIA NA REVOGAÇÃO DAS LICITAÇÕES
Cristiana Fortini 115

1	Princípio da segurança jurídica 115
2	O instituto da revogação e o tratamento dispensado pela Lei nº 8.666/93........117
3	Revogação, ampla defesa e contraditório..122
4	A influência da Lei nº 13.655/18..124
5	Conclusões 129
Referências	129

PARTE II
Impessoalidade e Igualdade

PRINCÍPIO DA IMPESSOALIDADE
Fernando Dias Menezes de Almeida 133
1 Apresentação 133
2 Impessoalidade no contexto do Estado de Direito................................. 134
3 A essência da impessoalidade: a subordinação do ato individual e concreto ao ato geral e abstrato 137
Referências 140

NOTAS SOBRE O PRINCÍPIO DA IMPESSOALIDADE E SUA APLICAÇÃO NO DIREITO BRASILEIRO
Dora Maria de Oliveira Ramos 143
1 Introdução 143
2 Identificando o princípio da impessoalidade 143
3 Da aplicação do princípio da impessoalidade 149
4 Conclusão 154
Referências 154

REFLEXÕES ACERCA DO PRINCÍPIO DA IMPESSOALIDADE
Bernardo Strobel Guimarães 157
1 Os princípios e sua importância no Direito Administrativo brasileiro 157
2 A competência e o agente: vontade institucional e vontade pessoal 161
3 Dissipando algumas brumas: a impessoalidade e sua inter-relação com outros princípios 164
4 O conteúdo do princípio da impessoalidade 168
5 O princípio da impessoalidade como elemento definidor do regime administrativo 169

DIREITO ADMINISTRATIVO INCLUSIVO E PRINCÍPIO DA ISONOMIA: CRITÉRIOS PARA O ESTABELECIMENTO DE UMA DISCRIMINAÇÃO POSITIVA INCLUSIVA CONSTITUCIONAL
Paulo Henrique Macera 171
1 Introdução 171
2 Igualdade, ações afirmativas, discriminações positivas e o direito administrativo inclusivo 172
3 A doutrina e os critérios para o estabelecimento de uma discriminação positiva constitucional 182
3.1 A posição de Celso Antônio Bandeira de Mello 182
3.2 A posição de Manoel Gonçalves Ferreira Filho 186
4 O modelo jurídico proposto 187
4.1 Os critérios propostos 188
4.1.1 Critério da finalidade 188

4.1.2 Critério da objetividade 189
4.1.3 Critério da juridicidade do benefício 191
4.1.4 Critério da necessidade 191
4.1.5 Critério da adequação ou aptidão 192
4.1.6 Critério da proporcionalidade 192
4.1.7 Critério da precisão 194
4.1.8 Critério do ataque direto (ou imediato) aos motivos causadores das desigualdades materiais 196
4.1.9 Critério do não estímulo à regressão social ou econômica 197
4.2 Outras questões pertinentes 198
4.2.1 Questão da temporariedade 198
4.2.2 Discriminação positiva inclusiva e fontes normativas 199
4.2.3 Discriminações positivas inclusivas desvantajosas? 200
4.2.4 Discriminações positivas não neutras para tutela da igualdade formal? ..201
5 Conclusão 202
Referências 203

PARTE III
Moralidade e Razoabilidade

O CONTEÚDO DO PRINCÍPIO DA MORALIDADE: PROBIDADE, RAZOABILIDADE E COOPERAÇÃO
Thiago Marrara 207
1 Introdução 207
2 Moralidade administrativa e legitimação estatal 209
3 Critérios de análise da moralidade administrativa 211
4 Moralidade como probidade 213
5 Moralidade como razoabilidade 218
6 Moralidade como cooperação 221
7 Conclusão: moralidade e boa administração 224
Referências 226

RAZOABILIDADE, PROPORCIONALIDADE E PROBIDADE ADMINISTRATIVA: TUTELA ADEQUADA DO INTERESSE PÚBLICO ANTICORRUPÇÃO
José Roberto Pimenta Oliveira 227
1 Introdução 227
2 O interesse público anticorrupção 228
3 A razoabilidade ou proporcionalidade como postulados estruturantes do Direito Administrativo 238
3.1 A exigência de adequação, pertinência, idoneidade ou conformidade dos meios aos fins 243

3.2 A exigência de necessidade, exigibilidade, indispensabilidade, intervenção mínima ou menor ingerência possível 246
3.3 A exigência de proporcionalidade em sentido restrito, equilíbrio, sopesamento, balanceamento ou ponderação 249
4 Interesse público anticorrupção e Direito Administrativo Sancionador (DAS) Anticorrupção..255
5 Aspectos relevantes do DAS da probidade administrativa, à luz dos postulados da razoabilidade e da proporcionalidade 264
5.1 A constitucionalidade da responsabilidade objetiva de pessoas jurídicas pela prática de atos de improbidade administrativa..265
5.2 A constitucionalidade das formas consensuais adotadas no DAS da probidade 271
6 Conclusões 279
Referências 281

MORALIDADE ADMINISTRATIVA: UM OLHAR TRINTA ANOS DEPOIS
José Guilherme Giacomuzzi..285
Introdução..285
1 A sucessão de decisões no caso Cristiane Brasil...287
1.1 Em Niterói, RJ, a decisão liminar na Ação Popular nº 001786-77.2018.4.02.5102 288
1.2 No STJ, a Suspensão de Liminar e de Sentença nº 2.340/RJ. 288
1.3 No STF, a Reclamação nº 29.508/DF..290
2 A densidade normativa dos princípios e a vagueza da linguagem 292
3 Qual moralidade na CF/88? O Direito como Midas..294
4 Um caminho 298
    Considerações finais 301
Referência 302

A BOA-FÉ DO ADMINISTRADO E DO ADMINISTRADOR COMO FATOR LIMITATIVO DA DISCRICIONARIEDADE ADMINISTRATIVA
Thiago Marrara...305
1 Introdução..305
2 A discricionariedade administrativa e seus tipos básicos...................................307
a) Discricionariedade quanto à ação ou o exercício da competência administrativa (ou "discricionariedade de agir")..309
b) Discricionariedade quanto ao conteúdo da ação administrativa (ou "discricionariedade no agir")..311
c) Discricionariedade quanto às formalidades da ação (ou "discricionariedade quanto à forma para agir")..311

d)	Discricionariedade quanto às finalidades da ação?	313
3	Discricionariedade, vinculação e interpretação	314
4	Vícios de discricionariedade	317
a)	Primeiro vício: desconhecimento da discricionariedade	317
b)	Segundo vício: excesso de discricionariedade	318
c)	Terceiro vício: mau uso da discricionariedade	318
5)	Desaparecimento da discricionariedade: redução a zero e autovinculação	319
a)	Redução integral da discricionariedade	319
b)	Teoria dos fatos próprios (autovinculação)	321
6	Boa-fé: considerações gerais	323
7	Boa-fé do administrado como fator restritivo da discricionariedade	325
a)	Vinculação à jurisprudência administrativa	326
b)	Vinculação à coisa julgada e às orientações gerais	327
c)	Redução da discricionariedade sancionatória	329
8	Boa-fé do administrado e flexibilização da legalidade	330
a)	Revisão da sanção administrativa	331
b)	Manutenção do ato ilegal ampliativo	332
9	Boa-fé do administrador como fator restritivo da discricionariedade	333
10	Conclusão	336
Referências		338

PARTE IV
Publicidade

PRINCÍPIO DA PUBLICIDADE
Wallace Paiva Martins Junior..................341

1	Introdução	341
2	Transparência e publicidade	342
3	Publicidade: considerações gerais	344
4	Publicidade: dever	347
5	Publicidade: direito	351
6	Publicidade e sigilo	357
7	A publicidade e os atos da Administração Pública	359
8	Publicidade e iniciativa legislativa	360
9	Propaganda governamental	361

PUBLICIDADE ADMINISTRATIVA E SUA CONFORMAÇÃO CONSTITUCIONAL
Fabrício Motta..................365

Introdução		365
1	O Direito Administrativo e a luta por uma Administração visível	365
2	Princípio democrático e publicidade	369
3	Princípios e regras	373

4 Publicidade, transparência e direito à informação no ordenamento jurídico-positivo	375
5 Notas finais	381
Referências	382

O PRINCÍPIO DA PUBLICIDADE: UMA PROPOSTA DE RENOVAÇÃO

Thiago Marrara	383
1 Introdução: pela ampliação do princípio da publicidade	383
2 Publicidade formal	385
3 Publicidade educativa	386
4 Publicidade-transparência	390
5 Publicidade-participação	393
6 Publicidade interna	399
7 Conclusão	400
Referências	402

MOTIVAÇÃO, PUBLICIDADE E CONTROLE: ALGUMAS REFLEXÕES

Shirlei Silmara de Freitas Mello	403
1 Considerações iniciais	403
2 Motivação	405
2.1 Conceito, natureza jurídica e fundamentos do dever de motivar	407
2.2 Hipóteses: obrigatoriedade ampla	411
2.3 Controle dos motivos do ato: vinculação, discrição e conceitos fluidos	413
3 Publicidade	418
3.1 Conceito e fundamentos do dever de divulgar os atos	418
4 Considerações finais	421
Referências	422

PRINCÍPIO DA PUBLICIDADE – CRITÉRIOS PARA SUA EFETIVIDADE

Daniela Campos Libório	423
Referências	427

PARTE V
Eficiência

A EFICIÊNCIA NO DESENVOLVIMENTO DO ESTADO BRASILEIRO: UMA QUESTÃO POLÍTICA E ADMINISTRATIVA

Emerson Gabardo	431
1 A eficiência como questão política: entre legitimidade e governabilidade	431

1.1 Introdução: a insolúvel questão democrática 431
1.2 A questão da legitimação do governo pela eficiência da ação 434
2   A eficiência como questão administrativa: o princípio constitucional entre o
     público e o privado 440
2.1 Introdução: eficiência e crise do setor público..440
2.2 O princípio constitucional da eficiência administrativa......................................444
Referências 450

PRINCÍPIO DA EFICIÊNCIA
Guilherme Adolfo dos Santos Mendes 455
1   Introdução..455
2   O conceito de eficiência..458
3   Eficiência e os demais princípios do Direito Administrativo............................469
4   Eficiência e as atividades administrativas..471
5   Conclusão..475

O PRINCÍPIO DA EFICIÊNCIA
Alexandre Santos de Aragão..477

O PRINCÍPIO DA EFICIÊNCIA E O DIREITO FUNDAMENTAL À BOA ADMINISTRAÇÃO
Bruno Santos Cunha..483
1   Nota introdutória..483
2   Contextualização histórica da Administração Pública: a boa administração
     e o controle da atuação administrativa...483
3   Boa administração e gestão pública: a imbricação com as reformas do
     Estado..488
4   Expressões e origens da boa administração no ambiente jurídico: a
     imbricação necessária com a eficiência...493
5   Conclusão: o direito fundamental à boa administração....................................500
Referências 502

PARTE VI
Interesse Público

BREVE SÍNTESE DA POLÊMICA EM TORNO DO CONCEITO DE INTERESSE PÚBLICO E SUA SUPREMACIA: TESE CONSISTENTE OU DEVANEIOS DOUTRINÁRIOS?
Marcelo Figueiredo..507
1   Introdução..507
2   A visão dos juristas brasileiros contemporâneos 508
3   A visão dos juristas "clássicos" brasileiros 510

INTERESSES PÚBLICOS E PRIVADOS NA ATIVIDADE ESTATAL DE REGULAÇÃO
Floriano de Azevedo Marques Neto 519
1   A dicotomia público e privado no direito moderno 519
2   Duas tradições: europeia e latino-americana 520
3   A prevalência do privado: a intrusão como exceção 521
4   A prevalência do público: a intrusão como regra 521
5   O itinerário do interesse público: delimitação, justificação e operacionalidade do poder 522
6   A construção do paradigma da dicotomia absoluta 523
6.1 O interesse público único 524
6.2 A autonomia do interesse público 525
6.3 A exclusividade estatal na consecução do interesse público 525
7   O paradigma autoritário da esfera pública 527
8   A erosão do paradigma autoritário 528
8.1 Sociedades complexas e multiplicidade de interesses legítimos 528
8.2 Direitos fundamentais e administração processual 529
8.3 Sociedades ativas, crise fiscal e mecanismos de cooperação 529
9   Um novo paradigma da relação público-privado 530
9.1 Da autoridade para o consenso 530
9.2 Do ato para o processo 530
9.3 O novo contrato administrativo 531
9.4 A nova empresa estatal 532
9.5 Serviço público em competição 532
9.6 O novo regime dos bens públicos 533
10 A importância da moderna regulação 534
10.1 A institucionalização do poder 536
10.2 Neutralidade e o equilíbrio de interesses 537
10.3 A participação dos interessados 538
11 O novo desafio: espaço público eficiente e espaço privado autônomo 538

SOBRE O COORDENADOR 541

SOBRE OS AUTORES 541

APRESENTAÇÃO DA 2ª EDIÇÃO

Agora em sua 2ª edição revista, ampliada e atualizada, *Princípios de Direito Administrativo* nasceu do desejo de se consolidar, em um único livro, reflexões sobre cada um dos princípios gerais que orientam a Administração Pública brasileira. Esse conjunto de reflexões procura demonstrar a riqueza e a relevância normativa dos princípios ao unir ensaios de diferentes especialistas do direito administrativo. Ao mesmo tempo, a diversidade de análises revela as potencialidades hermenêuticas e dogmáticas de cada princípio, mas também a existência de um centro valorativo comum, um núcleo duro que caracteriza essas disposições normativas.

Um resultado como esse jamais poderia ser atingido com pesquisa redigida a duas mãos. Essa obra só é viável e útil como resultado de esforço coletivo, de visões e concepções múltiplas, criadas de maneira livre por cada convidado e longe de qualquer pretensão de alinhamento doutrinário. Por isso, agradeço imensamente a todos os autores que aceitaram o convite para participar da coletânea, quer pela revisão dos textos que trouxeram à 1ª edição, quer pela construção de ensaios completamente novos.

Agradeço igualmente à Editora Fórum, de Belo Horizonte, referência nacional no apoio e na divulgação da pesquisa e dos estudos de direito público, especialmente de Direito Administrativo. Prontamente, como o fez em diversas oportunidades anteriores, a equipe da Fórum tomou todas as providências para viabilizar essa nova edição, tão necessária diante de relevantes mudanças recentes do direito positivo.

Agradeço, por fim, ao Dr. Paulo Vitor Barbosa Recchia, que colaborou significativamente para que a comunicação com os autores e a organização dos textos se realizassem de maneira célere e eficiente.

BREVE INTROITO: POR QUE AINDA FALAR DE PRINCÍPIOS?

THIAGO MARRARA

Com muito mais força do que a maioria de seus parentes ocidentais, o Direito Administrativo brasileiro é marcado pela constante valorização e tentativa de sistematização principiológica. Tanto é assim que em outras cartas constitucionais e mesmo em leis ordinárias semelhantes às aqui encontradas, dificilmente vislumbram-se dispositivos que tenham o intuito de explicitar os valores gerais que orientam o sistema normativo apresentado – tal como fazem o art. 37 da Constituição da República ou o art. 2º da LPA federal. A preocupação de sistematização dogmática dos princípios de direito administrativo, sobretudo no nível constitucional, é o que leva Di Pietro – em texto contido nesta coletânea – a destacar que a "novidade", hoje, não reside exatamente na constitucionalização do direito administrativo, senão na constitucionalização dos princípios que o regem.

Não é só no direito positivo que essa característica de sistematicidade se revela. Também na doutrina, raramente se vislumbra uma preocupação tão grande quanto a dos brasileiros com a classificação e o exame dos princípios antes de qualquer apontamento sobre institutos específicos.[1] Pode-se mesmo dizer que, aqui, o interesse pelos princípios é inversamente proporcional ao interesse pelas fontes do direito administrativo – assunto sobre o qual muito pouco se publica e que, na prática, desponta como relevante causa do mal funcionamento, da "burocratização" e da ineficiência da administração pública nacional.

Voltando aos princípios, não se sabe, porém, se é a técnica legislativa que influencia o tipo de apresentação da matéria pela doutrina ou vice-versa. A despeito da ordem de causalidade, fato é que os valores que se inserem na ordem jurídica sob cápsulas principiológicas vem sendo objeto de intensa ampliação, por um lado, e de ferrenha crítica e discussão, por outro. Não por diferente motivo, a quantidade de obras a tratar da temática cresceu significativamente.

---

[1] Para se constatar o apego dos autores brasileiros em geral aos princípios, basta notar a freqüência com que capítulos extensos sobre esse tema aparecem nos manuais e cursos brasileiros em comparação com os manuais e cursos estrangeiros. A doutrina estrangeira geralmente valoriza o princípio da legalidade e, ao tratar de institutos, alguns princípios específicos. Além disso, acentua outros tópicos introdutórios que, no Brasil, são desprezados, tal como o estudo das fontes do direito administrativo. Para se vislumbrar essas diferenças, vale conferir, a título exemplificativo: no direito argentino, GORDILLO, Augustin. *Tratado de derecho administrativo*, tomo 1, 7ª ed. Belo Horizonte: Del Rey, 2003; no direito francês, WALINE, Jean. *Droit administratif*, 22ª ed. Paris: Dalloz, 2008 ou DEBBASCH, Charles e COLIN, Frédéric. *Droit administratif*, 8ª ed. Paris: Economica, 2007; no direito alemão, BULL, Hans Peter e MEHDE, Veith. *Allgemeines Verwaltungsrecht mit Verwaltungslehre*, 8ª ed. Heidelberg: C.F. Müller, 2009 ou ERICHSEN, Hans-Uwe e EHLERS, Dirk (org.). *Allgemeines Verwaltungsrecht*, 12ª ed. Berlim: De Gruyter, 2002; no direito italiano, CORRADINO, Michele. *Diritto amministrativo*, 2ª ed. Padova: Cedam, 2009 (esse revelando mais preocupação com os princípios gerais); e, no direito espanhol, PARADA, Ramón. *Derecho administrativo*, t.1, 17ª ed. Madrid: Marcial Pons, 2008.

Em muitas dessas obras mais recentes, critica-se o excesso de valorização dos princípios pelos brasileiros, bem como seu emprego inadequado para justificar abusos e desvios estatais em detrimento de direitos fundamentais. Isso tem sustentado certa "demonização" dos princípios. No entanto, é preciso entender que tais problemas não derivam desse tipo de norma em si, mas, sim, de deficiências na seleção e capacitação de agentes públicos, da má-fé de algumas autoridades e, igualmente, da incapacidade de a doutrina oferecer um conteúdo claro e uma metódica convincente a respeito de cada princípio. As falhas não estão no ordenamento, mas sim nas pessoas que o interpretam e aplicam indevidamente, por vezes de má-fé. É preciso mudar pessoas e a cultura do governo e da Administração Pública, não simplesmente demonizar princípios – como se, em algum lugar do planeta fosse possível imaginar sistemas jurídicos sem eles, sem a flexibilidade e adaptabilidade que conferem ao ordenamento.

Não pretendo aqui aprofundar a crítica à crítica, mas simplesmente registrá-la, para esclarecer o papel desse livro. No cenário descrito, só faria sentido organizar uma coletânea de estudos acerca do tema sob algum fundamento ou objetivo minimamente aceitável. Afinal, num mar de livros, não resta tempo para leituras redundantes, inúteis ou que busquem meramente reproduzir ideias anteriores sem qualquer contribuição ou reflexão. A enchente mundial de informações – que, no Direito, mais parece um dilúvio –, somada ao congestionamento de meios de comunicação, dispensa obras repetitivas. Cumpre, pois, destacar as principais razões do presente volume.

Em primeiro lugar, a despeito do quanto já produzido, existem muitos debates ainda abertos sobre os princípios centrais do Direito Administrativo, mormente, como já dito, no que toca ao seu conteúdo e aos métodos que devem ser empregados pelos operadores do direito para, no exercício de suas funções, compreender se eles foram violados ou não. E saber responder se houve violação de princípios não é tarefa que possa ser largada em segundo plano por uma simples razão: esses instrumentos valorativos do ordenamento jurídico assumem funções extremamente poderosas, entre as quais cumpre destacar:

1. a *de orientação teleológica do legislador* na criação de legislação infraconstitucional e, mesmo, na proposição de emendas constitucionais relativas a áreas de direito administrativo;
2. a *de orientação teleológica da Administração Pública* na expedição de atos normativos, atos administrativos e, inclusive, atos materiais no exercício da função administrativa;[2]
3. a *de alinhamento da interpretação* de regras constitucionais e infraconstitucionais de direito administrativo quer pelo administrador público, quer pelos cidadãos, magistrados, procuradores etc.;

---

[2] O fato de os atos materiais da Administração Pública consistirem, *grosso modo*, em execuções reais de normas e atos jurídicos concretos não significa que estão à margem do Direito. Os atos materiais devem respeitar regras e princípios, sobretudo porque é na sua prática que muitas violações são efetivamente cometidas em detrimento da realização de interesses públicos primários. Há princípios, portanto, que não podem ser materialmente concretizados sem atos materiais adequados, tal como o princípio da eficiência e da eficácia da ação administrativa, o princípio da publicidade efetiva das atividades públicas, o princípio da boa administração etc.

4. a *função de integração de lacunas* através da indicação, pelos princípios, de regras não escritas subjacentes ao direito administrativo positivo;
5. a *função de controle,* na medida em que os princípios, por irradiarem prescrições comportamentais (sobretudo na falta de regras específicas), tornam-se parâmetros para que se avalie a licitude de ações e omissões, públicas ou privadas, como se vislumbra no campo do controle da probidade administrativa.

Reitere-se esse último aspecto: por força de suas funções de direção, interpretação e integração, o "manuseio" dos princípios torna-se fundamental para controlar a juridicidade (ou legalidade, em sentido amplo) das opções normativas do legislador, das opções normativas e operacionais da Administração, bem como das opções interpretativas e integrativas de todos os agentes operadores de funções públicas, bem como dos particulares que interagem com o Estado.

Em segundo lugar, a noção mínima do conteúdo dos princípios gerais é pressuposto da chamada "concordância prática". Essa tarefa, assaz mencionada pelos juristas, ou é desconhecida pelos administradores ou, ao menos, vista como de quase impossível realização. A dificuldade da concordância como método resulta do fato que, para realizá-la, não basta conhecer um ou outro princípio. É preciso que, a uma, o administrador identifique os princípios aplicáveis ao caso; a duas, que conheça o conteúdo normativo de cada um deles e, a três, que os pondere. A concordância exige, pois, uma compreensão global dos valores que permeiam o Direito Administrativo. Nota-se, contudo, que há muitas obras sobre um ou outro princípio específico; poucas, entretanto, agrupam em um único volume inúmeros textos acerca dos princípios da legalidade, impessoalidade, publicidade, moralidade, eficiência, segurança jurídica e supremacia do interesse público. Assim, espera-se que esta coletânea, ao unir reflexões mais globais, facilite a extração de linhas mestras dos valores que marcam o direito administrativo brasileiro, auxiliando seu conjunto balanceamento na resolução de casos práticos.

Em terceiro lugar, para além do papel operacional, esta obra pretende exercer uma função acadêmica ao trazer a público – ainda que parcialmente – convergências e divergências existentes a respeito dos princípios analisados, a fim de explicitar suas fronteiras interpretativas e aplicativas. Nesse ponto, vale uma remissão a ponderações recentes de Carlos Ari Sundfeld, para quem, hoje, "não se pode ignorar o caráter bipolar do Direito Administrativo, tomando um só polo como dogma e lançando o outro às feras".[3] Essa frase resume o que o autor denominou de teoria dos antagonismos: uma visão da ciência do direito administrativo como atividade destinada a apreender suas oposições, fluxos, refluxos e movimentos.

Aproximando-se dessa visão – mas sem se restringir apenas a oposições ideológicas –, os textos aqui reunidos são fotografias de visões diferenciadas e

---

[3] SUNDFELD, Carlos Ari. O direito administrativo entre os *clips* e os negócios, *In*: ARAGÃO, Alexandre Santos de; MARQUES NETO, Floriano de Azevedo (coord.). *Direito administrativo e seus novos paradigmas.* Belo Horizonte: Fórum, 2008, p. 93.

antagonismos, bem como convergências acerca dos princípios gerais do direito administrativo brasileiro. Nessa perspectiva, não bastaria recolher um único texto para cada princípio geral sob o sério risco de se omitir, de modo pouco apropriado e talvez autoritário, o debate que se desenvolve sobre o assunto. Propositalmente, o volume abrange dois ou mais ensaios – diversos em extensão e conteúdo – relativamente a cada um dos princípios escolhidos.

Deseja-se, com isso, colaborar com o debate acerca dos princípios gerais, mas sem se limitar apenas aos já tão polêmicos princípios da supremacia do interesse público, da legalidade e da segurança jurídica. A publicidade, a moralidade, a impessoalidade, a eficiência – como se verá – também dão margem a aprofundadas e profícuas discussões. Se elas, porém, representarão novos caminhos para o Direito Administrativo e para a Administração Pública brasileira, só o tempo esclarecerá.

PARTE I

LEGALIDADE E SEGURANÇA JURÍDICA

O PRINCÍPIO DA SEGURANÇA JURÍDICA DIANTE DO PRINCÍPIO DA LEGALIDADE

MARIA SYLVIA ZANELLA DI PIETRO

1 A escolha do tema

O princípio da segurança jurídica, embora presente na base de muitos institutos do direito administrativo, somente passou a merecer maior atenção e análise, nesse ramo do direito, depois de ser expressamente mencionado no artigo 2º da Lei nº 9.784, de 29.01.1999, que regula o processo administrativo no âmbito da Administração Pública Federal. Esse dispositivo indica os princípios que devem ser obedecidos, entre outros, os da legalidade, finalidade, motivação, razoabilidade, proporcionalidade, moralidade, ampla defesa, contraditório, segurança jurídica, interesse público e eficiência. Como se vê, *segurança jurídica* e *legalidade* convivem no ordenamento jurídico brasileiro.

Qual a razão da escolha do tema? Por que confrontar o princípio da segurança jurídica e o princípio da legalidade?

É que, em grande parte das situações em que se invoca a aplicação do princípio da segurança jurídica, o princípio da legalidade, considerado em sentido estrito (de submissão da Administração Pública à lei) acaba sendo, de certa forma, relegado a um segundo plano, para dar lugar à legalidade em sentido amplo, que engloba todos os princípios e valores previstos de forma expressa ou implícita na Constituição. São hipóteses em que atos ilegais se mantêm, seja como consequência do decurso do tempo (prescrição ou decadência), seja pela necessidade de proteger a boa-fé (como nos casos de manutenção de atos praticados por funcionário de fato), seja para prestigiar o princípio do interesse público (como ocorre quando a Administração Pública mantém atos ilegais), seja para proteger a estabilidade das relações jurídicas e a confiança do administrado (como ocorre quando o Supremo Tribunal Federal regula os efeitos já produzidos por lei ou ato normativo inconstitucional ou contrário a preceito fundamental).

Daí a ideia de demonstrar como a aplicação do princípio da segurança jurídica se sustenta, no ordenamento jurídico brasileiro, diante do princípio da legalidade, previsto no artigo 37, *caput*, da Constituição.

Com esse objetivo, será inicialmente analisado o princípio da legalidade e, a seguir, o da segurança jurídica.

2 Do princípio da legalidade

O princípio da legalidade, adotado a partir da instituição do Estado de Direito, não permaneceu estático no tempo. Ele passou por toda uma evolução, sempre no sentido de sua ampliação, até chegar à fase atual, em que sofreu os reflexos da chamada constitucionalização do direito administrativo.

Na primeira fase do Estado de Direito, em pleno período do liberalismo, vários princípios foram formulados com o objetivo de proteger o cidadão perante o poder público: separação de poderes, isonomia, legalidade, controle judicial. Como a grande preocupação era a de proteger a liberdade individual, o princípio da legalidade – que veio exigir a submissão da Administração Pública à lei – tinha sentido bem restrito, já que era imposto apenas naquilo que fosse necessário para proteger os direitos do cidadão. Segundo a concepção da época, presente nos ideais que levaram à Revolução Francesa, os cidadãos são dotados de direitos fundamentais, universais, inalienáveis, proclamados na Declaração de Direitos do Homem e do Cidadão, de 1789. O papel do Estado e do Direito era o de proteger os direitos fundamentais, em especial a propriedade e a liberdade. Era um papel essencialmente negativo ou abstencionista. Daí esse período ser chamado de Estado Mínimo, inspirado na fórmula do *laisser faire, laisser passer*.

Com essa justificativa, o artigo 2º da Declaração de 1789 assim estabelecia:

> Artigo 2º – A lei não proíbe senão as ações nocivas à sociedade. Tudo o que não é vedado pela lei não pode ser impedido e ninguém pode ser forçado a fazer o que ela não ordena.

A norma completa-se com o preceito contido no artigo 7º, assim redigido:

> Artigo 7º – Ninguém pode ser acusado, preso ou detido senão nos casos determinados pela lei e de acordo com as formas por esta prescritas. Os que solicitam, expedem, executam ou mandam executar ordens arbitrárias serão castigados; porém todo cidadão convocado ou detido em virtude da lei deve obedecer imediatamente, caso contrário torna-se culpado de resistência.

Pela mesma razão, a Constituição francesa de 1791, determinava:

> Artigo 3º – Não há na França autoridade superior à da lei. O rei não reina mais senão por ela e só em nome da lei pode exigir obediência.

O princípio da legalidade fundou-se em duas ideias principais: (a) a de que o único poder legítimo é o que resulta da vontade geral do povo, manifestada pela lei; acima da vontade geral do povo não se coloca qualquer outra vontade, nem mesmo a do monarca; (b) a de que, a partir do princípio da separação de poderes, dá-se primazia ao Poder Legislativo; o Executivo e o Judiciário apenas seriam os executores das normas postas pelo Legislativo.

Paralelamente ao princípio da legalidade, passou a Administração Pública a submeter-se ao controle judicial e ao princípio da isonomia, pelo qual as leis devem ser iguais para todos.

Desse modo, o princípio da legalidade, na fase inicial, correspondente ao período do Estado de Direito liberal, assim se caracterizava: (a) o único poder legítimo é o que resulta da *vontade geral* do povo, manifestada por meio do Parlamento, razão pela qual o princípio da separação de poderes tinha uma interpretação bem restrita, porque a lei é aquela baixada pelo Parlamento, cabendo ao Judiciário e ao Executivo apenas a sua aplicação aos casos concretos; (b) as leis devem ser iguais para todos; (c) as leis têm um conteúdo substancial, representado pela ideia de direito natural, decorrente da natureza do homem e descoberto pela razão; daí a conclusão de que o Poder é limitado por um direito superior, que está fora de seu alcance mudar; (d) o princípio da legalidade era entendido no sentido da *vinculação negativa*, significando que a Administração pode fazer tudo o que a lei não proíbe.

É importante ressaltar que o alcance do princípio da legalidade era bem mais restrito, porque a lei definia apenas as esferas jurídicas dos cidadãos como limite ao arbítrio do poder; a essa esfera limitava-se o controle judicial, ficando tudo o mais abrangido pela ideia de discricionariedade entendida como poder político, livre de controle judicial.

Na segunda fase do Estado de Direito, consagrada após a segunda guerra mundial, constatou-se que os princípios do liberalismo eram insuficientes para garantir a igualdade e a justiça social. Nessa fase – do Estado de Direito Social – foi amplamente reconhecida a necessidade de intervenção do poder público no domínio econômico e social para assegurar a igualdade entre os cidadãos. Chega-se à conclusão de que os homens não nascem livres e iguais. É necessária a atuação do Estado para reduzir a desigualdade resultante dos princípios do liberalismo. A preocupação maior desloca-se da liberdade para a igualdade.

Em decorrência disso, houve uma ampliação considerável das atividades assumidas pelo Estado em benefício do interesse coletivo. Abandonou-se a fórmula do Estado Mínimo para adotar-se o modelo de Estado Social, Estado Providência, Estado do Bem-Estar Social. Paralelamente, alterou-se o princípio da legalidade.

Em primeiro lugar, porque, por influência do positivismo jurídico, passou-se a entender que toda a atividade administrativa do Estado deveria submeter-se à lei; em consequência, o princípio da vinculação negativa foi substituído pelo da *vinculação positiva*, segundo o qual a Administração só pode fazer o que a lei permite.

Em segundo lugar, entendeu-se necessário atribuir função normativa ao Poder Executivo, dando lugar ao surgimento dos regulamentos autônomos (no direito francês e no sistema da *common law*), às medidas provisórias (no direito italiano), aos decretos-leis (no direito brasileiro), sob o argumento de que o Legislativo não teria condições de legislar sobre todas as novas atividades administrativas assumidas pelo Estado, seja pela complexidade das matérias, a exigir conhecimentos especializados, seja pela quantidade de normas necessárias para disciplinar toda a atuação administrativa. Com isso, a lei perde grande parte de seu prestígio, porque o Poder Executivo passa a editar normas com a mesma força da lei, gerando maior instabilidade e desconfiança, em decorrência da facilidade de promulgação e de alteração de suas normas.

Além disso, a lei perdeu o seu conteúdo material, porque, também por influência do positivismo jurídico, foi afastada a ideia de direito natural e valorizado o direito positivo; não se obedece a lei porque ela é justa ou injusta, mas porque ela contém uma ordem. Daí a afirmação de que o Estado de Direito se transformou em Estado Legal. Segundo Manoel Gonçalves Ferreira Filho, essa nova forma de conceber inspira-se em Thomas Hobbes que, no Leviathan, afirmava que a lei não é um conselho, é uma ordem; é a lei que determina o justo, não é o justo que faz a norma. Afirma também o autor que a doutrina positivista de Kelsen "exprime o Estado legal. O Direito nada mais é do que norma coativa estabelecida pela autoridade. Esta é quem como tal estabelece a Constituição, fundada no pressuposto lógico-transcendental (adotado por Kelsen) de que devemo-nos conduzir como a constituição prescreve".[1] A consequência foi que a lei perdeu, em grande parte, o seu caráter de generalidade, abstração, impessoalidade, porque passou a ter caráter individual, na medida em que atende a interesses parciais da sociedade ou de grupos.

Um último dado a ressaltar com relação a essa fase do Estado de Direito diz respeito às alterações pertinentes ao controle judicial dos atos da Administração Pública: ele passou a ser meramente formal, sem qualquer preocupação com princípios e valores que reduzissem a discricionariedade administrativa. Esta era vista como um poder jurídico, porque implicava a liberdade de apreciação dos casos concretos, segundo critérios de oportunidade e conveniência, porém dentro dos limites estabelecidos pela lei.

No entanto, não parou aí a evolução do princípio da legalidade. Consideráveis alterações foram introduzidas com o modelo do Estado de Direito Democrático, que passou a inserir na ideia de legalidade, considerada em sentido amplo, os *valores* e *princípios* consagrados no ordenamento jurídico constitucional.

Essa fase começou, provavelmente, quando a Alemanha inseriu em sua Lei Fundamental, promulgada em 08.05.1949, a famosa fórmula contida no artigo 20, item 3, segundo a qual "o poder legislativo está vinculado à ordem constitucional; *os poderes executivo e judicial obedecem à lei e ao direito*".

A referência à lei e ao direito significa que ficou para trás o período em que o princípio da legalidade significava a submissão da Administração Pública à lei em seu sentido puramente formal, para passar a abranger o direito em tudo o que isto significa de *valores* e *princípios* contidos implícita ou explicitamente no ordenamento jurídico.

---

[1] Segundo lição de Manoel Gonçalves Ferreira Filho, em *Estado de direito e constituição*, São Paulo: Saraiva, 1988, p. 41-42.

Embora haja quem identifique *valores* e *princípios gerais de direito*, ficamos com aqueles que, como Joaquim Arce y Flores-Valdés, veem nos princípios as proposições que estão na base do ordenamento jurídico, significando "origem, causa, gênesis do ordenamento jurídico de uma sociedade" (*Los princípios generales del derecho y sua formulación constitucional*. Madri: Civitas, 1990, p. 117). Enquanto "os valores superiores se entendem como meta, fim, critério axiológico do Direito". Prosseguem os autores dizendo que "precisamente por isso os valores se tendem a concretizar-se por meio do ordenamento jurídico e de sua aplicação".

Sobre os valores, dizem os autores (op. cit. p. 110), embasando-se na lição de Ortega, que "se apresentam à maneira de qualidades irreais residentes nas coisas. Residem nas coisas, porém não são as coisas, mas algo distinto delas. A beleza não é o quadro, mas o quadro é belo, contém ou possui o valor beleza. Como, em outro âmbito poderíamos afirmar que um ato ou uma lei não são a Justiça, ainda que possam ou não possuir o valor Justiça... Os valores vêm a ser qualidades sui generis, uma linhagem peculiar de objetos irreais que residem nos objetos reais, que nem se veem como as cores, nem sequer se entendem, como sucede com a beleza de uma estátua, não resultam em qualidades que se possa entender ou não entender, tão somente cabe 'senti-las', ou melhor, estimá-las ou desestimá-las".

A Constituição do Brasil de 1988 não repetiu a fórmula da Constituição Alemã, como o fez a Constituição Espanhola de 1978, cujo artigo 103.1 determina que a Administração Pública serve com objetividade aos interesses gerais e atua com submissão plena à lei e ao Direito. Também a Constituição Portuguesa de 1976 determina, no artigo 266, item 2, que "os órgãos e agentes administrativos estão subordinados à Constituição e à lei e devem atuar com Justiça e imparcialidade no exercício das suas funções". Por sua vez, o artigo 16 determina que "os direitos fundamentais consagrados na Constituição não excluem quaisquer outros constantes das leis e das regras aplicáveis de direito internacional" e que "os preceitos constitucionais e legais relativos aos direitos fundamentais devem ser interpretados e integrados de harmonia com a Declaração Universal dos Direitos do Homem". Mas não há dúvida de que acolheu a mesma ideia quando, já no preâmbulo, proclamou que os representantes do povo brasileiro estavam reunidos para instituir um Estado Democrático, "destinado a assegurar o exercício dos direitos sociais e individuais, a liberdade, a segurança e a justiça como *valores supremos* de uma sociedade fraterna, pluralista e sem preconceitos".

E se confirma com o Título I, denominado "dos princípios fundamentais", no qual se misturam as ideias de *valores* e de *princípios*. Além disso, outros princípios foram inseridos no texto da Constituição, como os da moralidade, legalidade, impessoalidade, publicidade, eficiência, economicidade, ampla defesa e contraditório.

Outros não foram inseridos na Constituição, mas existem em leis ordinárias ou mesmo existem independentemente de inclusão no direito positivo, em decorrência do trabalho da doutrina, da jurisprudência, da pesquisa no direito comparado.

Assim é que nos últimos anos vimos surgir os princípios da razoabilidade (que tem como um de seus aspectos o da proporcionalidade entre meios e fins), o da motivação, o da segurança jurídica, o da boa-fé. Mais recentemente passou-se a fazer referência ao *princípio da proteção à confiança* ou da *confiança legítima*, ainda pouco tratado e pouco referido pela doutrina e jurisprudência no direito brasileiro. Vez por outra ainda encontramos, em pesquisas de direito comparado, a referência a outros princípios, ainda não incorporados no direito brasileiro. É o caso, por exemplo, do *princípio do não retrocesso social*, adotado na Constituição Portuguesa. No direito brasileiro, ele ainda não é mencionado. Quando muito se poderia dizer que alguma coisa nesse sentido existe quando se limitam as emendas constitucionais, com a previsão das cláusulas pétreas, entre as quais a que impede as emendas tendentes a abolir os direitos e garantias fundamentais (art. 60, §4º, inciso IV, da Constituição); também com a regra que protege os direitos adquiridos (art. 5º, XXXVI); e o próprio preâmbulo da Constituição, quando coloca os direitos individuais e sociais entre os valores supremos de uma sociedade fraterna, pluralista e sem preconceito.

A importância dos valores e princípios na Constituição está no fato de que eles são de observância obrigatória. Eles ajudam no trabalho de interpretação; eles ajudam na tarefa de integração, preenchendo as lacunas da lei (a própria Lei de Introdução ao Código Civil – Decreto-Lei nº 4.657, de 04.09.1942 – prevê os princípios gerais de direito como fontes do direito, no artigo 4º). E, principalmente, os valores e princípios, sendo de aplicação obrigatória, dirigem-se aos três Poderes do Estado na medida em que limitam (e não ampliam) a discricionariedade do legislador e do administrador público e ampliam os limites do controle judicial.

A presença dos princípios e valores na Constituição permite a afirmação de que no Brasil a submissão da Administração se dá à *lei e ao direito*. Permite a afirmação de que, hoje, o princípio da legalidade ganhou nova dimensão, levando à distinção entre legalidade em sentido estrito (que equivale à *reserva da lei*) e à legalidade em sentido amplo (que abrange os atos normativos do Poder Executivo, bem como os princípios e valores previstos na Constituição, de forma implícita ou explícita).

3 Constitucionalização do direito administrativo

A ampliação do princípio da legalidade para abranger não só a lei, mas também os princípios e valores vem sendo tratada no direito brasileiro dentro de variados temas. Dele tratei na tese sobre *discricionariedade administrativa*, defendida em 1990 na Faculdade de Direito da USP, como parte das exigências a serem cumpridas para obtenção do cargo de Professor Titular de Direito Administrativo. O grande objetivo da tese foi o de demonstrar que a discricionariedade administrativa, entendida como a "faculdade que a lei confere à Administração para apreciar o caso concreto, segundo critérios de oportunidade e conveniência, e escolher uma dentre duas ou mais soluções, todas válidas perante o direito",[2] é delimitada pela lei e pelos princípios e valores consagrados, implícita ou explicitamente, no ordenamento jurídico. Dentre esses princípios foram analisados especificamente os da moralidade, razoabilidade, interesse público, motivação, além dos princípios gerais de direito, todos eles fazendo parte do princípio da legalidade em sentido amplo.

O mesmo tema é hoje tratado pela doutrina brasileira sob o título de *constitucionalização do direito administrativo*. Talvez se falasse melhor em *constitucionalização dos princípios do direito administrativo*. Isto porque, sob certo aspecto, a constitucionalização do direito administrativo existe desde longa data, especialmente a partir da Constituição de 1934, com a inclusão de normas sobre servidor público, responsabilidade civil do Estado, desapropriação, em uma tendência que se intensificou nas Constituições posteriores, atingindo o seu auge na Constituição de 1988. Grande parte dos institutos de direito administrativo tem fundamento constitucional.

Por isso, o sentido em que a constitucionalização do direito administrativo é mais recente no direito brasileiro (porque teve início com a Constituição de 1988) e produziu reflexos intensos sobre o *princípio da legalidade* (que resultou consideravelmente ampliado) e a *discricionariedade administrativa* (que resultou consideravelmente reduzida) diz respeito à constitucionalização de valores e princípios, que passaram a orientar a atuação dos três Poderes do Estado: eles são obrigatórios para o Legislativo (quando têm fundamento na Constituição) e seu descumprimento pode levar à declaração de inconstitucionalidade de leis que os contrariem; são obrigatórios para a Administração Pública, cuja discricionariedade fica limitada não só pela lei (legalidade em sentido estrito), mas por todos os valores e princípios consagrados no ordenamento jurídico (legalidade em sentido amplo); e são obrigatórios para o Poder Judiciário, que pode ampliar o seu controle sobre as leis e os atos administrativos, a partir da interpretação de valores que são adotados como verdadeiros dogmas do ordenamento jurídico.

Houve uma ampliação do significado da lei, no sentido de que ela passou a ser vista sob o *aspecto formal*, porque emana do Legislativo, e sob o *aspecto material*, porque ela tem o papel de realizar os valores consagrados na Constituição, entre eles a segurança e a justiça. A expressão *Estado de Direito* ganhou novo significado, na medida em que, com ela, se objetiva vincular a lei aos ideais de justiça e prestigiar os direitos fundamentais do homem, em especial pela consagração do princípio da dignidade da pessoa humana. É da própria expressão *Estado de Direito Democrático* (contida no preâmbulo da Constituição de 1988 e em seu artigo 1º) que se extraem muitos dos princípios a que se submete a Administração Pública, reduzindo a sua discricionariedade e ampliando o controle judicial.

---

[2] Cf. DI PIETRO, Maria Sylvia Zanella Di Pietro, *Discricionariedade administrativa na Constituição de 1988*. 3. ed. São Paulo: Atlas, 2012, p. 62.

Note-se que no próprio direito alemão apelou-se para a ideia de Estado de Direito para justificar a aplicação, pela jurisprudência, do princípio da proteção à confiança (como um dos aspectos da segurança jurídica), como se verá no item subsequente.

O mesmo ocorre no direito brasileiro, onde cresce a aplicação de princípios no âmbito do direito administrativo. Não só aqueles previstos expressamente na Constituição, como os da moralidade, impessoalidade, legitimidade, economicidade, como também outros não previstos expressamente, mas considerados implícitos na fórmula *Estado de Direito Democrático* e no princípio da legalidade, agora considerado em sentido amplo, que abrange o aspecto formal (lei em sentido estrito) e o aspecto material, axiológico, substancial, que abriga os valores e princípios essenciais à justiça e à dignidade da pessoa humana. É o caso dos princípios da razoabilidade, da proporcionalidade, da motivação, da reserva do possível, da segurança jurídica (que inclui o da proteção à confiança). São princípios de valor constitucional, na medida em que implícitos na fórmula maior do Estado de Direito e do princípio da legalidade. E existem os princípios informativos do direito administrativo, alguns já inseridos no direito positivo, como ocorre na lei de licitações (Lei nº 8.666, de 21.06.93), na lei de concessões de serviços públicos (Lei nº 8.987, de 13.02.95), na lei de processo administrativo federal (Lei nº 9.784, de 29.1.99), entre outras.

4 O princípio da segurança jurídica

O princípio da segurança jurídica só mais recentemente começou a ser mencionado nos livros de direito administrativo. Mesmo no meu livro *Direito administrativo* (cuja primeira edição foi publicada pela Editora Atlas em 1990) tal princípio só começou a ser mencionado a partir da 11ª edição, de 1999 (mesmo ano de promulgação da lei de processo administrativo), porque foi incluído entre os princípios do processo administrativo pelo artigo 2º, *caput*, da Lei nº 9.784, de 29.01.99, que regula o processo administrativo na esfera federal.

Esse silêncio em relação ao princípio da segurança jurídica tem uma justificativa. É que ele tem dois sentidos: um, *objetivo*, significando a estabilidade das relações jurídicas, e outro, *subjetivo*, conhecido como princípio da proteção da confiança ou princípio da confiança legítima. No primeiro sentido, o princípio não é específico do direito administrativo. Ele se insere na teoria geral do direito e está na base de institutos como os da prescrição, decadência, usucapião, irretroatividade das leis, direito adquirido, coisa julgada, ato jurídico perfeito. É de formulação muito antiga e tem aplicação em todos os ramos do direito, inclusive no direito administrativo. Daí a afirmação, que ora se repete, de que ele se insere na teoria geral do direito. Por essa razão, não constituiu, durante muito tempo, objeto de preocupação dos estudiosos do direito administrativo.

Com a sua inclusão na lei de processo administrativo federal, o princípio da segurança jurídica passou a ser tratado mais detidamente pela doutrina desse ramo do direito e a ser aplicado pelos tribunais.

É impossível tratar do princípio da segurança jurídica, sob aspecto subjetivo, sem mencionar a enorme contribuição de Almiro do Couto e Silva. Como integrante da Comissão de Juristas responsável pela elaboração do anteprojeto de lei de que resultou a promulgação da Lei nº 9.784/99, ele sugeriu a inclusão, no inciso XIII do parágrafo único do artigo 2º, da regra que exige "interpretação da norma administrativa da forma que melhor garanta o atendimento do fim público a que se dirige, vedada aplicação retroativa de nova interpretação". A parte final do dispositivo teve por objetivo proteger a confiança legítima do destinatário do ato que possa vir a ser prejudicado por mudança de interpretação da lei pela Administração Pública. Além disso, o ilustre jurista tratou do tema em diferentes textos, dos quais se destacam os publicados na RDP nº 84, 1987, p. 46-63, sobre *os princípios da legalidade e da segurança jurídica no Estado de Direito Contemporâneo*, e na *Revista Brasileira de Direito Público – RBDP,* ano 2, n º 6, jul./set., 2004, p. 7-58, sob o título "o princípio da segurança jurídica (proteção à confiança) no direito público brasileiro e o direito da Administração Pública de anular seus próprios atos administrativos: o prazo decadencial do art. 54 da Lei do Processo Administrativo da União (Lei 9.784/1999".[3]

Demonstra o jurista, no segundo texto citado, que "no direito alemão e, por influência deste, também no direito comunitário europeu, 'segurança jurídica' é expressão que geralmente designa a parte objetiva do conceito, ou então simplesmente, o princípio da segurança jurídica, enquanto a parte subjetiva é identificada como 'proteção à confiança' (no direito germânico) ou 'proteção à confiança legítima' (no direito comunitário europeu)". Ensina ainda o mesmo autor que a aplicação do princípio teve início pelo trabalho da jurisprudência, mais especificamente do Tribunal Administrativo Federal, em acórdão de 1957,[4] ao qual se sucederam inúmeros outros. Foi previsto na Lei de Processo Administrativo alemã, de 1976, sendo elevado à categoria de princípio de valor constitucional, na década de 1970, por interpretação do Tribunal Federal Constitucional.

Outro jurista brasileiro que também se dedicou ao tema foi Gilmar Mendes, primeiro em seu livro *Jurisdição constitucional*.[5] Mais recentemente, defendeu a mesma ideia no livro publicado em parceria com Inocêncio Mártires Coelho e Paulo Gustavo Gonet Branco.[6] Além disso, na qualidade de Ministro do Supremo Tribunal Federal, adotou o mesmo posicionamento em votos proferidos na

---

[3] Esse artigo encontra-se também na *Revista Eletrônica de Direito do Estado*. Salvador, Instituto de Direito Público da Bahia, n. 2, abril-junho/2005, disponível na internet em http: www.direitodoestado.com.br.

[4] Esse acórdão referia-se a hipótese em que se "tratava de anulação de vantagem prometida a viúva de funcionário, caso se transferisse de Berlim Oriental para Berlim Ocidental, o que ela fez. Percebeu a vantagem durante um ano, ao cabo do qual o benefício lhe foi retirado, ao argumento de que era ilegal, por vício de competência, como efetivamente ocorria. O Tribunal, entretanto, comparando o princípio da legalidade com o da proteção à confiança, entendeu que este incidia com mais força ou mais peso no caso, afastando a aplicação do outro" (v. Almiro do Couto e Silva, *op. cit.*).

[5] São Paulo: Saraiva, 1996, p. 261 e seguintes.

[6] *Curso de direito constitucional*. São Paulo: Saraiva, 2007, p. 472-475.

qualidade de Relator.[7] Em todos eles, prestigia-se o princípio da segurança jurídica, em seu aspecto subjetivo de proteção à confiança.

Os estudiosos do tema enfrentam algumas dificuldades: (a) em primeiro lugar, a própria imprecisão da expressão "segurança jurídica", que se insere entre os chamados *conceitos jurídicos indeterminados*; (b) em segundo lugar, a dificuldade em buscar o seu fundamento constitucional, já que não está prevista como princípio jurídico, de forma expressa, na Constituição, a não ser em seu preâmbulo, onde é mencionada a *segurança*, ao lado da liberdade, bem-estar, desenvolvimento, igualdade e justiça, como fins objetivados por um Estado Democrático e como "valores supremos de uma sociedade fraterna, pluralista e sem preconceitos"; a menção à segurança, sem o adjetivo "jurídica", torna o vocábulo ainda mais impreciso.

Alguns tratam do tema especificamente em relação ao dispositivo constitucional que protege o direito adquirido, o ato jurídico perfeito e a coisa julgada (art. 5º, XXXVI, da Constituição). É o caso de José Afonso da Silva,[8] que, ao comentar esse dispositivo, afirma que "a temática, aqui, liga-se à sucessão de leis no tempo e à necessidade, de assegurar o valor da segurança jurídica, especialmente no que tange à estabilidade dos direitos subjetivos". A seguir, adota o conceito de segurança jurídica formulado pelo autor argentino Jorge Reinaldo Vanossi,[9] afirmando que "consiste no *'conjunto de condições que tornam possível às pessoas o conhecimento antecipado e reflexivo das consequências diretas de seus atos e de seus fatos à luz da liberdade reconhecida'*." Tem-se a impressão de que o conceito prestigia a calculabilidade ou previsibilidade inerentes à segurança jurídica, considerada em seu aspecto subjetivo (proteção à confiança).

Gilmar Mendes, Inocêncio Mártires Coelho e Paulo Gustavo Gonet Branco[10] também tratam do assunto em item sobre direito adquirido, mas de forma mais ampla, sob o título "insuficiência da doutrina do direito adquirido e o princípio da segurança jurídica", especialmente com vistas à aplicação do princípio da segurança jurídica para proteger situações que, embora nascidas ilicitamente, já se consolidaram pelo decurso do tempo. São suas palavras:

> Assim, ainda que se não possa invocar a ideia de direito adquirido para a proteção das chamadas situações estatutárias ou que se não possa reivindicar direito adquirido a um instituto jurídico, não pode o legislador ou o Poder Público em geral, sem ferir o princípio da segurança jurídica, fazer tabula rasa de situações jurídicas consolidadas ao longo do tempo.
>
> Situações ou posições consolidadas podem assentar-se até mesmo em um quadro inicial de ilicitude.
>
> Nesse contexto assume relevância o debate sobre a anulação de atos administrativos, em decorrência de sua eventual ilicitude. Igualmente relevante se afigura a controvérsia

---

[7] Nesse sentido, Medida Cautelar nº 2900-3/RS, MS nº 24268/MG e MS nº 22357/DF.
[8] *Comentário contextual à Constituição*. São Paulo: Malheiros, 2005, p. 133.
[9] In: *El Estado de derecho em el constitucionalismo social*.
[10] *Op. cit.*, p. 472-475.

sobre a legitimidade ou não da revogação de certos atos da Administração após decorrido determinado prazo.

Em geral, associam-se aqui elementos de variada ordem ligados à boa-fé da pessoa afetada pela medida, a confiança depositada na inalterabilidade da situação e o decurso de tempo razoável.

Sobre o significado da expressão *segurança jurídica*, Rafael Maffini[11] aponta as diferentes posições, adotando a sistematização proposta por Sylvia Calmes,[12] que aponta três dimensões para o princípio: (a) a ideia de *previsibilidade* ou possibilidade de cálculo prévio acerca das medidas ou comportamentos do Poder Público em qualquer de suas três funções; nesse sentido, diz o autor, que "a segurança jurídica justificará – e estará conformada – pela legalidade, especialmente na sua feição de reserva legal, pela irretroatividade legal de preceitos mais gravosos, pela necessidade de regras de transição, pela anterioridade de previsão de algumas matérias e, ainda, pela proteção da confiança legítima em relação às regras legais, dentre outros instrumentos de previsibilidade (ex ante) dos modos de ação estatal"; (b) noção de *acessibilidade*, que se aproximaria, no direito brasileiro, da noção de transparência (envolvendo um aspecto formal, referente à publicidade, e um aspecto material, referente à exigência de motivação); (c) de novo a ideia de *previsibilidade*, "porém agora ex post, ou seja, no sentido de "estabilidade", de continuidade, permanência, regularidade das situações e relações jurídicas (sejam atos, sejam comportamentos do Poder Público) vigentes". Nesse terceiro sentido, que corresponde mais especificamente à exigência de estabilidade, a segurança jurídica está na base de institutos como coisa julgada, preclusão, decadência, usucapião, direito adquirido, proteção da confiança.

Ao tratar do tema, temos considerado dois grandes significados para o princípio da segurança jurídica:[13] o sentido objetivo, que se relaciona com a *estabilidade* no direito; e o sentido subjetivo, que protege a confiança do administrado nos atos de poder público. Neste segundo sentido, envolve as ideias de calculabilidade, de previsibilidade, de confiança.

É a posição adotada por boa parte da doutrina, como é o caso de Almiro do Couto e Silva, no texto já citado, e de Rafael Valim.[14] E é o posicionamento de J. J. Gomes Canotilho,[15] quando afirma que "o homem necessita de segurança para conduzir, planificar e conformar autônoma e responsavelmente a sua vida. Por isso, desde cedo se consideravam os princípios da segurança jurídica e da proteção à confiança como elementos constitutivos do Estado de direito. Esses dois princípios –

---

[11] In: *Princípio da proteção substancial da confiança no direito administrativo brasileiro*. Porto Alegre: Verbo Jurídico, 2006, p. 48 e seguintes.

[12] *Du príncipe de protection de la confiance legitime em droits allemand, communautaire et français*. Paris: Dalloz, 2001.

[13] Vide: Os princípios da proteção à confiança, da segurança jurídica e da boa-fé na anulação do ato administrativo. In: *Direito público atual*: estudos em homenagem ao Professor Nélson Figueiredo. Belo Horizonte: Fórum, 2008, p. 295-316; e *Direito administrativo*. 33.ed. Rio de Janeiro: Forense, 2020, p. 113-118.

[14] *O princípio da segurança jurídica no direito administrativo brasileiro*. São Paulo: Malheiros, 2010, p. 46.

[15] *Direito constitucional e teoria da Constituição*. Coimbra: Almedina, 2000, p. 256.

segurança jurídica e proteção à confiança – andam estreitamente associados, a ponto de alguns autores considerarem o princípio da proteção da confiança como um subprincípio ou como uma dimensão específica da segurança jurídica. Em geral, considera-se que a segurança jurídica está conexionada com elementos objetivos da ordem jurídica – estabilidade jurídica, segurança de orientação e realização do direito – enquanto a proteção da confiança se prende mais com as componentes subjetivas da segurança, designadamente a calculabilidade e previsibilidade dos indivíduos em relação aos efeitos jurídicos dos atos".

No aspecto subjetivo, o princípio da segurança jurídica, entendido como proteção à confiança, leva em conta a boa-fé do cidadão, que acredita e espera que os atos praticados pelo poder público sejam lícitos e, nessa qualidade, serão mantidos e respeitados pela própria Administração e por terceiros.

5 O princípio da segurança jurídica no direito positivo brasileiro

O princípio da segurança jurídica, que, conforme realçado, apenas recentemente passou a ser referido nos livros de direito administrativo entre os princípios da Administração Pública, foi mencionado no artigo 2º, *caput*, da Lei nº 9.784, de 29.01.1999, que regula o processo administrativo na esfera federal.

Como participante da Comissão de Juristas que elaborou o anteprojeto de que resultou a lei, permito-me afirmar que o objetivo da inclusão desse dispositivo e de seu parágrafo único, inciso XIII, foi o de vedar a aplicação retroativa de nova interpretação de lei no âmbito da Administração Pública.

No entanto, embora seja essa a ideia inspiradora de sua inclusão na Lei nº 9.784, ela não esgota todo o sentido do princípio, que informa outros dispositivos da mesma lei e vários institutos jurídicos, podendo mesmo ser inserido entre os princípios gerais do direito, portanto não específico do direito administrativo. O princípio está na base das normas sobre prescrição e decadência, das que fixam prazo para a Administração rever os próprios atos (art. 54 da referida lei) e até da norma que prevê a súmula vinculante. Com efeito, o §1º do artigo 103-A da Constituição Federal (acrescentado pela Emenda Constitucional nº 45/2004) deixa expresso o objetivo da súmula vinculante de afastar controvérsias que gerem "grave insegurança jurídica e relevante multiplicação de processos sobre questão idêntica".

Além disso, está mencionado no artigo 27 da Lei nº 9.868, de 10.11.1999, que dispõe sobre a ação declaratória de constitucionalidade, bem como no artigo 11 da Lei nº 9.882, de 03.12.1999, que dispõe sobre arguição de descumprimento de preceito fundamental.

Por sua vez, a Lei de Processo Administrativo contém algumas aplicações do princípio da segurança jurídica. Ou seja, ela não se limita a prevê-lo entre os princípios que regem o processo administrativo (art. 2º, *caput*), mas estabelece normas que têm por objetivo protegê-lo, nos artigos 2º, parágrafo único, inciso XIII, e 54, a serem ainda analisados.

Grande reforço à compreensão e à aplicação do princípio da segurança jurídica veio com as alterações introduzidas pela Lei nº 13.655, de 25.04.2019, na Lei de Introdução às Normas do Direito Brasileiro – LINDB (Decreto-Lei nº 4.657, de 4.9.42), antes denominada Lei de Introdução ao Código Civil. A Lei nº 13.655, regulamentada pelo Decreto nº 9.830, de 10.06.2019, já é conhecida como "Lei da Segurança Jurídica", já que consta do seu preâmbulo a afirmação de que inclui na LINDB "disposições sobre *segurança jurídica* e eficiência na criação e na aplicação do direito".

A proteção à segurança jurídica parece constituir o grande objetivo da lei, conforme resultante do preâmbulo, ainda que as alterações reforcem e complementem a exigência de outros princípios já previstos na Constituição e em leis infraconstitucionais, em especial os da motivação, proporcionalidade, consensualidade, transparência, participação, eficiência, interesse público.

A preocupação com o princípio da segurança jurídica revela-se principalmente pela norma do artigo 23 da LINDB, introduzido pela Lei nº 13.655/2019, em cujos termos "a decisão administrativa, controladora ou judicial que estabelecer interpretação ou orientação nova sobre norma de conteúdo indeterminado, impondo novo dever ou novo condicionamento de direito, deverá prever regime de transição quando indispensável para que o novo dever ou condicionamento de direito seja cumprido de modo proporcional, equânime e eficiente e sem prejuízo aos interesses gerais". Conforme artigo 7º do Regulamento, "quando cabível, o regime de transição preverá: I – os órgãos e as entidades da administração pública e os terceiros destinatários; II – as medidas administrativas a serem observadas para adequação à interpretação ou à nova orientação sobre norma de conteúdo administrativo; e III – o prazo e o modo para que o novo dever ou novo condicionamento de direito seja cumprido".

Além disso, o artigo 24 veda a retroação de nova orientação geral. Esse dispositivo reforça a norma que já se contém no artigo 2º, parágrafo único, inciso XIII, da Lei nº 9.784/99, suprarreferida, que veda a "aplicação retroativa de nova interpretação", sendo de aplicação obrigatória nos processos administrativos. O artigo 24 da LINDB é de efeito mais amplo (porque voltado para as esferas administrativa, controladora e judicial de todas as esferas de governo), exigindo que, ao ser revisto um ato, contrato, ajuste, processo ou norma administrativa, sejam respeitadas as situações plenamente constituídas, desde que decorram de orientação vigente à época em que foram praticados. Trata-se de hipótese em que a invalidação de ato ou contrato da Administração não deve retroagir. São situações cujos efeitos já produzidos por ato ilícito devem ser respeitados, em nome da segurança jurídica.

O artigo 5º, §1º, do Regulamento, também veda que seja declarada inválida situação plenamente constituída devido a mudança posterior de orientação geral. Mas o §2º do mesmo dispositivo determina que "o disposto no §1º não exclui a possibilidade de suspensão de efeitos futuros de relação em curso". Vale dizer que a mudança de orientação geral produz efeitos para o futuro, não podendo servir de fundamento para a anulação de decisões anteriores, adotadas com base em orientação geral então vigente. O parágrafo único do artigo 24, repetido no artigo 5º, §3º, do Regulamento, tem a cautela de definir o que se entende por "orientações gerais": são "as interpretações e especificações contidas em atos públicos de caráter geral ou em jurisprudência judicial ou administrativa, e ainda as adotadas por prática administrativa reiterada e de amplo conhecimento público".

Não há dúvida de que o artigo 24 protege o princípio da segurança jurídica, nos dois aspectos: objetivo (que diz respeito à estabilidade das relações jurídicas) e subjetivo (que protege a confiança legítima do administrado quanto à validade dos atos emanados do poder público). O dispositivo quase que se limita a transformar em regra jurídica uma disposição que era aceita e aplicada como princípio do direito administrativo.

O artigo 30 da LINDB contém exigência de caráter geral, exigindo que as autoridades públicas atuem "para aumentar a segurança jurídica na aplicação das normas, inclusive por meio de regulamentos, súmulas administrativas e respostas a consultas", devendo tais instrumentos "ter caráter vinculante em relação ao órgão ou entidade a que se destinam, até ulterior revisão", conforme determina o parágrafo único. Com isso, almeja-se a uniformidade de entendimento na aplicação das normas.

Embora o princípio da segurança jurídica apenas recentemente venha sendo referido no direito positivo, na doutrina e na jurisprudência, a sua aplicação vem de longa data, ainda que não mencionado com essa denominação. Foi o que ocorreu, por exemplo, com relação à tese que defende a manutenção de atos administrativos inválidos ou a validade de atos praticados por funcionário de fato, com ampla aceitação pela doutrina e jurisprudência, muito antes de se falar em princípio da segurança jurídica ou da proteção à confiança. É o que se verá nos itens subsequentes.

6 Manutenção de atos administrativos inválidos

A anulação é o desfazimento do ato administrativo por razões de ilegalidade. Ela tem, em regra, a natureza de *ato vinculado*, como decorrência da submissão da Administração Pública ao princípio da legalidade. Verificado o vício, a autoridade competente tem o *poder-dever* de anular o ato.

No entanto, em hipóteses excepcionais, a anulação pode deixar de ser feita; isso ocorre quando o prejuízo resultante da anulação for maior do que o decorrente da manutenção do ato ilegal; nesse caso, é o *interesse público* que norteará a decisão.

Quanto a este tema, têm que ser levados em consideração os princípios do interesse público, da segurança jurídica, nos aspectos objetivo (estabilidade das relações jurídicas) e subjetivo (proteção à confiança), bem como o da boa-fé.

Repita-se que muito antes de existir a Lei de Processo Administrativo já a doutrina e a jurisprudência adotavam a tese da possibilidade de manutenção de atos ilegais quando de sua invalidação pudesse resultar dano maior do que de sua manutenção.

Um dos primeiros juristas a tratar do assunto foi Seabra Fagundes no seu livro sobre o *Controle dos atos administrativos pelo Poder Judiciário*. Posteriormente, em excelente trabalho sobre *revogação e anulamento do ato administrativo*, Miguel Reale também tratou dessa possibilidade.

No livro *Direito Administrativo*, tratamos do tema em dois momentos: ao analisarmos a invalidação do ato ilegal como ato vinculado ou discricionário e ao cuidarmos do instituto da *confirmação*. Seguimos, quanto a esse aspecto, o ensinamento de Cassagne e Gordillo ao definirmos a confirmação como "decisão da Administração que implica renúncia ao poder de anular o ato ilegal". Difere da convalidação, porque não corrige o vício do ato; a *confirmação* mantém o ato tal como foi praticado, apesar da ilegalidade nele existente.

Quando muito, poder-se-ia dizer que a confirmação equivale a uma convalidação pelo decurso do tempo. A demora na invalidação ou convalidação faz com que a manutenção do ato ilegal se torne menos prejudicial ao interesse público do que a anulação. E o ato se mantém, apesar de ilegal.

A jurisprudência tornou-se farta em exemplos de acolhimento dessa tese, em especial em situações de alunos que prestaram vestibular com base em medida liminar, mas que, após cursarem alguns períodos do curso universitário, depararam-se com a improcedência da ação.

É o que ocorre também com a chamada *teoria do funcionário de fato*, em que o funcionário está em situação irregular, ou porque não preenche os requisitos para o exercício do cargo, ou porque ultrapassou a idade limite para continuar no cargo, ou porque está em situação de acumulação irregular, enfim porque existe algum tipo de irregularidade em sua investidura. Em rigor, os atos por ele praticados seriam ilegais, porque, estando irregularmente no exercício de cargo, emprego ou função, ele não teria competência para a prática de atos administrativos. No entanto, mantêm-se os atos por ele praticados, uma vez que, tendo *aparência de legalidade*, geraram nos destinatários a crença na validade do ato.

Em todas essas situações, protege-se a *estabilidade das relações jurídicas*, ou seja, o princípio da segurança jurídica em seu aspecto objetivo; protege-se também a *confiança do cidadão*, ou seja, o princípio da segurança jurídica em seu aspecto subjetivo ou princípio da confiança legítima; e ainda se protege a *boa-fé*.

Evidentemente, é preciso cautela na manutenção de atos ilegais. Essa possibilidade, reconhecida pela doutrina e pela jurisprudência, pode tornar-se um incentivo à prática de atos ilegais. Se usada de forma abusiva, poderá tornar-se alvo de abuso por parte de autoridades inescrupulosas. Daí a lição incontestável de Miguel Reale,[16] no sentido de que a manutenção do ato ilegal só é possível se alguns requisitos forem observados: a) se a ilegalidade não decorrer de dolo; b)

---

[16] *Revogação e anulamento do ato administrativo*. Rio de Janeiro: Forense, 1980, p. 62.

se a manutenção do ato não afetar direitos ou interesses legítimos de terceiros; e c) se não causar danos maiores ao erário.

Se a pessoa estava de má-fé, sabendo da ilegalidade do ato que a beneficiava, não pode ser premiada com a manutenção do ato ilegal. Não é a boa-fé da autoridade responsável pelo ato ilegal que se prestigia, e sim a boa-fé do destinatário do ato.

Se o ato ilegal causou prejuízo a terceiros, a Administração dificilmente poderá manter o ato ilegal, a menos que a inércia do terceiro prejudicado contribua para a manutenção da ilegalidade.

O dano ao erário impede, evidentemente, a manutenção do ato ilegal, a não ser que a invalidação provoque dano ainda maior.

Também é preciso ter presente que a manutenção do ato ilegal tem que ser feita expressamente e com base em *motivação adequada*, em que se demonstre a boa-fé do administrado e a inexistência de danos a terceiros ou ao erário. Acima de tudo, tem que ser demonstrado que a invalidação, em decorrência do decurso do tempo, é mais prejudicial ao interesse público, do que a manutenção do ato ilegal.

A boa-fé da autoridade administrativa que praticou o ato ilegal é irrelevante para a manutenção do ato. Somente pode interessar para fins de apuração de sua responsabilidade, pois é evidente que a manutenção do ato ilegal, somente possível em situações absolutamente excepcionais, não exime de responsabilidade a autoridade que o praticou.

Não há dúvida de que, além da boa-fé, protege-se, no caso, também a segurança jurídica, quer no aspecto objetivo (estabilidade das relações jurídicas), quer no aspecto subjetivo (confiança do administrado na legalidade do ato praticado pela Administração).

7 Prazo para anulação dos atos administrativos

Outra hipótese de aplicação dos princípios da segurança jurídica, proteção à confiança e boa-fé foi agasalhada pelo artigo 54 da Lei nº 9.784/99, segundo o qual "o direito da Administração de anular os atos administrativos de que decorram efeitos favoráveis para os destinatários decai em cinco anos, contados da data em que foram praticados, salvo comprovada má-fé".

Conforme se verifica, ainda se está no tema da invalidação dos atos administrativos.

O tema do prazo para que a Administração Pública proclame a invalidade de atos administrativos sempre foi objeto de controvérsias.

Para Régis Fernandes de Oliveira,[17] não há, com relação ao Poder Público, prazo para que se reconheça a invalidação de qualquer ato, pouco importando se nulo ou anulável; para ele, "ao administrador sempre cabe reconhecer a nulidade

---

[17] *Ato administrativo*. São Paulo: Revista dos Tribunais, 1978, p. 122.

de algum ato, desde que praticado com vício, bem como decretar-lhe a nulidade, já que qualquer deles é incompatível com a indisponibilidade do interesse público". Será diante do caso concreto que a Administração deve decidir se a anulação do ato, apesar do decurso do tempo, deve ou não ser feita; a decisão se pautará pelo que seja melhor para o interesse público.

Hely Lopes Meirelles[18] tinha entendimento diverso, que também adotamos, no sentido de que, no silêncio da lei, a prescrição administrativa ocorre em cinco anos, ou seja, no mesmo prazo de prescrição previsto no Decreto nº 20.910/32. Quando se trata de direito oponível à Administração, não se aplicam os prazos do direito comum, mas esse prazo específico aplicável à Fazenda Pública; apenas em se tratando de direitos de natureza real é que prevalecem os prazos previstos no Código Civil.

Desse modo, prescrita a ação na esfera judicial, não pode mais a Administração rever os próprios atos, quer por iniciativa própria, quer mediante provocação, sob pena de infringência ao interesse público na estabilidade das relações jurídicas, ou seja, ao princípio da segurança jurídica.

O ordenamento jurídico não mais se compadece com a insegurança jurídica que decorreria para o particular em decorrência da inércia da Administração Pública em rever os atos cujo controle de legalidade lhe incumbe como dever de ofício.

Não foi por outra razão que a Lei nº 9.784/99 incluiu entre os princípios a que se submete a Administração Pública o da *segurança jurídica* (art. 2º, *caput*). Coerente com esse princípio, a mesma lei fixou prazos de diversas naturezas a serem aplicados no caso de não haver norma expressa em sentido contrário: no artigo 24, fixou o prazo de 5 dias para que a autoridade administrativa e o interessado pratiquem atos do processo; no artigo 42, fixou o prazo de 15 dias para emissão de parecer por órgão consultivo; o artigo 49 estabeleceu o prazo de 30 dias para tomada de decisão pelas autoridades administrativas; o artigo 54, já referido, definiu o prazo de 5 anos para anulação dos atos administrativos de que decorram efeitos favoráveis para os destinatários; o artigo 59 fixou o prazo de 10 dias para interposição de recurso administrativo e de 30 dias para sua decisão.

Vale dizer que o direito brasileiro evoluiu no sentido de não permitir a perpetuação de situações incertas, acolhendo uma espécie de convalidação pelo decurso do tempo. Atos ilegais se convalidam, em detrimento do princípio da legalidade, para que outro valor possa ser prestigiado, que é o da *segurança jurídica*, seja em seu aspecto objetivo, que diz respeito à *estabilidade das relações jurídicas*, seja em seu aspecto subjetivo, que diz respeito à *proteção à confiança*.

No direito brasileiro o tema foi tratado, com muita precisão, por Almiro do Couto e Silva, que analisa os princípios da segurança jurídica e da proteção à confiança exatamente a propósito da norma do artigo 54 da Lei nº 9.784/99 (*op. cit.*, p. 7-59).

---

[18] *Direito administrativo brasileiro*. São Paulo: Malheiros, 2003, p. 653.

Depois de fazer a distinção entre regra e princípio, o autor acrescenta, a propósito do artigo 54:

> Como se trata de regra, ainda que inspirada num princípio constitucional, o da segurança jurídica, não há que se fazer qualquer ponderação entre o princípio da legalidade e o da segurança jurídica, como anteriormente à edição dessa regra era necessário proceder. O legislador ordinário é que efetuou essa ponderação, decidindo-se pela prevalência da segurança jurídica, quando verificadas as circunstâncias perfeitamente descritas no preceito. Atendidos os requisitos estabelecidos na norma, isto é, transcorrido o prazo de cinco anos e inexistindo a comprovada má fé dos destinatários, opera-se, de imediato, a decadência do direito da Administração Pública federal de extirpar do mundo jurídico o ato administrativo por ela exarado, quer pelos seus próprios meios, no exercício da autotutela, quer pela propositura de ação judicial visando a decretação de invalidade daquele ato jurídico. Com a decadência, mantém-se o ato administrativo com todos os efeitos que tenha produzido, bem como fica assegurada a continuidade dos seus efeitos no futuro. (p. 29)

Mais além, na p. 31, o autor acrescenta ainda a propósito do mesmo dispositivo legal:

> À luz desses pressupostos, é irrecusável que o prazo do art. 54 da Lei nº 9.784/99 é de decadência e não de prescrição. O que se extingue, pelo transcurso do prazo, desde que não haja má fé do interessado, é o próprio direito da Administração Pública federal de pleitear a anulação do ato administrativo, na esfera judicial, ou de ela própria proceder a essa anulação, no exercício da autotutela administrativa. Esse prazo não é passível de suspensão ou interrupção, como geralmente sucede, aliás, com os prazos decadenciais.

A decadência e a prescrição administrativas justificam-se exatamente em razão da necessidade de estabilização das relações entre administrados e a Administração. Assim, escoado o prazo decadencial, fica a Administração impedida de anular o ato descrito, em razão da perda de seu direito, em decorrência da decadência. O prazo, sendo de decadência, não se interrompe. Revela-se como garantia do administrado.

Nesse sentido foi o entendimento do STJ no RESP nº 623.023, Rel. Min. Eliana Calmon, 2ª Turma, DJ 14/11/2005:

> *PROCESSO CIVIL E ADMINISTRATIVO – COBRANÇA DE MULTA PELO ESTADO – PRESCRIÇÃO – RELAÇÃO DE DIREITO PÚBLICO – CRÉDITO DE NATUREZA ADMINISTRATIVA – INAPLICABILIDADE DO CC E DO CTN – DECRETO 20.910/21 – PRINCÍPIO DA SIMETRIA.*
>
> *1. Se a **relação que deu origem ao crédito em cobrança tem assento no Direito Público**, não tem aplicação a prescrição constante do Código Civil.*
>
> *2. Uma vez que a exigência dos valores cobrados a título de multa tem **nascedouro num vínculo de natureza administrativa**, não representando, por isso, a exigência de crédito tributário, afasta-se do tratamento da matéria a disciplina jurídica do CTN.*
>
> *3. **Incidência**, na espécie, do Decreto 20.910/32, porque **à Administração Pública, na cobrança de seus créditos**, deve-se impor a mesma restrição aplicada ao administrado no que se refere às*

dívidas passivas daquela. Aplicação do princípio da igualdade, corolário do princípio da simetria.
4. Recurso especial improvido. (grifamos).

O egrégio Tribunal partiu da ideia de que a relação jurídica, no caso, era de Direito Público, razão pela qual o regime aplicável não seria o do Código Civil. No caso, cogitava-se de vínculo de *natureza administrativa*, referente à constituição do crédito da Administração Pública. Em consequência, não se aplica o Código Civil, e sim o Decreto nº 20.910, de 6-1-32:

> Não tem aplicação à hipótese dos autos a prescrição constante do Código Civil, porque a relação de direito material que deu origem ao crédito em cobrança foi uma relação de Direito Público, em que o Estado, com o seu jus imperii, impôs ao administrado multa por infração.
>
> Afasta-se também do tratamento da matéria a disciplina jurídica do CTN, porquanto não se questiona, in casu, o pagamento de crédito tributário, mas de valores cobrados a título de multa, sanção pecuniária de natureza eminentemente administrativa.
>
> O que não se deve olvidar, na busca de uma solução adequada para a resolução do impasse, é a existência do Decreto 20.910, de 06 de janeiro de 1932, que, no seu art. 1º, contém a seguinte disposição:
>
> Art. 1º. As dívidas passivas da União, dos Estados e dos Municípios, bem assim todo e qualquer direito ou ação contra a Fazenda Federal, Estadual ou Municipal, seja qual for a sua natureza, prescrevem em cinco anos contados da data do ato ou fato de que se originarem.
>
> O dispositivo, perceba-se, trata da prescrição para as dívidas passivas da União, dos Estados e dos Municípios, fixando em cinco anos o prazo para que os administrados exerçam o direito de ação em desfavor da Fazenda Pública.
>
> Reconheço que o mencionado artigo não faz referência à dívida ativa daqueles entes públicos, todavia entendo que, por aplicação do princípio da igualdade, corolário do princípio da simetria, deve-se impor à Administração Pública a mesma restrição para a cobrança de seus créditos.
>
> Penso então que, na ausência de definição legal específica, o prazo prescricional para a cobrança da multa, crédito de natureza administrativa, deve ser fixado em cinco anos, não podendo a União, o Estado ou o Município gozar de tratamento diferenciado em relação ao administrado, porquanto não se verifica, nesse entendimento, risco de prejuízo ao interesse público.
>
> A propósito, a Primeira Seção desta Corte, no julgamento do REsp. 380.006/RS, da Relatoria do Min. Peçanha Martins, já se posicionou no sentido de que a prescrição administrativa opera-se com o decurso do prazo de cinco anos.

Note-se que o prazo de cinco anos tem sido uma constante nas relações regidas pelo direito público. Além das duas hipóteses já mencionadas (art. 54 da Lei nº 9.784/99 e art. 1º do Decreto nº 20.910), outros exemplos podem ser mencionados:

    a) no CTN, o prazo de decadência para constituição do crédito tributário é de 5 anos (art. 173);

    b) no mesmo CTN, o prazo de prescrição para cobrança do crédito tributário é de 5 anos (art. 174);

c) a Lei nº 9.873, de 23.11.1999, fixa em 5 anos o prazo de prescrição para a ação punitiva da Administração Pública Federal, direta e indireta, no exercício do poder de polícia, objetivando apurar infração à legislação em vigor, contados da data da prática do ato ou, no caso de infração permanente ou continuada, do dia em que tiver cessado;
d) o artigo 21 da Lei nº 4.717, de 29.06.1965, fixa em 5 anos o prazo de prescrição para propositura de ação popular;
e) o artigo 23 da Lei nº 8.429, de 02.06. 1992, estabelece que as ações de improbidade administrativa podem ser propostas até 5 anos após o término do exercício de mandato, de cargo em comissão ou de função de confiança; ou dentro do prazo prescricional previsto em lei específica para faltas disciplinares puníveis com demissão a bem do serviço público, nos casos de exercício de cargo efetivo ou emprego;
f) o artigo 142 da Lei nº 8.112, de 11.12.1990, prevê o prazo de 5 anos para a prescrição da ação punitiva disciplinar quanto às infrações puníveis com demissão, cassação de aposentadoria ou disponibilidade e destituição de cargo em comissão;
g) o artigo 25 da Lei nº 12.846, de 1º.08.1913 (Lei Anticorrupção) estabelece o prazo de cinco anos, contados da ciência da infração ou, no caso de infração permanente ou continuada, do dia em que tiver cessado, para apuração das infrações, nas esferas administrativa e judicial, praticadas por pessoas jurídicas contra a Administração Pública, nacional ou estrangeira.

O legislador, em todos esses casos, considerou que cinco anos é o prazo tolerável para aceitar a inércia da Administração Pública. Vencido esse prazo, ocorre a decadência ou a prescrição, conforme o caso. O que se prestigia é o princípio da segurança jurídica.

Na esfera federal, a questão ficou pacificada com a Lei nº 9.784/99, em decorrência do disposto no já transcrito artigo 54: o prazo é de cinco anos para a Administração Pública anular os atos de que decorram efeitos favoráveis para os destinatários, contados da data em que foram praticados, *salvo comprovada má-fé*. Vale dizer que se houver má-fé do destinatário, o prazo não se aplica; como também não se aplica se do ato ilegal decorrerem efeitos desfavoráveis para os destinatários. Se o destinatário sabia da ilegalidade ou se contribuiu para ela, não poderá ser beneficiado.

Trata-se de hipóteses em que se protege a *segurança jurídica*, porque o grande objetivo é o de evitar que a incerteza quanto à invalidação do ato perdure indefinidamente ou por tempo irrazoável, gerando instabilidade e incertezas nas relações jurídicas. Nesse caso, o valor "segurança" apenas cede ante a ausência do valor "boa-fé".

Nos Estados e Municípios que não tenham norma semelhante, continua a incerteza quanto aos prazos para invalidação dos atos administrativos. Entendo que, em relação a esses entes, aplica-se, pelas razões invocadas, o prazo de cinco anos, previsto no artigo 1º do Decreto nº 20.910/32.

8 Regulação dos efeitos já produzidos pelo ato ilegal

Trata-se de hipótese diferente da *confirmação* do ato ilegal, em que se mantém o ato ilegal, seja em relação aos efeitos já produzidos, seja em relação aos efeitos futuros.

Na hipótese referida neste item, a Administração invalida o ato. Nesse caso, em rigor, todos os efeitos já produzidos têm que ser desfeitos, já que os atos nascidos contrariamente à lei não podem produzir efeitos jurídicos válidos. É o conhecido efeito *ex tunc* da anulação, hipótese em que esta tem a natureza de ato meramente declaratório de uma situação de ilegalidade pré-existente.

A grande questão é: pode a Administração Pública invalidar o ato com efeitos *ex nunc* (a partir da data da anulação), respeitando os efeitos já produzidos?

A resposta envolve, mais uma vez, o *princípio da segurança jurídica*.

Conforme realçado no item 5, o princípio da segurança jurídica foi mencionado em dispositivos do direito positivo. No que diz respeito especificamente ao tema tratado neste item, interessa o artigo 2º, parágrafo único, inciso XIII, da Lei nº 9.784/99 que, na parte final, veda a aplicação retroativa de nova interpretação. Abrange hipóteses em que haja alteração, na esfera administrativa, de interpretação de dispositivo legal. Aplicando-se a ideia de que os atos nulos não geram efeitos jurídicos, a Administração Pública teria o poder de invalidar o ato com efeito retroativo à data em que o mesmo foi praticado; para isso, encontraria apoio na Súmula nº 473, do Supremo Tribunal Federal. No entanto, se a Administração Pública havia, anteriormente, adotado interpretação diversa da lei e com base nessa interpretação havia reconhecido direitos, a mudança de orientação não pode retroagir, porque a referida lei prestigia o princípio da segurança jurídica em detrimento do princípio da legalidade. É o princípio da segurança jurídica em seu aspecto subjetivo (que designa a proteção à confiança) e em seu aspecto objetivo (que protege a estabilidade das relações jurídicas). É a mesma ideia que inspirou a norma constitucional que protege os direitos adquiridos, os atos jurídicos e a coisa julgada, diante de alterações legislativas.[19]

Poder-se-ia alegar que o dispositivo da Lei nº 9.784 é inconstitucional por ferir o princípio da legalidade?

Acredito que não.

No direito alemão, onde o princípio teve origem precisamente para permitir a manutenção de atos ilegais em benefício da segurança jurídica, também existe o princípio da legalidade. Por isso mesmo, a aceitação do princípio da proteção à confiança exigiu trabalho de interpretação que levou a jurisprudência a extrair os fundamentos desse princípio da própria ideia de Estado de Direito.

---

[19] A possibilidade de anulação do ato, porém com efeitos *ex nunc*, é defendida por Elival da Silva Ramos, citado por Irene Patrícia Nohara e Thiago Marrara, na obra *Processo administrativo. Lei nº 9.784/comentada*. São Paulo: Atlas, 2009, p. 65-66.

A sua aplicação se dá em hipóteses em que a estabilidade das relações jurídicas e a confiança nessa estabilidade justificam a aplicação mais moderada do princípio da legalidade.

Além disso, aceitando-se a ideia de que os *valores supremos* referidos no preâmbulo da Constituição integram o ordenamento jurídico, não se pode deixar de reconhecer que, em determinadas circunstâncias, esses valores – dentre os quais está expressamente prevista a *segurança* – tenham que ser protegidos acima da legalidade.

A título de ilustração, é possível lembrar a interpretação adotada na esfera federal a respeito da acumulação de proventos com vencimentos de outro cargo. A Consultoria-Geral da República e o Tribunal de Contas de União adotaram, na vigência da Constituição de 1988, que silenciava a respeito, a interpretação de que essa acumulação era válida. Confiando na legitimidade dessa interpretação, muitos servidores aposentaram-se e prestaram concurso público para exercerem outro cargo público. No entanto, o STF acabou por decidir que essa acumulação não era válida, o que levou o governo federal a baixar decreto exigindo que os servidores que estivessem em acumulação irregular optassem pelos proventos da aposentadoria ou pelos vencimentos do novo cargo. Ações judiciais foram propostas invocando o princípio da boa-fé, pois os servidores haviam tomado decisões sobre suas vidas e suas carreiras confiando em que estavam agindo corretamente, ou seja, confiando na validade da interpretação adotada, em caráter normativo, pelo governo federal, na sede de órgãos que tinham competência para decidir. Não há dúvida de que assistia razão a tais servidores, protegidos que estavam pelo princípio da segurança jurídica ou, em seu aspecto subjetivo, pelo princípio da proteção à confiança.

Por fim, o assunto acabou por ser resolvido pela Emenda Constitucional nº 20/98, que, embora vedando esse tipo de acumulação (com a redação dada ao art. 37, §10, da Constituição), resguardou a situação daqueles que, até a publicação da referida Emenda, tinham ingressado novamente no serviço público por concurso público de provas ou de provas e títulos (art. 11). Vale dizer que o próprio legislador constituinte estabeleceu norma garantindo o respeito à boa-fé dos servidores que estavam acumulando com base em interpretação adotada por órgãos federais.

Com relação aos efeitos da declaração de inconstitucionalidade pelo Supremo Tribunal Federal e à declaração de descumprimento de preceito fundamental, a questão ficou disciplinada pelas Leis nº 9.868, de 10-11-99, e 9.882, de 3-12-99, respectivamente.

O artigo 27 da Lei nº 9.868/99 assim determina:

> Artigo 27 – Ao declarar a inconstitucionalidade de lei ou ato normativo, e tendo em vista razões de segurança jurídica ou de excepcional interesse social, poderá o Supremo Tribunal Federal, por maioria de 2/3 de seus membros, restringir os efeitos daquela declaração ou decidir que ela só tenha eficácia a partir de seu trânsito em julgado ou de outro momento que venha a ser fixado.

Norma semelhante encontra-se no artigo 11 da Lei nº 9.882/99, quanto à ação de arguição de descumprimento de preceito fundamental:

> Artigo 11- Ao declarar a inconstitucionalidade de lei ou ato normativo, no processo de arguição de descumprimento de preceito fundamental, e tendo em vista razões de segurança jurídica ou de excepcional interesse social, poderá o Supremo Tribunal Federal, por maioria de 2/3 (dois terços) de seus membros, restringir os efeitos daquela declaração ou decidir que ela só tenha eficácia a partir de seu trânsito em julgado ou de outro momento que venha a ser fixado.

Tais normas contrariam a tese que sempre prevaleceu de que a declaração de inconstitucionalidade tem que retroagir à data da promulgação da lei viciada. Esse entendimento era coerente com a ideia de que os atos nulos não podem produzir efeitos jurídicos. Se foi praticado um ato ilegal ou promulgada uma lei inconstitucional, deve ser feita a sua invalidação com efeitos retroativos (*ex tunc*), em benefício do restabelecimento da ordem jurídica. Todos os efeitos já produzidos devem ser apagados. Com isso, restariam observadas a legalidade e a constitucionalidade.

Agora, com as duas leis citadas (9.868 e 9.882, ambas de 1999), surge a possibilidade de serem regulados os efeitos pretéritos da declaração de inconstitucionalidade e de descumprimento de preceito fundamental, de modo a respeitar os efeitos já produzidos pela lei ou ato normativo eivados de vício.

São mais duas hipóteses em que os princípios do interesse público e da segurança jurídica prevalecem sobre o da legalidade estrita.

Os dois dispositivos transcritos fazem referência à *segurança jurídica* e ao excepcional *interesse social*. É a mesma ideia, que inspira a possibilidade de confirmação de atos ilegais, que impede a retroatividade de nova interpretação e a fixação de prazo de decadência para a anulação de atos administrativos ilegais.

Em todas essas hipóteses, o *decurso do tempo* contribui para a adoção das medidas excepcionais. Elas constituem o preço que o poder público paga pela demora em suas decisões (seja na esfera administrativa, seja na esfera judicial). A demora (para não dizer inércia das autoridades constituídas) faz com que se consolidem os efeitos de atos administrativos ilegais e de leis e atos normativos inconstitucionais, de tal forma que a sua invalidação, com efeitos retroativos, acabaria por causar prejuízos maiores ao interesse público.

A título de exemplo, cite-se a demora do Supremo Tribunal Federal, na Adin nº 2.135-DF, em apreciar o pedido de concessão de liminar, para suspender, até julgamento final, o *caput* do artigo 39 da Constituição, com a redação dada pela Emenda Constitucional nº 19/98, que extinguiu o regime jurídico único. A concessão da liminar só ocorreu em 2007, quando inúmeros atos já tinham sido praticados com inobservância do regime jurídico único, que se julgava extinto. Não há dúvida de que a outorga dessa liminar com efeitos retroativos à data da Emenda nº 19 (quase dez anos anterior à decisão) ocasionaria um verdadeiro caos na Administração Pública, que teria que invalidar todas as contratações feitas, nesse interregno, por regime jurídico diverso.

Daí a decisão da Ministra Ellen Grace de preservar os efeitos anteriormente produzidos. Com isso, ela prestigiou os princípios do interesse público e da segurança jurídica, tal como permitido pela Lei nº 9.868/99.

Da mesma forma que não existe inconstitucionalidade nos dispositivos citados da Lei nº 9.784, também não me parece que haja inconstitucionalidade nessa lei ou na Lei nº 9.882. Elas albergam hipóteses excepcionais em que o princípio da legalidade cede ante outros valores albergados pela Constituição, como é o caso da segurança jurídica, referida já em seu preâmbulo. Poder-se-ia falar em inobservância do princípio da legalidade em seu sentido estrito (que exige o cumprimento da lei em sentido formal), mas preserva-se o princípio da legalidade em seu sentido amplo (que exige o cumprimento de princípios e valores consagrados pelo ordenamento jurídico), e que se insere no próprio conceito de Estado de Direito.

É oportuno lembrar, mais uma vez, os acréscimos feitos na LINDB pela Lei nº 13.655/18, no que diz respeito às exigências de motivação para invalidação de atos e contratos administrativos. A lei veio tornar mais exigente a motivação, ao exigir que as decisões administrativas e as de controle, inclusive do Poder Judiciário, levem em consideração as consequências práticas, jurídicas e administrativas da decisão, especialmente quando a mesma decretar a invalidação do ato, contrato, ajuste, processo ou norma administrativa. O artigo 20 proíbe que, "nas esferas administrativa, controladora e judicial, se decida com base em valores jurídicos abstratos sem que sejam consideradas as consequências práticas da decisão".

Por sua vez, o artigo 21 determina que "a decisão que, nas esferas administrativa, controladora ou judicial, decretar a invalidação de ato, contrato, ajuste, processo ou norma administrativa deverá indicar de modo expresso suas consequências jurídicas e administrativas". Nos termos do parágrafo único do mesmo dispositivo, "a decisão a que se refere o *caput* deste artigo deverá, quando for o caso, indicar as condições para que a regularização ocorra de modo proporcional e equânime e sem prejuízo aos interesses gerais, não se podendo impor aos sujeitos atingidos ônus ou perdas que, em função das peculiaridades do caso, sejam anormais ou excessivos".

Com base nesses dispositivos legais, a decisão deverá mencionar expressamente as consequências jurídicas e administrativas dela decorrentes. Ao levar em consideração as consequências jurídicas, pode a autoridade verificar que a invalidação não é a melhor solução para o interesse público.

O artigo 4º do Regulamento da Lei nº 13.655/18, aprovado pelo Decreto nº 9.830/19, ao tratar das invalidações, permite, no §4º, a modulação dos efeitos dessa decisão, diante das consequências jurídicas e administrativas da invalidação para a administração pública e para o administrado. Permite: "I – restringir os efeitos da declaração; ou II – decidir que sua eficácia se iniciará em momento posteriormente definido". Pelo §5º do mesmo dispositivo, "a modulação dos efeitos da decisão buscará a mitigação dos ônus ou das perdas dos administrados ou da administração pública que sejam anormais ou excessivos em função das peculiaridades do caso". Não há dúvida de que o artigo 4º do Regulamento está outorgando larga margem de discricionariedade para a administração pública modular os efeitos das decisões de invalidação, com base no princípio da proporcionalidade. A medida exige rigorosa motivação, devendo observar a norma do artigo 21, parágrafo único, da LINDB, já referido.

9 Conclusões

O princípio da segurança jurídica, em seu aspecto objetivo, diz respeito à estabilidade das relações jurídicas e está acolhido, no direito brasileiro, especialmente pela regra contida no artigo 5º, XXXVI, da Constituição.

No entanto, esse dispositivo constitucional não esgota toda a possibilidade de aplicação do princípio, especialmente no que diz respeito ao seu aspecto subjetivo, que abrange a proteção da confiança que o administrado tem em que os atos do poder público sejam praticados licitamente.

A prevalência do princípio da segurança jurídica sobre o princípio da legalidade (em sentido estrito) levou os tribunais alemães a buscarem no próprio conceito de Estado de Direito o fundamento para a sua aplicação. No direito brasileiro, diante da falta de menção expressa ao princípio da segurança jurídica na Constituição, o mesmo entendimento adotado pelos tribunais alemães foi acolhido pela doutrina brasileira e, de forma não uniforme e ainda incipiente, pela jurisprudência, inclusive em acórdãos do Supremo Tribunal Federal. O princípio da segurança jurídica é considerado como subprincípio do Estado de Direito.

É o entendimento aceito, entre tantos outros, por Almiro do Couto e Silva,[20] Gilmar Mendes, Inocêncio Mártires Coelho e Paulo Gustavo Gonet Branco,[21] Valter Shuenquener de Araújo,[22] Rafael Valim,[23] Rafael Maffini,[24] além de seu acolhimento em acórdãos do STF.

Os estudiosos do tema do Estado de Direito procuram demonstrar que a expressão admite um sentido formal, que designa a exigência de submissão do Estado à lei, e um sentido material, que exige seja observada a *justiça* na aplicação da lei. É a ideia a que nos referimos sobre as inovações trazidas pelo modelo do Estado Democrático de Direito: aquele em que o poder público deve obediência à lei e ao direito, na conhecida fórmula inserida na Lei Fundamental da República Federal da Alemanha.

Fazendo referência ao pensamento europeu sobre o tema, Valter Shuenquener de Araújo[25] afirma que "na Europa, a doutrina majoritária, seguida dentre outros,

---

[20] Texto já referido, disponível no site www.direitodoestado.com.br, p. 11
[21] *Op. cit.*, p. 474.
[22] *O princípio da proteção da confiança. Uma nova forma de tutela do cidadão diante do Estado*. Rio de Janeiro: Impetus, 2009, p. 37 e seguintes.
[23] *Op. cit.*, p. 30-34.
[24] *Op. cit.*, p. 40 e seguintes.
[25] *Op. cit.*, p. 47.

por Weber-Dürler, defende, na companhia da jurisprudência alemã dominante, que o fundamento jurídico do princípio da segurança jurídica seria o princípio do Estado de Direito. A segurança jurídica exige que o Direito seja confiável e impõe para que exista uma dose razoável de previsibilidade quanto ao futuro uma continuidade em relação às decisões estatais já tomadas". E acrescenta o autor que "a dimensão material da segurança jurídica permite, no dizer de Barroso, que os cidadãos possam '**prever razoavelmente as obrigações decorrentes do sistema normativo**'. Por sua vez, o princípio da proteção da confiança serviria para, materializando o princípio da segurança jurídica, fortalecer o Estado de Direito, que pode ter sua existência ameaçada pela excessiva intervenção do Estado na autonomia individual. Com esse raciocínio, é possível concluir que o princípio do Estado de Direito também é dotado de um caráter subjetivo. Ele também serve para proteger direitos subjetivos. E isso acontecerá, por exemplo, quando ele for empregado para impossibilitar o desfazimento, pelo Estado e com efeitos retroativos, de decisões favoráveis aos cidadãos".

Tal fundamentação para o princípio da segurança jurídica é da maior relevância, porque permite a conclusão de que, em todas as hipóteses de sua aplicação, pode haver ofensa à lei, em sentido formal, mas não existe desconformidade com o Direito ou legalidade em sentido amplo.

É importante ressaltar que algumas das hipóteses de aplicação do princípio da segurança jurídica já foram acolhidas pelo direito positivo, com as normas do artigo 2º, parágrafo único, XIII, e 54 da Lei nº 9.784/99, com as normas das Leis nºs 9.868 e 9.882, ambas de 1999, e com as normas contidas na LINDB, introduzidas pela Lei nº 13.655/18, especialmente em seus artigos 23 e 24. Essa inclusão tem a vantagem de afastar o casuísmo e o arbítrio da Administração Pública na aplicação do princípio da segurança jurídica.

Referências

ARAÚJO, Valter Shuenquener de. *O princípio da proteção da confiança*: uma nova forma de tutela do cidadão diante do Estado. Rio de Janeiro: Impetus, 2009.

ARCE, Joaquim; FLORES-VALDEZ. *Los princípios generales del derecho y sua formulación constitucional*. Madri: Civitas, 1990.

CANOTILHO, J. J. Gomes. *Direito constitucional e teoria da Constituição*. Coimbra: Almedina, 2000.

CASSAGNE, Juan Carlos. *El acto administrativo*. Buenos Aires: Abeledo Perrot, [s/d].

DI PIETRO, Maria Sylvia Zanella. *Direito administrativo*. 33. ed. Rio de Janeiro: Forense, 2020.

DI PIETRO, Maria Sylvia Zanella. Os princípios da proteção à confiança da segurança jurídica e da boa-fé na anulação do ato administrativo. *In*: *Direito público atual*: estudos em homenagem ao Professor Nélson Figueiredo. Belo Horizonte: Fórum, 2008, p. 295-316.

DI PIETRO, Maria Sylvia Zanella. *Discricionariedade administrativa na Constituição de 1988*. 3. ed. São Paulo: Atlas, 2012.

FAGUNDES, M. Seabra. *O controle dos atos administrativos pelo Poder Judiciário*. São Paulo: Saraiva, 1984.

FERREIRA FILHO, Manoel Gonçalves. *Estado de direito e constituição*. São Paulo: Saraiva, 1988.

GORDILLO, Agustín. *Tratado de derecho administrativo*. Buenos Aires: Marcchi, 1979, t. 3.

MAFFINI, Rafael. *Princípio da proteção substancial da confiança no direito administrativo brasileiro*. Porto Alegre: Verbo Jurídico, 2006.

MEIRELLES, Hely Lopes. *Direito administrativo brasileiro*. São Paulo: Malheiros, 2003.

MELLO, Celso Antônio Bandeira de. 28. ed. *Curso de Direito Administrativo*. São Paulo: Malheiros, 2011.

MENDES, Gilmar Ferreira. *Jurisdição constitucional*. São Paulo: Saraiva, 2007.

MENDES, Gilmar Ferreira; COELHO, Inocêncio Mártires; BRANCO, Paulo Gustavo Gonet Branco. *Curso de direito constitucional*. São Paulo: Saraiva, 2007.

NOBRE JÚNIOR, Edílson Pereira. *O princípio da boa-fé e sua aplicação no direito brasileiro*. Porto Alegre: Sergio Antonio Fabris Editor, 2002.

NOHARA, Irene Patrícia; MARRARA, Thiago. *Processo administrativo:* Lei nº 9.784/99 comentada. São Paulo: Atlas, 2009.

OLIVEIRA, Régis Fernandes de. *Ato administrativo*. São Paulo: Revista dos Tribunais, 1978.

PEREZ, Jesús González. *El principio general de la buena fé em el derecho administrativo*.Madri: Civitas, 1989.

REALE, Miguel. *Revogação e anulamento do ato administrativo*. Rio de Janeiro: Forense, 1980.

SILVA, Almiro do Couto e. O princípio da segurança jurídica (proteção à confiança) no Direito Brasileiro e o direito da Administração Pública de anular seus próprios atos administrativos: o prazo decadencial do art. 54 da Lei de Processo Administrativo da União (Lei nº 9.784/99). *Revista Brasileira de Direito Público – RBDP*, Editora Fórum, v. 6, jul./set. de 2004, p. 7-59. Disponível em: http/www.direitodoestado.com.br.

SILVA, José Afonso da. *Comentário contextual à Constituição*. São Paulo: Malheiros, 2005.

VALIM, Rafael. *O princípio da segurança jurídica no direito administrativo brasileiro*. São Paulo: Malheiros, 2010.

Informação bibliográfica deste texto, conforme a NBR 6023:2018 da Associação Brasileira de Normas Técnicas (ABNT):

DI PIETRO, Maria Sylvia Zanella. O princípio da segurança jurídica diante do princípio da legalidade. *In*: MARRARA Thiago (coord.). *Princípios de direito administrativo*. 2. ed. rev. e ampl. e atual. Belo Horizonte: Fórum, 2021. p. 25-51. ISBN 978-65-5518-166-1.

A "CRISE" DO PRINCÍPIO DA LEGALIDADE DO PONTO DE VISTA DA TEORIA DA INTERPRETAÇÃO

GUSTAVO JUST

1 Introdução. O princípio da legalidade, o problema da interpretação e os ideais do direito público

Este pequeno ensaio é um exercício de projeção do ponto de vista teórico, ou, antes, teórico-cultural, sobre um tema clássico e ainda hoje central da dogmática do direito público: o princípio da legalidade da Administração. Esse exercício conduz a uma conjectura: o discurso dogmático sobre o tema chega por vezes a impasses cujas origens talvez seja possível compreender desenvolvendo duas ideias que a dogmática, em razão das limitações que lhe são próprias (e funcionalmente necessárias), não pode incorporar inteiramente. A primeira é a de que os aspectos decisivos do princípio da legalidade, e sobretudo da "preparação" dogmática de sua aplicação, se resolvem, em última análise, num problema de interpretação. A segunda é a da solidariedade entre o princípio da legalidade e certos ideais, ao mesmo tempo organizacionais e legitimadores, do Estado constitucional; ideais cuja precariedade chegou a um estágio histórico em que são gerados problemas que a dogmática, apesar de toda a sua arte, tem cada vez mais dificuldade em filtrar e converter em elementos conceituais estáveis e operacionalmente funcionais.

2 A legalidade e o modelo histórico inicial: um ponto de partida seguro para a dogmática

O tipo histórico do Estado constitucional, resultante do triunfo dos processos revolucionários burgueses, reflete em sua organização as projeções institucionais do seu principal fundamento de legitimidade, o ideal político liberal-democrático. O liberalismo se desdobra em dois aspectos. O primeiro é a construção de uma esfera de liberdade individual do cidadão, uma liberdade concebida em primeira linha como proteção de seus interesses primordiais – seus direitos inalienáveis – face à ação do Estado. O segundo é a ideia de contenção, de enquadramento da ação estatal por normas jurídicas. O princípio democrático, por sua vez, apresenta então a lei, expressão da vontade geral, expressão do autogoverno, da autonomia política, por um lado como a fonte possível da limitação da liberdade de cada um e, por outro, como parâmetro de validade da ação estatal que se quer juridicamente contida.

Ao menos formalmente, a Constituição de 1988 é uma ilustração sem retoques desse esquema ao mesmo tempo legitimador e organizacional. O art. 1º proclama a democracia representativa e o Estado de Direito; o art. 5º, II ("ninguém será obrigado a fazer ou deixar de fazer alguma coisa senão em virtude de lei"), institui a lei como fundamento para a restrição à liberdade individual; e o art. 37, *caput*, submete o Estado-administrador a essa mesma lei, expressão da soberania popular.

Logo, a norma do art. 5º, II (às vezes chamada de "legalidade geral"), e o princípio da legalidade administrativa presente no art. 37 podem ser apresentados como desdobramentos cooriginários do mesmo princípio fundamental do Estado de direito. E por isso o significado do art. 5º, II, expresso na Constituição, pode ajudar a compreender o sentido do art. 37, que consagra o princípio da legalidade, mas não o define. Dizer que "ninguém será obrigado a fazer ou deixar de fazer alguma coisa senão em virtude de lei" significa afirmar que, na ausência de proibição legal, tudo é permitido ao particular, nada lhe é proibido ou obrigatório. O reverso da medalha consiste em afirmar que a Administração, como aspecto da potência pública, só pode "obrigar" os particulares – obrigar em sentido amplo, isto é, praticar atos dotados de *obrigatoriedade* (como são todos os seus atos) – caso a sua ação esteja amparada em lei.

E com isso se chega à formulação básica do conteúdo do princípio da legalidade da Administração, obtida por contraste com a esfera de liberdade geral ou residual que o princípio da legalidade (art. 5º, II) reserva aos particulares: *a Administração só pode fazer aquilo que a lei autoriza*.

3 Uma organização dogmática tranquila, até que...

Como se vê, relacionar o princípio da legalidade com o projeto histórico do Estado de direito não traz nenhum embaraço à doutrina administrativista. Ao contrário, permite-lhe extrair, do art. 5º, II (princípio "geral" da legalidade), da Constituição uma formulação que expresse o conteúdo do princípio específico da legalidade administrativa proclamado no art. 37. Desse ponto de partida decorreu um trabalho dogmático em grande parte bem-sucedido, em que a doutrina e a jurisprudência vêm enfrentando uma série de questões que podem ser organizadas em dois grupos de problemas, ambos formados a partir dessa noção geral de subordinação da conduta da Administração à lei. Primeiro: em que consiste esse parâmetro "legal" ao qual se submete a Administração? Em outras palavras, o que significa a palavra "lei" no enunciado do princípio da legalidade? Segundo: o que significa exatamente essa *subordinação*?

a) O parâmetro da legalidade: lei e demais espécies normativas de *status* legal

Sobre o primeiro ponto (a definição do que se entende por "lei" como parâmetro de validade), generalizou-se na doutrina a ideia de que o princípio da legalidade submete a Administração à lei em sentido formal, o que exclui de plano a existência, no direito brasileiro, do chamado "regulamento autônomo" (no sentido próprio da expressão), que por alguns era defendida com algum vigor até a década de 1970, como na célebre tese de Diogenes Gasparini. O direito administrativo brasileiro se afasta, portanto, neste ponto, do modelo presente em diversos países europeus, especialmente a França e a Alemanha, em que vigora uma técnica de repartição de competências normativas entre o Parlamento e o Governo, como domínios paralelos, o que resultou, como se sabe, de uma evolução das tentativas de se buscar um equilíbrio de forças no sistema parlamentarista.

Entretanto, por lei em sentido formal entendem-se não apenas as leis ordinárias, mas também as demais espécies normativas com *status* legal referidas nos incisos II a VII do art. 59 da Constituição, isto é, leis complementares, leis delegadas, medidas provisórias, decretos legislativos e resoluções. A doutrina (já ratificada pela jurisprudência)[1] também acrescenta as espécies normativas recepcionadas, inclusive os decretos editados unilateralmente pelo Presidente da República no exercício da competência legislativa plena, como durante o Governo Provisório de 30[2] ou sob a vigência do AI-5.

b) Lei e normatividade administrativa

Todavia, tem-se observado às vezes que o princípio da legalidade também implica a vinculação da Administração às normas *infralegais* que ela própria cria em aplicação da lei. Obviamente que a existência de previsão em ato regulamentar não é suficiente para se considerar legítima a atuação do Estado, mas as normas infralegais acaso existentes, desde que compatíveis com a lei, precisam ser respeitadas, sob pena de invalidade do ato. Assim, segundo esse raciocínio, um ato praticado por um agente subalterno em desconformidade com os dispositivos específicos de uma portaria normativa de Ministro de Estado seria nulo, ainda que fosse compatível com os termos mais genéricos contidos na lei. E seria nulo por ilegalidade, já que, ao contrariar o decreto ou a portaria, estaria contrariando a própria lei na medida em que esta prevê expressamente, ou pelo menos pressupõe, o poder regulamentar a cargo dos escalões mais elevados da Administração. Isto é, o postulado geral de que a Administração pode anular os seus atos quando eivados de ilegalidade, postulado que decorre do princípio da legalidade e que se encontra sintetizado na célebre Súmula nº 473 do STF, seria aplicável inclusive aos atos que contrariam normas infralegais editadas pela própria Administração.

---

[1] Ver Adin nº 5332/600 (medida liminar), DJ de 27.09.91.
[2] É o caso, por exemplo, o famoso Decreto nº 20910/32, até hoje aplicado, que dispõe sobre o prazo de prescrição das ações contra a Fazenda Pública.

c) Lei e normas constitucionais

A subordinação do princípio da legalidade ao postulado geral do Estado de direito deveria conduzir à inclusão, no parâmetro de validade da ação da Administração, das normas constitucionais. Mas essa conclusão só costuma ser admitida com nuances. Evidentemente que, ao exercer o controle da validade dos atos administrativos, o Poder Judiciário os confronta às normas constitucionais. Entretanto, é mais difícil admitir que a própria Administração possa anular seus atos por serem inconstitucionais, embora compatíveis com a lei em sentido formal. Parte da doutrina defende essa possibilidade, ao menos quando se trate de lei "flagrantemente inconstitucional". Mas há argumentos dogmáticos que inibem o reconhecimento desse poder à Administração; um deles é o fato de que a Constituição reserva ao Poder Judiciário o controle de constitucionalidade das leis já promulgadas. Em consequência, a Administração não pode deixar de cumprir a lei sob pretexto de que ela seria inconstitucional e de que dessa forma estaria exercendo um controle de legalidade *lato sensu*.

Contudo, no âmbito federal, diplomas legais recentes parecem sinalizar no sentido de uma atenuação dessa atitude reservada da Administração, ao menos nos casos em que a inconstitucionalidade da lei haja sido declarada pelo Supremo Tribunal Federal, ainda que em processo incidental e mesmo na ausência de Resolução do Senado. Criou-se, assim, por exemplo, por meio de Medida Provisória depois convertida na atual Lei nº 10.522/02, a possibilidade de anulação de atos de inscrição em Dívida Ativa da União de tributos fundados em lei ainda em vigor, mas declarada inconstitucional incidentalmente pelo STF.

Por outro lado, o art. 1º, parágrafo único, I, da Lei nº 9.784/99 submete os processos administrativos ao critério da atuação "conforme a lei *e o Direito*" – uma fórmula certamente inspirada em preceito idêntico contido na Constituição portuguesa de 1976, que por sua vez teve como modelo o célebre art. 20, III, da LF. A dogmática desse preceito ainda se está por fazer, mas é certo que ele será mobilizado no sentido de sustentar uma atitude menos "legalista" do modo como a Administração fixa sua própria interpretação do direito vigente, aumentando o peso das decisões interpretativas dos tribunais, mesmo quando não sejam estritamente "vinculantes", mas em reconhecimento do papel criador da jurisprudência. Aliás, a recente introdução da súmula vinculante – vinculante da própria Administração pública, como diz expressamente o art. 103-A da Constituição – tanto poderá acelerar quanto, paradoxalmente, frear essa abertura, mas esse ponto não pode ser analisado aqui.

4 O sentido da subordinação. O problema da interpretação e a precariedade dos instrumentos dogmáticos

A dogmática do princípio da legalidade se organizaria ainda, como se antecipou antes, em torno de uma segunda questão: *o que significa exatamente esse vínculo de subordinação da Administração à lei?*

Na verdade, a doutrina raramente coloca expressamente essa questão preliminar, dando sinais de que pressupõe a sua simplicidade. A formulação básica do princípio da legalidade – a Administração só pode fazer aquilo que a lei autoriza – parece de fato sugerir que a aplicação do princípio seria uma coisa muito simples: ou a conduta está prevista na lei e, por isso, é válida ou não está prevista e então é inválida por violar o princípio da legalidade. Aliás, nessa ótica, o princípio da legalidade nem deveria ser um "princípio", se por tal se entender, como reza há mais de uma década a nova *vulgata* metodológica, um "mandamento de otimização" sujeito a diferentes graus de realização: será que uma conduta pode estar "mais ou menos" prevista em lei? E os aplicadores com frequência tratam o princípio da legalidade como se fosse uma coisa realmente simples ou, pelo menos, como se fosse algo a cujo respeito fosse possível chegar a conclusões muito seguras. Até mesmo a doutrina às vezes escreve sobre o princípio da legalidade como se a aplicação do princípio não fosse algo profundamente problemático.

Como se disse no início, o que faz do princípio da legalidade um problema altamente complexo e gerador de impasses para a dogmática é, em primeiro lugar, o fato de que o problema de sua aplicação envolve, em última análise, um juízo interpretativo concreto e circular, um problema cuja complexidade a dogmática não conseguiu, ao contrário do que fez em outros setores, neutralizar por meio de elementos conceituais e de classificações que tornassem essa aplicação controlável e previsível, numa medida razoável.

a) Por que a legalidade não se desvincula de um juízo interpretativo concreto?

A compatibilidade entre dois atos jurídicos é quase sempre algo problemático e, no caso do princípio da legalidade, a exigência de que a conduta da Administração esteja *prevista* em lei traz uma dificuldade adicional: o que precisa estar previsto na lei e o que pode ser introduzido por meio da atividade, inclusive normativa, da Administração?

A exigência imposta pelo princípio da legalidade tem a ver, portanto, com uma relação entre dois planos:
 a) o plano da lei;
 b) o plano da conduta da Administração, conduta essa que pode consistir num ato normativo, num ato jurídico concreto ou num ato material.

Entre esses dois planos, o princípio da legalidade estabelece duas relações. A primeira é uma relação de *não contrariedade*: "a conduta da Administração não pode *contrariar* a lei". A segunda é uma relação de previsão ou, antes, de *continência*: "a conduta da Administração precisa *estar prevista* na lei".

A relação de continência engloba logicamente a de não contrariedade; por isso é possível continuar o raciocínio fazendo referência unicamente à relação de continência. Como atestar essa relação de continência? Essa relação não é espacial nem geométrica, mas certamente pode ser pensada como uma relação semântica. A lei se expressa por meio de um enunciado (um enunciado da linguagem natural); a conduta da Administração, muitas vezes, também; e quando não é o caso (isto é, quando pratica os chamados "atos materiais da Administração"), pode ao menos ser convertida num enunciado. Logo, é preciso tratar o problema como o de uma *relação entre enunciados*.

Por outro lado, a vigência do princípio da legalidade é uma peça integrante dos mecanismos que o ordenamento jurídico típico do Estado constitucional cria para assegurar a sua unidade ou, pelo menos, a sua coerência. Mais especificamente, o princípio da legalidade serve à preservação da estrutura hierarquizada do ordenamento. Os ordenamentos típicos do Estado Constitucional são *intencionalmente*, programaticamente (e, segundo pretendem, racionalmente) hierarquizados.

Tem-se, então, que aquela relação entre enunciados é, além disso, uma *relação hierárquica* – uma hierarquia institucionalmente posta, inserida numa estrutura normativa. Ocorre que dentro de uma estrutura (para não dizer: um sistema) normativa hierárquica existe uma dinâmica, um processo. Esse processo consiste numa sucessão de atos que ao mesmo tempo aplicam a norma superior e criam uma norma nova: Kelsen chamou isso de *concretização normativa*. A norma inferior é "nova", isto é, é diferente da superior, porque é mais particular. Logo, a concretização é uma atividade *criadora* (de normas), e que corresponde à passagem do geral para o particular.

Assim, a relação entre enunciados, que está em jogo quando da aplicação do princípio da legalidade, é uma relação de *continência* entre um enunciado mais geral e um enunciado mais particular.

Acontece justamente que é extremamente problemático estabelecer uma relação de continência entre um enunciado particular e um enunciado geral; em todo caso, não se trata de uma operação puramente lógica. Cada enunciado é um conjunto de signos. Um conjunto está contido em outro se entre ambos houver elementos comuns, isto é, se entre ambos existir uma identidade parcial. Só que *entre termos gerais e termos particulares não há identidade possível*. Um termo particular só pode ser igual a outro termo particular. *O enunciado da lei e o enunciado da conduta da Administração nunca serão idênticos*. O legislador nunca prevê uma conduta em particular, e sim um "tipo" de conduta.

Às vezes se recorre, nesse ponto, a um argumento aparentemente tranquilizador: a norma inferior é compatível com a superior se o conteúdo de uma puder ser subsumido no da outra, e a subsunção é uma operação lógica: por isso a verificação da compatibilidade entre o ato administrativo e a lei seria uma operação lógica e, portanto objetiva, "demonstrável". Ocorre que em termos lógicos não se pode subsumir diretamente o particular no geral. O que se pode fazer é subsumir o particular no conjunto de elementos particulares a que fazem referência os termos mais gerais da previsão legal (premissa maior). Então, antes de subsumir é preciso estabelecer o universo de elementos a que fazem referência os termos da lei. E para isso é preciso interpretar o enunciado.

Só que todo termo contido na lei é, ao menos potencialmente, indeterminado. Essa indeterminação pode ser uma característica semântica intrínseca ("interesse nacional") ou decorrer de uma problematização contextual e pragmática, isto é, relacionada ao contexto específico em que se trata de dar ao termo um sentido normativamente relevante. Por isso a indeterminação afeta potencialmente qualquer termo inserido numa norma, seja ele um conceito moral ("bons costumes"), natural ("dia"), funcional ("veículo"), ou mesmo uma expressão numérica.

A superação dessa indeterminação consiste sempre num juízo interpretativo *concreto e circular*, no sentido da hermenêutica: diante de um ato administrativo cuja legalidade se quer aferir, procede-se a uma sucessão mais ou menos longa de hipóteses relativas à lei que se deva considerar pertinente, ao possível significado dos seus termos, ao sentido do próprio ato administrativo e à qualificação jurídica dos fatos que ensejaram a decisão.

A visão da circularidade dos processos interpretativos, por ameaçar seriamente toda pretensão de enquadramento metodológico da aplicação do direito, é naturalmente desconfortável para a dogmática jurídica como um todo. Mas a consciência dessa circularidade parece ser particularmente embaraçosa, ao menos para o publicista, quando se vê diante do princípio da legalidade. É que o ideal de um processo decisório metodicamente enquadrado, para não dizer objetivo e neutro, é também um ideal fundador do modelo histórico do Estado constitucional; um ideal por assim dizer metodológico (e com um componente epistemológico) que é inseparável dos ideais legitimadores e organizacionais do Estado de direito, mencionados acima. E o princípio da legalidade está exatamente na intersecção desses dois grupos de ideais, ocupando um papel articulador de duas concepções clássicas, a da decisão como um silogismo, como uma aplicação mecânica da lei, e a da democracia representativa. Essas duas concepções repousam sobre um mesmo dogma, o da lei como expressão de uma vontade, e mais precisamente de uma vontade certa, determinada e pré-fabricada. Que a lei exprime a vontade geral, tal é a ambição fundamental da democracia representativa; e é exatamente sobre essa base que se constrói a estrutura, arquetípica mais do que clássica, do raciocínio jurídico que lhe corresponde, em cujo ápice se situa a premissa maior constituída por essa vontade convertida em lei. Por outro lado, a lógica representativa faz da vontade política uma grandeza previamente dada, no sentido de que o exercício da autonomia política por delegação pressupõe que o indivíduo seja portador de uma vontade já determinada, que ele pode transferir tal qual aos seus representantes; paralelamente, para o juiz, o caráter "determinado" da expressão da "vontade do legislador" (ou da lei) é a garantia da neutralidade da operação intelectual que lhe incumbe, no curso da qual a premissa maior, isto é, a norma, pode ser tratada como um elemento pré-fabricado que lhe cabe simplesmente aplicar e de modo algum criar. A crise da democracia representativa e a crise da indeterminação do direito (elemento essencial à caracterização do debate contemporâneo sobre a interpretação) serão assim desencadeadas pelo questionamento de um mesmo dogma central.

b) A reação da dogmática: elementos precários

Mas, como se sabe, a dogmática dispõe de seus mecanismos próprios para reagir às crises ocasionais ou às incoerências congênitas dos ideais sobre os quais se funda o sistema jurídico que lhe cabe tornar aplicável. Um deles consiste em elaborar construções conceituais, que são tentativas de generalização formuladas a partir de certas situações extremas e, por isso, exemplares. Os conceitos e classificações concebidos pela doutrina (às vezes inspirados na jurisprudência ou por ela consolidados) servem exatamente para tentar limitar a abertura gerada pela necessária presença, nos raciocínios que conduzem às decisões, de um juízo interpretativo concreto e circular. Acontece que, no tocante ao princípio da legalidade, a eficácia dos instrumentos concebidos pela doutrina é muito limitada.

O principal desses instrumentos é distinção entre *reserva legal relativa* e reserva *legal absoluta* (ou estrita). Segundo a formulação de José Afonso da Silva, sempre retomada pela doutrina, *"é absoluta a reserva constitucional* de lei quando a disciplina da matéria é reservada pela Constituição à lei, com exclusão, portanto, de qualquer outra fonte infralegal". Por sua vez, é *"relativa a reserva constitucional de lei* quando a disciplina da matéria é em parte admissível a outra fonte diversa da lei, sob a condição de que esta indique as bases em que aquela deva produzir-se validamente".[3]

Essa classificação parece ter utilidade diante de situações em que está em jogo a validade de um ato normativo da Administração ou, antes, a legitimidade do exercício, pela Administração, de um poder normativo. Mas com ela não se afasta a necessidade de um juízo interpretativo concreto. Isso por duas razões.

Em primeiro lugar, mesmo que se estivesse diante de uma situação, digamos, "claramente" caracterizada como sendo de reserva legal absoluta, a única conclusão que se poderia extrair seria a de que não poderia ser produzido nenhum ato normativo da Administração; restaria sempre, todavia, o problema da validade do ato concreto e, para aferir essa validade, é preciso interpretar a lei e qualificar o fato. A prática do direito tributário oferece inúmeros exemplos disso. A definição do fato gerador do tributo é, segundo a dogmática tributarista, matéria sujeita à reserva legal absoluta; mesmo assim, a discussão sobre a validade – isto é, a legalidade – de um auto de infração está muitas vezes inteiramente subordinada à interpretação de um termo contido na lei definidora da "hipótese de incidência" ou à qualificação de determinada situação fática concreta que se pretende submeter à tributação.

Em segundo lugar, a classificação introduz um novo problema de interpretação, um problema de interpretação constitucional. É preciso interpretar a Constituição para saber se a matéria está sujeita à reserva legal relativa ou à absoluta. E para distinguir entre as duas situações, José Afonso da Silva, seguido, também

---

[3] Cf. SILVA, José Afonso da. *Curso de direito constitucional positivo*. 9. ed. São Paulo: Malheiros, 1992, p. 367-369.

aqui, por muitos outros, propõe um critério, ao que parece, gramatical: a matéria está sob reserva absoluta "quando ela [a Constituição] emprega fórmulas como: 'a lei regulará', 'a lei disporá', 'a lei complementar organizará', 'a lei criará', 'a lei poderá definir' etc.". Já os casos de reserva legal relativa estariam definidos na Constituição com fórmulas como "nos termos da lei", "no prazo da lei", "na forma da lei", "com base na lei", "nos limites da lei", "segundo critérios da lei". No primeiro grupo – e este parece ser o critério gramatical implicitamente adotado pelo autor – a palavra "lei" é sempre sujeito de uma oração, enquanto que no segundo ela ocupa outra função. Desnecessário dizer que essas expressões precisarão ser sempre interpretadas e que elementos interpretativos de diversa ordem podem perfeitamente indicar uma solução diferente daquela sugerida por esse critério gramatical às vezes mencionado na doutrina.

Esse último ponto ilustra, aliás, o fato de que a efetiva presença de um elemento dogmático relevante – isto é, efetivamente condicionante da forma como se organizam os processos argumentativos – não depende da capacidade que a dogmática tenha de, com os recursos que lhe são próprios e mesmo por obra de seus representantes mais talentosos, dar a essa presença um fundamento consistente. Se faz algum sentido para o jurista brasileiro aludir, de forma não aleatória, a matérias sujeitas à reserva legal absoluta e a matérias sujeitas à reserva legal relativa, isso não se deve a elementos textuais e sim ao fato de que a esse respeito existe uma ideia *culturalmente consolidada*. É o que ocorre, por exemplo, com o tipo penal. A Constituição diz que não há crime sem lei anterior que o defina, mas não diz que a própria lei precisa descrever, em todos os seus elementos, a conduta típica. Literalmente, o art. 5º, XXXIX, não seria incompatível com uma definição relativamente aberta do tipo penal, cujos elementos fossem pormenorizados por normas infralegais. Se essa interpretação é afastada, é simplesmente porque a ideia de uma estrita tipicidade penal legalmente definida está presente na própria origem do constitucionalismo. Algo semelhante se pode dizer a respeito do princípio da legalidade em matéria tributária.

Só que o que se pode considerar culturalmente estabelecido é muito pouco, e talvez não vá além das duas situações mencionadas. Para continuar mobilizando a distinção entre reserva legal absoluta e reserva legal relativa, a doutrina e a jurisprudência nada mais podem fazer do que proceder a um exame casuístico, em que se argumenta em torno de artigos específicos da Constituição (procurando-se determinar se a competência legislativa nele prevista define uma reserva legal relativa ou absoluta) e em torno da lei em questão e, eventualmente, do respectivo regulamento.

Esse exercício casuístico gera, às vezes, um esforço de generalização conceitual, em geral, hesitante ou parcial.

Hesitante é, por exemplo, a referência à distinção, oriunda da doutrina europeia, entre condutas administrativas "interventivas" (em que o Estado intervém na propriedade ou na liberdade individuais) e condutas "prestacionais". As primeiras estariam sujeitas à reserva legal absoluta e as segundas à reserva legal relativa. Embora o ambiente "garantista" do constitucionalista brasileiro seja favorável a toda concepção que adote como ponto de partida uma certa visão das relações entre o Estado e o cidadão, a referência a essa distinção parece ser, na jurisprudência brasileira, rara e sobretudo lateral, ocupando na argumentação um papel apenas secundário, o que talvez reflita o reconhecimento da precariedade da ideia por parte da própria doutrina que a havia concebido.[4]

Parcial, por sua vez, mas potencialmente eficaz, caso venha a se consolidar, em seu âmbito restrito de aplicação, é a ideia recentemente construída pela jurisprudência do Superior Tribunal de Justiça, e que diz respeito à relação entre o princípio da legalidade e o poder de polícia. A questão que se coloca aí é a seguinte: considerando que a lei confere a determinado órgão ou entidade da Administração o poder de polícia em certa matéria e sabendo-se que o poder de polícia implica a faculdade de *regular* determinada atividade, de *fiscalizá-la* e de *sancionar* o infrator, quais são as competências que estão implícitas nessa atribuição e que não precisam estar expressamente previstas na lei? Mas especificamente: pode a Administração, no exercício do poder de polícia, por meio de regulamento, *impor restrições* a determinada atividade que já não estejam expressamente previstas em lei? Pode *formular exigências* que não estejam previstas expressamente na lei? Pode *prever e aplicar sanções* independentemente de previsão legal?

Num julgamento complexo (Resp nº 275.549-MS), e que infelizmente não seria possível analisar aqui, o Superior Tribunal de Justiça formulou, com relativa clareza, a ideia de que a imposição de restrições às atividades dos particulares poderia ser veiculada por meio de norma administrativa, com fundamento na lei de atribuição do poder de polícia (reserva legal relativa), enquanto que a instituição de sanções somente seria lícita se prevista diretamente na lei (reserva legal absoluta). Mas, como se disse, trata-se aqui de uma ideia ainda carente de consolidação jurisprudencial e, em todo caso, de aplicação restrita a um aspecto específico da aplicação do princípio da legalidade.

5 Legalidade, agências reguladoras e pluralismo normativo

Mas a constatação de que a aplicação do princípio da legalidade é inseparável de um juízo interpretativo concreto – uma constatação que faz confrontar o princípio com um ideal por assim dizer "metodológico" do Estado de direito – aponta por sua vez para um problema que num primeiro momento parece ser propriamente jurídico-positivo. Como se viu, quanto mais gerais forem os termos da previsão legal, mais fácil será considerar que a ação administrativa encontra neles o seu fundamento. Cabe, então, indagar: seria constitucionalmente lícito ao legislador, diante do princípio da legalidade, empregar noções tão genéricas que

---

[4] Cf., por exemplo, ARNDT, Hans-Wolfgang; RUDOLF, Walter. 10. ed. *Öffentliches Recht*. München: Verlag Franz Vahlen, 1994, p. 33.

em determinadas circunstâncias representasse uma transferência praticamente total da normatização de certa matéria em favor da Administração (uma espécie de delegação de fato da competência legislativa)?

Em meados da década passada o Supremo Tribunal Federal decidiu um caso que representava, quanto a isso, uma situação no mínimo limítrofe. Tratava-se de saber se a importação de bens de consumo usados poderia ser proibida por meio de portaria do Decex (Portaria nº 08/91) ou se essa restrição à liberdade comercial somente poderia ser estabelecida por lei, como muitos sustentavam, à luz do art. 5º, II, e do art. 37 da Constituição O Supremo considerou válida a portaria, recorrendo às vezes ao art. 237 da CF, que teria outorgado competência ao Poder Executivo, e não ao Poder legislativo, para regular o comércio exterior. Esse argumento sinalizava para uma exceção ao princípio da legalidade, mas não é isso o que nos interessa aqui. O que nos interessa é o outro argumento de que também se valeu o Tribunal, em algumas das decisões que proferiu nesses casos. Sustentava então o STF que o princípio da legalidade havia sido respeitado na medida em que a portaria encontrava respaldo na Lei nº 2.145/53, que, em termos muito genéricos, atribuía competência ao Poder Executivo para emitir ou não guias de importação, atendido o critério do "interesse nacional".

Esse problema voltou, agora com muito maior gravidade, com a necessidade de se lidar com o poder normativo das agências reguladoras.

Do ponto de vista do princípio da legalidade, o que faz a relevância do tema das agências reguladoras não é exatamente a autonomia institucional que lhes é conferida, e sim o fato de que, dotadas dessa autonomia, elas exercem um conjunto de atribuições cujos contornos no direito brasileiro são ainda relativamente indefinidos, mas que na Europa e nos Estados Unidos vem adquirindo uma amplitude que pode tornar problemática sua inserção na arquitetura institucional classicamente definida pelas Constituições democrático-liberais.

O núcleo de atribuições das principais agências criadas no Brasil vem sendo, como se sabe, a gestão das grandes concessões de serviços públicos. Inclui, portanto, o exercício das prerrogativas do poder concedente, tais como a preparação e condução do processo de delegação, o estabelecimento e a modificação unilateral das condições de prestação do serviço, a fiscalização do contrato e a aplicação de sanções. Desse rol também fazem parte o contencioso administrativo envolvendo concessionários, usuários e o próprio poder concedente, além da revisão das tarifas (esse, o ponto que mais tem suscitado litígios, como ilustra o caso recente do setor elétrico).

Embora muitos dos conflitos suscitados até o momento se refiram ao reajuste das tarifas, o principal problema colocado pela doutrina diz respeito exatamente às *atribuições normativas* das agências.

Tem-se apontado, por um lado, a indefinição no tocante à relação existente entre a competência disciplinadora que se atribui às agências e o poder regulamentar que a Constituição reserva ao Chefe do Poder Executivo. A Lei 9472 contém uma antinomia *prima facie* que ilustra o problema. O art. 19, X diz competir à ANATEL "expedir normas sobre prestação de serviços de telecomunicações no regime privado", e o inciso I do mesmo artigo diz que lhe cabe "implementar a política nacional de telecomunicações". Em outras palavras, não se sabe ao certo onde termina a definição da política geral de determinado setor, a cargo do Estado, e onde começa a atividade normativa das agências. E a inexistência de subordinação administrativa entre essas instâncias impede que os conflitos sejam resolvidos pela via hierárquica.

Mas os autores têm-se mostrado preocupados sobretudo com a integridade do princípio da legalidade diante da expansão da função normativa das agências. Naturalmente que ninguém pretendeu reconhecer às agências uma competência normativa originária, autônoma. O próprio Supremo Tribunal Federal, em Adin (1.668) tendo por objeto dispositivos da Lei nº 9.472, deferiu medida cautelar para dar aos incisos IV e X do art. 19 interpretação conforme à Constituição, no sentido de que a competência da ANATEL para expedir normas subordina-se aos preceitos legais e regulamentares que regem a outorga do serviço público em questão. Mas o problema decorre do fato de que a complexidade das atividades reguladas exige muitas vezes um regramento altamente técnico e sujeito a alterações constantes, o que dificilmente se obtém pela via legislativa. Isso significa que há uma tendência a que a lei se limite a fixar parâmetros extremamente abertos, podendo em muitos casos vir a operar na prática uma verdadeira delegação de competência legislativa em favor das agências. Ao abordar o problema os autores evocam, sem muito entusiasmo, antigas construções doutrinárias um tanto precárias, incluindo a distinção entre reserva legal absoluta e reserva legal relativa. Também se menciona a esse respeito a jurisprudência da Suprema Corte dos Estados Unidos, que se conformou com a previsão, em lei, de parâmetros gerais, de "standards" como "atendimento do interesse público": uma orientação que representa uma solução meramente verbal do problema.

O problema na verdade é mais complexo e vai muito além da dogmática do principio da legalidade. Para compreendê-lo é preciso pensar o significado específico da ideia de regulação; a tendência de que o exercício da regulação seja confiado em grande medida a entidades dotadas de autonomia frente à estrutura estritamente estatal; a tendência de expansão do universo sujeito à regulação.

A regulação não se restringe à simples produção de normas gerais; sua noção central é sem dúvida a do disciplinamento jurídico, mas o seu sentido específico, no contexto atual, só se compreende quando se tem em mente que o recuo do papel do Estado como produtor direto de bens e serviços não pretendeu significar o seu desengajamento, e sim, pelo menos idealmente, como contrapartida desse recuo, a "invenção" de uma nova função, estratégica sem ser planificadora, que consiste em fixar as regras do jogo, mas em fixá-las não à distância, e sim em resposta imediata aos estímulos vindos da atividade regulada e interagindo com eles. Em outras palavras, a regulação seria uma espécie de *intervenção* disciplinadora.

Além disso, essa intervenção disciplinadora só é eficaz se for adequada às características próprias da sociedade tecnológica e pós-industrial, marcada dentre outras coisas pela "crescente complexidade dos circuitos econômicos, as mutações tecnológicas, a sofisticação dos produtos financeiros e a globalização do intercâmbio".[5] Por todas essas razões se compreende a tendência a se confiar a função reguladora cada vez mais a instâncias estranhas aos centros de produção normativa convencionais. Também se explica a tendência a uma certa autocontenção do Poder Judiciário diante de decisões de elevado teor técnico.

Para completar o quadro, em muitos países, a função reguladora das agências tem ido além do âmbito mais restrito dos serviços públicos ou das atividades econômicas disciplinadas sob uma ótica puramente mercadológica, para alcançar aspectos da vida social relacionados com os próprios direitos fundamentais. Na França, por exemplo, o Conselho Nacional do Audiovisual disciplina e controla os principais meios de comunicação de massa, sob diversos ângulos, inclusive o da liberdade de expressão e o do respeito à dignidade humana, e tem sido uma das autoridades administrativas independentes mais atuantes nos últimos anos.

É indiscutível a dificuldade de harmonizar esse processo com os dogmas organizadores e, sobretudo, legitimadores do Estado constitucional, que nunca renegou a ideia fundamental de primazia da lei como expressão da vontade popular. E, como ilustra a já mencionada decisão do Supremo Tribunal Federal na Adin nº 1.668, é com timidez que às vezes se procura contornar o impasse argumentando que a atividade das agências não pode contrariar a lei e está sempre sujeita a controle judicial.

Entretanto, o problema da legitimidade da regulação tem-se beneficiado da já antiga crise do parâmetro de legitimidade ao qual vem sendo ela mesma confrontada, isto é, a concepção representativo-eleitoral da democracia, fundamento ideológico último do princípio da legalidade, como foi lembrado no início. Como já vinha ocorrendo há algumas décadas com a jurisdição constitucional, a "defesa" da legitimidade das agências tem tentado explorar a sua possível convergência com as heterogêneas concepções pós-representativas da democracia, com seus componentes deliberativos, comunicacionais e "participativos".

O lugar das agências reguladoras nos sistemas políticos contemporâneos também vendo sendo pensado (fazendo-se abstração do problema de sua legitimidade) na perspectiva das concepções neomecanicistas do constitucionalismo, associadas ao realismo interpretativo, à teoria das constrições estratégicas do agir institucional e ao neoinstitucionalismo. Juristas e sociólogos ligados a essas tendências têm procurado compreender as agências reguladoras como uma engrenagem a mais na complexa engenharia constitucional caracterizada mais por um equilíbrio sofisticado de pesos e contrapesos do que por uma autêntica separação de "funções". Aliás, nos EUA, e isto é antigo, já se aludiu às agências como um quarto poder.

Em seu recente livro sobre o que chamou de "Estado pós-moderno", Jacques Chevallier[6] aponta a eclosão da regulação como um sintoma da ruína

---

[5] CHEVALLIER, Jacques. *L'État post-moderne*. Paris: L.G.D.J., 2003, p. 55.
[6] CHEVALLIER, Jacques. *L'État post-moderne*. Paris: L.G.D.J., 2003.

do modelo monolítico próprio do Estado moderno, caracterizado pela unidade e pela hierarquia das fontes de produção normativa. Um modelo que cede a um *policentrismo normativo* que por sua vez é apenas um dos aspectos das vastas e totalmente incertas transformações por que passa o Estado como forma política.[7] Como se sabe, o princípio da legalidade está associado na sua origem a um movimento totalmente inverso...

6 Consideração final sobre o "lugar" da crise

A ideia de "crise" do princípio da legalidade, que naturalmente se insinua ao longo deste ensaio, deve ser entendida como algo que afeta um certo plano do discurso dogmático do direito administrativo, preocupado com o agenciamento (e não necessariamente com uma mais ambiciosa "sistematização") coerente de um conjunto de conceitos operacionais eficazes em sua pretensão de assegurar um fundamento último à "retórica da objetividade e da neutralidade" (no sentido de Pierre Bourdieu) sem a qual o mundo dos juristas simplesmente não existe. De semelhante crise não se pode, todavia, falar, ao menos por enquanto, no plano mais concreto e mais imediatamente operacional do discurso dos juristas praticantes, dentre outras razões, porque "a fidelidade à lei permanece sendo um lugar comum importante no discurso do direito de uma sociedade orientada pela escrita".[8]

Informação bibliográfica deste texto, conforme a NBR 6023:2018 da Associação Brasileira de Normas Técnicas (ABNT):

JUST, Gustavo. A "crise" do princípio da legalidade do ponto de vista da teoria da interpretação. *In*: MARRARA Thiago (coord.). *Princípios de direito administrativo*. 2. ed. rev., ampl. e atual. Belo Horizonte: Fórum, 2021. p. 53-66. ISBN 978-65-5518-166-1.

---

[7] Ver também: ROSENFELD, Michel. Rethinking Constitutional Ordering in an Era of Legal and Ideological Pluralism. *International Journal of Constitutional Law (I.CON)*, v. 6, n. 3-4, October 2008; Cardozo Legal Studies Research Paper No. 242. Disponível em: SSRN: http://ssrn.com/abstract=1260018

[8] CASTRO JUNIOR, Torquato. Metáforas de letras em culturas jurídicas da escrita: como se é fiel à vontade da lei?. *In*: BRANDÃO, Cláudio; CALVALCANI, Francisco; ADEODATO, João Maurício. *Princípio da legalidade*: da dogmática jurídica à teoria do direito. Rio de Janeiro: Forense, 2009, p. 149-157.

O PRINCÍPIO DA LEGALIDADE, A LEI E O DIREITO

EGON BOCKMANN MOREIRA

1 Introdução

O estudo do princípio da legalidade demanda a fixação de algumas premissas histórico-cognitivas. Afinal, ele é parte do Direito Administrativo, um Direito em constante transformação – o qual "não é e não pode ser um direito como qualquer outro: se estas palavras tivessem algum sentido, parece adequado dizer que ele não é um direito jurídico, mas um direito político."[1] Por mais incomum que possa parecer, nada de mais quanto a essa constatação: enquanto e porque disciplinador da função administrativa do Estado e das relações deste com os direitos da cidadania, as infiltrações políticas e as mutações são típicas do Direito Administrativo. Não seria sequer razoável supor que hoje o Estado-Administração se relacione com os cidadãos da mesma forma como se passava há 200 anos (ou mesmo há 50 anos). Os tempos são outros, as pessoas e os direitos também: a realidade está sempre a desafiar a imaginação e isso também se reflete na construção legislativa, jurisprudencial e acadêmica do Direito Administrativo – o qual não seria inteligível caso investigado pressupondo-se um caráter estático que não possui.

Dessa singela constatação advêm ao menos duas consequências: por um lado, as normas de Direito Administrativo devem ser compreendidas em seu contexto (e assim interpretadas) e, por outro, o resultado da atividade hermenêutica não tem efeitos eternos. A construção de significados é um processo perene, o que importa dizer que o Direito Administrativo se renova constantemente ao incrementar a riqueza de seus detalhes e aperfeiçoar a profundidade de seu alcance. São camadas não uniformes de significantes e significados, algumas das quais a excluir as outras, que necessitam do respectivo espaço-tempo para serem adequadamente compreendidas.

Assim, e se é bem verdade que as conquistas do passado não podem ser desprezadas, o mesmo se pode dizer quanto ao desenvolvimento obtido no presente e as perspectivas de futuro. Pense-se só num exemplo: se hoje é pacífico que existem várias dimensões dos direitos humanos (as mais recentes em construção, a gerar outras tantas), o mesmo se diga quanto ao direito que disciplina as relações

---

[1] Prosper Weil e Dominique Pouyaud, *Le Droit Administratif*. 20. ed. Paris: PUF, 2004, p. 4 – tradução livre. (No original: "Le droit administratif n'est pas, et ne peut pas être un droit comme les autres: si ces mots avaient un sens, on dirait volontiers qu'il n'est pas un droit juridique, mais un droit politique.")

civis do Homem com o Estado (o direito público subjetivo à participação na formação dos atos estatais simplesmente não existia há 50 anos, tampouco o direito público subjetivo ao meio ambiente ecologicamente equilibrado, dentre tantos outros). Logo, estudar o Direito Administrativo de hoje com os olhos fixos num passado distante implica enfrentar os atuais desafios com armas antigas, forjadas para problemas de menor complexidade. Os dilemas do presente não podem ser reféns das soluções pretéritas (que se referiam a outras questões), mas exigem a criação de novas ferramentas – ou o aprimoramento das antigas.

Um dos principais desafios do Direito Administrativo sempre foi o princípio da legalidade. Conatural ao nascimento do Estado de Direito, a legalidade trouxe consigo a questão política fundamental do governo de leis, em substituição ao governo de homens. Desde então, a fonte do poder público passa a ser a lei, não os laços de família e nobreza. Porém, quais seriam os limites desse governo de leis? Só é *Direito* o que estiver formalmente escrito num documento chamado "lei"? Ou, por outro ângulo: qualquer texto a que se dê esse nome de batismo é *Direito Administrativo*? Mais ainda: o texto legal e a norma jurídica são a mesma coisa? A legalidade está na forma ou na substância? Em todas as situações, em face de todas as pessoas, o conteúdo e o alcance da legalidade são sempre os mesmos? Essas perguntas, ao lado de muitas outras, nasceram da vida conferida à legalidade (e de seus permanentes conflitos de personalidade). Pois este breve texto não tem a ousadia de tentar respondê-las, mas apenas apresentar algumas delas à reflexão dos leitores.

2 A origem do princípio da legalidade: soluções simples para tempos simples

1 O princípio da legalidade é conquista recente, pois nasceu com o Direito Administrativo, ao final do século XVIII. Antes disso, os esboços que porventura existiram não tinham o mesmo significado que lhes foi conferido pelo Estado Constitucional Moderno – que formaliza e dá substância ao princípio da legalidade. Por isso, o seu estudo exige breve digressão a propósito de sua origem. Afinal, ele nem sempre existiu; muito menos como é hoje compreendido. Não será demais afirmar, portanto, que a cristalização do que atualmente denominamos de "princípio da legalidade" torna-o diverso do conceito criado quando de seu nascimento.

Em radical simplificação, são duas as ideias-chave em torno das quais se criou o princípio da legalidade: *(i)* a constituição democrática (oriunda da manifestação popular) e *(ii)* o governo cuja competência decorre da constituição (e, por isso mesmo, é limitado por ela). Isso significa dizer que o princípio dirigia-se a, sobretudo, limitar os poderes do soberano e impor abstenções. Com o passar dos séculos, tal matriz, eminentemente formal, foi ampliada em determinados aspectos e restringida em outros tantos.

2 Tal como o princípio da legalidade, costuma-se dizer que o Direito Administrativo começou a surgir com a Revolução Francesa de 1789 – o que é de todo adequado. Afinal, antes da Revolução o que existia eram Estados soberanos delimitados territorialmente, mas submetidos a direitos internos não igualitários. Aos Estados era atribuída a regência de alguns poucos assuntos relativos à "ordem pública" (soberania interna e externa, ordem social, legislação estratificada, etc.); às pessoas privadas cabia tutelar os seus próprios interesses, na justa medida em que possuíssem o respectivo *status* social (e que o rei assim o permitisse).

2.1 No Antigo Regime (termo que designa a França pré-revolucionária), o que se passava era a existência de três classes sociais: a nobreza, o clero e o terceiro estado (o "povo"). Esses três estamentos eram profundamente desiguais: os que estabeleciam e assim detinham "direitos" eram a nobreza e o clero. O povo se submetia às escolhas dos detentores do poder soberano. São dessa época as expressões que tornaram célebre o absolutismo da realeza europeia: é ao Rei Luís XIV (1638-1715), o Rei-Sol, a quem se atribui a famosa *"L'État c'est moi"*. Esse período também se identifica com os brocardos *"The King can do no wrong"* e *"Princeps legibus solutus est"*, ambos a representar a imunidade da realeza diante das leis: o Estado era o rei que jamais errava; logo, estava imune às leis e a eventual responsabilização.

Assim e *grosso modo,* o Estado – leia-se o rei – era absoluto, valia por si só e apenas se submetia ao direito que ele mesmo desejava. O que havia, portanto, era um direito parcial, um direito desigual a estabelecer privilégios que se aplicavam a determinadas classes sociais. Se existia algo parecido com a legalidade, ela era parcial, concreta e precária. A compreensão desse fato é sobremaneira importante porque esclarece o papel que era reservado ao Estado e, até então, ao rei – que ditava as "razões do Estado".

2.2 Com a Revolução Francesa teve início o constitucionalismo moderno e a compreensão de que Estado e rei são pessoas díspares e devem, sim, se submeter ao direito. Por meio da Revolução os reis foram depostos e substituídos pelo Poder Executivo – a contemporânea Administração Pública. O poder do Estado foi dividido, a fim de se conter reciprocamente (funções legislativa, executiva e judiciária).

A partir de então, começa a se tornar célebre o princípio da legalidade, em suas duas vertentes: a das pessoas privadas ("ninguém será obrigado a fazer ou deixar de fazer alguma coisa senão em virtude de lei") e a das pessoas públicas ("a Administração só pode fazer o que a lei determina"). Também o princípio da igualdade assume especial importância, ao dispor que "todos são iguais perante a lei, sem distinção de qualquer natureza". Esses princípios (separação de poderes, legalidade e igualdade) são a síntese do primeiro momento do Direito Administrativo.

3 Com efeito, o Direito Administrativo surge como aquele grupo de leis destinado a reger a atividade administrativa do Estado – a qual se dá precipuamente mediante atos administrativos, concebidos como provimentos unilaterais praticados pela Administração para dar execução às leis ("manifestações de vontade da Administração", para os mais afeitos às premissas de Direito Privado). Por isso, a Administração Pública é tida como aquela função que meramente executa as leis (poder *executivo*), o que faz por meio dos atos administrativos. A fonte do poder do Estado-Administração passa a ser unicamente a lei, cuja origem é o Parlamento, composto por representantes do povo (e não a linhagem hereditária do soberano). Em suma, começa a existir o Estado de Direito, que depois vem a se desenvolver como Estado democrático de Direito.

Igualmente a respeito da origem do Direito Administrativo, merece ser destacada outra de suas peculiaridades: até pouco tempo atrás, ele era sobremaneira um direito não codificado. Por mais incrível que isso possa parecer frente ao sistema jurídico romano-germânico da Europa continental, que se caracterizou pelas grandes codificações e pela veneração ao direito escrito, o Direito Administrativo foi criado e construído pelos tribunais administrativos. Havia a Constituição e algumas poucas leis gerais, não sistematizadas nem codificadas, além de esparsos atos concretos. Não se cogitava de um "Código Administrativo" (como se deu com o Código Civil e o Comercial).

Assim, os principais institutos de Direito Administrativo e os seus mais relevantes conceitos não foram criados pelo legislador, mas sim pelo administrador – mais especificamente pelo Conselho de Estado francês, que julgava os recursos administrativos. O princípio da legalidade era dito pelos administradores públicos com assento no Conselho de Estado, caso a caso, e posteriormente sistematizado: *remedies precede rights*, como se o modelo normativo inglês houvesse atravessado o Canal da Mancha. Se o ato administrativo causasse gravame à pessoa privada, ela possuía legitimidade para, na condição de interessado (mero colaborador da legalidade e não como sujeito de direito), interpor recurso administrativo para ser submetido ao Conselho de Estado. A jurisdição administrativa não dizia respeito à violação de direitos subjetivos, mas sim ao controle objetivo da legalidade. Havia duas tarefas a cumprir, ambas eminentemente objetivas: definir a competência dos tribunais administrativos e detectar analiticamente os defeitos dos atos. Por isso, ampla maioria dos conceitos que até hoje são manejados no Direito Administrativo foi criada pelo Conselho de Estado (e sistematizada pelos célebres administrativistas franceses),[2] que os sacava do Direito Privado por meio de construções *a contrario sensu* (daí se falar, por exemplo, de cláusulas contratuais exorbitantes – que, se exorbitam do Direito Privado, orbitam no Direito Administrativo, pois são a ele naturais).

---

[2] Por isso que não há citações de "leis administrativas francesas" na doutrina, brasileira e estrangeira, quando se refere aos grandes temas de Direito Administrativo. Por exemplo, a certidão de nascimento do Direito Administrativo é o *Arrêt Blanco* (Tribunal de Conflitos, 1873, a julgar um problema de competência jurisdicional e rejeitar a aplicação do Código Civil em detrimento do "princípio da responsabilidade do Estado"); já a "teoria da imprevisão" nos contratos administrativos, com as consequências relativas ao equilíbrio econômico-financeiro, é dependente do *Arrêt Gaz de Bordeaux* (Conselho de Estado, 1916). Não há dúvida de que o *Arrêt Blanco* é a "pedra angular" do Direito Administrativo (Gaston Jèze), ao definir simultaneamente a competência da jurisdição administrativa e o conteúdo do Direito Administrativo de então (serviço público e seus limites).

4 Em termos teóricos (e relativos), no século XIX o funcionamento do Estado passou a ser razoavelmente simples. Afinal, havia um poder que editava as leis (legislativo); outro que as executava (executivo) e um terceiro, que corrigia os eventuais desvios (judiciário). Quem conferia competência aos homens públicos era a lei – o princípio da legalidade. Em França, quem controlava o cumprimento da legalidade era a própria Administração – e o fazia de modo objetivo. Em contrapartida, aos indivíduos eram constitucionalmente reconhecidas a liberdade, a autonomia e a capacidade de fazer negócios em nome próprio – assegurando-se o direito de propriedade, a igualdade e a responsabilização pessoal em casos de desvios. Em tese, o mundo funcionava bem, de forma balanceada e uniforme. Mas isso só em hipótese, pois na prática nem tudo correu bem, sobretudo no que diz respeito às relações entre as pessoas privadas e o Estado.

Afinal, muitos dos vícios do Estado absolutista, de tão enraizados na História e nos hábitos institucionais, permaneceram vivos no período pós-revolucionário. Muito embora a Revolução tenha pretendido a instalação de um novo estado de coisas e respectiva transformação social, fato é que a História não se submete a cortes com tamanha precisão. Com isso se quer dizer que várias das características do tempo pré-revolucionário (o Estado soberano, titular exclusivo das "razões do Estado"; a detenção monolítica da "ordem pública" interna e externa; a produção normativa institucional, etc.), unidas a temores antigos (o medo de um judiciário parcial e submisso ao Executivo), fizeram com que determinadas práticas permanecessem íntegras.

Um forte exemplo disso é o culto ao ato administrativo e suas características: como se pode imaginar a igualdade entre partes, se uma delas sempre se manifesta espontânea e unilateralmente, com presunção de legitimidade e autoexecutoriedade de seus atos? E o que se dizer do controle de tais atos, que não reconhecia a titularidade de direitos subjetivos do indivíduo em face do Estado?

5 Nesse cenário, o princípio da legalidade era posto em prática pelo ato administrativo, concebido como a emanação concreta da lei através do poder executivo. Afinal, a Administração só podia fazer o que estivesse autorizado em lei. Aqui a legalidade se manifestava na vida das pessoas – mas surgia com atributos extraordinários, decorrentes dos velhos vícios públicos. Daí as qualidades do ato como extravagantes ao Direito das pessoas privadas (mas ordinárias ao Direito Administrativo). Ao mesmo tempo em que limitava a ação da Administração, o ato complementava o universo da legalidade, dando-lhe individualidade e aplicação. O Direito Administrativo possuía um ciclo existencial curto: a lei (escrita ou por meio dos "princípios gerais" construídos pela doutrina e jurisprudência) era colocada em prática pelo ato concreto, sempre elaborado *interna corporis*. Devido a isso, o ato era compreendido como *executivo*: dava cumprimento à lei e continha qualidades executórias (o poder de valer por si só). Ato administrativo era sinônimo de ato de execução, nada mais do que isso.

Assim, o ato emanado unilateralmente pela Administração era resplandecente de legalidade. O conceito que o clássico Maurice Hauriou lavrou para o ato como "decisão executória" esclarece a compreensão do tema: uma decisão vinculada da autoridade administrativa, destinada a produzir os efeitos da lei.³ Essa era a sua principal virtude – o que permitia uma compreensão específica da legalidade.

Essas características inaugurais do princípio da legalidade permitem concluir quão singelos eram os problemas (e quão simples as respectivas soluções). Em termos relativos ao que hoje se dá, esperava-se pouco do Estado-Administração. Os seus deveres eram de pequena dimensão, modulados por um só vetor: o da limitação objetiva do ato administrativo por meio da aplicação formal da lei. O controle objetivo feito pelo Conselho do Estado depurou analiticamente os desvios da legalidade, destrinchando os pressupostos e elementos do ato e lhes atribuindo as mais diversas denominações (competência, sujeito, objeto, conteúdo, motivo, finalidade, forma, formalidade, procedimento, etc.). Mas fato é que tudo girava em razão do controle repressivo do ato – para garantir a omissão estatal em determinados assuntos (ou a respectiva responsabilização em outros tantos).⁴ Pode-se afirmar, portanto, que o princípio da legalidade do assim denominado Estado Liberal era de muito mais simples cognição, pois portador de desafios de menor intensidade. A complexidade se inicia ao final do "longo século XIX", justo ao alvorecer do "breve século XX", e se intensifica ao início desse "rápido século XXI".

3 O início da complexidade e os desafios da legalidade de conteúdo ativo

6 Como se pode inferir, o princípio da legalidade nasceu de modo formal-objetivo, por meio da definição de competências passivas que refletiam o dever de o Estado – o poder público – se abster de participar das relações socioeconômicas. Os direitos de primeira dimensão dirigiam-se à inibição da atividade do Estado frente às pessoas (físicas e jurídicas). O Direito Administrativo pretendeu nascer de fonte monolítica, o Estado, e era originalmente um direito monoclasse, a representar os interesses da classe burguesa.⁵ Por isso que, quando a Administração intervinha no domínio privado (isto é, fazia valer o seu poder em setor

---

³ Eis o conceito: "c'est *toute décision en vue de produire un effet de droit prise par une autorité administrative dans une forme exécutoire* ou, plus brièvement, c'est toute *décision exécutoire*" (*Précis de Droit Administratif et de Droit Public General*. 5. ed. Paris: Librairie de La Société du Recueil G^al des Lois et des Arrêts, 1903, p. 258). No mesmo sentido, WALINE, Marcel. *Manuel Élémentaire de Droit Administratif*. Paris: Recueil Sirey, 1936, p. 439 ss.

⁴ O que repercutiu, com efeitos que persistem até hoje, na compreensão do processo administrativo e respectiva visão limitadora (um rito, destinado a controlar repressivamente a edição de atos nos casos em que houvesse acusações e/ou litígios). Para o exame do processo administrativo como relação jurídica entre sujeitos de direito e suas dimensões individual, coletiva e de cidadania (a espelhar as dimensões dos direitos fundamentais), v. MOREIRA, Egon Bockmann. *Processo administrativo*: princípios constitucionais e a Lei 9.784/99, 4. ed. São Paulo: Malheiros Editores, 2010, p. 70-75, e "Agências administrativas, contratos de serviços públicos e mutabilidade regulatória", *RDPE* 25/101-117. Belo Horizonte: Fórum, jan./mar. 2008.

⁵ Afinal, o "Terceiro Estado" era constituído pela classe burguesa dos proprietários (os que podiam eleger e ser eleitos). Não é de se admirar, portanto, que o primeiro momento do princípio da legalidade tenha sido o de uma legalidade monoclasse, a defender só e tão-somente os interesses da classe burguesa (cf. GIANNINI, Massimo Severo *Il pubblico potere*: Stati e amministrazioni pubbliche. Bologna: Il Mulino, 1986, *passim*).

que não lhe era próprio), as pessoas privadas recorriam aos órgãos de controle e assim instalavam a fiscalização objetiva do ato por meio de seu contraste com os parâmetros legais.

O que existia, portanto, era a legalidade de conteúdo passivo, inibidor, restritivo e, muitas vezes, punitivo.[6] Porém, fato é que houve um momento em que os indivíduos passaram a exigir comportamentos do Estado-Administração. Isso se iniciou especialmente no primeiro terço do século XX, quando as pessoas deixaram de possuir recursos os quais possibilitassem realizar investimentos e mesmo sobreviver – fazendo com que o Estado ingressasse na economia e assim exigisse a construção de um Direito (Administrativo) Econômico (um Direito Público da Economia). Aqui o Direito Administrativo passa a assumir encargos de maior complexidade – tanto no que respeita à matéria por si disciplinada, como no que toca ao relacionamento com assuntos até então estranhos à convivência público-privada.

Refletindo tese de ampla aceitação, Fabio Konder Comparato sintetizou a origem histórica do Direito Econômico como uma disciplina que nasceu depois da Primeira Guerra Mundial. Situação acentuada pela Grande Depressão da década de 1930, em razão da qual: "A posição estatal de simples árbitro do respeito às regras do jogo econômico não tinha razão de ser, desde o momento em que os diferentes protagonistas deixavam de jogar. A se porfiar no otimista *'laissez faire'*, ter-se-ia na prática um *'laissez ne pas faire'*. Incumbia a alguém reimpulsionar a máquina econômica paralisada, e este alguém só poderia ser o Estado".[7] Nesse momento, o princípio da legalidade assume nova – e decisiva – configuração: a lei a autorizar (ou a determinar) que o Estado ingresse no domínio econômico (seja diretamente, por meio de empresas estatais; seja indiretamente, por meio de regulação e fomento). Instala-se a legalidade ativa, que permite (senão ordena) a conduta estatal destinada a gerar benefícios aos indivíduos – em contraste com a até então vigente legalidade que inibia a ação administrativa do Estado.

7 Logo, e também em decorrência da sua firme inserção na economia no período da Primeira e Segunda Guerras (e acentuadamente nos pós-Guerras), o Estado passou a se comprometer com a promoção de vantagens sociais. Mas isso não se deu de forma administrativa autônoma, eis que o princípio da legalidade permaneceu vigente, a exigir lei prévia para a validade dos atos administrativos

---

[6] A constituir a lógica binária oitocentista que só enxergava duas portas de ingresso no Direito Administrativo, que apenas variavam a intensidade recíproca a depender do modo de atuação do Estado: a do "poder de polícia" (excepcional e destinado a limitar a ação das pessoas privadas) e a do "serviço público" (a instalar bens e serviços onde as pessoas privadas não ousavam adentrar – em especial devido à inexistência de vantagens passíveis de aferição). Caso não dispusesse da chave que abrisse uma dessas portas, o estudioso e o julgador estariam fora do Direito Administrativo. Mas fato é que ambos os conceitos foram objetivamente construídos segundo um liberalismo excludente: *ou* Administração (Direito Público) *ou* pessoas privadas (Direito Privado), que jamais conviveu em harmonia com soluções público-privadas.

[7] O indispensável direito econômico. *RT* 353/16. São Paulo: RT, 1965. No mesmo sentido: SCAFF, Fernando Facury *Responsabilidade civil do Estado intervencionista*. 2. ed. Rio de Janeiro: Renovar, 2001, p. 81 ss.; MOREIRA, Vital. *Economia e Constituição*. Coimbra: FDUC, 1970, p. 135 ss. Acerca do período anterior, v. LAUBADÈRE, André de. *Direito público econômico*. Trad. M. T. Costa. Coimbra: Almedina, 1985, p. 36 ss.

(inibindo, muitas vezes, o gozo de tais benefícios pelas pessoas). Igualmente por meio de atos administrativos que cumpriam a legalidade, deu-se a concretização estatal de atividades geradoras de desenvolvimento coletivo. Isso tanto em termos de atos concretos como sob a técnica do planejamento estatal da economia.

7.1 O cumprimento da legalidade já não mais se prestava apenas a vigiar e punir, nem tampouco a executar pontualmente a lei, mas, de igual forma, a instalar meios de desenvolvimento social (o planejamento estatal da economia) e a favorecer os particulares (os direitos de segunda dimensão; os direitos sociais). O Direito Administrativo já não mais estava diante das demandas de uma só classe social (como se dava no Estado burguês monoclasse), mas passou a se defrontar com pluralidade de pessoas detentoras de direitos subjetivos públicos, muitos dos quais absolutamente díspares (o Estado pluriclasse e respectivos ordenamentos setoriais). Os indivíduos passaram a não apenas evitar e se defender dos atos de polícia (as "decisões executórias"), mas a buscar ativamente o resguardo e os favores oriundos da Administração. Tornou-se usual que os particulares pleiteassem a produção de atos administrativos – instalando-se uma legalidade "ampliativa" (a criar benefícios) e não "restritiva" (a estabelecer omissões).

Realidade que implicou a instalação do Estado num nível diferenciado, a receber demandas para gerar benefícios e ônus (sempre em cumprimento à lei e submetido ao controle externo). Porém, mesmo ao interior dessa tensão (não violar a liberdade dos particulares e só fazer o que a lei determina *versus* prover ativamente de benefícios toda a sociedade e seus diversos sujeitos), o que se tinha inicialmente era a Administração unilateral, desconhecedora da participação popular quando do instante formador de suas decisões. Em todos os momentos o que se dava era a definição autônoma dos atos administrativos (mesmo em decorrência de pleitos privados).

7.2 Ainda nesse cenário o princípio da legalidade formal era a chave-mestra dos atos administrativos. Uma vez respeitada, estes surgiam repletos de qualidades extravagantes: presunção de legitimidade, imperatividade, exigibilidade e executoriedade. Ao interno disso, havia a discricionariedade a representar a "fórmula-gazua" (Gaston Jèze), por meio da qual se abriam as portas e impedia-se o controle. Não se fazia necessário cogitar da participação dos particulares na formação dos atos, firmes que eram as premissas quanto à emanação da lei pelos representantes do povo e à segurança do controle *a posteriori* dos eventuais desvios.

Em suma, muito embora a finalidade dos atos administrativos tenha se tornado muito mais rica e plural, pouco mudaram as suas premissas. A legalidade liberal permaneceu irradiando as suas exigências, com escassas alterações. Persistiu por muito tempo a Administração Pública como emissora de comandos complementares à lei, sempre *secundum legem*. A academia perseverou na geração de princípios, a configurar as especificidades do Direito Administrativo. O controle objetivo era muito pouco permeável a novidades, que só aos poucos se implementaram – tanto no sentido ampliativo como no lado restritivo.

8 Tais premissas europeias, mais especificamente francesas, tiveram ascendência e intensa autoridade para o Direito Administrativo pátrio. Afinal, como pontificou Caio Tácito: "O Direito Administrativo Brasileiro nasceu sob o signo da influência francesa".[8] Também por isso e durante algum tempo, o Direito Administrativo brasileiro girou em torno do ato e respectivo controle objetivo de sua legalidade, deixando-se de lado a ofensa substancial a princípios constitucionais e os direitos subjetivos do cidadão. Em assim o fazendo, rejeitava-se (ainda que inconscientemente) a titularidade de direitos das pessoas privadas frente à Administração Pública e repudiava-se a instalação de relações jurídicas, materiais e processuais, entre os cidadãos e o Estado. Esse permanecia titular absoluto das "razões do Estado"; aqueles, meros súditos a colaborar com as tarefas administrativas públicas. O rei havia sido sucedido pela Administração; o súdito pelo cidadão. Pois fato é que tais conceitos e práticas – felizmente – evoluíram, em especial depois da promulgação da Constituição brasileira, em outubro de 1988.

Em vista a larga celebração de direitos subjetivos materiais (dignidade da pessoa, igualdade, trabalho, propriedade etc.) e processuais (direito de petição, devido processo legal, ampla defesa, contraditório etc.), de modo nunca dantes experimentado no constitucionalismo brasileiro, a partir de 1988 deu-se início a reflexões mais maduras a respeito dos direitos e garantias das pessoas privadas (físicas e jurídicas). Isso permitiu que se chegasse a importantíssimas conclusões a respeito do papel constitucionalmente reservado ao Estado e aos cidadãos: estes são pessoas cuja dignidade é um dos fundamentos da República (Constituição do Brasil, art. 1º); aquele deve envidar esforços para a diminuição das desigualdades sociais, incrementando assim a universalização do princípio da dignidade da pessoa (Constituição do Brasil, art. 3º). As pessoas privadas são, portanto, titulares de direitos subjetivos públicos declarados em sede constitucional (Constituição do Brasil, art. 5º), cujo exercício é garantido pela própria Constituição (e legislação infraconstitucional).

9 Nota-se com facilidade que o Direito Administrativo passa a reger a atividade estatal sob novas perspectivas, a exigir do Estado atitudes proativas de respeito ao cidadão e concretização de direitos públicos subjetivos (exigências que têm dificuldade de se identificar com o conceito oitocentista da legalidade administrativa). O interesse público assume nova configuração, simultaneamente irradiando-se de direitos subjetivos (individuais e coletivos) e afastando-se das "razões do Estado". Isto é, o Direito Administrativo (sobremodo o Direito Administrativo da Economia) não é mais visto apenas como o tradicional obstáculo às agressões do Estado, mas também como condição essencial à *estabilidade* e *segurança* do desenvolvimento socioeconômico. Abdicando de uma função executiva, reativa

---

[8] Presença Norte-Americana do Direito Administrativo Brasileiro. *In*: *Temas de Direito Público*, 1º vol. Rio de Janeiro: Renovar, 1997, p. 13.

e retrospectiva (solução dos conflitos já postos), o Direito Administrativo passa a ser exigido como instrumento ativo, formal e material, de implementação de políticas públicas. Abrem-se novos horizontes prospectivos aos juristas e novos desafios à compreensão do princípio da legalidade sob a perspectiva da Administração promotora de desenvolvimento social (com as variantes da "Administração de infraestrutura" e "Administração de garantia").[9]

Tudo isso com lastro numa Constituição eminentemente plural, em que as forças políticas hegemônicas da sociedade brasileira fizeram positivar direitos públicos subjetivos que acolhem os mais diversos espectros da cidadania. Constatação que traz consigo momentos de tensão constitucional (p. ex., o direito de propriedade e sua função social; o direito à honra e à liberdade de informação; a dignidade da pessoa, a proteção à família e a liberdade de opções sexuais; a livre empresa e o meio ambiente etc.) e instala as respectivas mutações constitucionais (mudanças informais na norma, mantendo-se inalterado o texto), os quais enriquecem o debate constitucional e fazem com que o princípio da legalidade efetivamente assuma nova dimensão.

Além disso, muitas das distinções entre o Direito Público e o Direito Privado tornaram-se frágeis, permitindo uma convivência franca de alguns institutos marcantes das disciplinas (com o que se instalaram os dilemas da "constitucionalização do Direito Civil" ou "civilização do Direito Constitucional", nos dizeres de Gomes Canotilho),[10] bem como a construção do Direito Privado Administrativo: o Estado a atingir fins públicos, definidos em normas de Direito Público e submetidos à supervisão de autoridades públicas, mas por meio de atos e negócios jurídicos disciplinados pelo Direito Privado.[11] Por aí já se pode ver o despontar da nova legalidade e a complexidade de alguns dos seus desafios.

Enfim, antes o Direito Administrativo vivia sob o primado de três máximas: *desigualdade* (um Estado detentor de prerrogativas extraordinárias, unilateral e com presunção de legitimidade *iuris tantum*); *hierarquia* (superioridade inquestionável do Estado, formal e substancial) e *exclusão recíproca* (*ou* Estado *ou* sociedade civil). Agora, chegou-se ao momento que exige novos esforços, para que se possa esboçar o que se passa na essência do Direito Administrativo contemporâneo, na lógica

---

[9] Cf. GONÇALVES, Pedro. *Entidades privadas com poderes públicos*. Coimbra: Almedina, 2005, p. 158-170; CANOTILHO, J. J. Gomes. O Estado Garantidor: claros-escuros de um conceito. *In*: NUNES, A. J. Avelãs; COUTINHO, J. N. de Miranda (org.). *O direito e o futuro, o futuro do direito*. Coimbra: Almedina, 2008, p. 571-576; MOREIRA, Egon Bockmann. *Direito das Concessões de Serviço Público*: inteligência da Lei 8.987/1995 (parte geral). São Paulo: Malheiros Editores, 2010, p. 167-174 e 230-233.

[10] Civilização do direito constitucional ou constitucionalização do direito civil? A eficácia dos direitos fundamentais na ordem jurídico-civil no conceito do direito pós-moderno. *In*: E. R. GRAU e W. S. GUERRA FILHO, *Direito constitucional*: estudos em homenagem a Paulo Bonavides. São Paulo: Malheiros Editores, 2001, p. 108-115.

[11] Cf. SILVA, Almiro do Couto e. Privatização no Brasil e o novo exercício de funções públicas por particulares. Serviço público 'à brasileira'?. *RDA* 230/46, nota 2, Rio de Janeiro: Renovar/FGV, out./dez. 2002; MOREIRA, Egon Bockmann. *Direito das concessões de serviço público*: inteligência da Lei 8.987/1995 (parte geral), São Paulo: Malheiros Editores, 2010, p. 58-70 e 374-385; MAURER, Harmut. *Droit administratif allemand*, Trad. M. Fromont, Paris: LGDJ, 1992, p. 39-43; WOLFF, H. J.; BACHOF, O.; STROBER, R. *Direito administrativo*, vol. 1, Trad. de A. Francisco de Souza, Lisboa: Fundação Calouste Gulbenkian, 2006, p. 314.

da cooperação e convivência, a suprimir a dissociação absoluta entre o Estado, os particulares e respectivos direitos. Trata-se da constatação de que as mutações do Direito Público permitem *flexibilizar* o modelo clássico de desigualdade, hierarquia e exclusão recíproca do relacionamento das pessoas privadas com o Estado. Autorizam, portanto, novas leituras do princípio da legalidade.

4 A evolução do princípio da legalidade: a lei, o Direito e os direitos

10 Conforme acima sumariamente descrito, o Direito Administrativo nasceu de um só genitor: a legalidade oficial, oriunda de fonte única, o Poder Legislativo. Esse direito, formal e monolítico, autorizava a construção de soluções igualmente estáticas e objetivas para os problemas instalados no Estado liberal monoclasse. A aplicação formal daquilo que se denominava de lei resolvia a ampla maioria de tais questões. Originalmente, as decisões do Conselho de Estado eram objetivas, proferidas em procedimentos instalados por indivíduos colaboradores no controle da legalidade. Estava-se diante da oposição entre o indivíduo e o Estado, não da recíproca integração e reconhecimento plural.

Nesse sentido, o título deste item é muito revelador, ao consignar a expressão oriunda do art. 2º, parágrafo único, da Lei nº 9.784/99, que celebra o dever de "atuação conforme a lei e o Direito", ambos no singular. A lei não é só o Direito, mas este parece ser um só.[12] Contudo, fato é que os dilemas vividos na atualidade não se resolvem apenas com o recurso a tais soluções antigas – mesmo porque vivemos em tempos em que fica cada vez mais nítida a multiplicidade de ordens jurídicas (e respectivas fontes), exigindo-se novas soluções, entre elas a compreensão do pluralismo jurídico – que "permite superar a problemática do Estado de direito ao afirmar que o Estado não tem o monopólio da produção do direito oficial".[13] Mas este breve texto não pretende ir tão longe, muito embora a constatação da pluralidade permita oxigenar a discussão a propósito da "juridicidade" e das "relações administrativas especiais" – ambas expressões de alguns dos desafios que são hoje postos ao princípio da legalidade.

---

[12] Quando, em verdade, não é: "Impõe-se distinguirmos o discurso que trata do direito no plano das abstrações daquele que cogita como realidade(s) concreta(s). É que não existe, concretamente, *o direito*; apenas existem, concretamente, *os direitos*." (GRAU, Eros Roberto. *O direito posto e o direito pressuposto*. 5. ed. São Paulo: Malheiros Editores, 2003, p. 19).

[13] ROULAND, Norbert. *Nos confins do direito*. Trad. M. E. A. P. Galvão. São Paulo: Martins Fontes, 2008, p. 178. Para, em seguida, consignar: "Para o antropólogo, a limitação jurídica do Estado não pode ser oriunda do próprio Estado, por intermédio de um direito cujo domínio ele conserva de todos os modos. No plano interno, ela vem mesmo da sociedade, da qual se deve reconhecer que produz sistemas de direito. Pois, se o direito estatal é o único a existir, o Estado de direito não passa de uma ilusão. Porém, mais ainda do que a constatação da pluralidade das ordens jurídicas, conta a da interação delas: essas ordens não são mônadas. Elas se enredam no funcionamento concreto dos diversos sistemas de regulação: um médico é sujeito às regras deontológicas ditadas pelo Conselho Regional de Medicina, mas também aos princípios gerais da responsabilidade civil; um detento continua a obedecer às leis do meio mesmo sendo forçado a observar as do estabelecimento carcerário".

4.1 Evolução ampliativa: legalidade e juridicidade

11 Conforme anteriormente consignado, a expressão "a lei e o Direito" veio à tona no direito positivo brasileiro depois da edição da Lei nº 9.784/99, que regula o processo administrativo no âmbito da Administração Pública Federal.[14] Pode-se tomar esse marco como o instante em que se reconheceu legislativamente o novo tônus que o princípio da legalidade haveria de assumir frente ao Direito Administrativo brasileiro. A partir desse momento, a Administração Pública deve obediência não só ao *texto normativo*, mas sim à *norma construída a partir do texto*. Mesmo em sede da legalidade formal, os horizontes são outros.

Aqui se consolidou a ampliação substancial do que se pode compreender por legalidade, a transcender o texto e se projetar na norma; instalando a ampliação de sentido da lei e do Direito. Isto é, o dispositivo legal determina que o agente cumpra a norma legal, com observância do todo do Ordenamento Jurídico (e não só aquele produzido pela fonte monolítica dos poderes públicos constituídos). Ao distinguir os dois termos, o artigo disciplina que a lei não é a única fonte do Direito Administrativo, nem tampouco pode ser interpretada de forma restritiva. Não basta uma leitura simplista, literal, de singelo artigo de lei, para a aplicação do Direito pelo agente público. A Lei nº 9.784/1999 exige mais do que isso – tornando essa compreensão limitada contrária ao princípio da legalidade. Eduardo García de Enterría é claro ao afirmar que "hoje nossa Constituição admite que, precisamente no que toca à Administração, nem todo o Direito encerra-se nas leis (art. 103.1)".[15] Vale também a menção à decisão do Tribunal Constitucional Federal alemão, a propósito do respectivo preceito constitucional: "Com isso recusa-se, segundo a opinião geral, um positivismo legal estrito. A fórmula mantém a convicção de que lei e Direito em geral se identificam, por certo, facticamente, mas não sempre e necessariamente. O Direito não se identifica com a totalidade das leis escritas. Face às estatuições positivas do poder estadual, pode em certas circunstâncias existir um mais de direito, que tem as suas fontes na ordem jurídica conforme a Constituição, como um todo de sentido e que pode operar como correctivo da lei escrita; achá-lo e realizá-lo em resoluções é tarefa da jurisprudência".[16]

12 Logo, o princípio da legalidade já abandonou positivamente a antiga compreensão fechada e simplista, pois a vida é muito mais rica do que as palavras lançadas nos textos de lei. Nos dias de hoje, a legalidade não retrata a singela concepção de um universo de normas fechadas, que se encerram em sua própria

---

[14] A expressão é encontrada na Constituição alemã (art. 20, n. 3: "O legislador está submetido à ordem constitucional, o Poder Executivo e a jurisdição à lei e ao Direito") e na Constituição espanhola (art. 103, n. 1: "La Administración Pública sirve con objetividad los intereses generales y actúa de acuerdo con los principios de eficacia, jerarquía, descentralización, desconcentración y coordinación, con sometimiento pleno a la ley y al Derecho").

[15] GARCÍA DE ENTERRÍA, Eduardo; FERNÁNDEZ, Tomás-Ramón. *Curso de Derecho Administrativo*. 8. ed. vol. I. Madri: Civitas, 1997, p. 61 (o texto refere-se a capítulo escrito exclusivamente por García de Enterría).

[16] *Apud* LARENZ, Karl. *Metodologia da Ciência do Direito*. 2. ed. Trad. J. Lamego. Lisboa: Fundação Calouste Gulbenkian, 1989, p. 446.

leitura, limitando a atuação prática da Administração. Ao contrário: o princípio da legalidade exige a compreensão do todo do Ordenamento Jurídico e a inserção da conduta cogitada, de forma harmônica, nesse universo normativo e de seu contexto socioeconômico. Confirma-se a abertura do sistema normativo, que respira e convive com o novo.

Por exemplo, em junho de 2000, o Instituto Nacional do Seguro Social (INSS), editou a Instrução Normativa nº 25, regulando os procedimentos com vista à concessão de benefício ao companheiro ou companheira homossexual, homossexual,[17] muito embora a legislação não previsse tal benefício. Posteriormente, em julho de 2010, a Procuradoria-Geral da Fazenda Nacional lavrou parecer acolhendo a validade da inclusão cadastral de companheira homoafetiva como dependente para fins do Imposto de Renda da Pessoa Física, consignando expressamente que "o sexo biológico dos conviventes, destarte, é desimportante para aplicação dos arts. 4º, III e 8º, II, 'b' e 'c' da Lei nº 9.250/95, e 77 do Decreto nº 3.000/99 (RIR/99), posto circunscrita a regulação da Lei nº 8.971/94, da Lei nº 9.278/96 e do Código Civil de 2002 às esferas que lhes são próprias".[18] A aprovação do parecer pelo Ministro da Fazenda tornou-o normativo e assim determinou a aplicação aos homossexuais de todas as vantagens e requisitos aplicáveis aos heterossexuais com união estável.

Em outras palavras, em ambos os casos, a Administração Pública deixou de aplicar o texto das leis que regulam a união estável e suas consequências jurídicas (a "lei") e aplicou a compreensão oriunda da contextualização do tema e da construção da norma aplicável ao caso (o "Direito" e os "direitos").[19]

4.2 Evolução restritiva: legalidade, sanções administrativas e relações administrativas especiais

13 O tema das sanções administrativas envolve um campo todo próprio do princípio da legalidade: o ilícito administrativo e suas consequências. Trata-se da *punição aplicada por autoridades administrativas, vinculada ao desrespeito a preceitos normativos de ordem administrativa (isto é, não civis em sentido estrito e não criminais), infligindo um mal àquele que praticou a conduta ilícita*. A sanção administrativa impõe a consequência considerada deletéria (um castigo institucionalizado), em decorrência do desrespeito a específicas previsões normativas anteriores, imputada

---

[17] Porém, o fez em cumprimento à determinação judicial proferida na Ação Civil Pública nº 2000.71.00.009347-0, da 3ª Vara Previdenciária de Porto Alegre. Disponível em: http://www010.dataprev.gov.br/sislex/paginas/38/inss-dc/2000/25.htm. Acesso em: 24 jun. 2011.

[18] Disponível em: http://www.pgfn.fazenda.gov.br/arquivos-de-noticias/Parecer%201503-2010.doc/view. Acesso em: 24 jun 2011.

[19] Tema que posteriormente foi tratado pelo STF na ADPF nº 132/RJ, que conferiu interpretação conforme à Constituição ao art. 1.723 do Código Civil, "para dele excluir qualquer significado que impeça o reconhecimento da união contínua, pública e duradoura entre pessoas do mesmo sexo como entidade familiar, entendida esta como sinônimo perfeito de família" (*Informativo* STF 625, 2-6.5.2011).

àquele que cometeu o desvio, determinada por uma autoridade constituída pelo sistema normativo contra o qual a ofensa foi cometida.[20]

O ilícito punível através de sanções administrativas é aquele oriundo de infrações administrativas, tal como definidas em lei, reportando-se a um fundamento de substância constitucional (sobremaneira *a contrario sensu* da "dignidade penal" dos delitos vinculados ao Direito Criminal). Envolve a repressão àquelas condutas das pessoas privadas que tenham vínculo com o exercício da função administrativa do Estado (abrangendo aqui a função administrativo-econômica dele), objeto de sanção punitiva devido a proibição legal específica, esta em sede de Direito Administrativo.

Tal como os ilícitos penais e civis, a conduta será um ilícito administrativo a depender da específica previsão legal que a positive. Ou seja, e na lição de Régis Fernandes de Oliveira, não há distinção ontológica essencial entre os ilícitos civis, penais e administrativos. O que se dá é a "questão de grau de valores encampados pelo sistema, dependendo da maior ou menor repulsa do ordenamento jurídico à ação ou omissão antijurídica. Isso leva à consequência jurídica ou forma de reação ao dano causado".[21] Para os ilícitos administrativos, o que está em jogo é uma prescrição de ordem administrativa, inserida no regime jurídico-administrativo dessa função estatal. Trata-se da disciplina administrativa (especialmente através de deveres, ordens e proibições) de determinados aspectos da vida privada (*v.g.*, dever de pagar impostos, proibição à venda de remédios como se alimentos fossem, proibição à prática de preços abusivos, proibição à construção de imóveis em determinadas áreas, dever de observância de determinadas especificidades técnicas nos serviços prestados ao público). As infrações administrativas violam tais prescrições e contemplam aspecto específico do princípio da legalidade.

14 Porém, fato é que existe, desde o século XIX, uma "flexibilização" do princípio da legalidade no que respeita a determinados ilícitos administrativos, em vista a excepcional qualidade do vínculo jurídico posto entre a Administração Pública e a pessoa privada. Durante algum tempo, a academia e os tribunais desenvolveram o conceito da "relação de especial sujeição" ou "relação de supremacia especial" – concepção oitocentista, intensa no que diz respeito ao "poder" do Estado e à "sujeição" do "administrado" (*rectius*: submissão do súdito, posto como objeto na relação com o Poder Público).[22] "As relações de sujeição especial

---

[20] Ampliar em MELLO, Rafael Munhoz de. *Princípios Constitucionais de Direito Administrativo Sancionador*. São Paulo: Malheiros Editores, 2007, *passim*; MOREIRA, Egon Bockmann. Agências reguladoras independentes, poder econômico e sanções administrativas. In PECI, A. (org.). *Regulação no Brasil*: desenho, governança, avaliação. São Paulo: Atlas, 2007, p. 95-120.

[21] *Infrações e sanções administrativas*. São Paulo: RT, 1985, p. 6/7. Sustentando também a unidade ontológica entre ilícitos e sanções penais e administrativas, v. GARBERÍ LLOBREGAT, José; BUITRÓN RAMÍREZ, Guadalupe. *El procedimiento administrativo sancionador*, vol. I. Valencia: Tirant lo Blanch, 2001, p. 36/45.

[22] Segundo a construção de Otto Mayer: "Sujeción significa vínculo de dos personas desiguales desde el punto de vista del derecho, cuyo contenido lo determina la voluntad de la persona superior. En este sentido, la relación entre el Estado y el súdito es un vínculo de sujeción importante. Pero, principalmente, con esta palabra queremos designar una relación de sujeción creada especialmente para el súdito o más bien para cierta pluralidad de súditos. Es una relación jurídica de derecho público por la cual el individuo está vinculado respecto del Estado, por efecto de la obligación general de regular su conducta conforme a un cierto interes

(também chamadas de supremacia especial) – leciona Alejandro Nieto – são uma velha criação do Direito alemão imperial mediante as quais se justificava uma forte intervenção sobre determinados sujeitos – sem respeito aos seus deveres fundamentais nem ao princípio da reserva legal – que resultara intolerável para os cidadãos que se encontrassem em uma relação de sujeição geral".[23]

Logo, a ideia de *especial sujeição* remete ao Direito Administrativo do século XIX e início do XX: para os dias presentes, admite-se a especialidade. Afinal e como bem leciona Rafael Munhoz de Mello, "é inegável que a situação jurídica das pessoas que ingressam no âmbito da Administração Pública, exercendo alguma atividade específica no seio do aparato estatal, é diversa da situação jurídica da generalidade dos indivíduos, submetidos ao poder geral de império estatal", fazendo com que, nestes casos, a Administração possa "dispor com maios liberdade acerca dos direitos e obrigações dos particulares envolvidos, através de normas regulamentares internas, que se aplicam e são exigíveis tão-somente no campo da relação de especial sujeição existente".[24]

Isto é, existem determinadas relações jurídico-administrativas postas entre sujeitos de direito que recebem equivalente respeito do Ordenamento Jurídico – algumas das quais, contudo, submetidas a regime jurídico especial. A *relação especial de administração* (ou relação administrativa especial) diferencia-se com nitidez da relação geral de administração: nesta, o Estado cumpre atividade pública de ordenação da atividade privada lícita e todas as pessoas exercitam seus direitos de modo uniforme; naquela, o liame jurídico é diferenciado e específico a uma pessoa (ou categoria diferenciada de pessoas).

15 Nas relações administrativas especiais a Administração emite comandos, prescrições imediatamente vinculantes (imposições, proibições ou permissões) e aplica as respectivas sanções, sem lastro legal imediato – sem um texto de lei em sentido estrito que assim o preceitue (rompendo as barreiras tradicionais do princípio da legalidade). A especialidade, portanto, advém da ausência de uma legalidade fechada, mas, ainda assim, autoriza a aplicação de sanções às pessoas privadas que estejam comportadas nessas situações jurídicas diferenciadas.

Como se infere de seu próprio nome, essa relação especial não se subsome a modelo estático e uniforme. "Não existe nenhuma *relação especial de sujeição* – escreveu Gallego Anabitarte –, mas sim *relações especiais de sujeição*, ou, melhor ainda, relações especiais jurídico-administrativas".[25] O que a doutrina tem perseguido é a sistematização de tais relações, a distinção de suas notas essenciais e respectiva

---

público. En virtud de esta obligación, se le dan ordenes detalladas." (*Derecho administrativo alemán*. 2. ed., t. I, Trad. H. H. Heredía e E. Krotoschin. Buenos Aires: Depalma, 1982, p. 144).

[23] *Derecho administrativo sancionador*. 3. ed. Madri: Tecnos, 2002, p. 22 – tradução livre.

[24] *Princípios Constitucionais de Direito Administrativo Sancionador*. São Paulo: Malheiros Editores, 2007, p. 162 e p. 163, respectivamente. Ampliar em MOREIRA, Egon Bockmann. *Direito das Concessões de Serviço Público*: inteligência da Lei 8.987/1995 (parte geral), São Paulo: Malheiros Editores, 2010, p. 94 (em especial a nota 117, com amplas referências bibliográficas) e 177-184.

[25] *Las relaciones especiales de sujeción y el principio de la legalidad de la administración*. RAP 34/24. Madri: Instituto de Estudios Políticos, jan./abr. 1961– tradução livre.

classificação em grupos de relações extraordinárias, nem todas derivadas de vínculos orgânicos (funcionário público; militar; presidiário; estudante; estabelecimentos e bens públicos; concessionário de serviço público etc.).

Portanto, há relações e situações jurídicas as quais *constituem* o particular em determinada *condição extraordinária*. O sujeito de direito é investido em nova posição jurídica, que antes não detinha (seja em face da Administração, seja de terceiros). A relação especial de administração tem lindes e conteúdo mais flexíveis e relativos – sobremodo no que respeita ao princípio da legalidade (sempre muito intenso e exigente em termos de Direito punitivo). Isso porque a natureza institucional da relação jurídica especial exige competências de igual dimensão, a flexibilizar as premissas construídas para as relações administrativas gerais (máxime quanto às competências punitivas da Administração).

16 Assim e se no caso da "lei e Direito" o que se dá é a ampliação dos direitos do cidadão por meio da compreensão construtiva do princípio da legalidade (mais direitos em casos não previstos textualmente), no caso das relações administrativas especiais o que se tem é a restrição a direitos de determinados cidadãos sem a imperiosidade da legalidade prévia (prescrições, obrigações e sanções em casos não previstos textualmente). A toda evidência, em ambos os casos, não se está diante de *décisions exécutoires*: a Administração Pública está a criar Direito, não a executar de modo vinculado o princípio da legalidade.

5 Considerações finais

Este breve artigo tratou de dois temas que poderiam ser qualificados de superficiais, ante a significativa complexidade que o princípio da legalidade vem assumindo nos últimos tempos. A intenção é a de trazer o debate à luz, a fim de que se possa detectar se as expansões e restrições a que o conceito tradicional vem sendo submetido são reveladoras do que efetivamente se passa no núcleo duro do princípio ou se são apenas sintomas de algo mais profundo, a pôr em xeque a própria concepção do que vem a ser a legalidade.

Informação bibliográfica deste texto, conforme a NBR 6023:2018 da Associação Brasileira de Normas Técnicas (ABNT):

MOREIRA, Egon Bockmann. O princípio da legalidade, a lei e o direito. *In*: MARRARA Thiago (coord.). *Princípios de direito administrativo*. 2. ed. rev., ampl. e atual. Belo Horizonte: Fórum, 2021. p. 67-82. ISBN 978-65-5518-166-1.

ENSAIO SOBRE A AMBIVALÊNCIA DA SEGURANÇA JURÍDICA NAS RELAÇÕES DO ESTADO: DA REALIZAÇÃO DE JUSTIÇA À FACETA PERVERSA DO ARGUMENTO

IRENE PATRÍCIA NOHARA

1 Considerações introdutórias

A segurança é um anseio humano básico que se relaciona com a necessidade de proteção e estabilidade. O ser humano, como racional que é, aprende a examinar o mundo, distinguir o verdadeiro do falso, o útil do prejudicial, e, a partir do discernimento, desenvolve aptidões voltadas ao planejamento do futuro que guiam suas ações presentes.

No universo jurídico, a segurança se relaciona com institutos como a prescrição, a decadência, o ato jurídico perfeito, o direito adquirido, a coisa julgada e a irretroatividade das leis. Na ausência de tais expedientes, torna-se inviável o planejamento das consequências jurídicas das ações humanas.

Seria atordoante ao ser humano saber que seus atos praticados no presente, com base no ordenamento jurídico vigente, poderiam ser reputados ilícitos por disposições legais supervenientes aplicadas de forma retroativa. A função de o Direito regular comportamentos humanos seria obstada por um ordenamento jurídico que não adotasse a regra da irretroatividade da lei aos fatos pretéritos, pois o requisito de toda ação consciente se assenta na previsibilidade de suas consequências.[1]

O Direito relaciona-se intrinsecamente com a segurança jurídica. Pode-se dizer até que a própria justificação de existência do Estado também não se esquiva de ser amparada em argumentações pautadas no anseio coletivo de segurança e estabilidade. Basta refletir, por exemplo, sobre as formulações contratualistas de Hobbes, que defendia a importância de um pacto social fundante de um Estado que, com autoridade, fornecesse à sociedade uma segurança capaz de cessar o medo provocado pela "guerra de todos contra todos".[2]

---

[1] A propósito da segurança como anseio humano e como ponto de partida do Direito, ver: BANDEIRA DE MELLO, Celso Antônio. Direito adquirido e direito administrativo: uma nova perspectiva. In: *Grandes temas de Direito Administrativo*. São Paulo: Malheiros, 2009, p. 12.

[2] Para Hobbes, os homens, no geral, são dotados de força e capacidade intelectual iguais, uma vez que o fisicamente mais fraco pode matar o fisicamente mais forte, lançando mão de algum recurso; portanto, cada um acaba elaborando novos meios de destruição do próximo (dentro da noção de que o *homem é o lobo do homem*). Cf. HOBBES. *Os pensadores*. São Paulo: Abril Cultural, 1989, p. 276-277.

No fundo, a ambivalência da segurança, que será desdobrada de forma mais clara a seguir, pode ser extraída também das concepções hobbesianas, segundo as quais os homens nutririam o desejo universal de autopreservação, na procura do que é necessário e cômodo à vida. Porém, esse mesmo desejo humano de segurança, num hipotético estado de natureza, seria a mola propulsora da violência de todos contra todos, ou seja, o instinto de conservação da vida do ser humano, deixado a si, provocaria uma abertura à guerra, o que geraria insegurança.

A liberdade de todos em buscar ilimitada segurança provoca, paradoxalmente, insegurança, uma vez que enquanto os bens são escassos, os desejos humanos de realização do anseio são infindáveis, sendo o pacto social o expediente apto à obtenção de relativa paz coletiva, patamar em que a sociedade tem acesso a um melhor grau de segurança.[3]

Do ponto de vista da aplicação do Direito, o mínimo de segurança é condição para a realização de justiça, por outro lado, conforme será visto, erigir a segurança jurídica e toda constelação de valores que gravitam em torno dela (estabilização, preservação, confiança) como *garantias fundamentais absolutas*[4] é uma atitude capaz de provocar efeitos perniciosos do ponto de vista social.

O objetivo do presente artigo é analisar o argumento da segurança jurídica nas relações do Estado, com enfoque no pós-positivismo e na teoria da argumentação, demonstrando que o seu uso, sobretudo no concernente à manutenção de atos administrativos ou dos efeitos de atos invalidados, ora provoca a realização da justiça no caso concreto, quando, na ponderação dos valores envolvidos (juízo de razoabilidade/proporcionalidade), a estabilização for solução de maior peso argumentativo, ora a escolha pela aplicação do princípio revela conservadorismo infundado e, inevitavelmente, injustiça.

Objetiva-se, em suma, desmistificar a ideia de que segurança jurídica é sempre sinônimo de justiça pela exposição de sua ambivalência no intuito de 'desendeusar' ou desmistificar o argumento, que, em diversos casos, emerge com uma faceta bastante perversa de preservação de privilégios infundados.

2 As várias dimensões de realização do anseio humano de segurança

Como a segurança é anseio elementar humano, faz-se necessário abordá-la do ponto de vista da psicologia. Freud via no anseio de segurança um fator biológico ou uma fonte de energia do comportamento humano relacionada com impulsos de sobrevivência (preservação da vida) e pulsão de morte.

---

[3] Atualmente, já não é habitual a indagação contratualista, contudo, é muito presente a questão da antítese entre segurança e medo, esse anseio básico humano explorado por Hobbes.

[4] Dentro da concepção pós-positivista de que as garantias e direitos fundamentais são relativos, a depender das características do caso concreto.

Esses impulsos foram desdobrados posteriormente no princípio do prazer e no princípio da realidade. Nessa perspectiva, o inconsciente, governado pelo princípio do prazer, seria guiado por remotos processos primários em que a atividade mental lutaria unicamente por obter prazer e evitar operações que causassem dor e desprazer.

Contudo, a realização irrestrita do princípio do prazer seria conflitante com o meio natural humano, e o indivíduo chega desde logo à compreensão traumática de que a plena e indolor realização de suas necessidades de segurança é impossível, o que provoca o funcionamento mental do princípio da realidade.

Há uma ambivalência latente na busca humana por segurança, mesmo do ponto de vista psicológico: a pessoa, para amadurecer, deve libertar-se do desejo obsessivo por segurança provocado pela dependência infantil, só assim será uma pessoa realmente segura.

A segurança apresenta carga ainda mais complexa à medida que se percebe que o princípio da realidade, na essência, não é o oposto do princípio do prazer, mas se trata de uma simples modificação desse último, isto é, de um prolongamento mais útil e seguro.

Assim, mesmo que se cogite na realidade e na consciência, em contraposição à inconsciência, o ser humano não deixa de buscar, em última instância, uma espécie de prazer. Significa dizer que o homem aprende a renunciar ao prazer momentâneo, incerto e destrutivo, substituindo-o pela busca de um prazer adiado, porém mais garantido, isto é, que lhe dê um grau diferenciado de segurança.

Por conseguinte, o triunfo da realidade sobre o prazer jamais é completo. Dessa perspectiva, deixa-se de lado a segurança primitiva para se buscar uma segurança que se baseia na restrição do prazer, ausente de satisfação imediata, mas que, na essência, jamais se desvincula da sensação marcante que o desamparo infantil provoca ao despertar também a necessidade de proteção.

Conclui-se que a busca pela segurança, cuja expressão mais comum emerge do inconsciente, não se manifesta somente a partir de formas elementares (infantis) de comportamento, mas pode decorrer de elucubrações bastante sofisticadas e que têm uma relação mais cooperativa com o princípio da realidade.

Do ponto de vista organizacional, quando se pensa em segurança, é comum o resgate das conhecidas formulações de Maslow. Abraham Maslow (1908-1970)[5] elaborou uma psicologia que sugere a existência de uma hierarquia de necessidades. Essa teoria parte das necessidades biológicas básicas e ascende para as motivações psicológicas mais complexas, que se tornam importantes somente depois que as necessidades básicas forem satisfeitas.

Entre as necessidades mais básicas encontram-se as fisiológicas, as de segurança, as de associação ou de pertencimento e, entre as mais complexas, as cognitivas, as estéticas e as de autorrealização em todos os potenciais.

---

[5] ATKINSON, Rita L. *Introdução à psicologia*. 13. ed. Porto Alegre: Artmed, 2002, p. 493.

Entendia o humanista que as necessidades de um nível precisariam estar ao menos parcialmente satisfeitas para que as do nível seguinte motivassem a ação do indivíduo. Numa circunstância de escassos alimentos e segurança, os esforços para satisfazer as necessidades mais elevadas teriam pouca relevância, isto é, somente quando as necessidades básicas fossem facilmente satisfeitas, teria o indivíduo tempo e energia para se dedicar a interesses mais elevados.

Concorda-se com Maslow que pessoas que não têm acesso a mínimas condições de bem-estar, como alimentação, abrigo ou perspectivas de futuro, serão normalmente forçadas a privilegiar seus anseios mais básicos, até por questões de sobrevivência. Assim, não há dúvidas que um Estado que queira se desenvolver deve assegurar bem-estar para a sua população.

Todavia, não se concorda: (a) que a segurança seja uma motivação psicológica menos complexa; e (b) que existe tão explícita hierarquia de necessidades.

Do ponto de vista coletivo, se levada ao extremo, a elaboração de Maslow pode se revelar preconceituosa, principalmente quanto aos anseios de pessoas que habitam países "subdesenvolvidos", onde não há acessibilidade geral a bens e serviços necessários ao preenchimento de grande parte das necessidades básicas de segurança humana, mas nos quais as pessoas também demonstram realizar necessidades elaboradas, como as estéticas e cognitivas.

O debate acerca do multiculturalismo e da tolerância com a diversidade das formas de vida evidencia a falácia de um discurso unilateral acerca de uma suposta evolução "civilizatória" e a antropologia já rechaça a ideia da superioridade dos povos mais desenvolvidos (que teriam, portanto, satisfeitas necessidades mais complexas), debruçando-se sob a riqueza de manifestações de povos que seriam originalmente taxados de "primitivos". Também a pedagogia[6] se sensibiliza com a questão do multiculturalismo e não abraça mais a ideia da construção de uma noção uniforme de cidadão.

Adotar a escala de necessidades em função da possibilidade de satisfação das mais simples em direção às mais complexas, e entender que a mais complexa das necessidades só seria satisfeita a partir da satisfação das necessidades mais elementares, seria negar o direito à autonomia e à diferença de estilos de vida e de cultura. Se adotada na sua radicalidade, essa teoria desemboca em ideal único de ser humano "desenvolvido".

Ademais, conforme visto, mesmo com bens suficientes para garantir a subsistência humana, ainda assim, não cessa o anseio pela realização de outro grau de segurança, circunstância na qual o discernimento e a razão permitem ao ser humano, a partir do planejamento, afastar a satisfação imediata de prazeres elementares em nome de uma satisfação mais garantida de outros graus de prazeres, que acabam não sendo totalmente desvinculados do desejo de proteção. Mesmo materialmente seguro, o homem, psicologicamente, jamais se afasta do

---

[6] Cf. FREIRE, Paulo. *A pedagogia do oprimido*. 38. ed. Rio de Janeiro: Paz e Terra, 1987. Passim.

instinto primitivo de buscar mais amparo e proteção, desejos que jamais são saciados em sua integralidade.

É problemático, portanto, discutir na contemporaneidade em que nível de satisfação das necessidades a coletividade se sente segura, pois se trata de anseio de realização bastante complexa. Porém, é eticamente inquestionável que é necessário ao Estado exercer seus papéis de intervenção, desempenho de serviços públicos e fomento para que haja algum grau de satisfação das necessidades da sociedade.

Quanto mais "liberais" forem as economias de mercado, num capitalismo "selvagem" onde o Estado se retrai, maior será a compulsão pela competição e, consequentemente, pelo acúmulo, acompanhados da diminuição exponencial do anseio de "dividir" os ganhos socialmente, na incerteza ou desconfiança do amparo coletivo, dentro de um contexto no qual, por mais bens e riquezas que se produza, dentro do paradigma individualista, jamais cessará o aumento do sentimento generalizado de insegurança. Nesse contexto, a sociedade certamente se encaminha rumo à hobbesiana "guerra de todos contra todos".

3 Estado Democrático de Direito: estabilização ou transformação no *status quo*?

Do ponto de vista de ideal social, indaga-se: que grau de satisfação de segurança deve um Estado Democrático de Direito garantir para a sociedade? Existem diversas respostas à pergunta, a depender do tipo de concepção ideológica abraçada.

Para os adeptos do liberalismo, deve-se deixar o ser humano evoluir por suas próprias forças, numa espécie de darwinismo social, onde os mais fortes se comprovariam mais aptos, sendo injusto, para esse tipo de concepção, que a coletividade arque com uma pesada carga de restrições em nome de um Estado-Providência de caráter paternalista.

Não há como desvincular essa corrente de pensamento da direita,[7] que defende a segurança e a estabilidade como valores primordiais. Existe também uma ala liberal-conservadora que vem acompanhada por aspirações no sentido de preservação da tradição e da herança, isto é, preocupações de caráter mais retrospectivo do que prospectivo.

Já os teóricos de preocupações mais sociais defendem a necessidade de proteger as pessoas que se encontram desamparadas, com base no fato de que é injusto supor que a competição pela sobrevivência seja equilibrada. O *laissez-faire* da corrente liberal é a própria antítese da noção de justiça social, uma vez que enquanto alguns nascem já privados das mínimas condições de desenvolvimento,

---

[7] BOBBIO, Norberto. *Direita e esquerda*: razões e significados de uma distinção política. São Paulo: Unesp, 1995, p. 13-18.

outros poucos têm acesso a oportunidades para exercer de forma permanente posição de domínio/comando em relação aos demais.

Então, surge outro questionamento: até que ponto num Estado Democrático de Direito permite-se que as mudanças no ordenamento provoquem efetiva transformação no *status quo*?

Essa pergunta contempla na resposta basicamente os limites de alteração de uma ordem constituída pelo poder reformador, mas também não encontra solução unívoca, à medida que esta variará em função das diversas concepções ideológicas.

Teóricos de orientação liberal tenderiam a defender a permanência e a estabilização, sendo admitido, ainda, pela vertente neoliberal, um grau de transformação que se justifica na exata medida da sobrevivência e continuidade de reprodução do sistema, isto é, que não altera a estrutura desigual das relações sociais (*status quo*).

Os de orientação social de caráter mais "radical" defendem que somente pelo expediente revolucionário, com a ruptura das condições estruturais desiguais, seria viável se falar na real transformação da situação de "exploração do homem pelo homem", ocasião em que todos efetivamente teriam acesso a condições materiais dignas sem que a luta pela sobrevivência se transforme em competição desleal, provocadora de insegurança generalizada.

Segundo Paulo Bonavides,[8] existe, ainda, vertente que entende ser possível chegar aos objetivos de caráter mais social pela via democrática,[9] pois, a partir dos instrumentos do Estado Democrático de Direito, a classe não privilegiada poderia se apropriar dos direitos políticos, alcançar o poder e utilizar o Estado também em seu proveito, operando transformações sociais sem a necessidade de ruptura com o pacto constituinte.

Concordamos que é possível que haja transformações significativas,[10] ainda que no sistema jurídico vigente, para o aperfeiçoamento social, sem que sejam rompidos pressupostos do Estado de Direito como a estabilidade dos governos e a relativa proteção à segurança jurídica, caso contrário, a noção de Constituição programática seria uma falácia.

Aliás, não é raro no Brasil o posicionamento contrário, isto é, avesso à abertura da Constituição programática às mudanças e que prega, portanto, a necessidade de um novo pacto constituinte, mais "realista". Trata-se de orientação que teme a potencialidade transformadora da Constituição de 1988 e que busca

---

[8] BONAVIDES, Paulo. *Do Estado liberal ao Estado social*. São Paulo: Malheiros, 2004, p. 185.

[9] O que Bobbio denomina de esquerda moderada ou gradualista, que é a reformista porque pensa nas transformações a partir de uma ordem preestabelecida.

[10] Por óbvio que não tão estruturais como numa Revolução, mas esta exige condições conjunturais e articulações específicas, via de regra, irrepetíveis. Lembre-se que ao contrário do que tendia a defender Kelsen, atualmente, se considera que golpe de Estado jamais se iguala a Revolução. Somente esta, pelo grau de legitimidade de que se reveste, promove uma verdadeira "viragem histórica", gerando profundas transformações nas relações sociais e de poder. Segundo Bonavides, a política passa pela ética, pois sem ética não há justiça, mas coação, ou seja, não há autoridade (*auctoritas*) no sentido de poder político consentido. BONAVIDES, Paulo. *Curso de Direito Constitucional*. São Paulo: Malheiros, 2009, p. 143

reduzir a utopia[11] em quimera para que sejam estabilizadas conquistas individuais porventura ameaçadas pela possibilidade de alteração no *status quo*.

Essa orientação é contestada por José Afonso da Silva, para quem a Constituição de 1988 mudou o eixo do constitucionalismo brasileiro, com relevantes inovações voltadas para a realização de uma democracia preocupada com o destino do povo. Nos dizeres do jurista, foi instituída uma nova ideia de Direito e uma nova concepção de Estado (o Estado Democrático de Direito):

> que se fundamentam em princípios e valores que incorporam um componente de transformação que as *elites conservadoras* não aceitam, tanto que, mal entrou em vigor, se instaurou um processo neoliberal de sua reforma, em oposição às reformas democráticas provenientes dos movimentos sociais dos anos 80.[12]

Pondera José Afonso da Silva que, apesar das imperfeições, a Constituição atual está conseguindo construir um equilíbrio político jamais alcançado por outra Lei Maior, porquanto a República nunca viveu tantos anos de funcionamento democrático pacífico. Segundo expõe, apesar da *promessa de democracia social* não ter se cumprido ainda, "os *pressupostos de sua efetivação* estão presentes. A própria democracia política é um deles, porque, sem ela, não se constrói democracia social".

O compromisso com a transformação é extraído, por exemplo, do art. 3º da Constituição, que estabelece os seguintes objetivos fundamentais da República Federativa do Brasil: construir uma sociedade livre, justa e solidária; garantir o desenvolvimento nacional; erradicar a pobreza e a marginalização, reduzir as desigualdades sociais e regionais; e promover o bem de todos, sem preconceitos ou discriminações.

Mas, para que tais modificações aconteçam, a proteção à segurança jurídica não deve ser interpretada em seu sentido primitivo de impossibilidade de inovação, devendo-se entender segurança em equilíbrio com a necessidade de adaptação do ordenamento jurídico aos novos tempos. Nessa perspectiva, observava Miguel Reale que "a certeza estática e definitiva acabaria por destruir a formulação de novas soluções mais adequadas à vida, e essa impossibilidade de inovar acabaria gerando a revolta e a insegurança".[13]

Pode-se cotejar a afirmativa de Reale com o que foi exposto acerca da segurança como anseio humano, uma vez que: a busca por uma noção conservadora de segurança, onde a estabilização atinja patamares de engessamento, impede a realização de um grau mais sofisticado de segurança.

---

[11] A utopia é uma mola propulsora do progresso social, nesta perspectiva concordamos com José Teixeira Coelho Neto que: "todo traço de pessimismo, de entreguismo deve ser eliminado. Os gritos de 'a utopia morreu!' reveladores do medo ou da raiva diante do novo e indicadores da aspiração de ver reinar a imbecilidade sufocante – devem ser abafados". COELHO NETO, José Teixeira. *O que é utopia*. São Paulo: Brasiliense, 1985, p. 98.

[12] SILVA, José Afonso da. Uma constituinte para desconstruir? *Folha de S. Paulo*, Tendências/Debates, 13 de out. 2005.

[13] REALE, Miguel. *Teoria tridimensional do Direito*. 5. ed. São Paulo: Saraiva, 1994, p. 87.

Em suma, para que a paz social seja de realização possível, faz-se necessário pressupor noção mais amadurecida de segurança, sendo esta entendida não como expediente que ignora a importância das transformações sociais, mas como princípio que procura se adequar a elas, preservando, com o menor grau de restrição possível (a depender do caso concreto) a constelação de valores que igualmente ampara (boa-fé, proteção à confiança etc.).

Como no direito público se diz que ninguém tem direito à incorporação de um patrimônio jurídico inalterável, sendo possível modificação por lei, por Emenda à Constituição ou, em caso de viragem histórica, por uma nova Constituição, pode haver, a critério, respectivamente, do legislador, do poder constituinte derivado ou mesmo do originário, a presença de regramentos transitórios,[14] para que não haja rupturas que afetem radicalmente a situação jurídica das pessoas.

4 Insuficiência da opção metodológica positivista em erigir o rigor e a segurança como valores superiores do Direito

Antes de adentrar a seara da discussão dogmática da segurança jurídica propriamente dita (se ela decorre de princípio positivado expressamente na Lei de Processo Administrativo, agora também reforçada na LINDB, com alteração da Lei nº 13.655/2018, ou se trata de cláusula decorrente do Estado de Direito; como se dá o seu uso na manutenção do ato administrativo; se o que deve ser mantido é o ato ou são seus efeitos pretéritos, sem que haja retroatividade; quais os limites de admissão da convalidação de irregularidades em nome da preservação de efeitos de atos inválidos; qual a relação entre a segurança jurídica e a proteção à confiança ou à boa-fé; repercussões da modulação de efeitos ou da aplicação da teoria do fato consumado como inspirações para o uso do princípio no Direito Administrativo), é indispensável introduzir uma *questão fundamental*, que nem sempre é adequadamente compreendida com todas as suas consequências, qual seja: a superação do pressuposto metodológico positivista que erige a necessidade de rigor e segurança como valores supremos do Direito.

A compreensão da necessidade de superação desse pressuposto é extremamente benéfica, pois ela liberta o pesquisador da área jurídica da pretensão exclusiva de tentar estabelecer pontos definitivos de aplicação normativa.

---

[14] Foi o que aconteceu, por exemplo, com o reconhecimento de estabilidade aos servidores públicos em exercício na data da promulgação da Constituição há cinco anos continuados, mesmo que admitidos sem concurso público, conforme art. 19 do ADCT. Se os critérios de modificação do ingresso fossem aplicados prospectivamente, poder-se-ia deixar o Estado sem um grande número de seus funcionários (o que não é impossível de se pensar, uma vez que o Poder Constituinte originário é materialmente incondicionado), contudo, a valorização da segurança foi tamanha, mesmo num momento de "viragem histórica", que o Poder Constituinte optou por estabilizar a situação daqueles que estavam no Estado, nos termos empregados por Celso Antônio Bandeira de Mello, também "com violação da Constituição *dantes vigente* e em desacordo com a atual". In: *Grandes temas do Direito Administrativo*. São Paulo: Malheiros, 2009, p. 170.

A ciência jurídica desvinculou-se, inicialmente, das pretensões das ciências da natureza, voltadas para a descoberta de leis imutáveis ou verdades essenciais, de caráter transcendental, predominantes no enfoque jusnaturalista. Em seguida, houve a superação de alguns aspectos da visão positivista, que, não obstante ter representado um avanço,[15] se equivocou do ponto de vista epistemológico, ao substituir a busca pelas essências pelo foco no rigor linguístico.

Após a reviravolta linguístico-pragmática,[16] percebeu-se que a linguagem é utilizada não apenas para designar ou compreender o mundo, numa relação neutra, mas que os homens dominam uns aos outros fazendo uso da linguagem,[17] mormente quando se escondem por detrás de um discurso pretensamente neutro, que acoberta suas reais intenções.

O enfoque pós-positivista representa, portanto, a superação da visão equivocada, ou ao menos insuficiente, de que trabalhar os vários sentidos de um texto normativo é atitude que se basta. Essa nova perspectiva lança luz sobre a necessidade de interpretação das circunstâncias fáticas (*Tatbestande*).

Mostrou-se ilusória a atitude de tentar construir um sistema de regras infalíveis, por mais claras que tais regras sejam. A linguagem possui textura aberta,[18] cujo sentido varia em função de diversos contextos, e a realidade é dinâmica e sempre mais rica e surpreendente, apresentando novos casos que inevitavelmente exigem outras soluções jurídicas para que a justiça (concreta) seja efetivada.

Assim, em vez de se defender de forma acrítica a "santidade" do discurso da segurança jurídica, torna-se relevante tratar também das vicissitudes dos casos concretos, demonstrando que a aplicação do princípio provocará resultados distintos em diferentes contextos.

A discussão acerca da realização de justiça, que havia sido sufocada pelo paradigma positivista do rigor, é retomada, com a ressalva de que ela dependerá da aptidão persuasória da atividade argumentativa realizada em cada caso.

Não há como tentar exercer controle total a partir das situações abstratas: a vida sempre surpreenderá o intérprete com uma situação em que a aplicação lógica do preceito normativo gerará efeitos contrários aos socialmente desejados. Apenas a partir do juízo de razoabilidade/prudência, que também não é abstrato, será possível à Administração Pública ou ao Judiciário saber qual o grau de repercussão dos efeitos de seus provimentos, tentando evitar retroatividade prejudicial por modulação.

---

[15] Segundo expõe Friedrich Müller, a superação do positivismo não pode ser encarada como fim em si mesma, porque "os objetivos do positivismo de cientificizar na medida do possível a ciência jurídica e de elaborar uma dogmática racional não devem ser esquecidos". In: Positivismo. *Boletim dos Procuradores da República*, São Paulo: Artchip, ano 3, n. 29, p. 7, set. 2000.

[16] OLIVEIRA, Manfredo Araújo de. *Reviravolta linguístico-pragmática na filosofia contemporânea*. São Paulo: Loyola, 1996.

[17] Como se extrai da experiência dos regimes totalitários, que foram acompanhados de uma bagagem conceitual e linguística.

[18] Ver. CARRIÓ, Genaro R. *Notas sobre derecho y lenguage*. 4. ed. Buenos Aires: Abeledo-Perrot, 1990.

Ademais, por mais que se queira elevar o Estado a um ente neutro e objetivo, não se pode ignorar que a produção do discurso oficial, seja no exercício da autotutela ou mesmo nas decisões jurisdicionais, é influenciada por interesses concretos que devem ser conhecidos (motivados/justificados) e discutidos, sob pena de o provimento estatal ter mais características de autoritarismo do que de ato de legítima autoridade (*auctoritas*).

Em suma, o rigor discursivo não é o paradigma por excelência no pós-positivismo, pois é imprescindível que sejam descortinadas as condições de produção de cada argumentação, a pretexto da aplicação normativa. Só assim o intérprete será capaz de discernir de forma mais adequada quando o discurso da segurança jurídica se presta a proteger a sociedade da incoerência do comportamento do Estado (segurança na vertente subjetiva de proteção à confiança)[19] em contraposição à sua utilização como meio de garantir privilégios infundados a poucos (manutenção do *status quo*).

A propósito do reforço à segurança jurídica, deve-se destacar a positivação pela Lei nº 13.655/2018, de critérios de interpretação[20] na LINDB que buscam ponderar as consequências práticas da decisão, conforme determina o art. 20, e também considere os obstáculos e dificuldades reais do gestor e as exigências das políticas públicas a seu cargo, sem prejuízo dos direitos dos administrados, conforme o caput do art. 22 da LINDB, com redação dada pela Lei nº 13.655/2018.

5 Princípio da segurança jurídica da perspectiva da tópica e da argumentação

A positivação expressa do princípio da segurança jurídica ocorreu, em âmbito federal, a partir da edição da Lei nº 9.784/99.[21] No entanto, também não recusamos razão àqueles que entendem que se trata de princípio implícito num Estado de Direito. O Estado de Direito, conforme dito, pressupõe segurança jurídica.

Segundo expõe Maria Sylvia Zanella Di Pietro[22], que participou dos trabalhos de elaboração do anteprojeto da mencionada lei, o objetivo principal de inclusão do dispositivo era evitar a aplicação retroativa de nova interpretação de lei no âmbito da Administração Pública. A noção foi desdobrada no parágrafo único do inciso XII do art. 2º da lei de processo administrativo, que assegura a "interpretação da

---

[19] Conforme trabalho pioneiro de: COUTO E SILVA, Almiro. O princípio da segurança jurídica (proteção à confiança) no direito público brasileiro e o direito da Administração Pública de anular seus próprios atos administrativos: o prazo decadencial do art. 54 da lei de processo administrativo da União (Lei nº 9.784/99). *Revista Eletrônica do Direito do Estado*, Salvador, Instituto de Direito Público da Bahia, nº 2, abr./jun, 2005. Disponível em: http://www.direitodoestado.com.br. Acesso em: 24 jan. 2011.

[20] Cf. MOTTA, Fabrício; NOHARA, Irene Patrícia. *LINDB no Direito Público*. São Paulo: Thomson Reuters Brasil, 2019, p. 24.

[21] Cf. NOHARA, Irene Patrícia; MARRARA, Thiago. *Processo Administrativo*. 2. ed. São Paulo: Thomson Reuters Brasil, 2018, p. 118.

[22] DI PIETRO, Maria Sylvia Zanella. *Direito Administrativo*. 23. ed. São Paulo: Atlas, 2010, p. 84.

norma administrativa da forma que melhor garanta o atendimento do fim público a que se dirige, vedada a aplicação retroativa de nova interpretação".

Tal ideia também é trazida atualmente no art. 24 da LINDB, com redação dada pela Lei nº 13.655/2018, nos seguintes termos: "a revisão, nas esferas administrativa, controladora e judicial, quanto à validade do ato, contrato, ajuste, processo ou norma administrativa cuja produção já se houver completado levará em conta as orientações gerais da época, sendo vedado que, com base mudança posterior de orientação geral, se declarem inválidas situações plenamente constituídas". Trata-se de texto que reforça o ato jurídico perfeito e, ao final, a irretroatividade de nova orientação.

O princípio da segurança jurídica é útil para combater a prática reiterada em alguns órgãos administrativos de se mudar a orientação de determinações normativas que afetavam situações reconhecidas e consolidadas na égide da orientação anterior, o que gerava insegurança aos administrados.

No entanto, o que fazer no caso em que a aplicação estrita da legalidade colide com a necessidade de preservação da segurança jurídica? Não se pode pura e simplesmente optar por um dos princípios sem que seja analisado o contexto de utilização para que se verifique o peso dos argumentos, em função das consequências que deles derivem.

Se determinados servidores públicos recebiam vantagens pecuniárias decorrentes de interpretação benéfica conferida pela Administração Pública por meio de determinação normativa e, posteriormente, ela muda a interpretação dada, não pode cobrar a restituição daquilo que foi percebido de boa-fé pelos servidores ao tempo da interpretação que era dada pela própria Administração Pública, sob pena de as pessoas ficarem reféns daquilo que Sérgio Ferraz e Adilson Dallari denominam de "mandos e desmandos desinfluentes", que nada mais são do que a ausência de coerência[23] na atuação administrativa.

Contudo, entendemos que nada impede que haja o desfazimento do ato de concessão da vantagem, se surgir uma interpretação de fato mais equânime, pois, caso contrário, seriam negados direitos a pessoas que se encontram em condições iguais perante a lei. Nessa hipótese, a problemática não gira em torno do desfazimento em si do ato administrativo pela interpretação restritiva nova fornecida pela Administração à determinação normativa, mas da impossibilidade de *retroatividade dos efeitos* do ato desfeito, em face de terceiros de boa-fé, pois, se houver a aplicação pura da teoria dos atos administrativos, a invalidação surtiria efeitos *ex tunc* ou retroativos, o que provocaria quebra da confiança.

Trata-se de caso difícil (*hard case*), comparável ao vivenciado durante anos de predomínio da visão de que a declaração de inconstitucionalidade de lei em ação direta no Supremo Tribunal Federal deveria ter efeitos absolutamente retroativos diante de um ato nulo (írrito) desde a origem.

---

[23] Conforme será visto no item proteção à confiança e *venire contra factum proprium*.

Essa radicalização gerava um certo grau de paralisação da Corte Suprema, que tinha consciência da injustiça e da imprevisibilidade da dimensão dos efeitos que tal tipo de declaração (*ex tunc*) poderia gerar em diversos casos concretos. O controle de constitucionalidade concentrado só ganhou renovado impulso com a previsão legal da modulação de efeitos.

Exemplo de consolidação dessa necessidade de modulação de efeitos no âmbito estadual de São Paulo pode ser apontado no art. 61 da Lei nº 10.177/98, segundo o qual: "invalidado o ato ou contrato, a Administração tomará as providência necessárias para desfazer os efeitos produzidos, salvo quanto a terceiros de boa-fé".

Não é recente a possibilidade de modulação de efeitos, com aplicações *ex nunc* e mitigação de retroatividade de certos efeitos na invalidação, mas o decreto que regulamenta a LINDB acabou externando de forma mais explícita tal possibilidade. Assim, está atualmente disposto no art. 4º, § 3º, do Decreto nº 9.830/2019 que, quando cabível, a decisão de invalidação de atos, contratos, ajustes, processos ou normas administrativos indicará, na modulação de seus efeitos, as condições para que a regularização ocorra de forma proporcional ou equânime e sem prejuízo aos interesses gerais.

Portanto, a Administração pode ponderar se irá retroagir ou não todos os efeitos de atos invalidados que ampliam a esfera jurídica do administrado de boa-fé e essa ponderação não se faz a partir de regras preestabelecidas, mas a partir do juízo de prudência/razoabilidade[24] utilizado, conforme exposto, em função das características de cada caso e as consequências da aplicação normativa ao caso.

Os princípios, na perspectiva do pós-positivismo, possuem caráter normativo. São orientações cogentes. A obrigatoriedade de obediência dos princípios não é da mesma natureza da obrigatoriedade de obediência das regras, pois os princípios são ponderados em função de outros valores, podendo ter sua força de observância afastada em determinados casos concretos sem que sua dimensão de validade seja maculada.

Como se constatou que a lógica formal e a precisão linguística não são caminhos suficientes para auxiliar na decidibilidade dos casos mais difíceis, isto é, daqueles que demandam ponderação diante da emergência do conflito entre valores contraditórios, é mister o apoio em uma *tecné* do pensamento que se orienta para o problema, denominada de tópica.[25]

A segurança jurídica, como princípio, também pode ser analisada em conjunto com os *topoi* (pontos de vista), pois ela faz parte da mesma série argumentativa a que pertencem expedientes de uma mesma "constelação de valores", como a boa-fé, a segurança jurídica e a proteção à confiança.

---

[24] Enquanto a segurança jurídica é princípio, defendemos que a razoabilidade possui natureza jurídica de juízo. NOHARA, Irene Patrícia. *Limites à razoabilidade nos atos administrativos*. São Paulo: Atlas, 2006, p. 10-44.

[25] VIEHWEG, Theodor. *Tópica e jurisprudência*. Tradução de Tercio Sampaio Ferraz Júnior. Brasília: Departamento de Imprensa Nacional, 1979, p. 2.

Ao se pensar um problema (*hard case*) busca-se premissas objetivamente adequadas e fecundas que levem a conclusões relevantes. A tópica aristotélica foi construída como teoria situada no campo filosófico. Aristóteles projetou um catálogo para inúmeros problemas passíveis de serem levantados, ao passo que Cícero utilizou-se de repertórios de *topoi* como meio para auxiliar a discussão de problemas práticos.

No século XVIII, Gian Battista Vico distinguiu adequadamente os métodos científicos em:
1. crítico ou moderno (cartesiano): que tem como ponto de partida uma verdade inquestionável – um *primum verum* – da qual são descobertas inúmeras cadeias dedutivas, passíveis de demonstração; e
2. o tópico, retórico ou antigo (aristotélico, transmitido por Cícero): que parte do senso comum (*sensus communis*) e manipula o verossímil (*verissimila*), mediante a contraposição de pontos de vista (*topoi*).

É equivocado pretender realizar um juízo de ponderação/razoabilidade,[26] que faz parte da razão prática, confundindo-o com o método cartesiano, mais adequado às ciências da natureza do que às ciências sociais aplicadas.

Em termos de decidibilidade, será mais útil o amparo na prudência e o emprego, que é quase que instintivo, de catálogos de pontos de vista para refletir acerca da melhor solução para o caso concreto, sendo inútil partir da compreensão racional do desdobramento da proporcionalidade em subitens (adequação, necessidade e proporcionalidade em sentido estrito) e achar que esse entendimento permitirá ao intérprete "subsumir" com justeza.

A razoabilidade ampara-se, portanto, em uma espécie de lógica diferenciada da lógica pura (de caráter cartesiano) que foi denominada por Recasens Siches[27] de logos do razoável. Ela se insere no campo das possibilidades onde se encontra o verossímil, ou seja, aquilo que tem mais probabilidade de viabilizar a solução mais razoável para o caso concreto, inserido num contexto histórico determinado.[28]

Esse tipo de operação não é passível de demonstração, mas sim de argumentação e, segundo Perelman,[29] não significa uma probabilidade calculável, abarcando a lógica típica das questões práticas, campo que não se relaciona diretamente com o raciocínio rigoroso ou demonstrativo. Em suma, a objetividade existente nos discursos não decorre de serem corretos ou verdadeiros,

---

[26] NOHARA, Irene Patrícia. *Limites à razoabilidade nos atos administrativos*. São Paulo: Atlas, 2006, p. 44.
[27] SICHES, Luis Recaséns. *Nueva filosofia de la interpretación del derecho*. México: Porrúa, 1973, p. 287. A propósito, ver: ALMEIDA PRADO, Lídia Reis de. Alguns aspectos sobre a lógica do razoável na interpretação do Direito: segundo a visão de Recaséns Siches. In: DI GIORGI, Beatriz; CAMPILONGO, Celso Fernandes; PIOVESAN, Flávia. *Direito, Cidadania e Justiça*. São Paulo: Revista dos Tribunais, 1995, p. 61-74.
[28] Note-se que é bastante infeliz a redação dada ao art. 20 da LINDB pela Lei nº 13.655, no sentido de que: "não se decidirá com base em valores jurídicos abstratos sem que sejam consideradas as consequências práticas da decisão", pois: (a) a decisão de aplicação valorativa a um caso é sempre uma decisão concreta; e (b) não seria correto achar que decisão pautada em juízo pragmático e consequencial, seria superior, em tese, às decisões de caráter axiológico-valorativos, pois a razoabilidade da escolha só é averiguável ao caso concreto.
[29] PERELMAN, Chaïm. *Ética e direito*. São Paulo: Martins Fontes, 1996, p. 94.

mas sim do fato de serem racionalmente fundados/justificados/motivados argumentativamente.

Assim, o *tudo-ou-nada*,[30] associado à lógica pura, mesmo diante de regras jurídicas, não é sempre invocável em sua inteireza para todos os casos concretos, por isso Recaséns Siches[31] propugna que o intérprete não se renda às limitações impostas pelo silogismo formal, mas que se comprometa com a realidade social, ponderando os interesses em causa, os valores socialmente reconhecidos, os padrões de equidade bem como o grau de utilidade e alcance dos provimentos.

Siches aponta uma saída para a situação paralisante, do ponto de vista do positivismo, de o intérprete considerar sua interpretação *contra legem*: considerar-se diante de uma lacuna[32] se, ao ensaiar mentalmente a resolução da controvérsia, percebe que a aplicação da regra jurídica levaria a uma consequência conflitante com determinados valores de aplicação ao caso concreto. Ora, já que não existe regra igualmente válida que ampare com solução justa e equânime o caso concreto, o legislador foi omisso em criá-la e o intérprete se amparará em alguns *topoi* (princípios jurídicos, pontos de vista) de caráter normativo para construir sua argumentação no sentido do afastamento da regra injusta.

Apesar de o sonho do jurista cartesiano ser acessar a fórmula de controle total dos casos práticos, não há como controlá-los de forma absoluta, pelo simples fato de que a realização da justiça, com equilíbrio entre a preservação de garantias individuais e alcance de fins coletivos, jamais será tarefa completamente calculável a partir da mera análise e elaboração de premissas de caráter normativo.

Trata-se de *trabalho artesanal*,[33] que, no caso dos *hard cases*, demanda do ser humano boa vontade/disposição de ponderar/discernir características do caso concreto que atraiam com maior força (peso) certos tipos de pontos de vista e argumentar justificando o porquê de determinadas soluções, em vez de outras também possíveis.

No caso da invalidação do ato administrativo, há, conforme será exposto, um repertório de decisões, nem sempre abstratamente coerentes, dentro de uma lógica formal, mas que pode ser invocado argumentativamente em variados casos concretos, sendo possível, por exemplo:

- a retroatividade de efeitos (*ex tunc*) de atos nulos, tal qual a regra contida na Súmula nº 473/STF: "a administração pode anular seus próprios atos, quando eivados de vícios que os tornam ilegais, *porque deles não se originam direitos*";
- o afastamento da aplicação integral da mencionada regra, por meio do reconhecimento da irretroatividade de certos efeitos, não obstante a invali-

---

[30] Nem sempre a construção de Dworkin do "tudo ou nada" auxilia na decidibilidade, conforme será exposto.
[31] SICHES, Luis Recaséns. *Nueva filosofia de la interpretación del derecho*. México: Porrúa, 1973, p. 258.
[32] Idem, Ibidem.
[33] Segundo Eros Grau: "inexistem soluções previamente estruturadas, como produtos semi-industrializados em uma linha de montagem, para os problemas jurídicos. O trabalho jurídico de construção da norma aplicável é trabalho artesanal. Cada solução jurídica, para cada caso será sempre, renovadamente, uma nova solução". *In: Ensaio e discurso sobre a interpretação/aplicação do direito*. 3. ed. São Paulo: Malheiros, 2005, p. 28.

dação do ato, que operará somente efeitos *ex nunc*, diante de administrado de boa-fé, o que representa uma "modulação de efeitos" não regulamentada expressamente em regra jurídica do Direito Administrativo;[34]
– a ausência de invalidação de atos anuláveis, mesmo antes de operar o prazo decadencial, por meio da argumentação contida na teoria do fato consumado, o que não significa que não possam ser invalidados outros cujo desfazimento seja inofensivo à coletividade ou ao interesse público; e
– até, *em situações extremas*, de grande repercussão social: a convalidação de atos nulos (hipótese controvertida, via de regra não admitida expressamente pela doutrina – nem pela legislação alemã, conforme será visto), com base na proteção à confiança.

6 Teoria do fato consumado

Em prestígio à boa-fé e à segurança jurídica, há, no âmbito judicial,[35] a alegação da teoria do fato consumado (*fait accompli*) para atos cujos efeitos jurídicos já se consolidaram. Nesses casos, não há que se efetivar a invalidação do ato, apesar do vício original.

Segundo expõe Odim Brandão Ferreira,[36] a teoria do fato consumado floresceu no Supremo Tribunal Federal especialmente na década de sessenta. Inicialmente, voltou-se a reconhecer como consumados fatos ocorridos na esfera da educação, compreendendo casos em que vestibulandos obtinham em juízo, por liminar, o reconhecimento provisório da possibilidade de ingressar em faculdade ou de cursar disciplinas acadêmicas; no entanto, após praticamente o término do curso, no momento da decisão definitiva, o Judiciário chega prudentemente à conclusão de que não dá mais para cassar a liminar, tendo em vista o decurso do tempo e a consequente estabilização da situação constituída de boa-fé.

A principal causa do fato consumado, expõe Marga Inge Barth, é a "criticada e combatida lentidão do Judiciário",[37] que enseja o reconhecimento da consumação de fatos quase sempre à revelia da lei. Portanto, Odim Brandão Ferreira define fato consumado como o "argumento judicial utilizado para validar, em sentenças, as atividades ilegais protegidas por liminares, tão somente porque o beneficiário delas já praticou o ato que lhe interessava, quando chegou o momento de decidir a causa".[38]

---

[34] Havendo, excepcionalmente, dispositivos como o art. 61 da lei paulista de processo administrativo.
[35] Como enfatizado por: CARVALHO FILHO, José dos Santos. *Manual de Direito Administrativo*. Rio de Janeiro: Lumen Juris, 2008, p. 151.
[36] FERREIRA, Odim Brandão. *Fato consumado*: história e crítica de uma orientação da jurisprudência federal. Porto Alegre: Sérgio Antônio Fabris, 2002, p. 19.
[37] TESSLER, Marga Inge Barth. O fato consumado e a demora na prestação jurisdicional. *Revista CEJ*, Brasília, n. 27, p. 99, out./dez. 2004.
[38] *Op. cit.*, p. 41.

Posteriormente, a teoria do fato consumado se alastrou para outras áreas. Em exemplos selecionados pelo autor: a análise da remoção de agente público,[39] concursos públicos,[40] liberação de mercadoria em razão de greve na alfândega[41] e até a inserção de time de futebol em divisão de campeonato.[42]

A maior parte dos casos relatados é de nulidade, que não seria convalidável, mas que, por razões de equidade, acabam não sendo desfeitos. Na aplicação da teoria confere-se, portanto, prioridade à finalidade social do Direito em detrimento da opção pela aplicação severa da legalidade, dentro da visão de que "o desfazimento de atos que já produziram efeitos após vários anos, mesmo que sejam considerados viciados, se afigura como irrazoável".[43]

Maria Isabel Gallotti[44] levanta a seguinte questão: imagine uma viúva que tenha recebido, durante anos, uma pensão com base em lei declarada inconstitucional? Seria absurdo pretender desconstituir o ato *ex tunc* e exigir da senhora de boa-fé que devolva o valor da pensão correspondente aos anos recebidos.

Nesse caso, menciona Mauro Roberto Gomes de Mattos o entendimento de Miguel Reale, para quem a sanatória ou convalidação ocorre em termos menos rígidos, não "por desamor ou menosprezo à lei, mas por ser impossível desconhecer o valor adquirido por certas situações de fato constituídas sem dolo, mas eivadas de infrações legais a seu tempo não percebidas ou decretadas".[45]

Assim, na atualidade, há inúmeras decisões que reconhecem a existência do fato consumado, mas como ela depende de um juízo de ponderação, amparado na prudência, não há garantia de que a liminar concedida não possa, mesmo após o transcurso de significativo lapso temporal, ser cassada. Geralmente o reconhecimento do fato consumado não deve trazer prejuízos à coletividade ou ao interesse público.

No REsp nº 1.189.485-RJ, de relatoria da Min. Eliana Calmon,[46] por exemplo, o STJ não aplicou a teoria do fato consumado em remoção protegida por liminar obtida há dez anos da decisão, por considerar que não houve deslocamento do cônjuge no interesse da Administração Pública, como exigido no art. 36, III, "a", da Lei nº 8.112/90. O reconhecimento da situação acaba variando muito em função das particularidades dos casos concretos e também, não se pode negar, da propensão do intérprete autorizado a valorizar mais a segurança jurídica ou a legalidade estrita.

---

[39] TRF1, REO nº 910113513, *DJU* 23.05.1994, p. 24.366.
[40] TRF1, REO nº 890120259, *DJU* 25.03.1991, p. 5626.
[41] TRF5, REO nº 950549918, *DJU* 01.03.1996, p. 11198.
[42] TRF4, AG nº 890419060, *DJU* 10.03.1993, p. 7261.
[43] Conforme expressa Mauro Roberto Gomes de Mattos. In: Princípio do fato consumado no Direito Administrativo. *Revista de Direito Administrativo*, Rio de Janeiro, n. 220, p. 196, abr./jun. 2000.
[44] RDA 170/29.
[45] REALE, Miguel. *Revogação e anulação do ato administrativo*. Rio de Janeiro: Forense, 1968, p. 81.
[46] Julgado em 17.6.2010. *Informativo STJ*, n. 439.

Apesar da aplicação original da teoria do fato consumado ter se relacionado com situações *sub judice* amparadas por liminar, mesma linha de argumentação pode ser utilizada para a invalidação de atos administrativos. Note-se que, em amparo ao reconhecimento de que determinadas circunstâncias devem ser estabilizadas pelo decurso do prazo, existem prazos decadenciais estabelecidos em lei para a invalidação dos atos administrativos. Tais prazos impedem que haja desfazimento de irregularidades em função do decurso do prazo, sobretudo se há boa-fé por parte dos beneficiários dos atos irregulares.

No âmbito federal, o art. 54 da Lei nº 9.784/99 determina que: "o direito da Administração de anular os atos administrativos de que decorram efeitos favoráveis para os destinatários decai em 5 (cinco) anos, contados da data em que foram praticados, salvo comprovada má-fé". Já a lei paulista (Lei nº 10.177/98) possui prazo decadencial de dez anos, conforme redação contida no art. 10: "A Administração anulará seus atos inválidos, de ofício ou por provocação de pessoa interessada, salvo quando: I – ultrapassado o prazo de dez anos contado de sua produção; II – da irregularidade não resultar prejuízo; III – forem passíveis de convalidação".

7 Invalidação e convalidação do ato administrativo

A teoria da invalidação auxilia a dar parâmetros de desfazimento ou mesmo da possibilidade de convalidação do ato administrativo, hipótese na qual há o saneamento com efeitos retroativos, a fim de que o ato possa continuar a produzir os efeitos desejados.

A convalidação é, na realidade, uma técnica utilizada pela Administração Pública em que existe a ponderação e a harmonização entre legalidade e segurança jurídica. No intuito de recompor a legalidade ferida por um vício de anulabilidade a Administração opta, após sopesar os interesses envolvidos no caso concreto, pelo saneamento do ato para garantir estabilidade aos seus efeitos.

São requisitos a serem ponderados na convalidação do ato: (1) ausência de prejuízo ao interesse público; (2) ausência de prejuízo a terceiros; e (3) presença de defeitos sanáveis. A doutrina[47] geralmente considera que somente são sanáveis os defeitos de anulabilidade, sendo os atos nulos aqueles que não admitem convalidação.

A nulidade, no Direito Administrativo, envolve um vício de maior gravidade, em contraposição à anulabilidade, na qual é possível preservar os efeitos do ato, desde que a irregularidade seja saneada pela convalidação. São exemplos de vícios de nulidade dos atos administrativos: o desvio de finalidade ou o vício no motivo.

---

[47] Cf. DI PIETRO, Maria Sylvia Zanella. *Direito Administrativo*. São Paulo: Atlas, 2010, p. 244. BANDEIRA DE MELLO, Celso Antônio. *Curso de Direito Administrativo*. São Paulo: Malheiros, 2008, p. 461.

Até esse ponto, a doutrina é uníssona. No entanto, conforme visto, está em curso um movimento no sentido do reconhecimento:
1. da possibilidade de dar efeitos *ex nunc* à invalidação de atos que produzam efeitos favoráveis ao destinatário de boa-fé, em nome da segurança jurídica; e
2. mais controvertido ainda: não invalidar o ato, se o desfazimento for gerar grande prejuízo à coletividade, em nome de uma circunstância consumada.

Quanto à primeira orientação, não há problemas, Celso Antônio Bandeira de Mello,[48] por exemplo, sempre defendeu que a invalidação de atos ampliativos da esfera jurídica do administrado deve ter, em prestígio à boa-fé e à segurança jurídica, efeitos *ex nunc* (não retroativos).

Já a segunda é polêmica. Na priorização da legalidade não haveria como reconhecer validade a um ato nulo, que não admite convalidação. Aproveitamos, então, a reflexão de um exemplo formulado por Regis de Oliveira e extraído da obra de Maria Sylvia Zanella Di Pietro:

> autorizou-se um loteamento em terras municipais. O interessado, valendo-se de documentos falsos, logrou obter aprovação do loteamento, seu registro e o competente deferimento do loteamento perante a própria Prefeitura Municipal a quem pertenciam as terras. O ato que determinou a expedição do alvará autorizando a realização do loteamento é nulo. E a nulidade advém do conteúdo do ato. O loteamento não poderia ser autorizado, uma vez que dentro do imóvel municipal. Inobstante, famílias adquiriram lotes, construíram casas, introduziram melhoramentos, cobrados foram os tributos incidentes sobre eles, bem como tarifas de água etc. Enfim, onde era terreno municipal erigiu-se verdadeira cidade. Anos após, descobre-se que o terreno não pertencia ao loteador e que se trata de área municipal. De terreno totalmente inaproveitável, tornou-se valorizado.[49]

Conclui Maria Sylvia Zanella Di Pietro que, num caso como esse, a Administração terá que decidir qual a melhor solução, levando em conta os princípios do interesse público, da segurança jurídica e da boa-fé.

Trata-se de hipótese na qual há as seguintes vicissitudes: (a) vício de motivo, uma vez que os documentos para a aprovação do loteamento são falsos, não havendo pressuposto de fato que autorize o ato, uma vez que ele recai sobre terreno municipal; sendo que, da aplicação rigorosa da teoria das invalidades dos atos administrativos, não daria para convalidar ato nulo; e (b) ausência de boa-fé por parte do interessado, que se utilizou de documentos falsos para obter a autorização por parte da Municipalidade.

Ora, a opção pela invalidação da aprovação do loteamento geraria efeitos incalculáveis, inclusive para a Municipalidade, que tem interesse em mantê-lo, uma vez que obteve e obtém cobrança de tributos. Trata-se de situação extremada, pois as consequências tanto retroativas como prospectivas da invalidação do ato provocariam grande repercussão social.

---

[48] BANDEIRA DE MELLO, Celso Antônio. *Op. cit.*, p. 88.
[49] DI PIETRO, Maria Sylvia. *Op. cit.*, p. 237.

Se o prazo decadencial previsto na respectiva lei de processo administrativo tivesse expirado, não haveria, em tese, como anular o ato, exceto se houvesse a insistência no argumento da má-fé do interessado.

Dentro do que foi exposto acerca da tópica e da argumentação, a solução mais razoável é a que dá prevalência, no caso concreto, à segurança jurídica. Se o intérprete se comprometer com a realidade social e ponderar os interesses em causa a partir de padrões de equidade e do grau de utilidade dos provimentos estatais, ele chegará à conclusão que no caso concreto deve ser afastada a aplicação extremada da legalidade, que geraria:

- quebra da boa-fé e da aparência de regularidade por parte das famílias que adquiriram os lotes, afetando legítimos interesses privados;
- prejuízo ao erário, que não terá mais recolhimento tributário (interesse público secundário); e
- dano a interesse coletivo (interesse público privado), pois já é "fato consumado" a presença da "cidade", em vez do terreno municipal antes inaproveitado, ou seja, o loteamento obtido de má-fé, com documentos falsos, gerou melhorias sociais.

Por outro lado, nem sempre a opção pela ausência de invalidação do ato administrativo é a melhor solução. A manutenção de atos nulos é bastante delicada, devendo ser medida de caráter excepcionalíssimo, a depender das circunstâncias de cada caso concreto. Imagine-se a utilização de tal argumento para considerar válido contrato celebrado sem licitação, quando exigível o procedimento, tão somente a partir da alegação do alcance de interesses coletivos, mesmo diante do indício de que o particular-interessado agiu de má-fé.

Ora, seria situação absolutamente distinta, uma vez que a Administração deve garantir a todos a oportunidade de participação na celebração de contratos com o Poder Público, sendo inviável nesse caso alegar que "os fins justificam os meios", sob pena de se fulminar outros princípios de peso como a impessoalidade e a moralidade.

Ademais, não se pode perder de vista que a licitação não é apenas um procedimento para obtenção da contratação mais vantajosa para a Administração Pública, mas se trata de expediente voltado a garantir isonomia, isto é, a afastar das contratações públicas o arbítrio e o favorecimento infundado de particulares.

8 Princípio da proteção à confiança e *venire contra factum proprium*

Segundo expõe Almiro Couto e Silva,[50] o princípio da proteção à confiança originou-se de construção jurisprudencial alemã, sendo associado à necessidade

---

[50] COUTO E SILVA, Almiro do. O princípio da segurança jurídica (proteção à confiança) no direito público brasileiro e o direito da administração pública de anular seus próprios atos administrativos. *Revista Brasileira de Direito Público*, Belo Horizonte, ano 2, nº 6, p. 14, jul./set. 2004.

de preservação dos efeitos de atos inválidos, mesmo que nulos de pleno direito, quando indiscutível a boa-fé do administrado.

Um dos primeiros casos[51] de aplicação da proteção à confiança envolveu a promessa de que se uma viúva de funcionário se transferisse de Berlim Oriental para Berlim Ocidental, ela passaria a perceber determinada pensão. A viúva se mudou e usufruiu do benefício durante um ano, ao cabo do qual houve a suspensão do benefício pela Administração, que ainda cobrou dela os valores que já haviam sido pagos, sob a alegação de que ela não preenchia os requisitos para sua concessão.

O caso foi submetido ao Tribunal Administrativo Superior de Berlim que, em 14 de novembro de 1956 decidiu, em decisão posteriormente confirmada pelo Tribunal Administrativo Federal, que mesmo diante da ausência de fundamento normativo para a concessão do benefício, este deveria prevalecer[52] diante da preponderância do princípio da confiança em relação à legalidade.

Posteriormente, houve a enunciação dele em regra contida no parágrafo nº 48 da Lei de Processo Administrativo alemã (*Verwaltungsverfahrensgesetz* – VwVfG), de 25 de maio de 1976, ainda em vigor. Segundo orientação do mencionado dispositivo, a lei federal alemã admite expressamente que haja modulação de efeitos no desfazimento de atos viciados, que podem, outrossim, ser invalidados de forma integral ou parcial.

A lei alemã garante à Administração a ponderação sobre se a invalidação do ato ocorrerá com efeitos retroativos (*ex tunc*) ou *pro futuro* (*ex nunc*), havendo restrições expressas nos parágrafos 2º e 4º quanto ao desfazimento de atos ampliativos da esfera jurídica do beneficiário de reconhecimento de direito ou de relevante vantagem em procedimentos administrativos.

Também para casos em que não haja, em regra, má-fé, admite-se que a retroatividade dos efeitos da invalidação seja limitada a um ano, contado do conhecimento do vício por parte da autoridade administrativa (§ 48, n. 4).

Existe acentuada preocupação por parte da VwVfG com a situação financeira daquele que de boa-fé confiou na Administração Pública, sobretudo quando ele utilizou as contribuições percebidas ou realizou investimentos financeiros cujo cancelamento provoca desvantagens de exigência irrazoável.

Contudo, na Alemanha, o beneficiário não será amparado pelo princípio da proteção à confiança, se: (1) o ato administrativo foi expedido mediante falsas pretensões, ameaça ou suborno; (2) para a obtenção do benefício, o interessado

---

[51] MAURER, Hartmut. *Elementos de direito administrativo alemão*. Tradução de Luíz Afonso Heck. Porto Alegre: Sergio Antonio Fabris, 2001, p. 70-83.

[52] Para esse caso, pensando-se em função dos institutos brasileiros, talvez a solução mais equânime seria, em vez de se vedar qualquer suspensão da pensão, invalidar o benefício nulo com efeitos *pro futuro*, *ex nunc*, garantindo-se à viúva permanecer com o que recebeu de boa-fé mais o direito a pleitear indenização contra o Estado pela promessa inconsequente do agente estatal culpado. Mas não haveria como justificar a manutenção de um benefício sem respaldo em pressuposto de fato autorizativo, uma vez que, além de gerar a "estabilização de um erro", não há interesse público que justifique a *excepcionalíssima* convalidação de ato nulo.

forneceu informações substancialmente incorretas ou incompletas; e (3) ele estava ciente da ilegalidade ou, mesmo sem dolo, ele agiu com negligência grave.

Notam-se, portanto, na sistemática alemã,[53] as seguintes características: imprescindibilidade de certo grau de boa-fé e possibilidade de modulação dos efeitos ou mesmo de invalidação apenas parcial do ato, se a proteção à confiança tiver mais peso do que o interesse público no seu desfazimento.

No Brasil, conforme visto, também há a possibilidade de aplicação de efeitos *ex nunc* (*pro futuro*) em atos administrativos em que o beneficiário esteja de boa-fé, mas essa possibilidade não decorre, via de regra, de previsão normativa expressa, mas de trabalho jurisprudencial e doutrinário.

De qualquer forma, é antiga a orientação jurisprudencial que não permite que se exija de servidor público irregular aquilo que foi percebido de boa-fé, mesmo diante da invalidação do seu vínculo com a Administração Pública, com base na alegação da proibição de enriquecimento ilícito por parte do Estado, que recebeu os serviços prestados. Tal fato não deixa de também ser amparado na aplicação da segurança jurídica, uma vez que esta veda a retroatividade de certos efeitos da invalidação do ato.

Outro aspecto, relacionado com a proteção à confiança, que cresce bastante em expressão no cenário pátrio é a aplicação da formulação do *venire contra factum proprium* na seara do Direito Administrativo. A proibição ética implica a vedação de comportamento contraditório por parte do Estado. Trata-se de expediente utilizado em amparo à boa-fé, à moralidade, à aparência de regularidade e a presunção de legitimidade dos atos estatais.

Também pode ser considerada decorrência da segurança jurídica, relacionada com a proibição do *venire contra factum proprium*, a vedação da aplicação retroativa de nova interpretação por parte da Administração Pública, constante do inciso XII do parágrafo único do art. 2º da Lei nº 9.784/99.

Se, por exemplo, o fisco decidir adotar novos critérios de interpretação, considerados por ele mais adequados diante das determinações normativas existentes, mas que repercutem em desvantagem ao contribuinte, em relação à interpretação que antes a Administração divulgava como correta, e pretender, ainda, aplicar a nova interpretação de forma retroativa, ocorrerá a situação do comportamento contraditório.[54]

Ora, na hipótese aventada, não se exige que a interpretação jamais evolua, ainda mais diante de uma justificação plausível; mas, como a própria Administração

---

[53] Enquanto na Alemanha se fala em proteção à confiança (*Vertrauensschutz*), a União Europeia utiliza-se do termo princípio da proteção à confiança legítima.

[54] A propósito da aplicação da proteção à confiança na área tributária, cf: ÁVILA, Humberto. Benefícios Fiscais Inválidos e a Legítima Expectativa do Contribuinte. *Revista Eletrônica de Direito Administrativo Econômico*, Salvador, Instituto de Direito Público da Bahia, n. 4, nov./dez. 2005, jan. 2006. Disponível em: www.direitodoestado.com. br. Acesso em 13 fev. 2011. A confiança encontra expressão específica no art. 146 do CTN, que determina que: "a modificação introduzida, de ofício ou em consequência de decisão administrativa ou judicial, nos critérios jurídicos adotados pela autoridade administrativa no exercício do lançamento somente pode ser efetivada, em relação a um mesmo sujeito passivo, quanto a fato gerador ocorrido posteriormente à sua introdução".

provocou nos administrados legítimas expectativas, ensejaria violação à proteção da confiança e à proibição do *venire contra factum proprium* pretender aplicar a nova interpretação com efeitos retroativos, uma vez que tal atitude geraria incoerência[55] do Estado em relação a comportamentos com presunção de legitimidade.

Como bem pondera Almiro do Couto e Silva:

> É certo que o futuro não pode ser perpétuo prisioneiro do passado, nem podem a segurança e a proteção à confiança se transformar em valores absolutos, capazes de petrificar a ordem jurídica, imobilizando o Estado e impedindo de realizar mudanças que o interesse público estaria a reclamar. Mas, de outra parte, não é igualmente admissível que o Estado seja autorizado, em todas as circunstâncias, a adotar novas providências em contradição com as que foram por ele próprio impostas, surpreendendo os que acreditaram nos atos do Poder Público.[56]

Esse raciocínio também provoca, sobretudo na Alemanha, a discussão da autovinculação da Administração Pública, diante das legítimas expectativas que se incorporam ao patrimônio jurídico do particular em proteção à confiança.

No Brasil, também se pode identificar a influência de tais ideias, que acabam restringindo a discricionariedade antes reconhecida à Administração, como no caso das recentes decisões do STJ que determinam que o aprovado em número de vagas em concurso público tem direito subjetivo à nomeação, *in verbis*:

1. Em conformidade com jurisprudência pacífica dessa Corte, o candidato aprovado em concurso público, dentro do número de vagas previstas no edital, possui direito líquido e certo à nomeação e à posse.
2. A partir da veiculação, pelo instrumento convocatório, da necessidade de a Administração prover determinado número de vagas, a nomeação e a posse, que seriam, a princípio, atos discricionários, de acordo com a necessidade do serviço público, tornam-se vinculados, gerando, em contrapartida, direito subjetivo para o candidato aprovado dentro do número de vagas previstas no edital (6. T, RMS nº 20.718/SP, j. 04.12.2007, precedentes: RMS nº 19.478/SP, RMS nº 15.420/PR e RMS nº 15.345/GO).

A argumentação baseia-se no fato de que se a Administração estabeleceu que necessita do preenchimento de determinadas vagas, ela se vincula ao disposto no edital do certame, "razão pela qual a nomeação fugiria ao campo da discricionariedade, passando a ser ato vinculado" (STJ, 5. T., RMS nº 15.034/RS, Rel. Min. Felix Fischer, j. 19.02.2004).

---

[55] Como expõe Celso Antônio Bandeira de Mello: "se o Poder Público toma dada orientação e ao depois se convence de seu desacerto, não tem por que sonegar um direito que dantes deu por certo. Quem se retrata de orientação anterior não pode – sem violar a boa-fé – pretender que aquele que agiu nela embasado seja ao depois onerado em razão desta inconstância no entendimento administrativo". Estabilidade, lealdade e boa-fé do Poder Público. In: *Grandes temas de direito administrativo*. São Paulo: Malheiros, 2009, p. 175.

[56] COUTO E SILVA, Almiro do. O princípio da segurança jurídica (proteção à confiança) no direito público brasileiro e o direito da administração pública de anular seus próprios atos administrativos. Revista Brasileira de Direito Público, Belo Horizonte, ano. 2. nº 6, p. 13, jul./set. 2004.

Segundo Nilson Naves, no voto-vista de julgamento do recurso em mandado de segurança nº 20.718/SP no STJ, "o concurso representa uma promessa do Estado, mas promessa que o obriga, é claro – o Estado se obriga ao recrutamento de acordo com o número de vagas".

Essa orientação rumo à autovinculação administrativa aproxima a expectativa de direito ao direito subjetivo, a partir do fortalecimento da noção de legítima expectativa (amparada na proteção à confiança), restringindo o campo da discricionariedade administrativa. É muito provável que a sua disseminação provoque alteração também no posicionamento de que o adjudicatário, isto é, o vencedor da licitação, tenha mera expectativa de direito à contratação. A tendência será reconhecer juridicidade ao seu interesse, restringindo ainda mais a possibilidade de revogação ou invalidação do certame.

Não se quer aqui negar a existência de circunstâncias excepcionais, autorizadas por lei, que demonstrem a alteração dos interesses públicos envolvidos e que justificam o desfazimento de um ato. No caso da licitação, entendemos que, ainda diante da proteção à confiança, não dá para evitar a revogação do procedimento se houver fato superveniente devidamente comprovado e suficiente para demonstrar a alteração da situação inicial, caso contrário significaria sobrepor interesses particulares aos interesses públicos.

Por exemplo, uma pequena municipalidade deseja reformar a ala central e o coreto e abre licitação de obra pública, contudo, mesmo diante da expressa manifestação dessa vontade, que gera expectativas nos particulares, com as chuvas, o rio que passa pelo centro da cidade transborda e destrói não apenas prédios históricos da região central, mas também o entorno do município, que agora precisa urgentemente de verba não só para a preservação inadiável daquilo que pode ser salvo do patrimônio em vias de extinção, mas também para o amparo de munícipes desabrigados. Entendemos que nesse caso remanesce o direito à revogação do certame, não sendo este atingido pela eficácia negativa da proteção à confiança, pois não pode o interesse de determinados particulares prevalecer sobre o interesse público primário que se modificou diante da evidente alteração nas circunstâncias fáticas.

Trata-se, todavia, de situação muito distinta daquela em que o agente público enuncia a necessidade de determinada medida; e, posteriormente, amparado num argumento mal compreendido de discricionariedade, intenta arbitrariamente (isto é, sem justificativa plausível amparada no interesse público) não mais levá-la a cabo, não se importando nem um pouco com os efeitos da decisão em relação a administrados de boa-fé que realizaram investimentos pessoais e até mesmo financeiros na crença da coerência de comportamento da Administração Pública.

A incoerência na postura estatal é vista pela doutrina como um indício de desvio de finalidade. A Administração publica o edital, demonstrando que tem a necessidade pelo preenchimento de vagas, e depois não se interessa pelas nomeações ou realiza licitação e, sem justificativa adequada, não contrata: paira no ar ou uma sensação de que o Estado está sendo leviano, diante da incongruência de suas condutas, ou pior ainda: uma *desconfiança* (oposto da confiança) de que o resultado dos certames não agradou ao agente público, em evidente desprestígio à impessoalidade e à moralidade administrativas.

Essas decisões acabam exigindo uma nova postura da Administração Pública, que doravante será responsabilizada por não cumprir com as promessas que faz, sob pena de adotar comportamento incoerente e violador da proteção à confiança dos administrados. Trata-se de movimento que gera maior comprometimento com o planejamento e que, se produzir efeitos pedagógicos, repercutirá no menor risco de investimentos com o Estado brasileiro, provocando, consequentemente, desenvolvimento para o País.[57]

9 Da realização de justiça à estabilização do erro

Há diferenças marcantes entre a utilização do argumento da segurança jurídica a pretexto de realização de justiça e da sua utilização para a solidificação do erro. Entendemos que essa última interpretação foi a lamentavelmente adotada pelo Supremo Tribunal Federal na ADPF nº 153, em que, afastando a possibilidade de realização de justiça na afirmação do direito à memória e reparação, a corte suprema entendeu, com exceção dos votos dos Ministros Lewandowski e Ayres Britto, que a segurança jurídica teria maior peso.

Considerou-se que os crimes de lesa-humanidade cometidos por agentes públicos que se utilizaram da máquina repressiva para torturar, perseguir e exterminar pessoas estavam prescritos, mesmo diante da postura do STJ de considerar, com base em orientação fornecida pela ONU ao Brasil, o dano provocado por tortura na ditadura militar imprescritível.[58]

A decisão gera a seguinte perplexidade: pleitear a reparação do dano de tortura em face do Estado é imprescritível; mas a regressiva contra o agente público responsável pela tortura estaria prescrita, diante da segurança jurídica e do alcance da Lei de Anistia.

Todavia, existem regras, determinadas pela Organização das Nações Unidas para a transição[59] de uma situação de autoritarismo para a democracia, que não permitem que o país que praticou crimes de lesa-humanidade se ampare em legislação que anistie ou isente de responsabilidade os criminosos.

Tal problemática foi corajosamente enfrentada pela Argentina, em julgamento datado de 14 de junho de 2005, no qual a Suprema Corte declarou

---

[57] Sabe-se que a iniciativa privada mede o risco de comprometimento com determinado Estado em função de sua postura coerente, transparente e de boa-fé para com os investidores.
[58] STJ, 2 T., Min. Fux, Resp nº 529804-PR, In *DJ* 24.5.2004, p. 172 e REsp nº 379414 PR 2001/0152521-2, Rel Min. José Delgado, julgamento 25.11.2002, *DJ* 17.02.2003, p. 225.
[59] Direito Transicional.

a inconstitucionalidade das Leis *Ponto Final* e *Obediência Devida*, que impediam a averiguação e punição dos crimes cometidos pelo Estado entre 1975 e 1983.[60]

A pretensão de análise dos fatos ocorridos objetiva o resgate da memória,[61] dentro da noção de que a produção da verdade no contexto judicial, com direito à mais ampla defesa, pressupõe a transparência de uma discussão que foi propositadamente escondida da sociedade, no pressuposto que a maturidade de um povo implica sua abertura para a autocrítica, com todos os incômodos[62] que ela pode gerar, pois se trata de remédio mais digno e eficaz no tratamento de violações aos Direitos Humanos do que a solução da ocultação e impunidade.

Também não é certo dizer que abrir tal discussão abalaria a democracia, muito pelo contrário: ela reafirma os valores democráticos, pois, empiricamente, de acordo com estudos realizados por Kathryn Sikkink,[63] professora de ciência política da Universidade de Minnesota, com base em amostragem de cem países que, nas últimas décadas, passaram de Estados autoritários para democráticos, os Estados que julgaram aqueles que violaram os Direitos Humanos em crimes como tortura, homicídio e prisão sem processo, desaparecimento de pessoas e genocídio vivenciaram melhora significativa na preservação de direitos básicos de sua população, não se afigurando, portanto, verdadeira a tese de que a punição dos torturadores trará riscos de instabilidade democrática.

Note-se que depois do resultado da ADPF nº 153, o Brasil foi condenado internacionalmente pela Corte Interamericana de Direitos Humanos no caso Guerrilha do Araguaia, no qual a corte não deixou de se manifestar sobre o conteúdo arbitrário da Lei da Anistia em relação aos tratados incorporados no ordenamento jurídico brasileiro.

Os juízes decidiram, por unanimidade, que:

> As disposições da Lei de Anistia brasileira que impedem a investigação e sanção de graves violações de direitos humanos são incompatíveis com a Convenção Americana, carecem de efeitos jurídicos e não podem seguir representando um obstáculo para a investigação dos fatos do presente caso, nem para a identificação e punição dos responsáveis, e tampouco podem ter igual ou semelhante impacto a respeito de outros casos de graves violações de direitos humanos consagrados na Convenção Americana ocorridos no Brasil (...).
>
> Os representantes solicitaram ao Tribunal que ordene ao Brasil a investigação dos fatos, o julgamento e a punição de todos os responsáveis, em um prazo razoável, e que

---

[60] GUEMBE, María José. Reabertura dos processos pelos crimes da ditadura militar argentina. *Sur: Revista Internacional de Direitos Humanos.* n. 3, ano. 2, p. 121, 2005. Note-se que um dos juízes que deu voto favorável à punição foi Eugênio Raúl Zaffaroni, que entende que a questão é jurídica, isto é, de respeito aos tratados internacionais.

[61] NOHARA, Irene Patrícia. Direito à memória e reparação: da inclusão jurídica das pessoas perseguidas na ditadura militar brasileira. *Revista de Direito Constitucional e Internacional*, v. 67, p. 125-161, 2009.

[62] Quando os alemães constroem memoriais como o do Holocausto, no centro de Berlim, não o fazem para "imortalizar a própria vergonha", mas por questões prospectivas, uma vez que refletir sobre o passado significa, no mínimo, procurar evitar que erros semelhantes sejam repetidos.

[63] Relatado por Cristiane Agostine em matéria intitulada Estudo vincula violência no Brasil à Lei de Anistia, publicada no *Valor Econômico*, de 1 ago. 2008.

disponha que o Estado não pode utilizar disposições de direito interno, como prescrição, coisa julgada, irretroatividade da lei penal e *ne bis in idem*, nem qualquer excludente de responsabilidade similar, para eximir-se de seu dever. O Estado deve remover todos os obstáculos *de facto* e *de iure*, que mantenham a impunidade dos fatos, como aqueles relativos à Lei de Anistia.[64]

Não se pode deixar de exaltar o brilhante conteúdo do voto do juiz brasileiro, que reflete afinidade com visão pós-positivista:

> É prudente lembrar que a jurisprudência, o costume e a doutrina internacionais consagram que nenhuma lei ou norma de direito interno, tais como as disposições acerca da anistia, as normas de prescrição e outras excludentes de punibilidade, deve impedir que um Estado cumpra sua obrigação inalienável de punir os crimes de lesa-humanidade, por serem eles insuperáveis na existência do indivíduo agredido, nas memórias dos componentes de seu círculo social e nas transmissões por gerações de toda a humanidade. É preciso *ultrapassar o positivismo exacerbado*, pois só assim se entrará em um novo período de respeito aos direitos da pessoa, contribuindo para acabar com o círculo de impunidade no Brasil. É preciso mostrar que a Justiça age de forma igualitária na punição de quem quer que pratique graves crimes contra a humanidade, de modo que a imperatividade do Direito e da Justiça sirvam sempre para mostrar que práticas tão cruéis e desumanas jamais podem se repetir, jamais serão esquecidas e a qualquer tempo serão punidas.[65]

Além dos danos referentes à tortura na ditadura militar existem outros assuntos que são considerados imprescritíveis, como: a ação de ressarcimento de danos ao patrimônio público, conforme exegese do art. 37, §5º, da Constituição, segundo o qual: "a lei estabelecerá os prazos de prescrição para ilícitos praticados por qualquer agente, servidor ou não, que causem prejuízos ao erário, ressalvadas as respectivas ações de ressarcimento", sendo que a imprescritibilidade abarca pela jurisprudência do STF a improbidade, mas não a responsabilidade civil em regressiva ao servidor (que prescreve, conforme decisão do RE 669.069, com repercussão geral; e, para doutrinadores como Nelson Nery Júnior,[66] o dano ambiental, pelos seguintes motivos: (a) ausência de disposição legal estabelecendo prazo prescricional; (b) o fato de o meio ambiente ecologicamente equilibrado ser interesse difuso e, por isso, não se trata de bem disponível; e (c) os efeitos do dano ambiental normalmente se protraem no tempo, não sendo possível estabelecer o início de contagem do prazo, uma vez tais prejuízos afetam gerações futuras.

Também se voltam a combater o efeito de solidificação/estabilização do erro/injustiça, as decisões que propugnam o questionamento do dogma da incontrastabilidade da coisa julgada, na desmistificação de sua santidade.

---

[64] Gomes Lund e outros vs. Brasil. Sentença de 24 de novembro de 2010, Corte Interamericana de Direitos Humanos. Disponível em: http://www.corteidh.or.cr/docs/casos/articulos/seriec_219_por.pdf. Acesso em: 8 fev. 2011.
[65] *Idem*, p. 9. Juiz Roberto de Figueiredo Caldas.
[66] NERY JÚNIOR, N.; NERY, R. M. B. de A. Responsabilidade civil, meio ambiente e ação coletiva ambiental. *In*: BENJAMIN, A. H. V. (coord.). *Dano ambiental*: prevenção, reparação, repressão. São Paulo: Revista dos Tribunais, 1993, p. 291.

Não se aceita mais de forma inconteste que a coisa julgada faz "do quadrado, redondo" ou "do branco, negro" (*res judicata facit de albo nigrum*), pois, após evolução jurisprudencial e doutrinária, é tendência admitir, em situações excepcionais, sua relativização.[67]

Como tivemos oportunidade de abordar, com a evolução da ciência jurídica do paradigma positivista do rigor lógico, para o *logos do razoável* e para a teoria da argumentação, é um ato ultrapassado e de puro autoritarismo pretender transformar "dois mais dois" em cinco[68] e exigir tranquilidade social, na artimanha distorcida da espera pelo decurso do tempo, como se a segurança fosse valor absoluto do Direito.

Nesse sentido, vale ressaltar as pertinentes observações de José Augusto Delgado:

> o Estado, em sua dimensão ética, não protege a sentença judicial, mesmo transitada em julgado, que bate de frente com os princípios da moralidade e da legalidade, que espelhe única e exclusivamente a vontade pessoal do julgador e que vá de encontro à realidade dos fatos.[69]

Não se pode admitir a estabilização de efeitos de decisões inquestionavelmente injustas, como nos casos de reconhecimento de paternidade de quem posteriormente o exame de DNA demonstrou não ser pai, ou na pretensão de estabilizar um reconhecimento de indenização ao mesmo particular, mais de uma vez, pela desapropriação da mesma área, em resultado de ação que objetiva lesar o patrimônio público, por meio de enriquecimento de má-fé, aproveitando-se do tempo com o intuito malicioso de petrificar a fraude.

Note-se, por exemplo, o teor da seguinte decisão do TRF da 2ª Região:

> Está-se perante verdadeira "coisa julgada inconstitucional", conforme considerado pelas modernas doutrina e jurisprudência que, com propriedade, propõem uma reconstrução dogmática do princípio da coisa julgada, admitindo sua mitigação em casos extraordinários, em que a execução do título transitado em julgado se faz fortemente irrazoável, ante a inexistência do direito substancial. No caso é fato induvidoso que o agravado não tem direito ao reajustamento de seu benefício previdenciário de ex-combatente acima do teto constitucional, pelo confronto com os preceitos constitucionais acima apontados, de forma

---

[67] Cf. REsp nº 240.712. Rel. Min. José Augusto Delgado, j. 15.02.2005; REsp nº 554.402/RS, Rel. Min. José Augusto Delgado, 21.09.2004. REsp nº 226.436/PR, Rel. Min. Sálvio Teixeira, j. 28.06.2008.

[68] Não é a toa que George Orwell percebeu, na obra 1984, que o que geralmente mais incomoda o ser humano acuado pelo autoritarismo é a possibilidade de ser tão ameaçado com inverdades que possa perder a percepção do real, isto é, o seu juízo/bom senso: "no fim, o partido anunciaria que dois mais dois são cinco, e todos teriam que acreditar. Era inevitável que o proclamasse mais cedo ou mais tarde: exigia-o a lógica de sua posição. Sua filosofia negava tacitamente não apenas a validez da experiência com a própria existência da realidade externa. O bom senso era a heresia das heresias. E o que mais aterrorizava não era que matassem o cidadão por pensar diferente, mas a possibilidade de terem razão".

[69] DELGADO, José Augusto. Efeitos da coisa julgada e os princípios constitucionais. Palestra proferida em Fortaleza, no dia 20 dez. 2000, no I Simpósio de Direito Público da Advocacia-Geral da União, 5ª Região, promovido pelo Centro de Estudos Victor Nunes Leal, p. 37.

que o agravado não pode se valer de sentença que veio assegurar um direito substancial que não existe, e, por isso, é inexigível. Agravo do INSS provido, para reformar a decisão agravada, para que sejam refeitos os cálculos de liquidação, comparando, pelo período imprescrito, o que é realmente devido, dentro dos limites constitucionais, e o que foi pago.

Estão em julgamento no Supremo Tribunal Federal diversas ações diretas de inconstitucionalidades que recaem sobre leis estaduais que permitem remuneração vitalícia para ex-governadores. O Supremo, em 2019, já pôs fim à pensão vitalícia dos governadores do Paraná, seguindo sua própria orientação da ADIMC nº 1.461-7, que considerou que as pensões vitalícias a ex-governadores estabelecidas após a Constituição de 1988 violam o princípio da simetria, uma vez que o sistema do art. 184 da Constituição de 1969 foi propositadamente excluído do modelo atual.

O dispositivo questionado está no art. 85, §5º, da Constituição estadual do Paraná, que autorizava o pagamento de pensão nos seguintes termos: "cessada a investidura no cargo de Governador do Estado, quem o tiver exercido em caráter permanente fará jus, a título de representação, desde que não tenha sofrido suspensão dos direitos políticos, a um subsídio mensal e vitalício, igual ao percebido pelo desembargador do Tribunal de Justiça do Estado".

A aplicação do dispositivo inconstitucional gerava o seguinte efeito: o governador percebe seu subsídio durante o mandato e, cessada a investidura, pleiteava e obtinha "subsídio" mensal e vitalício correspondente ao recebido por desembargador, sendo que não há na sistemática de Direito Administrativo subsídios que se igualem a proventos.

Para ilustrar até onde chega a imoralidade e o abuso, houve o caso de um ex-deputado do Mato Grosso que, quando exercia suas funções de parlamentar, foi autor da emenda que ampliou a pensão vitalícia para abarcar não só os ex-governadores e vices, mas também "aqueles que tenham substituído e quem tenham assinado ato governamental". Dois anos depois, na condição de presidente da Assembleia Legislativa substituiu o governador por dez dias, solicitou e recebeu pensão vitalícia.[70]

Essa última situação se equipara ao desvio de finalidade no exercício da função pública e gera controle de constitucionalidade para invalidação de ato normativo, cujo conteúdo extrapola da moralidade administrativa. Trata-se de circunstância com inequívoca similaridade ao caso analisado por Marcelo Figueiredo[71] no qual um projeto de lei fora encaminhado pelo Prefeito nos últimos dias de mandato apenas para permitir aos seus "chegados" a partilha e apropriação tempestiva da coisa pública.

O projeto foi transformado em lei, tendo sido enviado, discutido, sancionado e publicado, em sete dias úteis, com o exclusivo fim de garantir a incorporação

---

[70] SASSATELLI, Marcos. A aposentadoria de ex-governantes. Disponível em: http://correiodobrasil.com.br/a-aposentadoria-de-ex-governadores-um-descaramento-sem-limites/207854/. Acesso em: 16 fev. 2011.

[71] FIGUEIREDO, Marcelo. *O controle de moralidade na Constituição*. São Paulo: Malheiros, 1999, p. 143.

de vencimentos tão-somente aos servidores que, na data da lei, estivessem, por decisão discricionária do governante, instalados em cargos e funções de confiança. Carlos Ari Sundfeld[72] denominou tal ação de "lei pilhagem" ou "lei testamento".

Segundo Caio Tácito, "a ilegalidade mais grave é a que se oculta sobre a aparência de legitimidade. A violação maliciosa encobre os abusos de direito com a capa virtual de pureza".[73] Assim, para descobrir se há desvio de finalidade é necessário transcender a simples roupagem externa ou formal do ato.

Entendemos, conforme visto, que se há boa-fé não há como retroagir decisões de invalidação de atos que ampliem a esfera jurídica do administrado em nome da proteção à confiança, mas, no caso da má-fé, como, por exemplo, no desvio de finalidade, aplicam-se efeitos *ex tunc* e aquele que pretendeu "pilhar" o erário quando tinha o dever de discutir sua utilização para fins coletivos, deve arcar com a devolução daquilo que maliciosamente retirou do povo, em ofensa ao princípio republicano.

10 Conclusões

O princípio da segurança jurídica é inerente ao Estado de Direito. São corolários da segurança jurídica: a irretroatividade da lei, o ato jurídico perfeito, o direito adquirido e a coisa julgada, sendo reflexos subjetivos[74] de sua aplicação também: a proteção à confiança, o *venire contra factum proprium* e a preservação das legítimas expectativas dos administrados de boa-fé.

Houve evolução na aplicabilidade do princípio que, no pós-positivismo, deve ser sopesado em relação a outros princípios, como: a legalidade, a moralidade e a justiça. Exige-se, pois, do intérprete muita prudência no manejo da segurança jurídica, para que não iguale situações com características e repercussões sociais distintas.

Assim, em amparo à segurança jurídica, pode haver a invalidação do ato com aplicação *ex nunc* de seus efeitos, isto é, a modulação dos efeitos, ou até mesmo a manutenção de atos irregulares, com base na teoria do fato consumado, sendo que a modulação já está prevista expressamente enquanto possibilidade no decreto que regulamenta a LINDB, conforme visto.

A adoção dessas soluções dependerá das características do caso concreto, a serem ponderadas pela via argumentativa, pois a segurança não é valor absoluto, mas princípio de acentuada ambivalência: que tanto pode ser utilizado para a realização da justiça no caso concreto como para a solidificação de uma situação injusta, hipótese na qual de sua faceta mais perversa emerge um grau de estabilização que se opõe ao progresso social.

---

[72] Em comentário ao parecer da lavra de Carlos Ari Sundfeld denominado inconstitucionalidade por desvio de poder legislativo. In: *Cadernos de Direito Constitucional e Ciência Política*, São Paulo, v. 2, n. 8, p. 131-156, 1994.
[73] TÁCITO, Caio. *Direito Administrativo*. São Paulo: Saraiva, 1975, p. 6.
[74] COUTO E SILVA, Almiro. *Op. cit.*, p. 9.

Referências

ATKINSON, Rita L. *Introdução à psicologia*. 13. ed. Porto Alegre: Artmed, 2002.

BANDEIRA DE MELLO, Celso Antônio. *Grandes temas de Direito Administrativo*. São Paulo: Malheiros, 2009.

BANDEIRA DE MELLO, Celso Antônio. *Curso de Direito Administrativo*. São Paulo: Malheiros, 2008.

BENJAMIN, A. H. V. (coord.). *Dano ambiental*: prevenção, reparação e repressão. São Paulo: Editora Revista dos Tribunais, 1993.

BOBBIO, Norberto. *Direita e esquerda*: razões e significados de uma distinção política. Brasília: Unesp, 1995.

BONAVIDES, Paulo. *Do Estado liberal ao Estado social*. São Paulo: Malheiros, 2004.

BONAVIDES, Paulo. *Curso de Direito Constitucional*. São Paulo: Malheiros, 2009.

CARRIÓ, Genaro R. *Notas sobre derecho y lenguage*. 4. ed. Buenos Aires: Abeledo-Perrot, 1990.

CARVALHO FILHO, José dos Santos. *Manual de Direito Administrativo*. Rio de Janeiro: Lumen Juris, 2008.

COELHO NETO, José Teixeira. *O que é utopia*. São Paulo: Brasiliense, 1985.

COUTO E SILVA, Almiro do. O princípio da segurança jurídica (proteção à confiança) no direito público brasileiro e o direito da administração pública de anular seus próprios atos administrativos. *Revista Brasileira de Direito Público*, Belo Horizonte, ano 2, nº 6, p. 7-58, jul./set. 2004.

DI GIORGI, Beatriz; CAMPILONGO, Celso Fernandes; PIOVESAN, Flávia. *Direito, Cidadania e Justiça*. São Paulo: Revista dos Tribunais, 1995.

DI PIETRO, Maria Sylvia Zanella. *Direito Administrativo*. 23. ed. São Paulo: Atlas, 2010.

FERREIRA, Odim Brandão. *Fato consumado*: história e crítica de uma orientação da jurisprudência federal. Porto Alegre: Sergio Antonio Fabris, 2002.

FIGUEIREDO, Marcelo. *O controle de moralidade na Constituição*. São Paulo: Malheiros, 1999.

FREIRE, Paulo. *A pedagogia do oprimido*. 38. ed. Rio de Janeiro: Paz e Terra, 1987.

FROMM, Erich. *A anatomia da destrutividade humana*. 2. ed. Rio de Janeiro: Guanabara, 1973.

GRAU, Eros Roberto. *Ensaio e discurso sobre a interpretação/aplicação do direito*. 3. ed. São Paulo: Malheiros, 2005.

GUEMBE, María José. Reabertura dos processos pelos crimes da ditadura militar argentina. *Sur: Revista Internacional de Direitos Humanos*, n. 3, ano. 2, p. 121, 2005.

HOBBES. *Os pensadores*. São Paulo: Abril Cultural, 1989.

MATTOS, Mauro Roberto Gomes de. Princípio do fato consumado no Direito Administrativo. *Revista de Direito Administrativo*, Rio de Janeiro, n. 220, p. 196, abr./jun. 2000.

MAURER, Hartmut. *Elementos de direito administrativo alemão*. Tradução de Luíz Afonso Heck. Porto Alegre: Sergio Antonio Fabris, 2001.

MOTTA, Fabrício; NOHARA, Irene Patrícia. *LINDB no Direito Público*. São Paulo: Thomson Reuters Brasil, 2019.

MÜLLER, Friedrich. Positivismo. Tradução de Peter Naumann e revisão de Paulo Bonavides. *Boletim dos Procuradores da República*, São Paulo: Artchip, ano 3, nº 29, p. 5-7, set. 2000.

NOHARA, Irene Patrícia; MARRARA, Thiago. *Processo Administrativo*. 2. ed. São Paulo: Thomson Reuters Brasil, 2018.

NOHARA, Irene Patrícia. *Limites à razoabilidade nos atos administrativos*. São Paulo: Atlas, 2006.

NOHARA, Irene Patrícia. Direito à memória e reparação: da inclusão jurídica das pessoas perseguidas na ditadura militar brasileira. *Revista de Direito Constitucional e Internacional*, v. 67, p. 125-161, 2009.

OLIVEIRA, Manfredo Araújo de. *Reviravolta linguístico-pragmática na filosofia contemporânea*. São Paulo: Loyola, 1996.

PERELMAN, Chaïm. *Ética e direito*. São Paulo: Martins Fontes, 1996.

REALE, Miguel. *Teoria tridimensional do Direito*. 5. ed. São Paulo: Saraiva, 1994.

REALE, Miguel. *Revogação e anulação do ato administrativo*. Rio de Janeiro: Forense, 1968.

SICHES, Luis Recaséns. *Nueva filosofia de la interpretación del derecho*. México: Porrúa, 1973.

TÁCITO, Caio. *Direito Administrativo*. São Paulo: Saraiva, 1975.

TESSLER, Marga Inge Barth. O fato consumado e a demora na prestação jurisdicional. *Revista CEJ*, Brasília, n. 27, p. 99, out./dez. 2004.

VIEHWEG, Theodor. *Tópica e jurisprudência*. Tradução de Tercio Sampaio Ferraz Júnior. Brasília: Departamento de Imprensa Nacional, 1979.

Informação bibliográfica deste texto, conforme a NBR 6023:2018 da Associação Brasileira de Normas Técnicas (ABNT):

NOHARA, Irene Patrícia. Ensaio sobre a ambivalência da segurança jurídica nas relações do Estado: da realização de justiça à faceta perversa do argumento. *In*: MARRARA Thiago (coord.). *Princípios de direito administrativo*. 2. ed. rev., ampl. e atual. Belo Horizonte: Fórum, 2021. p. 83-113. ISBN 978-65-5518-166-1.

PRINCÍPIO DA SEGURANÇA JURÍDICA E SUA INFLUÊNCIA NA REVOGAÇÃO DAS LICITAÇÕES

CRISTIANA FORTINI

1 Princípio da segurança jurídica

O advento do Estado Democrático de Direito reclama a atuação administrativa em conformidade com a lei e o Direito, rompendo a visão da legalidade própria do século XIX que respaldava a aplicação mecânica da regra fria.

Um leque variado de princípios deve conduzir o administrador público, sem que se possa falar em oposição ou exclusão apriorística de um em benefício de outro, mas de acomodamento que a solução do caso concreto exigirá.

Ao prever a lista inicial de princípios vetores da Administração Pública, a Constituição da República fixou comando para que o administrador público se posicione de forma a harmonizar a legalidade, a impessoalidade, a moralidade, a publicidade e a eficiência, sem embargo dos demais princípios constitucionais explícitos ou implícitos.

O princípio da segurança jurídica ostenta igualmente *status* constitucional. Não é por outra razão que se salvaguardam a coisa julgada, o ato jurídico perfeito e o direito adquirido.

Rafael Valim ensina que "O princípio da segurança jurídica permeia o direito positivo, condicionando toda sua dinâmica. À luz das funções exercidas pelos princípios, resultada que, desde a Constituição até as normas individuais e concretas, toda produção do Direito deve se pautar pelas exigências do referido princípio – as quais conduzem a uma ação consequente do Estado, livre de voluntarismos e sobressaltos – sob pena de um juízo de invalidade da norma editada". E acrescenta o autor: "não basta a certeza quanto à norma aplicável para se assegurar o princípio da segurança jurídica. Nem é preciso dizer que nada significaria a previsibilidade se as projeções que dela decorrem e que norteiam a ação do administrado pudessem ser desfeitas, a qualquer tempo, pelo Estado. É de rigor, portanto, que à previsibilidade oferecida pela certeza se acresça a estabilidade do Direito, de molde a assegurar os direitos subjetivos e as expectativas que os indivíduos de boa-fé depositam na ação do Estado". [1]

Márcio Cammarosano lembra que o "valor segurança está significativamente referido já no Preâmbulo da Constituição, que, ao instituir um Estado

---

[1] VALIM, Rafael. *O significado do princípio da segurança jurídica*. Malheiros, 2010, p. 46.

Democrático de Direito, a ele se reporta como um daqueles que se destina a assegurar".[2]

Assim, extrai-se da Constituição da República que a atuação administrativa também deve se dar parelha ao referido princípio. A legalidade, pura e fria, não mais prospera. Inexiste, contudo, conflito ou oposição entre os referidos princípios. Há, isso sim, uma releitura do princípio da legalidade, de forma que ele acomode a segurança jurídica, entre outros princípios.

Manifestações do princípio da segurança jurídica aparecem quer na Constituição, como acima exemplificado, quer na legislação infraconstitucional. O conteúdo do art. 27 da Lei nº 9.868/99, que traça as normas sobre as ações direta de inconstitucionalidade e direta de constitucionalidade apreciadas pelo STF, e o do art. 11 da Lei nº 9.882/99, que disciplina arguição de descumprimento de preceito fundamental, refletem o princípio da segurança jurídica, à medida que admitem a adequação temporal dos efeitos da declaração de inconstitucionalidade.

O mesmo princípio está a amparar a regra prevista no inciso XIII do parágrafo único do art. 2º da Lei nº 9.784/99, ao impor a observância da interpretação da norma administrativa da forma que melhor garanta o atendimento do fim público a que se dirige, vedada a aplicação retroativa de nova interpretação, visando à garantia do direito das partes. Os arts. 11 a 15 da lei em apreço, que cuidam de delegação e avocação, bem como o art. 55, que aborda o instituto da convalidação, afirmam o princípio da segurança jurídica. Com efeito, ao afirmar que a competência é irrenunciável, reforçando o dever de agir da autoridade a quem a lei entregou o mister, admitindo excepcionalmente a avocação e a delegação, e ao prever a possibilidade de convalidação, que traduz mecanismo de preservação do ato viciado e de seus efeitos jurídicos, está a lei a pontuar, uma vez mais, o princípio da segurança jurídica.

Obviamente, o art. 54 da mesma lei não poderia deixar de ser citado, porque é a regra que melhor personifica o referido princípio, ao fixar prazo decadencial para a anulação de atos de que decorram efeitos patrimoniais favoráveis a terceiros.

A aplicação do princípio da segurança jurídica, traduzido em várias regras, como as acima indicadas, que formam a Lei nº 9.784/99, tem sido usualmente ventilada em decisões judiciais, em especial no Supremo Tribunal Federal, que confirma o *status* constitucional do referido princípio. Cenário em que o princípio da segurança jurídica ganhou destaque diz respeito à anulação de atos de aposentadoria quando da manifestação tardia do Tribunal de Contas. A despeito de a questão envolver discussão sobre a natureza do ato, complexo ou composto, dado que há diferentes opiniões sobre a relevância da manifestação do órgão de controle para o aperfeiçoamento do ato, o Supremo Tribunal Federal tem dito:

> A Administração decai do direito de anular atos administrativos de que decorram efeitos favoráveis aos destinatários após cinco anos, contados da data em que foram praticados [art. 54 da Lei n. 9.784/99]. Precedente [MS n. 26.353, Relator o Ministro MARCO AURÉLIO,

---

[2] CAMMAROSANO. *O princípio constitucional da moralidade e o exercício da função administrativa*, p. 33.

DJ de 6.3.08] 5. A anulação tardia de ato administrativo, após a consolidação de situação de fato e de direito, ofende o princípio da segurança jurídica. Precedentes [RE n. 85.179, Relator o Ministro BILAC PINTO, *RTJ* 83/921 (1978) e MS n. 22.357, Relator o Ministro GILMAR MENDES, *DJ* 5.11.04].

Outra alusão ao princípio da segurança jurídica encontra-se no acórdão a seguir, também do STF:

> A inércia da Corte de Contas, por sete anos, consolidou de forma positiva a expectativa da viúva, no tocante ao recebimento de verba de caráter alimentar. Este aspecto temporal diz intimamente com o princípio da segurança jurídica, projeção objetiva do princípio da dignidade da pessoa humana e elemento conceitual do Estado de Direito. 4. O prazo de cinco anos é de ser aplicado aos processos de contas que tenham por objeto o exame de legalidade dos atos concessivos de aposentadorias, reformas e pensões. Transcorrido in albis o interregno qüinqüenal, é de se convocar os particulares para participar do processo de seu interesse, a fim de desfrutar das garantias do contraditório e da ampla defesa (inciso LV do art. 5º). [MS nº 24448, Rel. CARLOS BRITTO, Tribunal Pleno, julgado em 27.09.2007]

2 O instituto da revogação e o tratamento dispensado pela Lei nº 8.666/93

A revogação opera-se quando a administração pública decide extinguir ato válido, que, não obstante não carregar máculas, não mais se releva conveniente e/ou oportuna. A mutabilidade do interesse público realinha entendimentos anteriores e reposiciona o administrador público.

A revogação envolve juízo de mérito, e não de legalidade, por isso é medida que se insere entre as tarefas exclusivas do administrador, competente para tanto. E a reformulação do juízo do administrador que obsta falar em revogação de ato praticado no exercício da competência vinculada. Se, desde o início, outro caminho não se apresentava ao administrador público senão realizar determinado ato, a passagem do tempo não contribuirá para criar espaço de reavaliação meritória.

Assim, a revogação não poderá desconsiderar os efeitos jurídicos já extraídos do ato válido revogado. O postulado da segurança jurídica conduz a esse raciocínio. Se o ato ainda é ineficaz, a revogação impedirá a produção dos seus efeitos, mas se eficaz, os efeitos já produzidos serão protegidos.

A Lei nº 8.666/93, em seu art. 49, *caput* (o Projeto de Lei nº 4.253/20, que diz respeito à futura nova lei de licitações e contratos administrativos, trata do tema em seu art. 71, inciso II e §2º[3]), prevê que a revogação do procedimento licitatório condiciona-se à ocorrência de fato superveniente devidamente comprovado,

---

[3] Art. 71. Encerradas as fases de julgamento e habilitação, e exauridos os recursos administrativos, o processo licitatório será encaminhado à autoridade superior, que poderá: (...)
II – revogar a licitação por motivo de conveniência e oportunidade; (...)
§ 2º O motivo determinante para a revogação do processo licitatório deverá ser resultante de fato superveniente devidamente comprovado.

pertinente e suficiente para justificar a referida conduta. A superveniência a que alude a regra refere-se, claro, ao início do procedimento licitatório.

Portanto, não necessariamente o êxito em licitação resulta em celebração do contrato.[4][5] Para além da revogação, a anulação, porque detectado vício insanável, também poderá ocorrer.

O Superior Tribunal de Justiça inúmeras vezes reafirmou a possibilidade de revogação. O RMS nº 28927, julgado em 17.12.09, relatado pela Ministra Denise Arruda, abaixo comprova o alegado:

> A licitação, como qualquer outro procedimento administrativo, é suscetível de anulação, em caso de ilegalidade, e revogação, por conveniência e oportunidade, nos termos do art. 49 da Lei 8.666/93 e das Súmulas 346 e 473/STF. Mesmo após a homologação ou a adjudicação da licitação, a Administração Pública está autorizada a anular o procedimento licitatório, verificada a ocorrência de alguma ilegalidade, e a revogá-lo, no âmbito de seu poder discricionário, por razões de interesse público superveniente. Nesse sentido MS12.047/DF, 1ª Seção, Rel. Min. Eliana Calmon, DJ de 16.4.2007; RMS nº 1.717/PR, 2ª Turma, Rel. Min. Hélio Mosimann, *DJ* de 14.12.1992.

A mesma Corte posiciona-se favoravelmente à revogação quando o preço encontrado não atende ao interesse público. Apreciando o RMS nº 30481, o STJ, por meio do voto condutor da Ministra Eliana Calmon, afirmou:

> O Poder Público pode revogar o processo licitatório quando comprovado que os preços oferecidos eram superiores ao do mercado, em nome do interesse público.

E ainda, nos autos do RMS nº 22447, julgado em 18.12.08, o Ministro Luiz Fux acentua:

> In casu, a revogação do Pregão nº 001/SEREG/2005, no qual a empresa, ora Recorrente, se sagrara vencedora, decorreu da prevalência do interesse público, ante a constatação, após a realização do certame, de que o preço oferecido pela vencedora era superior ao praticado no mercado.

A falta de competitividade também pode sustentar a revogação da licitação, conforme jurisprudência do mesmo STJ. Vejamos o RMS nº 22360, relatado pela Ministra Eliana Calmon, julgado em 18.11.08:

---

[4] A doutrina já se dedicou a analisar a obrigatoriedade ou não da adjudicação ao primeiro colocado. Conflitos doutrinários entre os autores Hely Lopes Meireles, que entendia pela compulsoriedade da adjudicação, e Adilson de Abreu Dallari, que argumentava que a proposta vencedora pode ainda não ser a mais vantajosa para a Administração, pelo que possível e lícita a não adjudicação, são conhecidos. Pretendemos ir além da discussão a respeito da adjudicação, para enfrentar o tema da contratação, compreendida, em regra, como um direito, salvo se efetivamente razões comprovadas de interesse público sugerirem outro rumo.

[5] No caso do pregão, a literalidade do art. 4º, inciso XXIII, da Lei nº 10.520 autoriza concluir que a contratação é direito do vencedor, porque o dispositivo prevê que "homologada a licitação pela autoridade competente, o adjudicatário será convocado para assinar o contrato no prazo definido em edital".

A participação de um único licitante no procedimento licitatório configura falta de competitividade, o que autoriza a revogação do certame. Isso, porque uma das finalidades da licitação é a obtenção da melhor proposta, com mais vantagens e prestações menos onerosas para a Administração, em uma relação de custo-benefício, de modo que deve ser garantida, para tanto, a participação do maior número de competidores possíveis.

Assim, não se trata de negar a possibilidade de revogação do certame, o que, de resto, está contemplado na Lei de Licitações. O que se discute é a utilização nefasta do instituto.

Quer a revogação, quer a anulação, válidas serão se, primeiro, forem motivadas. O dever de motivar de índole constitucional, porque reflete o espírito republicano, está chancelado na Lei nº 9.784/99, que o enfatiza quando o ato praticado é a anulação ou revogação (art. 50, inciso VIII).

Mas a revogação da licitação não se reveste de licitude quando descompassada do regramento peculiar que a Lei nº 8.666/93 estabelece.

Presume-se, de início, que o deflagrar a licitação seja resultado da constatação de carência do serviço, obra, produto (sem embargo de outras demandas). Assim, o licitante adere ao chamamento público certo de que não se trata de armadilha, mas crédulo de que a disputa poderá render-lhe, se vitorioso, a celebração de contrato.[6] A presunção de veracidade e legalidade dos atos administrativos leva a tal raciocínio.

Daí se depreender que alegar "interesse público" no afã de dar guarida à revogação não satisfaz, quer porque vago e fluído o conceito, quer porque não é qualquer justificativa que atende à prescrição legal. Há de haver "justa causa" a sustentar o ato revocatório. Nesse sentido, há de haver documentação que indique qual o fato que, após o início do certame, dele retira a condição de ferramenta salutar para a promoção do interesse público.

Extrai-se, ainda, do citado art. 49 da Lei de Licitações que não se toleram revogações de procedimento licitatório que espelhem a ausência de planejamento satisfatório do procedimento licitatório. Lógica esta que permanecerá quando da nova lei licitatória – submetida à sanção presidencial quando da elaboração deste artigo –, na medida em que o art. 71 do Projeto de Lei nº 4.253/20 igualmente submete a revogação a fato superveniente e devidamente comprovado.

Se medidas deveriam ter sido adotadas para garantir que o procedimento fosse iniciado e concluído e a entidade licitante não se dedica a executá-las, não será lícito, em tempo futuro, lançar mão da revogação, ao fundamento de que desapareceu o interesse público que legitimava a instauração do certame.

E, com o Projeto de Lei nº 4.253/20, o planejamento e a segurança jurídica são ainda mais enaltecidos enquanto essenciais para as licitações públicas e para

---

[6] Obviamente que não se desconhece que o permissivo legal que legítima a substituição do instrumento contratual nos casos assinalados na Lei nº 8.666/93, em especial no art. 62 *caput* e seu §4º. O assunto, no Projeto de Lei nº 4.253/20, é tratado em seu art. 95.

os contratos administrativos. Para além de manter a necessidade de fato superveniente e comprovado para fins de revogação, o art. 5º do PL traz expressamente o planejamento e a segurança jurídica enquanto princípios ínsitos às licitações e aos contratos,[7] o que dificulta ainda mais a revogação, exigindo do ente licitante um planejar mais fortalecido e garantindo ao interessado maior garantia de manutenção do procedimento licitatório.

A revogação não traduz escudo que o administrador possa utilizar para mascarar a falta de preparo, requisito básico de toda e qualquer licitação, em especial quando do certame poderá resultar contratação a implicar gastos públicos. Nenhuma contratação que resulta de uma licitação revela-se açodada, implementada de imediato e distanciada de planejamento anterior. Destacam-se as exigências dos arts. 15 a 17 e do art. 42 da Lei de Responsabilidade Fiscal, que por si sós atestam a imperiosidade do planejamento licitatório.

Mas determinadas licitações, para além do planejamento usual, requerem diligências outras, porque peculiar tratamento normativo que circunda o contrato que se almeja celebrar, como o que ocorre nas concessões tradicionais ou na modelagem de parcerias público-privadas, disciplinadas pelas Leis nºs 8.987/95, 9.074/95 e 11.079/04.

As referidas leis estabelecem exigências outras, como leis autorizativas, a realização de consultas públicas, e, no caso das PPPs, há ainda questão das garantias que o Poder Público ofertará ao parceiro privado e que incrementam o nível de planejamento.

A lógica contratual das PPPs representa uma mudança com relação ao padrão clássico dos contratos administrativos, exatamente porque se impõe ao Poder Público uma postura menos verticalizada, em contrapartida à alocação de riscos entre as partes, que também não espelha a tônica da doutrina francesa incorporada na Lei nº 8.666/93.

Vê-se que o art. 8º da Lei nº 11.079/04, exatamente para confortar o parceiro privado, dado que ele assumirá compromissos financeiros substanciais que não renderão, de pronto, contraprestação, visto que essa dependerá da efetiva disponibilização do serviço objeto da contratação (art. 7º), prevê que o poder público ofereça como garantias (trata-se de lista não exaustiva, já que outras poderão ser previstas em leis específicas de cada ente da federação e, claro, não se há de conferir necessariamente a totalidade das garantias) a vinculação de receitas, a instituição de fundos especiais, a contratação de seguro-garantia, a criação de

---

[7] Nesse sentido, já tivemos a oportunidade de tratar do tema, em coautoria com Rafael Amorim de Amorim, quando consideramos o planejamento um verdadeiro eixo estruturante do Projeto de Lei nº 4.253/20: "o planejamento é outro eixo estruturante do novo marco legal de licitações e contratos administrativos, que foi fortalecido ao ser incluído entre os princípios que deverão ser observados na execução dos comandos da futura Lei (art. 5º do PL)". Conferir: FORTINI; Cristiana; AMORIM; Rafael Amorim de. *Um novo olhar para a futura lei de licitações e contratos administrativos*: a floresta além das árvores. Disponível em: www.licitacaoecontrato.com.br. Acesso em: 31 mar. 2021.

fundo garantidor ou de empresa estatal destinada à mesma finalidade protetiva dos interesses privados.

Qualquer das medidas requer planejamento, como também o requer o limite de endividamento a que alude o art. 28 da mesma Lei nº 11.079/04. O art. 28 fixa limite que há de ser respeitado quando da decisão pela implementação de PPPs. Logo, ao ente público impõe-se analisar sempre se tal limite está sendo respeitado, evitando-se o início de certames quando no futuro a contratação encontra empecilho, porque já ultrapassado o teto consignado no art. 28.

Realizar licitações para, ao final, argumentar que ultrapassado o citado limite pelo que inviável a contratação não é algo que se possa tolerar, porque ofende a relação de confiança entre as partes. Nem o pagamento de eventual indenização, sustentada por Sérgio Ferraz,[8] que defende o ressarcimento integral, a contemplar danos emergentes e lucros cessantes, põe fim ao problema, porque continuariam violados os princípios da segurança jurídica, da boa fé e da lealdade.[9]

Em verdade, tal como se opera quando se "convidam" pessoas físicas a participar de concurso público,[10] assumindo o dever de nomear os aprovados dentro do número de vagas, salvo situação que justifique conduta outra, a segurança jurídica e os princípios de boa-fé e da confiança legítima também devem influenciar o instituto da licitação. Quer no concurso público, quer quando se promove uma licitação, sinaliza-se para os interessados[11] que os procedimentos se voltam a selecionar quem manterá relação jurídica com o ente da administração pública, ainda que, evidentemente, as relações, num caso e outro, sejam de índoles distintas.

Mas em comum há o canto da sereia, o poder atrativo que os editais exercem e que vão influenciar o comportamento do particular. Este, confiante de que os atos convocatórios não escondem armadilhas, mas, ao revés, são instrumentos por meio dos quais os entes clamam pela participação, podem aderir ao "convite" e não devem ser surpreendidos pela Administração com a revogação que,

---

[8] FERRAZ, Sérgio. Prerrogativas da administração e direitos dos licitantes. In: *seminário Nacional sobre licitação*. Belo Horizonte: Fundação Dom Cabral, 1980, p. 206-207.

[9] Interessante observar que a Lei de Licitações é expressa quanto ao dever de indenizar apenas ao se referir à anulação para dizer, nos termos do art. 49, §1º, da lei, que a declaração de nulidade não gera obrigação de indenizar, que inexiste o direito à reparação, cabendo apenas o pagamento ao contratado pelo que ele já executou. O PL nº 4.253/20, seguindo a mesma lógica, determina em seu art. 71, §1º, que a declaração de nulidade do procedimento licitatório em virtude de vícios insanáveis enseja a "apuração da responsabilidade de quem lhes tenha dado causa" e, em seu art. 149, versa o projeto legislativo que a nulidade do contrato administrativo "não exonerará a Administração do dever de indenizar o contratado pelo que houver executado até a data em que for declarada ou tornada eficaz, bem como por outros prejuízos regularmente comprovados, desde que não lhe seja imputável, e será promovida a responsabilização de quem lhe tenha dado causa".

[10] Ao julgar o RE nº 227.480 em que se discutia o direito à nomeação dos aprovados em concurso público, o Ministro Ayres Britto enfatizou a possibilidade de alterações fáticas afastarem o argumento do "direito à nomeação". Mas o eminente Ministro pontuou que o querer da administração não pode mascarar uma vontade arbitrária, pelo que a mudança de rumo deve vir acompanhada de justa causa.

[11] Interessantes os estudos realizados por Raquel Dias da Silveira e Paulo Roberto Motta sobre o instituto do concurso público, em especial a apuração sobre a evolução da jurisprudência a respeito do direito à nomeação. MOTTA, Paulo Roberto Ferreira; SILVEIRA, Raquel Dias da. Concurso público. In: FORTINI, Cristiana (org.). *Servidor público*: homenagem ao Professor Pedro Paulo de Almeida Dutra. Belo Horizonte: Fórum, 2009, p. 305-337.

em verdade, pode não decorrer da volatilidade do interesse público, mas sim do despreparo, da incúria, da negligência.

É contra a revogação produto do descaso público que nos colocamos e, não, claro, da que resulta de avaliação genuína acerca da inexistência de interesse público, diante da variação das circunstâncias presentes quando da deflagração do certame.

Luciano Ferraz[12] já havia abordado que o princípio da segurança jurídica afeta as licitações, ao indicar como seus efeitos:

> a) irretroatividade das leis e demais atos estatais, bem assim de interpretações já realizadas pelos órgãos administrativos e judiciais acerca da legislação aplicável;
>
> b) dever de o Estado dispor sobre regras transitórias em razão de alterações abruptas de regimes jurídicos setoriais (*v.g.*, ordem econômica, exercício profissional, servidores públicos);
>
> c) *Responsabilidade pré-negocial do Estado* (v.g., *direito à contratação dos vencedores de licitação; direito à nomeação dos aprovados em concursos públicos);*
>
> d) responsabilidade do Estado pelas promessas firmes feitas por seus agentes, notadamente no âmbito do planejamento econômico;
>
> e) manutenção no mundo jurídico de atos administrativos inválidos. (grifo nosso)

3 Revogação, ampla defesa e contraditório

Por outro lado, em trabalho sobre a revogação e anulação de licitação, já havíamos ponderado[13] sobre a questão da ampla defesa e do contraditório, fundamentais quando diante de licitação que se pretende anular ou revogar.

> Pensemos em dois exemplos que envolvem licitação. Primeiro a questão da anulação e revogação da licitação. Quer a anulação, resultante da ocorrência de vício, quer a revogação, fruto da avaliação sobre a ausência de oportunidade e conveniência na manutenção do procedimento, não podem ser operacionalizadas de qualquer forma. Vale dizer: trata-se de prerrogativas administrativas que, todavia, para que sejam corretamente empregadas, precisam observar o princípio da ampla defesa, da transparência e da boa-fé. Anular, ou mesmo revogar, sem oferecer ao licitante a oportunidade de diálogo seria aplicar indevidamente a prerrogativa, com afronta ao espírito democrático e cidadão do texto constitucional.

Nesse sentido também o entendimento de Jesse Torres Pereira Júnior,[14] que assinala:

> A revogação ou anulação pode ocorrer em qualquer fase do procedimento licitatório. Qualquer que seja, o exercício do direito à defesa há de ser garantido previamente à

---

[12] FERRAZ, Luciano. Segurança jurídica positivada na Lei Federal nº 9.784/99. *In*: NOHARA, Irene Patrícia; FILHO, Marco Antônio Praxedes de Moraes (org.). *Processo administrativo*: temas polêmicos da Lei nº 9.784/99. São Paulo: Atlas, 2011.

[13] FORTINI, Cristiana; PEREIRA, Maria Fernanda Pires de Carvalho; CAMARÃO, Tatiana Martins da Costa. *Licitações e contratos*: aspectos relevantes. 2. ed. Belo Horizonte: Fórum, 2008. p. 119.

[14] PEREIRA JUNIOR, Jesse Torres. *Comentários à Lei de Licitações e Contratações da Administração Pública*. 6. ed. Rio de Janeiro: Renovar, p. 531.

decisão, o que não significa que a inércia dos defendentes, exaurido o prazo da devida e cumprida intimação, paralise o curso regular do processo ou obste o agir estatal.

A necessidade de ouvir o outro antes de revogar (e de anular) é reflexo da busca de diálogo, consensualidade e participação que marcam o Estado Democrático de Direito, que exige permeabilidade do tecido estatal e a criação e recriação de canais de comunicação entre Estado e sociedade civil. A legitimidade democrática das decisões político-administrativas depende da valorização da contribuição cidadã para o desenvolvimento das ações estatais, em especial das deliberações sobre o destino dos recursos públicos.

Ademais, a Lei nº 9.784/99, no art. 2º, inciso IV, enfatiza o dever de atuação segundo padrões éticos de probidade, decoro e boa-fé.

José dos Santos Carvalho Filho afirma que:[15]

> o decoro diz respeito à conduta do particular, significando que o agente deve agir de acordo com o que a função lhe exige, já que a expressão probidade deve ser definida como honestidade, lealdade para com a Administração Pública.

Acentua o mesmo autor que:

> no processo administrativo, todos esses padrões devem ser observados a fim de que os particulares possam ter resguardados os seus direitos e guardar um sentido de credibilidade em relação aos agentes da Administração.

Marçal Justen Filho, por sua vez, afirma:

> Não ser compatível com a democracia republicana que a Administração se valha da competência revocatória para frustrar direitos e garantias protegidos pelo Direito. A prática do ato revocatório depende da observância de um processo administrativo, iniciado com a demonstração concreta dos motivos evidenciadores da inconveniência do ato em questão. Não é válida a revogação fundada na pura e simples invocação da existência de um interesse público.

A legalidade não pode alijar a atuação segundo os padrões da moralidade, da transparência, da segurança jurídica. Na nova concepção do Direito Administrativo, legalidade rima com ética, transparência, decoro, probidade e boa-fé, razão pela qual não se reconhece ao administrador público, por exemplo, realizar revogações de licitação, tomando-se de surpresa o particular afetado, em especial quando não ausente o fato superveniente à instauração do certame que efetivamente sustentaria a decisão administrativa.

Respeitar o contraditório e ampla defesa, garantidos quer na Constituição, quer na Lei nº 9.784/99, é também franquear ao interessado a oportunidade de

---

[15] CARVALHO FILHO. *Processo administrativo federal*: comentários à Lei nº 9.784 de 29/01/1999. Rio de Janeiro: Lumen juris, 2005, p. 65.

conhecer as pretensões estatais e posicionar-se sobre elas. Com o contraditório e a ampla defesa garante-se o cumprimento ao princípio da confiança, evitando que o particular seja surpreendido por atos administrativos prolatados sem sua participação e/ou conhecimento.

E mais, a Súmula Vinculante nº 3 do STF, tratando de processos em curso perante o Tribunal de Contas da União, reforça a necessidade de salvaguardar a ampla defesa e o contraditório quando da decisão administrativa puder resultar a revogação ou anulação de ato benéfico ao interessado, excetuada (o que não deveria ser) a apreciação da legalidade de ato concessivo inicial de aposentadoria, reforma e pensão.

Portanto, discordamos do entendimento do STJ segundo o qual:

> Ainda que não tivesse sido respeitado o contraditório, o ato revogatório não estaria eivado de ilegalidade, porquanto a jurisprudência desta Corte de Justiça, nas hipóteses de revogação de licitação antes de sua homologação, faz ressalvas à aplicação do disposto no art. 49, § 3º, da Lei 8.666/93 ("no caso de desfazimento do processo licitatório, fica assegurado o contraditório e a ampla defesa"). Entende, nesse aspecto, que o contraditório e a ampla defesa somente são exigíveis quando o procedimento licitatório houver sido concluído. Assim, "a revogação da licitação, quando antecedente da homologação e adjudicação, é perfeitamente pertinente e não enseja contraditório. Só há contraditório antecedendo a revogação quando há direito adquirido das empresas concorrentes, o que só ocorre após a homologação e adjudicação do serviço licitado. (RMS nº 23.402/PR, 2ª Turma, Rel. Min. Eliana Calmon, *DJe* de 2.4.2008)

Parece-nos que o obséquio aos referidos princípios não está temporalmente atrelado à fase de homologação, mas, ao contrário, deve ser cumprido mesmo que essa fase não tenha sido levada a efeito.

4 A influência da Lei nº 13.655/18

A Lei nº 13.665, que acrescentou no Decreto-Lei nº 4.657, de 4 de setembro de 1942 (Lei de Introdução às Normas do Direito Brasileiro – LINDB), os arts. 20, 21, 22, 23, 24, 26, 27, 28, 29 e 30,[16] tem como escopo principal a segurança jurídica,

---

[16] "Art. 20. Nas esferas administrativa, controladora e judicial, não se decidirá com base em valores jurídicos abstratos sem que sejam consideradas as consequências práticas da decisão.
Parágrafo único. A motivação demonstrará a necessidade e a adequação da medida imposta ou da invalidação de ato, contrato, ajuste, processo ou norma administrativa, inclusive em face das possíveis alternativas.
Art. 21. A decisão que, nas esferas administrativa, controladora ou judicial, decretar a invalidação de ato, contrato, ajuste, processo ou norma administrativa deverá indicar de modo expresso suas consequências jurídicas e administrativas.
Parágrafo único. A decisão a que se refere o *caput* deste artigo deverá, quando for o caso, indicar as condições para que a regularização ocorra de modo proporcional e equânime e sem prejuízo aos interesses gerais, não se podendo impor aos sujeitos atingidos ônus ou perdas que, em função das peculiaridades do caso, sejam anormais ou excessivos.
Art. 22. Na interpretação de normas sobre gestão pública, serão considerados os obstáculos e as dificuldades reais do gestor e as exigências das políticas públicas a seu cargo, sem prejuízo dos direitos dos administrados.

segundo se infere da justificativa apresentada pelo seu autor, o Senador Antonio Augusto Anastasia para quem:

> quanto mais se avança na produção dessa legislação, mais se retrocede em termos de segurança jurídica. O aumento de regras sobre processos e controle da administração têm provocado aumento da incerteza e da imprevisibilidade e esse efeito deletério pode colocar em risco os ganhos de estabilidade institucional.[17]

---

§1º Em decisão sobre regularidade de conduta ou validade de ato, contrato, ajuste, processo ou norma administrativa, serão consideradas as circunstâncias práticas que houverem imposto, limitado ou condicionado a ação do agente.

§2º Na aplicação de sanções, serão consideradas a natureza e a gravidade da infração cometida, os danos que dela provierem para a administração pública, as circunstâncias agravantes ou atenuantes e os antecedentes do agente.

§3º As sanções aplicadas ao agente serão levadas em conta na dosimetria das demais sanções de mesma natureza e relativas ao mesmo fato.

Art. 23. A decisão administrativa, controladora ou judicial que estabelecer interpretação ou orientação nova sobre norma de conteúdo indeterminado, impondo novo dever ou novo condicionamento de direito, deverá prever regime de transição quando indispensável para que o novo dever ou condicionamento de direito seja cumprido de modo proporcional, equânime e eficiente e sem prejuízo aos interesses gerais.

Art. 24. A revisão, nas esferas administrativa, controladora ou judicial, quanto à validade de ato, contrato, ajuste, processo ou norma administrativa cuja produção já se houver completado levará em conta as orientações gerais da época, sendo vedado que, com base em mudança posterior de orientação geral, se declarem inválidas situações plenamente constituídas.

Parágrafo único. Consideram-se orientações gerais as interpretações e especificações contidas em atos públicos de caráter geral ou em jurisprudência judicial ou administrativa majoritária, e ainda as adotadas por prática administrativa reiterada e de amplo conhecimento público.

Art. 26. Para eliminar irregularidade, incerteza jurídica ou situação contenciosa na aplicação do direito público, inclusive no caso de expedição de licença, a autoridade administrativa poderá, após oitiva do órgão jurídico e, quando for o caso, após realização de consulta pública, e presentes razões de relevante interesse geral, celebrar compromisso com os interessados, observada a legislação aplicável, o qual só produzirá efeitos a partir de sua publicação oficial.

§1º O compromisso referido no caput deste artigo:

I – buscará solução jurídica proporcional, equânime, eficiente e compatível com os interesses gerais;

II – (VETADO);

III – não poderá conferir desoneração permanente de dever ou condicionamento de direito reconhecidos por orientação geral;

IV – deverá prever com clareza as obrigações das partes, o prazo para seu cumprimento e as sanções aplicáveis em caso de descumprimento.

§2º (VETADO).

Art. 27. A decisão do processo, nas esferas administrativa, controladora ou judicial, poderá impor compensação por benefícios indevidos ou prejuízos anormais ou injustos resultantes do processo ou da conduta dos envolvidos.

§1º A decisão sobre a compensação será motivada, ouvidas previamente as partes sobre seu cabimento, sua forma e, se for o caso, seu valor.

§2º Para prevenir ou regular a compensação, poderá ser celebrado compromisso processual entre os envolvidos.

Art. 28. O agente público responderá pessoalmente por suas decisões ou opiniões técnicas em caso de dolo ou erro grosseiro.

Art. 29. Em qualquer órgão ou Poder, a edição de atos normativos por autoridade administrativa, salvo os de mera organização interna, poderá ser precedida de consulta pública para manifestação de interessados, preferencialmente por meio eletrônico, a qual será considerada na decisão.

§1º A convocação conterá a minuta do ato normativo e fixará o prazo e demais condições da consulta pública, observadas as normas legais e regulamentares específicas, se houver.

§2º (VETADO).

Art. 30. As autoridades públicas devem atuar para aumentar a segurança jurídica na aplicação das normas, inclusive por meio de regulamentos, súmulas administrativas e respostas a consultas.

Parágrafo único. Os instrumentos previstos no *caput* deste artigo terão caráter vinculante em relação ao órgão ou entidade a que se destinam, até ulterior revisão."

[17] Disponível em: https://legis.senado.leg.br/sdleg-getter/documento?dm=4407647&ts=1548954595980&dispositio n=inline. Acesso em: 17 fev. 2019

De fato, a inflação legislativa não foi capaz de promover segurança. Regras não são hábeis a antever sempre a situação a ser vivenciada e menos ainda são capazes de sinalizar o percurso ótimo ser perseguido. Ao administrador cabe a dor e a delícia de decidir, por exemplo, em meio a situações emergenciais ou em que se revelam diversas possíveis interpretações. Daí uma visão mais empática e acolhedora, a reconhecer as dificuldades pelas quais navega o administrador, clamando ao Judiciário e ao controle externo a adoção de um olhar que não se traduz como permissivo, mas que contabiliza os dados de que dispunha o administrador e o momento da decisão administrativa.

A lei não é, porém, um freio ao controle dos atos administrativos. Antes, deve ser entendida como uma obrigação a atingir o administrador, o controlador e o magistrado a refletirem sobre suas ações. O art. 20[18] conclama a um olhar atento aos efeitos das decisões e, consequentemente, impõe ao administrador, controlador e/ou juiz o ônus de considerar as consequências fáticas da decisão. A utilização de "clausulas gerais" e expressões como "interesse público" nada dizem se desacompanhadas de explicações adicionais, se desamparadas de elementos outros que de fato permitam aquilatar a razão das decisões.

Ao administrador cabe ponderar sobre o dia seguinte da sua decisão, mas ao juiz e ao controlador também. O conforto de avaliar atos administrativos de uma posição privilegiada, porque, via de regra, posterior à conduta em exame e em ambiente menos tenso, não pode favorecer avaliações superficiais, sem que se explorem as repercussões daí decorrentes.

Daí que a Lei nº 13.655/18 afeta o procedimento licitatório desde a fase interna, porque cada opção deve estar não apenas motivada, como há de girar o olhar sobre si própria, a fim de que se possa entender sua razão de existir.

Mais que afetar a licitação desde seu nascedouro, a lei contribui, na linha do que já havia feito a Lei de Processo Administrativo, a exigir que a decisão sobre a revogação ou não de um procedimento licitatório não ocorra sem a compreensão dos efeitos que daí reverberam. Ao se revogar, estará o administrador a atrasar o atendimento da demanda, caso ela ainda se faça presente. Não obstante ser possível cogitar de contratação com fulcro no art. 24, IV, da Lei nº 8.666/93 (art. 75, VIII, do PL nº 4.253/20), se os pressupostos estiverem presentes, novos atos terão que

---

[18] A respeito do art. 20, o Instituto Brasileiro de Direito Administrativo (IBDA) se manifestou via os seguintes enunciados: "2. A motivação exigida pelo parágrafo único do art. 20 da LINDB poderá se dar por remissão a orientações gerais, precedentes administrativos ou atos normativos. A possibilidade de motivação por remissão, contudo, não exime a Administração Pública da análise das particularidades do caso concreto, inclusive para eventual afastamento da orientação geral. 3. A abertura a distintas "possíveis alternativas", prevista no parágrafo único do art. 20, é imposta a todos os destinatários da LINDB. Os controles administrativo e judicial devem considerar o cenário vivenciado pela Administração ao tempo da decisão ou opinião, reservando-se a possibilidade de indicação pelo controlador, sem juízo de invalidação ou reprovação, de alternativas administrativas mais adequadas para o futuro. 4. As "consequências práticas" às quais se refere o art. 20 da LINDB devem considerar, entre outros fatores, interferências recíprocas em políticas públicas já existentes. 5. A avaliação das consequências práticas, jurídicas e administrativas é indispensável às decisões nas esferas administrativa, controladora e judicial, embora não possa ser utilizada como único fundamento da decisão ou opinião. 6. A referência a "valores jurídicos abstratos" na LINDB não se restringe à interpretação e aplicação de princípios, abrangendo regras e outras normas que contenham conceitos jurídicos indeterminados".

ser praticados, sobretudo porque a dispensa não afasta a burocracia. Revogar, portanto, ainda que possível vacina para o interesse público, não é indolor, ou pode não ser indolor. Contemplar a sua positividade e os efeitos deletérios ou inconvenientes é dever do administrador, reforçado pela Lei nº 13.655/18.

Também o art. 21 da LINDB deve ser incorporado à análise. Ao mesmo tempo que exige indicação expressa das consequências jurídicas e administrativas na invalidação de ato, contrato, ajuste, processo ou norma administrativa pelas esferas administrativa, controladora ou judicial, exige a indicação das condições para que a regularização ocorra de modo proporcional e equânime e sem prejuízo aos interesses gerais, não se podendo impor aos sujeitos atingidos ônus ou perdas que, em função das peculiaridades do caso, sejam anormais ou excessivos. Impõe-se dessa forma o dever de regulamentar a modulação dos efeitos da invalidação a fim de preservar as relações jurídicas já consolidadas e proteger os particulares afetados. Além do *caput*, o parágrafo único demoniza a imposição de ônus e perdas anormais/excessivos, que podem ser evitados por meio de regularização. A solução para a salvaguarda do interesse público, se sabe, não está necessariamente na anulação. Essa, ao contrário, pode repercutir de modo nocivo.

Esse dispositivo reforça, além dos princípios da razoabilidade e proporcionalidade previstos na LPA, o dever imposto pelo inciso VI, parágrafo único, do seu art. 2º, segundo o qual serão observados nos processos administrativos a adequação entre meios e fins, vedada a imposição de obrigações, restrições e sanções em medida superior àquelas estritamente necessárias ao atendimento do interesse público. Revogar ou não um certame é decisão que exige a ponderação sobre vantagens e desvantagens, sem que se perca de vista os interesses privados envolvidos, que serão mais afetados a depender do momento em que a decisão é adotada.

No sentido do exposto, em outro estudo, já tivemos a oportunidade de frisar a necessidade de tratar a revogação com razoabilidade e proporcionalidade, princípios jurídicos salientados pela Lei nº 13.655/18:

> O advento da Lei 13.655/18 potencializa a preocupação que já decorreria do bom senso traduzido no princípio da razoabilidade. A referida lei, em seu artigo 21, ordena que o administrador público promova a análise das consequências dos impactos da sua decisão, de modo a considerar repercussões sociais, financeiras, econômicas, estruturais, administrativas, políticas, sobretudo antes de decisões aptas a gerar invalidação de atos, contratos, ajustes, processos ou normas administrativas.
>
> Ou seja, exigem-se adequação e proporcionalidade da medida administrativa, considerando os aspectos futuros de repercussão. Além do *caput*, o parágrafo único demoniza a imposição de ônus e perdas anormais/excessivos, que podem ser evitados por meio de regularização. A solução para a salvaguarda do interesse público, se sabe, não está necessariamente na anulação/revogação.
>
> O dispositivo reforça, além dos princípios da razoabilidade e proporcionalidade previstos na Lei de Processo Administrativo, o dever imposto pelo inciso VI, parágrafo único, do seu artigo 2º, segundo o qual serão observados nos processos administrativos a adequação entre meios e fins, vedada a imposição de obrigações, restrições e sanções em medida

superior àquelas estritamente necessárias ao atendimento do interesse público (...)

Revogar licitações (e rescindir contratos) é uma possibilidade a ser empregada com cautela e nos exatos limites legais. Seus efeitos colaterais devem ser ponderados, com vistas a decidir se as medidas efetivamente produzirão os resultados positivos esperados ou, ao revés, podem causar mais transtornos.[19]

O art. 23, em sentido parecido, determina a modulação dos efeitos da decisão que estabelecer interpretação ou orientação nova sobre norma de conteúdo indeterminado, impondo novo dever ou novo condicionamento de direito. Por conseguinte, para evitar sobressaltos e prejuízos, a norma exige a estipulação de um regime de transição quando indispensável para que o novo dever ou condicionamento de direito seja cumprido de modo proporcional, equânime e eficiente e sem prejuízo aos interesses gerais. Revogar licitações de forma antagônica com o que prescrevem orientações já existentes há de exigir um ônus de justificação adicional. E o mesmo se dará quando não se revoga o certame embora a situação se amolde àquelas que assim seriam solucionadas de acordo com orientações anteriores.

Também o art. 30 acrescentado à LINDB determinou que as autoridades públicas atuem para aumentar a segurança jurídica na aplicação das normas, inclusive por meio de regulamentos, súmulas administrativas e respostas a consultas. Para tanto, o parágrafo único do artigo em questão dota esses instrumentos de caráter vinculante em relação ao órgão ou entidade a que se destinam, até ulterior revisão.

Adverte Rafael Valim[20] que o princípio da segurança jurídica e também o princípio da proteção à confiança não obstaculizam a alteração do direito ou mesmo da interpretação que se faz dele, senão que combatem a mudança desleal, traumática e inopinada. No caso da Lei nº 13.665/18, a imposição de modulação de efeitos e criação de regras de transição, por exemplo, cumprem esse papel. Permite-se a mudança, muitas vezes necessária como forma de adaptação e aperfeiçoamento do direito público, mas desde que ela respeite as relações consolidadas e as crenças legítimas dos particulares. Daí a obrigatoriedade (e não faculdade, segundo os dispositivos ora estudados) da modulação de efeitos e regras de transição quando se vislumbrar, ainda que potencialmente, a imposição de prejuízo aos sujeitos atingidos.

A Lei nº 13.655/18 conclama a sobriedade. Volta-se a readequar a atuação estatal, nas suas mais variadas formas. Se reconhece as dificuldades do gestor, coibindo o controle árido dos seus atos, também impõe aos administradores o encargo de explicitar as razões de suas escolhas. A empatia para com o administrador não é um cheque em branco para que suas ações possam repousar em argumentos pouco ou nada reflexivos. A todos se aplica o ofício de atuar de forma racional.

---

[19] FORTINI, Cristiana. A influência da Lei 13.655/2018 na revogação de licitações. *Revista Consultor Jurídico*, 15 de agosto de 2019. Disponível em: https://www.conjur.com.br/2019-ago-15/interesse-publico-influencia-lei-136552018-revogacao-licitacoes. Acesso em: 31 mar. 2021.

[20] VALIM, Rafael. O princípio da segurança jurídica no Direito Administrativo brasileiro. São Paulo: Malheiros, 2010, p. 124 (Coleção Temas de Direito Administrativo, 23).

Assim, revogar ou não a licitação encerra juízo a respeito das cartas sobre a mesa, bem como diálogo, via procedimental, com a população e com os licitantes.
Controlar tal decisão também.

5 Conclusões

O princípio da segurança jurídica e os princípios que com ele se relacionam, como lealdade, confiança e boa fé, não se harmonizam com condutas levianas ou fruto do despreparo.

A sinalização que a Administração Pública faz aos interessados quando divulga o ato convocatório da licitação atrai a participação de terceiros, titulares do direito de serem tratados com respeito e lealdade.

A revogação de licitações que se pode compreender como autorizada pela ordem jurídica é aquela que, decorrente de fato superveniente ao início do certame, efetivamente demonstrado e não apenas sugerido por trás da expressão "interesse público", reflita a participação do interessado, pelo que se exige o respeito ao contraditório e à ampla defesa, convidando-se o interessado a integrar o campo decisório da Administração Pública. Revogar licitações (e rescindir contratos) é uma possibilidade a ser empregada com cautela e nos exatos limites legais. Seus efeitos colaterais devem ser ponderados, com vistas a decidir se as medidas efetivamente produzirão os resultados positivos esperados ou, ao revés, podem causar mais transtornos.

Referências

AURÉLIO, Bruno. *Atos administrativos ampliativos de direitos:* revogação e invalidação. São Paulo: Malheiros, 2010. (Coleção Temas de Direito Administrativo, 27). 150 p.

FORTINI, Cristiana. A influência da Lei 13.655/2018 na revogação de licitações. *Revista Consultor Jurídico*, 15 de agosto de 2019. Disponível em: https://www.conjur.com.br/2019-ago-15/interesse-publico-influencia-lei-136552018-revogacao-licitacoes.

FORTINI; Cristiana; AMORIM; Rafael Amorim de. *Um novo olhar para a futura lei de licitações e contratos administrativos*: a floresta além das árvores. Disponível em: www.licitacaoecontrato.com.br.

FORTINI, Cristiana; PEREIRA, Maria Fernanda Pires de Carvalho; CAMARÃO, Tatiana Martins da Costa. *Licitações e contratos: aspectos relevantes*. 2. ed. Belo Horizonte: Fórum, 2008, p. 232.

FORTINI, Cristiana; PEREIRA, Maria Fernanda Pires de Carvalho; CAMARÃO, Tatiana Martins da Costa. *Processo administrativo:* comentários à Lei 9.784/1999. 2. ed. Belo Horizonte: Fórum, 2011. 318 p.

JUNIOR, José Torres Pereira. *Comentários à Lei das Licitações e Contratações da Administração Pública*. 6. ed. Rio de Janeiro: Renovar, 2003. 1260 p.

MOTTA, Carlos Pinto Coelho. *Eficácia nas licitações e contratos*. 12. ed. Belo Horizonte: Del Rey, 2011. 1088 p.

MOTTA, Paulo Roberto Ferreira; SILVEIRA, Raquel Dias da. Concurso público. *In*: FORTINI, Cristiana (org.). *Servidor público:* homenagem ao Professor Pedro Paulo de Almeida Dutra. Belo Horizonte: Fórum, 2009, p. 305.337

NIEBUHR, Joel de Menezes. *Licitação pública e contrato administrativo*. Curitiba: Zênite, 2008. 632 p.

NOHARA, Irene Patrícia; FILHO, Marco Antônio Praxedes de Moraes (org.). *Processo administrativo:* temas polêmicos da Lei nº 9.784/99. São Paulo: Atlas, 2011.

NOHARA, Irene Patrícia; MARRARA, Thiago. *Processo administrativo*: Lei nº 9.784/99 comentada. São Paulo: Atlas, 2009.

VALIM, Rafael. *O princípio da segurança jurídica no Direito Administrativo brasileiro*. São Paulo: Malheiros, 2010. (Coleção Temas de Direito Administrativo, 23).

Informação bibliográfica deste texto, conforme a NBR 6023:2018 da Associação Brasileira de Normas Técnicas (ABNT):

FORTINI, Cristiana. Princípio da segurança jurídica e sua influência na revogação das licitações. *In*: MARRARA Thiago (coord.). *Princípios de direito administrativo*. 2. ed. rev., ampl. e atual. Belo Horizonte: Fórum, 2021. p. 115-130. ISBN 978-65-5518-166-1.

PARTE II

IMPESSOALIDADE E IGUALDADE

PRINCÍPIO DA IMPESSOALIDADE

FERNANDO DIAS MENEZES DE ALMEIDA

1 Apresentação

O presente estudo tem por objetivo apresentar, de modo sintético, algumas reflexões sobre o princípio da impessoalidade, integrante do rol de princípios expressamente previsto no *caput* do art. 37 da Constituição Federal, como de regência da atuação da Administração Pública, em todas as esferas de poder do país.

Não se pretende relatar os desenvolvimentos que a doutrina administrativista usualmente traz para o significado da impessoalidade no Direito Administrativo.[1]

Também não se tratará da impessoalidade como objeto de norma integrante da categoria *princípio*.

É notório ser uma tendência do debate doutrinário contemporâneo o aprofundamento de teorias sobre o sentido normativo dos princípios. Todavia, se por um lado, do ponto de vista da teoria, o debate é relevante – ainda que menos original e inovador do que certas abordagens possam sugerir –, por outro, seu exagero tem levado a uma excessiva ênfase na análise estrutural do funcionamento dos princípios em detrimento de uma análise finalística do conteúdo valorativo que encerram.

Por outras palavras, a solução "universal" fornecida pela *ponderação* de princípios – num raciocínio de proporcionalidade que, muito antes de ser imposição normativa do Direito contemporâneo, é elemento lógico inexorável de qualquer processo de decisão jurídica, em todos os níveis de criação normativa dentro dos diversos escalões do ordenamento jurídico – pode tender perigosamente seja a um relativismo valorativo, seja ao arbítrio do julgador que a julgue suficiente como técnica decisória, vez que tal solução não traz consigo nenhum critério objetivo de decisão.

De todo modo, para que não se deixe de tomar posição na polêmica teórica sobre os princípios, explicite-se a adoção da posição de Herbert Hart (2007, p. 321/325), no sentido de vislumbrar a distinção entre regras e princípios, enquanto normas, não como uma distinção qualitativa, mas sim como uma questão de

---

[1] Esses importantes aspectos já se encontram suficientemente expostos em obras como Edmir Netto de Araújo (2010, p. 77/78); Romeu Felipe Bacellar Filho (2009, p. 30); Celso Antônio Bandeira de Mello (2010, p. 114); Maria Sylvia Zanella Di Pietro (2010, p. 67-68); Marçal Justen Filho (2010, p. 121-124); Odete Medauar (2010, p. 129-130).

grau. E essa gradação resulta tanto no aspecto de maior generalidade (ou não especificidade) dos princípios em relação às regras, como no aspecto de "um contraste razoável entre regras quase-conclusivas [...] e princípios geralmente não conclusivos".

Prossiga-se, então, com atenção ao valor[2] da *impessoalidade*, encerrado no respectivo princípio.

2 Impessoalidade no contexto do Estado de Direito

Da opção política fundamental de uma sociedade por um Estado de Direito, afastando-se de Estados autoritários ou totalitários, decorre a adoção de dois valores essenciais: a liberdade e a igualdade.

Aliás, as diversas correntes políticas que tradicionalmente se fazem presentes nas disputas democráticas no âmbito do Estado de Direito divergem, via de regra, pela ênfase maior que dão a um ou outro desses valores, os quais, todavia, não são contraditórios ou excludentes.

Vislumbrando-se os valores da liberdade e a igualdade pelas lentes do Direito administrativo, ou seja, por um ponto de vista teórico[3] que concentra sua análise no conjunto de normas especialmente voltado à regência da função administrativa estatal, encontra-se sua tradução respectivamente nos princípios da legalidade e da impessoalidade.

E são princípios que se inter-relacionam. Em verdade, pode-se apontar, em um sentido genérico, a legalidade como o grande fundamento do Estado de Direito. Invocando aqui a célebre fórmula do art. 30 da Declaração de Direitos de Massachussets, de 1780, sempre lembrada por Manoel Gonçalves Ferreira Filho (1987, p. 95), trata-se de compreender o Estado de Direito como o "governo de leis, não de homens".

Essa legalidade em sentido genérico – legalidade como fundamento do Estado de Direito – deve ser concebida simultaneamente por dois ângulos: legalidade formal e legalidade material, de que vão derivar, respectivamente, os citados princípios da legalidade e da impessoalidade. Desenvolva-se essa ideia.

A *legalidade* pode, em primeiro lugar, ser tomada em um *sentido formal*, referindo-se à lei como fruto do ato de vontade atribuível aos seus próprios destinatários, seja manifestando-se diretamente, seja, no mais das vezes, manifestando-se por meio de seus representantes (lei como ato do parlamento).

O sentido formal de legalidade é o que, como dito mais acima, traduz juridicamente de modo mais imediato o valor da *liberdade*. Trata-se, para falar

---

[2] Hart admite – e parece não haver maior divergência a respeito – que os princípios "se referem mais ou menos explicitamente a certo objetivo, finalidade, direito ou valor", desse modo não apenas fundamentando ou explicando logicamente as regras que os exemplificam, mas também contribuindo para sua justificação (2007, p. 322).

[3] Diz-se ponto de vista *teórico*, pois o Direito, enquanto fato, enquanto conjunto normativo *objeto* da respectiva ciência, não comporta tal segmentação em ramos.

com Norberto Bobbio (1992, p. 122), da legalidade vigorando como a outra face da liberdade.

Sua essência é encontrada em documentos clássicos do constitucionalismo contemporâneo, como se passa com a Declaração dos Direitos do Homem e do Cidadão, de 1789, arts. 4º, 5º e a primeira parte do art. 6º:

> Art. 4º. A liberdade consiste em poder fazer tudo o que não prejudique o próximo: assim, o exercício dos direitos naturais de cada homem não tem por limites senão aqueles que asseguram aos outros membros da sociedade o gozo dos mesmos direitos. Estes limites apenas podem ser determinados pela lei.
>
> Art. 5º. A lei não proíbe senão as ações nocivas à sociedade. Tudo que não é vedado pela lei não pode ser obstado e ninguém pode ser constrangido a fazer o que ela não ordene.
>
> Art. 6º. A lei é a expressão da vontade geral. Todos os cidadãos têm o direito de concorrer, pessoalmente ou através de mandatários, para a sua formação. [...][4]

Verifica-se, nessa formulação, a presença dos dois significados que analistas posteriores[5] tratam como liberdade negativa e liberdade positiva, isto é, a liberdade como âmbito de ação individual sem interferência restritiva de outrem e a liberdade como participação política do indivíduo na decisão que, na qualidade de lei, o irá vincular.

Decorre do disposto nos artigos acima transcritos que somente a lei, em cuja elaboração seus destinatários devem participar, diretamente ou por meio de representantes, pode condicionar o exercício da liberdade dos indivíduos; e, mesmo assim, deve fazê-lo no limite do que for necessário para evitar ações nocivas à sociedade – limite esse, admita-se, cuja efetividade depende da prudência do legislador (ordinário, ou, em última análise, constituinte), sendo sancionável politicamente, mas não passível de controle jurídico.

Vista a questão por outro ângulo, resta subjacente ao ordenamento jurídico a liberdade de ação humana, decorrente de sua capacidade de vontade.[6] Daí porque a afirmação de que "tudo que não é vedado pela lei não pode ser obstado e ninguém pode ser constrangido a fazer o que ela não ordene". Ou, segundo a fórmula consagrada na Constituição brasileira vigente (art. 5º, II): "ninguém será obrigado a fazer ou deixar de fazer alguma coisa senão em virtude de lei".

Mas essa leitura do princípio da legalidade, em conexão com a liberdade individual, não se aplica ao Estado.

Não tendo o Estado substância natural, mas sim consistindo em abstração, ficção criada pelo homem, sua existência é essencialmente vinculada ao Direito. Aliás, no contexto do Estado de Direito, confunde-se com o próprio ordenamento jurídico. Por outras palavras, o Estado não é um ser dotado de vontade: sua

---

[4] Tradução de Manoel Gonçalves Ferreira Filho (2004, p. 168).
[5] Especialmente, Isaiah Berlin (1981) e Norberto Bobbio (1993).
[6] "A faculdade de desejar, cujo fundamento interno de determinação e, em consequência, a própria discricionariedade, se encontra na razão do sujeito", para lembrar a fórmula de Kant (2005, p. 18).

vontade não corresponde sequer à vontade subjetiva de seus agentes, mas sim à vontade objetiva do Direito.

Desse modo, na ausência de norma jurídica, não há "liberdade" de ação estatal, simplesmente porque não existe vontade a ele atribuível. Esse o sentido da legalidade dita "estrita", que rege a ação do Estado – e que, na Constituição brasileira, corresponde ao princípio da legalidade a que se refere o *caput* do art. 37.

Mas o que se afirmou nos últimos parágrafos diz respeito – recorde-se – a um primeiro sentido de legalidade, a legalidade formal, que expressa juridicamente de modo mais imediato o valor da liberdade.

Além desse, há o *sentido material de legalidade*, que remete à noção de lei enquanto suporte de norma geral e abstrata.

O sentido material de legalidade é o que traduz juridicamente de modo mais imediato o valor da *igualdade*, resultando na noção de *impessoalidade*.

Em termos de referências clássicas do constitucionalismo contemporâneo, a essência dessa ideia está na segunda parte do art. 6º da Declaração dos Direitos do Homem e do Cidadão, de 1789:

> Art. 6º [...] Ela [a lei] deve ser a mesma para todos, seja para proteger, seja para punir. Todos os cidadãos são iguais a seus olhos e igualmente admissíveis a todas as dignidades, lugares e empregos públicos, segundo a sua capacidade e sem outra distinção que não seja a das suas virtudes e dos seus talentos.[7]

Seu significado resta claro, por exemplo, na seguinte passagem da autoria de Léon Duguit (1926, p. 275):

> Do ponto de vista material o princípio de legalidade consiste nisto: em um Estado de direito, nenhuma autoridade pode jamais tomar uma decisão individual, senão nos limites fixados por uma disposição de caráter geral, quer dizer, por uma lei no sentido material.[8]

É o mesmo Duguit (1923, p. 96) que esclarece:

> Compreendeu-se que os detentores do poder político não deviam poder tomar arbitrariamente tal ou qual decisão individual, em face de tal ou qual situação determinada; que eles estavam vinculados pela regra geral formulada de maneira abstrata sem consideração nem de espécie, nem de pessoa, e não podiam tomar decisão individual senão de modo conforme à regra geral contida na lei. Desde o momento em que esse regime foi compreendido e aplicado, o indivíduo se sentiu fortemente protegido contra o poder absoluto dos governantes; pois é evidente que essa regra geral e abstrata que limita sua ação apresenta muito menos perigo de arbitrariedade que uma decisão individual, que pode sempre ser provocada pela raiva, pela ambição ou pela vingança.[9]

---

[7] Tradução de Manoel Gonçalves Ferreira Filho (2004, p. 168). Lembre-se que a primeira parte do dispositivo em questão já foi citada mais acima neste texto.
[8] Tradução livre.
[9] Tradução livre.

A essência da impessoalidade, portanto, está no fato de o tratamento dado pelos agentes estatais aos casos individuais e concretos estar fundamentado numa decisão anterior geral e abstrata.

3 A essência da impessoalidade: a subordinação do ato individual e concreto ao ato geral e abstrato

O que se acaba de dizer tem especial importância em matéria do exercício de função administrativa, eis que por excelência é um âmbito da ação estatal que lida com decisões individuais e concretas, sob a forma de atos administrativos.

Com essa observação, não se nega que, no exercício de função administrativa, possam ser praticados atos normativos gerais e abstratos. Nem que atos formalmente legislativos possam ter conteúdo individual e concreto. Apenas aponta-se a tendência que se verifica com maior ênfase.

Aliás, a distinção entre lei material e atos jurídicos em sentido estrito (em que se incluem os administrativos) não deixa de ser uma questão de grau, como bem lembra Hans Kelsen (1940, p. 43).

A partir das considerações sobre legalidade, expostas no tópico anterior, pode-se concluir, no tocante à legalidade formal, que os atos administrativos em geral subordinam-se à lei formal. Essa ideia em regra é explicitada na análise do princípio da legalidade.

Importa, entretanto, nesse breve estudo sobre o princípio da impessoalidade, explorar as consequências, no âmbito do exercício da função administrativa, do que se vem de afirmar no que diz respeito à legalidade material.[10]

Nesse sentido, há que se tratar de situação em que, na confrontação de dois atos normativos *formalmente* administrativos, sendo um geral e abstrato e outro individual e concreto, este há de subordinar-se àquele, o qual prevalece em razão de sua natureza *materialmente* legislativa, que traduz o valor da igualdade.

Caso não se atentasse para a dimensão material da legalidade, seria possível – ainda que equivocadamente, adiante-se – chegar ao raciocínio de que um ato administrativo individual e concreto, expedido posteriormente, pudesse excepcionar a regra posta de modo geral e abstrato por outro ato administrativo.

Seria exemplo desse raciocínio equivocado o argumento de que se um prefeito pode revogar um decreto que estabelece regras para expedição de licença para construir (ou seja, "pode o mais"), também pode excepcioná-lo num caso concreto (ou seja, "pode o menos"), expedindo uma licença em desacordo com o decreto.

Ocorre que não há relação de "mais" e "menos" nessa situação. Há, sim, uma quebra da impessoalidade. Se uma regra geral comporta exceções, elas devem estar previstas, numa formulação hipotética, na própria norma que estabelece a regra

---

[10] São considerações que, em outro contexto, foram tratadas em Fernando Dias Menezes de Almeida, em artigo indicado na bibliografia, porém ainda no prelo.

geral, de modo que sua concretização, em cada caso, corresponda ainda assim a uma aplicação da norma geral e abstrata. O que não se pode admitir é a *criação*, em cada caso concreto, por decisões individuais, de exceções não antecipadas pela regra posta pela via geral.

Não se quer sustentar que a norma geral e abstrata devesse prever hipóteses de exceções individuais e concretas; isso seria uma contradição em termos. Afirma-se, sim, que a norma geral e abstrata deve contemplar – sem abandonar o plano geral e abstrato – a possibilidade de haver exceções, com os seus delineamentos hipotéticos.

O exemplo acima citado quanto à licença para construir foi extraído de um caso decidido pelo Supremo Tribunal Federal no início da década de 1960.[11] Na ocasião, Victor Nunes Leal, relator do respectivo acórdão, mostrou a impropriedade do afastamento da norma geral e abstrata pelo prefeito no caso concreto, mediante decisão individual:

> [...] dispondo qualquer autoridade de mais de uma competência legal ou constitucional, não é a origem do ato que assinala a sua categoria no ordenamento jurídico positivo, *mas a competência em virtude da qual o ato foi praticado*. O regulamento é expedido no uso da competência regulamentar, enquanto que o ato administrativo deriva da competência ordinária para gerir a coisa pública. Esta competência administrativa rotineira está evidentemente subordinada à competência para expedir regulamentos. É através desse escalonamento dos atos do Estado, dentro de uma ordem hierárquica definida, que o poder público se autolimita, princípio esse fundamental para garantia dos direitos individuais e boa ordem da administração. (Grifo no original)

A essência dessa ideia Victor Nunes Leal já desenvolvera em estudo doutrinário (1960, p. 57-91), demonstrando que mesmo em situações nas quais uma mesma autoridade acumule constitucionalmente competências diversas para a prática de atos jurídicos, o critério para a hierarquização dos atos no ordenamento jurídico – isto é, o critério para que uns fundamentem a validade de outros – é a competência em razão da qual são praticados, e não a identidade de seu autor.

Victor Nunes Leal lembrava a concentração de poderes do Presidente da República em certos períodos do regime do Estado Novo, sob a Constituição de 1937, em que não se reuniam o Congresso Nacional, períodos nos quais o Presidente detinha não apenas o poder legislativo (por meio de decretos-leis), mas também o poder constituinte de reforma (havendo editado algumas "leis constitucionais").

Argumentava, então, Victor Nunes Leal, *ad absurdum*, que o não reconhecimento da distinção da natureza dos atos presidenciais conforme a competência em que se fundamentavam levaria à conclusão de que nenhum ato praticado pelo Presidente jamais seria inconstitucional nem passível de controle de constitucionalidade, pois, tendo o Presidente a prerrogativa de

---

[11] RMS nº 8.147, Rel. Min. Victor Nunes, Tribunal Pleno, v.u., j. 12.6.61 – objeto de comentário em Fernando Dias Menezes de Almeida (2006: 213/215).

editar "leis constitucionais" (emendando a Constituição), poderia também excepcioná-la em casos concretos.

Importante consequência a ser extraída dessa constatação, no plano da função administrativa, é a da impossibilidade de um ato geral e abstrato ser excepcionado por um ato individual e concreto, ainda que este viesse a ser editado por autoridade competente para revogar aquele.

Aliás, como notam Eduardo García de Enterría e Tomás Ramón Fernández (2008, p. 190), a proibição das derrogações singulares dos regulamentos pode ser tomada como uma diferença substancial entre os regulamentos e as leis.

Com efeito, leis, formalmente consideradas, podem promover derrogações singulares do disposto em leis gerais. Isso está na lógica do princípio da legalidade, no sentido de legalidade formal.

Ainda assim, independentemente dessa possibilidade, em tese, de "derrogações singulares" pelas leis, vale lembrar que, mesmo as leis formais, sejam as veiculadoras de norma individual e concreta, sejam as veiculadoras de norma geral abstrata, devem também respeitar o princípio da impessoalidade.

Esse entendimento pode ser notado na jurisprudência do Supremo Tribunal Federal, no Brasil.

Verifiquem-se, por exemplo, os acórdãos proferidos nas seguintes ações,[12] invocando, entre outros fundamentos, o princípio da impessoalidade: a) ADI nº 3.795,[13] na qual se julgou inconstitucional lei do Distrito Federal que vedava a realização de processo seletivo para a contratação de estagiários junto a certos órgãos públicos distritais; b) ADI nº 4.259,[14] na qual se julgou inconstitucional lei da Paraíba que singularizava de tal modo os beneficiários de certo programa de incentivo fiscal, que apenas uma pessoa beneficiar-se-ia de mais de 75% dos valores incluídos no programa; c) ADI nº 4.125,[15] na qual se julgou inconstitucional lei do Tocantins que criara "milhares de cargos em comissão", violando, entre outros, o princípio da impessoalidade implícito no concurso público; d) ADI nº 4.178 REF-MC,[16] na qual se julgou inconstitucional lei de Goiás que dava valor excessivo, em termos de pontuação em concurso público para provimento de serviços notariais e registrais, à atuação anterior dos candidatos na atividade em questão.

E mais, a impessoalidade, por vezes, é usada para balizar a interpretação que o Supremo Tribunal Federal faz de outros dispositivos constitucionais. Isso se deu, por exemplo: a) no MS nº 28279,[17] no qual se sustentou a autoexecutoriedade do art. 236, §3º, da Constituição Federal, que se refere a concurso público

---

[12] Íntegras disponíveis em www.stf.jus.br.
[13] Rel. Min. Ayres Brito, Tribunal Pleno, v.u., j. 24.2.11.
[14] Rel. Min. Ricardo Lewandowski, Tribunal Pleno, v.u., j. 23.6.10.
[15] Rel. Min. Cármen Lúcia, Tribunal Pleno, v.u., j. 10.6.10.
[16] Rel. Min. Cezar Peluso, Tribunal Pleno, v.u., j. 4.2.10.
[17] Rel. Min. Ellen Gracie, Tribunal Pleno, m.v., j. 16.12.10.

para provimento de serviços notariais e registrais; b) na ADI nº 3.462,[18] na qual se destacou o sentido de impessoalidade contido no art. 150, §6º, da Constituição Federal, que vincula à lei a concessão de benefícios tributários, coibindo, assim, o uso desses instrumentos como elemento de barganha por vantagens pessoais dos agentes da Administração.

Enfim, sem negar que evidentemente os atos normativos individuais e concretos têm a sua função no Direito, este breve estudo quis ressaltar a ideia de que a generalidade e a abstração dos atos normativos – tanto os formalmente legislativos, quanto os formalmente administrativos – são instrumentos para uma isonômica garantia da liberdade dos indivíduos.

Referências

ARAÚJO, Edmir Netto de. *Curso de Direito Administrativo*. 5. ed. São Paulo: Saraiva, 2010.

BACELLAR FILHO, Romeu Felipe. *Direito Administrativo*. 5. ed. São Paulo: Saraiva, 2009.

BANDEIRA DE MELLO, Celso Antônio. *Curso de Direito Administrativo*. 27. ed. São Paulo: Malheiros, 2010

BERLIN, Isaiah. Dois conceitos de liberdade. *In: Quatro ensaios sobre a liberdade*. Tradução de Wamberto Hudson Ferreira. Brasília: Universidade de Brasília, 1981.

BOBBIO, Norberto. *Igualdad y libertad*. Tradução de Pedro Aragón Rincón. Barcelona: Paidós, 1993.

BOBBIO, Norberto. *A era dos direitos*. Tradução de Carlos Nelson Coutinho. São Paulo: Campus, 1992.

DI PIETRO, Maria Sylvia Zanella. *Direito Administrativo*. 23. ed. São Paulo: Atlas, 2010.

DUGUIT, Léon. *Leçons de Droit Public Général*. Paris: Éditions la Mémoire du Droit, 2000. (Edição facsimilar de Paris: E. de Boccord, 1926).

DUGUIT, Léon. *Manuel de Droit Constitutionnel*. Paris: Éditions Panthéon Assas, 2007 (Edição facsimilar de Paris: Fontemoing, 1923, 4. ed.).

FERREIRA FILHO, Manoel Gonçalves. *Direitos humanos fundamentais*. 6. ed. São Paulo: Saraiva, 2004.

FERREIRA FILHO, Manoel Gonçalves. *Idéias para a nova Constituição brasileira*. São Paulo: Saraiva, 1987.

GARCÍA DE ENTERRÍA, Eduardo; FERNÁNDEZ, Tomás-Ramón. 14. ed. *Curso de Derecho Administrativo*. v. I. Madrid: Thomson-Civitas, 2008.

HART, Herbert. *O conceito de Direito*. 5. ed. Tradução de A. Ribeiro Mendes. Lisboa: Calouste Gulbenkian, 2007.

JUSTEN FILHO, Marçal. *Curso de Direito Administrativo*. 5. ed. São Paulo: Saraiva, 2010.

KANT, Immanuel. *A metafísica dos costumes*. Tradução de José Lamego. Lisboa: Fundação Calouste Gulbenkian, 2005 (Edição baseada na edição da Academia das Ciências da Prússia de 1907, que toma por referência a 1ª ed. de 1797).

KELSEN, Hans. La théorie juridique de la convention. *Archives de Philosophie du Droit et de Sociologie Juridique*, n. 1-4, Paris, Recueil Sirey, (10e année), 1940.

MEDAUAR, Odete. *Direito Administrativo moderno*. 14. ed. São Paulo: Revista dos Tribunais, 2010.

MENEZES DE ALMEIDA, Fernando Dias. Atos administrativos normativos: algumas questões. *In:* MEDAUAR, Odete; SCHIRATO, Vitor Rhein (coord.) *Caminhos do ato administrativo* (no prelo).

---

[18] Rel. Min. Cármen Lúcia, Tribunal Pleno, v.u., j. 15.9.10.

MENEZES DE ALMEIDA, Fernando Dias. *Memória jurisprudencial*: ministro Victor Nunes. Brasília: Supremo Tribunal Federal, 2006.

NUNES LEAL, Victor. *Problemas de direito público*. Rio de Janeiro: Forense, 1960.

Informação bibliográfica deste texto, conforme a NBR 6023, p. 2018 da Associação Brasileira de Normas Técnicas (ABNT):

ALMEIDA, Fernando Dias Menezes de. Princípio da impessoalidade. *In*:: MARRARA Thiago (coord.). *Princípios de direito administrativo*. 2. ed. rev., ampl. e atual. Belo Horizonte: Fórum, 2021. p. 133-141. ISBN 978-65-5518-166-1

NOTAS SOBRE O PRINCÍPIO DA IMPESSOALIDADE E SUA APLICAÇÃO NO DIREITO BRASILEIRO

DORA MARIA DE OLIVEIRA RAMOS

1 Introdução

A Constituição Federal de 1988 inseriu no contexto do direito público o princípio da impessoalidade, apontado como um dos cânones a ser observado pela Administração Pública direta e indireta de qualquer dos Poderes da União, dos Estados e do Distrito Federal e dos Municípios.

A doutrina nacional se viu, então, às voltas com a missão de dar os contornos científicos desse princípio que se apresentava como novidade.

No direito comparado, o princípio da impessoalidade guarda similitude com o princípio da imparcialidade, tratado na Constituição italiana, no artigo 97, que dispõe que os serviços públicos são organizados de acordo com a lei, de modo a assegurar o "bom andamento" e a imparcialidade da Administração. Traçando um paralelo com nosso direito, o "bom andamento" nada mais é do que o princípio da eficiência consagrado no texto constitucional (art. 37, *caput*, com a redação introduzida pela Emenda Constitucional nº 19/1998) enquanto a imparcialidade refere-se ao nosso princípio da impessoalidade.

A doutrina brasileira vislumbra três facetas diferentes para o princípio. A impessoalidade, para uns, identifica-se com o princípio da igualdade, para outros com o princípio da finalidade e para alguns, ainda, significa que os atos administrativos são imputáveis à Administração e não ao servidor que os pratica, sendo expressão concreta de seus termos o artigo 37, §1º, da Constituição Federal.[1]

A dificuldade interpretativa parece estar em isolar o princípio e identificar se há alguma diferença entre ele e os outros preceitos informadores da atuação administrativa que lhe são correlatos. Esta é a proposta deste breve estudo.

2 Identificando o princípio da impessoalidade

Referindo-se ao princípio da imparcialidade, a doutrina italiana mostra-se preocupada em assegurar que a atividade administrativa do Estado esteja imune à ação orquestrada de agrupamentos políticos ou de grupos de pressão, que

---

[1] Essa é a clássica posição preconizada por José Afonso da Silva e reproduzida por diversos autores que cuidaram do tema (*Curso de direito constitucional positivo*, p. 570).

prejudiquem a isenta condução das ações públicas, na busca da consecução dos interesses plurais da sociedade. Em outras palavras, espera-se que as estruturas administrativas do Estado estejam aptas a atuar sem ceder às vontades políticas dissociadas do interesse geral.

Aldo Sandulli demonstra que a atuação administrativa deve ponderar os diferentes interesses em confronto, sob pena de configurar-se a ilegitimidade do ato. Dessa forma, não será válido o ato administrativo que tenha imposto um sacrifício maior ao indivíduo do que aquele que seria necessário para satisfazer o interesse público no caso concreto.[2] Sobre a organização das estruturas administrativas, lembra o autor que o texto constitucional italiano contém a expressa referência de que os servidores públicos estão a serviço exclusivo da Nação (art. 98), o que parece evidenciar que a consecução do interesse geral é a mola propulsora da atuação administrativa.

O mesmo autor destaca a importância do processo administrativo para assegurar-se a imparcialidade da atuação do Estado, na medida em que ele é o instrumento que permite ao particular o pleno exercício do direito ao contraditório. A associação da imparcialidade com o processo administrativo é também lembrada por Michelângelo Scanniello,[3] que vê a imparcialidade como um cânone comportamental a ser observado pela Administração.

Entre nós, a associação entre impessoalidade e processo administrativo é bem captada por Carlos Ari Sundfeld,[4] que vê o processo administrativo como instrumento da gestão impessoal da coisa pública.

Para o autor, seria ínsito ao princípio da impessoalidade a ideia de que "o administrador público é gestor de interesses coletivos que transcendem a ele, donde a obrigação de guiar suas decisões pelo objetivo de descobri-los e realizá-los". O processo administrativo seria, então, o instrumento que permitiria esse processo de descoberta: seria ele o "mecanismo para a realização da Administração Pública impessoal".

Nessa acepção, para o autor, o princípio da impessoalidade parece ligar-se àquilo que não pode ser personificado, no sentido de que não pertence a um, mas a todos.

Ainda que a procedimentalização da Administração Pública seja uma das consequências decorrentes da aplicação do princípio, o tema não se esgota no aspecto processual.

Como aplicação concreta do princípio da imparcialidade no direito italiano, Sérgio Lariccia[5] vislumbra a atribuição de função de gestão a órgão de titularidade não política, bem como a atribuição de função de regulação a autoridades administrativas

---

[2] *Manuale di Diritto Amministrativo*, p. 397-398. Nessa passagem, na verdade, o autor parece associar o princípio em estudo com o da proporcionalidade.

[3] L'imparzialità dell'azione amministrativa. Disponível em: http://www.overlex.com/leggiarticolo.asp?id=2143. Acesso em 10 fev. 2011.

[4] Processo administrativo: um diálogo necessário entre Estado e cidadão. *Biblioteca Digital Revista de Direito Administrativo e Constitucional – RDAC*, Belo Horizonte, ano 6, n. 23, jan. 2006.

[5] Il principio di imparzialità delle pubbliche amministrazioni. *Queste Istituzioni*, 30 (2003), n. 130-131, 145-50.

independentes. Por esse raciocínio, no campo do direito pátrio, a atuação das agências reguladoras poderia ser vista como forma de dar concretude ao princípio da impessoalidade. A questão exigiria o desenvolvimento de estudo específico para ser dirimida, a partir da avaliação da atuação concreta de nossas agências reguladoras, de forma a aferir se a imparcialidade teoricamente vislumbrada resta efetivamente concretizada. Não seria difícil apurar exemplos em que a atuação concreta das agências reguladoras afastou-se da aplicação do princípio da impessoalidade de forma a evidenciar que mesmo estruturas administrativas hipoteticamente concebidas e utilizadas para garantir a impessoalidade da atuação administrativa restam capturadas pelos interesses regulados. Ademais, o princípio em estudo é um instrumento norteador da conduta administrativa, devendo ser observado por todos os órgãos e entidades integrantes da Administração Pública, como é curial. Difícil imaginar que a simples criação de um ente com poderes de regulação, por si só, configure efetividade do princípio, quando se sabe que apenas com a atuação concreta desse ente se poderá perceber a imparcialidade da Administração.

Sandulli vê aplicação do princípio da impessoalidade quando o administrador é obrigado a se abster de participar do ato em que tenha interesse.[6]

Em suma, na concepção italiana da impessoalidade, denominada de imparcialidade, a Administração deve se manter neutra na atuação administrativa, o que equivale a dizer que não deve se vergar aos interesses individuais ou de grupos. Essa visão do tema traz a impessoalidade para o campo da finalidade pública: a atuação administrativa deve ser marcada pela consecução do interesse público, visto como aquele que transcende os interesses de setores da sociedade.

Como já se disse anteriormente, o interesse público, expresso pela vontade da lei, não se confunde com a soma dos interesses individuais. O Poder Público busca o interesse geral e não o das diferentes partes que o compõem. Na medida em que a sociedade é composta por diferentes núcleos de interesses, deve a Administração buscar o que há de universal nessas vontades diferentes, conciliando e integrando a vida em sociedade.[7]

A identificação entre impessoalidade e igualdade, no entanto, é a que parece aflorar com mais força na primeira aproximação que se faz do tema. Celso Antônio Bandeira de Mello chega a afirmar taxativamente que "o princípio em causa não é senão o próprio princípio da igualdade ou isonomia".[8] Todos os administrados devem ser igualmente tratados pela Administração Pública, sem "favoritismos nem perseguições".

Juarez Freitas[9] também identifica o princípio da impessoalidade com o da igualdade, ao afirmar que esse postulado veda "qualquer discriminação ilícita e

---

[6] *Op. cit.*, p. 398.
[7] Princípios da Administração Pública: a supremacia do interesse público sobre o interesse particular. *Gênesis – Revista de Direito Administrativo Aplicado*, Curitiba, (10), jul./set. 1996, p. 676-683.
[8] *Curso de direito administrativo*, p. 114.
[9] *O controle dos atos administrativos e os princípios fundamentais*, p. 64-67.

atentatória à dignidade da pessoa humana", "dispensando tratamento isonômico a todos os administrados", sem perseguições ou favorecimentos. O mesmo autor entende imprópria a denominação dada pelo constituinte ao princípio, preferindo a ele se referir como princípio da imparcialidade.[10]

Para situações jurídicas idênticas, os administrados devem ser tratados da mesma forma,[11] de modo a garantir-se unidade de critérios no tratamento dispensado pelo Poder Público. Em obra monográfica sobre o princípio da igualdade já observava Celso Antônio Bandeira de Mello que o *discrímen* legal apenas será cabível se houver uma correlação lógica entre o diferencial posto pela lei e a desigualdade dela resultante.[12] Isto é, só não haverá afronta a princípios se a distinção tem uma causa razoável e pertinente à situação regida pela norma, além de ser passível de aceitação pelo sistema constitucional.

O tema, no entanto, comporta um aprofundamento, na busca de novos horizontes.

Ainda que efetivamente exista uma grande similaridade entre o princípio da impessoalidade e o da igualdade, eles não se confundem. O princípio da igualdade dos administrados perante a Administração significa que não podem ser criadas situações destituídas de fundamento jurídico razoável para que pessoas ou grupos recebam tratamento diferenciado do Poder Público. O princípio da impessoalidade tomado sob a faceta da isonomia, em ligeira variante, significa que não pode o ato da Administração criar uma hipótese que personalize uma situação de favorecimento ou perseguição. Não pode a atuação do Poder Público criar situação de privilégio a pessoa específica ou grupo determinado de pessoas individualizado ou individualizável no momento da edição do ato, sem que exista razão jurídica razoável para tanto.

Celso Antônio Bandeira de Mello, em sua monografia sobre o princípio da igualdade, observa que "a lei não pode erigir em critério diferencial um traço tão específico que singularize no presente e definitivamente, de modo absoluto, um sujeito a ser colhido pelo regime peculiar".[13] Essa afirmação do ilustre autor parece autorizar que se conclua que se a lei ou o ato administrativo criar esse traço individualizador em favor de pessoa ou grupo específico, estará caracterizada a violação direta, em primeiro grau, ao princípio da impessoalidade. Se por outro lado, o critério diferenciador disser respeito a um conjunto indeterminado de beneficiários, haverá, tão só, afronta ao princípio da isonomia.

O princípio da isonomia deve ser tomado, assim, de uma forma mais genérica. Se for criado ato de favorecimento ou perseguição destituído de sentido razoável e compatível com a situação de desigualdade gerada, violado será o

---

[10] Parcerias Público-Privadas (PPPs): características, regulação e princípios. *Biblioteca Digital Interesse Público – IP*, Belo Horizonte, ano 7, n. 29, jan. 2005.
[11] José dos Santos Carvalho Filho. *Manual de direito administrativo*, p. 19-20.
[12] *Conteúdo jurídico do princípio da igualdade*, p. 17.
[13] *Conteúdo jurídico do princípio da igualdade*, p. 23.

princípio da igualdade. Se a diferenciação atingir pessoa ou grupo específico de pessoas, desde logo determinadas, a violação atingirá também o princípio da impessoalidade.

Esse aspecto do tema foi bem captado pelo Ministro Eros Grau no julgamento da Adin nº 3.853-2,[14] em que se analisou a constitucionalidade de norma estadual que concedeu pensão especial de caráter vitalício a ex-ocupantes do cargo de Governador. O Ministro, em seu voto, afirma que a norma não podia ser atacada por afronta ao princípio da impessoalidade porque "não atribui pensão especial a um determinado ex-Governador, fulano de tal, mas à generalidade dos ex-Governadores do Estado", isto é, acresça-se, inclusive para aqueles que se tornarem ex-Governadores no futuro.

Em síntese, a impessoalidade restará maculada quando a norma personalizar o benefício ou o gravame. Se ao invés disso, o benefício ou gravame ficarem no campo da generalização, poder-se-á cogitar de mera violação ao princípio da igualdade.

A outra faceta ligada ao princípio da impessoalidade é a que o associa ao princípio da finalidade e à preservação do interesse público como marco primordial da atuação do Poder Público. Aqui também cabe examinar se os conceitos se confundem ou se, como no princípio da igualdade, apenas se tangenciam.

Maria Sylvia Zanella Di Pietro, além de registrar a possibilidade exegética de identificação do princípio da impessoalidade com a não personificação dos atos administrativos, na linha preconizada pelo Professor José Afonso da Silva, aponta, ainda, a identidade entre o princípio da impessoalidade e o da finalidade pública. Nessa medida, o atuar da Administração Pública não pode beneficiar nem prejudicar pessoas determinadas. O interesse público é o que deve prevalecer e não o interesse particularizado e setorizado de grupos ou indivíduos.[15]

Hely Lopes Meirelles também associa o princípio da impessoalidade com o da finalidade, ao deixar expresso que o administrador só deve praticar o ato de acordo com o fim determinado pela lei, entendido como aquele "que a norma de direito indica expressa ou virtualmente como objetivo do ato, de forma impessoal".[16] Conclui o autor que a finalidade da norma é sempre o atendimento do interesse público, caracterizando-se o desvio de poder sempre que desse fim se afasta da Administração.

Odete Medauar, ao deixar expresso que a impessoalidade está ligada ao "sentido de função", parece ressaltar a faceta da finalidade no contexto da análise do princípio em foco. Afirma a autora que "os poderes atribuídos finalizam-se ao interesse de toda a coletividade", buscando "resultados desconectados de razões pessoais", devendo a Administração ponderar os interesses envolvidos em caso de interesses coletivos ou difusos.[17]

---

[14] Pleno, Rel. Min. Cármen Lúcia, j. 12.9.2007, DJ 26.10.2007.
[15] *Direito Administrativo*, p. 67-68.
[16] *Direito Administrativo Brasileiro*, 1991, p. 81.
[17] *Direito Administrativo Moderno*, p. 144-145.

José dos Santos Carvalho Filho, sem deixar de lado a faceta ligada à igualdade, ressalta a finalidade pública a ser observada para atendimento do princípio da impessoalidade e a necessária aproximação do tema com o desvio de finalidade, tratado na Lei de Ação Popular (Lei nº 4.717, de 29 de junho de 1965).[18]

A despeito da correção desses posicionamentos jurídicos, também nessa faceta do tema pode-se perceber um ponto de não coincidência entre o princípio da finalidade e o da impessoalidade. Conforme a hipótese, o desvio de finalidade poderá ou não caracterizar afronta ao princípio da impessoalidade. Se a desapropriação for realizada com desvio de finalidade, para prejudicar adversário político do governante, estar-se-á diante de ato viciado por ofensa ao princípio da finalidade. Nesse caso também se pode apontar violação ao princípio da impessoalidade, na medida em que o ato estará personalizando o agente por ele atingido e indevidamente prejudicado. Por igual, se contratações públicas desnecessárias e vultosas forem realizadas para atendimento de determinados interesses econômicos, afastados do efetivo interesse da coletividade, personificados por financiadores da campanha eleitoral do governante eleito, ter-se-á a dupla violação aos princípios citados. Mas se esses mesmos investimentos, desviados do interesse público, não tiverem beneficiário específico, perfeitamente personificado ou personificável, estar-se-á diante de um desvio de finalidade não caracterizável como igualmente violador da impessoalidade da conduta administrativa.

Em suma, o princípio da impessoalidade traz em seu âmago diferentes facetas, estando intrinsecamente ligado aos princípios da igualdade e da finalidade, de forma a evidenciar a necessária condução da coisa pública no objetivo de preservar o interesse comum. No entanto, o princípio da impessoalidade tem vida própria, se aproximando, mas não se confundindo com os demais princípios informadores da Administração Pública.

A faceta que ressalta a identificação entre os atos praticados pelos administradores e os próprios atos da Administração, além de levar à proibição de utilização da máquina pública para promoção pessoal, nos termos do já destacado artigo 37, §1º, da Constituição Federal, tem como outra consequência, o fato de que pelo ato do servidor que causa dano a terceiros responde civilmente o Estado, justamente porque os atos dos servidores nada mais são do que expressão da própria atuação estatal.[19]

Note-se que a Constituição Federal, no artigo 37, *caput,* ao arrolar os princípios vetores da Administração Pública, aponta a impessoalidade ao lado dos princípios da legalidade, moralidade, publicidade e eficiência. Como se vê, o

---

[18] *Op. cit.*, p. 19-20.
[19] O STF já decidiu, com base na lição de José Afonso da Silva, que pela aplicação do princípio da impessoalidade, o particular que se sentir lesado por ato da Administração deve acionar o ente público e não o servidor que praticou o ato. O ajuizamento da demanda em face do servidor é hipótese de ilegitimidade passiva do agente público, na medida em que o ato lesivo foi praticado na peculiar condição de agente público "e não como pessoas comuns" (RE nº 327904, Primeira Turma, Rel. Min. Carlos Britto, j. 15.8.2006, DJ 8.9.2006).

legislador constitucional não faz menção, nesse dispositivo, aos princípios da igualdade e da finalidade pública, quiçá porque, para muitos, eles estariam representados pelo princípio da impessoalidade.

3 Da aplicação do princípio da impessoalidade

Diversas são as aplicações práticas do princípio da impessoalidade. Os institutos do concurso público para investidura em cargo e emprego público e da obrigatoriedade de realização de licitação para a contratação de obras, serviços, compras e alienações pela Administração Pública são os clássicos exemplos lembrados pela doutrina e que espelham de forma significativa a necessidade de a Administração balizar-se por critérios que eliminem privilégios e perseguições e que conduzam à consecução plena do interesse público.

O acesso aos cargos e empregos deve ser facultado a todos aqueles que se mostrem mais capazes para exercer as funções próprias do aparelho do Estado. A imparcialidade da atuação estatal estará bem assegurada se a atividade administrativa for executada por um corpo técnico, escolhido segundo critérios predeterminados pelo ordenamento jurídico, a partir de um processo de escolha aberto a todos que dele desejarem participar.

O concurso público é democrático instrumento de escolha dos mais capacitados ao desenvolvimento da atividade pública, devendo realizar-se de acordo com rigorosas regras procedimentais que garantam a igualdade de oportunidades a todos os candidatos.

Admite o direito positivo o preenchimento de cargos em comissão por servidores não concursados. O artigo 37, inciso II, *in fine*, da Constituição Federal ressalva da regra do concurso público "as nomeações para cargo em comissão declarado em lei de livre nomeação e exoneração". A nomeação para cargos em comissão está ligada a critérios subjetivos de confiança da autoridade nomeante, e admite certa subjetividade nos critérios de escolha dos ocupantes dos cargos, o que, em tese, não deixa de constituir uma relativização do princípio da impessoalidade, ainda que tenha respaldo no texto constitucional.

A Súmula vinculante nº 13, relativa ao nepotismo, introduziu interessante aplicação do princípio da impessoalidade ao afirmar que a "A nomeação de cônjuge, companheiro ou parente em linha reta, colateral ou por afinidade, até o terceiro grau, inclusive, da autoridade nomeante ou de servidor da mesma pessoa jurídica investido em cargo de direção, chefia ou assessoramento, para o exercício de cargo em comissão ou de confiança ou, ainda, de função gratificada na Administração Pública direta e indireta em qualquer dos Poderes da União, dos Estados, do Distrito Federal e dos Municípios, compreendido o ajuste mediante designações recíprocas, viola a Constituição Federal".

Pressupõe o Supremo Tribunal Federal, pelo entendimento sumulado, que a relação de parentesco implica favorecimento indevido, a macular a impessoalidade da escolha do cargo em comissão ou de confiança. Note-se que a presunção tem grande alcance, na medida em que veda a escolha de parente da própria autoridade nomeante, mas veda também que parentes de servidores exercentes de correlatas funções de comando na mesma pessoa jurídica sejam investidos em cargos de direção, chefia ou assessoramento.

Procura-se, dessa forma, desvincular dos critérios de escolha dos ocupantes dos cargos em comissão, elemento personalista que possa caracterizar indevido privilégio, em detrimento do serviço público. Há, na verdade, uma presunção absoluta de que o parentesco representa malferimento a princípios constitucionais.[20]

Ainda em tema de agente público a figura do agente de fato (denominação que se contrapõe ao agente de direito) pode ser claramente associada ao princípio da impessoalidade no sentido de que os atos praticados por agente irregularmente investido na função pública, mas com aparência de regularidade, devem ser considerados válidos, como se praticados por agente devidamente investido na função pública, justamente porque os atos praticados nessa conformidade representam a vontade do órgão e não da pessoa do servidor.[21]

Também a forma de pagamento das obrigações do Estado, decorrentes de decisões judiciais, definida no artigo 100 da CF, que institui o regime de precatórios representa hipótese de concretização do princípio da impessoalidade, na medida em que assegura ordem cronológica para satisfação do crédito.

Em matéria de licitação, diversos dispositivos da lei regedora da matéria evidenciam aplicação do princípio da impessoalidade, expressamente apontado no artigo 3º da Lei nº 8.666, de 21 de junho de 1993, como inspirador da atuação administrativa. Na verdade, a própria exigência constitucional de que as obras, serviços, compras e alienações do Poder Público sejam contratados mediante licitação representa importante aplicação prática do princípio da impessoalidade (artigo 37, inciso XXI, da CF).

No texto da lei de licitações podem ser apontados como expressões do princípio da impessoalidade as normas que (i) vedam a inclusão nos instrumentos convocatórios de cláusulas restritivas em razão da naturalidade, da sede ou domicílio dos licitantes ou de qualquer outra circunstância impertinente ou irrelevante para o objeto do contrato (artigo 3º, §1º, I); (ii) obrigam a observância de ordem cronológica para o pagamento das obrigações contratuais (artigo 5º); (iii) proíbem, em regra, a escolha de marca (art. 7º, §5º); (iv) vedam a participação do autor do projeto básico ou executivo na licitação ou na execução da obra ou serviço ou fornecimento de bens (artigo 9º, I); (v) vedam igualmente a participação de servidor ou dirigente do órgão ou entidade contratante (artigo 9º, III); (vi) exigem, na licitação sob a modalidade convite, a inclusão de novos convidados que constem do cadastro (art. 22, §6º); (vii) obrigam a verificação da conformidade das propostas com os requisitos do edital e com os parâmetros aferidores dos

---

[20] Nos precedentes julgados que inspiraram a edição da súmula apontou-se que a prática do nepotismo representa afronta aos princípios da impessoalidade, moralidade, isonomia e eficiência.

[21] Nesse sentido a expressa lição de Maria Sylvia Zanella Di Pietro, *op. cit.*, p. 67.

preços de mercado (art. 43, IV) e de julgamento das propostas de acordo com os critérios de avaliação constantes do edital (artigo 43, inc. V, 44 e 45); (viii) proíbem seja considerado no julgamento qualquer critério sigiloso ou subjetivo (artigo 44, §1º), bem como seja aceita oferta de vantagem não prevista no instrumento convocatório (art. 44, §2º); (ix) vedam a contratação com "preterição da ordem de classificação das propostas ou com terceiros estranhos ao procedimento licitatório" (artigo 50). Até mesmo a previsão de que as comissões julgadoras das licitações e de avaliação dos documentos dos registros cadastrais contenham em sua formação, necessariamente servidores qualificados pertencentes aos quadros permanentes dos órgãos da Administração licitante (artigo 51) evidenciam a aplicação do princípio da impessoalidade, na medida em que promovem a atuação pública por meio de um corpo técnico próprio, responsável pela condução dos trabalhos com a utilização de parâmetros imparciais.

Analisando a jurisprudência do Supremo Tribunal Federal podem ser encontrados vários exemplos da aplicação do princípio da impessoalidade a partir da atuação do Poder Público.

Assim, por exemplo, em matéria de fomento, o STF decidiu que lei que incentiva determinada atividade esportiva fere o princípio da impessoalidade se individualizar de tal forma os seus beneficiários "que apenas uma única pessoa se beneficiaria com mais de 75% dos valores destinados ao programa de incentivo fiscal" (Adi nº 4259-MC, Pleno, Rel. Min. Ricardo Lewandowski, j. 23.6.2010, DJ 19.8.2010).

Admite-se a atividade de incentivo pelo Poder Público de atividades da sociedade que configurem evidente interesse público (atividade de fomento), mas para isso, deve a Administração fixar, previamente, regras abstratas de concessão do benefício. Não basta, ademais, a simples existência dessas regras abstratas, devem elas ser balizadas por critérios de razoabilidade que assegurem a efetiva concretização dos princípios de igualdade ao acesso do benefício, como decidiu o STF. Em acréscimo, aponte-se que não poderia o Estado, ainda que garantindo isonômico acesso ao benefício, concedê-lo de forma a contrariar o efetivo interesse da coletividade, na medida em que passível o controle do ato legislativo quanto a seus critérios de razoabilidade, inclusive a partir da observância dos princípios constitucionais.

Na referida Adin nº 4.259, o voto do Ministro Lewandowski conduz a análise do princípio da impessoalidade a partir de sua faceta ligada à igualdade, apontando que a regra então em exame estava viciada porque deixava de observar os parâmetros exigidos de uma norma isonômica, deixando de ser geral e abstrata, porque editada com intuito de beneficiar um indivíduo.

Na Adin nº 3.853 a Ministra Cármen Lúcia considerou violador do princípio da impessoalidade a concessão de pensão vitalícia aos ex-ocupantes do cargo de Governador do Estado, assinalando, em resposta ao argumento de que por meio de lei poderia o Estado conceder o benefício que entendesse apropriado, que a destinação dos recursos públicos está condicionada à sua conformidade com os princípios constitucionais. Afirmou a Ministra em seu voto que a condição pessoal do beneficiado não pode ser considerada para concessão de benesses com o dinheiro público, assim, "a forma republicana de governo... não possibilita ao legislador personalizar o que não é condição personalista e, o que é mais, com recursos públicos". A Ministra deixou assentado, ademais, que "o princípio constitucional da impessoalidade administrativa tem como objetivo a neutralidade da atividade pública, fixando como única diretriz jurídica válida para os comportamentos estatais o interesse público. A impessoalidade no trato da coisa pública garante exatamente esta qualidade da res gerida pelo Estado: a sua condição de ser pública, de todos, patrimônio de todos, voltada à concretização do bem de todos e não de grupos ou de algumas pessoas (...) traduz-se (o princípio da impessoalidade) na ausência de marcas pessoais e particulares correspondentes ao administrador que, em determinado momento, esteja no exercício da atividade administrativa, tornando-a, assim, afeiçoada a seu modelo, pensamento ou vontade".

Como já se disse, haverá violação ao princípio da impessoalidade quando a norma individualiza um único beneficiário sem que um critério justo de diferenciação tenha sido ponderado, bem como quando essa mesma norma privilegia um grupo pequeno, desde logo determinado, nessas mesmas condições, em afronta ao interesse público.

Ainda em termos de aproximação do princípio da impessoalidade com o da igualdade, o STF tem decisão reputando violador do princípio ato administrativo que concedeu nova oportunidade para candidato que se lesionou durante prova física integrante de concurso público, justamente porque esse ato representou nova oportunidade concedida a um candidato, em detrimento de todos os demais e em violação ao edital do certame (RE nº 351142, Segunda Turma, Rel. Min. Ellen Gracie, j. 31.5.2005, DJ 1.7.2005).

O Supremo Tribunal Federal tem decisões que aplicam o princípio da impessoalidade no sentido de reconhecimento de que o ato do servidor representa, antes de tudo, a vontade estatal, não sendo admitidas medidas de promoção pessoal.

No Recurso Extraordinário nº 191.668,[22] por exemplo, ao estabelecer expressa vinculação entre o conteúdo do artigo 37, §1º, da Constituição Federal, e o princípio da impessoalidade, decidiu o STF, em acórdão relatado pelo Ministro Menezes Direito, que a regra constitucional "objetiva assegurar a impessoalidade da divulgação dos atos governamentais que devem voltar-se exclusivamente para o interesse social. Não quis o constituinte que os atos de divulgação servissem de instrumento para a propaganda de quem está exercendo o cargo público, espraiando com recursos orçamentários a sua presença política no eleitorado. O que o constituinte quis foi marcar que os atos governamentais objeto de divulgação

---

[22] Primeira Turma, j. 15.4.2008, DJ 30.5.2008.

devem revestir-se de impessoalidade, portanto, caracterizados como atos de governo e não deste ou daquele governo em particular". Assim, violado resta o princípio quando a publicidade individualiza o administrador ou o partido político a que ele pertence.

Na Adin nº 3305 (Pleno, Rel. Min. Eros Grau, j. 13.9.2006, *DJ* 24.11.2006), ao apreciar a constitucionalidade de regra da lei eleitoral que veda a participação de candidatos a cargos do Poder Executivo em inaugurações de obras públicas nos três meses que precedem a eleição (art. 77 da Lei nº 9.504, de 30 de setembro de 1997), o Ministro Carlos Britto apontou como fundamento para a constitucionalidade da norma a observância do princípio da impessoalidade, importando para marcar "a distinção nítida entre o espaço público e o espaço privado, ou seja, não há confundir a administração com o administrador". Nessa decisão, mais uma vez, a jurisprudência do STF aproxima o princípio da impessoalidade com o da igualdade, vislumbrando ser papel da lei impedir que o candidato a cargo eletivo aproveite-se de inauguração de obras públicas para conseguir votos junto ao eleitorado.

Na Adin nº 2472 (Pleno, Rel. Ministro Maurício Corrêa, rel. p/acórdão Min. Marco Aurélio, j. 1.4.2004, DJ 9.3.2007), ao cuidar da publicidade dos atos de governo, o Ministro Carlos Britto, em seu voto, assinalou que o princípio em estudo implica vedação "de vedetismo, de estrelismo, para que à custa do erário, a autoridade não faça autopromoção ou *marketing* pessoal".

Existem decisões do STF, também, referindo-se ao princípio da impessoalidade em situação em que se preserva a imparcialidade do Juiz.

No HC nº 95009 (HC nº 95009 – Pleno, Rel. Min. Eros Grau, j. 6.11.2008, DJ 19.12.2008), o Supremo Tribunal decidiu que a imparcialidade do juiz, necessária para que o magistrado se mantenha livre de "influências provenientes das partes nos processos judiciais a ele submetidos", de forma a julgar "com ausência absoluta de prevenção a favor ou contra alguma das partes", representa aplicação do princípio da impessoalidade.

É essa imparcialidade exigida tanto do julgador quanto do administrador que os obriga a declarar causas de impedimento ou suspeição ao praticarem ato, sob pena de nulidade do mesmo. A lei federal de processo administrativo contém normas expressas sobre esse ponto (artigos 18 e 21). O STF, no MS nº 21814 (Pleno, Rel. Min. Néri da Silveira, j. 14.4.1994, DJ 10.6.1994) já decidiu ser nula a nomeação de Juiz para integrar Tribunal se irregular sua inserção em lista tríplice, de cuja votação participou pai de candidato que deveria ter se dado por impedido, porque a não declaração de impedimento e suspeição caracteriza presunção absoluta de parcialidade, e, consequentemente, afronta aos princípios da impessoalidade e moralidade. Na oportunidade, o Ministro Néri da Silveira deixou assentado em seu voto que, ao contrário do princípio da moralidade, o princípio da impessoalidade é de "objetiva noção, pois independe de critérios temporais ou espaciais e, ao contrário, [está] jungido, unicamente, à ocorrência de pressupostos situados no mundo dos fatos".

4 Conclusão

Decore de todo o exposto que o princípio da impessoalidade tem um aspecto multifacetado, na forma apontada pela doutrina e aplicada pelo Poder Judiciário. As três possibilidades interpretativas vislumbradas pelos estudiosos do tema e arroladas na introdução deste estudo estão presentes na densificação do princípio. A vedação à apropriação pelo administrador dos atos da Administração, que encontra na disposição do artigo 37, §1º, da CF, sua expressão, é, talvez, a faceta mais óbvia do princípio. Não o esgota, no entanto. Corretos os estudiosos que aproximam a impessoalidade dos princípios da igualdade e da finalidade. Ainda que se reconheça a proximidade dos temas, é necessário traçar uma linha diferencial entre eles. Os conceitos são autônomos, não havendo neles uma coincidência exata. A caracterização da violação à impessoalidade pressupõe uma personificação no desvio de conduta do Poder Público, quer seja para beneficiar, quer seja para prejudicar agente específico. Nem sempre, portanto, ato violador da isonomia ou da finalidade pública implicará também afronta à impessoalidade.

O presente estudo, longe de afirmar certezas, traz apenas uma breve provocação sobre o tema, carecendo de maior aprofundamento para comprovação de suas premissas.

De qualquer forma, como se pretendeu demonstrar, o princípio tem grande aplicação prática, devendo ser considerado de forma ampla, de modo a prestigiar as diferentes facetas que dele podem ser extraídas. É um importante instrumento a ser utilizado no sistema de controle dos atos administrativos, representando limitação à conduta do administrador. Mais do que isso, a impessoalidade obriga a Administração a se organizar de forma a propiciar uma atuação imparcial e voltada para a consecução da finalidade pública. É isso que se espera do administrador público.

Referências

DI PIETRO, Maria Sylvia Zanella. *Direito Administrativo*. 22. ed. São Paulo: Atlas, 2009.

FREITAS, Juarez. *O controle dos atos administrativos e os princípios fundamentais*. 2. ed. São Paulo: Malheiros, 1999.

LARICCIA, Sérgio. Il princípio di imparzialità delle pubbliche amministrazioni. *Queste Istituzioni*, 30, n. 130-131, 145-50, 2003.

MEDAUAR, Odete. *Direito Administrativo Moderno*. 9. ed. São Paulo: Revista dos Tribunais, 2005.

MEIRELLES, Hely Lopes. *Direito administrativo brasileiro*. 16. ed. São Paulo: Revista dos Tribunais, 1991.

MOREIRA NETO, Diogo de Figueiredo. *Curso de direito administrativo*. 11. ed. Rio de Janeiro: Forense, 1996, p. 69-70.

RAMOS, Dora Maria de Oliveira. Princípios da Administração Pública: a supremacia do interesse público sobre o interesse particular. *Gênesis – Revista de Direito Administrativo Aplicado*, Curitiba, (10), p. 676-687, jul./set. 1996.

SANDULLI, Aldo M. *Manuale di Diritto Amministrativo*. XII Edizione. Napoli: Casa Edtrice Dott. Eugenio Jovene: Napoli, 1974, p. 395-399.

SCANNIELLO, Michelângelo. L'imparzialità della'azione amministrativa. http://overlex.com/leggiarticolo.asp?id=2143. Acesso 10.2.2011.

SILVA, José Afonso da. *Curso de Direito Constitucional positivo*. 9. ed. São Paulo: Revista dos Tribunais, 1992.

Informação bibliográfica deste texto, conforme a NBR 6023:2018 da Associação Brasileira de Normas Técnicas (ABNT):

RAMOS, Dora Maria de Oliveira. Notas sobre o princípio da impessoalidade e sua aplicação no direito brasileiro. *In*: MARRARA Thiago (coord.). *Princípios de direito administrativo*. 2. ed. rev., ampl. e atual. Belo Horizonte: Fórum, 2021. p. 143-155. ISBN 978-65-5518-166-1.

REFLEXÕES ACERCA DO PRINCÍPIO DA IMPESSOALIDADE

BERNARDO STROBEL GUIMARÃES

1 Os princípios e sua importância no Direito Administrativo brasileiro

1 A autonomia didática do Direito Administrativo resultou do processo de seu descolamento do Direito Privado. Se no início as soluções privadas compareciam com frequência para informar a atuação da Administração Pública, paulatinamente, houve um divórcio entre tais disciplinas nos sistemas jurídicos de matriz continental-europeia. A partir de certo ponto, as técnicas privadas até podiam ser utilizadas para reger a Administração, mas precisavam ser reconstruídas de modo a se garantir sua adequação às noções fundamentais do Direito Administrativo. Além disso, elas ficavam mais e mais restritas a determinados quadrantes da Administração tidos por secundários (como a aquisição de bens, por exemplo).

Desse esforço de autonomização resultou a ideia de que o Direito Administrativo seria portador de uma lógica própria, incapaz de ser encontrada nas relações privadas. A categoria unificadora da disciplina seria a *exorbitância*, que consistiria precisamente no *quid* que passaria além do Direito Comum.[1] A tradução mais elementar da exorbitância seria a possibilidade de a Administração atuar de modo unilateral, à míngua de qualquer consenso com os sujeitos privados.[2] A Administração seria, portanto, caracterizada pela unilateralidade, apanágio do ato administrativo em sentido estrito.

Assim, o Direito Administrativo, filho legítimo do Liberalismo, tornou-se herdeiro de concepções de poder herdadas tipicamente do Estado de Polícia.[3] À

---

[1] São célebres as colocações de Albert Venn Dicey acerca da inexistência de direito administrativo na Inglaterra. Todavia, a lição do autor inglês cuida muito menos de examinar essa questão de modo abstrato do que criticar a noção de autoridade que se reconhecia à Administração no direito francês e continental-europeu em geral. Para este autor a posição de supremacia que se reconhece à Administração seria contrária ao princípio de igualdade perante a lei, base da *common law*. Mais do que isso: o modelo continental seria legatário de concepções autoritárias herdadas do absolutismo, que haviam sido vencidas em definitivo na Inglaterra. (*Introduction to the study of the Law of the Constitution*. 4. ed. Londres: Macmillan, 1893, p. 303-333).

[2] De acordo com Betrand Seiller, a exorbitância se caracteriza, no seu sentido original, precisamente a partir dos poderes que são reconhecidos à Administração, capazes de constranger os particulares, independente de sua vontade. Sua justificativa seria a superioridade dos interesses curados pela Administração. Sua manifestação mais evidente seria o *"privilège du préalable"*, que redundaria na presunção de legitimidade da atuação administrativa, a impor que o particular primeiro acatasse as ordens que lhe são dirigidas para, só depois, impugnar a sua legalidade perante a autoridade administrativa competente. (*Droit Administratif*. t. 1. 2. ed. Paris: Flamarion, 2001, p. 282-285).

[3] A história do Direito Administrativo demonstra com clareza que as notas de autoridade assumidas pela Administração nada mais são que os privilégios do antigo regime sob nova roupagem. Em perspectiva histórica,

Administração foram imputados os antigos privilégios reais, o que redundou numa concepção dessa disciplina estruturada ao influxo da ideia de autoridade. A tradução mais clara disso é a concepção do Direito Administrativo a partir da ideia de *puissance publique*, base da formulação de Maurice Hauriou.[4]

Mesmo o serviço público, manifestação tipicamente prestacional da Administração, foi originalmente explicado a partir do referencial da autoridade. Ao receber bens e serviços do Estado, originalmente o cidadão estava em uma posição nitidamente subalterna, devendo se contentar com o que lhe era ofertado pelo Poder Público, não tendo qualquer ingerência sobre o tema. Não é devido a um acaso que o pai do Serviço Público, León Duguit, negava incisivamente qualquer direito subjetivo do usuário em relação a essa atividade, reduzindo qualquer discussão acerca do tema a uma tutela objetiva do serviço público.[5]

2 O legado da autoridade é forte no Direito Administrativo. Ainda hoje, não raro, se pretende explicar essa disciplina por meio das derrogações que ela possui em relação ao Direito Privado, trabalhando com as chaves da ideia de exorbitância (ainda que repaginadas). O expediente epistemológico utilizado continua sendo o de buscar compreender o que aparta o Direito Administrativo das normas que regem a vida privada, de modo a garantir um espaço de autonomia para aquele. É dizer, o Direito Administrativo ainda é pensado a partir de suas relações de oposição com o Direito Privado.

Com efeito, essa postura metodológica tem pouco a oferecer diante da atual configuração da Administração Pública (e mesmo do Direito Público contemporâneo). Na verdade, ela supõe um corte entre Estado e sociedade que já não mais persiste. Assim, pressupostos que um dia foram claros perderam sua nitidez, retirando muito da utilidade das concepções que pretendem explicar o Direito Administrativo a partir de uma suposta autoridade, que não existiria no âmbito privado.

Hoje, a Administração tem amplas responsabilidades no que se refere à sociedade, que são satisfeitas por meio de diversas técnicas, algumas muito próximas às do direito privado (como se dá no fomento, nos serviços públicos e na atuação das empresas estatais). Em todos esses campos, decisões públicas são implementadas mediante técnicas que, na essência, não diferem das conhecidas pelo Direito Privado. Dizer, portanto, que a nota elementar do Direito Administrativo reside na autoridade da Administração nas relações jurídicas é excluir do seio dessa disciplina diversas de suas manifestações. E isso com um grande inconveniente: tais técnicas privadas geralmente são utilizadas naqueles campos em que há ampliação de direitos dos particulares.[6]

---

a origem dos privilégios é muito menos nobre do que costuma supor nossa doutrina, que crê que eles derivariam dos ideais revolucionários de democracia. Sobre o ponto são elucidativas as lições de Pièrre Legendre (*Histoire de l'Admnistration de 1750 a nos jours*. Paris: PUF, 1968, p. 470-476).

[4] *Précis de droit administratif et de droit public*. 12. ed. Paris: Sirey, 1933, p. 7-13.

[5] *Les Transformations du Droit Public*. Paris: Armand Colin, 1913, p. 65-72.

[6] Estas ideias foram expostas por Charles Eisenmann ao refutar a ideia de que haveria um regime próprio da Administração que necessariamente se caracterizaria por notas de autoridades, tal como defendido por Georges

Soma-se a isso o fato de que por meio de diversos institutos incorporados ao Direito Privado – a função social é o mais evidente deles – os próprios particulares assumem responsabilidades perante a sociedade, o que condiciona o exercício dos seus direitos.[7] Além disso, o Direito Privado também conhece casos de atos unilaterais e situações de autotutela, em tudo próximos aos evidenciados no Direito Administrativo. Com efeito, o Direito Administrativo tomado pela concepção da exorbitância hoje é muito mais uma lembrança do passado do que algo que se verifique na prática.

Em outras palavras: não valem mais os pressupostos usualmente invocados para separar os campos do Direito Administrativo e do Direito Privado desde o ponto de vista da autoridade. Isso não significa, por óbvio, que não haja manifestações de autoridade, mas sim que elas sozinhas não bastam para explicar o que, de fato, caracteriza o Direito Administrativo. Em se colocando o tônus na autoridade serão excluídas manifestações tipicamente administrativas e não haverá como explicar certos fenômenos que se verificam nas relações privadas.

O movimento descrito acima atua em um claro sentido: a perda da exclusividade do Estado na busca do bem comum/interesse público e o esfacelamento da identificação entre atuação administrativa/vias de autoridade. Essa lógica dual simplesmente não se verifica mais. À luz dos paradigmas vigentes, não raro, interesses públicos são perseguidos por particulares, o que causa um verdadeiro "curto-circuito" nas chaves teóricas que explicam o Direito Administrativo a partir da exorbitância. Por outro lado, a atuação administrativa é desempenhada sem recurso à autoridade, o que também foge ao esquema tradicionalmente considerado.

3 Assim, atualmente o que caracteriza o Direito Administrativo não é a existência de um regime de atuação, na essência, distinto do Privado. Não raro, objetivos implementados pela Administração são perseguidos em direta colaboração com sujeitos privados ou são perseguidos por vias em que não está presente a autoridade do Estado. Nesses campos é difícil, desde o ponto da atividade, diferenciar materialmente as exercidas pela Administração e por sujeitos privados. Aliás, em certos campos – como a atuação do Estado no domínio econômico privado – há mesmo uma vinculação constitucional à utilização por parte da Administração de técnicas análogas às privadas (cf. art. 173, §1º, II, da Constituição).

Daí a necessidade de buscar o que caracteriza o Direito Administrativo na contemporaneidade para além de uma suposta distinção ontológica entre as suas

---

Vedel (cf. La Théorie des "bases constitutionnelles du droit administratif". *Revue du Droit Public et de la Science Politique em France et a l'Étranger*, Paris: LGDJ, 1972, p. 1345-1422.).

[7] Interessante notar que René Savatier, um dos civilistas franceses preocupado com relação havida entre Direito Privado e Direito Público, chegou a identificar os encargos derivados da ideia de função social sobre os particulares como legítima atribuição de serviços públicos (*Du droit civil au droit public a travers les personnes, le biens el la responsabilité civile*. Paris: LGDJ, 1945, p. 12-13).

técnicas de atuação e as do Direito Privado, feita a partir do viés da autoridade. Esse exame simplesmente deixou de ter sentido.

Cremos que a resposta a essa questão passa hoje necessariamente por enxergar o Direito Administrativo como uma disciplina sujeita a uma principiologia própria, que cria para a Administração vinculação a certos parâmetros jurídicos que não são encontrados senão na sua organização/atuação. Assim, não é a existência de poderes diversos dos privados que vai caracterizar a Administração, mas sim a posição desse ente de Direito diante da ordem jurídica.

E o que configura o núcleo desses parâmetros exclusivos no nosso sistema jurídico é exatamente o *caput* do art. 37 da Constituição, que enuncia os princípios fundamentais que regem a atuação administrativa. Nesse artigo é que estão contidas as coordenadas que colocam a Administração em uma posição juridicamente distinta de qualquer outro sujeito.

4 Note-se ainda que ao se examinar os preceitos que se aplicam à Administração Pública, percebe-se que houve muito maior preocupação da Constituição em sujeitar as atividades por ela desenvolvidas a um sistema de responsabilidade distinto daquele que se encontra nas relações travadas entre os privados, do que especificar uma forma de atuação que lhe seja própria.

Com efeito, a Constituição se preocupa menos em criar um regime administrativo, do que imputar responsabilidades à Administração e fixar os princípios que a regem na busca dos seus objetivos e na sua organização. Assim, por exemplo, à luz da Constituição é perfeitamente válida a utilização de técnicas privadas em certos domínios da atuação da Administração. Isso não constitui uma interdição que *a priori* se ponha à Administração, sendo inválida por definição. A Administração pode agir por vias privadas, salvo quando haja uma proibição objetiva que não permita o recurso a essa técnica. Todavia, mesmo aí, comparecerão os princípios constitucionais para assegurar que tal atuação mantenha-se no nível de responsabilidade pública que se exige da Administração.

5 Percebe-se, portanto, que, *para a compreensão do Direito Administrativo no nosso sistema jurídico, é imprescindível partir dos princípios gerais que conformam sua feição constitucional*. Neles é que está contida a sua natureza – e não em qualquer outro atributo místico, que reside para além do direito constitucional positivo.

A Constituição, ao imputar severas responsabilidades aos administradores, ao prever diversas missões a cargo do Poder Público, estipulou que elas fossem desempenhadas segundo uma série de princípios. Eles criam um *sistema de relação próprio entre a Administração e os que com ela travam relações*. Eis a essência do nosso Direito Administrativo: a submissão a uma pauta própria de valores e a um modo próprio de atuação.

6 Entre tais princípios está o da impessoalidade.

Usualmente concebido como a impossibilidade de os administradores utilizarem-se da estrutura administrativa para autopromoção, o referido princípio vai bastante além dessa consequência. Em verdade, *nele está contida uma nota fundamental da concepção que se tem da função administrativa*. Isso porque, é por meio dele que se garante que os objetivos institucionais que se põem à Administração sejam protegidos. Portanto, nele está contida uma nota inerente à maneira pela qual a Administração age, o que atesta a importância no seu estudo.

2 A competência e o agente: vontade institucional e vontade pessoal

7 Do ponto de vista teórico, a função administrativa se caracteriza por representar a atuação de uma vontade distinta da do agente que está a desempenhá-la concretamente. É exatamente isso que lhe garante o status de *função*: ou seja, a atuação de um agente vinculada à satisfação de interesses que lhes são alheios. Esse fenômeno é inerente a toda atuação administrativa exercida no âmbito de um Estado de Direito.

Vencidas as fases históricas que identificavam o exercício do poder com a vontade do Príncipe, a técnica de atuação da Administração passa a ser a imputação de competência aos agentes da Administração. A partir daí os agentes administrativos passam a contar com um espaço pré-determinado de atuação, pelos quais se tornam responsáveis. Por outro lado, para alguém exercer a competência faz-se necessário a sua investidura em um *status* que autoriza a pessoa a tanto (geralmente um cargo público).

Destaca-se ainda que essa técnica de atuação não é uma característica exclusiva da Administração Pública, sendo ela ínsita à atuação de toda e qualquer personalidade moral, como bem demonstra a teoria privada do ato *ultra vires*. O que torna peculiar a Administração nesse sentido é o processo pelo qual as diretrizes que orientam sua atuação vão ser institucionalizadas e a responsabilidade a que se sujeita quem está a desempenhá-la. Tal questão para a Administração se coloca como problema de legalidade. Tanto os objetivos a serem implementados, quanto a responsabilidade pela consecução desses resultados depende da lei.

De toda sorte, o que importa reter preliminarmente é que *a administração – como atividade de um ente moral – age, concretamente, por meio de pessoas, que a ela são vinculadas segundo um procedimento lastreado em lei*. Mesmo quando atua sob o influxo da vinculação, ou gera materialmente os resultados que dela se espera, a Administração age por meio de pessoas. E pessoas têm seus interesses. Embora isso chegue às raias de um truísmo, fato é que essa ideia é de grande utilidade para se compreender o alcance do princípio da impessoalidade.

Isso porque *o referido princípio tem por eixo exatamente a relação que se dá entre os interesses institucionalmente assinalados à Administração e os do agente que está a encarná-los nas relações por ela travadas*.

8 Com efeito, o problema da impessoalidade só se põe como uma das coordenadas elementares dos princípios que constitucionalmente conformam a Administração, pois, em concreto, as funções administrativas são exercidas por pessoas de carne e osso. Daí ser necessário preservar o que institucionalmente representa os objetivos da Administração em face do que se configura como vontade do agente. Eis aí o campo de incidência da impessoalidade, que interdita que objetivos alheios aos que institucionalmente se põem à Administração venham a ser perseguidos pelos agentes que manejam poderes em seu nome. Em suma, o que se interdita a partir da impessoalidade é que a vontade do agente se substitua aos interesses que institucionalmente são imputados à Administração. Na síntese de Cármen Lúcia Antunes Rocha: "Na impessoalidade, a ênfase está na ausência de subjetividade e voluntarismo do administrador público, para que ele exerça sua função com vistas ao interesse de todo o povo, voltando-se à finalidade pública".[8]

O princípio da impessoalidade visa precipuamente a impedir qualquer desvio que possa permitir que um determinado agente venha a se beneficiar pessoalmente do exercício das competências previstas em prol da coletividade. E note-se que *o benefício pessoal não se associa exclusivamente a uma vantagem direta ao servidor*. Interesses partidários ou de grupos de pressão (*lobbies*) também caracterizam modalidades em que há uma afirmação indevida da subjetividade do agente no exercício da função administrativa, conforme adverte Umberto Allegretti.[9] Ou seja, o *thelos* é a proteção do interesse institucional, que é posto em causa não só pelo desejo de apropriação individual dos agentes, mas também pela captura da Administração Pública por objetivos que lhe são alheios.[10]

A questão, que se apresenta simples desde o ponto de vista da definição abstrata, assume caráter bastante mais complexo ao se ter em mira que a atuação administrativa depende, em certos casos, de ser atualizada por uma vontade pessoal. Sem exagero, essa é uma das questões que aflige o Direito Administrativo desde longa data, tal como registra a doutrina do desvio de poder, criada pelo Conselho de Estado na França.[11]

Nada obstante seja conveniente didaticamente pensar na atividade administrativa como a desempenhada por autômatos, fato é que muitas vezes não

---

[8] Princípios Constitucionais da Administração Pública. Belo Horizonte: Del Rey, 1994, p. 153.

[9] *L'Imparzialità Amministrativa*. Pádua: CEDAM, 1965, p. 15-28. Por sua vez, Cármen Lúcia Antunes Rocha arrola expressamente o partidarismo dentre os agravos possíveis de serem cometidos contra a impessoalidade (*op. cit.*, p. 164-167). Infelizmente a Administração Pública é vista no Brasil como local favorecido para acomodação de correligionários, sendo os cargos de livre nomeação o butim a ser repartido entre os partidos que ocupam o poder.

[10] A teoria da captura foi elaborada eminentemente para explicar como os agentes econômicos têm influência decisiva na formulação de políticas levadas a cabo por agentes públicos. Os agentes econômicos buscam maximizar suas vantagens inclusive pela obtenção de normas que lhe sejam favoráveis, tais como subsídios, criação de barreiras de acesso aos mercados, criação artificial de mercados, regime de preços, etc. Isso em si não é bom nem ruim, pois é da essência do jogo democrático que as pessoas se organizem para fazer valer seus interesses. Note-se ainda que o fenômeno não é restrito aos agentes econômicos sendo comum a articulação de interesses da sociedade civil para pressionar o Executivo, o Legislativo e também o Judiciário. O termo captura aqui está sendo usado em um sentido amplo, querendo significar qualquer apropriação da Administração por interesses a ela alheios, inclusive os partidários. Para aprofundar o estudo acerca da captura consulte-se Andreia Cristina Bagatin. O problema da captura e o seu controle pelo Poder Judiciário (comentários a acórdão do Tribunal Regional Federal da 5ª Região, *Revista de Direito Público da Economia – RDPE*, Belo Horizonte, ano 3, n. 11, p. 211-219, jul./set. 2005).

[11] O tema foi enfrentado em nossa doutrina com maestria por Caio Tácito, a quem remetemos o leitor (*Direito Administrativo*. São Paulo: Saraiva, 1975, p. 46-133).

há "vontade da Administração" senão quando mediada por "vontade humana", de sorte que ambas dificilmente podem ser separadas. A imagem de uma administração alheia à vontade humana é um comodismo metodológico que não resiste aos fatos. E isso torna a questão da impessoalidade bastante mais complexa, para além do nível das grandes definições abstratas em que tudo cabe e tudo se acomoda.

9 Por outro lado, contribui para a dificuldade do exame da impessoalidade o fato de que não raramente o Direito Administrativo supõe uma vontade individual com vistas a operacionalizar a atuação da Administração. Aplicar a lei de ofício, para usar uma fórmula consagrada no nosso Direito Administrativo, implica processo bem menos impessoal do que se poderia pensar à primeira vista.

O primeiro campo em que isso se evidencia é a discricionariedade, em que intencionalmente a regra de competência não se apresenta completa, devendo ser atualizada pela vontade do agente competente, a partir de critérios de oportunidade e conveniência. Ou seja, a relação entre previsão abstrata e implementação de uma providência passa, necessariamente, por uma escolha do agente, que é expressamente pressuposta pela norma. Aqui se agrava a questão da impessoalidade, pois se está em um campo em que se exige a presença de vontade do agente, que é tomada como sendo à da própria Administração.

O fenômeno se dá ainda nos casos em que a regra de competência preveja preceitos cujo alcance depende de uma valoração subjetiva do agente. Nessas hipóteses, a textura aberta do texto, que fixa o preceito ou a consequência da norma, exige interpretação. Embora não haja, tal como na discricionariedade, a necessidade de o agente proceder a uma escolha, parece inegável que nesses casos ele dá uma contribuição definitiva acerca do sentido da norma (quando menos, de modo a vincular a Administração). Tanto é assim que parece evidente que a interpretação a ser dada pode ser contaminada indevidamente, tendo em vista interesses do agente, de modo a caracterizar o fenômeno do desvio do poder também nesse campo.

Por fim, e mais grave, a cúpula da Administração pode dar diretrizes políticas a serem implementadas pelos escalões hierarquicamente inferiores. Embora o tema seja passível de ser visto para além do Executivo, é nessa quadra que o problema se apresenta mais agudo, tendo em vista, especialmente, a legitimidade democrática de que seus representantes desfrutam. Aqui também a concretização da ação administrativa se dará por meio de diretrizes que são alheias à estrutura administrativa.

Em todos esses casos parece que o controle da impessoalidade é mais sensível tendo em vista que em todas elas a figura do agente não está adstrita a cumprir objetivos previamente assinalados. Aqui o nível de vinculação é bastante mais baixo do que nos atos administrativos em que a vontade do agente fica em segundo plano.

Embora haja vinculação dos agentes à ordem jurídica – e a Constituição é sempre um limite – é inegável que há um poder de conformação que se reconhece aos agentes, o que coloca a difícil questão de sindicar os elementos volitivos tolerados pelo sistema dos que configuram uma apropriação indevida da função pública. É exatamente isso que faz a impessoalidade ser uma questão intrincada.

10 Assim, nada obstante seja fácil indicar de maneira abstrata o eixo em que atua o princípio da impessoalidade, é complicado tratar do tema em concreto. Além das dificuldades inerentes à necessidade de uma pessoa natural atuar conforme uma vontade que não é a sua, existem ainda diversas manifestações em que a vontade do agente administrativo é pressuposto da formação da providência a ser implementada em concreto, em nome da Administração. Para examinar a questão propõe-se, primeiramente, dissipar algumas brumas, relativas ao campo próprio de atuação da impessoalidade. Depois, buscar fixar o seu efetivo conteúdo para – daí – relacioná-la ao modo de atuar da Administração.

3 Dissipando algumas brumas: a impessoalidade e sua inter-relação com outros princípios

11 Do que foi exposto acima algumas conclusões podem ser alcançadas no que se refere à definição do campo próprio do princípio da impessoalidade.

Isso porque há certas ideias que estão próximas desse princípio, mas que com ele não se confundem, sendo importante estabelecer o que compete a cada um. A partir da constatação de que a impessoalidade diz com a relação havida entre o agente que atua em nome da Administração, impedindo que haja usurpação de prerrogativas públicas, é que se pode fixar o campo de incidência próprio desse princípio. Note-se, o risco de ofensa à impessoalidade consiste em que prerrogativas públicas sejam utilizadas para satisfação de interesses pessoais que se camuflam na estrutura administrativa.

Assim, um esforço metodológico útil é apartar o que de fato implica agravo à impessoalidade do que se refere a agravos a outros princípios que com ele se entrelaçam (mas não se confundem).

12 É o que se dá, por exemplo, com o princípio da isonomia.

Com efeito, pode ser dito que uma decisão administrativa, que desconsidere o dever de isonomia imposto à Administração, é dotada de pessoalidade. Entretanto, o fenômeno não diz com o princípio da impessoalidade propriamente dito.[12]

---

[12] Com o devido respeito (e tendo em mira que a jurisprudência não se foca em questões doutrinárias, mas resolve casos concretos), a indevida assimilação entre impessoalidade e isonomia é feita pelas nossas Cortes. A título de exemplo mencione-se decisão do Superior Tribunal de Justiça, da qual se transcrevem extratos da ementa: "(...) CONCURSO PÚBLICO. TESTE DE CAPACIDADE FÍSICA. ETAPA DO CERTAME CONFORME DISPOSTO NO EDITAL. CANDIDATO TEMPORARIAMENTE INCAPACITADO PARA REALIZAÇÃO DE ETAPA. NOVO TESTE. IMPOSSIBILIDADE. ELIMINAÇÃO. PREVISÃO NO EDITAL. 1. O Edital é a lei do concurso, vinculando tanto a Administração quanto os candidatos às suas regras. 2. A concessão de tratamento diferenciado, nos casos de alteração psicológica ou fisiológica temporárias, não consignadas previamente em edital de concurso, obsta pretensão relativa à realização de segundo teste de aptidão física, para ingresso em cargo público, sob pena de violação aos princípios da impessoalidade e da isonomia que regem os concursos públicos" (AgRg no REsp 1201478/RJ, Min. Luiz Fux, *DJe*

Isonomia e impessoalidade são preceitos distintos, que agem em momentos lógicos que não se confundem.[13]

Como visto, a impessoalidade está compreendida na relação que existe entre o agente e a regra de competência que lhe vincula. Diz, portanto, com o confronto inerente à atuação de uma vontade institucional por parte de um agente que também possui interesses próprios. Ao definir – em nome da Administração – a providência a ser efetivada, o agente deve ater-se apenas aos interesses daquela, e não aos seus. É dizer: cuida-se de um fenômeno interno à Administração que se vincula ao modo pelo qual a vontade que a ela se imputa é formada e implementada.[14]

Por seu turno, para que haja agravo à isonomia é apenas necessário, desde o ponto objetivo, que tenha havido uma injustificada distinção entre administrados pela Administração. É juízo que se faz a partir dos resultados (efetivos ou potenciais) derivados das escolhas da Administração.[15]

Ressalta-se, ainda, que um determinado ato pode incidir em censura pelos dois ângulos. Contudo, os juízos permanecem distintos. Para fins de ilustração pense-se no ato praticado pelo presidente da comissão de licitação para favorecer parente seu em determinado certame. O motivo do ato é viciado, por ter havido a indevida substituição da vontade da lei pela de um agente – o que configura agravo à impessoalidade. Além disso, configura-se ofensa à isonomia, pois os demais administrados, que têm direito de ser tratados de maneira parelha, foram preteridos indevidamente. No entanto, esse resultado não é necessário em todos os casos em que se trata dos princípios da igualdade e impessoalidade. Pode haver atos ofensivos apenas à impessoalidade, especialmente nas hipóteses em que a questão que está sendo analisada não implica qualquer supressão de direitos em relação a terceiros. Nesses campos nada obsta que haja ofensa apenas à impessoalidade e não ao princípio da igualdade. Nem por isso, o ato que padeça desse vício será menos reprovável.

---

22. 2.2011). Segundo pensamos, aqui só há a ofensa à isonomia, pois nada se indica de ter havido uma apropriação pessoal de uma competência pública por parte daqueles que conduziram o certame.

[13] Ana Paula Oliveira Ávila, também promove distinção entre os princípios da igualdade e isonomia, apontando que eles agem em planos distintos. Contudo, a opinião da autora faz equivaler os dois princípios quanto ao conteúdo ("A preservação da igualdade exige a impessoalidade", p. 34) distinguindo-os apenas no que tange aos seus destinatários – na isonomia, o administrado; na impessoalidade, o administrador. (*O princípio da impessoalidade na Administração Pública*: para uma administração imparcial, Rio de Janeiro: Renovar, 2004, p. 33-40). Divergimos desta opinião, segundo pensamos pode haver agravo à isonomia sem que haja, necessariamente, ofensa à impessoalidade, o que demonstra que os princípios são estruturalmente distintos.

[14] Um tema que intimamente se põe ao tratar da impessoalidade é a formação da vontade da Administração por meio de procedimentos formais que permitam compreender as operações lógicas levadas a cabo pelos agentes administrativos. Com efeito, qualquer controle da impessoalidade depende da transparência do agir administrativo, que pressupõe a exposição clara dos motivos de fato e direito considerados.

[15] Aqui entra em cena outro princípio que merece ser referido: o do devido processo legal. Isso porque nos casos em que há a contraposição de diferentes interesses entre os particulares, a serem mediados pela Administração sob o influxo do interesse público, todos têm o direito de ter sua posição considerada. Assim, a ampla defesa e o contraditório não são garantias meramente individuais como já asseverado por Egon Bockmann Moreira (O processo administrativo no rol dos direitos e das garantias, *Revista Trimestral de Direito Público – RTDP*, São Pulo, n. 43, p. 126-135). Registra-se ainda que o princípio da imparcialidade previsto no direito italiano é identificado com o dever de considerar todos os interesses envolvidos na atuação administrativa, como registra Umberto Allegretti (*op. cit.*, p. 25-28). Segundo pensamos essa dimensão ressaltada pela doutrina italiana está contida na ideia de *due process of law*.

O reverso também é verdadeiro: há casos em que pode se ofender a isonomia sem ter se agredido a impessoalidade. Basta pensar nos casos em que se expede um regulamento que atenta contra o princípio da isonomia, sem que o agente o tenha feito por qualquer desvio pessoal. É o que se dá, por exemplo, nos casos em que a ofensa ao princípio da igualdade ocorre por erro de avaliação do agente da Administração, que, contudo, não caracteriza qualquer usurpação de função.

Nada obstante haja inegável proximidade entre os conceitos, fato é que eles não se confundem. Isso é especialmente importante, pois atos que ofendam apenas um desses núcleos são tão reprováveis quanto os que ofendam os dois simultaneamente. Baralhar as noções implica a possibilidade de se subtrair o controle dos atos que lesem de maneira autônoma a impessoalidade, sem promoverem distinções entre administrados. Isso porque mesmo sem qualquer efeito danoso externo, ato que lese a impessoalidade é censurável autonomamente perante nossa ordem jurídica.

13 Na mesma linha de aproximações e choques, tem-se a relação ente impessoalidade e moralidade. Aqui ainda com mais gravidade, pois ambos os princípios miram precipuamente a relação entre a ação administrativa e as regras que lhe condicionam. Mais grave ainda: a impessoalidade não deixa de ser uma espécie qualificada de agravo à moralidade, timbrada exatamente pela atuação do agente com vistas a atingir objetivos pessoais em detrimento daqueles que lhe são imputados pela ordem jurídica.

Assim, para apartar moralidade e impessoalidade há de se recorrer a uma distinção de gênero/espécie. Nesse diapasão, o que vai dar contornos autônomos ao princípio da moralidade é que ele serve para controlar (a exemplo da impessoalidade) atos de agentes administrativos que – nada obstante se amoldem formalmente ao figurino normativo – são inválidos por lesar outros valores tutelados pelo sistema. Todavia, aqui a questão não é de usurpação de prerrogativas da Administração em nome próprio, nesse campo o vício é algo distinto. O próprio da moralidade é a violação a certos padrões de comportamento que repugnam as expectativas que a coletividade tem em relação à Administração, lastreadas em princípios de direito positivo. Aqui não está em causa uma apropriação indevida por parte do agente administrativo da função pública. Esse resultado não é necessário para que se configure ofensa à moralidade administrativa para benefício pessoal. Com efeito, pode haver atos lesivos a esse princípio que não configurem no sentido próprio do termo mácula à impessoalidade.

Por exemplo, é uma das ideias contidas na exigência de moralidade a de que a Administração não pode, com mudanças no seu modo de agir, surpreender o particular. É o que usualmente ocorre nos casos em que se caracteriza o *venire contra factum proprium*, em que a Administração – desconsiderando a expectativa que seus atos geraram no particular – simplesmente ignora seus atos anteriores de modo a surpreender aqueles que nela confiaram. Com efeito, essa ideia pode ser reconduzida a uma ofensa ao princípio da moralidade, pois a moral institucionalizada exige seriedade dos agentes administrativos no seu proceder, interditando posturas pusilânimes. Nesses casos não há de se cogitar se há ou não um móvel pessoal na conduta. Muitas vezes ele não existe, sendo a postura do agente reflexo do que ele imagina ser correto para o serviço público. Nessas hipóteses haverá agravo tão só à moralidade, não se cogitando de ofensa à impessoalidade.

14 A essa altura da narrativa não se pode deixar de ressaltar que a questão subjacente às discussões empreendidas em verdade podem ser reduzidas a discussões de legalidade, tomada em seu sentido amplo. É que as questões propostas se colocam exatamente quanto à relação que existe entre a atuação do agente e a competência que lhe é posta pela ordem jurídica. É dizer: entre o ato praticado e a finalidade prevista em lei (mediata ou imediatamente).[16] Com efeito, ofensas aos princípios da impessoalidade, isonomia e moralidade podem ser reconduzidas a "ruídos" havidos no que tange à passagem das previsões abstratas feitas pelas normas que regem a Administração e a atuação concreta dos administradores. Se eles considerarem seus interesses ao invés dos previstos na regra de competência, ofenderão a impessoalidade. Se criarem distinções para além das toleradas pela norma, lesarão a isonomia. Em se afastando das expectativas objetivas que a sociedade tem da Administração, ferirão a moralidade administrativa. Em todos os casos, tem-se subjacente uma discussão de legalidade, pois a lei em si não pode ser contrária aos referidos princípios, de sorte que a lesá-los está a se ferir a prescrição normativa.

É precisamente essa dimensão estendida da legalidade que vai ser tratada por juridicidade, ressaltando-se que um controle efetivo nesses domínios vai além da mera adequação formal entre o ato praticado e a regra que lhe suponha.

15 De toda sorte, até porque a tipologia dos vícios da atuação administrativa é importante para o controle da Administração e as modalidades dolosas de agravo aos princípios da Constituição devem ser punidas de maneira mais severa, é importante fixar o campo próprio da impessoalidade.

Como veio de se afirmar, o princípio da impessoalidade protege a vontade institucional da Administração de eventuais apropriações indevidas por parte dos seus agentes. Toda vez que ato dessa ordem for praticado haverá descompasso entre este e a finalidade normativa. Mais grave, em havendo intenção de utilizar prerrogativas públicas em benefício próprio, tem-se ato de improbidade (cf. Lei nº 8.429/92) a sujeitar o infrator e o beneficiário às penas da lei. É que nada obstante possa se cogitar de o agente involuntariamente causar um benefício a si será difícil que isso não caracterize quando menos uma culpa grave, equiparável ao dolo.

---

[16] Aqui estamos a cogitar do controle dos atos da Administração e não do controle das normas primárias em face da Constituição. Segundo pensamos, é esse o controle que deve ser feito a partir do *caput* do art. 37 da Constituição, sendo as leis controláveis por outros princípios que não aqueles que se referem diretamente à Administração Pública.

4 O conteúdo do princípio da impessoalidade

16 Como visto, o princípio da impessoalidade diz respeito a algo que é inerente à atuação administrativa: a passagem da vontade institucionalizada, posta pela ordem jurídica (portanto, potência) para atos concretos, que dão substância ao programa que se põe à Administração. Como tal procedimento só pode ser levado a cabo por pessoas que interpretam as normas, avaliam os fatos, tomam as decisões e garantem sua observância, o princípio da impessoalidade serve de proteção para que nesse *iter* não haja qualquer desvio indevido, decorrente da subjetividade do agente.

17 Nesse sentido, é evidente que o princípio vai ser densificado por inúmeras normas a ele referidas. Não faltam em nosso ordenamento jurídico preceitos que venham a impedir tal sorte de procedimentos, bem como que estipulem salvaguardas que permitam seu controle. Apenas para pontuar, pense-se nas normas que em matéria processual impedem determinado agente de conhecer determinadas matérias, pois a ordem jurídica não lhes reconhece a isenção necessária para tanto. É o que se dá com as normas processuais contidas na Lei nº 9.784/99 que tratam das figuras do impedimento e da suspeição (arts. 18 a 21).

Na mesma categoria estão as normas que exigem procedimentos objetivos para escolhas administrativas (tais como as que tratam de concursos e licitações), que também são informadas pelas ideias referentes ao princípio da impessoalidade. Procedimentos objetivos visam, justamente, neutralizar as preferências do administrador, remetendo a escolha a critérios previstos em lei.

Por outro lado, as regras que exigem motivação e publicidade dos atos administrativos visam a permitir que a vontade do agente seja sindicada, de modo a possibilitar que a sociedade conheça as razões que levaram à prática de determinado ato, taxando-o de pessoal se for o caso. É dizer, o valor contido no princípio é tratado por diversas normas, que lhe dão feição específica.

18 Todavia, nada obstante haja preceitos que cuidem de dar espessura à ideia de impessoalidade, fato é que a simples previsão da impessoalidade como princípio cardeal da Administração basta para interditar atos timbrados pela pessoalidade, não se exigindo lei expressa que trate do tema.

É o que reconheceu o Supremo Tribunal Federal ao proscrever a chaga do nepotismo por intermédio da Súmula Vinculante nº 13. Dentre os precedentes que levaram à edição da referida Súmula merece destaque o RE nº 579.951, (Min. Ricardo Lewandowski, *DJe* 24.10.2008). Nele a questão da necessidade de lei formal que proscrevesse a prática de nepotismo foi enfrentada, tendo a Corte indicado que a dicção do art. 37, *caput* bastaria para interditar a referida prática (por ela ofender a moralidade e a impessoalidade).

Ou seja, de acordo com a orientação do Supremo Tribunal Federal não há necessidade de interpolação legal para que sejam írritas práticas que atentem contra a impessoalidade que se exige da Administração; toda vez que ficar claro que determinada competência administrativa é exercida em benefício do agente, ao invés de prestigiar os fins da Administração Pública, o ato será nulo de pleno direito.

19 Visto que o princípio basta por si só para interditar quaisquer personalismos por parte dos administradores, impõe fixar o seu conteúdo.

Primeiramente, o princípio fixa um objetivo a ser atingido: a Administração deve ser exercida pelos seus agentes, independentemente de suas preferências pessoais, ficando salvaguardada de interesses que lhe são alheios. Aí, tem-se uma eficácia teleológica que tipicamente se caracteriza como pertinente a um princípio, pois se pretende promover um estado a ser atingido (justamente, a Administração impessoal), o que acaba por orientar a interpretação a ser dada a outras normas que remetem à ideia de impessoalidade, bem como servir de norte a medidas legais e administrativas que visem a promoção desse estado ideal de coisas.

Todavia, há um conteúdo de regra que pode ser diretamente extraído do princípio da impessoalidade. Como visto, se extraem diretamente da previsão da Constituição a descrição de condutas proscritas (como o nepotismo, *e.g.*). Assim, a previsão contida na Constituição fixa de modo direto modelos de conduta a serem seguidos, sob pena de nulidade dos atos.[17] Por conta disso, ficam interditadas quaisquer condutas que impliquem a apropriação da função pública por interesses alheios ao sistema.

Assim, tem-se que o princípio da impessoalidade, a par de um vetor teleológico de nosso sistema jurídico, traz em si, de modo imediato, preceitos concretos a serem observados por nossos administradores (*i.e.* dele se deduzem regras, em especial, proibições).[18]

Qualquer ação em que um servidor ponha seus interesses acima daqueles acolhidos pelo sistema será reprovável à luz do conteúdo que diretamente se extrai do princípio da impessoalidade.

5 O princípio da impessoalidade como elemento definidor do regime administrativo

20 Ao tratar da impessoalidade é fundamental destacar que tal princípio é elementar à própria noção de função administrativa, estando na base da mecânica do funcionamento da Administração Pública. É dizer: ele é fundamental para a conformação de toda atuação administrativa, sendo verdadeiro elemento de definição do regime administrativo.

Como vem se insistindo ao longo do texto, a Administração Pública se caracteriza por ser uma atividade orientada a fins alheios aos do agente. Com efeito, por intermédio do jogo político democrático são eleitos os legisladores e

---

[17] Segue-se aqui a lição de Humberto Ávila (*Teoria dos princípios*. 4. ed. São Paulo: Malheiros, 2004, p. 129-131, especialmente)

[18] Maria Teresa de Melo Ribeiro, indica – ainda que à luz do princípio de imparcialidade, previsto no ordenamento português – que o princípio possui um aspecto que chama de negativo, que traz exatamente as proibições que se colocam ao agir do administrador, visando à preservação do interesse institucional da Administração (*O princípio da imparcialidade da Administração Pública*. Coimbra: Almedina, 1996, p. 153-156).

chefes do Executivo a quem compete definir os objetivos a serem atingidos pela Administração Pública. Por seu turno, as pessoas investidas na qualidade de agentes administrativos devem fazer repercutir essa vontade, dando concretude à atuação administrativa do Estado.

Daí por que a essência da Administração é, precisamente, essa situação de atuação em vista de uma finalidade alheia ao agente. De acordo com a clássica lição de Ruy Cirne Lima: "(...) sob administração, o bem se não entende vinculado à vontade ou a personalidade do administrador, porém, à finalidade impessoal a que essa vontade deve servir."[19]

21 Retomadas essas premissas, fica claro o papel preponderante que o princípio da impessoalidade assume na conformação da função administrativa.

Isso porque é por meio dele que se preserva o interesse institucional da Administração dos agentes que lhe representam. Com efeito, embora sejam toleradas certas margens de considerações pessoais (discricionariedade, conceitos indeterminados, etc.), mesmo nesses casos a atuação do agente se dá visando aos fins previstos institucionalmente e não aos seus particulares. Preserva-se assim o interesse efetivamente público de qualquer possibilidade de apropriação externa, seja ela derivada da intenção do agente se beneficiar do cargo que ocupa, seja em função de desvios decorrentes da politização ou da atuação de *lobbies*. O princípio fixa, portanto, a diretriz de preservação da Administração de influências externas indevidas.

Em suma: o princípio da impessoalidade é a garantia maior da concepção da atividade administrativa como uma função. Como o regime administrativo se caracteriza pela satisfação de interesses tomados como públicos pela ordem jurídica, é a impessoalidade que assegura que haverá a persecução isenta dessas metas.

Embora não seja possível desumanizar a Administração, podem-se criar mecanismos institucionais que garantam que os fins verdadeiramente desejados pela coletividade sejam perseguidos. Assim, nada obstante os outros princípios também concorram para a definição do papel reservado à Administração Pública pela nossa ordem jurídica, fato é que a impessoalidade traz uma garantia verdadeiramente essencial a ela. Daí por que reputarmos que *o princípio da impessoalidade é elemento de definição da própria função administrativa, como atividade orientada a satisfação de interesses públicos.*

Informação bibliográfica desse texto, conforme a NBR 6023:2018 da Associação Brasileira de Normas Técnicas (ABNT):

GUIMARÃES, Bernardo Strobel. Reflexões acerca do princípio da impessoalidade. *In*: MARRARA Thiago (coord.). *Princípios de direito administrativo*. 2. ed. rev., ampl. e atual. Belo Horizonte: Fórum, 2021. p. 157-170. ISBN 978-65-5518-166-1.

---

[19] *Princípios de Direito Administrativo*. Porto Alegre: Sulina, 1964, p. 20-21. O mesmo pensamento pode ser encontrado já em Augusto Olympio Viveiros de Castro ao afirmar que: "Administrar, no direito político, é o mesmo que na ordem privada cuidar de bens, dirigir institutos, guardar ou empregar capitaes." (*Tratado de sciencia da Administração e Direito Administrativo*. 3. ed. Rio de Janeiro: Jacintho Ribeiro dos Santos, 1914, p. 385).

DIREITO ADMINISTRATIVO INCLUSIVO E PRINCÍPIO DA ISONOMIA: CRITÉRIOS PARA O ESTABELECIMENTO DE UMA DISCRIMINAÇÃO POSITIVA INCLUSIVA CONSTITUCIONAL[1][2]

PAULO HENRIQUE MACERA

1 Introdução

Fazer uma abordagem jurídica operacionalizada do princípio da isonomia não se mostra tarefa fácil. Ainda que bastante aceita a conhecida fórmula geral "tratar igualmente os iguais e desigualmente os desiguais, na medida de suas desigualdades", sua aplicação prática não se dá de maneira tão simples como sua compreensão.

Entre outras causas, tal dificuldade pode ser atribuída a fatores como a dificuldade de constatação no plano fático de situações de desigualdade e da aferição do seu grau (tarefa que, em grande parte dos casos, exige o recurso a outras ciências, bem como dados e pesquisas específicas); desafios em se estabelecer parâmetros e critérios seguros e juridicamente aceitáveis para se compatibilizar determinada medida legislativa ou administrativa tendente a combater uma desigualdade material com o próprio preceito isonomia (residindo aqui o principal objetivo da presente abordagem); carência de trabalhos acadêmicos dedicados ao enfrentamento específico dessa questão;[3] e o próprio fato de que tratar o tema da igualdade sob um enfoque jurídico é dificultado pela alta carga ideológica e política que orbita o tema.

De fato, é ingenuidade crer que o assunto possa ser enfrentado sem a influência de concepções políticas e ideológicas, de modo puramente neutro. Todavia, é relevante marcar a posição protagonista do direito em um texto que pretende ter um enfoque jurídico.

---

[1] Versão adaptada para a presente obra do artigo originalmente publicado na *Revista de Direito Administrativo* – Fundação Getúlio Vargas, sob a seguinte referência: MACERA, Paulo Henrique. Direito administrativo inclusivo e princípio da isonomia: critérios para o estabelecimento de uma discriminação positiva inclusiva constitucional, *Revista de Direito Administrativo*, Rio de Janeiro, v. 271, 2016, p. 143-191. Disponível em: http://bibliotecadigital.fgv.br/ojs/index.php/rda/article/view/60764. Acesso em 04/03/2020.

[2] Registro os agradecimentos ao Professor Thiago Marrara tanto pelo estímulo e contribuições críticas para elaboração deste trabalho em sua versão original, como pelo convite para participação na presente obra.

[3] Embora existam poucos estudos de direito administrativo sobre o assunto, há, de fato, diversos trabalhos desenvolvidos no campo do direito constitucional ou dos direitos fundamentais sobre o tema da igualdade. Contudo, mesmo nesses campos, há uma carência de ensaios com a finalidade específica de desenvolvimento de critérios de verificação da licitude de um tratamento discriminatório cuja finalidade é a promoção da igualdade em seu aspecto material.

Para que se superem tais dificuldades, o direito administrativo, na qualidade de ramo do direito destinado a disciplinar a atuação da administração e dar concretude aos preceitos consagrados na Constituição, apresenta-se como instrumento de promoção do mandamento da igualdade, com função de equacionar o tratamento discriminatório juridicamente aceitável e compatível com a Constituição, de modo a promover a igualdade e não contribuir para sua ampliação. Nesse contexto, ganha relevo o ramo do direito administrativo destinado a reger e viabilizar a atuação da administração pública tendente a promover o princípio da igualdade em sua acepção material, ramo este que vem se convencionando denominar "direito administrativo inclusivo".

Dessa feita, visando a estabelecer parâmetros para a aferição da compatibilidade de determinada discriminação inclusive com o próprio princípio da igualdade (e, assim, a constitucionalidade desse tratamento diferenciado), estabelecendo as fronteiras que separam a discriminação positiva dos privilégios e perseguições, este artigo discorrerá sobre o princípio da igualdade/isonomia; demarcará conceitualmente "discriminação positiva" e "ações afirmativas" (ao menos, para fins específicos da presente abordagem); tecerá considerações acerca do direito administrativo inclusivo como novo ramo em destaque das ciências jus administrativistas; fará apontamentos doutrinários a respeito dos critérios para aferição da constitucionalidade de uma discriminação positiva; e, como seu principal foco, proporá critérios para a formação de um modelo jurídico apto a operacionalizar o tema, e comentará outros aspectos que orbitam o tema.

2 Igualdade, ações afirmativas, discriminações positivas e o direito administrativo inclusivo

A Constituição Imperial de 1824, apesar de não mencionar precisamente um princípio da igualdade, dispunha em seu artigo 179, inciso XIII, que: "A lei será igual para todos, quer proteja, quer castigue, o recompensará em proporção dos merecimentos de cada um".

Já a Constituição republicana de 1891 previa em seu artigo 72, §2º, o que "Todos são iguais perante a lei", e que "A República não admite privilégios de nascimento, desconhece foros de nobreza e extingue as ordens honoríficas existentes e todas as suas prerrogativas e regalias, bem como todos os títulos nobiliárquicos e de conselho".

A Constituição de 1934 trouxe uma fórmula mais extensa ao dispor em seu artigo 113, 1, que: "Todos são iguais perante a lei. Não haverá privilégios, nem distinções, por motivo de nascimento, sexo, raça, profissões próprias ou dos pais, classe social, riqueza, crenças religiosas ou ideias políticas".

Já a "Polaca" de 1937 retornou, em seu artigo 122, 1º, à formula simplificada de que: "Todos são iguais perante a lei". Em relação aos cargos públicos, dispôs no inciso 3º do citado artigo: "os cargos públicos são igualmente acessíveis a todos os brasileiros, observadas as condições de capacidade prescritas nas leis e regulamentos".

Por sua vez, a Constituição de 1946, reconhecidamente de cunho mais progressista, também trouxe, em seu artigo 141, §1º, a fórmula genérica: "Todos são iguais perante a lei". Previa em seu artigo 147 que "O uso da propriedade será condicionado ao bem-estar social. A lei poderá, com observância do disposto no art. 141, §16, promover a justa distribuição da propriedade, com igual oportunidade para todos". Nota-se uma pequena abertura para um conceito mais material de igualdade, ao menos nesse dispositivo específico.

Já a Constituição de 1967 se ateve somente ao aspecto mais formal de igualdade, assegurando em norma de eficácia limitada da criminalização do racismo, dispondo em seu artigo 150, §1º que "Todos são iguais perante a lei, sem distinção, de sexo, raça, trabalho, credo religioso e convicções políticas. O preconceito de raça será punido pela lei" (redação praticamente repetida no artigo 153, §1º da Emenda Constitucional nº 01/1969). A despeito de turbulência política e pouco respeito a direitos fundamentais no período, trouxe a noção de igualdade de oportunidades no ensino, ao dispor em seu artigo 168, *caput*, que "A educação é direito de todos e será dada no lar e na escola; assegurada a igualdade de oportunidade, deve inspirar-se no princípio da unidade nacional e nos ideais de liberdade e de solidariedade humana". Já a Emenda Constitucional nº 01/1969 não trouxe dispositivo semelhante, havendo apenas a previsão de que "o ensino público será igualmente gratuito para quantos, no nível médio e no superior, demonstrarem efetivo aproveitamento e provarem falta ou insuficiência de recursos" (art. 176, §3º, inciso III).

Feito esse breve apanhado histórico das Constituições, passa-se a tecer considerações acerca do tratamento acadêmico do princípio da igualdade.

A doutrina jurídica, ao discorrer esse princípio, usualmente parte da distinção entre a chamada igualdade formal e a igualdade material. A formal consiste na igualdade perante a lei. Também é conhecida como igualdade de direito, igualdade genérica ou abstrata. É a fórmula de igualdade consagrada em todas as Constituições brasileiras, conforme apontado.

Já a material (ou "igualdade de fato") é definida por alguns doutrinadores[4] como aspecto da igualdade destinado à realização concreta e efetiva da igualdade. Normalmente atrela-se à fórmula geral "tratar igualmente os iguais e desigualmente os desiguais, na medida de suas desigualdades".

É possível dizer que a expressão "princípio da isonomia" equivale à expressão "princípio da igualdade". Contudo, a referência ao termo isonomia é

---

[4] Ver, por exemplo: ROTHENBURG, Walter Claudius. Igualdade material e discriminação positiva: o princípio da isonomia. *Novos Estudos Jurídicos* (on-line). v. 13, n. 2, p. 84-85, jul./dez. 2008. Disponível em: www.buscalegis.ufsc.br/revistas/files/journals/2/articles/32745/public/32745-40386-1-PB.pdf. Acesso em: 17 dez. 2012.

normalmente feita com o intuito de enfatizar o aspecto material da igualdade. A respeito do tema, é bastante conhecida a seguinte passagem do discurso proferido por Rui Barbosa na Faculdade de Direito de São Paulo:

> A regra da igualdade não consiste senão em quinhoar desigualmente aos desiguais, na medida em que se desigualam. Nesta desigualdade social, proporcionada à desigualdade natural, é que se acha a verdadeira lei da igualdade. O mais são desvarios da inveja, do orgulho, ou da loucura. Tratar com desigualdade a iguais, ou a desiguais com igualdade, seria desigualdade flagrante, e não igualdade real.[5]

Alguns especialistas em direitos humanos, como Flávia Piovesan,[6] propõem uma bipartição da noção de igualdade material em igualdade orientada pelo critério socioeconômico (justiça pautada na redistribuição) e igualdade pautada em critérios de gênero, orientação sexual, idade, raça, etnia e demais critérios (justiça pautada no critério do reconhecimento). Ou seja, no primeiro aspecto, reconhecendo-se uma situação de diferenciação socioeconômica, teriam os menos favorecidos o direito a um tratamento privilegiado visando sua inclusão social. Já o segundo aspecto apontado pela autora pode ser resumido como o direito à diferença e à diversidade que dá ensejo à proteção, ainda que especial e particularizada, por meio do "enfrentamento da injustiça cultural, dos preconceitos e dos padrões discriminatórios, por meio da transformação cultural e da adoção de uma política de reconhecimento".

Entende-se aqui que este último ponto apresentado pela autora, na realidade, consiste em uma aplicação da igualdade em seu aspecto predominantemente formal. Igualdade formal consiste na vedação do tratamento discriminatório arbitrário para indivíduos que estejam em semelhante situação.[7] Se não é legítimo utilizar fatores de gênero, opção sexual, idade, etnia, religião, entre outros, para discriminações aleatórias e arbitrárias, a conclusão a que se chega é de que, independentemente de tais fatores, os seres humanos devem ser tratados como iguais. Assim, o combate ao tratamento discriminatório arbitrário e baseado em fatores não permitidos pela Constituição se configura como uma forma de tutela da vertente formal da igualdade. Isso não significa que o Estado não possa realizar políticas que visem combater tais discriminações arbitrárias – ao contrário, são elas desejáveis. Contudo, entende-se que elas se voltam à do aspecto formal da igualdade em seu aspecto predominantemente formal.

A qualificação da situação anterior como pertinente à igualdade material provém da noção (equivocada, entende-se aqui) de que a igualdade material, por

---

[5] BARBOSA, Rui. *Oração aos moços*. São Paulo: Martin Claret, 2003. p. 19.
[6] PIOVESAN, Flávia. Ações afirmativas no Brasil: desafios e perspectivas. *Revista Estudos Feministas* (on-line). v. 16, n. 3, p. 888-889, 2008. Disponível em: www.scielo.br/pdf/ref/v16n3/10.pdf. Acesso em: 17 dez. 2012.
[7] Pode-se dizer que o trecho "tratar igualmente os iguais" da mencionada fórmula é o aspecto formal do princípio da igualdade.

definição, seria aquela destinada a dar concretude e efetividade ao mandamento igualitário. A busca pela concreção e efetivação é desejável e deve estar inerente a qualquer princípio. A questão da efetivação no plano concreto não é, portanto, o melhor critério para distinguir igualdade formal e material. Assim, melhor conceituar a igualdade material como *aquela tendente a reduzir situações de desigualdades indesejáveis aferidas no plano fático*.

Do mesmo modo, não faz sentido definir igualdade formal como a mera previsão abstrata de que "todos são iguais perante a lei". O combate às leis ou às situações concretas em que se discriminam pessoas por meio de critérios ilegítimos consiste justamente na concretização de tal mandamento, de modo que a concretude e a abstração em nada interferem na definição dos institutos.

Nada impede que sejam constatadas, em uma mesma circunstância, violações simultâneas à igualdade em seu aspecto material e formal. Contudo, a fórmula de se tutelar cada uma delas é diferente, ainda que complementar.

Assim, prefere-se aqui discordar conceitualmente da distinção trazida, por exemplo, por Walter Claudius Rothemburg[8] acerca da noção de igualdade material e formal que, ao que tudo indica, encaminharia para a conclusão de que aquela haveria substituído essa e que "formal" e "material" não seriam aspectos do mandamento igualitário, mas sim distintas formas de conceituá-la incompatíveis entre si.

Entende-se mais adequado encarar a igualdade formal e material como aspectos complementares do mesmo princípio – embora, em determinado momento histórico, tenha sido dada mais atenção a apenas um deles. O primeiro com a função de combater discriminações arbitrárias e o segundo com a missão de reduzir desigualdades indesejáveis. Significam, assim, respectivamente, a primeira e a segunda parte da fórmula: *"tratar igualmente os iguais* e *desigualmente os desiguais, na medida de suas desigualdades"*. É nesse sentido que se passa a abordar tais expressões.

Indubitavelmente, se comparada com as Constituições anteriores, a Constituição Federal de 1988 foi a que melhor consagrou essa combinação entre igualdade formal e material. Exemplificativamente, a igualdade formal pode ser extraída dos seguintes dispositivos: artigo 3º, inciso IV; artigo 4º, incisos V

---

[8] "Essa antiga distinção sustenta que a igualdade de direito refere-se a uma enunciação abstrata (para alguns, meramente textual). A igualdade de fato, por outro lado, refere-se à realização efetiva da igualdade, em concreto. Assim, de nada adianta dizer que "homens e mulheres são iguais em direitos e obrigações" (art. 5º, I, da Constituição brasileira) e reforçá-lo com a "proibição de diferença de salários, de exercício de funções e de critério de admissão por motivo de sexo" (art. 7º, XXX), se, na prática, "de fato", ainda são os homens que ocupam a maior parte dos melhores empregos e, para as mesmas atividades, o salário das mulheres costuma ser menor. Justamente no campo da discriminação de gênero, ao tratar da posição das mulheres no direito e de ações afirmativas que as contemplem, Sabadell (2005, p. 238) adota essa distinção entre igualdade formal e material: "As ações afirmativas são medidas de caráter político que tutelam os interesses de grupos sociais considerados marginalizados no intuito de produzir a igualdade material (quotas para o acesso a cargos eletivos, incentivos econômicos para empregador, favorecimento de candidatos em concursos etc.)" (Rothenburg, Igualdade material e discriminação positiva, *op. cit.*, p. 84-85).

e VIII; artigo 5º, *caput*, inciso I, XLI e XLII; entre outros. Já os dispositivos que fundamentam a igualdade material: artigo 3º, incisos I, III e IV; artigo 5º, LXXIV, LXXVI; artigo 6º; diversos dispositivos do artigo 7º; artigo 145, §1º, etc.

Quanto à tutela do mandamento isonômico, os métodos variam conforme o aspecto. Para resguardar a igualdade em seu aspecto formal (inclusive na tutela do que Flávia Piovesan denominou de igualdade ou justiça pautada pelo critério do reconhecimento), o Estado poderá atuar em diferentes níveis. Um primeiro nível mais básico é o de reconhecimento estatal. Trata-se da positivação do *status* de igualdade de determinados indivíduos, independentemente de determinadas características (como gênero, opção sexual, etnia, entre outros), que não poderão ser utilizadas para discriminações arbitrárias. É o que foi feito, por exemplo, nos artigos 3º, inciso IV, e 5º, *caput* e inciso I, da Constituição.

Já um segundo nível é a criação de sanções, diretas ou indiretas, para aqueles que violem tais mandamentos. As diretas seriam as punições em âmbito penal, civil, administrativo ou mesmo político, (tais como multas, condenações criminais, proibições em âmbito administrativo, etc. São as sanções propriamente ditas. Já as "sanções indiretas" seriam as formas de punição mediante a não obtenção ou impossibilidade de submissão a um regime jurídico mais benéfico por aqueles que violarem ou não colaborarem com a tutela da igualdade. São as chamadas de "sanções premiais". Seria o caso de uma hipotética lei que conceda determinado benefício às empresas que mantiverem equiparados os salários de homens e mulheres ou que mantiverem um percentual mínimo de mulheres em seu quadro de funcionários. Constituem benefício àqueles que contribuem com a tutela da igualdade formal (ou àqueles que não a violem) e, ao mesmo tempo, um desestímulo aos que não observarem o mandamento.

Por fim, outro nível de atuação na tutela da igualdade formal que se pode cogitar dá-se, também de maneira mais concreta, por meio de campanhas educativas, anúncios publicitários, campanhas educacionais gerais, enfim, por meio de atos estatais destinados à formação de uma consciência coletiva sobre o respeito à igualdade e acerca do combate às discriminações ilegítimas.

Os níveis aqui esboçados são as formas de tutela pelo Estado. Nada impede, contudo, a atuação individual daqueles que tiveram seus direitos relativos à igualdade violados – por exemplo, o trabalhador que pleiteia equiparação salarial nos termos do artigo 461 da CLT ou o indivíduo que pleiteia indenização por danos morais por ter sofrido de discriminações ilegítimas, etc.

Nenhuma dessas três formas de tutela apontadas envolve a concessão de um regime jurídico mais benéfico aos lesados em seus direitos inerentes à igualdade formal. É possível o debate acerca da tutela da igualdade formal baseada nessa concessão – sobre tal discussão, ver item 4.2.4.

Quando se procura tutelar a igualdade em seu aspecto material, é possível a concessão de um regime mais benéfico para aqueles que se encontram em uma situação de desigualdade. Aliás, essa é uma das principais formas de tutela da igualdade material, sendo esse o tema central dessas reflexões.

Enfrentar o problema conceitual sobre a igualdade não constitui tarefa fácil. É possível falar em igualdade política, igualdade de bem-estar, igualdade de recursos, igualdade de oportunidade, igualdade de resultados, entre uma série de outras.[9] Na linha do exposto anteriormente, não será objeto de análise essas conceituações do princípio da igualdade.

Sem prejuízo disso, a partir de uma análise sistemática e conjuntural da Constituição (que leva em conta os dispositivos já apontados e outros institutos, como o princípio da livre-iniciativa e dos valores sociais do trabalho, o princípio da solidariedade, o direito de herança, a capacidade contributiva dos impostos, os princípios da ordem econômica, entre diversos outros), entende-se aqui pela ideia de que o constituinte deu ênfase à noção de igualdade material, enquanto norma programática, como igualdade mínima de acesso a oportunidades de crescimento, a condições materiais mínimas de subsistência e desenvolvimento pessoal (inclusive de acesso aos serviços públicos essenciais básicos). Distancia-se, portanto, de uma noção radical de igualdade de recursos ou igualdade de resultados, embora tenha acertadamente privilegiado as noções de solidariedade e necessidade de redução de desigualdade.

Feitas essas considerações, passa-se a analisar dois temas correlatos: as ações afirmativas e as discriminações positivas. O primeiro ponto relevante é saber se há diferenças entre tais expressões. Boa parte dos autores as encara como sinônimas,[10] atribuindo a distinção à origem de cada expressão. Enquanto os europeus preferem a terminologia "discriminação positiva", os americanos adotam a expressão "ações afirmativas".[11] Embora se reconheça que, na origem, tais expressões podem ser encaradas como sinônimos, pretende-se aqui, com base na própria etimologia das expressões, utilizá-las de maneira distintas.

Parte-se aqui da noção do termo "positivo" como algo *compatível* com o ordenamento jurídico. Ou seja, algo tolerado, admitido, recomendável ou, até mesmo, obrigatório. Confere-se, então, um significado consideravelmente mais amplo da expressão "discriminação positiva" se comparado à noção europeia. Trata-se da concessão de tratamento diferenciado compatível com o ordenamento jurídico.[12] Por tal acepção, diferencia-se da noção de "ações afirmativas" – não

---

[9] Em relação ao tema, sugere-se a leitura da primeira parte da seguinte obra: DWORKING, Ronald. *A virtude soberana*. A teoria e a prática da igualdade. Tradução de Jussara Simões. Revisão técnica e da tradução de Cícero Araújo e Luiz Moreira. São Paulo: Martins Fontes, 2005.

[10] Ver, por exemplo, em: PIOVESAN, Flávia. Ações afirmativas no Brasil: desafios e perspectivas. *Revista Estudos Feministas* (on-line). v. 6, n. 3, p. 890, 2008. Disponível em: www.scielo.br/pdf/ref/v16n3/10.pdf. Acesso em: 17 dez. 2012.

[11] Ver, por exemplo, em: GOMES, Joaquim Benedito Barbosa; SILVA, Fernanda Duarte Lopes Lucas da. As ações afirmativas e os processos de promoção da igualdade efetiva. *In*: SEMINÁRIO INTERNACIONAL – AS MINORIAS E O DIREITO. Série Cadernos do CEJ, n. 24, p. 86-89. Disponível em: http://sites.multiweb.ufsm.br/afirme/docs/Artigos/var02.pdf. Acesso em: 17 dez. 2012.

[12] Cumpre destacar que o próprio direito tem a função de discriminar situações.

havendo sequer uma relação de gênero e espécie entre ambas. Passa-se a analisar essa última expressão para depois retomar aquela.

Muitos trabalhos já foram desenvolvidos, no Brasil, sobre ações afirmativas. Deles é possível extrair algumas conceituações. Joaquim Benedito Barbosa Gomes e Fernanda Duarte Lopes Lucas da Silva as definem como "políticas públicas (e privadas) voltadas à concretização do princípio constitucional da igualdade material e à neutralização dos efeitos da discriminação racial, de gênero, de idade, de origem nacional e de compleição física".[13]

Por sua vez, Roberta Fragoso Menezes Kaufmann conceitua ações afirmativas como:

> um instrumento temporário de política social, praticado por entidades privadas ou pelo governo, nos diferentes poderes e nos diversos níveis, por meio do qual se visa a integrar certo grupo de pessoas à sociedade, objetivando aumentar a participação desses indivíduos sub-representados em determinadas esferas, nas quais tradicionalmente permaneceriam alijados por razões de raça, sexo, etnia, deficiências físicas e mental ou classe social.[14]

Opta-se aqui por definir ação afirmativa como medidas, adotada pelo Estado ou privados, destinadas a promover a afirmação de indivíduos ou grupos excluídos (seja a exclusão genérica, seja ela específica, por exemplo, em relação a algum serviço público), combatendo tanto as violações à igualdade em seu aspecto formal, pelas formas de tutela aqui apontadas, como em seu aspecto material. São as medidas adotadas, em âmbito público ou particular, destinadas à tutela da igualdade, tanto em seu aspecto formal quanto material.

Não são aprioristicamente destinadas a grupos específicos. É possível, inclusive, que indivíduos pertencentes a determinado grupo que tenha amplo acesso a determinados serviços públicos não tenha em relação a outros – sendo cabível, nesse último caso, a adoção de ações afirmativas em benefício deles.

Nota-se, portanto, que as ações afirmativas devem se preocupar tanto com a tutela da igualdade formal como a material, e, até por conta disso, não é preciso necessariamente se utilizar de métodos pautados em discriminações positivas.

Feitas as delimitações conceituais, retoma-se ao tema das discriminações positivas. São as discriminações compatíveis, toleradas, desejadas ou obrigatórias, conforme o ordenamento jurídico, opondo-se às "discriminações negativas", vedadas pelo direito. A partir dessa conceituação, passa-se a fazer uma abordagem taxonômica do instituto para fins de delimitação metodológica.

---

[13] GOMES; SILVA. As ações afirmativas e os processos de promoção da igualdade efetiva, *op. cit.*
[14] KAUFMANN, Roberta Fragoso Menezes. *Ações afirmativas à brasileira: necessidade ou mito?* Uma análise histórico-jurídico-comparativa do negro nos Estados Unidos da América e no Brasil. Porto Alegre: Livraria do Advogado, 2007. p. 220.

As discriminações positivas podem ser classificadas em relação ao sujeito que as emana. Podem ser tanto conferidas pelo Estado quanto por um particular – classificação essa que também pode, é claro, ser aplicada no âmbito das discriminações negativas. Para o direito administrativo inclusivo, evidentemente, interessam as discriminações de caráter *público*.

Também é possível classificá-las no que tange à neutralidade do tratamento discriminatório. *Meras discriminações positivas* ou *discriminações neutras* são as que criam regimes[15] distintos, sem haver, entretanto, benefícios ou malefícios relevantes entre eles. Por exemplo, quando a data do licenciamento de veículos varia conforme o final da placa do carro, apesar de haver o tratamento diferenciado, não há vantagem ou desvantagem relevante, sob o ponto de vista da igualdade, em ter que licenciar o carro em período anterior ou posterior. *Não neutras* são as que geram distintos regimes, sendo um (ou alguns) mais benéfico que outro (ou outros). Também seriam possíveis situações intermediárias em que há diferentes benefícios e malefícios em cada regime. Interessa à presente análise as discriminações *não neutras*.

Em relação a elas é possível também uma distinção quanto à abrangência do regime mais benéfico. Serão *vantajosas* quando a parcela de pessoas que se submetem ao regime mais vantajoso é reduzida em relação à parcela que se submete ao regime menos vantajoso. Em sentido oposto, *desvantajosa* é a discriminação quando poucos suportam o ônus do regime desvantajoso enquanto a maioria usufrui do regime mais beneficiado.[16] Serão *mistas* quando há um equilíbrio na amplitude dos regimes.

No âmbito das discriminações positivas não neutras, propõe-se também uma subclassificação relacionada com a finalidade da discriminação. *Inclusivas* são as que visem à promoção da igualdade material. Por sua vez, chamam-se aqui de *gerais* as que tenham por finalidade o atendimento a algum outro interesse público distinto da promoção de inclusão.[17] [18]

Para efeitos didáticos, sistematiza-se a classificação na tabela a seguir.

---

[15] Utiliza-se o termo "regime" aqui sem grandes preocupações conceituais, podendo se referir tanto a situações mais amplas – como a submissão a um determinado diploma legislativo inteiro – como a situações mais restritas – como a necessidade ou não de cumprimento de determinada obrigação singular.

[16] Tal classificação igualmente se aplica no âmbito das discriminações negativas, que se subdividem em privilégio (concessão, ilegal ou inconstitucional, de regime mais benéfico a alguns em relação ao conferido ao todo) ou perseguição (submissão, ilegal ou inconstitucional, de regime mais maléfico a alguns em relação ao conferido ao todo), ou, respectivamente, discriminações negativas vantajosas e discriminações negativas desvantajosas.

[17] Podem se enquadrar nas discriminações gerais as exigências de determinadas características específicas para o exercício de determinado cargo público (ver alguns exemplos de Celso Antônio Bandeira de Mello no item 3.1 *infra*), ou a aplicação de multa no âmbito do poder de polícia da administração (que nada mais é do que uma discriminação positiva, não neutra, desvantajosa e geral, cuja finalidade é a tutela de um determinado interesse público pelo viés sancionatório).

[18] Com base nessas classificações, questiona-se sobre a possibilidade da existência de discriminação positiva inclusiva desvantajosa? Ou seja, é possível que uma medida de discriminação positiva inclusiva beneficie a maioria da população sem que tal medida se converta em perseguição daqueles que não fizerem jus ao regime vantajoso? Em relação a tal questionamento, ver o item 4.2.3, infra.

Taxonomia das discriminações		
Critério	Tipo	Breve definição
Licitude	Positivas*	Discriminação compatível com o ordenamento (tolerada, admitida, recomendável ou obrigatória)
	Negativas	Discriminações inconstitucionais, ilegais ou ilegítimas
Sujeito	Públicas*	Discriminação proferida pelo Estado (pela administração pública)
	Privadas	Discriminação proferida por particulares
Neutralidade	Neutras	Discriminações que criam regimes distintos, sem haver benefícios juridicamente relevantes na comparação entre eles (meras discriminações positivas)
	Não neutras*	Discriminações que geram pluralidade de regimes mais ou menos benéficos entre si
Abrangência (Não neutras e positivas)	Vantajosas	Situação em que a parcela de pessoas que fazem jus ao regime mais benéfico é reduzida em relação ao todo (se a discriminação for negativa, configura privilégio)
	Desvantajosas	Situação em que a parcela de pessoas que não fazem jus ao regime mais benéfico é reduzida em relação ao todo (se a discriminação for negativa, configura perseguição)
Finalidade (Não neutras e positivas)	Inclusivas*	Discriminações cuja finalidade é a promoção da igualdade material
	Gerais	Discriminações cuja finalidade é o atendimento a outro interesse público alheio à promoção de igualdade material

* Discriminações que interessam ao direito administrativo inclusivo

Assim, traçadas todas essas considerações, é possível concluir que discriminações positivas e ações afirmativas são campos distintos[19] que, embora não possuam uma relação de gênero e espécie, podem perfeitamente se interseccionar em alguns pontos. Por exemplo, quando se decide tutelar a igualdade formal por meio da criação de sanções diretas ou indiretas, haverá discriminação positiva, não neutra, geral (finalidade sancionatória, para fins de proteção da igualdade formal), inserida no âmbito das ações afirmativas.

No caso das discriminações positivas inclusivas, a interseção é ainda maior. É justamente esse o campo do chamado *direito administrativo inclusivo*.

Como se sabe, o direito administrativo exerce um papel fundamental para regular e direcionar a atuação do Estado na concretização de mandamentos constitucionais. As crescentes demandas por efetividade do mandamento igualitário,

---

[19] Para ilustrar a distinção desses campos, citam-se dois exemplos: a) a exigência do edital de concurso para ingresso na carreira da magistratura (como juiz substituto) de bacharelado em direito e experiência mínima de três anos em atividade jurídica (com base no artigo 93, inciso I, da Constituição) é uma discriminação positiva (tratamento discriminatório exigido pelo ordenamento) que em nada se associa com as chamadas ações afirmativas, mas sim com necessidade de qualificação para ocupação de importantíssimo cargo público; e b) a realização de campanhas educativas pelo poder público contra a discriminação racial enquadra-se perfeitamente na definição ora adotada de ações afirmativas, pois se trata de medida que busca a afirmação de grupo com base na tutela da igualdade (no caso, a formal), mas não utiliza de nenhuma técnica de discriminação positiva.

sobretudo em seu aspecto material, fizeram despertar a necessidade de que esse ramo também voltasse suas atenções ao mandamento igualitário. Assim, ao lado de outros enfoques que o direito administrativo passou a ter na atualidade, como o direito administrativo global ou o direito administrativo democrático, o campo inclusivo está entre tendências atuais.

A terminologia ainda é pouco difundida na doutrina nacional,[20] contudo, a importância do tema é indubitavelmente reconhecida. O direito administrativo tem a função de dar *concretude* e *operacionalidade* à atuação Estatal em tutela do mandamento igualitário, sobretudo em seu aspecto material. Concretude, pois direciona a atuação da administração pública para tutelar, no plano fático, o preceito igualitário, garantindo efetividade a este.[21]

Operacionalidade, por sua vez, porque visa criar tecnologia jurídica para orientar a atuação da administração e dos demais operadores do direito na busca dos objetivos inclusivos e para que, ao buscar a redução das desigualdades materiais, não viole outros preceitos constitucionais, não promova outras formas de desigualdade, não realize tal política com elevado ônus social, e que seja resguardada, de modo geral, a constitucionalidade da atuação.

Define-se aqui o direito administrativo inclusivo como o ramo destinado a *estimular, regulamentar e operacionalizar a atuação da administração pública, disciplinando o regime das discriminações positivas públicas inclusivas, visando a dar concretude ao aspecto material da igualdade, reduzindo as desigualdades materiais por meio da inclusão social e econômica de pessoas físicas ou jurídicas, inclusive em relação aos serviços públicos em geral.*[22]

No último ponto da definição, tem-se outro aspecto importante ainda não comentado. Esse ramo do direito não se preocupa exclusivamente com a inclusão de pessoas físicas, mas também das pessoas jurídicas. Possivelmente o melhor exemplo legislativo da promoção de inclusão das pessoas jurídicas seja a Lei Complementar nº 123/2006.

Por fim, cumpre dizer que o direito administrativo inclusivo, assim como diversos outros ramos do direito, ao estudar as discriminações positivas inclusivas, pode ter um enfoque mais genérico (uma "teoria geral" dessas discriminações)

---

[20] Apesar de ainda carecermos de trabalhos publicados empregando expressamente a expressão "direito administrativo inclusivo", há doutrinadores que desenvolvem importantes linhas de pesquisa com tal terminologia. Thiago Marrara, por exemplo, possui uma linha de pesquisa nessa área, definindo os objetivos desse campo como: "estudar o princípio da igualdade no âmbito do direito administrativo e as formas de discriminação administrativa empregadas para fins de inclusão social ou econômica" (ver: MARRARA, Thiago. *Currículo Lattes*. CNPQ. Disponível em: http://buscatextual.cnpq.br/buscatextual/visualizacv.do?metodo=apresentar&id=K4732435Z6. Acesso em: 17 dez. 2012).

[21] Lembrando-se, mais uma vez, que concretude não se confunde com o aspecto material da igualdade, mas sim com a efetivação de determinado preceito. Assim, tanto a igualdade material como a formal podem ser concretizadas. Evidentemente, como o enfoque maior do direito administrativo inclusivo está na igualdade material, fala-se aqui em dar concretude ao aspecto material do preceito igualitário.

[22] Seria possível, igualmente, imaginar uma conceituação mais ampla do direito administrativo inclusivo, por exemplo, incluindo todas as formas de ações afirmativas – inclusive por meios das formas de tutela da igualdade formal apontadas anteriormente. Contudo, para os objetivos do presente estudo, opta-se por manter essa conceituação mais restrita.

como um enfoque específico (estudo de determinada medida ou conjunto de medidas específicas). Enfatiza-se o enfoque de teoria geral.

3 A doutrina e os critérios para o estabelecimento de uma discriminação positiva constitucional

Neste item serão analisadas as teorias de dois renomados publicistas: Celso Antônio Bandeira de Mello e Manoel Gonçalves Ferreira Filho. A escolha dos autores não se deu exclusivamente pela (incontestável) importância de ambos para o desenvolvimento do direito público brasileiro, mas também por serem responsáveis por dois dos poucos trabalhos, ao menos na doutrina nacional, destinados a desenvolver critérios sistêmicos para operacionalização do princípio da igualdade.

3.1 A posição de Celso Antônio Bandeira de Mello

Certamente, o estudo no campo do direito administrativo brasileiro que mais aprofundou a análise de critérios jurídicos para se avaliar a constitucionalidade de um tratamento discriminatório conferido pela administração é a já clássica obra de Celso Antônio Bandeira de Mello intitulada *Conteúdo jurídico do princípio da igualdade*. Nela, o administrativista buscou criar critérios para conferir um cunho operativo seguro ao princípio da igualdade.

A teoria do autor buscou critérios legitimadores de um regime jurídico discriminante em geral, e não apenas voltado à promoção da inclusão (discriminações positivas públicas em geral). Os próprios exemplos explorados na obra[23] denotam isso. Sem prejuízo dessa maior amplitude da teoria do autor, os critérios apresentados possam ser aqui aproveitados.

De início, rechaça a ideia de que fatores diferenciais existentes nas pessoas (como sexo, raça, credo religioso) não poderiam ser, *per se*, eleitos como matriz do *discrímen*,[24] afirmando que "qualquer elemento residente nas coisas, pessoas ou situações, pode ser escolhido pela lei como fator discriminatório, donde se segue que, de regra, não é o traço de diferenciação escolhido que se deve buscar algum desacato ao princípio isonômico".[25] Utiliza exemplos hipotéticos para sustentar tal posição.[26]

---

[23] Como o de um concurso, restrito à população negra, cujo objetivo seria a seleção de pessoas para que se elaborasse um estudo voltado à constatação das especialidades esportivas mais adaptadas às pessoas pertencentes a tal etnia (BANDEIRA DE MELLO, Celso Antônio. *O conteúdo jurídico do princípio da igualdade*. 3. ed., 21. tir. São Paulo: Malheiros, 2012. p. 15-19.

[24] *Ibid.*, p. 16.

[25] *Ibid.*, p. 17.

[26] São utilizados cinco exemplos: o já mencionado da seleção de pessoas em concurso somente da raça negra para a realização de pesquisas visando à medição da especialidade esportiva mais adaptada às pessoas de raça negra; seleção para concurso de enfermeiros de pessoas de determinada raça imune a determinada doença para atuarem em área de epidemia desta; seleção somente de mulheres para a "polícia feminina"; permissão

Com base nessa ideia de que a ordem jurídica, ao consagrar o princípio da igualdade, buscou firmar a impossibilidade de desequiparações fortuitas ou injustificadas, expõe sua teoria estruturada em três critérios: o primeiro relacionado ao elemento tomado como fator de desigualação; o segundo voltado à correlação lógica abstrata que une o fator levantado como critério de *discrímen* e a disparidade estabelecida no tratamento jurídico diversificado; e, por fim, o terceiro preocupa-se com a conformidade dessa correlação lógica com os interesses absorvidos no sistema constitucional.[27]

Quanto à escolha do fator de discriminação em face da isonomia, subdivide em dois requisitos: a necessidade de a lei não traçar um critério tão específico que singularize de modo absoluto (no presente e definitivamente) um sujeito (ou alguns sujeitos) que se submeta ao regime diferenciado; e a necessidade de o critério diferencial incidir sobre a pessoa, coisa ou situação a ser discriminada.[28]

Nesse primeiro subcritério,[29] parte-se da noção de que a igualdade é uma garantia individual contra perseguições e favoritismos, de modo que o vetor isonômico será violado sempre que a lei trouxer a imposição de um gravame ou um benefício a uma só pessoa, sem expandir a sujeição ou a oportunidade aos demais. Alerta, ainda, para a possibilidade de se disfarçar o direcionamento de uma lei, com uma roupagem que lhe dê aparência de generalidade e abstração, a um único destinatário, devendo o espírito da isonomia ser atendido.

O vício de individualização da norma ocorre quando essa aponta para uma situação atual única, que pode resultar tanto da inviabilidade lógica de reprodução da situação prevista (quando a norma singularizadora veicular situação atual irreproduzível decorrente da própria abrangência racional do enunciado) como por uma inviabilidade somente material de reprodução da situação prevista (embora não seja a inviabilidade extraída logicamente do enunciado, a descrição da situação pode apontar para um particularismo tão acentuado a ponto de denunciar uma situação atual e absoluta do destinatário). Não haverá aprioristicamente agravos à isonomia caso a lei abra a possibilidade de que seus preceitos atinjam uma categoria de pessoas ou quando for destinada a um só indivíduo que não determinado ou determinável no presente.

Para enfrentar a questão da individualização, utiliza-se da classificação das regras jurídicas quanto à sua estrutura, que as subdivide em geral ou individual, e abstrata ou concreta. A regra geral é aquela destinada a uma classe de sujeitos, enquanto a individual é aquela destinada a um único sujeito, devidamente particularizado. Já regra abstrata é a que supõe situação reproduzível ("ação-tipo"),

---

para que somente determinados funcionários públicos filiados a determinado credo religioso não compareça a determinada solenidade obrigatória incompatível com sua religião, sendo atribuída atividade substitutiva proveitosa à coletividade; e, por fim, a proibição de admissão de pessoas de uma específica cor de olho em um concurso para determinada missão em tribos indígenas que tiverem reservas em relação a tal característica.

[27] BANDEIRA DE MELLO. *O conteúdo jurídico do princípio da igualdade, op. cit.*, p. 21-22.
[28] *Ibid.*, p. 23.
[29] Para verificar a posição do autor quanto a este subcritério, ver: *ibid.*, p. 23-29.

enquanto regra concreta é a que se refere à situação única, prevista para uma só ocorrência, sem a hipótese de sua renovação.

Quanto às combinações possíveis entre tais espécies, aponta ser possível a existência de regras gerais abstratas, regras gerais concretas e regras individuais concretas. Não admite a existência de regras abstratas individuais, argumentando que a abstração da norma implica a repetição de situações, o que é incompatível com normas de caráter individual – ainda que, em um primeiro momento, a norma abstrata atinja apenas um sujeito, a possibilidade de repetição da hipótese poderá contemplar sua aplicação para demais sujeitos.[30]

Com base em tais distinções, conclui que regras gerais não são incompatíveis com a isonomia, haja vista a individualização abstrata do destinatário. Regras abstratas também não ofenderiam o preceito, pois, na visão do autor, a abstração traz consigo a generalidade da regra devido às renovações da hipótese normativa. Em relação às regras concretas, somente será possível cogitar incompatibilidade com o princípio da igualdade se forem individuais. Enfim, as normas individuais (e, consequentemente, concretas) serão violadoras da isonomia quando, ao se referirem a um sujeito único atual, este for determinado ou determinável (ou seja, a individualidade deverá ser no presente).

É possível concluir que, na visão do autor, o respeito ao preceito isonômico, no que tange ao subcritério da não especificidade do critério individual, está na distinção entre regras gerais e individuais, não importando a questão da abstração. Regras gerais não serão consideradas, aprioristicamente, violadoras do princípio da isonomia, enquanto as regras individuais violarão, *per se*, a igualdade caso o traço da individualidade se dê no momento presente – no que se refere à edição da regra.[31] Tal fenômeno de individualização presente da norma, denomina o autor de "individualização absoluta do sujeito".

Já o outro requisito[32] da análise do elemento tomado como fator de desigualação consiste na necessidade do traço diferencial que justifica a discriminação de pessoas, situações ou coisas ser nelas mesmas residentes. Para o autor, é inidônea a utilização de fator de *discrímen* neutro em relação às situações, coisas ou pessoas. Esse segundo subcritério é trazido, basicamente, para afastar a utilização do "tempo", que se configura como um condicionamento lógico do ser humano, como critério diferencial. Isso não impediria que a lei trouxesse o elemento temporal na configuração do fator de *discrímen*. Contudo, não é no tempo em si que residirá a

---

[30] Nesse sentido, faz o autor uma crítica ao jurista italiano Norberto Bobbio, que admite a existência de regras simultaneamente *abstratas* e *individuais*. Segundo Bandeira de Mello, o autor italiano confundiu *abstração* com a *eficácia continuada* de atos individuais, por exemplo, quando esse cita o caso de uma lei que atribui a determinada pessoa um cargo. No exemplo, segundo Bandeira de Mello, a continuidade do exercício do cargo não significa uma renovação do ato (que supostamente traria a característica de abstração), mas sim uma eficácia continuada da nomeação no cargo (nomeação esta que se apresenta como ato concreto e individual).

[31] Interessante no que tange a tal ponto o exemplo apresentado pelo próprio autor de regra individual (e concreta) que, pelo fato da individualização do sujeito se aperfeiçoar em momento futuro, não configuraria violação à isonomia: lei que atribui um determinado benefício à primeira pessoa que inventar um motor movido a água.

[32] Ver: BANDEIRA DE MELLO. *o conteúdo jurídico do princípio da igualdade*, op. cit., p. 29-35.

justificativa da discriminação, mas sim nas pessoas, coisas, ou, especialmente, nas situações. Por exemplo, quando a lei confere determinado benefício a funcionário que permanecer no exercício do cargo por dois anos, a delimitação temporal apenas demarca a extensão de uma sucessão reiterada de um estado, que é o real fator de *discrímen*.[33]

Afirma que o tempo, em si, é um elemento neutro, não podendo ser utilizado como fator de desigualação. As pessoas, fatos e situações estão alojados no tempo, mas jamais o tempo reside neles. Portanto, quando o tempo (ou qualquer outro fator estranho às pessoas, fatos ou situações) é levado em conta para determinação de tratamentos distintos, há de se apurar se os fatos e situações nele alojadas são, de fato, distintos, não cabendo a indagação pura e simples a respeito de os fatos terem ocorrido em momentos passados diferentes.

Concluída a análise do fator de *discrímen* eleito para justificar o tratamento diferenciado, para o administrativista, é necessária a análise de mais dois critérios. Um deles é a correlação lógica entre esse fator de *discrímen* e a desequiparação procedida.[34] Referido critério consiste na verificação da justificativa racional apresentada para a atribuição de um tratamento jurídico distinto, decorrente da desigualdade afirmada, haja vista o traço desigualador adotado. A esse respeito, o autor sustenta que "é agredida a igualdade quando o fator diferencial adotado para qualificar os atingidos pela regra não guarda relação de pertinência lógica com a inclusão ou exclusão no benefício deferido ou com a inserção ou arredamento do gravame imposto".[35] Afirma, ainda, que a verificação dessa correlação lógica em comento nem sempre é feita de maneira pura ou absoluta. Sempre haverá influência de elementos relativos às concepções da época, que influenciam a intelecção das coisas, para que se verifique a racionalidade da justificativa.

Em síntese, o segundo critério para a aferição da constitucionalidade de uma discriminação é a adequação racional entre o fator de *discrímen* e o tratamento desigual procedido, que jamais poderá ser gratuita ou fortuita, sob pena de violação do preceito isonômico.

Já o terceiro e último critério refere-se à consonância da discriminação com os interesses protegidos na Constituição.[36] Enquanto o segundo pressupõe uma correlação lógica aferida em abstrato (entre o fator de *discrímen* e o regime jurídico diferenciado), o terceiro pressupõe uma análise em concreto.

Trata-se da análise da compatibilidade com a Constituição da correlação lógica feita, em abstrato, entre os fatores diferenciais existentes e a distinção de

---

[33] De igual maneira, no que tange à vigência da norma no tempo, o que faz dois fatos similares se submeterem a regimes jurídicos distintos não é o tempo em si. O que, de fato, justifica o tratamento diferenciado é a existência ou não do fato (o fato ter existido ou não quando determinado regime jurídico abstratamente previsto era aplicado a tal situação). Nesse sentido, explica que "o tempo medido é tão só uma referência a uma quantidade determinada de fatos e situações que nele tiveram ou terão lugar, ao passo que o tempo ilimitado é também referência a uma quantidade de fatos e situações por definição indeterminados" (*Ibid.*, p. 33).
[34] Para verificar a posição do autor quanto a este subcritério, ver: *ibid.*, p. 37-40.
[35] *Ibid.*, p. 38.
[36] Para verificar a posição do autor quanto a este subcritério, ver: *ibid.*, p. 41-43.

regime jurídico estabelecido. Somente será compatível com o preceito isonômico o nexo lógico entre o fator de *discrímen* e o tratamento diferencial quando este for afinado com a Constituição e os preceitos nela envolvidos. Fundamental que se paute, então, em um valor absorvido no ordenamento constitucional.

Por fim, discorre sobre a necessidade de cautela no momento da interpretação das leis, em atenção à isonomia. Alerta que somente quando a lei houver assumido (expressamente ou, ainda, extraída da conjugação harmônica das leis) o fator tido como desequiparador é que se poderá interpretar como desigualdades legalmente certas.

3.2 A posição de Manoel Gonçalves Ferreira Filho

Sob o nome de "condições jurídicas das ações afirmativas",[37] o constitucionalista trata dos requisitos para se verificar a compatibilidade, com a Justiça e a Constituição, da conferência de um tratamento jurídico diferenciado para certos grupos em contraste com o tratamento comum a todos.

Diferentemente de Celso Antônio Bandeira de Mello, Manoel Gonçalves Ferreira Filho, desde o início de seu texto, delimita seu campo de estudo para as ações afirmativas, definidas por ele como "políticas públicas, visando reduzir as desigualdades sociais".[38] Seu conceito de ações afirmativas se aproxima do conceito de discriminações positivas inclusivas desenvolvido no presente artigo.

A primeira das condições apontadas é a *regra da objetividade*. Segundo ela, a identificação do grupo desfavorecido (e seu âmbito) deve ser feita de modo objetivo. Ou seja, esse não pode ser arbitrariamente definido, nem mesmo construído por meio de conceitos imprecisos ou por critérios políticos (ou, conforme a expressão do autor, "critérios político-eleitorais"), sob pena de se incorrer em uma situação de privilégio. Ressalta, ainda, que a Constituição é o grande norte para a identificação do grupo dos desfavorecidos (citando o exemplo do artigo 3º, inciso III).

O segundo critério apresentado é denominado de *regra da medida* (ou *regra da proporcionalidade*), pela qual a medida vantajosa deve ser ponderada com base na desigualdade a ser corrigida. Trata-se de mandamento segundo o qual as desigualdades menores requerem medidas mais leves, enquanto desigualdades mais acentuadas requerem medidas mais incisivas. Noção de proporcionalidade da medida que, se violada, ensejará privilégios indevidos.

Terceira condição apresentada é a *regra da adequação* (ou *regra da razoabilidade*), segundo a qual as normas de avantajamento devem ser adequadas à correção da desigualdade indesejada – a adequação das normas se exprime em sua racionalidade.

---

[37] FERREIRA FILHO, Manoel Gonçalves. Aspectos jurídicos das ações afirmativas. *Revista do Tribunal Superior do Trabalho*, v. 69, n. 2, p. 75-77, jul./dez. 2003.

[38] *Ibid.*, p. 72.

O quarto critério apontado pelo constitucionalista é denominado de *regra da finalidade*, inerente à própria natureza das ações afirmativas. A finalidade da discriminação deve ser a promoção de igualdade social. Caso contrário, estar-se-ia no campo do privilégio, e não da busca da isonomia por meio de tratamento desigual. Vale lembrar que as discriminações positivas – ao menos se entendidas como tratamento diferenciado, tolerado pelo direito, conforme apresentado no presente estudo – podem ter outras finalidades que não seja a inclusão social. Entretanto, em se falando de ações afirmativas e direito administrativo inclusivo, de fato essa finalidade deve ser inerente.

Quinto critério apresentado por Ferreira Filho é a *regra da temporariedade*, prevista, inclusive, na Convenção Internacional sobre a Eliminação de todas as Formas de Discriminação Racial. As ações afirmativas não visam criar um *status* jurídico permanente aos beneficiados pela medida, mas sim atingir a igualdade material com os demais indivíduos. Destaca o autor que o transcurso do tempo sem que se tenha alcançado a igualdade material implica o fato de que a medida não é adequada para o fim a que se propôs (violando, portanto, a regra da adequação ou razoabilidade).

Enfim, o sexto critério apresentado pelo autor é a *regra da não onerosidade (excessiva)* para outros grupos ou para a sociedade como um todo. Destaca que tal regra decorre da própria igualdade quanto aos encargos, e dos princípios da proporcionalidade e da razoabilidade.[39]

4 O modelo jurídico proposto

Com esteio no aparato metodológico, conceitual e doutrinário desenvolvido nos itens anteriores, passa-se, finalmente, à proposição de um modelo jurídico visando operacionalizar, com base em uma série de critérios concatenados, a aplicação prática do princípio da igualdade, em seu aspecto material, no âmbito do direito administrativo inclusivo.

Ressalta-se que não se procura formular critérios que influam na conveniência política de determinada lei ou na conveniência e oportunidade de certa medida administrativa. Mas sim critérios que o legislador e o administrador observem ao realizar suas opções políticas, e que o Poder Judiciário utilize ao exercer o controle. Assim, ainda que consideradas constitucionais as discriminações positivas inclusivas conforme os critérios aqui propostos, é possível que as medidas sejam consideradas politicamente inconvenientes.

Optou-se por subdividir o modelo ora proposto em duas partes: a primeira tratará propriamente dos critérios para análise da constitucionalidade da medida,

---

[39] Na realidade, o autor não o apresenta como um sexto critério, mas como decorrência das regras da medida (proporcionalidade) e adequação (razoabilidade).

enquanto a segunda abordará fatores polêmicos a serem considerados, além de outras observações pertinentes ao modelo.

4.1 Os critérios propostos

Qualquer que seja o conceito que se adote a respeito da igualdade, a fiel crença na absoluta plenitude de sua implementação pode gerar frustrações. Contudo, não são essas as expectativas que devem recair sobre o Estado ou sobre a sociedade quando se fala de igualdade em seu aspecto material. O que se deve legitimamente esperar do Estado é que ele, programaticamente, trabalhe para que a sociedade reduza as desigualdades materiais.

Evidentemente, alguns dos critérios apresentados a seguir não devem ser levados a extremos a ponto de inviabilizarem a adoção de qualquer medida inclusiva.[40] De qualquer maneira, é de grande relevância que os critérios sejam atendidos de maneira amplamente satisfatória.

Metodologicamente, optou-se por discorrer individualmente sobre cada um dos critérios, embora vários desses se encontrem amplamente interligados.

4.1.1 Critério da finalidade

Toda discriminação positiva pública não neutra deve ser pautada em alguma finalidade de interesse público. Quando se fala em discriminação inclusiva, a finalidade não poderia ser outra senão a inclusão social e econômica das pessoas físicas ou mesmo jurídicas. É possível, todavia, a identificação de uma finalidade mediata e outra imediata. A mediata ou indireta confunde-se com a própria delimitação do campo do direito administrativo inclusivo, qual seja, a busca da igualdade material por meio da promoção da inclusão social e econômica das pessoas físicas ou jurídicas excluídas.

Já a finalidade imediata ou direta consiste na inclusão específica de um conjunto de indivíduos em determinados setores (como alguns serviços públicos) ou mesmo na promoção da inclusão de modo mais genérico para esse grupo. Trata-se dos objetivos específicos de determinada medida ou política.

Evidentemente, a análise de tais objetivos específicos não pode ser realizada de maneira simplória e superficial. Cumpre perquirir os reais motivos da adoção da medida ou política de discriminação. Assim, o critério da finalidade somente será atendido quando os reais motivos, mediatos e imediatos, de determinada discriminação positiva forem compatibilizados com as finalidades inclusivas e com os demais ditames constitucionais.

---

[40] Utilizando um exemplo extremo, se determinada lei prever que pessoas acima de certa idade terão preferência de assento nos transportes públicos (haja vista as maiores dificuldades dos idosos, inerente à idade avançada), tal medida não poderá ser inviabilizada pela possibilidade de alguns poucos idosos eventualmente terem um estado de saúde melhor do que alguns jovens.

4.1.2 Critério da objetividade

O critério da objetividade, desenvolvido pelos dois autores apontados no item 3, traduz-se na aplicação do princípio da impessoalidade às discriminações positivas inclusivas. Essa costuma ser abordada pela doutrina com enfoques, por vezes, distintos. Hely Lopes Meirelles[41] associava o princípio da impessoalidade com o da finalidade, consistente na exigência de que o administrador praticasse o ato visando ao interesse público inerente a determinada lei.

Maria Sylvia Zanella Di Pietro,[42] por sua vez, encara o princípio sob dois enfoques. O primeiro, dirigido à administração para ser observado em relação aos particulares, indica que aquela não pode atuar para prejudicar ou beneficiar alguém, tendo em vista sempre o interesse público. Aproxima-se do princípio da finalidade apontado por Hely Lopes Meirelles e do princípio da isonomia.[43] Já o segundo, ligado à maneira como o particular deve encarar a atuação estatal, refere-se à necessidade de que os atos dos administradores ou dos órgãos administrativos sejam imputados à respectiva entidade da administração.

Odete Medauar,[44] reconhecendo os diferentes enfoques na conceituação do princípio, aponta que o objetivo constitucional da impessoalidade é impedir que fatores pessoais sejam os verdadeiros móveis e fins da administração pública. Assim, vedadas estão as atuações geradas por antipatias, simpatias, objetivos de vingança, represálias, nepotismo, favorecimentos diversos, etc. Nota-se, assim, que o princípio da impessoalidade é uma poderosa arma na delimitação das fronteiras entre as discriminações positivas e negativas.

Em interessante análise sobre o tema, Fernando Dias Menezes de Almeida correlaciona a noção de impessoalidade com o aspecto material do princípio da legalidade e princípio da igualdade:

> (...) há o sentido material de legalidade, que remete à noção de lei enquanto suporte de norma geral e abstrata.
> O sentido material de legalidade é o que traduz juridicamente de modo mais imediato o valor da igualdade, resultando na noção de impessoalidade.[45]

Tal noção se refere basicamente, conforme continua o próprio autor,[46] à necessidade de subordinação dos atos individuais às normas *gerais* e *abstratas*.

---

[41] MEIRELLES, Hely Lopes. *Direito administrativo brasileiro*. 16. ed. São Paulo: Revista dos Tribunais, 1991. p. 81.

[42] DI PIETRO, Maria Sylvia Zanella. *Direito administrativo*. 21. ed. São Paulo: Atlas, 2008. p. 66-67.

[43] Também aproximando a noção de impessoalidade com o princípio isonômico: BANDEIRA DE MELLO, Celso Antônio. *Curso de direito administrativo*. 27. ed. São Paulo: Malheiros, 2010. p. 114.

[44] MEDAUAR, Odete. *Direito administrativo moderno*. 12. ed. São Paulo: Revista dos Tribunais, 2008. p. 125.

[45] MENEZES DE ALMEIDA, Fernando. Princípio da impessoalidade. *In*: MARRARA, Thiago (Org.). *Princípios de direito administrativo*. São Paulo: Atlas, 2012. p. 113.

[46] *Ibid.*, p. 114-117.

Se tomarmos o princípio da impessoalidade com uma conotação mais próxima à noção de finalidade, essa, evidentemente, servirá de apoio ao critério da finalidade do subitem anterior. Também é possível compreender a impessoalidade com o sentido de legalidade material, conforme apontado. Ambas as noções, evidentemente, são caras ao preceito isonômico.

O presente critério da objetividade pauta-se nessa noção de impessoalidade como legalidade material. Assim, lei em sentido material[47] deve ser pautada nos padrões de generalidade e abstração. Relativo a esse ponto, remete-se à teoria de Celso Antônio Bandeira de Mello.[48] Defende-se aqui, entretanto, que, diferentemente do que sustenta o autor, o vício da individualização não ocorre somente quando a norma tiver como destinatário um único indivíduo. Havendo norma individual destinada a alguns poucos indivíduos determinados ou determináveis no presente (por exemplo, uma norma destinada a um indivíduo X, seu cônjuge e descendentes), ela não obterá o *status* de norma geral por abranger mais de um indivíduo.

Desse modo, normas gerais se destinam a toda a coletividade ou a um conjunto de indivíduos indeterminados. Já normas individuais são aquelas cujo destinatário é um *sujeito individual* ou um *conjunto determinado de pessoas*.[49]

Por outro lado, em consonância com a teoria de Bandeira de Mello, defende-se aqui não haver violação apriorística ao critério da objetividade em caso de uma determinada discriminação positiva (mesmo as inclusivas) pautada em norma concreta, desde que geral.

Quanto às observações de Ferreira Filho sobre o critério da objetividade, entende-se aqui que a criação de uma norma de discriminação positiva inclusiva necessariamente passará por uma etapa política, sem que isso, por si só, viole o critério da objetividade. Contudo, concorda-se com o autor quando se realça a necessidade de a norma não obedecer a critérios "políticos-eleitorais" se compreendido em seu aspecto pejorativo. Todavia, eventual problema nesse ponto liga-se mais ao critério da finalidade.

Por fim, concorda-se com o autor quanto à necessidade de tais normas gerais e abstratas não serem definidas por conceitos imprecisos. Para que as normas de discriminação inclusiva sejam consideradas positivas, é necessária uma ampla observância aos padrões de objetividades, inclusive em relação à conceituação do critério eleito como fator de discriminação justificador da medida. A objetividade é atendida quando a norma se apresenta como geral (podendo até ser concreta, desde que não individual) e de conceituação precisa.

---

[47] Sobre o papel da lei e do ato administrativo na criação da discriminação positiva inclusiva, ver item 4.2.2 infra.

[48] Especificamente no critério relativo ao elemento tomado como fator de desigualação, subcritério da necessidade da lei não traçar critério tão específico que singularize de modo absoluto (no presente e definitivamente) um sujeito que se submeta ao regime diferenciado.

[49] Com entendimento nesse sentido: CARVALHO, Paulo de Barros. *Direito tributário*: fundamentos jurídicos da incidência. 8. ed. rev. São Paulo: Saraiva, 2010. p. 55.

4.1.3 Critério da juridicidade do benefício

A medida adotada em prol da redução da desigualdade material deve ser compatível com o ordenamento jurídico. Em outras palavras, o regime jurídico criado pela discriminação positiva inclusiva não deve criar vantagens incompatíveis com o direito.

Assim, seria inconstitucional determinada medida que autorizasse, por exemplo, pequenas empresas, pequenos produtores rurais ou mesmo agricultores em regime de economia de subsistência a desrespeitar a legislação ambiental em prol da sua inclusão social ou econômica. Inteiramente diferente é a adoção de medidas de isenções tributárias, medidas tendentes à redução da burocracia estatal em relação a tais empresas, medidas de facilitação da obtenção de crédito para essas, etc. Tais exemplos sim atendem, a princípio, o presente critério. Outro (hipotético) exemplo de violação ao critério é a inconstitucionalidade de determinada lei que autorize pequenas empresas de transporte de cargas terrestres a operarem seus caminhões com um limite de peso superior às demais empresas para facilitar o crescimento econômico daquelas, haja vista o interesse público da segurança no trânsito subjacente.

Em síntese, se o critério da finalidade impõe a necessidade de que os objetivos da medida estejam afinados com a Constituição e com o direito em geral, o critério da juridicidade do benefício impõe que as benesses em si (as próprias vantagens do regime mais benéfico) também sejam.

4.1.4 Critério da necessidade

A criação de medidas de discriminação, ainda que positivas, gera ônus para todos aqueles que não estejam por ela beneficiados.[50] Ainda que pequenos, esses ônus certamente existirão. Assim, havendo medida que possa tutelar de igual modo (ou de maneira tão satisfatória quanto) as finalidades inclusivas buscadas, não haverá a necessidade de se criar determinada medida baseada em discriminações não neutras para tutela dessa finalidade, vez que estas trarão determinado ônus para aqueles não abrangidos pelo regime mais benéfico.

Trata-se, na realidade, da expressão do caráter de subsidiariedade das discriminações positivas inclusivas em relações a outras medidas que não gerem

---

[50] Ou, se isso não ocorre em todos os casos, certamente ocorre na grande maioria dos casos em que se confere determinada medida de inclusão positiva. Inúmeros são os exemplos: a gratuidade em determinado transporte público para alguns implica o repasse dos custos aos demais usuários e/ou o decréscimo da qualidade do referido transporte (ou, ainda que se cogite na aplicação de um subsídio preexistente para custear tal benefício, haverá como ônus coletivo a não aplicação desse recurso em melhorias gerais do transporte); preferências de atendimentos implicam a menor celeridade do atendimento em determinada repartição; quotas em vestibulares ou em concursos públicos em geral implicam a redução do montante de vagas disponíveis para aqueles que não se enquadrarem no critério. Ainda que se encontre um exemplo em que não se imponha nenhum tipo de ônus para os não abarcados pela medida, a simples impossibilidade de participação no regime beneficiado já poderá ser considerada um ônus.

discriminações (não neutras). Assim, esse requisito também poderia ser denominado de *critério da subsidiariedade da discriminação positiva inclusiva*.

4.1.5 Critério da adequação ou aptidão

De acordo com o critério da adequação da medida, a conferência do tratamento mais vantajoso a determinados indivíduos deve ser considerada apropriada para a obtenção das finalidades dessa (ou seja, da redução de determinadas desigualdades sociais ou econômicas). A medida somente se justifica *para atender* e *enquanto atender* à finalidade buscada. Nota-se que tal critério guarda relação com o que Bandeira de Mello denominou de adequação racional entre o fator de *discrímen* e o tratamento desigual procedido.

Referido critério pode ser aferido em duas etapas distintas: etapa prévia racional, etapa posterior empírica. Nessa primeira etapa, o legislador, o administrador, a própria sociedade e, até mesmo, o juiz (quando a medida é questionada judicialmente), analisam a aptidão lógico-racional da discriminação positiva inclusiva para atingir os fins esperados por seus criadores.

Já em uma segunda etapa, após a medida ser implementada, é possível analisá-la com base nos resultados práticos obtidos. Não se obtendo os resultados desejados de promoção da inclusão (ou, ao menos, resultados consideravelmente satisfatórios), o regime privilegiado deixará de ser qualificado como uma discriminação inadequada. Não se obtendo os resultados minimamente satisfatórios, é possível a busca de novas medidas mais adequadas. Contudo, diante do descumprimento de referido critério, a primeira medida não poderá ser qualificada como positiva.

4.1.6 Critério da proporcionalidade

Sem adentrar nas discussões acerca de eventuais diferenciações do princípio (ou juízo) da razoabilidade e o princípio da proporcionalidade,[51] [52] passa-se aqui a encarar a razoabilidade mais como um juízo que um princípio, pelo qual se faz uma análise do equilíbrio entre meios e fins, com base em raciocínios logicamente plausíveis, ponderados ou sensatos.

Registra-se apenas que uma das formas de questionamento com base na razoabilidade, no âmbito do direito administrativo, refere-se à própria alegação de que o *discrímen* normativo eleito pelo legislador (ou administrador em função atípica) para estabelecer distinções legais violaria o princípio da igualdade,

---

[51] Acerca do princípio da razoabilidade e sua relação com o princípio da proporcionalidade ver: NOHARA, Irene Patrícia; MARRARA, Thiago. *Processo administrativo*. Lei nº 9.784/99 comentada. São Paulo: Atlas, 2009. p. 51-53.

[52] Alguns doutrinadores preferem designar a "proporcionalidade em sentido amplo" de "razoabilidade", deixando o termo "proporcionalidade" para designar o seu sentido estrito.

gerando inconstitucionalidade.⁵³ Assim, se tomada a razoabilidade nesse sentido, tem-se que ela é um norte geral para o modelo ora estruturado. Passa-se, a partir daqui, a abordar especificamente o critério da proporcionalidade.

É bastante comum a doutrina, com base no direito alemão, explicar o princípio da proporcionalidade (em sentido amplo) ou razoabilidade a partir de uma subdivisão em três diferentes aspectos.⁵⁴ O primeiro deles denomina-se adequação, referindo-se à verificação se o meio escolhido é apto a alcançar o resultado pretendido. Já o segundo refere-se à chamada necessidade (ou exigibilidade), consistente na imposição de que a medida restritiva de direitos fundamentais seja a mais branda entre as adequadas para atingir o fim desejado. O último aspecto é denominado de proporcionalidade em sentido estrito. Este se refere ao equilíbrio entre bens e valores, entre os malefícios e benefícios da restrição causada (relação custo-benefício).

Os dois primeiros aspectos da razoabilidade (necessidade e adequação) já foram traduzidos nos critérios apresentados nos dois subitens anteriores. Assim, o que aqui se denomina de critério da proporcionalidade se refere propriamente à "proporcionalidade em sentido estrito".

Tal critério requer análise em diferentes aspectos (independentes entre si), motivo pelo qual ele também é subdividido em mais aspectos. O primeiro deles refere-se à proporcionalidade entre a medida conferida (benefício trazido pela discriminação positiva inclusiva) e o grau da desigualdade material constatada.

Tal aspecto da proporcionalidade nada mais é que a parte final do brocardo "tratar desigualmente os desiguais, *na medida de suas desigualdades*". É a noção de que desigualdades materiais mais acentuadas requerem medidas mais incisivas e desigualdades materiais mais reduzidas requerem medidas mais brandas. Ora, conferir grande vantagem àqueles que se encontram em situações de desigualdades materiais pouco acentuadas viola a igualdade devido à criação de privilégio – violando o próprio critério da finalidade.

Já o segundo aspecto do critério refere-se à proporção entre o benefício da medida e o ônus social suportado por aqueles não abrangidos pelo regime beneficiado. É propriamente a relação custo-benefício da discriminação inclusiva, que se inter-relaciona com o critério da necessidade anterior.

Conforme apontado, o critério da necessidade consiste no dever de se verificar se há medidas aptas a satisfazer a finalidade inclusiva sem recorrer a discriminações não neutras. Contudo, não é de se ignorar uma situação em que há duas medidas que visem à redução de determinada desigualdade, e uma opera discriminação (não neutra) e a outra não. Constatado que a primeira medida seja apta a gerar resultados um pouco mais satisfatórios do que a segunda, a aferição do custo-benefício não deve comparar tão somente seus próprios benefícios e

---

[53] Ver: NOHARA; MARRARA. *Processo administrativo, op. cit.*, p. 53.
[54] Ver: *ibid.*, p. 53-54.

ônus, mas também os *benefícios adicionais* que esta ocasiona em relação à outra medida neutra e o seu ônus social.

Mais do que isso, havendo duas medidas que gerem benefícios e causem restrições, é importante, além de comparar o benefício e a restrição de cada uma individualmente, comparar essa diferença de benefício e ônus social entre elas. Assim, pode haver situações em que à medida que traz maiores benefícios e restrições prevaleça em relação à medida de menores benefícios e restrições, bem como situações em que a medida que traga benefícios e restrições menores prevaleça sobre as de benefício e restrições maiores.[55]

Em síntese, o segundo aspecto da proporcionalidade pode ser visualizado de duas formas: a primeira pelo custo-benefício interno da medida (comparação de seu bônus com seu ônus), e a segunda pela comparação de seu custo-benefício com o custo-benefício de outras medidas.[56] [57]

O terceiro aspecto do critério da proporcionalidade é a não excessiva onerosidade da medida (também desenvolvido por Ferreira Filho). Ou seja, ainda que a adoção de uma medida extremamente incisiva seja justificada pela existência de uma desigualdade material bastante acentuada, e a sua relação (interna e externa) de custo-benefício seja considerada benéfica, a medida não poderá impor um ônus tão excessivo aos não abrangidos pelo regime a ponto de ser a medida considerada desproporcional.

Por fim, seria possível cogitar ainda em um quarto aspecto do critério da proporcionalidade: a relação de proporcionalidade da parcela dos atendidos pelo regime jurídico mais beneficiado em relação ao todo. Tal aspecto refere-se à questão já levantada sobre a possibilidade de discriminações positivas inclusivas desvantajosas – ponto que será tratado no item 4.2.3 *infra*.

4.1.7 Critério da precisão

Consiste simultaneamente na vedação da concessão do regime benéfico aos considerados incluídos, bem como na impossibilidade de se excluir da medida inclusiva os considerados excluídos. Trata-se de critério lógico, intuitivo e bastante ligado ao da adequação. Ele encontra sua origem na noção de igualdade material e da fórmula geral "tratar *igualmente os iguais* e *desigualmente os desiguais, na medida de suas desigualdades*".

---

[55] Em outras palavras, para se comparar uma medida A (mais benéfica, embora mais restritiva) com uma medida B (menos benéfica, porém menos restritiva), é necessário um juízo de proporção entre a diferença dos benefícios das medidas A e B e a diferença das restrições das medidas A e B.

[56] Nota-se que essa segunda maneira de se encarar tal aspecto da proporcionalidade guarda forte relação com o critério da necessidade, embora com ele não se confunda. No exemplo da nota anterior, a medida A pode ser a única apta a atingir determinado grau de benefício (respeitaria, assim, o critério da necessidade), contudo ela poderia ser considerada desproporcional em relação à medida B na comparação das relações custo-benefício.

[57] Evidentemente, haverá situações concretas em que a aferição do benefício e a restrição de cada medida estarão fora do campo do princípio jurídico da proporcionalidade, adentrando no campo do mérito do ato administrativo (o que, certamente, colocaria limites ao controle judicial da própria medida).

Embora possa ser considerado implícito aos demais critérios anteriores e decorrer da própria natureza das discriminações positivas inclusivas, o grande potencial danoso de medidas imprecisas justifica *status* de critério autônomo.

Em consonância com tal critério, deve o Estado, sempre que vise promover a inclusão, buscar soluções eficientes tendentes a abranger, na *prática*, todos os que se encontrem em situação de exclusão de maneira isonômica, devendo se atentar para que a concessão do regime beneficiado não se estenda àqueles que já são considerados incluídos (ou que tenham as condições de estarem em uma posição de incluídos), evitando-se criar perseguições ou privilégios.

Se os indivíduos A e B – ou grupo de indivíduos A e B – são *igualmente* excluídos (ou excluídos de maneira semelhante) da prestação de determinado serviço público ou atividade estatal, não há motivos para conferir a um deles o benefício de certa medida de discriminação positiva inclusiva, enquanto tal direito é negado ao outro. Caso contrário, estar-se-ia conferindo um tratamento desigual para aqueles que se encontrassem em posições idênticas.

Bastante pertinente aqui a menção ao artigo 19, inciso III, da Constituição. Ora, o direcionamento intencional de determinada medida de discriminação positiva inclusiva para determinado grupo em detrimento de outro igualmente excluído nada mais é do que a criação de preferência entre brasileiros (ou mesmo estrangeiros). Também se mostra bastante adequada a menção ao artigo 3º, inciso IV, da Constituição, que impõe ao Estado o dever de promoção do bem de todos, sem qualquer forma de discriminação.

De igual maneira, vedada é a concessão do regime mais benéfico para aqueles que já são considerados incluídos. Caso contrário, estar-se-á adentrando na seara do privilégio.

Aliás, a concessão do regime mais benéfico a quem não se encontra em situação de exclusão ou vulnerabilidade (concessão de privilégio, portanto) é muito mais perversa quando a medida inclusiva se refere a benefícios em determinado regime concorrencial. Isso porque, além de ser conferido um privilégio, a indevida inclusão poderá prejudicar eventualmente o atendimento daqueles que, a princípio, fariam jus ao benefício. Exemplificativamente, imagine um concurso público em que 10% das vagas são reservadas para deficientes físicos. Ao se possibilitar o amplo deferimento da possibilidade de concorrência nas vagas para deficiente a pessoas com qualquer tipo de deficiência (mesmo para aquelas que não atrapalhem em nada o convívio social da pessoa e não dificultem a preparação do sujeito para o concurso), além de se estar conferindo um privilégio a tais indivíduos, estar-se-á reduzindo (ou mesmo acabando) com as vagas daqueles em situação de exclusão por conta das respectivas deficiências. Assim, no exemplo citado, considerar qualquer pequena inaptidão física (*e.g.*, alguns poucos graus de miopia) como deficiência é prejudicial, sobretudo, para os que efetivamente apresentam deficiências graves (*e.g.*, surdez, cegueira, incapacidade de locomoção ou movimentação corporal, etc.).

Evidentemente, conforme já apontado, esse critério não pode ser utilizado para inviabilizar a adoção de qualquer medida de discriminação inclusiva, haja vista o fato de que a criação de critérios 100% precisos para delimitação da fronteira entre aqueles que possam ser considerados incluídos e daqueles considerados excluídos, muitas das vezes, mostra-se tarefa inviável. O que não se pode admitir, contudo, é o direcionamento específico de medidas inclusivas a determinados indivíduos, ou grupos de indivíduos, quando se sabe que há outros igualmente excluídos, ou mesmo a criação de critérios que claramente irão beneficiar aqueles que não necessitem da medida. Assim, o critério será observado quando a medida abranger, em um grau razoável de satisfação, todos aqueles considerados excluídos, e, igualmente, afastar do regime mais benéfico, em um grau razoável de satisfação, os considerados incluídos.

Uma questão interessante que surge é a seguinte: como deverá proceder o Poder Judiciário ao se deparar com uma discriminação inclusiva, que preencha todos os outros requisitos para ser considerada legal, mas que não inclua um grupo de indivíduos que também faria jus ao benefício? Deverá ser concedida uma ampliação do tratamento beneficiado ou a medida deverá ser considerada inconstitucional como um todo?

A princípio, pequenas falhas na verificação desse critério não poderão ser utilizadas para considerar a medida inconstitucional. Nesse caso, é recomendável a adaptação da medida (como qualquer outro instituto jurídico pode ir se aperfeiçoando ao longo tempo).

Entretanto, considerando que o mencionado critério não é atendido de maneira satisfatória, entende-se aqui que até seria possível a extensão da medida pelo Poder Judiciário, mas desde que fossem observados alguns requisitos. Primeiramente, a medida estendida deverá respeitar todos os requisitos aqui desenvolvidos (inclusive o critério da proporcionalidade, que inclui a não excessiva onerosidade para a sociedade, que pode ser afetada pela sua ampliação). Em segundo lugar, ao conceder tal extensão, não poderá o Poder Judiciário adentrar no campo da discricionariedade administrativa.[58] Terceira condição é a inexistência de vedação legal a tal ampliação.[59] O último, enfim, reside na ausência de impacto orçamentário da extensão. Em síntese, defende-se aqui que, apesar de ser aprioristicamente possível tal extensão pela via judicial, o preenchimento desses requisitos a torna, muitas vezes, inviável.

4.1.8 Critério do ataque direto (ou imediato) aos motivos causadores das desigualdades materiais

No âmbito das discriminações positivas inclusivas, necessariamente será preciso estabelecer requisitos para determinar aqueles que fazem jus ao regime

---

[58] Campo de discussão que aqui evitaremos adentrar.
[59] Por exemplo, no âmbito do direito tributário, o disposto no artigo 111, inciso II, do Código de Tributário Nacional, que impede interpretação extensiva no caso de isenções.

mais benéfico. Tais requisitos devem manter uma correlação lógica plausível e adequada com os fatores que dão causa às situações de desigualdade material na prática. Ocorre que, para que as reais finalidades inclusivas sejam atendidas de maneira eficiente e justa, é necessária a verificação tanto do real motivo da exclusão, bem como de que tal motivo seja utilizado de maneira determinante para definição daqueles que fazem jus ao benefício.

Assim, pelo presente critério, exige-se a observação de dois aspectos: a) a verificação dos motivos causadores ou mantenedores da desigualdade material no plano concreto há de ser feita de maneira *direta*; e b) constatados esses verdadeiros motivos causadores ou mantenedores das desigualdades no plano concreto, a correlação lógica entre eles e os requisitos para que os indivíduos façam jus ao regime beneficiado também deverá ser feita de modo *imediato*. Veda-se, portanto, a realização de correlações indiretas ou mediatas nesses aspectos.[60]

A realização de correlações diretas é o meio adequado para evitar a concessão de regime beneficiado a incluídos, bem como para indevidamente excluir da política inclusiva os excluídos (correlaciona-se o presente critério com o apresentado no subitem anterior e com o critério da adequação). Evitam-se, assim, distorções na definição daqueles que necessitam da política inclusiva.

Tal critério está em perfeita consonância com o requisito da teoria de Bandeira de Mello, pelo qual a igualdade é agredida quando o fator diferencial adotado para qualificar os atingidos pela regra mais benéfica não guarda relação de pertinência lógica com a inclusão ou a exclusão ao benefício.

Por fim, cumpre observar que esse critério não impede que se utilizem presunções na delimitação dos requisitos para a concessão do regime mais beneficiado. Contudo, elas devem ser adotadas somente em caráter subsidiário e, ainda que sejam presunções, elas devem considerar, de maneira direta, os fatores causadores das desigualdades materiais.

4.1.9 Critério do não estímulo à regressão social ou econômica

Evidentemente, se o objetivo do direito administrativo inclusivo é a promoção da inclusão social e econômica de pessoas físicas ou jurídicas, todos os efeitos consequentes da criação de medidas baseadas em discriminações positivas inclusivas devem caminhar nesse sentido.

---

[60] Exemplificando, imagine-se que o acesso a diversos serviços públicos é impedido ou dificultado por questões de cunho exclusivamente econômicos, ou seja, por diferenças quanto ao poder aquisitivo dos indivíduos (falta de recursos para arcar com contas de luz ou telefonia fixa, por exemplo). Não há razão em se recorrer ao raciocínio de que estatisticamente os indivíduos pertencentes a um grupo X (seja esse grupo formado por questões religiosas, de etnia, ou qualquer outro motivo) estão mais concentrados nas classes sociais de menor poder aquisitivo, devendo a medida inclusiva ser conferida aos que pertençam a tal grupo. Ora, se a dificuldade de acesso ao serviço decorre de problemas de poder aquisitivo, esse fator deverá ser diretamente utilizado na definição dos requisitos para delimitação daqueles que farão jus à política inclusiva.

Se a criação de determinadas discriminações inclusivas trouxer como efeito um estímulo para que parcela das pessoas que se encontrem no campo dos considerados incluídos se coloque em situação de exclusão para fazer jus à concessão do regime beneficiado, evidentemente que a política inclusiva estará se desviando de suas finalidades. Os objetivos das medidas inclusivas são impulsionar a inclusão, jamais o oposto.

Abordou-se anteriormente que um dos aspectos do critério da proporcionalidade consiste justamente na necessidade de se mensurar a medida conforme a extensão da desigualdade ("na medida de suas desigualdades"). Assim, se as vantagens do regime jurídico conferido aos considerados desiguais os colocam em uma situação mais favorável do que a de incluídos, há um fortíssimo indício de violação a esse aspecto da proporcionalidade.[61]

Ademais, a atração de indivíduos incluídos para o campo da exclusão, além de indesejável, inevitavelmente aumenta o número de beneficiados pela medida e, consequentemente, amplia o ônus social da medida.

4.2 Outras questões pertinentes

Traçados os critérios para aferição da constitucionalidade de uma determinada medida de discriminação positiva inclusiva, passa-se aqui a tratar de alguns aspectos específicos (que não podem ser considerados propriamente critérios), bem como de algumas questões controvertidas.

4.2.1 Questão da temporariedade

É bastante comum a menção, na doutrina especializada, de um critério da temporariedade das medidas discriminatórias.[62] Em alguns tratados internacionais, o requisito da temporariedade também aparece.[63] Entretanto, considerando o conceito de discriminação positiva inclusiva aqui desenvolvido, questiona-se: a temporariedade é uma característica que deve acompanhar todas as medidas do direito administrativo inclusivo?

A resposta é negativa. Para se entendê-la, basta o recurso a alguns exemplos. O artigo 37, inciso VIII, da Constituição Federal impõe a necessidade de reserva de percentual de cargos e empregos públicos a pessoas portadoras de deficiência. Referida norma enquadra-se perfeitamente no conceito aqui desenvolvido de

---

[61] Não se fala aqui, é claro, de fraudes para o preenchimento de requisitos para que o indivíduo faça jus ao benefício, problema esse de outra ordem. Fala-se aqui, na realidade, de a pessoa se colocar na situação de exclusão para fazer jus ao regime mais benéfico. Assim, utilizando um exemplo no âmbito da Lei Complementar no 123/2006, não se fala aqui de empresas que prestam informações inverídicas para fazerem jus ao regime mais beneficiado das microempresas ou "EPPs", mas sim do (hipotético) caso de se constatar que diversas empresas seguram seu faturamento para permanecerem no regime da lei.
[62] FERREIRA FILHO. Aspectos jurídicos das ações afirmativas, op. cit., p. 76.
[63] Notadamente, o artigo I, 4, da Convenção Internacional sobre a Eliminação de Todas as Formas de Discriminação.

discriminação positiva inclusiva. Indaga-se: o fato de essa norma não ter nenhum condicionamento temporal traz uma potencial violação ao princípio constitucional da igualdade? Sem adentrar no controvertido tema da (im)possibilidade de declaração de inconstitucionalidade de normas constitucionais originárias, a resposta parece negativa. Aliás, nessa situação específica, é até recomendável que a medida tenha duração indeterminada, tendo em vista a natureza da causa de exclusão dos deficientes.

Outro exemplo semelhante é o artigo 39 da Lei nº 10.741/2003. Não há violação ao princípio da igualdade em se garantir aos idosos a gratuidade dos transportes públicos sem condicionantes temporais.

Entretanto, a ausência de inconstitucionalidade *per se* da inexistência de condicionantes temporais nas medidas de discriminação inclusivas não implica a impossibilidade da inconstitucionalidade ou ilegalidade superveniente dessas. Isso porque posteriores alterações fáticas podem implicar violações aos critérios aqui desenvolvidos, tornando a medida incompatível com o preceito igualitário. De todo modo, não é especificamente na questão temporal que ocorre a violação ao preceito igualitário, mas sim nos demais critérios apresentados.

Além disso, evidentemente que algumas medidas, por terem natureza paliativa, pressupõem um caráter temporal. Nesses casos, a necessidade da demarcação temporal dá-se por três motivos: a) caso não estejam surtindo os efeitos esperados, serão discriminações não neutras sem finalidade (portanto, discriminações negativas); b) se estiverem surtindo efeitos desejados, mas em grau bem mais reduzido do que o esperado, muito provavelmente violarão o critério da proporcionalidade em seu aspecto de custo-benefício; e c) se a medida paliativa estiver gerando alguns resultados positivos, mas se nenhuma medida definitiva for tomada para a real solução do problema nesse meio tempo, a medida inclusiva muito provavelmente estará servindo de pretexto para que o Estado adie a tomada de medidas para solucionar de maneira real (e não paliativa) o problema, o que será incompatível com a própria teleologia da medida em combater as desigualdades materiais.

Dessa maneira, tem-se que a temporariedade poderá ser considerada um critério quando a medida inclusiva for de natureza paliativa.

4.2.2 Discriminação positiva inclusiva e fontes normativas

Quando a lei cria determinada discriminação positiva inclusiva, desde que respeitados o princípio da igualdade e os demais preceitos constitucionais, mais fácil será a tarefa de delimitar o papel da administração e seus atos. Mais complicado é responder se a administração pode criar discriminações positivas inclusivas sem uma lei que a autorize.

Tal questionamento remete à discussão do significado operacional do princípio da legalidade. Odete Medauar,[64] pautada na doutrina do administrativista

---

[64] MEDAUAR. *Direito administrativo moderno, op. cit.*, p. 123-124.

francês Charles Eisenmann, aponta quatro significados do princípio da legalidade: a) possibilidade de a administração realizar apenas atos e medidas não contrários à lei; b) possibilidade de a administração editar atos ou medidas autorizadas por uma norma; c) possibilidade de a administração editar somente atos cujo conteúdo esteja em conformidade com um esquema abstrato fixado por uma norma legislativa; e d) possibilidade de a administração somente editar atos que a lei ordenar. Nota-se uma progressividade de vinculação da administração à lei conforme os significados.

Destaca a autora que, em geral, quanto maior a repercussão das medidas nos direitos dos cidadãos, mais estreita será a vinculação da medida administrativa à norma. Esse parece ser o caminho para responder ao questionamento lançado.

Como medida não neutra, as discriminações positivas inclusivas necessariamente gerarão ônus àqueles que não fizerem jus ao benefício, podendo esse ser bastante restrito ou muito acentuado, conforme a medida. Quanto maior for esse ônus social, maior será a necessidade de vinculação à lei.

4.2.3 Discriminações positivas inclusivas desvantajosas?

Na taxonomia das discriminações apresentadas no item 2, as desvantajosas foram definidas como aquelas em que a parcela de pessoas submetidas ao regime mais benéfico é (consideravelmente) superior à parcela submetida ao regime menos benéfico. Vantajosas seriam aquelas em que algumas pessoas fizessem jus ao regime mais benéfico e mistas aquelas em que há um equilíbrio. Nesse contexto, indaga-se: é possível uma discriminação positiva inclusiva desvantajosa? Só é possível que as discriminações positivas inclusivas sejam conferidas a alguns e seu ônus suportado pela maioria ou é possível que muitos dela se beneficiem e o ônus seja suportado por poucos?

Defende-se aqui a posição de que não há uma vedação apriorística a que uma medida abranja um número equivalente ou mesmo superior de pessoas em relação àqueles que não se beneficiarem do melhor regime. Em outras palavras, o fato de uma discriminação inclusiva ser qualificada como desvantajosa não implicará necessariamente que ela será negativa.

Todavia, para que tal discriminação inclusiva não se transforme em perseguição de poucos, há a necessidade de se ter uma justificativa extremamente plausível e alinhada com algum (ou alguns) mandamento constitucional específico.[65]

Um bom exemplo para ilustrar uma discriminação positiva inclusiva desvantajosa é a tributação pautada no princípio da capacidade contributiva. Ainda

---

[65] Fala-se aqui em mandamentos específicos para se evitar justificativas pautadas simplesmente em mandamentos mais genéricos. A despeito de sua enorme importância para o ordenamento jurídico, tais mandamentos não se mostram adequados para a presente finalidade. Assim, justificar imposições enormes em reduzidas parcelas da população não pode se pautar simplesmente em mandamentos genéricos como a dignidade da pessoa humana ou o princípio da solidariedade.

que o direito tributário não seja um ramo do direito essencialmente voltado à promoção de inclusão, a imposição de exações tributárias pautadas na capacidade contributiva pode ser perfeitamente compreendida como uma forma de discriminação positiva não neutra que, ainda que tenha caráter genérico (não setorizado), tem por finalidade, entre outras, a promoção de inclusão.

Com base nesse preceito constitucional, ainda que parcelas pequenas da população suportem alíquotas superiores de impostos (por exemplo, no imposto de renda), tal medida, a despeito de poder ser considerada uma discriminação desvantajosa inclusiva, é plenamente compatível com o ordenamento jurídico.

Desse modo, retomando a questão levantada ao final do subitem 4.1.6, tem-se que a existência de uma discriminação inclusiva desvantajosa não viola *per se* o critério da proporcionalidade, ou seja, não constitui um quarto aspecto desse critério. Todavia, ela pode ser considerada um forte indício de que a medida não tenha obedecido alguns dos critérios aqui desenvolvidos (inclusive o da proporcionalidade, em seus três aspectos).

4.2.4 Discriminações positivas não neutras para tutela da igualdade formal?

O modelo jurídico aqui proposto, conforme toda a delimitação conceitual formulada no item 2, refere-se às discriminações positivas inclusivas. Portanto, essa estrutura serve à tutela da igualdade em seu aspecto material. Retoma-se, então, a seguinte questão já levantada: é possível a utilização de discriminações positivas inclusivas para a tutela da igualdade formal?

Primeiramente, cumpre esclarecer que as desigualdades formais, ao contrário das materiais que podem ser originadas de diversos fatores, são causadas exclusivamente pelo ser humano. Este pode ser responsável por tal tratamento discriminatório ilícito por duas maneiras distintas: pela via institucionalizada (*i.e.*, a criação de normas que dispensam um tratamento discriminatório violador da igualdade em seu aspecto formal) ou pelo comportamento humano cotidiano.

Quando a violação da igualdade formal se dá por essa via institucionalizada, evidentemente sua tutela dar-se-á pelo que no item 2 se denominou de nível de tutela da igualdade formal consistente na positivação de normas condizentes com o princípio igualitário em seu aspecto formal. Assim, se há leis ou atos violadores da igualdade em seu aspecto formal, tal situação deverá ser combatida pela sua revogação ou pelos mecanismos judiciais de controle, abstratos ou concretos.

Já se a desigualação formal ocorre pelo comportamento humano cotidiano, os outros níveis de tutela da igualdade formal apontados são os meios mais adequados (por exemplo, pela aplicação de sanções diretas e indiretas àqueles que a violarem e por meio de atos estatais destinados à formação de uma consciência coletiva sobre o respeito à igualdade.

O questionamento aqui proposto refere-se, portanto, à possibilidade de se utilizar, além dessas formas de tutela apontadas, mecanismos de discriminação positiva inclusiva para a tutela da igualdade formal. Entende-se aqui ser possível um quarto nível de atuação, mas que tenha caráter subsidiário. Além disso, ele não pode ser empregado com finalidade de inclusão material. Ou seja, não se trata propriamente da discriminação positiva inclusiva tratada neste trabalho, mas sim de discriminação positiva não neutra cuja finalidade é estabelecer a normalidade de tratamento entre pessoas consideradas iguais.

Um bom exemplo dessa forma de tutela é o artigo 10, §3º, da Lei nº 9.504/1997, que, a partir da constatação de que as mulheres eram preteridas no registro das candidaturas por questão de gênero, criou a necessidade de que cada partido registrasse o mínimo de 30% e máximo de 70% de cada gênero.

Aliás, interessante notar que o dispositivo foi redigido de maneira adequada de modo a tutelar a igualdade formal sem criar uma desigualdade formal no âmbito legislativo, pois o mínimo de 30% foi destinado a cada um dos gêneros, e não especificamente em relação às mulheres – o que, de certo modo, pode até afastar a característica da não neutralidade de tal discriminação.

Importante se observar, entretanto, que a teoria estruturada neste breve ensaio se destina exclusivamente a operacionalizar o direito administrativo inclusivo, na conceituação mais restrita adotada, por meio do desenvolvimento de um modelo para qualificar como positiva determinada discriminação inclusiva. Desse modo, ainda que alguns dos critérios aqui desenvolvidos possam ser aproveitados e/ou adaptados, é necessário o desenvolvimento de outro modelo para disciplinar esse quarto nível de tutela da igualdade formal.

5 Conclusão

Embora bastante aceita a ideia de que o Estado deve buscar mecanismos de promoção da igualdade material, tem-se que a aplicabilidade pragmática e a operacionalização da isonomia não se apresentam como tarefas fáceis.

Se, por um lado, há uma gama bastante ampla de autores (sobretudo de direito constitucional e direitos humanos) que defendam a constitucionalidade, de maneira geral, da adoção de medidas discriminatórias positivas inclusivas por parte do Estado, há, em contrapartida, uma carência de estudos destinados a fornecer subsídios para a análise da constitucionalidade de medidas inclusivas.

Dar esse segundo passo no sentido de viabilizar a análise mais aprofundada da constitucionalidade de uma medida inclusiva específica parece ser fundamental para a própria concretização do mandamento igualitário. Isso porque a implementação de intervenções com finalidades inclusivas de forma absolutamente desregrada e sem nenhum tipo de critério pode, paradoxalmente, vir a ocasionar mais exclusões e violações ao preceito isonômico.

Nesse passo, o direito administrativo é um campo adequado para a discussão de tais critérios, por ser o ramo do direito público destinado a regulamentar a relação Estado-cidadão e viabilizar a operacionalização da atuação estatal destinada a concretizar os mandamentos constitucionais.

Assim, ao propor o modelo jurídico ora desenvolvido, intentou-se chamar a atenção para a carência de critérios seguros e confiáveis para a efetivação da igualdade material, bem como apontar uma série de pontos muitas vezes negligenciados nas discussões sobre a promoção estatal da igualdade material.

O modelo ora proposto foi construído muito em função das reflexões deste autor a respeito do tema – naturalmente, influenciadas pelos dois trabalhos específicos sobre o tema apresentados. Assim, sem nenhuma pretensiosa intenção de se impor o modelo ora desenvolvido, buscou-se apenas despertar a atenção do leitor para o tema, e apresentar um modelo evidentemente passível de se sujeitar a críticas e aprimoramentos.

Entende-se, portanto, que uma discriminação (não neutra) inclusiva somente pode ser considerada positiva quando atende, de maneira satisfatória, aos critérios, desenvolvidos no decorrer do presente artigo, da: a) finalidade; b) objetividade; c) juridicidade do benefício; d) necessidade; e) adequação ou aptidão; f) proporcionalidade (em sentido estrito); g) precisão; h) ataque direto ou imediato aos motivos causadores das desigualdades materiais; e i) não estímulo à regressão social ou econômica.

Adicionalmente a isso, conclui-se que: a) a depender da natureza paliativa da medida, há a necessidade de se observar o critério adicional da temporariedade; b) modelos que impliquem um maior ônus social devem ser editados com base em noções mais estritas do princípio da legalidade; c) o usufruto dos benefícios das medidas inclusivas por diversos indivíduos em detrimento de poucas pessoas que suportaram os ônus da medida representa um forte indício da inconstitucionalidade da medida; e, enfim, d) que o presente modelo, embora possa ser parcialmente aproveitado, não se destina ao combate, pelo Estado, de discriminações ilegítimas sofridas por indivíduos que deveriam ser formalmente tratados com igualdade, mas sim às medidas inclusivas públicas tendentes a atender o programático objetivo de reduzir as desigualdades materiais.

Finalmente, ressalta-se, mais uma vez, que tais critérios não se referem a um juízo político de conveniência de determinada discriminação positiva inclusiva, mas somente à sua compatibilidade com o ordenamento jurídico.

Referências

BANDEIRA DE MELLO, Celso Antônio. *Curso de direito administrativo*. 27. ed. São Paulo: Malheiros, 2010.

BANDEIRA DE MELLO, Celso Antônio. *O conteúdo jurídico do princípio da igualdade*. 3. ed. São Paulo: Malheiros, 2012.

BARBOSA, Rui. *Oração aos moços*. São Paulo: Martin Claret, 2003.

CARVALHO, Paulo de Barros. *Direito tributário*: fundamentos jurídicos da incidência. 8. ed. São Paulo: Saraiva, 2010.

DI PIETRO, Maria Sylvia Zanella. *Direito administrativo*. 21. ed. São Paulo: Atlas, 2008.

DWORKING, Ronald. *A virtude soberana*: a teoria e a prática da igualdade. Tradução de Jussara Simões. Revisão técnica e da tradução de Cícero Araújo e Luiz Moreira. São Paulo: Martins Fontes, 2005.

FERREIRA FILHO, Manoel Gonçalves. Aspectos jurídicos das ações afirmativas. *Revista do Tribunal Superior do Trabalho*, v. 69, n. 2, p. 72-79, jul./dez. 2003.

GOMES, Joaquim Benedito Barbosa; SILVA, Fernanda Duarte Lopes Lucas da. As ações afirmativas e os processos de promoção da igualdade efetiva. SEMINÁRIO INTERNACIONAL – AS MINORIAS E O DIREITO. Série Cadernos do CEJ, 24. Disponível em: http://sites.multiweb.ufsm.br/afirme/ docs/Artigos/var02.pdf. Acesso em: 20 fev. 2013.

KAUFMANN, Roberta Fragoso Menezes. *Ações afirmativas à brasileira*: necessidade ou mito? Uma análise histórico-jurídico-comparativa do negro nos Estados Unidos da América e no Brasil. Porto Alegre: Livraria do Advogado, 2007.

MEDAUAR, Odete. *Direito administrativo moderno*. 12. ed. São Paulo: Revista dos Tribunais, 2008.

MEIRELLES, Hely Lopes. *Direito administrativo brasileiro*. 16. ed. São Paulo: Revista dos Tribunais, 1991.

MELLO, Marco Aurélio. Óptica constitucional: a igualdade e as ações afirmativas. *Revista do Tribunal Regional do Trabalho da 7a Região*, Fortaleza. v. 24, n. 24, p. 151-161, 2001.

MENEZES DE ALMEIDA, Fernando Dias. Princípio da impessoalidade. *In:* MARRARA, Thiago (org.). *Princípios de direito administrativo*. São Paulo: Atlas, 2012. p. 109-118.

NOHARA, Irene Patrícia; MARRARA, Thiago. *Processo administrativo*. Lei nº 9.784/99 comentada. São Paulo: Atlas, 2009.

PIOVESAN, Flávia. Ações afirmativas no Brasil: desafios e perspectivas. *Revista Estudos Feministas* (online), v. 16, n. 3, p. 887-896, 2008. Disponível em: www.scielo.br/pdf/ref/v16n3/10.pdf. Acesso em: 20 fev. 2013.

ROTHENBURG, Walter Claudius. Igualdade material e discriminação positiva: o princípio da isonomia. *Novos Estudos Jurídicos* (on-line), v. 13, n. 2, p. 77-92, jul./dez. 2008. Disponível em: www.buscalegis.ufsc.br/revistas/files/journals/2/articles/32745/public/32745-40386-1-PB.pdf. Acesso em: 20 fev. 2013.

Informação bibliográfica deste texto, conforme a NBR 6023:2018 da Associação Brasileira de Normas Técnicas (ABNT):

MACERA, Paulo Henrique. Direito administrativo inclusivo e princípio da isonomia: critérios para o estabelecimento de uma discriminação positiva inclusiva constitucional. *In:* MARRARA Thiago (coord.). *Princípios de direito administrativo*. 2. ed. rev., ampl. e atual. Belo Horizonte: Fórum, 2021, p. 171-204. ISBN 978-65-5518-166-1.

PARTE III

MORALIDADE E RAZOABILIDADE

O CONTEÚDO DO PRINCÍPIO DA MORALIDADE: PROBIDADE, RAZOABILIDADE E COOPERAÇÃO

THIAGO MARRARA

1 Introdução

Não são poucas nem simples as interpretações dadas ao princípio da moralidade, insculpido na Constituição da República de 1988 como um princípio geral de direito administrativo. As dificuldades interpretativas que circundam o tema decorrem, primariamente, da abertura semântica dos vocábulos envolvidos na expressão e, ainda, da ausência de vínculos juspositivos evidentes entre o princípio geral e seus mecanismos de densificação.

"Moralidade", de um lado, é vocábulo que traz uma plurissignificação incontestável cuja causa se encontra no seu uso tanto frequente quanto amplíssimo em incontáveis campos das ciências sociais e humanas, inclusive na ciência jurídica. A essa plurissignificação se soma uma multiplicidade de modelos que pretendem explicar a relação entre direito e moral.[1] Em breves linhas, há três deles que merecem menção.

O primeiro modelo apresenta o direito como um subcampo da moral, de modo que a norma jurídica é norma moral, ainda que o inverso nem sempre seja verdadeiro. O segundo aponta o direito como um campo que engloba a moral, de modo que toda norma moral seria resultante de uma norma jurídica, mas o inverso nem sempre seria verdadeiro. O terceiro entende o campo moral e o campo jurídico como círculos secantes, ou seja, dois campos que se interpenetram. Seguindo essa concepção, haveria normas jurídicas morais e normas jurídicas amorais, ou seja, normas jurídicas que estariam fora do círculo moral e, em alguns casos, negariam os padrões morais, de sorte a constituir verdadeiras normas jurídicas imorais.[2]

---

[1] Segundo Goyard-Fabre, "embora a instituição de uma diferença de natureza entre a obrigação moral e a obrigação jurídica exista de maneira difusa em autores como Montesquieu, Linguet ou Mably, a cisão entre os conceitos de moral e de direito só se efetua com Kant e Fichte". Cf. *Os fundamentos da ordem jurídica*. São Paulo: Martins Fontes, 2007, p. XXV.

[2] Di Pietro evidencia bem essa possibilidade a partir do direito positivo brasileiro, afirmando ser "perfeitamente possível a existência de atos jurídicos lícitos, porém imorais. Para dar exemplos extraídos do direito brasileiro, lembramos que aqui, o Poder Judiciário, graças ao princípio da unidade de jurisdição, decide, em causa própria, assuntos de interesses geral dos Magistrados, contrariando o velho princípio, de fundamento moral, que veda assuma alguém a posição de *juiz* e *parte* ao mesmo tempo. A Constituição permite que Ministros do Tribunal de Contas sejam nomeados pelo Chefe do Poder Executivo cujas contas vai apreciar; além disso, agasalha inúmeras normas que criam dependências entre os três Poderes, desmantelando o sistema de freios e contrapesos idealizado precisamente como forma de detenção do poder, o que acaba por acobertar a ilegalidade e a impunidade, dando margem à afirmação, que aqui se tornou corrente, de que a imoralidade se institucionalizou". Cf. *A discricionariedade administrativa na Constituição de 1988*. 2. ed. São Paulo: Atlas, 2007, p. 147.

O ponto comum a esses três modelos é que todos eles partem do pressuposto de que há uma diferença entre moral e direito, daí ser necessário recordar que a divisão que se faz entre esses dois campos geralmente busca explicações em critérios baseados na natureza dos deveres, suas respectivas formas de imposição e de sancionamento frente a condutas violadoras. Nessa linha, ainda que a finalidade básica do Direito e da Moral seja a mesma – ambos destinados a proteger as condições fáticas primordiais de sobrevivência humana – e ainda que Moral e Direito dividam institutos comuns – como dever, obrigação e imputação – o Direito e suas normas pressuporiam a sujeição ao que é externo ao indivíduo (heteronomia) e a Moral, ao que lhe é interno (autonomia).[3]

A despeito das diferentes formas de se compreender a questão e das consequentes divergências inerentes ao assunto, há três fatos inquestionáveis a respeito da relação entre Moral e Direito. O primeiro é que o cumprimento do Direito dependerá de uma "convicção amplamente difundida de que há uma obrigação moral de lhe obedecer".[4] Justamente por isso, o segundo fato é que qualquer sistema jurídico sempre buscará demonstrar, para que continue existindo, uma relação mínima e específica com a moral vigente, quer a convencional, quer a de uma elite dominante. No entanto, essa ligação entre direito e moral variará de acordo com a cultura coletiva e a concepção de Estado em certo limite de espaço e tempo. Por isso, o terceiro fato é que nenhum dos três modelos apresentados se afigura universal e capaz de abarcar as mais diversas configurações da relação entre Moral e Direito. Essas relações são inevitavelmente variáveis conforme a cultura, o caráter e o papel do Estado e suas relações com a sociedade.

Para o direito administrativo, resulta dessas constatações uma consequência extremamente simples. A compreensão da moralidade administrativa exige, inicialmente, sua contextualização no sistema estatal (e jurídico) em que ela se encontra positivada. Destarte, a moralidade administrativa, no direito brasileiro, deve ser necessariamente interpretada à luz de um Estado Social e Democrático de Direito, pois é essa a configuração estatal básica definida pela Carta Magna ora vigente.

Ocorre que esse pressuposto não afasta o tema de inúmeras complicações. Para além da compreensão da ideia de moralidade, o vocábulo "administrativo" impõe considerações mínimas. No contexto em que aparece no texto constitucional (art. 37, *caput*), o adjetivo em questão restringe-se a uma referência aberta à atividade de administrar ou, mais especificamente, de administrar o Estado, suas entidades e órgãos componentes.

Da combinação de vocábulos tão abertos naturalmente não poderia surgir um sentido claro ao princípio ora examinado. A partir de uma interpretação

---

[3] Sobre essa diferenciação, cf. GOYARD-FABRE. *Os fundamentos da ordem jurídica*. São Paulo: Martins Fontes, 2007, p. XXVI. Cf., ainda, MOREIRA NETO, Diogo de Figueiredo. Moralidade administrativa: do conceito à efetivação, *RDA*, v. 190, p. 3, 1992.

[4] HART, Herbert. *O conceito de direito*. 5. ed. Lisboa: Fundação Calouste Gulbenkian, 2007, p. 201.

literal e simplista, a moralidade administrativa como moralidade no exercício de variadas funções administrativas não oferece qualquer esclarecimento mais prático acerca dos direitos e deveres que dela decorre, nem acerca dos parâmetros que devem ser empregados pelos operadores do direito para verificar, frente a casos concretos, se e em que medida o princípio em questão foi ou não desrespeitado.

Nas linhas seguintes, busca-se, portanto, colaborar para a superação dessas duas dificuldades, apontando um conteúdo mínimo para o princípio da moralidade administrativa, de modo a facilitar sua delimitação e aplicação prática. Em outras palavras: o objetivo que guia a exposição não é oferecer a essência final da moralidade administrativa – mesmo porque não se acredita que essa essência exista de modo universal e atemporal[5] –, mas sim indicar um conteúdo central que sirva de parâmetro para o controle de sua observância, auxiliando a atividade decisional nos campos administrativo e judicial.

Guiado por esse objetivo, o percurso desse ensaio inicia-se na fixação do foco que deve ser dado ao princípio da moralidade administrativa e, então, atravessa o exame de três parâmetros básicos, a saber: a moralidade-probidade, a moralidade-razoabilidade e a moralidade-cooperação.

2 Moralidade administrativa e legitimação estatal

A razão de ser de um ordenamento jurídico está fortemente relacionada com a natureza humana. É o que Hart claramente explica: "se os homens não são demônios, tampouco são anjos; e o fato de que estão a meio caminho entre estes dois extremos é algo que torna um sistema de abstenções recíprocas simultaneamente necessário e possível".[6]

Em outras palavras, o Direito como um conjunto de normas e princípios que implicam restrições à liberdade em favor de outrem só existe pelo fato de que nem todos os seres humanos são bons, nem todos são ruins por essência. Se todos fossem bons, jamais tenderiam a causar danos e incômodos a outrem, de modo que as normas jurídicas seriam prescindíveis, inúteis. Se todos fossem ruins, um sistema de normas não funcionaria, seria por completo ignorado. O Direito encontra seu fundamento maior na limitação do altruísmo humano, *i.e.*, no fato de uns serem bons e outros ruins ou de uns serem bons em certos momentos, mas ruins em outros.

O fato de os indivíduos não serem "todos eles anjos" ou "anjos a todo o tempo" é o que também impõe um princípio da moralidade administrativa. A moralidade, nesse particular, direciona-se, porém, a um conjunto limitado de

---

[5] Nesse sentido, MOREIRA, Egon Bockmann. *Processo administrativo*. 4. ed. São Paulo: Malheiros, 2010, p. 111. De acordo com o autor, em linha com o posicionamento de Marçal Justen Filho, "não há possibilidade de definição apriorística da moralidade. O termo é, por excelência, 'fluido', 'aberto' – não possui critérios estanques que dêem, automaticamente, resposta exata ao cumprimento do princípio. Por outro lado, a adoção de definições fechadas limitaria o naturalmente amplo conceito e implicaria, quando menos, prestígio à 'moral conservadora'".
[6] HART, Herbert. *O conceito de direito*. 5. ed. Lisboa: Fundação Calouste Gulbenkian, 2007, p. 212.

indivíduos: os agentes públicos em sentido amplo (inclusive os colaboradores), os quais dão vida às atribuições de órgãos e entidades estatais. O princípio em debate busca afirmar que a supremacia subjacente ao direito público e ao direito administrativo não é a supremacia da autoridade pública, mas sim a do interesse público primário.[7] Justamente por isso, ao tratar do assunto, Moreira Neto esclarece que o bom resultado que a moralidade administrativa impõe no exercício das funções administrativas "só pode ser o que concorra para a realização da *boa administração*, inegavelmente o que satisfaz o direcionamento aos *interesses públicos* (...)".[8]

A moralidade administrativa serve, pois, para impedir que os dirigentes estatais se desviem das finalidades do Estado de Direito, empregando seus poderes públicos no intuito de se afastar das vontades estatais democraticamente legitimadas. Com isso, insere-se um elemento finalístico na análise de legalidade de todas as ações estatais, de modo que a execução da norma jurídica pela autoridade pública somente se validará quando harmônica aos valores em que tal norma se funda ou em que deveria se fundar.

Nesse contexto, a moralidade administrativa desponta como garantia da constante legitimação da vontade estatal e, não por outra razão, está vinculada ao conceito de desvio de poder ou desvio de finalidade. O exercício justo, correto e adequado do poder estatal pelas autoridades públicas é pressuposto para que o Poder Público obtenha um mínimo de aceitação por parte da sociedade que ele representa e para a qual ele existe.[9] Na medida em que o poder é exercido moralmente, gera-se respeito pela ação estatal, tornando possíveis tanto o funcionamento mínimo da sociedade sem a necessidade de fiscalização e controle estatal de tudo e de todos, quanto o emprego da força pelo Estado em situações previamente definidas e configuradoras de infrações sob a ótica de um ordenamento jurídico vigente. O respeito pelo exercício do poder fomenta a cooperação voluntária de um mínimo da sociedade em favor do Estado, permitindo que ele continue a existir e ditar normas regentes dos comportamentos sociais,[10] sancionando os que não as observam.

---

[7] Interesses públicos primários são aqui tomados como interesses da coletividade democraticamente escolhidos e expressos nas normas jurídicas de maior hierarquia. Exemplos de interesses públicos primários são a defesa da concorrência, a proteção do consumidor, a proteção do meio ambiente, a necessidade de redução de desigualdades, o desenvolvimento nacional sustentável, a proteção da cultura e da ordem urbanística etc.

[8] MOREIRA NETO, Diogo de Figueiredo. Moralidade administrativa: do conceito à efetivação, *RDA* v. 190, p. 8, 1992. Em outros trechos do mesmo ensaio, reforçando a ideia exposta, o administrativista afirma que "políticos e servidores da Administração Pública serão moralmente censuráveis, mesmo que suas intenções sejam boas, quando suas ações empregarem o poder estatal de que foram investidos para fins estranhos aos interesses públicos que a lei lhes confiou" (*loc. cit*). Assim, o referencial da moralidade administrativa é a finalidade pública (p. 9).

[9] A legitimação estatal depende, portanto, não apenas de práticas procedimentais, ou seja, de mecanismos de participação popular direta e indireta. A conduta dos agentes públicos e os resultados atingidos pelo Estado na execução de suas políticas são também fontes de legitimação. Nesse sentido, cf. FREY, Katja. Legitimacy in administrative law: reform and reconstruction. *DVBl*, p. 703, 2010.

[10] A respeito do respeito pelo exercício do poder como condição do Estado, cf. HART, Herbert. *O conceito de direito*. 5. ed. Lisboa: Fundação Calouste Gulbenkian, 2007, p. 219.

Na medida em que um ordenamento jurídico insere a moralidade como parâmetro de verificação da constitucionalidade da ação estatal – tal como o direito brasileiro –, então passa a ser possível que a sociedade ou os cidadãos individualmente controlem o respeito à moralidade, quer na via administrativa, quer na via judicial. Essa possibilidade de controle, tratada há décadas na clássica monografia de Manoel de Oliveira Franco Sobrinho (*O controle da moralidade administrativa*), não é relevante apenas para manter os níveis morais no âmbito da Administração Pública, combatendo um ou outro caso assombroso. O controle é pragmaticamente fundamental para estimular à moralidade administrativa de modo geral e, nesse passo, ampliar a aceitação do Poder Público pela sociedade que o edifica e sustenta.

O controle adequado do valor em debate somente será possível se o princípio da moralidade se mostrar minimamente aplicável e, mais, aplicado de forma minimamente semelhante em diferentes casos concretos. A compreensão do que a moralidade administrativa representa em termos de direitos (mormente dos cidadãos) e deveres (sobretudo das autoridades públicas) se torna imprescindível para que os julgadores – na esfera administrativa ou judicial – elaborem seus juízos a respeito de um ou outro caso concreto. Eis aqui o principal desafio da ciência do direito administrativo brasileiro ao se deparar com esse princípio constitucional.

3 Critérios de análise da moralidade administrativa

As interpretações da moralidade administrativa variam de acordo com o ângulo que se adota. Aqui, serão abordados dois critérios de análise: o primeiro de natureza pessoal ou subjetiva e o segundo, de natureza material.

De um ângulo pessoal, a abrangência da moralidade administrativa é investigada de acordo com os sujeitos que compõem o Estado. Nesse sentido, a primeira concepção possível é a da moralidade administrativa como moral de um ou alguns agentes públicos. Moralidade administrativa seria a moralidade da autoridade pública ou de um conjunto de autoridades. Essa interpretação, porém, é incompatível com o texto constitucional. Se a moralidade administrativa se confundisse com a moral individual da autoridade pública ou de seus agrupamentos, esse princípio se transmutaria na consagração do arbítrio – afinal, moral individual é o império da autonomia. Nessa linha, a moralidade administrativa negaria a raiz democrática do Estado de Direito. Por essa simples razão, o princípio previsto no art. 37, *caput* da Constituição, jamais poderia representar a moral tradicional como conjunto de regras individuais autônomas e autoimpositivas. A moralidade administrativa, como parte do direito, é peculiarmente heterônoma, na medida em que é imposta ao agente público pelo ordenamento jurídico sob pena de aplicação de graves sanções.

Em segundo lugar, a moralidade administrativa poderia ser analisada como moral de uma ou mais pessoas estatais, ou seja, como "valores de ação" das entidades e órgãos administrativos. Nesse caso, a moralidade administrativa se confundiria com as intenções e valores institucionais. Ela estaria estritamente vinculada aos interesses públicos secundários, ou seja, aos interesses públicos de uma instituição específica e a despeito dos interesses públicos primários.

Ocorre que essa concepção nem sempre é compatível com a ideia de Estado Democrático de Direito, na medida em que os valores das instituições públicas somente se tornam legítimos quando compatíveis com os valores maiores do Estado. Os interesses secundários ou interesses institucionais de um ou outro órgão público somente são válidos e legítimos se decorrentes de interesses públicos primários. Justamente por isso, a moralidade administrativa não poderia significar a supremacia do interesse secundário sob o risco de se permitir que tais interesses venham a ser perseguidos em detrimento das razões que fundamentam a existência do Estado.

Como a moralidade administrativa não é a moral da autoridade administrativa, nem a moral da organização administrativa, então só lhe resta um sentido possível sob o ângulo subjetivo aqui adotado. A moralidade administrativa representa o respeito aos valores maiores do Estado, ou seja, aos valores escolhidos democraticamente e consagrados no ordenamento jurídico que justificam a existência e a ação do Poder Público, inclusive de modo a restringir a liberdade e a propriedade privada em algumas situações. Nesse sentido, a moralidade administrativa representa o dever de que as autoridades e instituições públicas observem constantemente as finalidades maiores do Estado – previstas no art. 3º da Carta Magna, por exemplo.

Ao editar normas administrativas ou ao executar normas legais e administrativas, os agentes, órgãos e instituições estão a serviço dos objetivos e valores maiores do Estado e somente agirão de modo legítimo ao combinarem normas a valores públicos.[11] Segundo Bacellar Filho, essa vinculação necessária de normas e valores é chamada de princípio da finalidade, de acordo com o qual a prática de qualquer ato de administração necessita se vincular ao escopo originário que sustenta a Administração Pública.[12] Nesse ponto, volta-se ao afirmado inicialmente: a moralidade administrativa é o imperativo dos interesses públicos primários – vale esclarecer: interesses públicos (sempre no plural) escolhidos pelo povo e impostos constitucionalmente e não pura e simplesmente "interesse público" como expressão genérica, vazia, não contextualizada e que, frequentemente no Brasil, vem sendo usada para justificar mandos e desmandos.[13]

---

[11] Nesse sentido, Langoski apresenta a observância da moralidade e sua exigência na função administrativa como "necessárias para a qualificação das atividades e dos agentes da Administração Pública, redirecionando o foco de atuação nos interesses da coletividade". Cf. O princípio constitucional da moralidade e a participação popular na Administração Pública, *RDAC*, n. 38, 2009, p. 1 da edição digital.

[12] Nesse sentido, BACELLAR FILHO, Romeu Felipe. A estabilidade do ato administrativo criador de direitos à luz dos princípios da moralidade, da segurança jurídica e da boa-fé, *RDAC*, n. 40, 2010, p. 1 da edição digital.

[13] A propósito, é o uso inadequado da expressão "interesse público" na prática administrativa que vem suscitando, ainda que inconscientemente, a revolta contra o princípio da supremacia do interesse público por parte da doutrina jurídica. O fato, porém, de haver um uso incorreto do princípio na prática não demonstra sua inutilidade como preceito político e jurídico, mas sim um problema de gestão pública, ou melhor, de falta de gerentes públicos capacitados no país. Trata-se, pois, muito mais de uma questão de ciência da administração

Assim, a primeira conclusão que se extrai é que agir de acordo com a moralidade administrativa significa agir de acordo com finalidades públicas legítimas. O princípio, porém, não se exaure nessa afirmação. Moralidade administrativa não significa primado da finalidade de qualquer maneira. Não se trata de uma releitura da antiga fórmula maquiavélica. Para que o direito administrativo seja cumprido de modo moralmente aceitável é essencial que sejam observados, no dia a dia da administração, outros mandamentos ou parâmetros primordiais – os mesmos empregados pelos órgãos de controle judicial e administrativo para verificar o cumprimento do princípio aqui debatido. É nesse momento, portanto, que ganha relevo um exame da moralidade sob a perspectiva material.

À luz dessa segunda perspectiva, cumpre apontar os limites mínimos que incidem na atuação da autoridade pública em virtude da consagração da moralidade administrativa pelo direito positivo brasileiro.[14] A esse respeito, defende-se a operacionalização do princípio mediante a observação prática, em enumeração não exaustiva,[15] da probidade, da razoabilidade e da cooperação no exercício da função administrativa. Cada um desses três vetores subdivide-se, igualmente, em uma série de deveres. São eles que, no caso prático, apresentam o suporte do controle administrativo e judicial do princípio em debate.

4 Moralidade como probidade

A probidade constitui um dos mais fortes parâmetros de concretização do princípio da moralidade administrativa. Essa afirmação se extrai, sem grande esforço, dos inúmeros dispositivos constitucionais e legais que disciplinaram, no Brasil, a probidade no exercício da função pública. Esses dispositivos, cujas raízes já se encontravam na Constituição Imperial de 1824,[16] permeiam toda a Carta Constitucional de 1988.[17]

---

do que de ciência do direito administrativo. Além disso, cumpre frisar que a supremacia do interesse público, ou melhor, dos interesses públicos nunca foi incompatível com a defesa do núcleo de direitos fundamentais, mesmo porque a proteção desses direitos constitui em si um interesse público eleito pelo povo e consagrado na Carta Constitucional de modo suficientemente claro.

[14] Afinal, "os princípios contêm orientações téticas, que exigem, salvo excepcionalmente, preceitos hipotéticos intermediários à sua aplicação aos casos concretos". Cf. MOREIRA NETO, Diogo de Figueiredo. Moralidade administrativa: do conceito à efetivação, *RDA*, v. 190, 1992, p. 19.

[15] Trata-se de enumeração não-exaustiva, pois a doutrina pátria extrai outros vetores do princípio da moralidade aqui não tratado. Bacellar Filho sustenta, por exemplo, que a moralidade administrativa está relacionada com a previsibilidade da ação pública, vinculando o princípio em questão com o da segurança jurídica. Cf. A estabilidade do ato administrativo criador de direitos à luz dos princípios da moralidade, da segurança jurídica e da boa-fé, *RDAC*, n. 40, 2010, p. 2 da edição digital.

[16] Ensina Martins Júnior que a Constituição Imperial previa ação popular contra juízes de direito e oficiais de justiça por suborno, peita, peculato e concussão (art. 157). Mais tarde, em 1957, surge a Lei nº 3.164, consagrando a vedação do enriquecimento ilícito na função pública. A improbidade na espécie de dano ao Erário surgiria apenas em 1978, com a edição da Emenda Constituição nº 11. Enfim, a improbidade como violação de princípio do direito administrativo é consagrada em 1992, ano de edição da Lei nº 8.429. Cf. MARTINS JÚNIOR, Wallace Paiva. *Probidade administrativa*. 4. ed. São Paulo: Saraiva, 2009, p. 179 e seguintes.

[17] São dignos de menção o art. 37, §4º da Constituição, que prevê algumas das sanções por atos de improbidade e a medida acautelatória de "indisponibilidade dos bens"; o art. 14, §9º, que exige do Legislador a criação de formas de inelegibilidade, para agentes políticos, como forma de promover, entre outras coisas, a probidade

A moralidade como probidade exige do administrador a boa-fé na prática de suas condutas. Impõe que o agente público exerça a função pública no desejo de *apenas* concretizar os interesses públicos primários. O Estado não deve ser utilizado como mecanismo para a realização de interesses meramente particulares do agente público, político ou não. Além disso, nem mesmo deve o agente público fingir perseguir interesses públicos para, na verdade, obter benefícios individuais indevidos para si ou gerá-los para outrem. Justamente por isso, Martins Júnior realça que a violação da probidade é a contrariedade do interesse público.[18] Essa afirmação é incontestavelmente correta.

A razão de ser de um controle de probidade na administração pública está intimamente relacionada como a constatação de que há servidores do tipo "anjo" ou "demônio". A probidade se impõe na medida em que um número razoavelmente relevante de agentes públicos se desvia ou pode se desviar dos interesses públicos quer para se enriquecer indevidamente, quer para prejudicar o Estado, inclusive economicamente, quer para prejudicar os cidadãos que se relacionam com o Poder Público. Essa premissa, de certa forma, explica a razão de a improbidade ter ganhado tanto espaço no Brasil, país infelizmente reconhecido por seus altos índices de "corrupção", tal como ressalta Langoski.[19]

Como subprincípio da moralidade que busca estimular a gestão pública profissional e pró-interesse público, a probidade tem como principal destinatário o agente público em todas as suas formas e relações. Ela atinge, portanto, o agente público quer em sua relação interna com a Administração Pública quer em relação aos cidadãos.[20] Além disso, na sistemática atual, atinge igualmente particulares que colaborem com a prática de atos de improbidade ou dele se beneficiem (art. 3º da Lei nº 8.429).

A definição do sujeito ativo de atos de improbidade não é, porém, demasiadamente problemática. Maior dificuldade apresenta, em realidade, a identificação de atos de improbidade em abstrato. Uns poderiam considerar essa discussão inútil, pois há leis que tratam dos atos de improbidade – tal como a Lei nº 8.429/1992 (Lei de Improbidade) ou a Lei nº 10.257/2001 (Estatuto da Cidade). No entanto, ainda que a legislação aponte espécies de atos de improbidade, elas são meramente exemplificativas.[21] Ora, se são exemplificativas, isso significa que um agente público pode praticar ato de improbidade não escrito, ou melhor, não

---

administrativa e o art. 85, V, que trata da improbidade como forma de crime de responsabilidade do Presidente da República. A probidade também aparece no nível das leis ordinárias, sobretudo na Lei nº 8.429/1992, que trata dos atos de improbidade administrativa, e na LPA (Lei nº 9.784/99, art. 2º, parágrafo único, IV), que trata do princípio da boa-fé e da probidade no exercício da função administrativa.

[18] MARTINS JÚNIOR, Wallace Paiva. *Probidade administrativa*. 4. ed. São Paulo: Saraiva, 2009, p. 104.

[19] "Face às atrocidades vistas diuturnamente envolvendo agentes públicos, com a dilapidação do patrimônio, corrupção, desvio de recursos do erário, entre tantos outros, ressurgiu na população o interesse pela coisa pública, pela sociedade, pelo bem-estar coletivo". Cf. LANGOSKI, Deisimara Turatti. O princípio constitucional da moralidade e a participação popular na Administração Pública. *RDAC*, n. 38, 2009, p. 1 da edição digital.

[20] Nesse sentido, cf. MARTINS JÚNIOR, Wallace Paiva. *Probidade administrativa*. 4. ed. São Paulo: Saraiva, 2009, p. 103.

[21] Note-se que os art. 9º, 10 e 11 da Lei nº 8.429/1992 utilizam a expressão "notadamente" antes de arrolar os casos de improbidade.

descrito na legislação. Assim, importa saber quando um ato de administração pública constitui um ato de improbidade.

Essa discussão está fortemente ligada à imprescindível diferenciação entre meros erros de administração ou hipóteses de má-gestão, geralmente puníveis em esfera disciplinar, e os atos de improbidade propriamente ditos. Defende-se aqui que a improbidade administrativa não é o mero erro de administração. Improbidade é o ato de má-administração marcado pela desonestidade de quem o pratica. Por essa razão, ainda que um ato de improbidade possa englobar uma infração disciplinar, o contrário nem sempre é verdadeiro. A improbidade é marcada pelo desvio intencional do agente público, seja para se enriquecer indevidamente, seja para causar dano ao Erário, seja para simplesmente violar os princípios que regem a Administração Pública. Isso significa que nem toda infração disciplinar é improbidade e que, concebivelmente, alguns atos completamente regulares sob os mandamentos disciplinares possam esconder uma improbidade, como perseguições e ações em benefício próprio.

Sob essas premissas, uma mesma situação fática, ou melhor, um mesmo comportamento comissivo ou omissivo pode ou não violar a moralidade administrativa a depender da intenção do agente. Essas situações, por exemplo, verificam-se nos casos de nepotismo,[22] de concessão de benefícios públicos ou mesmo de restrições à liberdade e à propriedade. É justamente por isso que as situações de improbidade dependem de uma análise volitiva muito mais aprofundada do que as existentes na mera verificação de simples erros de gestão no âmbito da Administração Pública.

Esse "exame da honestidade" nem sempre é possível. Notando essa dificuldade, alguns autores propugnam, no direito brasileiro, a objetivação da probidade. É o posicionamento de Di Pietro, para quem as dificuldades na identificação da intenção do agente público – que demonstraria a imoralidade *in casu* – demandam a verificação de outros aspectos de suas condutas para além do elemento finalístico/volitivo.[23] Nessa perspectiva, para objetivar a probidade e tornar possível seu exame no caso concreto seria necessário, por exemplo, examinar igualmente o conteúdo dos atos administrativos ou de administração sob o qual pairam suspeitas. A improbidade deveria ser extraída dos diversos elementos do ato administrativo, inclusive seus motivos, a forma de exposição dos motivos e sua coerência no caso concreto. O exame da intenção exigiria, portanto, um exame dos diversos elementos do ato administrativo e de sua adequação a uma situação concreta.

Essa proposta de objetivação da vontade do agente público esbarra na tipologia dos atos de improbidade. É certo que a improbidade opera apenas

---

[22] Nesse sentido, analisando a relatividade da moralidade nos casos de nepotismo e criticando a aplicação generalizada da Súmula Vinculante nº 13 do STF, cf. ANTONIO. O nepotismo sob a ótica da súmula vinculante nº 13 do STF: críticas e proposições. *RBDM*, n. 31, 2009, p. 6 da edição digital.

[23] DI PIETRO, Maria Sylvia Zanella. *Discricionariedade administrativa na Constituição de 1988*. 2. ed. São Paulo: Atlas, 2007, p. 154.

frente à margem de discricionariedade.²⁴ Contudo, não é apenas na prática de ato administrativo comissivo ou omissivo que certo agente se revela ímprobo. É possível que atos de administração, tal como atos materiais ou normativos, sejam praticados de modo imoral. Esses atos não seguem necessariamente os requisitos dos atos administrativos em sentido estrito, daí a quase impossibilidade do "exame da honestidade" do agente pela análise dos cinco elementos clássicos do ato.

De certo modo, considerando toda essa problemática e buscando aprimorar a identificação dos casos de improbidade, a legislação brasileira criou categorias de atos de improbidade que avaliam a desonestidade do agente público conforme os resultados do ato administrativo ou de administração por ele praticado. O legislador fortaleceu, assim, o papel dos efeitos externos da ação pública no sistema de controle da moralidade administrativa.

Em primeiro lugar, a Lei nº 8.429/1992 tratou dos casos de improbidade por enriquecimento indevido do agente público, os quais já eram objeto de legislação específica desde a década de 1950. Em segundo lugar, exemplificou casos de improbidade por danos ao Erário, os quais – vale recordar – ganharam reconhecimento no ordenamento jurídico brasileiro já em 1978. Em terceiro lugar, previu os casos – mais inovadores – de improbidade como violação de princípios de direito administrativo. Mais tarde, em 2016, inclui-se uma subcategoria de improbidade por concessão, aplicação ou manutenção indevida de benefício financeiro ou tributário.

Nessas categorias infrativas hipotéticas, o sinal maior da improbidade resulta dos efeitos da conduta do agente público, ou seja, da existência de um benefício financeiro indevido (efeito material mensurável), de um prejuízo ao Erário (efeito material mensurável) ou de uma violação a valores gerais da Administração Pública (efeito moral ou jurídico nem sempre mensurável). O foco do legislador é, portanto, o exame do resultado do ato e não a intenção inicial.

No entanto, o elemento subjetivo não poderia ser inteiramente ignorado sob pena de se confundir um problema de gestão pública que deveria ser resolvido na esfera disciplinar com um caso grave de violação à moralidade-probidade. Assim, a despeito de todo esse esforço legislativo, parece, infelizmente, que a dificuldade ainda persiste. A valorização dos resultados danosos da conduta do agente público no sistema atual de controle da probidade administrativa não deve afastar uma análise minimamente cautelosa dos motivos do agente público e do contexto em que o ato é praticado.

Um exame sistemático da improbidade no caso concreto é imprescindível, pois não é ideal, nem tampouco justo, que meros erros de gestão sejam confundidos

---

²⁴ "É principalmente no âmbito dos atos discricionários que se encontra campo mais fértil para a prática de atos imorais, pois é neles que a Administração Pública tem liberdade de opção entre várias alternativas; todas elas válidas perante o direito. Ora, pode perfeitamente ocorrer que a solução escolhida pela autoridade, embora permitida pela lei, em sentido formal, contrarie valores éticos não protegidos diretamente pela regra jurídica, mas passíveis de proteção por estarem subjacentes em determinada coletividade". DI PIETRO, Maria Sylvia Zanella. *Discricionariedade administrativa na Constituição de 1988*. 2. ed. São Paulo: Atlas, 2007, p. 161.

com desonestidade. Em outras palavras: não é adequado que se puna igualmente o administrador que erra – tal como qualquer outro profissional no exercício de seu ofício – e o administrador que – errando ou acertando – deseja afrontar a moralidade administrativa. Resta assentado na jurisprudência pátria que a improbidade sempre envolve um elemento (i)moral,[25] o qual nem sempre está presente em erros de gestão e, mesmo, em infrações disciplinares.

Outro aspecto crítico do controle de improbidade no Brasil diz respeito ao sistema sancionatório previsto na Lei nº 8.429/1992. Havia, até certo tempo atrás, um problema de razoabilidade na cominação de sanções por imoralidade, haja vista a redação dúbia do art. 12 da lei mencionada. A despeito do avanço da legislação criada na década de 1990 no tocante a tipologia dos atos de improbidade, bem como aos seus sujeitos passivos e ativos, a gravidade e a inflexibilidade das sanções ali previstas suscitavam, fundamentalmente, forte crítica da doutrina especializada e da advocacia privada.

Nesse particular, não se poderia deixar de mencionar o papel da Lei nº 12.120, de 15 de dezembro de 2009, como resposta a essas críticas. Esse diploma reformou a sistemática das sanções por ato de improbidade, conferindo mais flexibilidade ao julgador para adequar as sanções legais à gravidade da violação da moralidade administrativa no caso concreto.

Sanando as dúvidas que pairavam a respeito do art. 12, *caput,* da Lei de Improbidade, o diploma de 2009 consagrou o entendimento de que as graves sanções de punição de agentes condenados pela prática de improbidade são, na verdade, de aplicação isolada ou cumulativa. Isso significa que, na prática, o juiz agora tem a possibilidade de aplicar uma ou mais das sanções previstas na lei e – tal como já se autorizava anteriormente – dosar algumas dessas sanções, tal como a multa e o prazo de suspensão dos direitos políticos.

Ao contrário do que possa parecer, essa indisputável flexibilização do sistema sancionatório, ao mitigar as injustiças que a aplicação cumulativa de sanções era capaz de causar em casos menores, tornou o sistema de controle de improbidade administrativa muito mais forte. A razão é simples. Antes, o juiz via-se em um jogo de "tudo ou nada" e, naturalmente, poderia sentir-se desestimulado a condenar um caso de improbidade em virtude da injustiça gerada pela aplicação cumulativa das sanções – dada a obscuridade do texto legal. Hoje, a nova redação do art. 12 da Lei de Improbidade, conferindo a possibilidade de aplicação isolada das sanções, afasta os riscos de injustiça e, portanto, estimula a aplicação da lei mesmo aos casos em que a violação da moralidade seja mínima ou em que os resultados materiais (financeiros) do ato ímprobo sejam ínfimos.[26]

---

[25] Exatamente por isso, os Tribunais Superiores passaram a negar a aplicação do princípio da insignificância em relação a esse tipo de ilícito. Cf. STJ, HC nº 148.765 – SP 2009/0188500-0, rel. Min. Maria Thereza de Assis Moura, 6ª T., j. 11/05/2010, *DJe* 31/05/2010 e STJ, REsp nº 892.818/RS, Rel. Ministro Herman Benjamin, 2ª Turma, j. 11/11/2008, *DJe* 10/02/2010.

[26] Acerca do assunto, cf. MARRARA, Thiago. Pequenas improbidades? *Jornal Carta Forense*, fev. 2011, p. A-16.

Outra inovação que gerou mais flexibilidade ao sistema sancionador foi a adoção da possibilidade de acordos de não persecução cível. A princípio, a Lei de Improbidade vedava todo e qualquer tipo de transação. Mais tarde, com o fortalecimento do modelo de consensualização, assentado em reconhecidos benefícios, como ganhos de legitimidade e eficiência estatal, aumentaram as pressões para afastar referido dispositivo proibitivo. Num primeiro momento, chegou-se incorretamente a cogitar que a LINDB, alterada em 2018, teria revogado a vedação dos acordos em improbidade ao prever, no art. 26, um autorizativo geral para celebração de compromissos com o objetivo de eliminar irregularidade, incerteza jurídica ou situação litigiosa. Entretanto, isso jamais poderia ocorrer, pois embora a autorização de compromissos da LINDB seja posterior à lei de improbidade, sabe-se que normas gerais não revogam tacitamente norma especial. Por isso, uma mudança definitiva da legislação de combate da improbidade ocorreu somente com a adoção do pacote anticrime (Lei nº 13.964/2019), que deu ao art. 17, §1º da LIA a seguinte redação: "as ações de que trata este artigo admitem a celebração de acordo de não persecução cível, nos termos desta lei". Ruma-se, agora, para consolidar o regime de acordo, esclarecendo seus elementos e normas de funcionamento, sobretudo porque o legislador não lhe deu mais detalhes em nível legal.

5 Moralidade como razoabilidade

Um segundo vetor de concretização do princípio da moralidade administrativa – e que se soma ao subprincípio da probidade – é a razoabilidade. Ainda que não consagrado expressamente na Constituição Federal, trata-se de valor incontestável do ordenamento jurídico brasileiro. Isso se torna evidente ao se considerar o espaço que lhe foi reservado em inúmeros diplomas e corpos constitucionais estaduais – tal como revelam a LPA federal (art. 2º, *caput*), a LINDB em suas recentes disposições (art. 20, parágrafo único, art. 21, parágrafo único, art. 23 etc.) e a Constituição do Estado de São Paulo (art. 111).

A razoabilidade, também designada de proporcionalidade em sentido amplo pelos alemães,[27] opera sempre que o Estado se depara com uma margem de escolha ou um espaço de discricionariedade. Isso significa que seu exame é possível em dois planos, a saber: o legislativo e o administrativo. Em ambos, o conteúdo do princípio é o mesmo. Ele demanda a avaliação da adequação, necessidade e proporcionalidade em sentido estrito das ações estatais. Destarte, para se compreender a razoabilidade legislativa e administrativa, há que se partir das definições dessas três regras que a concretizam.

A adequação do ato estatal consiste em sua aptidão para o fim público que orienta sua prática. Considerando-se que o Estado existe em função de interesses públicos e, por conseguinte, que os atos estatais (legislativos, executivos e judiciais)

---

[27] Cf. MAURER, Hartmut. *Allgemeines Verwaltungsrecht*, 13. ed. Munique: Beck, 2000, p. 239-240.

são praticados para atender a esses interesses, então um ato estatal somente se mostra moralmente aceitável e legítimo na medida em que, faticamente, seja capaz de promover um determinado interesse público no caso concreto. A regra da adequação configura, portanto, um mandamento de correlação lógica entre o ato estatal (ato administrativo, normativo ou ato material) e a finalidade pública que o justifica.

Essa exigência de causalidade entre mandamento concreto e resultado público esperado tem se manifestado em inúmeros dispositivos legais. Apenas para exemplificar, nos termos do art. 2º, parágrafo único da LPA federal, em qualquer processo administrativo, a interpretação da norma deve se realizar da "forma que melhor garanta o atendimento do fim público a que se dirige" (inciso XIII) e sempre se deverá buscar "a adequação entre meios e fins". Na LINDB, essa lógica é reforçada. O art. 20, parágrafo único, impõe que a motivação revele, entre outras coisas, "a adequação da medida imposta ou da invalidação de ato, contrato, ajuste, processo ou norma administrativa...".

O mero cumprimento da adequação não é suficiente, porém, para que um ato seja razoável. É imprescindível que esse ato, além de adequado, seja praticado com observância às regras da necessidade e da proporcionalidade.

Necessário é o ato estatal mais brando dentre os atos adequados. Um exemplo torna essa afirmação mais clara. Um Município poderia reduzir a poluição do meio ambiente urbano mediante a restrição do uso de veículos automotores (rodízio, por exemplo) ou pela proibição do uso de qualquer veículo automotor no território municipal. Ambas as soluções são aptas para promover um interesse público primário (a defesa do meio ambiente conforme manda o art. 225 da Constituição da República). São, pois, adequadas. No entanto, a proibição geral de uso de veículos é desnecessária, na medida em que existem outras soluções mais brandas para se atingir a mesma finalidade pública (*e.g.*, rodízio).

Assim, ainda que haja adequação, apenas uma das medidas mencionadas será necessária e somente esta poderá ser válida frente ao princípio constitucional da razoabilidade e, por conseguinte, da moralidade administrativa. A necessidade, portanto, depende de um exame comparativo de soluções, um cotejo de alternativas. É o que se confirma na legislação. A LPA federal, mais uma vez no art. 2º, parágrafo único, veda a "imposição de obrigações, restrições e sanções em *medida superior àquelas estritamente necessárias* ao atendimento do interesse público". A seu turno, a LINDB, novamente no art. 20, parágrafo único, destaca que a motivação demonstrará a "necessidade... inclusive em face das possíveis alternativas".

Além da adequação e necessidade, a razoabilidade depende da confirmação da proporcionalidade em sentido estrito. A medida estatal somente será aceitável caso os benefícios públicos que originar compensarem os prejuízos causados ao particular. Trata-se, aqui, de um exame de custo-benefício. Os benefícios públicos (para o interesse primário) de certa medida devem superar seus custos em termos de restrição da liberdade ou da propriedade privada. Se os benefícios públicos compensarem as restrições aos cidadãos e, simultaneamente, se a medida for apta e a mais branda possível, então os três elementos da razoabilidade terão sido cumpridos, tornando a medida moral.

Como já adiantado, essas três regras se aplicam a medidas estatais em relação às quais haja um poder de escolha ou margem de discricionariedade. Assim, a razoabilidade diz respeito tanto às atividades legislativas, quanto às administrativas. Seu foco é o conteúdo (em si e do ponto de vista comparativo) das atividades e ações estatais, daí porque difere da probidade – subprincípio que focaliza diretamente os agentes públicos no exercício de suas funções e, eventualmente, agentes privados envolvidos na prática do ato de improbidade. Como a razoabilidade se refere às atividades estatais e não às condutas dos agentes públicos, então em relação a ela não se faz necessário um juízo acerca da intenção do agente público. O "exame da honestidade" é prescindível para a identificação da irrazoabilidade.

Na esfera legislativa especificamente, a razoabilidade exige que o Poder Legislativo apenas crie restrições à liberdade e à propriedade – e, por conseguinte, poderes restritivos de polícia administrativa – que estejam em consonância com as regras da adequação, necessidade e proporcionalidade. Esse tipo de razoabilidade, de difícil controle, é relevantíssimo para o estudo da própria razoabilidade no exercício da função pública.

Como razoabilidade pressupõe margem de escolha, não serão passíveis de um juízo de adequação, necessidade e proporcionalidade os elementos da conduta administrativa vinculados à decisão do Legislador, ou seja, expressamente determinados pela lei sem possibilidade de alteração pelo administrador público.[28] Nas hipóteses em que o poder administrativo é vinculado à solução dada pelo legislador, uma eventual discussão acerca da razoabilidade poderá se referir tão somente à *razoabilidade da lei*.

Ademais disso, mesmo nas situações em que a discricionariedade administrativa existe, a imoralidade da norma legal gera implicações. Como já sustentado, é possível que a norma jurídica seja imoral, amoral ou moral. Se a imoralidade (como irrazoabilidade) for inerente à norma editada pelo Poder Legislativo, então automaticamente a ação de execução dessa norma pelo agente público será imoral, mas a despeito de sua vontade – daí não se possível falar de improbidade do agente. Por isso, se a imoralidade está na norma, é esta que deve ser atacada primariamente no controle da moralidade administrativa.

Em síntese: para os atos vinculados, o debate da razoabilidade se restringe à legislação que os rege. Já quanto às ações administrativas marcadas por algum grau de discricionariedade, a razoabilidade poderá ser discutida tanto em relação

---

[28] Vale lembrar que um ato administrativo pode ser, ao mesmo tempo, discricionário em relação a alguns elementos e vinculado em relação a outros. Na verdade, é praticamente impossível que todos os elementos do ato sejam previstos em lei. Mesmo quanto ao ato mais vinculado, existe sempre uma margem de discricionariedade, frequentemente quanto ao momento exato de sua produção. A irrazoabilidade, portanto, é exame pertinente apenas aos elementos sujeitos à escolha, legalmente autorizada, do administrador público.

ao plano legislativo (discricionariedade do conteúdo normativo da lei), quanto ao plano executivo (ou seja, à discricionariedade no exercício do poder normativo, na prática de atos administrativos e demais atos de administração).

Vale destacar, ainda, que o uso da discricionariedade – em que se dá margem à prática de atos irrazoáveis e, muitas vezes, ímprobos – não se confunde com a tarefa de interpretação do texto normativo. A interpretação é etapa prévia. Nela, o intérprete (administrador público) extrai a norma do texto e daí redunda ou não a conclusão acerca dos limites de seu poder de decisão. Essa atividade é frequentemente essencial, pois, como diz Hart, "a textura aberta do direito deixa um vasto campo à atividade criadora".[29] A discussão acerca da razoabilidade não diz respeito à interpretação. Ela se concentra no uso da discricionariedade, ou seja, da margem de escolha que o administrador público verifica existir após ter realizado a correta interpretação do texto legislado.

Pode-se indagar se a atividade interpretativa também se sujeita a desvios morais e a resposta será claramente positiva. Ainda que a interpretação do texto normativo deva ser feita sempre de boa-fé e no intuito de promover os interesses públicos primários,[30] é inquestionável que a autoridade pública – desejando – poderá deturpar, com mais ou menos atrevimento, os métodos interpretativos para atingir fins ilícitos, imorais e ilegítimos.

No entanto, essa interpretação realizada de má-fé e com o escopo de subverter interesses públicos – claramente imoral – não consiste propriamente em um problema de razoabilidade, mas sim de improbidade. Desse modo, por ilustração, a interpretação que abusiva e intencionalmente cria uma margem de discricionariedade quando esta não existe configura uma interpretação imoral e, por conseguinte, um claro ato de improbidade por violação dos princípios basilares do direito administrativo. Novamente aqui desponta a diferença funcional dos subprincípios da improbidade e da razoabilidade – ambos concretizadores da moralidade administrativa.

6 Moralidade como cooperação

O terceiro vetor do princípio da moralidade administrativa é a cooperação. Trata-se da faceta menos abordada até hoje pela ciência do direito administrativo no Brasil. Nas linhas a seguir, pretende-se evidenciar que este valor é inerente ao princípio da moralidade administrativa, na medida em que sustenta o adequado funcionamento do Estado e promove o respeito mútuo nas relações de natureza jurídico-administrativa.

---

[29] HART, Herbert. *O conceito de direito*. 5. ed. Lisboa: Fundação Calouste Gulbenkian, 2007, p. 220.
[30] É o que determina a LPA federal. De acordo com seu art. 2º, parágrafo único, XII, a interpretação da norma administrativa deve ser realizada do modo que "melhor garanta o atendimento do fim público a que se destina", vedando-se a aplicação retroativa de nova interpretação.

Cooperação nada mais é que trabalho conjunto, apoio, ajuda ou suporte operacional.[31] Trazendo essa noção básica para o campo do direito administrativo e da Administração Pública, é possível desenhar um conceito de cooperação administrativa que se divide basicamente em três modalidades: a cooperação interna ou intra-administrativa, a cooperação interadministrativa e a cooperação na relação entre Poder Público e cidadão.

A *cooperação intra-administrativa* ou interna é aquela que opera no âmbito dos órgãos e das entidades públicas. Cooperação administrativa, nesse contexto, é a disposição para o apoio institucional e profissional mediante o qual esforços são somados para permitir a realização das tarefas públicas de modo adequado, eficiente e eficaz. Esse tipo de cooperação constitui um dever funcional de apoio recíproco entre agentes públicos com vistas a possibilitar o bom funcionamento do Estado.

Para que seja lícita, a cooperação se sujeita a determinados limites. Assim, por exemplo, é necessário que se observem as balizas impostas pela teoria das competências administrativas (vedando usurpação de funções) e pela teoria da delegação e da avocação – institutos que, hoje, estão amplamente disciplinados na LPA Federal.[32] Em outras palavras, a cooperação administrativa é moralmente desejada quando promove a eficiência e, simultaneamente, não viola as normas de delegação, avocação e exercício regular das funções pelos agentes competentes. A cooperação intra-administrativa não deverá, pois, servir de argumento para que um superior hierárquico esvazie, abusivamente, as atribuições de um órgão inferior ou abra mão de todas as suas tarefas, nem mesmo para que um órgão público exerça funções que estejam sob competência exclusiva de outro.

A *cooperação interadministrativa*, por sua vez, consiste no apoio recíproco de natureza interinstitucional, ou seja, aquele que envolve duas ou mais pessoas jurídicas estatais de uma ou mais esferas da Federação. Essa forma cooperativa entre entes federativos encontra seu fundamento maior no art. 23 da Constituição da República, dispositivo que consagrou uma série de competências executórias comuns à União, aos Estados e Municípios. O rol de atividades previsto no dispositivo constitucional não pode ser, porém, interpretado de modo literal e restritivo. Em outras palavras, a presença de certas competências materiais comuns não exclui a cooperação em outros setores não mencionados pela Constituição, salvo quando houver competência exclusiva de determinada entidade.

Defende-se, pois, que a cooperação administrativa interinstitucional é devida mesmo em situações nas quais não haja competência comum expressa.[33]

---

[31] Sobre a cooperação na administração pública e direito administrativo, cf. PÜTTNER, Günther. *Verwaltungslehre*. 3. ed. Munique: Beck, 2000, p. 135-137 e MARRARA, Thiago. *Planungsrechtliche Konflikte in Bundesstaaten*. Hamburgo: Dr. Kovac, 2009, p. 134-138.

[32] A respeito, cf. MARRARA, Thiago. Competência, delegação e avocação na Lei de Processo Administrativo (LPA). *RBDP*, n. 29, 2010, p. 29 e seguintes.

[33] Essa conclusão também se extrai de uma série de dispositivos legais. Exemplo disso se vislumbra nos art. 35 e 37 da LPA (Lei nº 9.784/99). O primeiro dispõe que, "quando necessária à instrução do processo, *a audiência*

Todas as instituições públicas, a despeito de seus interesses privativos, são criadas para conferir forma ao Estado-guardião dos interesses públicos escolhidos de modo democraticamente legítimo. Como o Estado existe em razão e em função da sociedade e dos interesses públicos por ela eleitos, a Administração Direta e a Indireta têm o dever de agir em prol do cumprimento das tarefas estatais maiores. Sendo assim, sempre que o desempenho de atividades administrativas institucionais por uma entidade pública depender da colaboração de outros entes da Administração, essa colaboração será devida, salvo por imperativos maiores ou impedimentos legais justificáveis.

Em terceiro lugar, surge a *cooperação administrativa na relação entre Administração Pública e cidadão*. Assim como o cidadão tem o dever de cooperar com a Administração Pública no exercício de suas funções,[34] às autoridades, aos órgãos e às entidades públicas compete a tarefa de auxiliar os cidadãos no exercício de seus direitos e no cumprimento de seus deveres – fórmula expressamente consagrada na LPA federal.[35]

A *cooperação para o exercício dos direitos* gera para a autoridade pública o dever de informar os cidadãos sobre os requisitos, condições e procedimentos para o devido gozo de direitos individuais, coletivos e difusos mesmo quando tal autoridade não esteja expressamente obrigada a se manifestar. O Estado, constatando as dificuldades do indivíduo para concretizar sua cidadania, deve agir de ofício, oferecendo-lhe as informações e, quando cabível, as condições materiais para que possa gozar de seus direitos legalmente garantidos. O fundamento para tanto é óbvio: como o Estado existe pelo povo e para o povo, não podem as autoridades públicas quedar inertes frente às dificuldades de um cidadão para compreender a ordem jurídica e, com base em seus mandamentos, exercer seus direitos.

---

de outros órgãos ou entidades administrativas poderá ser realizada em reunião conjunta, com a participação de titulares ou representantes dos órgãos competentes, lavrando-se a respectiva ata, a ser juntada aos autos" (g.n.). O segundo prescreve que, "quando o interessado declarar que fatos e dados estão registrados em documentos existentes na própria Administração responsável pelo processo *ou em outro órgão administrativo*, o órgão competente para a instrução proverá, de ofício, à obtenção dos documentos ou das respectivas cópias" (g.n.). Além desses dispositivos gerais do processo administrativo, há normas de cooperação interinstitucional em leis específicas, tal como a Lei de Defesa da Concorrência (Lei nº 8.884/1994). O art. 36 desse diploma determina que "as autoridades federais, os direitos de autarquia, fundação, empresa pública e sociedade de economia mista e federais são obrigados a prestar, sob pena de responsabilidade, toda a assistência e colaboração que lhes for solicitada pelo CADE ou SDE, inclusive elaborando pareceres técnicos sobre as matérias de sua competência".

[34] Isso ocorre mediante restrições à propriedade – tal como se verifica no tombamento (para promoção da cultura) e da requisição (em caso de guerra) – e mediante restrições à liberdade, por exemplo em razão de normas restritivas da liberdade de construir, da liberdade de conduzir veículos automotores e da liberdade de exercício de profissão. Todas essas restrições decorrem de um poder de polícia administrativo. Apesar de terem como característica a unilateralidade e coercibilidade, as finalidades do poder de polícia dependem grandemente da cooperação voluntária de parte significativa da população. Daí porque a unilateralidade da ação estatal não é noção incompatível com a de cooperação social. Além disso, é possível se falar de cooperação processual do cidadão em benefício da administração, tal como se verifica no art. 4º, IV, da LPA (Lei nº 9.784/99).

[35] Nos termos do art. 3º, I, da LPA, o administrado tem o direito, perante a Administração Pública, de "ser tratado com respeito pelas autoridades e servidores, que *deverão facilitar o exercício de seus direitos e o cumprimento de suas obrigações*" (g.n.).

De outra parte, a *cooperação para o cumprimento de deveres* pelo cidadão também é imprescindível. Já dizia Hart que os indivíduos que vierem a ser punidos pela violação do direito deverão ter tido a oportunidade de obedecê-lo.[36] Isso parte de uma premissa fática insuperável: a violação das normas nem sempre é intencional.

Não raro, infrações administrativas decorrem do desconhecimento das normas administrativas ou de dificuldades no cumprimento do que o ordenamento jurídico determina ao cidadão. Isso vale especialmente para as normas de direito administrativo e ramos correlatos, como o direito ambiental. Nessas áreas, a legislação é tão caótica e confusa que, frequentemente, infrações se originam da incompreensão das normas jurídicas e, por conseguinte, dos deveres e procedimentos necessários para a prática de uma conduta legalmente correta perante a Administração Pública.

É nesse contexto que a moralidade-cooperação atua. Se o cidadão recorrer ao Poder Público no intuito de obter informações para o devido cumprimento de seus deveres, competirá à autoridade pública prestar informações corretas e adequadas que estejam em sua esfera de competência para evitar infrações. Ao aplicar eventuais sanções em virtude de suas falhas de cooperação no esclarecimento dos cidadãos, a Administração Pública estará agindo de modo claramente imoral.

A aceitação aqui proposta de uma concepção de moralidade também como cooperação administrativa, em qualquer uma das três vertentes ou relações apontadas, é inevitável ao se cotejar o princípio da moralidade frente aos princípios da eficiência e da publicidade na Administração Pública.

De um lado, o princípio da eficiência, somado ao princípio da moralidade, impõe a soma de esforços institucionais para a consecução de interesses públicos primários, estimulando, pois, a cooperação administrativa de natureza interadministrativa e intra-administrativa. De outro, o princípio da publicidade somado ao da moralidade dá origem ao que Edwin Czerwick batizou de função da comunicação administrativa.[37] Em um Estado democrático, esta função consiste na informação e orientação do cidadão pelo Poder Público no intuito de permitir o exercício de direitos e estimular o cumprimento de deveres perante o Estado, como bem afirmou a LPA federal.[38]

7 Conclusão: moralidade e boa administração

Diogo de Figueiredo Moreira Neto certa vez escreveu: a "pesquisa da imoralidade é mais exigente do que a da ilegalidade e, sem dúvida, muito mais

---

[36] HART, Herbert. *O conceito de direito*. 5. ed. Lisboa: Fundação Calouste Gulbenkian, 2007, p. 223.
[37] CZERWICK, Edwin. Strukturen und Funktionen der Verwaltungs kommu nikation, *Die Öffentliche Verwaltung (DÖV)* 1997, p. 973 e seguintes.
[38] Nesse sentido, HILL, Hermann. Verwaltungskommunikation und Verwaltungsverfahren unter europäischen Einfluss, *Das Deutsche Verwaltungsblatt (DVBl.)* 2002, p. 1317.

difícil".³⁹ Mesmo tomando essa expressão como certa – em razão das incertezas acerca da relação entre Direito e Moral, bem como da vagueza inicialmente apontada da expressão "moralidade administrativa" – o presente ensaio buscou oferecer parâmetros concretos para o exame do princípio em cotejo.

Esses parâmetros foram delimitados por três expressões: moralidade-probidade, moralidade-razoabilidade e moralidade-cooperação. Em breve síntese, sustenta-se que a moralidade administrativa impõe a atuação proba, razoável e cooperativa da Administração Pública, suas entidades, órgãos e agentes públicos quer em relações internas, ou seja, em relações entre os próprios órgãos e agentes públicos, quer em relações externas, *i.e.*, envolvendo a Administração Pública, de um lado, e os administrados, de outro.

Somente o respeito constante e simultâneo aos três vetores é capaz de concretizar a moralidade no exercício da função pública e permitir que se fale de uma "boa administração". Afinal, em um cenário democrático, tal como anota Egon Bockmann Moreira, administração pública e moralidade andam juntas.⁴⁰ A necessidade de legitimação do Estado e de suas ações exige mais que a mera legalidade. Demanda, na verdade, uma administração pública integralmente compatível com os valores constitucionais e, sobretudo, comprometida com a concretização de interesses sociais legitimamente eleitos,⁴¹ os chamados interesses públicos primários. A busca da finalidade pública não deve ocorrer, porém, de modo maquiavélico. À finalidade devem se somar condutas comprometidas, na prática, pela probidade ou honestidade dos agentes públicos, pela cooperação desses agentes públicos em relação a si mesmos e aos cidadãos e pela razoabilidade na escolha do tipo e conteúdo de seus atos, sobretudo aqueles que venham a restringir direitos fundamentais.

Diga-se mais. Esses três vetores não deverão ficar restritos às atividades exercidas pelos entes clássicos da Administração Pública Direta e Indireta. A moralidade administrativa hoje vai além, impregnando qualquer manifestação de gestão pública. Desse modo, em tempos de desestatização, parcerias, terceiro setor e forte descentralização administrativa, fundamental se mostra que a moralidade e seus vetores também se estendam plenamente a entidades privadas que exerçam atividades estatais.⁴²

---

³⁹ MOREIRA NETO, Diogo de Figueiredo. Moralidade administrativa: do conceito à efetivação, *RDA*, v. 190, p. 11, 1992.

⁴⁰ Nas palavras do administrativista, "o prestígio à moralidade em sentido amplo é inerente a um Estado Democrático... sem a efetividade no respeito à moral público, existirá só e tão-somente eventual democracia formal". MOREIRA, Egon Bockmann. *Processo administrativo*. 4. ed. São Paulo: Malheiros, 2010, p. 108-109.

⁴¹ Em sentido semelhante, entendendo a Administração Pública como "um aparato constituído pelo Estado para a realização do bem comum", cf. BACELLAR FILHO, Romeu Felipe. A estabilidade do ato administrativo criador de direitos à luz dos princípios da moralidade, da segurança jurídica e da boa-fé. *RDAC*, n. 40, 2010, p. 1 da edição digital.

⁴² Nesse sentido, cf. MOREIRA NETO, Diogo de Figueiredo. Moralidade administrativa: do conceito à efetivação, *RDA*, v. 190, p. 38, 1992 e MOREIRA, Egon Bockmann. *Processo administrativo*. 4. ed. São Paulo: Malheiros, 2010, p. 112.

Referências

ANTONIO, Alice Barroso de. O nepotismo sob a ótica da Súmula Vinculante n. 13 do STF: críticas e proposições. *RBDM*, n. 31, 2009, edição digital.

BACELLAR FILHO, Romeu Felipe. A estabilidade do ato administrativo criador de direitos à luz dos princípios da moralidade, da segurança jurídica e da boa-fé. *RDAC*, n. 40, 2010, edição digital.

CZERWICK, Edwin. Strukturen und Funktionen der Verwaltungs kommunikation, *Die Öffentliche Verwaltung (DÖV)* 1997.

DI PIETRO, Maria Sylvia Zanella. *Discricionariedade administrativa na Constituição de 1988*. 2. ed. São Paulo: Atlas, 2007.

FREY, Katjia. Legitimacy in administrative law: reform and reconstruction, *Das Deutsche Verwaltungsblatt (DVBl.)* 2010, p. 703-704.

GOYARD-FABRE, Simone. *Os fundamentos da ordem jurídica*. São Paulo: Martins Fontes, 2007.

HART, Herbert. *O conceito de direito*. 5. ed. Lisboa: Fundação Calouste Gulbenkian, 2007.

HILL, Hermann. Verwaltungskommunikation und Verwaltungsverfahren unter europäischen Einfluss, *Das Deutsche Verwaltungsblatt (DVBl.)* 2002, p. 1316-1327.

LANGOSKI, Deisimara Turatti. O princípio constitucional da moralidade e a participação popular na Administração Pública, *RDAC*. n. 38, 2009, edição digital.

MARRARA, Thiago. Competência, delegação e avocação na Lei de Processo Administrativo (LPA). *RBDP*, n. 29, p. 29-50, 2010.

MARRARA, Thiago. Pequenas improbidades? *Jornal Carta Forense*, fevereiro de 2011, p. A-16.

MARRARA, Thiago. *Planungsrechtliche Konflikte in Bundesstaaten*: eine rechtsvergleichende Untersuchung am Beispiel der raumbezogenen Planung in Deutschland und Brasilien. Hamburgo: Dr. Kovac, 2009.

MAURER, Hartmut. *Allgemeines Verwaltungsrecht*. 13. ed. Munique: Beck, 2000.

MARTINS JÚNIOR, Wallace Paiva. *Probidade administrativa*. 4. ed. São Paulo: Saraiva, 2009.

MOREIRA NETO, Diogo de Figueiredo. Moralidade administrativa: do conceito à efetivação. *RDA*, v. 190, 1992, p. 1-44.

MOREIRA, Egon Bockmann. *Processo administrativo*: princípios constitucionais e a Lei 9.784/1999. 4. ed. São Paulo: Malheiros, 2010.

PÜTTNER, Günther. *Verwaltungslehre*. 3. ed. Munique: Beck, 2000.

Informação bibliográfica deste texto, conforme a NBR 6023:2018 da Associação Brasileira de Normas Técnicas (ABNT):

MARRARA, Thiago. O conteúdo do princípio da moralidade: probidade, razoabilidade e cooperação. In: MARRARA Thiago (coord.). *Princípios de direito administrativo*. 2. ed. rev., ampl. e atual. Belo Horizonte: Fórum, 2021. p. 205-226. ISBN 978-65-5518-166-1.

RAZOABILIDADE, PROPORCIONALIDADE E PROBIDADE ADMINISTRATIVA: TUTELA ADEQUADA DO INTERESSE PÚBLICO ANTICORRUPÇÃO

JOSÉ ROBERTO PIMENTA OLIVEIRA

1 Introdução

O presente ensaio tem como escopo avaliar, sob um viés crítico, a incidência do postulado da razoabilidade e da proporcionalidade no regime da Improbidade Administrativa no contexto do Direito Administrativo Sancionador (DAS) Brasileiro Anticorrupção, em vista dos interesses públicos perseguidos nesse domínio punitivo pelo Estado.

Sempre foi problemática a definição do conteúdo do princípio constitucional da moralidade, inserido no plano constitucional, no artigo 37, *caput*, da atual Lei Fundamental. Doutrina e jurisprudência até a presente data não chegaram a consenso. Isso não prejudicou, no entanto, o avanço das normas de Direito Administrativo que visam resguardar a moralidade administrativa, entendida como o conjunto global de normas morais, informadas pelos valores e determinações agasalhados explícita ou implicitamente a partir da Lei Maior, que devem ser observadas na função administrativa no conjunto da organização do Estado, sob o paradigma de Estado Democrático de Direito, que proclama a tutela abrangente de interesses públicos e a realização de direitos e garantias fundamentais, em prol de indivíduos e comunidade.

Nesses últimos 30 anos de vigência da Lei Máxima, houve um sucessivo aperfeiçoamento de normas que visam à tutela da moralidade administrativa, em especial, a tutela da probidade administrativa, em razão do igualmente crescente e disseminado fenômeno da corrupção (no sentido amplo) no aparelho do Estado (setor público), e, mesmo, na própria vida econômica e social (setor privado), fenômeno que pode ser muito bem medido pela aprovação no cenário internacional e internalização no ordenamento brasileiro da Convenção das Nações Unidas contra a Corrupção (Decreto nº 5.687, de 3101.2006), na esteira das Convenções Anticorrupção da OCDE e OEA. A corrupção, em um mundo globalizado e pós-moderno, tornou-se uma patologia inelimínável, resistente, deletéria, em permanente linha de evolução onde se instala, em nível local, regional, nacional e internacional, no âmbito público e privado.

Há relevante interesse público na formulação e implementação de uma política pública anticorrupção. Restrições de direitos individuais são estabelecidas para tutelar o interesse público anticorrupção. Porém, há necessidade de investigar se o modelo sancionatório em epígrafe (em aspectos fundamentais) está compatível sob a ótica dos postulados da razoabilidade e proporcionalidade inerentes ao Estado de Direito pós-moderno. Para tanto, só estudos específicos sobre o Sistema Brasileiro Anticorrupção, destacadamente a análise de normas do DAS Anticorrupção, podem contribuir nesse imprescindível exame.

No presente trabalho, serão analisadas as estruturas do sistema de responsabilização pela prática de atos de improbidade administrativa, cujos contornos estão na Lei Geral de Improbidade Administrativa (Lei nº 8.429/1992, doravante LGIA) e Lei de Improbidade das Pessoas Jurídicas (Lei nº 12.846/2013, doravante LIPJ). A abordagem será dividida em quatro tópicos: inicialmente, a investigação volta-se para o interesse público anticorrupção, que motiva a política estatal anticorrupção, no plano interno e internacional; em seguida, haverá a delimitação do postulado da razoabilidade e da proporcionalidade que serão utilizados; e na terceira parte objetiva-se estabelecer os parâmetros materiais do interesse público anticorrupção no contexto do DAS da Probidade, e, na última parte, elegem-se dois aspectos centrais do regime de DAS da Probidade Administrativa – responsabilização objetiva e consensualidade, para apreciação e crítica.

Certamente, não haverá a menor possibilidade de esgotar o tratamento do tema, mas a ideia é apresentar a presente perspectiva de análise dogmática na Agenda Anticorrupção, que há de ser continuamente revisitada e aperfeiçoada, dada a sua fundamentalidade para as instituições republicanas e democráticas. Ao final, sumarizam-se conclusões, com referências bibliográficas.

2 O interesse público anticorrupção

A Constituição Federal permite o reconhecimento de que a República Federativa do Brasil tem o dever jurídico de perseguir ou de atender ao (ora denominado) *interesse público anticorrupção*, como categoria que deve permear a elaboração de política pública consistente e coerente de Estado (e não de Governos, marcados pela sua eletividade e representatividade), no âmbito da Administração Pública Direta e Indireta de qualquer dos Poderes da União, dos Estados, do Distrito Federal e dos Municípios, em decorrência do princípio da moralidade, insculpido no *caput* do artigo 37. Em rigor, trata-se de interesse público afeto ao exercício de todas as funções estatais, estruturante da Organização do Estado, e de todas as suas instituições. Desdobra-se como interesse público correlato ao dever jurídico de conservar o patrimônio público e de tutelar a probidade administrativa, inserido na competência material concorrente assinalada a todos os entes federativos (artigo 23, inciso I).

Dois relevantes dispositivos constitucionais revelam que esse interesse público está desenhado na Lei Fundamental, desde a sua promulgação.

De um lado, dentro do rol de direitos e deveres individuais e coletivos, no capítulo de direitos e garantias fundamentais, a Constituição remodelou a ação popular revestindo-a de caráter instrumental na tutela da "moralidade administrativa" (artigo 5º, inciso LXXIII), ao lado da cláusula tradicional de proteção do "patrimônio público ou de entidade de que o Estado participe". Essa disposição indica o fortalecimento da cidadania no controle jurisdicional da submissão da organização do Estado aos valores constitucionais, estruturantes e delimitadores de todas as atividades do Estado, entre os quais, objetivamente, o valor da probidade ganha notoriedade constitucional.

Mesmo que, desde a entrada em vigor da atual Lei Fundamental, não tenha havido novo regramento legislativo do instituto da Ação Popular, ainda inserido na Lei nº 4.717/1965, doutrina e jurisprudência[1] têm afirmado a mudança substancial de abrangência da garantia fundamental.[2] Essa verdadeira garantia político-constitucional de manejo da ação popular assegurada ao cidadão – com *status* formal superior ao de mera pretensão processual individual – é uma contraface do dever do aparelho estatal de submissão à moralidade administrativa, que merece ter seu conteúdo delineado pelo quadro global de valores jurídicos fundamentais e regras cristalizados na Lei Maior que são imponíveis a todas as atividades do Estado, nas relações com os indivíduos e sociedade, submetendo-as ao regime de Direito Público.

Certamente, a probidade está encartada nesse conjunto de valores sobranceiros, juridicamente agasalhados no tecido constitucional, como se comprova no artigo 37, parágrafo 4º da Constituição, que, ao punir "atos de improbidade administrativa" como categoria singular de ilícitos, implicitamente anuncia aos intérpretes da Constituição que a probidade está alicerçando o Edifício Constitucional, e incidindo como valor jurídico-material em todas as atividades do Estado, incluindo as executadas ou desempenhadas por particulares, na forma da lei.

O princípio da moralidade, tal como inscrito no artigo 37, implica a observância de valores e regras que estruturam todo o arcabouço normativo estabelecido pela Constituição para reger as relações Estado (e seus agentes) e Sociedade/indivíduos, como parâmetros morais refundados, após a reinauguração do ordenamento jurídico, que restaurou em 1988 suas bases democráticas. Nesse princípio não se faz a quebra entre as ordens normativas da Moral e o Direito.[3] Em verdade, as normas constitucionais (o Direito) consignam novos parâmetros morais para as relações jurídicas intersubjetivas em que o Estado e seus agentes se fizerem

---

[1] Em Repercussão Geral, decidiu o STF: "Não é condição para o cabimento da ação popular a demonstração de prejuízo material aos cofres públicos, dado que o art. 5º, inciso LXXIII, da Constituição Federal estabelece que qualquer cidadão é parte legítima para propor ação popular e impugnar, ainda que separadamente, ato lesivo ao patrimônio material, moral, cultural ou histórico do Estado ou de entidade de que ele participe." (STF, ARE nº 824781 RG-MT, Rel. Min. Dias Toffoli. Tribunal Pleno. J. 27/08/2015, DJe-203 Div. 08-10-2015, Pub. 09-10-2015).

[2] Sobre a inovação constitucional na ação popular, lecionava Lúcia Valle Figueiredo: "É dizer, a moralidade administrativa, encartada como princípio, como se verifica no artigo 37 da Constituição da República, deve também poder contar com instrumental jurídico hábil a controlá-la." FIGUEIREDO, Lúcia Valle. Ação Civil Pública. Ação Popular. A Defesa Dos Interesses Difusos E Coletivos. Posição Do Ministério Público. *Revista de Direito Administrativo*. Renovar: Rio de Janeiro, v. 208, p. 35-53, abr./jun. 1997.

[3] Conferir: VÁSQUEZ, Adolfo Sanchez. *Ética*. Rio de Janeiro: Civilização Brasileira, 2008.

presentes. Parâmetros renovados, de difícil e intricada medida de positividade jurídica, já que amplíssima a intervenção do Estado nos diversos setores da sociedade, e igualmente riquíssimo o espectro de princípios e regras reconduzíveis a moralidade estatal preconizado pelo Estado Democrático. A "moralidade" recolhe essas valorações que passam pela moldura constitucional, invocando um princípio jurídico de conformação da atividade do Estado, indispensável para o ordenamento brasileiro, dentro do contexto da Formação Social Brasileira.[4]

Por essa razão, a moralidade (do *caput* do artigo 37) sempre será a moldura axiológica onde estão contidos todos os valores constitucionalizados, regentes das relações sociais (e jurídicas) imbricadas na organização e funcionamento do Estado, sendo que, dentre esses vetores valorativos, um dos mais relevantes é a probidade, que acaba por concentrar e conformar o que ora se denomina *interesse público anticorrupção*. O mesmo Texto Constitucional que acolhe singularmente o conceito-matriz (o da moralidade) também está recheado de densificações, estratificações, atualizações ou expressões de valorações específicas e constitutivas do paradigma jurídico-moral que a Constituição preconiza para o paradigma de Estado Democrático de Direito vigente em nossa República.

O *interesse público anticorrupção* tem guarida constitucional inarredável no anunciado artigo 37, §4º, quando veicula um *tipo constitucional geral* de punição de atos de improbidade administrativa, que "importarão a suspensão dos direitos políticos, a perda da função pública, a indisponibilidade dos bens e o ressarcimento ao erário, na forma e gradação previstas em lei, sem prejuízo da ação penal cabível".

A expressão *tipo constitucional* quer designar uma operação positivada de causalidade jurídica,[5] no plano da Lei Fundamental, como fenômeno ímpar em termos de normatização constitucional. Pela relevância da institucionalização para a plena efetividade dos novos parâmetros normativos de probidade do Estado Brasileiro, a Constituição trouxe a tipicidade para o seu interior, consagrando um *modelo sancionador* singular para a tutela da probidade na organização do Estado.[6]

A terminologia *tipo constitucional geral* também é relevante e adequada, porque a Constituição posteriormente passou a agasalhar *tipos constitucionais específicos* de improbidade administrativa, nesses últimos 30 anos de vigência.[7]

---

[4] Conferir: CAMMAROSANO, Márcio. Princípio constitucional da moralidade administrativa. O. *Enciclopédia jurídica da PUC-SP*. Celso Fernandes Campilongo, Alvaro de Azevedo Gonzaga e André Luiz Freire (coord.). Tomo: Direito Administrativo e Constitucional. Vidal Serrano Nunes Jr., Maurício Zockun, Carolina Zancaner Zockun, André Luiz Freire (coord. de tomo). 1. ed. São Paulo: Pontifícia Universidade Católica de São Paulo, 2017. Disponível em: https://enciclopediajuridica.pucsp.br/verbete/65/edicao-1/principio-constitucional-da-moralidade-administrativa,-o.

[5] Conferir: VILANOVA, Lourival. *As estruturas lógicas e o sistema de direito positivo*. 4. ed. São Paulo: Noeses, 2005.

[6] Este fenômeno ocorre igualmente no sistema de responsabilização de agentes públicos pela prática de infrações político-constitucionais, ou crimes de responsabilidade, como se depreende do artigo 85 da CF.

[7] Esta afirmação pode ser constatada nos seguintes artigos: artigo 97, §10, inciso III, do ADCT, inserido por força da Emenda Constitucional nº 62, de 2009, artigo 104, inciso II, do ADCT, inserido pela Emenda Constitucional nº 94, de 2016, e artigo 101, §3º, do ADCT, inserido pela Emenda Constitucional nº 99, de 2017, todos relacionados com o cumprimento de normas constitucionais sobre precatórios, ressaltando e operando a tipicidade obrigatória de condutas no sistema de responsabilização por atos de improbidade administrativa.

Essa inquebrantável tipicidade constitucional estabelece as bases do *sistema de responsabilização de agentes públicos e terceiros (pessoas físicas e jurídicas)*, o qual revela *caráter autônomo* relativamente às clássicas "instâncias" administrativa, civil e penal; e ostenta *caráter geral*, vez que não há nenhuma categoria de sujeito de direito – seja categoria de agente público, seja categoria de pessoas físicas ou pessoas jurídicas – que esteja imune a esse domínio sancionador. O próprio dispositivo retira sua matéria do campo do Direito Penal (e, por conseguinte, seu estudo não está no campo da Ciência do Direito Penal), e a sistematicidade da ordenação constitucional chancela a autonomia de sua existência em relação aos demais sistemas sancionadores.

O *tipo constitucional geral* estabelece a jurisdicionalização da tutela sancionadora da probidade na organização do Estado, inassimilável à tutela criminal, própria do Direito Penal. Essa atividade sancionadora estatal, sob a operacionalização da jurisdição civil comum (federal ou estadual), constitui desde 1988 uma das mais robustas novidades no *Direito Administrativo Sancionador Brasileiro*, em cuja disciplina se deve estudá-la, dissecá-la e sistematizá-la, considerando que envolve a responsabilidade de agentes públicos em razão do exercício de suas funções.

De fato, observando a evolução dos sistemas de responsabilização no direito brasileiro, o artigo 37, §4º, é o que representa um diferencial na forma como o ordenamento jurídico vinha enfrentando as violações sistemáticas e corriqueiras da probidade. Cria-se uma instância desconhecida até 1988, que não é originariamente inserida no bojo da clássica responsabilidade administrativa, mas que também não resvala para a tradicional responsabilidade criminal. Com forte criatividade institucional brasileira, o Texto positivou um *modelo sancionador judicial diferenciado* para servir de respostas às práticas corruptivas, enriquecendo o objeto de estudo do *Direito Administrativo Sancionador*, que transbordou para além das veredas tradicionais das sanções administrativas – compreendidas nesse passo como sanções produzidas por órgãos ou entes da Administração Pública, no exercício de função administrativa.[8] Até a presente data, como ela navega nas águas turvas do fenômeno da corrupção, essa inovação constitucional – regulamentada inicialmente pela Lei nº 8.429/1992 – tem sido ainda mal compreendida, porém esse diploma se transformou e se consolidou como sendo a verdadeira *Lei Anticorrupção Brasileira*.

Nessa modelagem, a via de tutela sancionadora se serve do Poder Judiciário. Com todas as compreensíveis razões: a relevância do Poder Judiciário para a vida e a subsistência do *sistema democrático* é claramente um aspecto central da atual Lei Fundamental, ideia e fruto de lutas para sobrepor-se ao passado ditatorial

---

[8] Merece registro que Fabio Medina Osório foi o autor que, de modo pioneiro, ofereceu uma teoria da improbidade administrativa como vertente agasalhada pelo Direito Administrativo Sancionador. Conferir: OSÓRIO, Fábio Medina. Corrupción y mala gestión de la res publica: el problema de la improbidad administrativa y su tratamiento en el Derecho Administrativo Sancionador Brasileño. *Revista de Administración Publica*, 149, mayo-ago. 1999, p. 487-523; OSÓRIO, Fábio Medina. *Teoria da improbidade administrativa*: má gestão pública, corrupção, ineficiência. 4. ed. São Paulo: Thomson Reuters Brasil, 2018.

e autoritário. Houve conscientização de que cidadão e sociedade necessitavam de novo marco institucionalizado para defesa da probidade. O Poder Judiciário, na sua vertente cível, é entabulado como o ator primordial desse novo cenário institucional. A *gravidade da imputação* deôntica estabelecida (com destaque para a suspensão de direitos políticos) corrobora o tratamento rigoroso que se estabelece para dar efetividade à defesa do *interesse público anticorrupção*, delineado pelo Texto Constitucional.[9]

A expressão *improbidade administrativa* não vem da história constitucional precedente, já que as Constituições anteriores faziam alusão à reação estatal contra *atos de enriquecimento ilícito* no exercício do cargo, função ou emprego na Administração Pública, direta ou indireta (cf. artigo 153, §11, da Carta de 1969), o que se coadunava com o regime legal estabelecido nas Leis nº 3.164/1957 (centrada na hipótese legal ampla de *abuso de cargo ou função pública*) e nº 3.502/1958 (centrada em hipóteses detalhadas dos casos de *enriquecimento ilícito*), em sintonia com o art. 141, §31 da CF/1946. De fato, a Constituição de 1946 e Cartas de 1967 e 1969 tratavam de perdimento de bens para ressarcimento de danos causados ao Erário e no caso de enriquecimento ilícito. Ambas seguiam na linha do tratamento rigoroso verificado pelo Decreto-Lei nº 3.240/1941, e no Código Penal ainda vigente (Decreto-Lei nº 2.848/1940).

A terminologia indica tenha sido inspirada em regramento legal, no caso, o Decreto-Lei nº 5.452/1943 – Consolidação das Leis do Trabalho, que estabelece, em seu artigo 482, alínea "a", a prática de "atos de improbidade" como "justa causa para rescisão do contrato de trabalho pelo empregador". Transportou-se a expressão para o universo do Direito Público, na figura da repressão aos "atos de improbidade administrativa", que justificam a imposição da "perda da função pública", uma das sanções constitucionalmente eleitas para a tutela do *interesse público anticorrupção*.

Nessa transposição, irrompe uma *mudança de paradigma de tutela jurídica da probidade*. A *abertura teleológica* da expressão dilatou materialmente o campo de bens jurídicos tutelados – *vis-à-vis* o âmbito das Leis nº 3.164/1957 e nº 3.502/1958 –, dada a latitude da probidade como valor constitucionalizado. A *abertura categorial* das hipóteses (tipos legais gerais e especiais) e das sanções judiciais, para disciplina exclusiva por lei nacional imprimiu pluralidade de conteúdos sancionatórios ao sistema. A *abertura subjetiva* dos sujeitos passíveis de responsabilização generalizou a submissão de todos os agentes públicos ao juiz natural competente para imposição das sanções, negando qualquer forma direta ou indireta de criação de prerrogativas de foro ou imunidades na matéria. Tão rica essa abertura subjetiva

---

[9] Na Carta de 1969, havia uma competência outorgada exclusivamente ao Supremo Tribunal Federal para (artigo 119, inciso I, alínea "j") processar a declaração de suspensão de direitos individuais ou políticos, mediante representação do Procurador-Geral da República, no caso de abuso de direito individual ou político, "com o propósito de subversão do regime democrático ou de corrupção". A suspensão era de dois a dez anos, sem prejuízo da ação cível ou penal que couber, assegurada ao "paciente" ampla defesa. Esse modelo institucional seria intolerável no Estado Democrático de Direito.

que permitiu anos depois ao legislador estatuir forma de responsabilidade objetiva como modelo para a punição de pessoas jurídicas, nos termos estabelecidos na Lei nº 12.846/2013, superando a responsabilidade subjetiva subjacente à Lei nº 8.429/1992.

Reiterando-se, os dois dispositivos constitucionais citados (artigo 5º, inciso LXXIII, e artigo 37, §4º) são suficientes para revelar que o *interesse público anticorrupção* está desenhado na Lei Fundamental, desde o seu nascedouro.

É preciso resgatar o conceito de *interesse público anticorrupção* como *interesse público*, dentro do regime jurídico-administrativo brasileiro, vista essa última categoria como "ponto nuclear de convergência e articulação de todos os princípios e normas de direito administrativo".[10]

O Direito Administrativo brasileiro está fundado em princípios constitucionais expressos e implícitos. A abordagem principiológica dessa matéria segue como imprescindível para a sua evolução metodológica, muito embora grassa o ceticismo em parte da doutrina.[11] Como "noções categoriais que presidem sua organicidade" como sistema normativo coerente e lógico, reafirmar a utilidade do estudo e dissecação dos princípios constitui e permanece ponto nevrálgico de sua compreensão.[12] A "caracterização de determinados interesses como pertinentes à sociedade e não aos particulares considerados em sua individuada singularidade" está na raiz da existência do direito público.

Celso Antônio Bandeira de Mello bem agasalha o direito administrativo em dois princípios, ou "pedras de toque", quais sejam; (i) a supremacia do interesse público sobre o privado; e (ii) a indisponibilidade, pela Administração, dos interesses públicos. Na visão desse publicista, esses princípios não têm um valor intrínseco, perene e imutável, ou seja, não ostentam um valor absoluto, porque só podem ser examinados na sua "tradução jurídica" pelas normas do ordenamento jurídico. O Professor nos alerta de que a sua compostura "irá variar de um para outro sistema jurídico positivo, retratando uma feição mais autoritária ou, opostamente, um caráter mais obsequioso aos valores democráticos".[13] O binômico "supremacia" *versus* "indisponibilidade" tem a função de explicar e aglutinar as "pedras angulares do Direito Administrativo".

A supremacia dos interesses públicos implica três consequências: (a) posição privilegiada do órgão encarregado de zelar pelo interesse público e de exprimi-lo, nas relações com os particulares; (b) posição de supremacia do órgão nas mesmas relações; e (c) restrições ou sujeições especiais no desempenho da atividade de natureza pública. A primeira noção envolve a presença de prerrogativas ou tratamento jurídico diferenciado em favor da Administração Pública, para assegurar "um bom, fácil, expedito e resguardado desempenho de sua missão". O melhor

---

[10] MELLO, Celso Antônio Bandeira de. *Curso de Direito Administrativo*. 34. ed. São Paulo: Malheiros, 2019, p. 53.
[11] SUNDFELD, Carlos Ari. *Direito Administrativo para céticos*. 2. ed. São Paulo: Malheiros, 2017.
[12] MELLO, Celso Antônio Bandeira de. *Curso de Direito Administrativo*. 34. ed. São Paulo: Malheiros, 2019, p. 55.
[13] MELLO, Celso Antônio Bandeira de. *Curso de Direito Administrativo*. 34. ed. São Paulo: Malheiros, 2019, p. 57.

exemplo é a presunção de veracidade e de legitimidade dos atos administrativos sancionadores, como os que aplicam as sanções de multa e publicação extraordinária da decisão, prevista no artigo 6º, incisos I e II, da Lei nº 12.846/2013.

A segunda ilação encampa a necessidade de que, para tutela do interesse público, a Administração Pública produza provimentos jurídicos, com força jurídica de constituir, de modo unilateral, obrigações, deveres, ônus e direitos, nas suas relações com particulares. Os atos administrativos operam no marco de relações jurídico-administrativas verticais, já que a tutela do interesse público desiguala a Administração Pública, outorgando-lhe "poderes extroversos" para criar ou modificar relações jurídicas, no cumprimento da sua função. O melhor exemplo é a própria posição da Administração Pública no manuseio de potestades sancionadoras, pelas quais, unilateralmente, fiscaliza, apura, processa, julga e aplica sanções administrativas no cumprimento da lei. É nesse terreno que *o interesse público anticorrupção* está sofrendo impactos relevantes da adoção de técnicas jurídicas pautadas na consensualidade, como bem elucida o acordo de leniência, previsto no artigo 16 da Lei nº 12.846/2013.

A terceira consequência estampa-se na existência de restrições ou sujeições especiais no desempenho da atividade administrativa, que marca expressivamente a tutela de interesses públicos (titularizados pela sociedade) contra quem quer que esteja no desempenho da atividade estatal, seja a Administração Pública Direta ou Indireta, seja particulares incumbidos na execução de atividades estatais. A supremacia exige restrições ou sujeições para proteção do desempenho regular da função, enquanto plexo de deveres-poderes assinalados em prol de interesses públicos. Isso conduz à negação de liberdade como autonomia de vontade no plano funcional da Administração. E suscita o interessante e interminável debate sobre os limites da discricionariedade administrativa, acerca dos fins e dos meios assinalados por lei para a realização ou concretização de interesses públicos.[14]

Na lição de Celso Antônio Bandeira de Mello essas consequências sofrem limitações e temperamentos, "na conformidade do sistema normativo, segundo seus limites e condições, respeitados os direitos adquiridos e atendidas as finalidades contempladas em as normas que os consagram".[15] Essa última observação é essencial para perceber que a supremacia entabulada não é dissociada da positividade do ordenamento, e, desse modo, acompanhando a dinamicidade do fenômeno jurídico, o interesse público está suscetível de mutabilidade, e essa não confronta com o postulado da supremacia formal do interesse público.

Essa anotação é muito relevante em termos de *interesse público anticorrupção*, porque se trata de tutelar valores morais juridicizados, com regimes jurídico-administrativos que variam as vias técnico-jurídicas de ação administrativa, as quais exigem essa correta compreensão relativizante da forma como a supremacia vai

---

[14] MELLO, Celso Antônio Bandeira de. *Discricionariedade e controle jurisdicional*. 2. ed. 17. tir. São Paulo: Malheiros, 2017.
[15] MELLO, Celso Antônio Bandeira de. *Curso de Direito Administrativo*. 34. ed. São Paulo: Malheiros, 2019, p. 75.

estruturando as normas de direito administrativo em busca evolutiva do atendimento das finalidades públicas. Desse modo não deve impressionar o estudioso do direito administrativo que a tutela do interesse público anticorrupção, em termos de Direito Administrativo Sancionador, possa ser concebida e estruturada com potestades clássicas, e com potestades imbuídas de consensualidade. E ambas não afetarem a supremacia e indisponibilidade dos interesses públicos perseguidos pela função administrativa.

Ao se considerar o interesse público anticorrupção, é certo que o ordenamento jurídico estabelecerá o regime de Direito Administrativo Sancionador adequado à tutela de bens jurídicos protegidos com sua afirmação. Como espécie de interesse público, seguirá com sua projeção de supremacia formal, na produção jurídica submetida ao DAS. As três consequências acima suscitadas nas relações jurídico-sancionatórias estarão presentes e serão moduladas ou desenhadas conforme as normas previstas em lei, dentro das possibilidades da Constituição.[16] A proteção atual do referido interesse público, no contexto da sociedade atual, demanda vias técnico-jurídicas próprias para o seu atingimento, no marco da contemporaneidade.

A outra pedra angular que deriva do tratamento normativo dos interesses públicos está na sua *indisponibilidade,* como característica essencial para a sua tutela e realização. Administração pública é uma instituição normativamente criada para persecução, guarda e implementação dos interesses públicos. Não possui interesses próprios. Todos os interesses públicos têm sua titularidade fora da órbita da Administração. Como a comunidade não se subjetiva ou se personifica no mundo jurídico, os interesses públicos são tutelados pela ordem jurídica, imputando-se sua formulação, realização e expressão ao Estado, visto como a comunidade politicamente organizada e soberana, através de sua identidade normativa e de suas instituições. No paradigma de Estado Democrático, essa complexa modelagem deve respeitar o princípio democrático em todas as suas fases de concepção e implementação.

Nessa medida de representatividade, os interesses públicos são afirmados e reafirmados a partir da Lei Fundamental do Estado, construídos e reconstruídos a partir da legislação infraconstitucional e administrativa de escalões normativos inferiores ao patamar constitucional, e devem ser perseguidos na produção jurídica estatal, com destaque para a função administrativa. Todavia, o Estado não monopoliza os interesses públicos, pois não os detém. É sob essa perspectiva que se pontua a indisponibilidade dos interesses públicos. Condenada a ser instituição serviçal da comunidade, a Administração Pública necessita de fundamentação legal ou jurídica para impulsionar qualquer atividade na implementação de atividades a título de interesse público.

---

[16] Conferir: ABREU E SILVA, Marcelo Luís. *O ônus da prova no processo administrativo sancionador.* Dissertação (Mestrado em Direito) – Pontifícia Universidade Católica de São Paulo, 2018.

Celso Antônio Bandeira de Mello encontra nessa pedra angular da indisponibilidade a razão de ser da imposição e observância, pela Administração Pública, dos princípios constitucionais que estão na base do Direito Público, e, logo, do Direito Administrativo. Quais sejam, os princípios da: (i) legalidade, com suas implicações de finalidade, razoabilidade, proporcionalidade e motivação; (ii) obrigatoriedade do desempenho da atividade pública e seu cognato da continuidade do serviço público; (iii) do controle ou tutela administrativa; (iv) da impessoalidade ou isonomia ou igualdade; (v) da publicidade; (vi) da inalienabilidade dos direitos concernentes a interesses públicos; (vii) do controle jurisdicional dos atos administrativos; (viii) princípio da hierarquia; (ix) princípio da segurança jurídica; (x) princípio do devido processo legal e da ampla defesa; (xi) princípio da eficiência; (xii) princípio da responsabilidade do Estado.[17]

O *interesse público anticorrupção* é indisponível, com a mesma dimensão de indisponibilidade que se projetam em todos os interesses públicos. E sua forma de realização amparada na ordem jurídica, pela Administração Pública, está submetida ao mesmo arcabouço principiológico acima descrito, e normativamente referido, de forma explícita ou implica, na Lei Fundamental. Isso significa que não está nas mãos ou no arbítrio de quaisquer agentes do Estado. A Lei Maior protege sua existência e sua observância, mas há necessidade de total submissão aos limites principiológicos positivados na Constituição para que possa ser validamente perseguido e implementado.

Celso Antônio Bandeira de Mello também se dedica a definir o interesse público, como conceito jurídico-dogmático. Nessa empreitada, corretamente alerta sobre o costumeiro "falso antagonismo" que se vislumbra "entre o interesse das partes (dos indivíduos) e o interesse do todo (interesse público)".[18]

Com uma nítida visão analítica do objeto, o Professor mostra que o interesse público, relativamente ao indivíduo, não é senão uma faceta ("um aspecto, uma forma específica de sua manifestação") de interesses individuais que compõem certa comunidade. Não é um objeto independente ou autônomo dessa perspectiva coletiva de interesses individuais. Não há como formular interesses públicos associados apenas ao Estado (a título de "razão de Estado") e desarticulados dos interesses da comunidade. O Professor também registra a historicidade no conceito, porque o interesse público é fruto de um "depósito intertemporal" no processo de convivência e continuidade histórica da comunidade. Essa última ilação pretende erradicar a arbitrariedade que afirmações autoritárias e episódicas de agentes do Estado possam buscar no conceito para justificar atuação marginal da ordem jurídica.

O interesse público anticorrupção também é definido por uma evolução, característica de sua historicidade. Dimensão e limites alteram-se no espaço e no

---

[17] MELLO, Celso Antônio Bandeira de. *Curso de Direito Administrativo*. 34. ed. São Paulo: Malheiros, 2019, p. 129.
[18] MELLO, Celso Antônio Bandeira de. *Curso de Direito Administrativo*. 34. ed. São Paulo: Malheiros, 2019, p. 60.

tempo. Em sua composição medular, ele carrega em sua trajetória histórica todas as conquistas, avanços e retrocessos que a sua tradução normativa intergeracional acolhe ao longo do tempo. Encarna a mutabilidade de meios que a comunidade necessita para enfrentar o fenômeno de práticas ilícitas corruptivas, ou de corrupção (no sentido amplo), conforme as circunstâncias de cada momento histórico.

Adotada a definição de Celso Antônio, fica patente a indissolúvel relação entre *interesse público anticorrupção* e interesses individuais na adequada formulação e execução de políticas públicas anticorrupção. Não é uma questão de interesse do Estado, é uma temática afeta a todo membro da comunidade, que, sendo afetado pela sua inobservância, pode e deve se insurgir contra práticas corruptivas. A positivação do interesse público anticorrupção envolve uma proteção e uma garantia em prol de cada administrado e de toda a sociedade.

Como leciona Alice Gonzalez Borges, "o interesse público é um somatório de interesses individuais coincidentes em torno de um bem da vida que lhes significa um valor, proveito ou utilidade de ordem moral ou material, que cada pessoa deseja adquirir, conservar ou manter em sua própria esfera de valores".[19] Prevenir e reprimir prática de corrupção, tutelando a probidade na organização do Estado, está dentro desse campo de bens da vida, que a sociedade democrática enraíza na sua constituição e no seu pleno desenvolvimento.

O *interesse público anticorrupção* não é um interesse da burocracia estatal, nem tampouco de uma sociedade concebida abstratamente sem referências normativas e valorativas determinadas ou determináveis. *É um dos mais relevantes interesses públicos primários*, refletindo sua relevância no edifício axiológico de um Estado Republicano, e seu caráter essencialmente extrapatrimonial nas repercussões que seu atendimento engendra para a vida econômica e social, e para o arcabouço político-administrativo. A expressão "interesse público primário" quer designar a indisputada descoincidência entre interesses públicos e interesses perseguidos pelo Estado, nas suas relações jurídicas, com sua personalidade jurídica, e que a doutrina os cataloga como "interesses secundários". Celso Antônio chega a rotular a *secundariedade* como "interesses individuais do Estado",[20] como pessoa jurídica, e não como organização política que condensa o Estado Democrático de Direito. A *primariedade* repousa na fundamentação racional e razoável, no ordenamento jurídico, da sua identidade e vinculação ao Estado.

Disso se extrai o relevante acerto de que *o interesse público anticorrupção é um tema estrutural para a organização política,* e não pode variar conforme os sabores de governantes e seus aparelhos administrativos. Deve variar conforme as demandas objetivas da sociedade, em seus diversos extratos, local, regional, nacional e internacional. Para capitalizar essa valoração, o Estado Democrático de Direito deve formular, através de suas instituições, a *política pública anticorrupção*, fundada

---

[19] BORGES, Alice Gonzalez. Interesse público: um conceito a determinar. *Revista de Direito Administrativo*. Renovar; Rio de Janeiro, jul./set. 1996, v. 205, páginas 109.116.

[20] MELLO, Celso Antônio Bandeira de. *Curso de Direito Administrativo*. 34. ed. São Paulo: Malheiros, 2019, p. 60.

no respeito à democracia e aos direitos fundamentais, no seu âmbito doméstico e na sua atuação no plano internacional. E nessa formulação a sociedade, através de seus diversos segmentos, setores, atores e instituições, torna-se participante fundamental para o adequado desenvolvimento dos modelos normativos que promove a tutela dessa modalidade primordial de interesse público.

"A Constituição é fonte primacial de interesses públicos". Dentro da "multiplicidade de interesses públicos primários" agasalhadas na Ordem Fundamental, o *interesse público anticorrupção* está na base para se "manter o mínimo de estabilidade e ordem necessárias para a vida em sociedade", seguindo Alice Gonzalez Borges.[21] Somente podemos tratar de interesse público anticorrupção *democrático*, como propugnado em sistema democrático que alicerça o Estado de Direito vigente, o que tem desdobramentos significativos em termos de fundamentos e limites constitucionais do Direito Administrativo Sancionador da improbidade administrativa.

3 A razoabilidade ou proporcionalidade como postulados estruturantes do Direito Administrativo

A supremacia do interesse público anticorrupção, cristalizada em normas de Direito Administrativo Sancionador, está irremissivelmente subordinada ao princípio da razoabilidade e da proporcionalidade.

Celso Antônio Bandeira de Mello sempre catalogou, apartando-a da razoabilidade, a proporcionalidade como limite ao exercício das competências públicas, um desdobramento necessário da indisponibilidade do interesse público, na exata medida que não haveria sustentação legítima para providências ou medidas estatais que exorbitem da medida preconizada pelo atendimento dos interesses públicos.[22] A indisponibilidade protege o interesse público contra o próprio administrador, e esse não pode desvirtuá-lo com ações deficientes ou excessivas no exercício da função. O autor não desconhece as fontes originárias do desenvolvimento da razoabilidade e da proporcionalidade no campo da dogmática jurídica, mas firma posição de que a proporcionalidade é uma faceta da razoabilidade, que requer uma referência especial, já que poderá demonstrar com clareza vícios na adequação, necessidade e proporcionalidade em sentido estrito das providências estatais.[23]

O autor ancora a proporcionalidade no princípio da legalidade, em vista da sua concepção sobre a regra de competência, como plexo de "deveres-poderes" que são exercitados de forma legítima "se, quando e na medida indispensável

---

[21] BORGES, Alice Gonzalez. Supremacia do interesse público. Desconstrução ou reconstrução. *Revista Diálogo Jurídico*. Salvador, n. 15, jan./mar. 2007.

[22] MELLO, Celso Antônio Bandeira de. *Curso de Direito Administrativo*. 34. ed. São Paulo: Malheiros, 2019, p. 82.

[23] MELLO, Celso Antônio Bandeira de. *Curso de Direito Administrativo*. 34. ed. São Paulo: Malheiros, 2019, p. 114.

ao atendimento dos interesses públicos".[24] E, como visto, desdobra o exame da observância da proporcionalidade em três aspectos fundamentais, em concepção doutrinária prevalecente no direito público brasileiro, inspirada na formulação igualmente dominante no direito público alemão.[25]

Em nosso parecer, razoabilidade e proporcionalidade são intercambiáveis, porque operam no controle da atividade de ponderação própria da interpretação e aplicação de normas de direito administrativo, que progressivamente se expandiram para os mais diversos campos de atividades sociais, econômicas e culturais, exigindo uma cautelosa valoração de todas as normas jurídicas (princípios e regras inscritos para a tutela de interesses públicos, interesses difusos e coletivos) e posições jurídicas ativas e passivas (dentro das quais os direitos e garantias fundamentais são de investigação impostergável como feixe protetor da dignidade humana), que integram as circunstâncias de fato e de direito, em determinado contexto, no qual se faz legítima a atuação administrativa.[26]

Razoabilidade e proporcionalidade se definem como postulados do exercício legítimo de competências públicas.[27] Possibilitam um controle pleno de juridicidade da atuação do Estado, e exatamente por isso são ora fundamentadas na cláusula constitucional do Estado Democrático de Direito (artigo 1º da CF), ora na cláusula fundamental do devido processo legal, na sua vertente formal e material (artigo 5º, inciso LIV da CF). Em uma visão abrangente da legalidade – como a do Emérito Celso Antônio Bandeira de Mello –, também esses postulados podem ser apoiados nesse pilar axiológico da Administração Pública no Estado de Direito. Como são exigências jurídicas, quando regularmente utilizadas no controle da legalidade formal e material da ação administrativa, não anulam quaisquer margens de atuação, valoração ou decisão, deixadas pelo ordenamento jurídico em favor da Administração, através da outorga de discricionariedade.

Também é importante perceber que a própria concepção da razoabilidade e da proporcionalidade evoluíram ao longo do aperfeiçoamento institucional do paradigma do Estado Social e Democrático de Direito. Em sua teia complexa de imposições valorativas, eles pressupõem ou demandam a observância dos diferentes princípios constitucionais, e, ao mesmo tempo, instrumentalizam os limites de realização ou concretização de princípios na harmonização necessária para a existência de um ordenamento jurídico dotado de logicidade e coerência. Como postulados gerais de quaisquer potestades administrativas, compareçam

---

[24] MELLO, Celso Antônio Bandeira de. *Curso de Direito Administrativo*. 34. ed. São Paulo: Malheiros, 2019, p. 72.
[25] MAURER, Hartmut. *Direito administrativo geral*. São Paulo: Manole, 2006; MAURER, Hartmut. *Elementos de Direito Administrativo alemão*. Porto Alegre: Sergio Antônio Fabris Editor, 2001; MAURER, Hartmut. *Direito do Estado*. Porto Alegre: Sergio Antônio Fabris Editor, 2018.
[26] Conferir nosso: OLIVEIRA, José Roberto Pimenta. *Os princípios da razoabilidade e da proporcionalidade no Direito Administrativo Brasileiro*. São Paulo: Malheiros, 2006.
[27] ÁVILA, Humberto. *Teoria dos Princípios*: da definição à aplicação dos princípios jurídicos. 19. ed. São Paulo: Malheiros, 2019.

informando e delimitando toda a produção jurídico-administrativa, ou sob o signo do Direito Administrativo, e, dessa feita, são de observância indiscutível no campo da tutela e realização do interesse público anticorrupção.

O princípio da razoabilidade significa, no contexto jurídico-sistemático da persecução do interesse público, a exigência de justificada e adequada ponderação administrativa, aberta nos exatos limites em que a regra de competência habilitadora autorizar, dos princípios, valores, interesses, bens ou direitos consagrados no ordenamento jurídico, observadas as valorações positivadas em todos os seus escalões normativos, impondo aos agentes administrativos que maximize a proteção jurídica dispensada para cada qual, segundo o peso, importância ou preponderância que venham adquirir e ostentar em cada caso objeto de decisão.

Em nosso sentir, na anunciada pós-modernidade, a razoabilidade está umbilicalmente associada à participação, processualização, imparcialidade, impessoalidade, participação, publicidade e proporcionalização.

A exigência pressupõe a condução da atividade administrativa sobre a processualização necessária para a produção jurídica, de modo que impõe ao exercente da função administrativa o respeito integral do devido processo administrativo, que pode ser visto como corolário formal do devido processo legal enquanto garantia fundamental da cidadania. Exigir ponderação adequada pressupõe procedimento ou processo administrativo constitucionalmente adequado ao cumprimento de sua finalidade instrumental.

A exigência está acompanhada no dever basilar do exercente da função administrativa de efetivá-la, consoante parâmetros constitucionais de imparcialidade e objetividade, no apontamento, análise, verificação, comparação e sopesamento dos fatores juridicamente relevantes em cena. Exigir ponderação adequada pressupõe que, com isenção e criteriosidade, esteja regularmente posto no seio do procedimento administrativo a exata dimensão dos elementos jurídico-materiais em apreço.

A exigência de adequação valorativa implica o dever de adotar a solução mais condizente com a ampla publicidade ou transparência no curso do procedimento administrativo, porque atividade estatal com aberta exposição é meio superior de garantia de que o âmbito material de interesses em cena será efetivamente objeto de apreciação e cotejamento. Exigir ponderação adequada pressupõe que, no processo administrativo, seja assegurada a mais ampla publicidade na sua instauração, instrução e deliberação, respeitadas as hipóteses em que a própria Constituição autoriza a tramitação sob sigilo.

Ao lado da publicidade, a exigência de ponderação resulta no dever administrativo de acolher a solução que prestigie a mais ampla participação dos administrados no curso do procedimento administrativo. O direito à participação é corolário do Estado Democrático de Direito, e compele o administrador público a promover a participação dos interessados através dos mais diversos canais institucionais de apresentação e de reivindicação abertos à cidadania com o fim de interferir na gama de elementos jurídico-materiais que devem ser avaliados no processo administrativo.²⁸ Exigir ponderação pressupõe que, em qualquer atividade administrativa, seja resguardada a plena e efetiva participação dos interessados no processo de produção jurídica.

A exigência de ponderação, como núcleo da norma da razoabilidade, impõe que a operação central de verificação da observância ou cumprimento dos valores constitucionais em cena seja norteada pela exigência de proporcionalidade, a fim de comprovar a legitimidade constitucional da prevalência assegurada ou outorgada a determinado interesse juridicamente tutelável na atuação da Administração Pública. Exigir ponderação adequada implica imposição de proporcionalidade de todo e qualquer provimento administrativo. Isso implica que qualquer solução administrativa deverá estar selada pela nota da adequação, exigibilidade e tolerabilidade, relativamente ao conjunto de interesses públicos, privados, difusos e coletivos em cena.

Razoabilidade está, irremissivelmente, atrelada aos deveres institucionais de processualização, imparcialidade, impessoalidade, participação, publicidade e proporcionalização, no exercício da função administrativa.

A adequada ponderação axiológica implica a apurada análise do conjunto de ponderações já estabelecidas pela normatividade aplicada pela Administração Pública, relativamente ao caso, de tal modo que é preciso averiguar se, quando e em que medida houve o encerramento do processo de ponderação nos escalões superiores da pirâmide normativa. Ao nosso entender, o fechamento da via ponderativa, relativamente a um caso concreto, designa o regime de vinculação. De outro lado, a manutenção da abertura normativa ao processo de valoração dos interesses em determinado caso indica o campo legítimo de discricionariedade.

Conforme a doutrina publicista majoritária contemporânea, o postulado da proporcionalidade decompõe-se na observância de três subprincípios: a adequação, a exigibilidade e a proporcionalidade em sentido estrito. Com efeito, o conceito de proporcionalidade como valor impõe uma derivação valorativa a exigir um referencial. A noção de proporção exige referenciais, de tal modo que opera através de outras valorações jurídicas. Os elementos ou escalões do princípio, explicitados pela doutrina majoritária, buscam sintetizar a racionalidade possível na aplicação do postulado como veículo de controlar a legitimidade do equilíbrio ou robustez axiológica de atuações administrativas no Estado Material de Direito.²⁹

Para a aplicação do postulado da proporcionalidade, mostra-se de significativa utilidade o recurso à doutrina brasileira que trata da aplicabilidade da pauta no controle de constitucionalidade das leis, no direito constitucional. Na perspectiva administrativista, apenas deve-se atentar para as devidas adaptações derivadas do regime de caráter administrativo da produção jurídica.

---

[28] Conferir: PIO, Nuno Roberto Coelho. *Participação e controle social da administração pública: regime jurídico dos conselhos de políticas públicas*. Dissertação (Mestrado em Direito). Pontifícia Universidade Católica de São Paulo. 2018.

[29] ENTERRÍA, Eduardo García de. *Reflexiones sobre la Ley y los principios generales del Derecho*. 1. reimp. Madri: Civitas, 2016.

Em Luís Roberto Barroso, encontra-se o tratamento mais amplo do princípio, a partir da dicotomia proposta pelo constitucionalista entre *razoabilidade interna* e *razoabilidade externa* das normas. Depois de observar que, na produção estatal de normas jurídicas, não se pode olvidar as relações logicamente presentes entre as circunstâncias de fato impulsionadoras da competência legislativa, as medidas com base nela editadas e as finalidades públicas visadas com a sua emanação, o autor reserva a análise da razoabilidade interna na verificação da concatenação lógica entre esses elementos no produto normativo, examinando sua compostura, tal como estabelecida dentro da moldura da norma. Paralelamente, observa que se exige razoabilidade externa, no sentido de os meios e fins nelas agasalhados e por elas alvejados deverem compatibilizar-se com os mandamentos constitucionais, o que propugna a existência necessária de adequação, necessidade e proporcionalidade em sentido estrito das soluções veiculadas pelas normas estatais editadas.[30]

A constitucionalidade material das normas proclama a necessidade da análise dos níveis identificados pelo preclaro publicista. Todavia, cumpre alinhavar que o conteúdo atribuído pelo autor à exigência de "razoabilidade interna", em verdade, diz respeito à exigência de logicidade ou racionalidade na construção normativa, constituindo esta, inequivocamente, uma limitação inafastável também do exercício de competências a cargo da Administração. A ausência de racionalidade no modo como se estrutura, nos textos normativos editados pelos órgãos ou entes administrativos, o elo deôntico entre hipóteses e suas respectivas consequências jurídicas, tendo por parâmetros as finalidades normativamente perseguidas e insculpidas nas leis, em vista das circunstâncias fáticas determinantes do exercício da competência, é sinônimo claro de arbitrariedade.

Por outro lado, segue o autor a orientação de incluir sob a proteção do princípio da razoabilidade a verificação da legitimidade dos fins buscados pela emanação da norma, em vista dos fins insculpidos na Constituição. É a linha estabelecida por Gilmar Ferreira Mendes, que trata da proporcionalidade como forma de controle do vício de inconstitucionalidade substancial dos atos normativos decorrente de excesso de poder legislativo.[31] Sob esse aspecto, julga-se que não se deve, pois, nivelar o vício de irrazoabilidade com o desvio de poder, mesmo quando verificados no âmbito de atos do Poder Legislativo, na medida em que tem por objeto referenciais diversos.[32][33]

---

[30] BARROSO, Luís Roberto. Razoabilidade e isonomia no direito brasileiro. *In*: BARROSO, Luís Roberto. *Temas de Direito Constitucional*. Rio de Janeiro: Renovar, 2001, p. 153-164, p. 157. Também; BARROSO, Luís Roberto. *Curso de Direito Constitucional Contemporâneo*. 9. ed. São Paulo: Saraiva, 2020.

[31] MENDES, Gilmar Ferreira. O princípio da proporcionalidade na jurisprudência do Supremo Tribunal Federal: Novas leituras. *Repertório IOB de Jurisprudência*: Tributário, Constitucional e Administrativo. São Paulo: IOB, n. 14, jul. 2000, p. 372-361, p. 371.

[32] O abuso do poder legislativo "é vício especial de inconstitucionalidade da lei pelo divórcio entre o endereço real da norma atributiva da competência e o uso ilícito que a coloca a serviço de interesse incompatível com a sua legítima destinação" (cf. TÁCITO, Caio. O desvio de poder no controle dos atos administrativos, legislativos e jurisdicionais. *In*: TÁCITO, Caio. *Temas de Direito Público (Estudos e Pareceres)*. Rio de Janeiro: Renovar, 1997. 1. v. p. 181-198, p. 193).

[33] A separação desvio de poder e ofensa à proporcionalidade no âmbito dos atos legislativos foi magistralmente assentada por Pontes (Cf. PONTES, Helenílson Cunha. *O princípio da proporcionalidade e o Direito Tributário*. São Paulo: Dialética, 2000, p. 95-97).

O postulado da proporcionalidade implica o dever da Administração, na produção de atos jurídicos de cumprir as exigências de adequação, exigibilidade e equilíbrio axiológico, sob pena de invalidação. Impõe ao desempenho das competências da Administração, que, na concretização sucessiva dos comandos normativos, sejam editados atos com a adoção de soluções, com o estabelecimento de determinações, enfim, com a prescrição de comandos e medidas que se revelem, no quadro delineado pela norma objeto do desdobramento administrativo e sua vinculação sistemática com a ordenação jurídica como um todo, que se revelem idôneos, necessários e ponderados, à luz das exigências postas pela otimização de todos os princípios, bens, valores e situações jurídicas envolvidos e afetados.

A proporcionalidade administrativa passa, necessariamente, pela sua aprovação nos testes postos pelas regras da compatibilidade, exigibilidade e proporcionalidade em sentido estrito. Tais regras são elementos e alicerçam a aplicação procedimentalizada, de forma estruturada, do seu conteúdo jurídico, conferindo racionalidade e operacionalidade na forma que impõe limitações às competências da Administração.

São elementos que entre si mantêm uma relação de subsidiariedade,[34] de tal sorte que, por força do princípio, os aspectos devem ser sucessivamente analisados, em cada caso, revelando útil o exame do subsequente apenas e tão somente quando o elemento antecedente se encontra observado na espécie. Essa sucessão de exigências jurídicas confere à proporcionalidade, na sindicabilidade das normas administrativas, não apenas o caráter de limite negativo, mas sobretudo de limite positivo, à ação da Administração.

A procedimentalização imposta pelas regras que visam tornar concretizável o postulado da proporcionalidade impõe um estudo, em apartado, de cada elemento, para sua melhor compreensão dogmática.

3.1 A exigência de adequação, pertinência, idoneidade ou conformidade dos meios aos fins

A emanação de atos consubstancia, em seu conteúdo, a veiculação ou adoção de certas determinações, comandos, medidas, providências, injunções, soluções, etc. Para fins de simplificação terminológica, pode-se rotulá-los todos como "meios", vez que é inegável que constitui toda e qualquer prescrição albergada pelo conteúdo de ato jurídico, instrumento ou meio para que seja alcançada uma ou mais finalidades encampadas pelo uso da competência pública. No cumprimento de seus deveres-poderes, impõe-se que se utilize a Administração de meios idôneos, compatíveis, adequados ao alcance das finalidades abarcadas pela moldura legal. Demanda-se, pois, compatibilidade ou pertinência entre os meios

---

[34] SILVA, Luís Virgílio Afonso da. O proporcional e o razoável. *Revista dos Tribunais*, São Paulo: RT, Ano 91, v. 798, p. 23-50, p. 34, abr. 2002.

utilizados e as finalidades, às quais juridicamente se encontram atrelados os atos editados. Os meios devem propiciar o alcance do fim colimado, mostrando-se aptos para conduzir a sua implementação, oportunizando sua devida promoção.

Variadas são as definições doutrinárias da regra de abertura do mandamento de proporcionalidade, no âmbito do constitucionalismo brasileiro. Tem-se que a medida que pretende realizar o interesse público deve ser adequada aos fins subjacentes a que visa concretizar, acentua Raquel D. Stumm, que, ainda acrescenta: "o controle dos atos do poder público (poderes legislativo e executivo), que devem atender a 'relação de adequação medida-fim', pressupõe a investigação e prova de sua *aptidão para* e sua *conformidade com* os fins que motivaram a sua adoção".[35]

Exige-se que as medidas interventivas se mostrem aptas a atingir os objetivos pretendidos, sublinha Mendes.[36] Já Bonavides observa que, no exame da aptidão, procede-se à investigação "se determinada medida representa o meio certo para levar a cabo um fim baseado no interesse público (...). Examina-se aí a adequação, a conformidade ou a validade do fim. (...) Com o desígnio de adequar o meio ao fim que se intenta alcançar, faz-se mister, portanto, que a medida seja suscetível de atingir o objetivo escolhido, ou segundo Hans Huber, que mediante seu auxílio se possa alcançar o fim desejado".[37]

Ainda na seara constitucional, Luís Virgílio Afonso da Silva faz importante observação na definição da regra de idoneidade. Criticando a definição desta como exigência de meio apto a *alcançar* a realização do fim, obtempera que adequado "não é somente o meio com cuja utilização um objetivo é alcançado, mas também o meio com cuja utilização a realização de um objetivo é fomentada, promovida, ainda que o objetivo não seja completamente realizado. (...) Desse modo, uma medida somente pode ser considerada inadequada se sua utilização não contribuir em nada para fomentar a realização do objetivo pretendido".[38]

Amoldando tais lições ao campo administrativo, pode-se definir o meio adequado, utilizado pelo exercente de função administrativa, como o que promove a satisfação da finalidade que a competência deve perseguir, segundo o que indicar o ordenamento jurídico e as normas administrativas específicas a que se atrela o exercício da potestade administrativa. Acata-se o rigor conceitual na exigência de demonstrar aptidão para promover ou fomentar a tutela do(s) interesse(s) público(s) colimado(s).

Ensina a doutrina que a invalidade do ato é decretada, sob a avaliação da regra da idoneidade, apenas em caráter excepcional, no sentido de que, em sua

---

[35] STUMM, Raquel Denize. *Princípio da Proporcionalidade no Direito Constitucional brasileiro*. Porto Alegre, Livraria do Advogado, 1995, p. 79.
[36] MENDES, Gilmar Ferreira. *Direitos fundamentais e controle de constitucionalidade*: estudos de Direito Constitucional. São Paulo: Celso Bastos Editor/IBDC, 1998, p. 68.
[37] BONAVIDES, Paulo. Princípio constitucional da proporcionalidade e a proteção dos direitos fundamentais. *Revista da Faculdade de Direito da UFMG*, Belo Horizonte, v. 34, n. 34, p. 275-291, p. 279.
[38] SILVA, Luís Virgílio A. da. *O proporcional e o razoável*, p. 36-7.

formulação negativa, "uma medida é não-idônea se o for completamente",[39] ou seja, exige-se, para a invalidação, que o meio adotado se afaste *in totum* da finalidade que governa a edição do ato. Somente quando integralmente divorciados os meios dos fins previamente assinalados pelas normas superiores ao ato, deve-se pronunciar o vício de inidoneidade da ação administrativa.

O juízo de aptidão realiza-se com base em elementos fáticos. A adequação ou compatibilidade exigida é que a medida administrativa tenha o condão de promover, empiricamente, a finalidade perseguida. Deve, pois, o ato normativo ter o condão de imprimir, na realidade, resultados que possam conduzir à satisfação do fim, sob pena de verificada a dissociação fática do meio quanto ao fim, e acobertar-se o uso indevido da função pela Administração. O desatrelamento fático entre meios-fins conduz à ausência de sustentação axiológica do juízo de valor acoplado ao ato jurídico, retirando sua proporcionalidade – e, consequentemente, sua razoabilidade.

A doutrina alemã ressalta que, embora assentado em elementos fáticos, o juízo de aptidão se perfaz por um juízo de valoração *ex ante*. Galetta, fazendo referência à jurisprudência do Tribunal Constitucional Alemão, define a idoneidade nos seguintes termos: "um meio revela-se idôneo à consecução do objetivo visado 'quando com sua utilização se possa sensivelmente favorecer o (atingimento do) resultado desejado'".[40] Esse prognóstico deve mostrar-se justificado e razoável, em um juízo de valoração *ex ante*, em que basta comprovar a possibilidade *in abstrato* do meio quanto ao fim, havendo, desse modo, a possibilidade da não realização futura do prognóstico no curso da aplicação ou execução do ato, em face de eventos posteriores à sua emanação. Segundo a autora italiana, não se exige o melhor meio, mas apenas que o meio eleito forneça uma contribuição para o alcance do objetivo, mesmo que a sua realização seja parcial.

Essas ilações do direito alemão são aplicáveis no escrutínio da legitimidade de quaisquer atos jurídicos produzidos no exercício da função administrativa.

É fundamental registrar que a análise da adequação do ato jurídico emitido não se confunde com o exame do vício de desvio de finalidade na função administrativa. Perseguir interesses jurídicos diversos dos plasmados nas normas de competência é modalidade de extravasamento da competência por vício no pressuposto teleológico da atividade administrativa. Nesses eventos, a apreciação do caso não penetra no coeficiente de ponderação, objeto do postulado da proporcionalidade. Simplesmente, nessa situação, a produção do ato jurídico

---

[39] STEINMETZ, Wilson Antônio. *Colisão de direitos fundamentais e princípio da proporcionalidade*. Porto Alegre: Livraria do Advogado Editora, 2001, p. 150. Na mesma linha, Barros leciona que "o exame de idoneidade da medida restritiva deve ser feito sob o enfoque negativo: apenas quando inequivocadamente se apresentar como inidônea para alcançar o seu objetivo é que a lei deve ser anulada" (BARROS, Suzana de Toledo. *O princípio da proporcionalidade e o controle de constitucionalidade das leis restritivas de direitos fundamentais*. Brasília: Brasília Jurídica, 1996, p. 75).

[40] GALETTA, Diana-Urania. *Principio di proporzionalità e sindicato giurisdizionale nel diritto amministrativo*. Milão: Giuffrè, 1998, p. 16. A referência diz respeito à Sentença de 16.03.1971 [*BverfGE 30, p. 292 (316)*].

desatende o fim previsto no direito posto, demonstrando o exercício da função para fins não autorizados.

O exame da adequação ocorre no plano da regularidade finalística do ato jurídico, e segue no sentido de que a solução nele incorporada ostente valor jurídico, haja vista a implementação do interesse público que o impulsiona. Também é indispensável frisar que o juízo de ponderação inerente à análise administrativa da adequação do ato jurídico deve efetuar-se à luz das imposições normativas que o regem. A análise ocorre no espaço de ponderação (margem de valoração, de eleição e de decisão) vislumbrado no processo de aplicação do direito pela Administração Pública. Daí a relevância da apuração da adequação em atos jurídicos emanados em regime de discricionariedade. A existência de margens de atuação em favor do administrador não significa que o sistema autorize qualquer solução jurídica. Será inválida a solução que não apresente qualquer valor jurídico *ex ante* para materialização do fim colimado.

Diferentemente do que ocorre no exercício da função legislativa (ou mesmo na atividade normativa da Administração Pública), a exigência de adequação passa pela observância do processo de categorização dos atos administrativos. E isso pode engendrar ausência de exame de adequação no plano concreto da ação administrativa, dependendo da categoria de ato e das circunstâncias na situação.

3.2 A exigência de necessidade, exigibilidade, indispensabilidade, intervenção mínima ou menor ingerência possível

A existência de mais de um meio idôneo para a promoção de certa finalidade, comportada pela disciplina normativa da competência, faz surgir o problema da *exigibilidade*. A aceitabilidade axiológica das prescrições e do juízo de valor nelas objetivado vai demandar um exame mais aprofundado de sua legitimidade.

Não basta que o exercício da competência de órgãos e entes administrativos se paute pela idoneidade das medidas em função dos fins legais pré-definidos pela ordem jurídica. É obrigatória a adoção do meio menos oneroso para interesses, bens, valores ou direitos afetados pela ação administrativa, dentro das possibilidades comparativas decorrentes da existência *in abstrato* de diversos meios, com igual eficácia, acolhidos pela normatividade a concretizar.

Significa isso afirmar que, no exercício da competência, deve a Administração averiguar a possível existência de outras determinações ou soluções, outros comandos ou prescrições, outras formas categorizadas de ação institucional, dotados com igual eficácia para a cura do(s) interesse(s) público(s) em causa. E não deve parar nessa averiguação: se, nesse exame comparativo, aflore medida menos onerosa está o aparelho administrativo obrigado a adotá-la, porque somente a menos onerosa será dotada de exigibilidade. Se exigível, poderá ser examinada de forma aprofundada, sob o teste da proporcionalidade em sentido estrito, para, ao final, ostentar sua razoabilidade.

Na emanação de atos jurídicos por autoridades administrativas, vale a mesma assertiva pela qual todo excesso no exercício da função em nada contribui para os interesses públicos, molas propulsoras da atividade administrativa. Sem descurar desses interesses, após o exame da idoneidade, a existência de solução menos onerosa, que promove com o mesmo grau de efetividade o interesse público, a adoção de soluções mais onerosas representará unicamente um menosprezo às situações jurídicas afetadas pela ação administrativa, sinal mascarado, mas eloquente de arbitrariedade, a qual não se compadece com a natureza funcional das atribuições públicas exercidas.

Revela-se, por conseguinte, inválido ato da Administração que veicule, no plano da competência, medida inexigível, por haver comprovação suficiente da existência de outra, à disponibilidade do administrador, que, se adotada, importaria menor restrição (menor nocividade, menor grau de restrição ou afetação a direitos) e que teria o condão de ensejar o mesmo ou melhor resultado, tendo como parâmetro o(s) interesse(s) público(s) perseguido(s). A administração tem o dever de emanar, como conteúdo de seus atos, dentro da margem de discricionariedade deixada pela normatividade que comanda sua atuação, tão somente as medidas indispensáveis à consecução das finalidades legais.

No direito constitucional, acentua a doutrina que, pelo conteúdo do dever de necessidade, configura-se a "exigência do meio limitador mais suave, menos deletério para o interesse jurídico que teve o seu exercício limitado. (...) O juízo de necessidade exige, portanto, uma seleção dos meios, igualmente adequados para alcançar o fim objetivado, diante do grau e da intensidade da limitação que cada qual impõe aos vários bens jurídicos constitucionalmente tutelados," como observa Pontes.[41] Com efeito, "esse meio deve se mostrar 'exigível', o que significa não haver outro, igualmente eficaz, e menos danoso a direitos fundamentais", pondera Guerra Filho.[42] Como afirma Canotilho, em feliz síntese da significação jurídica do subprincípio da necessidade (da "menor ingerência"), "o cidadão tem *direito à menor desvantagem possível*".[43]

Também em Canotilho encontram-se desenvolvidos os critérios de avaliação dessa exigibilidade, identificados pelo autor em quatro vertentes: *material, espacial, temporal e pessoal.*

As soluções devem afetar, em quantidade, o *necessário* em interesses, bens, valores ou situações jurídicas tutelados (material). Esse aspecto é, deveras, o mais enfatizado pela doutrina. Concomitantemente, entretanto, dependendo da hipótese, deve ser delimitado e respeitado o âmbito próprio da intervenção veiculado pelo ato (espacial), bem como o período estritamente requerido para a promoção da finalidade perseguida (temporal). Imbricando-se com exigências

---

[41] PONTES, O *princípio da proporcionalidade e o direito tributário*, p. 69.
[42] FILHO, Willis Santiago Guerra. *Processo constitucional e direitos fundamentais*. São Paulo: Celso Bastos Editor/IBDC, 1999, p. 68.
[43] CANOTILHO, J. J. Gomes. *Direito Constitucional e teoria da Constituição*. 2 ed. Coimbra: Almedina, 1998, p. 262.

derivadas da isonomia, cumpre, ainda, que as medidas devem restringir-se, no âmbito pessoal, ao círculo estritamente demarcado para o cumprimento do seu fim.

Esses critérios de exigibilidade devem ser observados pela Administração, no exercício de suas competências. Observados os espaços de ponderação visualizados na normatividade a cumprir, os atos por ela editados devem delimitar o seu âmbito material, espacial, temporal e pessoal, pela noção da exigibilidade, evitando-se, sob quaisquer desses aspectos, excesso ou abuso em sua extensão, sob pena de invalidação. Do ponto de vista material, afirma-se também o dever de menor ingerência, de menor sacrifício possível de situações juridicamente tuteladas.

Steinmetz sistematiza o conteúdo do dever de exigibilidade em quatro notas essenciais: (i) postula a ingerência mínima; (ii) pressupõe dúvida/desconfiança quanto à existência de alternativa menos gravosa ao direito fundamental; (iii) exige a comparabilidade dos meios ou das medidas de restrição, primeiramente quanto à prejudicialidade de cada qual e, em seguida, quanto à respectiva eficácia. Um meio menos prejudicial deve, no mínimo, ostentar eficácia igual à da medida confrontada; (iv) é um juízo empírico que indica o meio menos prejudicial.[44]

O juízo de legalidade inerente à aplicação da regra de necessidade somente se delineia à luz das circunstâncias fáticas relacionadas com cada caso, com cada contexto decisório. À vista dos reflexos dos diversos meios passíveis de eleição e consequente adoção pela norma, surgem as condições de qualificar-se um ou outro como menos ou mais prejudicial, com igual, inferior ou superior eficácia em vista do fim colimado.

Essa vinculação com a realidade fática, subjacente à produção jurídica, é bastante acentuada no direito constitucional alemão. A ponto de, conforme noticia Galetta, naquele sistema, a jurisprudência negar "a subsistência do requisito da necessidade somente quando seja possível estabelecer, com um exame *ex ante*, a utilidade de um outro meio igualmente eficaz, mas menos incisivo; ou quando se revelar, em um exame *ex post*, que o meio prescrito é demasiadamente restritivo em relação a outro".[45]

Desse modo, o exame da exigibilidade ocorre *in concreto*, sob a consideração da compostura da situação fática justificadora do ato jurídico (medida estatal), de maneira que a alteração substancial da situação que retire da medida o seu caráter de menor onerosidade pode e deve ensejar sua retirada superveniente por ofensa ao subprincípio em destaque.

É evidente que o subprincípio da exigibilidade também deve ocorrer levando em consideração as ponderações já absorvidas nas normas jurídicas aplicadas pelo administrador. É possível que o ordenamento – como o faz na estatuição normativa

---

[44] STEINMETZ, *Colisão de direitos fundamentais e princípio da proporcionalidade*, p. 151.
[45] GALETTA, *Principio di proporzionalità e sindicato giurisdizionale nel diritto amministrativo*, p. 18.

da adequação – já estabeleça em face de determinada circunstância concreta o juízo de exigibilidade, indicando a natureza e o conteúdo do provimento administrativo a ser emanado. Nesse caso ainda se pode verificar a constitucionalidade do tratamento legal.

De outro lado, o direito positivo toma atitude diversa e não raro permanece sob concretização administrativa a formulação do juízo de necessidade. Em certas situações, a abertura normativa é total, no sentido de que caberá a avaliação concreta sob o aspecto material, pessoal, temporal e espacial. Em outras ocasiões, a abertura normativa é parcial, e certos juízos de ponderação nesse panorama estarão estabelecidos por norma superior.

Também é deveras sintomático que o juízo de exigibilidade implique o confronto entre soluções, que certamente apresentam consequências jurídicas distintas no resultado da ponderação. Mas isso não elide o dever de busca e implementação da solução menos onerosa. A comparabilidade apenas reforça o dever de análise cuidadosa pela Administração Pública de todas as circunstâncias fáticas e jurídicas em cada solução objeto de ponderação.

De todo modo, em qualquer situação e na exata medida em que a normatividade fundada na Constituição autorizar, a solução menos onerosa é a demandada pelo Estado Material de Direito, porque corolário da indispensável atividade estatal de harmonização e otimização na observância e realização de valores juridicizados, missão atribuída aos exercentes de função administrativa, em um universo jurídico marcado pela pluralidade de interesses, valores e bens, situações jurídicas, tuteláveis pelo direito.

3.3 A exigência de proporcionalidade em sentido restrito, equilíbrio, sopesamento, balanceamento ou ponderação

Não basta que o ato exarado pela Administração (com suas determinações) demonstre o preenchimento dos requisitos de idoneidade e de exigibilidade, para validar sua legalidade substancial. Mister, ainda, como terceira e derradeira exigência posta pelo postulado da proporcionalidade, observada a progressão lógica da aplicação de seus componentes ou escalões, que o meio eleito pelo administrador, no complexo jogo de promoção, garantia ou realização de certos elementos jurídicos-materiais relevantes – tal como se arquitetam ou se organizam no contexto decisório à vista da ordem constitucional e legal – esteja revestido de proporcionalidade, qualificando-se pelo adequado sopesamento, balanceamento ou equilíbrio de caráter axiológico.

Faz-se necessário que, dentro da competência, as medidas preceituadas pela Administração, atreladas ao interesse público, sejam determinadas pela justa medida ou pelo *equilíbrio axiológico-normativo* nas suas repercussões jurídicas, positivas e negativas, ou seja, relativamente ao que se promove ou se assegura com a medida e ao que se limita ou restringe ou extingue com a mesma, no âmbito da ordem jurídica.

Deve, pois, toda e qualquer intervenção administrativa ser sempre objeto de valoração comparativa com respeito aos bens, valores, interesses ou direitos que afeta com seu ingresso na ordem jurídica. Onde houver decisão administrativa que há de ter em conta um quadro diversificado de pretensões de estatura constitucional ou legal, há o dever prévio de ponderar, ou seja, identificar os interesses em jogo, assinalar a cada um a importância ou peso que merecem e decidir sobre a precedência ou preponderância entre uns e outros para o caso concreto. A valoração administrativa deve buscar a "proporcionalidade axiológica", na dicção de Linares.[46]

O subelemento final da proporcionalidade em sentido estrito encarna, como elemento central, o *dever de ponderação (em sentido estrito)*, enquanto método ou forma racional e razoável de decidir que se impõe ao exercício da função pública, como instrumento para conformar a razoabilidade de atos editados pela Administração.[47]

No âmbito do Direito Constitucional, há uma significativa investigação teórica do modo pelo qual se deve definir e processar a ponderação, requerida pelo postulado da proporcionalidade em sua derradeira injunção normativa.

No contexto constitucional, Daniel Sarmento define o subelemento da proporcionalidade como núcleo do mandado de otimização, segundo o qual "o ônus imposto pela norma deve ser inferior ao benefício por ela engendrado, sob pena de inconstitucionalidade". Logo a seguir esclarece que esse aspecto "convida o intérprete à realização de autêntica ponderação. De um lado da balança, devem ser postos os interesses protegidos com a medida, e, do outro, os bens jurídicos que serão restringidos ou sacrificados por ela. Se a balança pender para o lado dos interesses tutelados, a norma será válida, mas, se ocorrer o contrário, patente será a sua inconstitucionalidade".[48]

Outro doutrinador do tema, Paulo Buechele, caracteriza o conteúdo da proporcionalidade em sentido estrito: "a medida tomada deverá ser verificada a partir de uma relação custo-benefício, ou seja, de uma ponderação entre os danos por ela causados e os resultados a serem obtidos, aferindo-se as vantagens e desvantagens decorrentes da aplicação da medida".[49]

Steinmetz reproduz excelente definição elaborada pelo publicista espanhol Medina Guerrero na matéria: "o princípio da proporcionalidade em sentido estrito não se traduz, em última análise, senão na máxima pela qual deve por determinada norma tender-se a lograr um equilíbrio entre as vantagens e prejuízos

---

[46] LINARES, Juan Francisco. *Poder Discrecional Administrativo:* arbitrio administrativo. Buenos Aires: Abeledo-Perrot, 1958, p. 166.

[47] A valoração comparativa deve guiar-se: (i) pela "incisividade da intervenção na esfera jurídica do indivíduo", (ii) pelo "peso e urgência do interesse geral", e (iii) pelo "interesse individual objeto de proteção por parte da ordem jurídica" (cf. GALETTA, *op. cit.*, p. 20).

[48] SARMENTO, *A ponderação de interesses na Constituição Federal*. Belo Horizonte: Lumen Juris, 2002, p. 89.

[49] BUECHELE, Paulo Armínio Tavares. *O princípio da proporcionalidade e a interpretação da Constituição*. Rio de Janeiro: Renovar, 1999, p. 186.

que inevitavelmente se geram quando se limita um direito a fim de proteger outro direito ou bem constitucionalmente protegido. Deve, em suma, proceder-se a uma valoração comparativa dos interesses particulares e coletivos contrapostos, o que exige levar em consideração todas as circunstâncias relevantes do caso concreto".[50][51]

Busca-se, pois, um perfeito equilíbrio a fim de verificar se "o Direito juridicamente protegido por determinada norma apresenta conteúdo valorativamente superior ao restringido".[52] de tal sorte que a decisão estatal deve recair sobre "o meio ou os meios que, no caso específico, levarem mais em conta o conjunto de interesses em jogo".[53]

Os autores põem em destaque o núcleo do dever incorporado na última dimensão normativa da proporcionalidade, em sua aplicação como máxima de concretização das normas constitucionais e legais, revelado pelo dever estatal de promover, adotar, acolher e impor a *justa medida,* ou seja, que "a providência não fica aquém ou além do que importa para se obter o resultado devido, nem mais, nem menos; e porque se trata de limites, de restrições e de suspensão de direitos fundamentais, ela traduz-se em proibição do excesso ou do arbítrio; os direitos podem ser limitados, restringidos ou suspensos apenas na medida da necessidade legitimamente acolhida pelos órgãos competentes, à face das normas constitucionais aplicáveis".[54]

A justa medida incorpora o dever de ponderação, cujo contorno foi traçado por Robert Alexy, em sua *lei de ponderação*: quanto maior é o grau da não satisfação ou de afetação de um princípio, tanto maior tem que ser a importância da satisfação do outro.[55]

Sobre o procedimento de aplicação da referida lei, no âmbito do direito constitucional, Sarmento traz uma das primeiras e significativas lições na matéria. Assinala que a ponderação, em primeiro lugar, depende de uma análise cabal das variáveis fáticas presentes no problema enfrentado, em cujo contexto se delineará o peso específico dos princípios constitucionais em confronto. A identificação do conflito principiológico é pressuposto para a utilização da

---

[50] GERRERO, Manuel Medina. *La vinculación negativa del legislador a los derechos fundamentales*. Madrid: McGraw-Hill, 1996, p. 132. Apud STEINMETZ, *op. cit.*, p. 152.

[51] "O juízo de ponderação entre os pesos dos direitos e bens contrapostos deve ter uma medida que permita alcançar a melhor proporção entre os meios e os fins" (STUMM, *Princípio da Proporcionalidade no Direito Constitucional brasileiro*, p. 81). Visa a proporcionalidade e.s.e "indicar se o meio utilizado encontra-se em razoável proporção com o fim perseguido. A ideia de equilíbrio entre valores e bens é exalçada." Há de ser inferida pela técnica de ponderação de bens, cumprindo a jurisprudência relevante papel de auxílio na sua aplicação (BARROS, *O princípio da proporcionalidade e o controle de constitucionalidade das leis restritivas de direitos fundamentais*, p. 80).

[52] SAMPAIO, Patrícia Regina Pinheiro; SOUZA, Carlos Affonso Pereira de. O princípio da razoabilidade e o princípio da proporcionalidade: uma abordagem constitucional. *ADCOAS – Informações Jurídicas Empresariais*. São Paulo: Esplanada, Doutrina n. 3, ano II, p. 66-76, p. 72, mar. 1999.

[53] BONAVIDES, *O princípio constitucional da proporcionalidade ...*, p. 280.

[54] MIRANDA, Jorge. *Manual de Direito Constitucional*. Tomo IV: Direitos Fundamentais. 2. ed. Ver. e atual. Coimbra: Coimbra Editora, 1993, p. 218-9.

[55] ALEXY, Robert. *Teoria dos Direitos Fundamentais*. Tradução de Virgílio Afonso da Silva. 2. ed., 4ª tir. São Paulo: Malheiros, 2015.

ponderação, na medida em que se o aparente confronto for superável via interpretativa em um trabalho de harmonização dos comandos normativos, torna-se prescindível a ponderação.

Deve-se delinear a *topografia do conflito*, ou seja, deve o intérprete-aplicador demarcar o campo de abrangência dos princípios, a fim de confirmar a tensão principiológica. Constatada efetiva colisão entre princípios, parte-se para a ponderação propriamente dita, na qual se objetiva lograr um *ponto ótimo*, no qual a restrição a cada interesse seja a mínima indispensável à sua convivência com o outro. Para tanto, em primeira linha, cumpre atentar para o *peso genérico* que o sistema constitucional possa conferir, em tese, a um dos interesses envolvidos. Em segundo lugar, com maior relevância, cumpre desvendar o *peso específico* que cada princípio deve assumir na resolução do caso concreto.

Nesse passo, "o julgador deve buscar um ponto de equilíbrio entre os interesses em jogo, que atenda aos seguintes imperativos: (a) a restrição a cada um dos interesses deve ser idônea para garantir a sobrevivência do outro; (b) tal restrição deve ser a menor possível para a proteção do interesse contraposto; e (c) o benefício logrado com a restrição a um interesse tem de compensar o grau de sacrifício imposto ao interesse antagônico".

Como está presa aos lineamentos dados por cada caso concreto, e haja vista que o controle da ponderação não deve representar uma via aberta ao decisionismo judicial arbitrário, a utilização da ponderação por parte do controle judicial, bem acentua o autor, está sujeita à obrigatoriedade de plena motivação das decisões tomadas: "é a partir da motivação que se torna possível controlar a ponderação de interesses, aferindo a sua razoabilidade, bem como sua compatibilidade com a axiologia constitucional".[56]

No âmbito do direito administrativo brasileiro, escassa se mostra a abordagem doutrinária do dever de ponderação no exercício da função administrativa, seja na emanação de atos gerais e abstratos, seja de atos concretos, individuais ou gerais. Atribui-se a escassez a errônea compreensão da discricionariedade, vista como obstáculo à realização do referido exame, o que não se sustenta mais no arcabouço do Estado Constitucional.

No direito espanhol, Santiago trata do tema de forma específica.[57] Destaca o autor que a ponderação se perfaz através de um procedimento composto de três

---

[56] SARMENTO, *op. cit.*, p. 105 e 121. A proporcionalidade e.s.e. "permite ao intérprete-aplicador do Direito formular um balanceamento dos princípios jurídicos constitucionais em oposição, buscando a melhor e a mais justa decisão do caso concreto, segundo os objetivos gerais de cada respectiva ordem jurídica e da ideologia constitucionalmente adotada" (PONTES, *op. cit.*, p. 70). Como normas-objetivo fundamentais para o processo de interpretação e aplicação do Direito Brasileiro, têm-se as derivadas dos arts. 1º, 3º, 4º, 5º, 170 e 193 da Carta de 1988. Na proporcionalidade e.s.e., "a análise dos meios não se faz diante de fins ou de valores meramente idealizados pelo intérprete, mas positivados efetivamente pela ordem jurídica" (PONTES, *op. cit.*, p. 71).

[57] "É indubitável que a ponderação pode ser necessária tanto ao aplicar o Direito ao caso concreto, como ao exercer a competência de ditar regras, normalmente (ainda que nem sempre) abstratas e gerais, que hão de ser aplicadas posteriormente pelos órgãos chamados a tanto" (cf. SANTIAGO, José Maria Rodríguez de. *La ponderación de bienes e intereses en el derecho administrativo*. Madri: Marcial Pons, 2000, p. 58). Reporta-se a órgãos com competências normativas, atentando para o fato de que a diferença entre a ponderação legislativa e a ponderação administrativa, dentre outras, radica na exigência imposta à última do dever de

fases. A primeira fase diz respeito ao momento de identificação dos princípios (bens, valores, interesses, direitos) em conflito. Nessa fase, deve-se atentar para os *falsos problemas de ponderação,* que, em realidade, constituem problemas de interpretação sistemática e unitária da Constituição (ou do ordenamento jurídico), decorrentes da delimitação adequada do âmbito de proteção e de projeção dos princípios aparentemente em contraposição, hipóteses em que, em verdade, *ab initio* não há conflito e não se requer qualquer ponderação para constatar a legitimidade da medida administrativa.

Por outro lado, o autor observa que não se deve incorrer em vício derivado da postura contrária: negar que há um conflito, realmente existente e requerente de ponderação para sua solução, com a utilização de expedientes interpretativos diversos. Da correta avaliação dessa primeira fase depende, de forma radical, a adequada solução do caso objeto de ponderação.

O autor espanhol divisa *procedimentos ponderativos simples* de *procedimentos ponderativos complexos,* dependendo da variação e extensão do que constitui objeto da ponderação. Nos complexos, a primeira fase implica, "primeiro, uma investigação e recopilação dos interesses potencialmente relevantes e, segundo, um primeiro julgamento sobre os que verdadeiramente o são, o que pressupõe a eleição de certos interesses que se considerem relevantes para submetê-los às fases seguintes e a exclusão do que se considerem como de valor mínimo ou não dignos de proteção no caso de que se trata".[58] Em outros termos, a primeira fase acarreta o dever administrativo de identificação dos interesses relevantes em conflito e, na sequência lógica, a eleição dos interesses que devem ser incluídos na ponderação.

A segunda fase consiste na atribuição de peso ou importância a cada um dos princípios (valores, bens, interesses), em conflito, atendendo-se às circunstâncias do caso concreto. Trata-se de "formular argumentos sobre o grau de cumprimento de um princípio e o grau de comprometimento ou prejuízo de seu contrário para cada uma das soluções possíveis do conflito".[59] Forma-se, pois, o núcleo da fundamentação da decisão de precedência que será adotada ao final do procedimento de ponderação, o que inclui a investigação de eventual prevalência *prima facie* prevista explícita ou implicitamente na ordem jurídica em favor de um dos princípios em tensão.

A terceira e última fase consiste no momento de elaboração da decisão de prevalência, segundo o critério "quanto maior seja o grau de prejuízo a um dos princípios, maior há de ser a importância do cumprimento de seu contrário", quando então se formula simultaneamente uma regra de prevalência condicionada. A

---

rigorosa motivação racional de suas decisões. Dedica-se atenção à ponderação na aplicação de conceitos normativos indeterminados contidos nos supostos de fato das normas jurídico-administrativas, casos de discricionariedade na determinação da consequência jurídica e, ainda, ao exercício da denominada discricionariedade de planificação (*op. cit.* p. 67-102).

[58] SANTIAGO, *La ponderación de bienes e intereses en el Derecho Administrativo,* p. 129.
[59] SANTIAGO, *op. cit.,* p. 130.

lei de ponderação fornece racionalidade ao método pelo qual se deve operacionalizar e controlar o cumprimento do dever de ponderação, devendo seu resultado possibilitar um certo grau de generalização ou abstração capaz de torná-lo aplicável em futuros conflitos, com compostura semelhante. Registre-se que as três fases, conquanto logicamente separáveis, não constituem, na sua dinâmica aplicativa, expedientes isolados ou independentes.

Penetrar o campo do juízo de ponderação, inerente ao cumprimento da força normativa da proporcionalidade, é adentrar no escrutínio dos critérios administrativos utilizados para o exercício e construção das valorações administrativas, mormente as derivadas de competências discricionárias. Esse campo pretende não raro constituir a última zona de imunidade administrativa em face da tutela judicial efetiva de legalidade substancial. O reconhecimento normativo da razoabilidade como princípio – e sua aplicação procedimentalizada e objetiva através da proporcionalidade – abre as portas para a mais ampla sindicabilidade sobre a ação administrativa.

É da lógica do Estado Constitucional afirmar a plena limitação de exercício de competências administrativas, em cuja compostura se outorgue um coeficiente maior ou menor de decidibilidade. Exige-se que o manuseio dessas competências esteja fundado em *critérios embasados em fatores objetivos*, cuja ponderação seja passível de *demonstração e aferição*, por quem realize o controle interno ou externo de legalidade. O postulado da proporcionalidade interfere no núcleo da ponderação administrativa, que passa a ser contrastável por órgãos ou instituições de controle.

Por razões ligadas tão somente à sua consagração normativa, a ação administrativa sofre profunda revolução nos quadrantes do Estado Constitucional. Torna-se imperiosa a demonstração da proporcionalidade em sentido estrito – e, por conseguinte, da razoabilidade – da produção jurídica. Será na exata medida da revelação dos fundamentos objetivos do juízo de ponderação que será dado ao órgão de controle de legalidade promover a revisão da ação administrativa.

O princípio da razoabilidade impõe uma ação administrativa adequada, exigível e proporcional, em cada atividade submetida ao regime jurídico-administrativo. A proporcionalidade constitui, dada a sua estruturação dogmática, subprincípio (ou faceta) que instrumentaliza a aplicação da exigência de *equilíbrio axiológico e normativo* na concretização do direito administrativo, que torna sindicável toda e qualquer ponderação valorativa.

Qualquer produção jurídica que descumpra a razoabilidade, requerida constitucionalmente para a hipótese, ensejará vício insanável da atividade administrativa. Quaisquer demasias, quaisquer deficiências, quaisquer omissões verificadas no processo de valoração ensejará a possibilidade de controle de legalidade.

A aplicação do princípio da proporcionalidade – com os conteúdos assinalados aos seus subelementos, em sua estrutura procedimentalizada – também integra o regime jurídico de Direito Administrativo Sancionador.

4 Interesse público anticorrupção e Direito Administrativo Sancionador (DAS) Anticorrupção

O Direito Administrativo Sancionador Anticorrupção é uma das mais importantes vias de tutela normativa do interesse público anticorrupção, no ordenamento brasileiro. Congrega as normas que instrumentalizam três sistemas de responsabilização fundamentais: (i) os sistemas de responsabilização administrativa, com a previsão e estatuição de infrações e sanções administrativas, a cargo de órgãos e entidades da Administração Pública; (ii) os sistemas de responsabilização institucionalizados pela atividade sancionadora dos Tribunais de Contas, no exercício do controle externo; (iii) o sistema de responsabilização pela prática de improbidade administrativa, atribuído ao exercício da jurisdição civil comum (federal ou estadual).

Essa forma de compor o DAS entremostra que o autor signatário posiciona o largo espectro do exercício de potestades punitivas não penais (isto é, não encerradas na jurisdição criminal) no campo normativo próprio do Direito Administrativo, que, obviamente, perde a característica de ser o plexo de princípios e regras regentes de órgãos e entes da Administração Pública (critério subjetivo ou orgânico), e segue existindo como ramificação do direito público que fundamentalmente disciplina a organização, funcionamento, controle e limites das atividades estatais levadas a contento para a realização ou tutela do interesse público, sob controle jurisdicional (critério formal). Essa elasticização do Direito Administrativo é fruto do agigantamento da atividade administrativa na contemporaneidade e, por consequência, dos tipos de controle exercidos sobre a atuação de agentes públicos.

A própria concepção de que no Direito Administrativo Sancionador é possível construir um subsistema específico para o enfrentamento de práticas de corrupção em sentido amplo decorre dessa necessidade social, econômica e política de aperfeiçoamento da reação institucional estatal e de controle (prevenção e repressão) dessa forma de ilicitude, em vista das graves consequências para o Estado, sociedade e comunidade internacional.

O interesse público anticorrupção, como visto no item precedente, é capitaneado por normas constitucionais do Estado brasileiro. Mas, com a expansão do fenômeno da corrupção, também se assiste a um crescente redimensionamento desse interesse público, em um movimento internacional anticorrupção, como se depreende de Convenções Internacionais Anticorrupção, das quais quatro possuem relevância para o direito administrativo sancionador brasileiro, quais sejam, as Convenções da OCDE, OEA e da ONU, já regularmente internalizadas, após aprovação por decretos legislativos e promulgadas por decretos do Presidente da República (Decretos nº 3.678/2000, nº 4.410/2002 e nº 5.687/2006, respectivamente), e, também, a Convenção de Palermo da ONU sobre Crime Organizado Transnacional (Decreto nº 5.015/2004).

A prática de corrupção "solapa a legitimidade das instituições públicas e atenta contra a sociedade, a ordem moral e a justiça, bem como contra o desenvolvimento integral dos povos". "A democracia representativa, condição indispensável para a estabilidade, a paz e o desenvolvimento da região, exige, por sua própria natureza, o combate a toda forma de corrupção no exercício das funções públicas e aos atos de corrupção especificamente vinculados a seu exercício". "O combate à corrupção reforça as instituições democráticas e evita distorções na economia, vícios na gestão pública e deterioração da moral social". "A corrupção é um dos instrumentos de que se serve o crime organizado para concretizar os seus fins", havendo crescentes "vínculos cada vez mais estreitos entre a corrupção e as receitas do tráfico ilícito de entorpecentes, que ameaçam e corroem as atividades comerciais e financeiras legítimas e a sociedade, em todos os níveis". É imperativo gerar entre a população "uma consciência em relação à existência e à gravidade desse problema e da necessidade de reforçar a participação da sociedade civil na prevenção e na luta contra a corrupção".

Acima estão todas justificativas apontadas na Convenção da OEA (reproduzidas nas demais), e todas estas circunstâncias fáticas estão presentes na realidade brasileira, tornando-se inequivocamente substrato para valorações dentro de nosso ordenamento jurídico.

Correto afirmar que, com as Convenções Internacionais, o interesse público anticorrupção foi sendo remoldado, revigorado, fortalecido, sendo estabelecidos novos instrumentos ou novas exigências, para a sua tutela, submetendo-se a aplicação das Convenções em cada Estado Parte à conformidade de suas disposições com os princípios fundamentais do ordenamento jurídico estatal. Na atualidade, o interesse público anticorrupção é um exemplo do paradigma do Direito Administrativo contemporâneo, cujas fontes se internacionalizam em ritmo progressivo, seguindo a evolução do fenômeno da globalização.

Para efeito de analisar a incidência do postulado da proporcionalidade no regime de DAS Anticorrupção, elege-se o *sistema de responsabilização de improbidade administrativa*, objeto do DAS da Probidade Administrativa, dada a sua relevância no enfrentamento da corrupção, com sua diferenciada operacionalização no âmbito do exercício da função jurisdicional, considerando sua explícita previsão no Texto Constitucional (artigo 37, §4º).

A atual Constituição criou o sistema de responsabilização de agentes públicos e terceiros (pessoas físicas e jurídicas) pela prática de "atos de improbidade administrativa", que designam ações e omissões ilícitas, com qualificação própria em lei nacional, violadoras da probidade na Organização do Estado e na atuação de funções públicas, importando graves sanções aos responsáveis, como se depreende da perda da função pública e da suspensão de direitos políticos, bem como ressarcimento de danos causados ao erário e perdimento de bens ilicitamente acrescidos ao patrimônio, como está previsto no artigo 37, parágrafo 4º da CF, e regulado originariamente pela Lei nº 8.429/1992 (Lei Geral de Improbidade Administrativa – LGIA).

Esse novo domínio punitivo disciplinou ação civil pública de cunho sancionatório singular, legitimou o Ministério Público e entes interessados (lesados pela ilicitude) para sua propositura (artigo 17 da LGIA), fortalecendo os instrumentos constitucionais e legais na atividade de proteção do patrimônio público e social, e da probidade no âmbito do Estado, aperfeiçoando o controle externo de juridicidade exercido sobre a atividade de agentes públicos. Como se depreende da LGIA, o sistema foi construído a partir do processo de depuração do bem jurídico, com a tipificação de atos que importam em enriquecimento ilícito (art. 9º), atos que causam prejuízo ao Erário (art. 10), e atos que atentam contra os princípios da Administração Pública (art. 11), sistema originário descaracterizado pela Lei Complementar nº 157/2016, que inseriu o artigo 10-A para atos de concessão ou aplicação indevida de benefício financeiro ou tributário.

Tal como arquitetado na Lei nº 8.429/1992, o sistema foi construído a partir da tipificação da conduta de agentes públicos (art. 1º), adotando, entretanto, uma significativa extensão semântica desse conceito clássico (art. 2º), tendo em vista a forma de discriminação das entidades tuteladas pelo domínio punitivo, na dicção do artigo 1º e parágrafo único. Essa abrangência reformulada do conceito de agente público foi acompanhada da submissão de terceiros (pessoas físicas e jurídicas), envolvidos na prática da improbidade administrativa, como sujeitos responsáveis (art. 3º), na disciplina da coautoria e participação no ilícito, sendo, pois, incontestável que, desde a origem, o sistema de improbidade agasalhava o tratamento punitivo de pessoas jurídicas envolvidas na prática da ilicitude combatida. Por fim, tal como originalmente perfilhado na Lei nº 8.429/1992, o sistema – no regramento do artigo 12, inciso I, II, III e IV – reproduz as sanções constitucionais expressas, implícitas e inova nas penalidades.

Em rigor, com a previsão do sistema no artigo 37, §4º, o Texto Constitucional estabeleceu um mandamento supralegal de obrigatória jurisdicionalização da reação sancionatória à prática de improbidade administrativa, por partes de agentes públicos e particulares (pessoas físicas e jurídicas). Concentrando a titularidade das sanções nas mãos do Poder Judiciário, após introdução da irrestrita aplicação da proporcionalidade (por força da contestável Lei nº 12.120/2009), com competência acusatória reconhecida ao Ministério Público e entes lesados, não por menos que esse domínio punitivo floresceu ao longo dos últimos trinta anos, tornando-se a LGIA verdadeira e incontestável Lei Nacional Anticorrupção, cujo título só recentemente o Poder Executivo da União tentou enfraquecer com o nominalismo empregado na Lei nº 12.846.

A expansão do domínio punitivo foi posta em movimento com a efetividade da tutela jurisdicional obtida com sua operacionalização, na medida em que os Ministérios Públicos e Advocacias Públicas passaram a utilizá-la amplamente no controle da probidade da atividade estatal. Desde logo, nessa expansão está o mais relevante avanço e desafio na luta contra corrupção nos últimos 30 anos de vigência da Lei Fundamental, que deve ser continuamente implementado e defendido.

No plano legislativo, houve significativos avanços, no período de 1992-2013. A expansão normativa do sistema de improbidade administrativa foi progressiva. Ocorreu de vários modos:

(i) seja através da sua expressa referência normativa para robustecer disciplinas legais relevantes – o que ocorreu no art. 73 da Lei de Responsabilidade Fiscal (LC) nº 101/2000 e, mais recentemente, no artigo 29, §2º do Estatuto das Empresas Estatais – Lei nº 13.303/2016;

(ii) seja através da incorporação irrefletida de novos tipos gerais de improbidade administrativa inseridos na própria LGIA – artigo 10-A instituído casuisticamente pela Lei Complementar nº 157/2016;

(iii) seja através dos acréscimos de novos tipos específicos na LGIA – incisos XIV e XV do artigo 10 pela Lei de Consórcios Públicos – Lei nº 11.107/2005, incisos XVI ao XXI do artigo 10, e inciso VIII do artigo 11, pela Lei de Parcerias com Organizações da Sociedade Civil, Lei nº 13.019/2014 (com alterações da Lei nº 13.204/2015),[60] inciso IX do artigo 11, pela Lei Brasileira de Inclusão da Pessoa com Deficiência – Lei nº 13.146/2015, e inciso X do artigo 11, pela Lei nº 13.650/2018, relacionada com entidades beneficentes de assistência social, na área de saúde;

(iv) seja pela positivação de tipos isolados em leis específicas (artigo 30, parágrafo único, da Lei Geral de Telecomunicações – Lei nº 9.472/1997; artigo 59, parágrafo único da Lei da ANTT/ANTAQ – Lei nº 10.233/2001);

(v) seja pela criação de sistemas especiais de atos de improbidade administrativa em domínios relevantes da atuação estatal (artigo 73, §7º, da Lei das Eleições – Lei nº 9.504/1997, artigo 52 do Estatuto da Cidade – Lei nº 10.257/2001, artigo 32 da Lei de Acesso à Informação Pública – Lei nº 12.527/2011, artigo 12 da Lei de Conflitos de Interesses – Lei nº 12.813/2013;[61] art. 20 do Estatuto da Metrópole – Lei nº 13.089/2015 (esse dispositivo, subitamente revogado pela Lei nº 13.683/2018).

O mais relevante é que a própria Constituição reconheceu a relevância interna do sistema, ao estabelecer, através de Emendas, novas referências textuais. Essa afirmação pode ser constatada nos seguintes artigos: artigo 97, §10, inciso III, do ADCT, inserido por força da Emenda nº 62, de 2009, artigo 104, inciso II, do ADCT, inserido pela Emenda nº 94, de 2016, e artigo 101, §3º, do ADCT, inserido pela Emenda nº 99, de 2017, todos relacionados com o cumprimento de normas constitucionais sobre precatórios (questão de indiscutível relevância institucional desde 1988), ressaltando e operando a tipicidade obrigatória de condutas no sistema de responsabilização por atos de improbidade administrativa.

---

[60] Conferir: VITOR, Viviane Formigosa. *Atos de improbidade administrativa no MROSC* – Lei 13.019/2014. Dissertação (Mestrado em Direito) – Pontifícia Universidade Católica de São Paulo, 2019.

[61] Consultar: PEREIRA, Felipe Dudienas Domingues. *O conflito de interesses como ato de improbidade administrativa*. Dissertação (Mestrado em Direito) – Pontifícia Universidade Católica de São Paulo, 2018.

Observe-se que o sistema de improbidade administrativa se tornou, ao longo dos últimos 27 (vinte e sete) anos, o sistema central, de caráter não penal, para robustecer o cumprimento e tutela da probidade como princípio basilar do direito público brasileiro, nos diversos campos da atividade estatal.

Certo afirmar que o interesse público anticorrupção tem sua tutela sancionadora mais acentuada através do sistema de responsabilização da improbidade administrativa. A principal razão está na independência do capital legitimado ativo (Ministério Público) e na independência da instituição processante e julgadora (o Poder Judiciário). Não por menos se discutiu e ainda se discute a alegada imunidade de agentes políticos nesse sistema, solução que ao final não vingou. Não por menos se discutiu a aplicação de foro por prerrogativa de função nesse domínio punitivo, solução que ao final não vingou igualmente. As hipóteses fixadas nas legislações de improbidade acima citadas foram amplas e suficientes para permitir uma ação institucional variada contra os mais diversos tipos de corrupção em sentido amplo.

É certo que, no período de 2000-2013, a doutrina não vislumbrou alterações no regime da improbidade com a vigência, no direito interno, das normas internalizadas de Convenções Internacionais contra a Corrupção nesse período (OCDE, Decreto nº 3.678/2000, OEA, Decreto nº 4.410/2002, Decreto nº 5.687/2006 – ONU, incluindo o Decreto nº 5.015/2004 – ONU Crime Organizado).

Apenas, em 2013, com a Lei nº 12.846/2013,[62] o sistema de improbidade administrativa sofreu alteração substancial. A pesquisa do processo legislativo nos demonstra que, desde o início, a "Lei Anticorrupção" foi concebida como sistema em apartado, da Lei nº 8.429/1992. A razão maior estava na estrutura da LGIA montada sobre a responsabilidade subjetiva e a concentração de competências para processar e julgar ilícitos na esfera do Poder Judiciário. A Lei nº 12.846/2013 tentou romper com isso, atribuindo relevante potestade sancionadora para a Administração Pública, e introduzindo a responsabilidade objetiva.

Reitera-se que, tendo em vista os elementos componentes do sistema de responsabilização (bem jurídico, ilícito, sanção e processo), em vista do disposto no artigo 37, §4º, da CF, não é possível negar o pertencimento da Lei nº 12.846 ao domínio da improbidade administrativa. A "responsabilização administrativa" e a "responsabilização judicial" da LIPJ devem ser interpretadas à luz do referido dispositivo constitucional. Em rigor, todas as sanções são, em caráter definitivo, fixadas pelo Poder Judiciário, a quem compete processar e julgar a ação civil pública para sancionar os atos de improbidade, designados como atos lesivos no artigo 5º. A "responsabilização administrativa" tem ostensivo caráter pré-judicial e foi concebida em face da modelagem do acordo de leniência (art. 16), concebido

---

[62] Denominada impropriamente e irrefletidamente pela Lei nº 13.303/2016 como "lei anticorrupção": "Art. 17. (...) §4º Os administradores eleitos devem participar, na posse e anualmente, de treinamentos específicos sobre legislação societária e de mercado de capitais, divulgação de informações, controle interno, código de conduta, a Lei nº 12.846, de 1º de agosto de 2013 (Lei Anticorrupção), e demais temas relacionados às atividades da empresa pública ou da sociedade de economia mista. (...)"

para alavancar cooperação de PJs e maior efetividade na detecção e repressão de atos de corrupção.[63]

Em termos de compatibilização de normas da LGIA e LIPJ, reiteram-se nesse passo as seguintes conclusões:

- no âmbito da tipificação de ilícitos:

    (i) A Lei nº 12.846/2013 revogou a estrutura de responsabilidade subjetiva prevista na Lei nº 8.429/1992, especificamente para as pessoas jurídicas envolvidas na prática de atos de improbidade, incluindo pessoas jurídicas constituídas "de fato" (art. 1º e art. 26, §1º), determinando a responsabilidade objetiva (art. 2º), e manteve a responsabilidade subjetiva para pessoas físicas (art. 3º); (ii) A Lei nº 12.846/2013 criou tipificação própria de atos de improbidade imputáveis à pessoa jurídica (artigo 5º), que não afastam a incidência dos tipos de improbidade catalogados na Lei nº 8.429/1992, na qual a sua responsabilização está amparada na cláusula prevista no artigo 3º; (iii) A Lei nº 12.846/2013, pela forma de redação do *caput* do artigo 5º, impõe uma complementação obrigatória da tipificação, não só pela legislação de improbidade administrativa, mas igualmente por uma análise adequada das Convenções Internacionais da OCDE, OEA e ONU; (iv) A Lei nº 12.846/2013 autorizou expressamente a desconsideração da personalidade jurídica, dentro do marco sancionatório da improbidade administrativa, tal como previsto em seu art. 14; (v) A Lei nº 12.846/2013 estabeleceu os critérios de extraterritorialidade do domínio da improbidade administrativa (art. 28)

- no âmbito da tutela de bens jurídicos: (vi) a Lei nº 12.846/2013 ampliou o bem jurídico tutelado pelo domínio da improbidade, com a inclusão da tutela da probidade da administração pública estrangeira, o que é compatível com o texto constitucional;

- no âmbito das sanções estatais: (vii) a Lei nº 12.846/2013 revogou a multa civil prevista no artigo 12 da LGIA, aplicável às pessoas jurídicas, em razão do estabelecimento de idêntica sanção, com critério de definição, cálculo e limites novos, nos termos do artigo 6º, inciso I; (viii) a Lei nº 12.846/2013 criou novas sanções para pessoas jurídicas pela prática de atos de improbidade, quais sejam: a publicação extraordinária de decisão condenatória (artigo 6º, inciso II), a suspensão ou interdição

---

[63] Esta é a melhor solução, haja vista as normas da Convenção de Mérida, que valoriza a independência do Poder Judiciário e do Ministério Público na luta contra a corrupção, bem como de órgãos criados para supervisão e coordenação de políticas anticorrupção, preservando-os de qualquer influência indevida para exercer a sua função com independência (artigo 6º). A LAC atribui a órgãos e entes da Administração Pública competências sancionadoras, mas referidos órgãos e entidades não gozam da proteção requerida pela Convenção de Mérida. Daí que, para o Direito Sancionador Brasileiro Anticorrupção, a interpretação da LIPJ deve apontar o Poder Judiciário, como o órgão competente para, não apenas estabelecer as sanções previstas no artigo 19, como também para fixar, em caráter definitivo, as sanções previstas no artigo 6º, visando à tutela impessoal do interesse público anticorrupção.

parcial de atividades (art. 19, inciso II), a dissolução compulsória da pessoa jurídica (art. 19, inciso III); (ix) a Lei nº 12.846/2013 reproduziu, com melhor especificação e delimitação, a sanção de perdimento dos bens, direitos ou valores que representem vantagem ou proveito direta ou indiretamente obtidos da infração, ressalvado o direito do lesado ou de terceiro de boa-fé (art. 19, inciso I), revogando a sanção já prevista de forma genérica no artigo 12 da LIA como perda dos bens ou valores acrescidos ilicitamente ao patrimônio (art. 12, inciso I e II da LGIA); (x) a Lei nº 12.846/2013 igualmente especificou a sanção de interdição de direitos, na proibição de receber incentivos, subsídios, subvenções, doações ou empréstimos de órgãos ou entidades públicas e de instituições financeiras públicas ou controladas pelo poder público, pelo prazo mínimo de 1 (um) e máximo de 5 (cinco) anos (art. 19, inciso IV). Todavia, nesse caso, permanece em vigor a sanção do artigo 12 da LGIA – proibição de contratar com o Poder Público ou receber benefícios ou incentivos fiscais ou creditícios, direta ou indiretamente, ainda que por intermédio de pessoa jurídica da qual seja sócio majoritário, pelo prazo de três anos – tendo em vista que essa última sanção tem conteúdo mais amplo. Quanto à interdição de direito, a aplicação das referidas sanções deve observar o princípio constitucional de direito público sancionatório ou punitivo da vedação ao *bis in idem*; (xi) Por integrar o domínio da improbidade administrativa, as sanções da Lei nº 12.846/2013 encontram-se sob o pleno exercício da jurisdição cível (federal ou estadual, que deve aplicá-las sob a égide do princípio da proporcionalidade, dentro dos parâmetros legais estabelecidos; (xii) a Lei nº 12.846/2013 trouxe regramento específico da responsabilidade nas hipóteses de alteração contratual, transformação, incorporação, fusão ou cisão societária, bem como no caso de sociedades controladoras, controladas, coligadas ou, no âmbito do respectivo contrato, as consorciadas (artigo 4º), de aplicabilidade no domínio global da improbidade administrativa; (xiii) a Lei nº 12.846/2013 consolidou o entendimento de que a condenação de PJ ao ressarcimento de dano ao Erário decorrente de atos de improbidade administrativa não constitui provimento sancionatório, ressalvando o ressarcimento integral do dano causado ao Erário, mesmo em sede de acordo de leniência, inclusive com previsão de processo administrativo específico para apuração da configuração e valor do dano (artigo 13); (xiv) A Lei nº 12.846/2013 estabeleceu critérios de dosimetria de sanções de improbidade administrativa aplicáveis às pessoas jurídicas (artigo 7º), ganhando destaque a existência e efetivo funcionamento de Programa de Integridade,[64] incluindo auditoria e incentivo à denúncia de

---

[64] Conferir: LIMA, Ana Júlia Andrade Vaz de Lima. *Os programas de integridade na Lei Anticorrupção Brasileira*. Dissertação (Mestrado). Pontifícia Universidade Católica de São Paulo. 2018.

irregularidades e a aplicação efetiva de códigos de ética e de conduta no âmbito da pessoa jurídica; (xv) a Lei nº 12.846/2013 alterou a destinação de valores auferidos com o pagamento da multa civil e com o perdimento de bens, ora preferencialmente destinados aos entes lesados (art. 24), revogando parcialmente o artigo 24 da LGIA;

– no domínio do processo civil público: (xvi) a ação de que trata o artigo 21 da Lei nº 12.846/2013 é a ação civil pública de improbidade administrativa, prevista no artigo 17 da Lei nº 8.429/1992, com aplicação subsidiária da LACP (Lei nº 7.347/1985); (xvii) a Lei nº 12.846/2013 institui regramento próprio de prescrição para as pessoas jurídicas responsáveis pela prática de improbidade administrativa (artigo 25); (xviii) integrando o domínio punitivo da improbidade administrativa, a Lei nº 12.846/2013 reconheceu a legitimação ativa do MP para a propositura de ação de improbidade, visando a imposição do novo marco regulatório desse domínio em face das pessoas jurídicas, o que deve abranger a postulação de todas as sanções decorrentes da "responsabilização" (artigo 6º e 19º), sendo que o artigo 20 deve servir exclusivamente para impedir a renovação de sanções colhidas no artigo 6º, regularmente aplicadas e apreciadas pelo Poder Judiciário; (xix) a Lei nº 12.846/2013 revogou parcialmente o artigo 17, §1º, da LGIA, autorizando a celebração de acordo de leniência no âmbito do domínio punitivo da improbidade administrativa (artigo 16),[65] inclusive pelo Ministério Público dada a sua incontestável legitimação ativa para a propositura da ação civil pública de improbidade administrativa (artigo 17 da LGIA e art. 19 da Lei nº 12.846).

De todo modo, o interesse público anticorrupção, no período pós-2013, sob a guarida do Direito Administrativo Sancionador da Probidade Administrativa, está tutelado pelas previsões da Lei Fundamental, pelas normas internalizadas das Convenções Internacionais supramencionadas e pela legislação de improbidade administrativa acima destacada.

O conceito de "corrupção", para o Direito Administrativo Sancionador Anticorrupção, o que abrange o DAS da Probidade Administrativa, está totalmente dissociado do conceito criminal restrito de corrupção passiva[66] e corrupção ativa.[67] A expressão improbidade administrativa permite a superação do conceito de enriquecimento ilícito no exercício de função pública, em voga no período pré-1988. Da mesma forma, alberga condutas ilícitas que não se atrelam a práticas prejudiciais ao Erário. O significado abrangente de violações a probidade constitucional

---

[65] A Lei nº 13.964/2019 alterou a redação do artigo 17, parágrafo 1º, que passou a admitir a celebração de acordos de não persecução cível nos termos da lei, bem como introduziu o parágrafo 10-A no mesmo artigo, dispondo sobre a admissibilidade de "solução consensual".

[66] "Art. 317: Solicitar ou receber, para si ou para outrem, direta ou indiretamente, ainda que fora da função ou antes de assumi-la, mas em razão dela, vantagem indevida, ou aceitar promessa de tal vantagem:"

[67] "Art. 333: Oferecer ou prometer vantagem indevida a funcionário público, para determiná-lo a praticar, omitir ou retardar ato de ofício."

prevalecente no período pós-1988 e sua configuração normativa se encontram nos diplomas normativos citados. A LGIA os delimitou em três categorias: enriquecimento ilícito, dano ao Erário e violação de princípios.

Em especial, merece registro que o conceito brasileiro amplo de improbidade pós-1992 encontra guarida no conceito amplo de corrupção acolhido na Convenção Internacional contra a Corrupção da ONU, aprovada pela Assembleia Geral da ONU, em 31.10.2003, e assinada em Mérida, pelo Brasil em 09.12.2003. No seu Capítulo III, dedicado à penalização e aplicação da lei, as práticas ilícitas descritas nos artigos 15, 16, 17, 18, 19, 20, 23, 24 e 25, condensam o conceito de corrupção aplicado no âmbito do setor público. A leitura desses dispositivos indica que (i) o conceito de corrupção não é ilimitado, mesmo no campo da Convenção; (ii) os ilícitos descritos constituem todos desdobramentos dos bens jurídicos tutelados, depreendidos do artigo 1º da Convenção; (iii) o valor central que qualifica a prática corrupta é a afronta à integridade, que está traduzida no sistema constitucional brasileiro no conceito de probidade.

Reconheça-se que o conceito jurídico de corrupção é objeto de controvérsia, em qualquer ramificação do Direito que o fenômeno da corrupção está presente e haja necessidade de tratamento de suas consequências jurídicas. Como resulta de uma classificação de ilícitos, o conceito há de ter utilidade ou funcionalidade no campo jurídico. Parece-me que, com o advento da Convenção de Mérida, deve-se partir de sua formulação material, para o tratamento jurídico-dogmático do tema no direito público brasileiro, mas essa formulação não coincide com o conceito extraído da norma constitucional brasileira. Explica-se.

É certo que, para a configuração dos delitos previstos na Convenção, não há necessidade de ocorrência de dano ou prejuízo patrimonial ao Estado (artigo 3º). O artigo 19 trata do "abuso de funções", engendrado, intencionalmente, pela "realização ou omissão de um ato, em violação à lei, por parte de um funcionário público no exercício de suas funções com o fim de obter um benefício indevido para si mesmo ou para outra pessoa ou entidade". No artigo 28, preceitua-se que a intenção pode "inferir-se de circunstâncias fáticas objetivas". Com esse regramento, é amplo o catálogo de ilícitos que podem ser enquadrados no abuso de funções ou de cargo.

Entretanto, em comparação com o artigo 11 da LGIA, que qualifica como ilícito "qualquer ação ou omissão que viole os deveres de honestidade, imparcialidade, legalidade, e lealdade às instituições", é possível afirmar que essa tipificação é ainda mais abrangente do que a prevista na norma convencional da ONU. Porque a lei brasileira dispensa a demonstração da finalidade especial do agir, e volta-se a descrever o ilícito em função da agressão a bens jurídicos que se depuram da probidade administrativa. Não há, no artigo 11 da LGIA, exigência típica de ação ou omissão que vise a obter benefícios indevidos para o agente ou terceiros. Com essa observação, segue que "atos de improbidade" na LGIA abrangem ilícitos com espectro de maior latitude que "atos de corrupção" acolhidos na Convenção de Mérida.

O interesse público anticorrupção designa, materialmente, o interesse na prevenção e repressão dos ilícitos passíveis de serem reconduzidos às hipóteses institucionalmente estabelecidas no marco convencional multilateral citado, bem como na legislação nacional de improbidade administrativa, que é mais abrangente porque regulamenta o tipo constitucional geral, próprio da Lei Fundamental brasileira. Será a partir dessas referências primárias que se podem estabelecer os limites do Sistema Brasileiro Anticorrupção, de que o DAS Anticorrupção faz parte, e, dentro desse último, o DAS da Probidade Administrativa.

5 Aspectos relevantes do DAS da probidade administrativa, à luz dos postulados da razoabilidade e da proporcionalidade

O autor já dissertou sobre o tema da aplicação da razoabilidade e da proporcionalidade no âmbito da LGIA, quando essa comemorou os seus 10 anos de vigência.[68] E, posteriormente, teve a oportunidade de discorrer sobre o tema no campo do Direito Administrativo Sancionador.[69] A evolução das normas regentes do Sistema Brasileiro Anticorrupção, em especial do Direito Administrativo Sancionador da Probidade Administrativa, com o advento da Lei nº 12.846/2013, demanda uma abordagem própria. Também é necessário esclarecer que o autor mudou sua posição doutrinária, que negava a inclusão da improbidade administrativa no campo do DAS.[70] O melhor entendimento é incluir a improbidade no domínio normativo do DAS, que deve agasalhar o regime jurídico de pretensões punitivas estatais, com exclusão apenas do Direito Penal.

Há diversos aspectos do regime jurídico-administrativo sancionador em questão que podem ser analisados: a) a aplicação do princípio da insignificância na tipificação de atos de improbidade;[71] b) a extensão de bens jurídicos tutelados no sistema da improbidade; c) responsabilidade objetiva de pessoas jurídicas;[72] d) transmissibilidade de deveres indenizatórios e de sanções;[73] e) parâmetros legais da sanção pecuniária de multa; f) parâmetros legais da sanção de suspensão de direitos políticos; g) parâmetros legais de suspensão ou interdição parcial de atividades; h) admissibilidade e pressupostos da dissolução de pessoa jurídica como sanção;

---

[68] OLIVEIRA, Jose Roberto Pimenta. As exigências de razoabilidade e proporcionalidade inerentes ao devido processo legal substantivo e a improbidade administrativa. In: SAMPAIO (org.). *Improbidade administrativa*: 10 anos da Lei nº 8429/92. Belo Horizonte: Del Rey, 2002, v., p. 295-334.

[69] OLIVEIRA, Jose Roberto Pimenta. *Os princípios da razoabilidade e da proporcionalidade no direito administrativo brasileiro*. São Paulo: Malheiros, 2006. v. 1. 582 p.

[70] OLIVEIRA, Jose Roberto Pimenta. *Improbidade administrativa e sua autonomia constitucional*. Belo Horizonte: Fórum, 2009.

[71] Conferir: ALMEIDA, Pedro Luiz Ferreira de. *O princípio da insignificância e a improbidade administrativa*. Dissertação (Mestrado em Direito) – Pontifícia Universidade Católica de São Paulo, 2020.

[72] Conferir: OLIVEIRA, Jose Roberto Pimenta. Comentários ao artigo 2º. In: MARRARA, Thiago; DI PIETRO, Maria Sylvia Zanella (org.). *Lei Anticorrupção Comentada*. 2. ed. Belo Horizonte: Fórum, 2018.

[73] Conferir: OLIVEIRA, Jose Roberto Pimenta. Comentários ao artigo 4º. In: MARRARA, Thiago; DI PIETRO, Maria Sylvia Zanella (org.). Lei *Anticorrupção Comentada*. 2. ed. Belo Horizonte: Fórum, 2018.

i) limites de ressarcimento de danos morais coletivos; j) benefícios previstos em acordos de leniência; k) exigências de estruturação de Programas de Integridade, em acordos de leniência, e l) vedação ao *bis in idem* na fixação de sanções.

Para o efeito desse estudo, será analisada a incidência do postulado da proporcionalidade em dois temas: a constitucionalidade da responsabilidade objetiva; a constitucionalidade do modelo de consensualidade estabelecido.

5.1 A constitucionalidade da responsabilidade objetiva de pessoas jurídicas pela prática de atos de improbidade administrativa

A LGIA faz referência expressamente ao elemento subjetivo da conduta ilícita de agentes públicos no artigo 10, *caput* (dolo ou culpa), e seus incisos X e XIX (negligência), relativo aos atos de improbidade que causam prejuízo ao erário. Pela característica dos fatos descritos no artigo 9º, é inequívoco que há exigência implícita de dolo. Pela omissão do tema no seio do artigo 11, também é válido concluir pela necessidade de dolo, pois a tipicidade da culpa exige prévia estipulação categorial. Nessa esteira, o STJ divulgou, em 05.08.2015, a seguinte tese de sua jurisprudência consolidada; "É inadmissível a responsabilidade objetiva na aplicação da Lei 8.429/1992, exigindo-se a presença de dolo nos casos dos arts. 9º e 11 (que coíbem o enriquecimento ilícito e o atentado aos princípios administrativos, respectivamente) e ao menos de culpa nos termos do art. 10, que censura os atos de improbidade por dano ao Erário".

Relativamente a terceiros – pessoas físicas e jurídicas – o artigo 3º da LGIA também não traz referência expressa ao elemento subjetivo, fato que leva a doutrina majoritária também pela afirmação da responsabilidade subjetiva (dolo), independentemente do tipo de sujeito responsável. As disposições da lei são aplicáveis, no que couber, àquele que, mesmo não sendo agente público, induza ou concorra para a prática do ato de improbidade ou dele se beneficie sob qualquer forma direta ou indireta. O induzimento e contribuição para a prática da improbidade, bem como o beneficiamento advindo dessa ilicitude supõe prévio conhecimento da atividade ilícita e expressão de vontade para realização do tipo. Essa estrutura de responsabilidade, todavia, está substancialmente alterada pela Lei nº 12.846, para as pessoas jurídicas, passíveis de sancionamento.

A Lei de Improbidade das Pessoas Jurídicas (LIPJ) expressamente estabelece que "as pessoas jurídicas serão responsabilizadas objetivamente, nos âmbitos administrativo e civil, pelos atos lesivos previstos nesta Lei praticados em seu interesse ou benefício, exclusivo ou não". (art. 2º). Para que se configure a responsabilidade objetiva prevista na Lei nº 12.846/2013, que fundamenta a aplicação da responsabilização "administrativa" e "judicial", devem ser preenchidas as seguintes condições legais gerais: a) pessoa jurídica passível de responsabilização, à luz do art. 1º; b) configuração de condutas ilícitas comissivas e/ou omissivas que se enquadrem na tipologia contida e referenciada no art. 5º da Lei nº 12.846 e artigos

9º, 10, 10-A e 11 da Lei nº 8.429; c) conduta ilícita praticada no campo territorial ou extraterritorial do domínio punitivo da improbidade, nos termos das Leis nºs 12.846 e 8.429; d) identificação das pessoas físicas, autores, coautores e partícipes – e respectiva conduta ilícita – envolvidos na configuração do ato lesivo; e) configuração do critério legal de imputação do ilícito à pessoa jurídica, conforme o critério estabelecido no art. 2º. A responsabilidade objetiva exclui a exigência de dolo ou culpa atribuída a determinada pessoa física, como fator imprescindível de legitimidade das sanções.

O critério legal de imputação estabelecido no art. 2º modela a nova forma objetiva de responsabilização pretendida pela lei. A partir dele, colhem-se elementos justificadores para explicação da relevância dos "mecanismos e procedimentos internos de integridade" no contexto sistemático da Lei nº 12.846, aplicável às pessoas jurídicas, na dimensão do parágrafo único do seu artigo 1º.

Com a responsabilização objetiva pela prática de atos de corrupção lesivos da Administração Pública nacional e estrangeira, a legislação afetou diretamente a forma de organização interna das pessoas jurídicas abrangidas pelo art. 1º. Mesmo sem dedicar capítulo próprio ao tema, a Lei nº 12.846 trouxe como fator de dosimetria das sanções nela estabelecidas, nos termos do art. 7º, inc. VIII, a previsão de existência de mecanismos e procedimentos internos de integridade, auditoria e incentivo à denúncia de irregularidades e a aplicação efetiva de códigos de ética e de conduta no âmbito da pessoa jurídica. O Decreto nº 8.420/2015 enumera, no art. 42, os parâmetros de avaliação de Programas de Integridade, para os efeitos da lei, utilizando-se, em verdade, dos elementos fundamentais que os compõem.

Os critérios legais de imputação justificam a condição normativa outorgada aos programas de integridade, expressão que ora se utiliza para sintetizar um específico sistema normativo instituído no âmbito da pessoa jurídica, identificado pela finalidade de dotar a pessoa jurídica de condições para prevenir, detectar, apurar, monitorar, eliminar e punir a possibilidade ou efetiva ocorrência de prática dos atos lesivos tipificados na lei no âmbito da PJ.

Os Programas de Integridade são constituídos por normas jurídicas, concatenadas entre si, sistematicamente elaboradas para promoção da probidade administrativa na atividade da PJ. A existência e pleno funcionamento do programa exige elaboração de normas jurídicas gerais e abstratas (*v.g.* Código de Condutas, políticas e diretrizes), e normas jurídicas individuais e concretas (*v.g.* ato de demissão de empregado corruptor). A delimitação do Programa de Integridade resulta pela especificação da finalidade prevista em lei (no caso da Lei nº 12.846, medidas anticorrupção). Essa finalidade irradia o elemento teleológico que norteará o mapeamento de relações da PJ em que a ocorrência de atos ilícitos exsurge de forma previsível. A finalidade revelará o plexo de relações internas e externas da PJ, que necessitam de intervenção, a título de prevenção, para fins de construção da estrutura de integridade. Relações internas abrangem relações da PJ com seus órgãos e pessoal e relações externas albergam variedade de relações jurídicas com terceiros e com o Poder Público.

O Programa de Integridade busca detecção, prevenção, monitoramento, punição e controle da ocorrência de atos lesivos. A formulação do Programa encontra-se amparada no exercício do direito fundamental à livre iniciativa e livre concorrência, moldando-se pela garantia de auto-organização da PJ como sujeito de direito. A finalidade legal, todavia, implicará condicionantes quanto ao seu conteúdo e quanto à sua estruturação orgânica e procedimental/processual. Com a previsão legal de responsabilidade derivada de ato de corrupção praticado no interesse ou benefício da PJ, a existência e plena efetividade do Programa de Integridade – que exige autonomia na sua condição, implementação, execução, monitoramento e revisão – será fator significativo a ser apreciado no processo de responsabilização.

É constitucional a adoção da responsabilidade objetiva para o domínio da improbidade administrativa, aplicável às pessoas jurídicas passíveis de sancionamento, sob a ótica do postulado da proporcionalidade?

Sob a égide da exigência de adequação, essa medida estatal – instituição de responsabilidade objetiva – fomenta o atingimento do interesse público anticorrupção. As práticas de corrupção envolvendo pessoas jurídicas, com ou sem fins lucrativos, seguem uma linha vertiginosa e ascendente. Isso justifica que a Convenção de Mérida dedique o artigo 26 só para tratar da responsabilidade das pessoas jurídicas, exigindo dos Estados-Partes que a estabeleçam, seja na órbita penal, civil ou administrativa, com penalidades eficazes, proporcionais e dissuasivas, incluindo sanções pecuniárias. No ordenamento brasileiro, é excepcional a responsabilidade penal de pessoa jurídica, mas a responsabilidade de pessoa jurídica no campo do Direito Administrativo Sancionador sempre foi admitida como reflexo da tutela eficiente e eficaz de interesses públicos.

Não se nega que é controversa a *adequação* da responsabilidade objetiva de PJ no campo do DAS da Probidade. A desnecessidade de apuração da atuação dolosa ou culposa de seus prepostos e dirigentes poderia indicar uma *inadequação absoluta ex ante*, sob o argumento de que toda norma sancionadora visa prevenir e punir comportamento humano, e a pessoa jurídica é uma realidade jurídica. Logo, somente a subjetivação da estrutura do sistema sancionador poderia promover essas finalidades públicas. Não deve, porém, prevalecer esse argumento reducionista da idoneidade do meio ora apreciado.

Para efeitos sancionadores, no mundo pós-moderno, de globalização da criminalidade e de práticas corruptivas, não é mais tolerável que o ordenamento estatal deixe de reconhecer que o regramento adequado das atividades ilícitas imputáveis a pessoas jurídicas está no centro de políticas públicas anticorrupção. Se o Direito Penal, em razão da sua história e de seu papel constitucional atual, é refratário da expansão da responsabilização criminal de PJs, a mesma trilha não pode ser seguida pelo DAS, sobretudo o DAS da Probidade. Como visto no período de 1992 até o momento atual, aqui ocorre expansão, e não contenção de responsabilização. Contribuindo para o alcance do interesse público, a objetivação do critério de imputação da responsabilidade de PJs, no contexto da atividade sob o regime do DAS, deve ser acolhida, pelo acréscimo de efetividade que lança em direção da proteção e realização do interesse público anticorrupção.

Outro argumento relevante de possível fundamento da *inadequação ex ante absoluta* do meio para atender ao interesse público anticorrupção considera que o meio ora apreciado (objetivação da imputação) é absolutamente incompatível com a individualização regente da atividade punitiva, requerida pela Lei Fundamental (artigo 5º, inciso XLVI da CF). Essa inadequação, em rigor, se confunde com a tese do descabimento da responsabilidade objetiva em matéria punitiva, em quaisquer de seus domínios, inclusive o DAS da Probidade.

Eis que, se o ordenamento admite a responsabilidade de pessoas jurídicas, não há impedimento lógico para que o direito posto não agasalhe a objetivação, no sentido de afastamento de apuração de elementos subjetivos próprios do ser humano, para formalizar a responsabilidade nessa categoria de sujeitos. O impedimento teria de ser afirmado no plano normativo, ou seja, fundado em norma posta. A Constituição admite a responsabilidade objetiva das PJs, na tutela do meio ambiente (art. 225), o que foi disciplinado na Lei nº 9.605/1998 (artigo 3º). O mesmo indicativo pode ser extraído do artigo 173, §4º da CF, na repressão ao abuso do poder econômico, o que foi regulado pela Lei nº 12.529/2011 (artigo 38). Destarte, não é possível afastar o cabimento *ex ante* do meio. Para realizar prevenção ou repressão de atos de corrupção, a objetivação é meio apto para fomentar o atingimento do fim.

Sob o ângulo da exigibilidade do meio para realizar o fim, também a objetivação incorporada no DAS da Probidade ganha sua legitimidade, nas quatro vertentes passíveis de análise: material, espacial, temporal e pessoal.

Um ato estatal que limita um direito fundamental é somente necessário caso a realização do objetivo perseguido não possa ser promovida, com a mesma intensidade, por meio de outro ato que limite, em menor medida, o direito fundamental atingido. O exame da necessidade é um exame imprescindivelmente comparativo entre meios e fim, enquanto o da adequação é um exame absoluto entre meio e fim. Na análise da necessidade de uma medida, deve-se indagar sobre a existência de medida igualmente eficaz. São todas lições de Virgílio Afonso da Silva.[74]

Do ponto de vista material, poder-se-ia levantar que existe meio menos oneroso e igualmente eficaz do que a objetivação, que seria a adoção da responsabilidade por defeito de organização. Ou seja, a lei poderia admitir sanções contra PJs apenas nas hipóteses em que as circunstâncias do caso concreto possam demonstrar atuação deficiente da PJ em evitar a prática da corrupção realizada em seu favor ou benefício. Isso certamente seria a hipótese de pessoas jurídicas que mantenham estrutura de controle interno e Programas de Integridade efetivos, que afastaria a responsabilidade. É o entendimento do consagrado Fábio Medina Osório.

---

[74] SILVA, Virgílio Afonso da. O proporcional e o razoável, op. cit.

Entende-se que não há similitude na eficácia do meio alternativo apontado, em face do meio legal positivado. A responsabilidade por defeito de organização constitui uma forma de subjetivação em prol da PJ responsável por corrupção. A alternativa insiste na técnica tradicional de verificação de culpabilidade de pessoas físicas, como elemento de conformação do ilícito, que é imputado. Embora o critério de subjetivação seja alargado, para legitimar culpabilidade no apontamento anônimo de defeito de organização, isso não equivale a responsabilidade objetiva, tal como estruturada no artigo 2º da Lei nº 12.846/2013. Esse apontamento retira qualquer comparabilidade entre os meios, uma vez que a subjetivação implica sempre menor potencialidade do meio para promover com a mesma eficácia e eficiência o interesse público anticorrupção.

Vencido o aspecto material, também o meio adotado recebe aprovação nos testes de exigibilidade pessoal, espacial e temporal. A legislação não estendeu o critério de objetivação para as pessoas físicas (agentes públicos e terceiros, envolvidos na corrupção). A legislação estendeu o âmbito de aplicação do critério legal, com delimitação dos casos de extraterritorialidade. O critério de objetivação igualmente foi veiculado com o devido cuidado na sua aplicação temporal, tendo respeitado o princípio da irretroatividade de normas mais severas, com previsão de *vacatio legis* adequada.

Sob esse aspecto material, em rigor, o novo critério de objetivação da Lei nº 12.846/2013 apenas expandiu essa modelagem jurídica para todos os casos de práticas de corrupção, pois já havia a previsão de infração econômica (em regime de responsabilidade objetiva) de "cartel em licitações públicas", prevista no artigo 36, §3º, inciso I, alínea 'd' (acordar, combinar, manipular ou ajustar com concorrente, sob qualquer forma, preços, condições, vantagens ou abstenção em licitação pública). A Convenção de Mérida dedica o artigo 9º para estabelecer medidas preventivas de corrupção no âmbito das contratações públicas, e o DAS de Probidade qualifica fraudes em licitações como ilícitos, primeiro, na Lei nº 8.429/1992, depois, na Lei nº 12.846/2013. Acredita-se que esta promove a correção da efetiva insuficiência das normas de DAS Anticorrupção, no que se refere à responsabilidade de PJs. O postulado da proporcionalidade visa eliminar esse tipo de "proteção deficiente" de bens jurídicos. E isso ocorreu com a generalização da técnica objetivadora consagrada na LIPJ.

O último escalão normativo do postulado é a proporcionalidade em sentido estrito. Faz-se necessário que a medida adotada, atrelada ao interesse público anticorrupção, seja determinada pela justa medida ou pelo equilíbrio axiológico-normativo nas suas repercussões jurídicas, positivas e negativas. Nessa linha, para Virgílio Afonso da Silva, "(p)ara que uma medida seja reprovada no teste da proporcionalidade em sentido estrito, não é necessário que ela implique a não-realização de um direito fundamental. Também não é necessário que a medida atinja o chamado núcleo essencial de algum direito fundamental. Para que ela seja considerada desproporcional em sentido estrito, basta que os motivos que fundamentam a adoção da medida não tenham peso suficiente para justificar a restrição ao direito fundamental atingido".[75]

---

[75] SILVA, Virgílio Afonso da. O proporcional e o razoável. Op. cit.

A análise objetiva da introdução da responsabilidade objetiva no domínio da improbidade, à luz do artigo 2º da Lei nº 12.846, indica que a medida não é desproporcional.

No ordenamento brasileiro, o *interesse público anticorrupção* está construído e fortalecido por normas internacionais internalizadas, constitucionais e legais. A Convenção Anticorrupção da ONU, todas exigem a aplicação de regime sancionador civil, penal ou administrativo, com sanções eficazes, proporcionais e dissuasivas. Normas sobre o setor privado (artigo 12) e a participação da sociedade (artigo 13) na prevenção estão consolidadas. A Lei nº 12.846 estabeleceu a base legal (logo, a relevância jurídica) do denominado Programa de Integridade Anticorrupção, no âmbito das pessoas jurídicas. O critério objetivo de imputação, pelo qual atos de corrupção são praticados no interesse ou benefício de pessoas jurídicas, é proporcional, porque não elimina a possibilidade de defesa de PJs acusadas. Seria desproporcional se repousasse apenas no fato da corrupção, independentemente da aferição da imputação no caso concreto.

Mesmo que as PJs responsáveis não possam excluir sua responsabilidade, quando comprovam o efetivo funcionamento dos programas de integridade, no seu âmbito interno, ou quando comprovam que os seus dirigentes máximos desconhecem ou não autorizaram a prática da corrupção, essas hipóteses não justificam atribuir a nota da desproporcionalidade ao regime sancionador. Seria desproporcional se o ordenamento chegasse ao ponto de qualificar como ilícito autônomo a "deficiência" no programa de integridade, impondo graves sanções fundadas nessa situação censurada pelo direito. A Lei nº 12.846 não chega a esse patamar. Também não qualifica como ilícito próprio a "deficiência de *compliance* concomitante com a ocorrência de ato de corrupção", a ensejar punição específica, e diversa da aplicável em razão do ato de corrupção. Também não houve esse nível excessivo de repressão.

Igualmente não é aceitável que se caracterize a desproporcionalidade do meio com a alegação de que se positivou medida extremamente severa para as PJs, com a ideia de que passaram a se submeter ao risco integral de práticas de corrupção. Há necessidade de imputar a prática da corrupção à PJ responsável. Essa exigência legal deve ser cumprida, e afasta uma ilimitada responsabilização invocada com a tese da imposição do "risco integral". Se a LIPJ estipulasse critério de imputação fundado no "fato da corrupção", incorreria em desproporcionalidade. Todavia, como existe critério delimitador da responsabilidade objetiva, que extravasa o mero "fato da corrupção", o meio se torna legítimo, razoável e proporcional.

A proporcionalidade do critério também é abalizada pela sua compatibilidade com fatores de dosimetria que viabilizam a individualização, como garantia constitucional no DAS da Probidade. Nos termos do artigo 7º da LIPJ, serão levados em consideração na aplicação das sanções: I – a gravidade da infração; II – a vantagem auferida ou pretendida pelo infrator; III – a consumação ou não da infração; IV – o grau de lesão ou perigo de lesão; V – o efeito negativo produzido pela infração; VI – a situação econômica do infrator; VII – a cooperação da pessoa jurídica para a apuração das infrações; VIII – a existência de mecanismos e procedimentos internos de integridade, auditoria e incentivo à denúncia de irregularidades e a aplicação efetiva de códigos de ética e de conduta no âmbito da pessoa jurídica; IX – o valor dos contratos mantidos pela pessoa jurídica com o órgão ou entidade pública lesados.

O projeto de lei aprovado no Congresso Nacional também incluía o inciso X, considerando "o grau de eventual contribuição da conduta de servidor público para a ocorrência do ato lesivo" no elenco de fatores de dosimetria. O dispositivo foi vetado pelo PR, com essa motivação: "Tal como proposto, o dispositivo iguala indevidamente a participação do servidor público no ato praticado contra a administração à influência da vítima, para os fins de dosimetria de penalidade. Não há sentido em valorar a penalidade que será aplicada à pessoa jurídica infratora em razão do comportamento do servidor público que colaborou para a execução do ato lesivo à administração pública".

O critério de objetivação resulta, pois, proporcional, e, na aplicação do regime construído a partir da sua matriz objetivante, o sistema sancionador ainda fornece elementos de individualização, que em nada é afetada pela não consideração de fatos que possam ser extraídos da noção de culpabilidade de pessoas físicas, ou, mesmo, da pessoa jurídica. Isso evidencia que, no equilíbrio axiológico do sistema, o interesse público anticorrupção está sendo atendido na medida razoável e legítima, tendo em vista os seus impactos na esfera jurídica dos sujeitos responsáveis.

5.2 A constitucionalidade das formas consensuais adotadas no DAS da probidade

A segunda profunda alteração realizada pela Lei nº 12.846 no domínio da improbidade administrativa é a introdução da consensualidade, sob a forma da admissibilidade dos denominados acordos de leniência, previstos no seu artigo 16. Era manifesta a contradição desse dispositivo com a redação do artigo 17, §1º, da Lei nº 8.429, recentemente modificado pela Lei nº 13.964/2019 (Pacote Anticrime).

O acordo de leniência se constitui em instrumento técnico-jurídico pelo qual o Ministério Público e entes públicos e governamentais e as pessoas jurídicas colaboradoras dispõem, consensualmente, sobre o exercício da postulação sancionatória, em face do reconhecimento da prática de atos lesivos (artigo 5º da Lei nº 12.846/2013) e atos de improbidade administrativa (artigos 9º, 10, 10-A e 11, da Lei nº 8.429/1992, sem embargo da legislação extravagante), e a oferta de benefícios sancionatórios – isenção ou atenuação de sanções legais –, tendo como pressuposto o recebimento de informações sobre autoria e materialidade de ilícitos, incrementando a atividade de investigação estatal, formalizando relação jurídica pautada na cooperação, boa-fé (objetiva e subjetiva) e proporcionalidade, com o fim de realizar o interesse público em cada caso.

O acordo de leniência é uma categoria singular de consensualidade no exercício da atividade de investigação ou de apuração dos ilícitos tipificados nas citadas leis, e busca assegurar, de um lado, a eficiência e eficácia na utilização de recursos institucionais no desvelamento de atos de corrupção pelo Estado, na investigação e persecução de ilícitos, com o fim de tutelar o interesse público anticorrupção; de outro lado, constitui forma específica de cooperação das pessoas jurídicas responsáveis (cf. art. 1º, parágrafo único da LIPJ e artigo 3º da LGIA), incentivando-as a promover a efetividade do cumprimento das leis e da conformidade de suas condutas, no exercício de suas atividades. Nessa linha, o Acordo de Leniência tem como um dos objetivos legais o aperfeiçoamento de Programas de Integridade no âmbito da pessoa jurídica colaboradora.

Ressalte-se que o Acordo de Leniência não busca a reparação integral do dano causado pelas práticas corruptivas, sendo que esse tipo de ressarcimento no acordo, quando cabível e negociado, ocorre a título de antecipação de pagamento ou quitação de dano, necessariamente em caráter parcial, jamais integral. O artigo 16, parágrafo 3º, da LIPJ preconiza que a leniência não exime a PJ de ressarcimento integral do dano. Também é necessário resguardar a atribuição de Tribunais de Contas, na ocorrência de condutas ilícitas lesivas ao Erário, com imputação de débitos em valores superiores ao valor acordado, sendo que a leniência não impedirá a complementação devida.

Há diferença entre acordo de leniência e termo de ajustamento de conduta. Havendo a prática de ilícitos na organização e execução de atividades estatais, o ordenamento jurídico estabelece diversas consequências legais. Conforme as circunstâncias, para a tutela do direito difuso à probidade pela Constituição Federal, devem ser tomadas as providências para a proteção do patrimônio público e social (artigo 129, inciso III, da CF), por meio de soluções extrajudiciais ou judiciais, essas últimas processadas por meio de ação civil pública.

O Termo de Ajustamento de Conduta é a forma consensual de solução de irregularidades, prevista no artigo 5º, §6º, da Lei da Ação Civil Pública (Lei nº 7.347/1985), através do qual os órgãos públicos legitimados poderão tomar dos interessados compromisso de ajustamento de sua conduta às exigências legais, mediante cominações, que terá eficácia de título executivo extrajudicial. Com essa fisionomia, o campo próprio do TAC está no alinhamento da atividade estatal investigada no âmbito extrajudicial ao disposto nas normas jurídicas, autorizando a previsão de cominações (obrigações de dar, de fazer e não fazer, incluindo multas cominatórias), sendo ao mesmo legalmente atribuído à forma de título executivo extrajudicial, para os fins do artigo 784, inciso XII, do CPC. Com o TAC, busca-se cessar a invalidade jurídica de atos e omissões imputados aos Poderes Públicos, regularizando situações em desarmonia com o sistema jurídico.

O Acordo de Leniência é outra forma consensual, especificamente estabelecida no campo da tutela da probidade administrativa, bem jurídico metaindividual, disciplinada no artigo 16 da Lei nº 12.846/2013. Será celebrado com as pessoas jurídicas responsáveis pela prática dos ilícitos que colaborem efetivamente com as investigações e o processo administrativo – no Parquet, esse processo é o inquérito civil público –, sendo que dessa colaboração resulte: I – a identificação dos demais envolvidos na infração, quando couber; e II – a obtenção célere de informações e documentos que comprovem o ilícito sob apuração. Com essa fisionomia, o Acordo de Leniência repercute no campo da atividade sancionadora decorrente de práticas corruptivas, visando a sua cessação, estabelecendo, em contrapartida, a possibilidade legal de isenção e atenuação de sanções legais. No âmbito da LIPJ, conforme o artigo 16, 2º, a celebração do acordo de leniência isentará a pessoa jurídica das sanções previstas no inciso II do art. 6º (publicação extraordinária da decisão condenatória) e no inciso IV do art. 19 (interdição de direitos) e reduzirá em até 2/3 (dois terços) o valor da multa aplicável, prevista no inciso I do art. 6º.

Há diferença entre acordo de leniência e colaboração premiada. O Acordo de Colaboração Premiada é instituto próprio do Direito Penal, com previsão no artigo 3º, inciso I, da Lei nº 12.850, de 2 de agosto de 2013, que dispõe sobre investigação penal e meios de obtenção de prova no caso de organizações criminosas. Da colaboração poderá advir um ou mais dos seguintes resultados: I – a identificação dos demais coautores e partícipes da organização criminosa e das infrações penais por eles praticadas; II – a revelação da estrutura hierárquica e da divisão de tarefas da organização criminosa; III – a prevenção de infrações penais decorrentes das atividades da organização criminosa; IV – a recuperação total ou parcial do produto ou do proveito das infrações penais praticadas pela organização criminosa; V – a localização de eventual vítima com a sua integridade física preservada.

O Acordo de Leniência é instituto próprio de Direito Administrativo Sancionador, com previsão no artigo 16 da Lei nº 12.846. Também é uma forma de colaboração nesse campo, direcionada para pessoas jurídicas passíveis de responsabilização.[76]

Ambos são novos institutos inseridos na disciplina da atividade punitiva penal e administrativa sancionadora do Estado, legalmente justificados em razão dos resultados perseguidos com a sua celebração, o que revela o seu caráter pragmático em cada ramo jurídico. A celebração não é obrigatória, dependendo da avaliação detalhada ou circunstanciada dos elementos de prova já existentes ou colhidos na atividade investigativa estatal, o que descaracteriza o direito subjetivo de investigados à sua formalização.

Mesmo com a redação anterior da LGIA, defendia-se que era possível celebrar acordo de leniência no âmbito da aplicação da Lei de Improbidade Administrativa, considerando que estaria revogado implicitamente o disposto no artigo 17, §1º, que estabelecia a proibição de transação, acordo ou conciliação nas ações de que trata o referido Diploma Legal. Tratar-se-ia de perda superveniente de validade da proibição legal, decorrente da evolução de princípios e regras que

---

[76] Conferir: MARRARA, Thiago. Acordos de leniência no processo administrativo brasileiro: modalidades, regime jurídico e problemas emergentes. *Revista Digital de Direito Administrativo – RDDA*, v. 2, p. 509-527, 2015.

sustentam a atividade sancionatória de práticas de corrupção (sentido amplo), no direito brasileiro.

A admissibilidade da celebração de Acordos de Leniência no domínio da improbidade administrativa era e segue um imperativo de um sistema preventivo e repressivo de práticas corruptas, que exige coerência, racionalidade e eficiência para o seu regular funcionamento. É desarrazoado tolerar que pessoas jurídicas (cf. art. 1º da LAC) possam se beneficiar desses ajustes, ao passo que, ao mesmo tempo, esses sujeitos devem ser punidos na forma da LGIA. Mesmo com o disposto no artigo 30, inciso I, da LAC, a interpretação sistemática autorizava a conclusão de que o instituto do acordo de leniência – favorável aos sujeitos passíveis de responsabilização – deveria ter seu campo material estendido ao âmbito da Lei nº 8.429/1992. Essa extensão era devida, inclusive, pelo princípio da retroatividade da norma mais benigna, no Direito Administrativo Sancionador, sendo admissíveis acordos de leniência para ilícitos praticados em momento anterior à vigência da Lei nº 12.846/2013 (02.02.2014).

Em termos de benefícios, os acordos de leniência no campo da Lei de Improbidade Administrativa devem observar os princípios da razoabilidade e da proporcionalidade, ínsitos ao devido processo legal substantivo (art. 5º, LIV CF) e ao princípio do Estado de Direito (art. 1º). Atento aos parâmetros da Lei nº 12.846/2013, o órgão celebrante deve fixar os benefícios na LGIA, com imparcialidade, objetividade e proporcionalidade.

A Lei nº 13.964/2019 alterou a redação do artigo 17, parágrafo 1º, prevendo acordos de não persecução cível (ANPC), que, todavia, não foram regulamentados. Da mesma forma, incluiu o parágrafo 10-A no artigo 17, que indicaria o cabimento de "solução consensual" no processo. Há duas interpretações possíveis: primeira, a norma acolhe admissibilidade ampla de acordos no curso da ação de improbidade até o final do prazo de contestação, diversos do ANPC, que somente deve ser celebrado antes da propositura da ação; segunda, a solução consensual é ampla, mas deve estar regulamente prevista em lei, com regime jurídico definido ou categorizado, sob pena de conferir imensa margem de atuação e decisão bilaterais no âmbito da execução de normas sancionadoras.

Em respeito à legalidade, a melhor interpretação é a que deve acolher as formas de acordos tipificados em lei, como formas constitucionais de consensualidade no domínio da improbidade, por imperativo do postulado da proporcionalidade. Cabe à lei nacional indicar as categorias de acordos e suas respectivas finalidades e conteúdo, de modo a preservar, de forma equilibrada, o interesse público anticorrupção.

Na atualidade, são unicamente admissíveis o denominado acordo de não persecução cível (ANPC) (sem balizas legais devido ao veto presidencial, mas passível de regulamentação em cada ente legitimado)[77] e o Acordo de Leniência

---

[77] O Ministério Público de São Paulo foi o primeiro a regulamentar a celebração de ANPC, através da Resolução nº 1193/2020-CPJ, DE 11-03-2020.

(com balizas no artigo 16 da Lei nº 12.846). O Termo de Ajustamento de Conduta (com balizas na Lei nº 7.347/1985) está restrito para recomposição de ilegalidades que não são filtradas pelo sistema de improbidade administrativa.[78]

Ofende o princípio da legalidade pretender acolher, para efeito do artigo 17, §10-A da Lei nº 8.429, outras formas concebíveis de acordos no domínio da improbidade, que estejam positivados em outros sistemas de DAS (como os acordos de cessação de prática ilícita e acordos substitutivos), e transplantá-los simplesmente para o campo da improbidade. Apenas lei nacional expressa pode criar essas alternativas de exercício da potestade, na forma do artigo 37, §4º da CF. Nem mesmo o artigo 26 da LINDB tem o condão de criar essas alternativas consensuais, pois é norma de sobredireito, exigindo legislação competente para alterar o direito material aplicável.

Na presente análise, será considerado apenas o Acordo de Leniência, tal como disciplinado no artigo 16 da LIPJ, visto que está devidamente disciplinado e regulado, e interfere substancialmente com a estrutura do sistema de responsabilização da improbidade. Adota-se a interpretação de que, em rigor técnico, o TAC não serve para veicular acordos que moldam o exercício de potestades sancionadoras, finalidade pública totalmente estranha à sua categorização.

É fundamental estabelecer a constitucionalidade da forma consensual de exercício da potestade sancionadora através do acordo de leniência, uma vez estabelecido por lei competente o regime jurídico-administrativo sancionador de produção do ato convencional, benéfico a sujeitos passíveis de punição, como instrumento de tutela do interesse público anticorrupção. Para tanto, esse meio (acordo de leniência) deve ser adequado, necessário e proporcional, conforme estabelece o postulado da proporcionalidade.

A adequação de medidas de leniência deve ser reconhecida pela idoneidade do meio para promoção colimada do interesse público anticorrupção. Para tanto, é necessário resgatar o grau acentuado de função dissuasória sistemática que os modelos positivos no Direito Administrativo Sancionador devem ostentar para atender a sua funcionalidade normativa, *vis-à-vis* o Direito Penal, nos tempos atuais. Apenas nessa dimensão de persuasão e de incentivos para conformidade progressiva de condutas é que afloram os acordos de leniência como instrumentos propulsionadores de maior efetividade do quadro sancionador.

Tal como no Direito Penal, a funcionalidade de normas de DAS sempre esteve e segue em discussão. Equiparar as finalidades de penalidades criminais com as finalidades de sanções administrativas não dá conta da singularidade do

---

[78] A Resolução CNMP nº 179/2017, que regulamenta o §6º do art. 5º da Lei nº 7.347/1985, disciplina no âmbito do Ministério Público a tomada do compromisso de ajustamento de conduta. Estabelece que "É cabível o compromisso de ajustamento de conduta nas hipóteses configuradoras de improbidade administrativa, sem prejuízo do ressarcimento ao erário e da aplicação de uma ou algumas das sanções previstas em lei, de acordo com a conduta ou o ato praticado." Entende-se que a hipótese prevista somente se aplica nos casos de celebração de acordo de leniência, nos termos do artigo 16 da LIPJ. A referência ao instituto do TAC deve-se à prática generalizada de uso desta terminologia para todos os tipos de acordos celebrados pelo Ministério Público.

fenômeno punitivo estatal em campos diversos. Fincar uma postura única no sentido do caráter retributivo primário na seara do DAS também não está compatível com a heterogeneidade das atividades sob a regência do DAS. Não há, na verdade, uma funcionalidade única no DAS. A diversidade de interesses públicos tutelados e a multiplicidade de regimes e instrumentos sancionatórios só pode resvalar para campos diferenciados de múltiplas funcionalidades, conforme a disciplina de DAS que se venha a tratar.

Relevantes trabalhos acadêmicos têm trilhado o caminho de questionar a identidade do DAS e suas funcionalidades, sendo representativa dessa visão a tese de doutorado da Professora Alice Voronoff, já publicada.[79]

A autora constata e critica os prejuízos causados pela adoção da tese da unidade do *jus puniendi estatal*, que justificaria um Direito Punitivo Estatal, do qual se caminharia para diversas manifestações (Direito Penal, Direito Administrativo Sancionador, Direito da Improbidade Administrativa etc.). Preleciona que o DAS é Direito Administrativo, que se justifica na proteção de interesses públicos, com o concomitante resguardo de direitos fundamentais dos administrados. Está certa porque o DAS não pode ser a válvula de escape do sistema de direitos e garantias fundamentais constitucionais.

Alice Voronoff pontua que esse ramo é dotado de singularidades, que buscam um "equilíbrio fino" ("legitimação híbrida"), destacando: (1) as particularidades finalísticas e operacionais do DAS, atinentes à realização de objetivos de interesse público, sob enfoque prospectivo e conformativo, dissociado, como regra, de juízo de reprovação ético-social; (2) a instrumentalidade da sanção administrativa, que é compreendida como meio de gestão, e não fim em si mesmo. Instrumento de gestão e ferramenta institucional, governado por lógica de incentivos de conformidade, visando a efetividade dos objetivos de interesse público; (3) o componente funcional, que, segundo Voronoff, se desdobra no elemento funcional estático (órgão ou ente da Administração) e elemento funcional dinâmico (exigências impostas ao *modus operandi* da Administração).

Alice sublinha a subordinação do Direito Administrativo Sancionador aos princípios constitucionais da eficiência, proporcionalidade e economicidade, que introduzem e legitimam forte dimensão pragmática nessa seara. Reconhece as garantias do Administrado no Estado Democrático de Direito, como elemento da moralidade constitucional.

Com essa compreensão, o DAS não está submetido ao Direito Penal. O Direito Penal pode contribuir na elaboração de um ferramental próprio para o DAS. Mas a diretriz é contribuir para integrar, e não desnaturar a índole própria dos sistemas sancionadores administrativos. Nesse contexto, atribui ao DAS o objetivo de institucionalizar modelos dinâmicos, especializados, sensíveis às demandas e mudanças econômicas, sociais, factuais e tecnológicas cada vez mais comuns.

---

[79] VORONOFF, Alice. *Direito administrativo sancionador no Brasil*: justificação, interpretação e aplicação. Belo Horizonte: Fórum, 2018.

Modelos que promovam o atendimento aos valores de coerência, racionalidade e segurança jurídica na tutela dos objetivos de interesse público.

Para Alice Voronoff, o DAS deve se preocupar com a criação de modelos sancionatórios adequados. "Punir é caro e persuadir é barato!" – alerta a autora. Com essa perspectiva, a autora descreve modelos sancionatórios, a partir de ensinamentos colhidos na escola de pensamento *Law and Economics*, em suas diversas correntes doutrinárias, concentrando-se no que denomina "modelo responsivo", "modelo realmente responsivo", e "modelo de riscos".

Alice Voronoff oferece uma valiosa contribuição à compreensão do Direito Administrativo Sancionador brasileiro. Suscitando uma funcionalidade principal das sanções administrativas – a de incentivar (e não meramente punir) o cumprimento das normas que tutelam as diversas finalidades de interesse público, com as sanções cumprindo uma função instrumental de gestão institucional, a autora revisita tema fundamental para diferenciar o DAS e o DP. A flexibilidade de modelos sancionatórios implica, para o ordenamento brasileiro, ênfase ao atendimento dos princípios constitucionais da eficiência, da proporcionalidade e da economicidade, quando reportados à atividade administrativa sancionadora. Ao mesmo tempo, a autora não afasta a dimensão resultante de direitos e garantias fundamentais proclamados ou extraídos do Estado Democrático de Direito, e aplicáveis de forma equilibrada à funcionalidade projetada para as normas de DAS.

O pensamento de Alice Voronoff está marcado pelo pragmatismo, traço que a autora registra, referindo a obra de Thamy Pogrebinschi e José Vicente Santos de Mendonça, como caracterizado pelo (1) antifundacionalismo – as verdades são criadas, não objetivas, mutantes, parciais, relativas; (2) consequencialismo – devem ser priorizadas as consequências das normas, teorias e ações para a realidade; (3) contextualismo – devem se considerar o contexto social, econômico, histórico, político e cultural na investigação científica.

José Vicente Santos de Mendonça, citado por Alice, propugna que o estilo tradicional de direito administrativo deve ceder lugar ao "novo estilo de direito administrativo". "O estilo tradicional de direito administrativo apresenta quatro características. Ele é (i) europeizante, (ii) conceitualista, (iii) sistematizador, e (iv) crente na centralidade do direito como explicação da vida econômica e social". Em confronto, "O novo estilo do direito administrativo possui, assim como o antigo, quatro características básicas. Ele é (i) próximo aos métodos americanos, (ii) pragmatista e empiricista, (iii) assistematizador e assistemático, e (iv) descrente na centralidade do direito como chave de interpretação da vida econômica, política e social".[80]

Como referência dessa ventilada substituição de "estilos", cita-se o artigo 20 da LINDB, acrescentado pela Lei nº 13.655/2018, segundo o qual na esfera

---

[80] MENDONÇA, José Vicente Santos de. A verdadeira mudança de paradigmas do direito administrativo brasileiro: do estilo tradicional ao novo estilo. *RDA – Revista de Direito Administrativo*, Rio de Janeiro, v. 265, p. 179-198, jan./abr. 2014.

administrativa (...) "não se decidirá com base em valores jurídicos abstratos sem que sejam consideradas as consequências práticas da decisão". E prescreve o parágrafo único que "A motivação demonstrará a necessidade e a adequação da medida imposta (...) inclusive em face das possíveis alternativas". É verdade que a norma está informada pela ótica consequencialista, mas sozinha não tem o condão de introduzir a mudança de "estilo", propugnada por José Vicente, no que é acompanhado por Alice.

Sob o estilo pragmatista e empirista, os acordos de leniência são excelentes institutos que promovem a busca de melhores e maiores resultados na aplicação de determinado regime sancionador, porque pressupõem entrega de elementos de prova úteis para serem utilizadas em processos sancionadores em contrapartida de benefícios legais (redução ou isenção de sanções). Também seriam facilmente atrelados ao contextualismo.

Entretanto, mesmo mantido o estilo conceitualista e sistematizador próprio das raízes do direito público brasileiro filiado a família romano-germânica (*civil law*) – que esses estimados autores criticam – os acordos de leniência, como acima conceituados, igualmente se justificam pela incidência de princípios constitucionais na remodelação de instrumentos sancionatórios de tutela de interesses públicos, em face da mudança da realidade posta sob a égide do DAS. Proporcionalidade e eficiência sustentam a técnica consensual da leniência, como meio de obter eficácia, eficiência e efetividade no regime do DAS.

A investigação das funcionalidades próprias do Direito Administrativo Sancionador e os modelos que as instrumentalizam estão hoje na pauta do debate. Buscar equilíbrio fino entre realização de modelos regulatórios e sancionatórios proporcionais e eficientes (por razões de supremacia e indisponibilidade dos interesses públicos tutelados) e efetividade de direitos e garantias fundamentais constitucionais (para assegurar a realização constitucional legítima da supremacia dos interesses públicos). Eis um desafio permanente nesse campo de estudo.

Entende-se que a abertura normativa habilitando a celebração de acordos de leniência tem amparo constitucional como meio adequado a fomentar o alcance do interesse público anticorrupção. Levado ao conhecimento dos órgãos competentes a ocorrência de ilícito, para efeito de cooperação e colaboração efetivas, no curso do processo sancionador, sobremodo pela oferta e entrega de elementos relevantes de prova das práticas de corrupção, a Constituição autoriza o legislador a estabelecer margem de decisão razoável entre exercer unilateralmente a potestade sancionadora, ou enveredar pelo exercício consensual da potestade, para o fim de celebrar o denominado acordo de leniência.

Entre condescendência, complacência, tolerância, suavidade, o que melhor traduz leniência é suavidade. Haverá benefícios sancionatórios, como efeito legal da brandura estatal no exercício da potestade, com vistas aos resultados vislumbrados com a colaboração. Não há renúncia da potestade sancionadora, porque o descumprimento do acordo legitima o exercício regular da potestade punitiva, inclusive contra o sujeito colaborador. Não há tolerância com a corrupção, porque não estabelece imunidade plena no regime do acordo. O Estado Leniente exercita a potestade com suavidade no acordo, mantidas e cumpridas as condições. Inexecutado o acordo, pelos colaboradores, de Estado leniente, retorna-se ao Estado intransigente com o ilícito, com o exercício obrigatório da potestade, na forma da lei.

O acordo de leniência também deve passar pelo crivo da exigibilidade, suscitando a análise de outros meios com igual eficácia. Nesse caso, como o meio é definido pelo conteúdo e sua eficácia jurídica, não há como compará-lo, pois a comparação entre diversas categorias de acordo (termos de ajustamento de conduta, acordos substitutivos de sanções, acordos de cessação da prática de atos ilícitos, acordos de leniência) não é viável, pois cada modalidade terá conteúdo próprio e produzirá efeitos jurídicos específicos.

Todavia, o meio (acordo de leniência), tal como concebido pelo legislador, pode ser avaliado no último escalão normativo do postulado da proporcionalidade, já que veicula um equilíbrio entre situações jurídicas passivas e situações jurídicas ativas. De fato, o acordo pressupõe, de um lado, produção de efeitos relacionados com a atividade de investigação, de persecução e de prova, e, de outro lado, obrigações, ônus e benefícios, em prol do colaborador. A medida dessa equação está no artigo 16, §2º, da Lei nº 12.846/2013, na qual se estabelece não apenas os pressupostos legais de cabimento, como também os limites e variação de benefícios legais. Na LIPJ, existe a possibilidade de redução de multa em até 2/3, isenção da publicação extraordinária da decisão condenatória, e isenção de proibição de receber incentivos, subsídios, subvenções, doações ou empréstimos de órgãos ou entidades públicas e de instituições financeiras públicas ou controladas pelo poder público, pelo prazo mínimo de 1 (um) e máximo de 5 (cinco) anos.

Essa disciplina atende a proporcionalidade, já que há reconhecimento de que atenuação substancial da potestade sancionadora foi positivada, para promover o incentivo ao recurso pelas pessoas jurídicas colaboradoras ao instituto consensual da leniência. Frise-se que a redução da multa vai até 2/3 do total fixado, sendo que, em regra, a base de cálculo varia de 0,1 a 20% do faturamento bruto do último exercício anterior da PJ à instauração do processo de responsabilização.

O subprincípio da proporcionalidade em sentido estrito foi atendido pelo artigo 16 da Lei nº 12.84, quanto à isenção da sanção de interdição de direitos (art. 19, inciso IV). Registre-se que o mesmo critério de isenção deve ser observado quanto à sanção de interdição de direitos, prevista na LGIA, para que o incentivo à leniência permaneça proporcional no domínio da improbidade. De nada adiantaria aplicar o artigo 16, §2º, da LIPJ, se não for dado o mesmo tratamento no âmbito da sanção na LGIA.

6 Conclusões

1. Como densificação própria da moralidade administrativa, a Constituição Federal fornece as bases normativas para a existência, guarda e tutela do *interesse público anticorrupção.* O artigo 37, parágrafo 4º, da CF estabelece

um sistema de responsabilização geral e autônomo de prevenção e punição da prática de atos de improbidade administrativa, regulamentado em lei nacional, na atualidade, na Lei Geral de Improbidade Administrativa (LGIA) e na Lei de Improbidade das Pessoas Jurídicas (LIPJ).
2. O domínio da improbidade administrativa integra o campo do Direito Administrativo Sancionador, muito embora se trate de sanção estatal produzida pelo Poder Judiciário, no campo da jurisdição civil. Trata-se de sistema de responsabilização de agentes públicos e terceiros (pessoas físicas e pessoas jurídicas), o que atrai invariavelmente a temática para a órbita do Direito Administrativo, que há muito não se limita a estabelecer o regime jurídico de órgãos e entidades da Administração Pública, vinculados ao Poder Executivo (critério subjetivo), nem tampouco se restringe à disciplina do exercício da função administrativa (exercida por todos os Poderes, Executivo, Legislativo e Judiciário, incluindo órgãos constitucionais autônomos, Tribunal de Contas e Ministério Público) (critério funcional). Na atualidade, o campo próprio do Direito Administrativo está relacionado com a implementação de políticas públicas necessárias à tutela dos interesses públicos (critério formal), sob a inarredável contrastabilidade jurisdicional, abrangendo o regime jurídico-público assinalado ao desempenho regular dessa atividade, o que inclui a aplicação de normas sancionatórias pelo Poder Judiciário, no âmbito da política pública anticorrupção do Estado.
3. A tutela do interesse público anticorrupção está subordinada à observância dos princípios constitucionais, na exata medida em que sua supremacia e indisponibilidade está disciplinada no plano normativo. Dentro do ordenamento jurídico, o postulado da razoabilidade e da proporcionalidade tem indisputada relevância axiológica para compreensão dos limites impostos à persecução e concretização do interesse público anticorrupção.
4. O postulado da razoabilidade e da proporcionalidade exige a submissão das providências estatais protetivas do interesse público anticorrupção às exigências de adequação, necessidade e proporcionalidade em sentido estrito, para que sejam reputadas como legítimas no âmbito do Estado Democrático de Direito, respeitoso de direitos fundamentais individuais e sociais.
5. A modelagem atual da responsabilidade objetiva de pessoas jurídicas no domínio da improbidade administrativa é juridicamente admitida pela ordenação constitucional brasileira, mostrando-se adequada, necessária e proporcional. A avaliação da objetivação acolhida no sistema de improbidade indica nível de ponderação axiológico adequado.
6. A aprovação da Lei nº 12.846/2013 e a pretensa intenção da lei em afirmar a constituição de um novo sistema de responsabilização, nos termos do seu artigo 29 e 30, não se sustenta em face dos elementos constitutivos

de um sistema de responsabilização (bens jurídicos, ilícitos, sanções e processo). Em verdade, essa forma de legislar apenas redundou em insegurança jurídica dentro do Sistema Brasileiro Anticorrupção.

7. A modelagem atual de acordos de leniência prevista para pessoas jurídicas no domínio da improbidade administrativa também revela sua legitimação constitucional, sob a égide do postulado da razoabilidade e da proporcionalidade. A possibilidade de acordos sancionatórios no domínio da improbidade depende de categorização legal, no caso, de lei nacional. Na atualidade, apenas o Acordo de Leniência possui previsão legal.

8. O Direito Administrativo Sancionador de Tutela da Probidade foi alterado substancialmente por esses dois novos institutos consagrados na Lei nº 12.846/2013. De um lado, não houve descumprimento de direitos e garantias fundamentais. De outro, não houve um excesso na proteção do interesse público anticorrupção.

9. O regime legal da improbidade administrativa, nos termos das leis gerais em vigor (Lei nº 8.429 e Lei nº 12.846) e leis especiais em vigor, não isenta, entretanto, o intérprete a promover a necessária avaliação da aplicação da legislação sob respeito ao princípio da razoabilidade e da proporcionalidade, ao nível de concretização do modelo sancionatório atual.

10. O postulado da razoabilidade e da proporcionalidade deve ser fielmente observado não apenas na postulação da pretensão acusatória, mas também no seu julgamento, devendo o Poder Judiciário promover a correta aplicação do modelo sancionatório para tutelar, com equilíbrio axiológico, o interesse público anticorrupção.

Referências

ABREU E SILVA, Marcelo Luís. *O ônus da prova no processo administrativo sancionador*. Dissertação (Mestrado em Direito) – Pontifícia Universidade Católica de São Paulo, 2018.

ALEXY, Robert. *Teoria dos direitos fundamentais*. Tradução de Virgílio Afonso da Silva. 2. ed. 4. tir. São Paulo: Malheiros, 2015.

ALMEIDA, Pedro Luiz Ferreira de. *O princípio da insignificância e a improbidade administrativa*. Dissertação (Mestrado em Direito) – Pontifícia Universidade Católica de São Paulo, 2020.

ÁVILA, Humberto. *Teoria dos princípios:* da definição à aplicação dos princípios jurídicos. 19. ed. São Paulo: Malheiros, 2019.

BARROS, Suzana de Toledo. *O princípio da proporcionalidade e o controle de constitucionalidade das leis restritivas de direitos fundamentais*. Brasília: Brasília Jurídica, 1996.

BARROSO, Luís Roberto. *Curso de Direito Constitucional contemporâneo*. 9. ed. São Paulo: Saraiva, 2020.

BARROSO, Luís Roberto. Razoabilidade e isonomia no direito brasileiro. *In:* BARROSO, Luís Roberto. *Temas de Direito Constitucional*. Rio de Janeiro: Renovar, 2001, p. 153-164, p. 157.

BONAVIDES, Paulo. Princípio constitucional da proporcionalidade e a proteção dos direitos fundamentais. *Revista da Faculdade de Direito da UFMG*, Belo Horizonte, v. 34, n. 34, p. 275-291.

BORGES, Alice Gonzalez. Interesse público: um conceito a determinar. *Revista de Direito Administrativo*. Renovar; Rio de Janeiro, jul./set. 1996, v. 205, p. 109.116.

BORGES, Alice Gonzalez. Supremacia do interesse público. Desconstrução ou reconstrução. *Revista Diálogo Jurídico*. Salvador, nº 15, janeiro/março 2007.

BUECHELE, Paulo Armínio Tavares. *O princípio da proporcionalidade e a interpretação da Constituição*. Rio de Janeiro: Renovar, 1999.

CAMMAROSANO, Márcio. *O princípio constitucional da moralidade e o exercício da função administrativa*. Belo Horizonte: Fórum, 2006.

CANOTILHO, J. J. Gomes. *Direito Constitucional e Teoria da Constituição*. 2. ed. Coimbra: Almedina, 1998.

ENTERRÍA, Eduardo García de. *Reflexiones sobre la Ley y los principios generales del Derecho*. 1. reimp. Madri: Civitas, 2016.

FIGUEIREDO, Lúcia Valle. Ação civil pública. Ação popular. A defesa dos interesses difusos e coletivos. Posição do ministério público. Revista de Direito Administrativo. Renovar: Rio de Janeiro, v. 208, páginas 35-53, abr/jun. 1997.

FILHO, Willis Santiago Guerra. *Processo Constitucional e Direitos Fundamentais*. São Paulo: Celso Bastos Editor/IBDC, 1999.

GALETTA, Diana-Urania. *Principio di proporzionalità e sindicato giurisdizionale nel diritto amministrativo*. Milão: Giuffrè, 1998.

LIMA, Ana Júlia Andrade Vaz de Lima. *Os programas de integridade na Lei Anticorrupção Brasileira*. Dissertação (Mestrado) – Pontifícia Universidade Católica de São Paulo. 2018.

LINARES, Juan Francisco. *Poder Discrecional Administrativo:* Arbitrio Administrativo. Buenos Aires: Abeledo-Perrot, 1958.

MARRARA, Thiago. Acordos de leniência no processo administrativo brasileiro: modalidades, regime jurídico e problemas emergentes. *Revista Digital de Direito Administrativo – RDDA*, v. 2, p. 509-527, 2015.

MAURER, Hartmut. *Direito administrativo geral*. São Paulo: Manole, 2006;

MAURER, Hartmut. *Elementos de Direito Administrativo Alemão*. Porto Alegre: Sergio Antônio Fabris Editor, 2001

MAURER, Hartmut. *Direito do Estado*. Porto Alegre: Sergio Antônio Fabris Editor, 2018.

MELLO, Celso Antônio Bandeira de. *Curso de Direito Administrativo*. 34. ed. São Paulo: Malheiros, 2019.

MENDES, Gilmar Ferreira. *Direitos fundamentais e controle de constitucionalidade:* estudos de Direito Constitucional. São Paulo: Celso Bastos Editor/IBDC, 1998.

MENDES, Gilmar Ferreira. O princípio da proporcionalidade na jurisprudência do Supremo Tribunal Federal: novas leituras. *Repertório IOB de Jurisprudência*: Tributário, Constitucional e Administrativo. São Paulo: IOB, n. 14, julho/2000, p. 372-361.

MENDONÇA, José Vicente Santos de. A verdadeira mudança de paradigmas do direito administrativo brasileiro: do estilo tradicional ao novo estilo. *RDA – Revista de Direito Administrativo*, Rio de Janeiro, v. 265, p. 179-198, jan./abr. 2014.

MIRANDA, Jorge. *Manual de Direito Constitucional*. Tomo IV: Direitos Fundamentais. 2. ed. Ver. e atual. Coimbra: Coimbra Editora, 1993.

OLIVEIRA, Jose Roberto Pimenta. As exigências de razoabilidade e proporcionalidade inerentes ao devido processo legal substantivo e a improbidade administrativa. *In*: Sampaio (org.). *Improbidade administrativa*: 10 anos da Lei n. 8429/92. 1. ed. Belo Horizonte: Del Rey, 2002, p. 295-334.

OLIVEIRA, Jose Roberto Pimenta. Comentários ao artigo 2º e artigo 4º. *In*: MARRARA, Thiago; DI PIETRO, Maria Sylvia Zanella (org.). *Lei Anticorrupção Comentada*. 2. ed. Belo Horizonte: Fórum, 2018.

OLIVEIRA, Jose Roberto Pimenta. *Improbidade administrativa e sua autonomia constitucional*. 1. ed. Belo Horizonte: Fórum, 2009.

OLIVEIRA, Jose Roberto Pimenta. *Os princípios da razoabilidade e da proporcionalidade no Direito Administrativo Brasileiro*. São Paulo: Malheiros, 2006.

OSÓRIO, Fábio Medina. Corrupción y mala gestión de la res publica: el problema de la improbidad administrativa y su tratamiento en el Derecho Administrativo Sancionador Brasileño. *Revista de Administración Publica,* 149, mayo/ago. 1999, p. 487-523;

OSÓRIO, Fábio Medina. *Direito Administrativo Sancionador*. 6. ed. São Paulo: Thomson Reuters Brasil, 2019.

OSÓRIO, Fábio Medina. *Teoria da Improbidade Administrativa*: má gestão pública, corrupção, ineficiência. 4. ed. São Paulo: Thomson Reuters Brasil, 2018.

PEREIRA, Felipe Dudienas Domingues. *O conflito de interesses como ato de improbidade administrativa*. Dissertação (Mestrado em Direito) – Pontifícia Universidade Católica de São Paulo, 2018.

PIO, Nuno Roberto Coelho. *Participação e controle social da administração pública: regime jurídico dos conselhos de políticas públicas*. Dissertação (Mestrado em Direito). Pontifícia Universidade Católica de São Paulo. 2018.

PONTES, Helenílson Cunha. *O princípio da proporcionalidade e o Direito Tributário*. São Paulo: Dialética, 2000.

SAMPAIO, Patrícia Regina Pinheiro; SOUZA, Carlos Affonso Pereira de. *O princípio da razoabilidade e o princípio da proporcionalidade:* uma abordagem constitucional. *In*: ADCOAS – Informações Jurídicas Empresariais. São Paulo: Esplanada, Doutrina n. 3, mar. 1999, ano II, p. 66-76.

SANTIAGO, José Maria Rodríguez de. *La ponderação de bienes e interesses en el derecho administrativo*. Madri: Marcial Pons, 2000.

SARMENTO, Daniel. *A ponderação de interesses na Constituição Federal*. Belo Horizonte: Lumen Juris, 2002.

SILVA, Luís Virgílio Afonso da. O proporcional e o razoável. *Revista dos Tribunais*, São Paulo: RT, abril/2002, Ano 91, v. 798, p. 23-50.

STEINMETZ, Wilson Antônio. *Colisão de direitos fundamentais e princípio da proporcionalidade*. Porto Alegre: Livraria do Advogado Editora, 2001.

STUMM, Raquel Denize. *Princípio da proporcionalidade no Direito Constitucional brasileiro*. Porto Alegre, Livraria do Advogado, 1995.

SUNDFELD, Carlos Ari. *Direito Administrativo para céticos*. 2. ed. São Paulo: Malheiros, 2017.

TÁCITO, Caio. O desvio de poder no controle dos atos administrativos, legislativos e jurisdicionais. *In*: TÁCITO, Caio. *Temas de Direito Público* (Estudos e Pareceres).. Rio de Janeiro: Renovar, 1997.v. 1. p. 181-198.

VÁSQUEZ, Adolfo Sanchez. *Ética*. Rio de Janeiro: Civilização Brasileira, 2008.

VILANOVA, Lourival. *As estruturas lógicas e o sistema de direito positivo*. 4. ed. São Paulo: Noeses, 2005.

VITOR, Viviane Formigosa. Atos de improbidade administrativa no MROSC – Lei 13.019/2014. Dissertação (Mestrado em Direito) – Pontifícia Universidade Católica de São Paulo, 2019.

VORONOFF, Alice. *Direito administrativo sancionador no Brasil:* justificação, interpretação e aplicação. Belo Horizonte: Fórum, 2018.

Informação bibliográfica desse texto, conforme a NBR 6023:2018 da Associação Brasileira de Normas Técnicas (ABNT):

OLIVEIRA, José Roberto Pimenta. Razoabilidade, proporcionalidade e probidade administrativa: tutela adequada do interesse público anticorrupção. *In*: MARRARA Thiago (coord.). Princípios de direito administrativo. 2. ed. rev., ampl. e atual. Belo Horizonte: Fórum, 2021. p. 227-283. ISBN 978-65-5518-166-1.

MORALIDADE ADMINISTRATIVA: UM OLHAR TRINTA ANOS DEPOIS*

JOSÉ GUILHERME GIACOMUZZI

> *"Em uma época como a nossa, na qual é urgente separar a esfera jurídica da moral, e a moral dos valores socioculturais de um determinado grupo, a capacidade expansiva dos princípios se explica melhor com uma construção mais modesta".*[1]
>
> *"O Direito e a moralidade somente partilham conceitos comuns, mas não concepções comuns".*[2]
>
> *"Também o aspecto da moralidade me preocupa muito. Temo um dia rompermos a garantia da certeza e segurança jurídica e substituirmos o direito pela moral".*[3]

Introdução

Na "era dos princípios" em que vivemos, a Constituição Federal brasileira de 1988 positivou, pela primeira vez na história do Direito ocidental, a *moralidade administrativa* como princípio da Administração Pública (artigo 37, *caput*) e como bem jurídico protegido pela ação popular (artigo 5º, inciso LXXIII). Em 1991, a Constituição Política da Colômbia previu a moralidade como princípio da função administrativa (artigo 209, *caput*).[4] Nenhuma outra constituição do Ocidente tem a moralidade positivada em seu texto.

Quando a CF/88 entrou em vigor, os administrativistas brasileiros puseram-se a tentar compreender o significado da "novidade". Contrastando com algumas vozes entusiasmadas, alguns juristas sensíveis à história dos conceitos, em especial Almiro do Couto e Silva e Caio Tácito, recomendaram cautela: a moralidade administrativa já tinha sido objeto de estudo na pátria-mãe do Direito

---

* Agradeço ao Professor Thiago Marrara pelo convite que me fez a participar da presente obra coletiva. Sou grato a Francisco Borges Motta, que leu atentamente o artigo e ajudou a clarear passagens relativas ao pensamento de Ronald Dworkin. Como sempre, agradeço à Fernanda Lermen Bohn pelas observações sobre a clareza e a linguagem do texto.

[1] Utilizo a tradução espanhola para LUZZATTI, Cláudio. *El principio de la autoridad y la autoridad de los principios: la genericidad del derecho*. Tradução de Pau Luque Sánchez. Madrid: Marcial Pons, 2013, p. 31.

[2] POSCHER, Ralf. The Hand of Midas: When Concepts Turn Legal, or Deflating the Hart-Dworkin Debate. In: HAGE, Jaap; PFORDTEN, Dietmar von der (ed.). *Concepts in Law*. Springer, 2009, p. 99-115, citação da p. 111.

[3] Eros Grau, no voto do RE nº 405.386/RJ, no STF, em 20.06.2006

[4] Eis o texto, em tradução livre: "A função administrativa está a serviço dos interesses gerais e se desenvolve com fundamento nos princípios da igualdade, *moralidade*, eficácia, economia, celeridade, imparcialidade e publicidade, mediante a descentralização, a delegação e a desconcentração de funções". [itálico acrescido]

Administrativo continental, a França, por um dos seus mais célebres autores, Maurice Hauriou (1856-1929); seu uso foi aos poucos sendo abandonado, já a partir da década de 1930, sendo depois substituído pela noção de *détournement de pouvoir*. Criava-se assim, dentro do sistema "objetivo" de controle do ato administrativo, um vício "subjetivo" controlável pelos tribunais administrativos franceses.

No Brasil da década 1960, nossos juristas, Miguel Seabra Fagundes à frente, fiéis à matriz do *droit administratif*, fizeram positivar na Lei de Ação Popular (Lei nº 4.717/65) exatamente o que então havia de mais atual na França sobre a teoria do ato administrativo e seus vícios, definindo o *desvio de finalidade* na letra "e" do parágrafo único do artigo 2º. Em nosso país, naquele período, como na França de então e de hoje, a moralidade administrativa significava desvio de finalidade. Significantes diferentes para o mesmo significado.

Na França, o conceito de moralidade administrativa não floresceu. Hoje, mesmo nas melhores obras, a *moralité administrative* é brevemente mencionada e, claro, sempre junto com o tema *détournement de pouvoir*. Cito somente um exemplo, que vale por todos, do administrativista que escreveu, a meu ver, o mais completo e impressionante manual de *Droit Administratif*, Benoît Plessix: para um juiz administrativo, sancionar a Administração por desvio de poder "é um pouco, como percebeu Hauriou, pronunciar contra ela uma espécie de condenação moral".[5]

Mas o Brasil seguiu outro rumo a partir de 1988. Havia uma "onda principiológica" que inundava quase todas as constituições ocidentais do pós-Guerra. Depois de duas décadas de ditadura, uma ânsia – compreensível – de dotar o país com uma Constituição Federal que serviria para alavancar um Estado mais honesto e republicano produziu uma Constituição "barroca",[6] repetitiva, recheada de expressões grandiloquentes. Foi nesse caldo cultural que a moralidade foi elevada ao patamar constitucional por duas vezes. Quem leu os debates parlamentares da Assembleia Nacional Constituinte percebeu que a moralidade estava presente em quase todos os textos sugeridos e discussões havidas nos preparativos do que se tornou o artigo 37, e, não por acaso, em virtualmente todos no caso do artigo 5º, LXXIII.

Há exatos vinte anos, doze depois de a CF/88 ter entrado em vigor, contei essa história com detalhes em dissertação de mestrado, defendida em dezembro do ano 2000 na Universidade Federal do Rio Grande do Sul e publicada em 2002,[7] resumida em breve ensaio um ano depois.[8] Com olhos na história e na intenção de fornecer um caminho mais seguro ao tema, propus então uma dogmática específica à compreensão da moralidade, assim resumida: a moralidade administrativa constante do artigo 5º, inciso LXXIII, era justamente o desvio de finalidade tornado constitucional. Já a moralidade do artigo 37, *caput*, encerrava

---

[5] PLESSIX, Benoît. *Droit administratif général*. 2. ed. Paris: LexisNexis, 2018, p. 1.429-30.
[6] A expressão "barroca" é de Almiro do Couto e Silva no Prefácio de GIACOMUZZI, José Guilherme. *A moralidade administrativa e a boa-fé da Administração Pública*. São Paulo: Malheiros, 2002, p. 7.
[7] Cf. GIACOMUZZI, 2002, Primeira Parte.
[8] Cf. A moralidade administrativa: história de um conceito. *Revista de Direito Administrativo*, Rio de Janeiro, v. 230, p. 291-303, 2003.

uma norma genérica, um "princípio jurídico", cujo conteúdo era duplo: (i) na sua parte subjetiva, a moralidade significava probidade, a ser regulada por lei própria (artigo 37, §4º), que passou a ser a Lei de Improbidade Administrativa (Lei 8.429/92); (ii) na sua parte objetiva, a moralidade veicula um dever de proteção à confiança do administrado, à sua boa-fé objetiva. O vínculo entre moralidade e boa-fé busquei na obra do mesmo Hauriou, mas não onde todos liam, e sim em artigo pouco lido e publicado em parceria com Guillaume de Bézin em 1903 sobre o ato administrativo francês em comparação com o ato jurídico do direito privado alemão. Na segunda edição da obra, publicada em 2013, já mais maduro e vacinado contra os exageros dos princípios e mais convicto dos fundamentos jusfilosóficos do tema, suprimi a exaltação dos princípios da parte histórica da obra, que, de resto, permaneceu intocada.[9]

Continuo convencido da utilidade tanto da proposta dogmática quanto do perigo da utilização desmedida dos "princípios".[10] Neste espaço, quero deixar mais explícitas algumas convicções que foram se fortalecendo ao longo desses vinte anos. Uma delas é a de que a positivação da moralidade, como talvez fosse de se esperar num país que parece encantado com o "neoconstitucionalismo de princípios", terminou por abrir portas para arbítrios subjetivos, causando a reação de vários estudiosos, um dos quais disse, não se referindo só à moralidade, mas aos "hiperprincípios", que invocá-los, "no mundo jurídico prático [...] é, em geral, o melhor modo jurídico de trapacear".[11] No caso do princípio agora comentado, trapacear escondido atrás de um biombo moral. Mas como não cair na tentativa moralista de entender que o Direito é sim impregnado pela Moral se a própria CF/88 positivou em seu texto a moralidade administrativa?

Para responder a essa pergunta, e como o Direito existe para resolver casos concretos, utilizo uma sucessão de decisões que me parece emblemática sobre a aplicação do princípio da moralidade administrativa (**item 1**). Segue rápida incursão sobre a vagueza dos "princípios jurídicos" (**item 2**). Depois, explicito a importância da ideia positivista de separabilidade do direito e da moral, em especial para o princípio aqui estudado, e vinculo a separabilidade à tese do Direito como Midas; (**item 3**). Por fim, examino uma decisão do STF que aplicou, a meu ver com acerto, a moralidade administrativa (**item 4**). Termino com breves considerações finais.

1 A sucessão de decisões no caso Cristiane Brasil

O caso Cristiane Brasil, ocorrido em 2018, comporta várias decisões judiciais em sequência. Três delas são relevantes para minha análise.

---

[9] Cf. *A moralidade administrativa e a boa-fé da Administração Pública*. 2. ed. São Paulo: Malheiros, 2013, Primeira Parte.
[10] Tratei dos princípios de Dworkin em GIACOMUZZI, José Guilherme. Desmistificando os princípios jurídicos de Ronald Dworkin. *Revista Novos Estudos Jurídicos – Eletrônica*, v. 19, n. 1, p. 285-320, jan./abr. 2014.
[11] SUNDFELD, Carlos Ari Sundfeld. Princípios desconcertantes do direito administrativo. *In*: DALLARI *et alii* (org.). *Tratado de Direito Administrativo*. v. 1. São Paulo: Saraiva, 2013, p. 282.

1.1 Em Niterói, RJ, a decisão liminar na Ação Popular nº 001786-77.2018.4.02.5102

Em 3 de janeiro de 2018, o então Presidente da República Michel Temer nomeou a deputada Cristiane Brasil Francisco ao cargo de Ministra do Trabalho. A posse ocorreria em 9 de janeiro. Em apenas dois dias depois da nomeação, ao menos seis ações populares idênticas foram ajuizadas na Justiça Federal fluminense, e somente numa delas, na 4ª Vara Federal de Niterói, foi proferida decisão liminar impedindo a posse da nomeada.[12]

O argumento da decisão tem duas frases e uma exaltação final da moralidade: existiria (i) "flagrante desrespeito ao princípio da moralidade administrativa", uma vez que (ii) se "pretend[ia] nomear para um cargo de tamanha magnitude, pessoa que já teria sido condenada em reclamações trabalhistas". As "condenações" referidas eram resultado de dois processos trabalhistas: um transitara em julgado; outro foi encerrado com acordo judicial; ao final, (iii) o juiz exalta a moralidade dizendo que sua decisão de adiamento da posse trata de "sacrifício de bem jurídico proporcional ao resguardo da moralidade administrativa, valor tão caro à coletividade e que não deve ficar sem o pronto amparo da tutela jurisdicional".

Vê-se que o juiz retirou do texto "moralidade administrativa" a seguinte norma: quem é condenado na Justiça do Trabalho não pode ser Ministro do Trabalho, por ofensa à moralidade administrativa. Com essa decisão, o juiz federal não somente (i) proibiu a deputada de exercer o direito político de assumir cargo na Administração Pública por decorrência *direta* de um "princípio jurídico", como também e ao mesmo tempo (ii) submeteu ao controle judicial um ato político (artigo 84, inciso I, CF/88). Somente o primeiro problema será objeto deste artigo.

1.2 No STJ, a Suspensão de Liminar e de Sentença nº 2.340/RJ.

A União tentou reverter a decisão liminar no Tribunal Regional Federal da 2ª Região, mas não teve êxito nem no agravo de instrumento com pedido de efeito suspensivo junto ao Relator,[13] nem nos embargos declaratórios da decisão denegatória, nem no pedido de suspensão de liminar ao Presidente do TRF-2, denegado pelo Vice-Presidente, no exercício da Presidência.

---

[12] A decisão mereceu algumas análises críticas. Cf., p. ex., JARDIM, Flávio. Moralidade e formalismo jurídico: o caso Cristiane Brasil. Site *JOTA* de 17.01.2018. Disponível em: https://www.jota.info/opiniao-e-analise/artigos/moralidade-e-formalismo-juridico-o-caso-cristiane-brasil-17012018#sdendnote38anc. Acesso em: 10 fev. 2020. (oferecendo outras fontes críticas, às quais remeto o leitor). Mas a decisão também foi elogiada. Cf. ARAS, Vladimir. Site *JOTA* de 14.01.2018. Disponível em: https://www.jota.info/opiniao-e-analise/artigos/o-caso-cristiane-brasil-e-a-tutela-judicial-da-moralidade-administrativa-14012018. Acesso em: 10 fev. 2020.

[13] Agravo de Instrumento nº 0000132-35.2018.4.02.0000, TRF-2. Os argumentos do Relator nada somam à decisão do juiz: "a decisão atacada não se apresenta teratológica, [...] na medida em que o magistrado de piso, fundamentando sua decisão no princípio da moralidade administrativa (art. 37, caput, da CRFB/88), determinou, de forma cautelar, a suspensão da eficácia do decreto que nomeou a ora agravante para o cargo de Ministra de Estado do Trabalho, diante da suposta gravidade dos fatos narrados (condenações transitadas em julgado na seara trabalhista)".

Mas no Superior Tribunal de Justiça, em 20 de janeiro de 2018, um sábado, o Ministro Humberto Martins, no exercício da Vice-Presidência, determinou o retorno da eficácia do decreto que nomeou Cristiane Brasil ao cargo de Ministra de Estado do Trabalho, possibilitando a posse. Nos argumentos de sua decisão de doze laudas, o Ministro referiu o seguinte:

> O debate jurídico que pode ser objeto de futuro recurso especial é o limite da utilização da via processual da ação popular para obstar a nomeação de ministros de Estado. Esse é o tema das repetidas e idênticas ações populares.
>
> Em uma primeira mirada, poderia aparentar que o tema seria apenas cingido à aplicação direta do art. 37 da Constituição Federal. Todavia, o próprio Supremo Tribunal Federal já definiu que não é possível a apreciação de violação ao *caput* do art. 37 – princípios da Administração Pública, tal como a moralidade e os demais – sem que sejam consideradas as normas infraconstitucionais que lhes dizem respeito.
>
> "(..) As alegações de desrespeito aos postulados da legalidade, impessoalidade, moralidade, publicidade e eficiência, se dependentes de reexame prévio de normas infraconstitucionais, podem configurar, quando muito, situações de ofensa meramente reflexa ao texto da Constituição (..)"
> (AgR no ARE 728.143/SP, Relator Min. Ricardo Lewandowski, Segunda Turma, julgado em 11/6/2013, acórdão eletrônico publicado no DJe-121 em 25/6/2013)
>
> Por conseguinte, a tese da liminar – autoaplicação do princípio da moralidade – não prosperaria sob o juízo do Supremo Tribunal Federal. Não é possível apreciar a moralidade administrativa sem considerar a existência de uma legislação infraconstitucional.
>
> De fato, **o que confere densidade ao princípio constitucional da moralidade administrativa é a legislação infraconstitucional que dispõe acerca dos limites e possibilidades de atuação do administrador, estabelecendo parâmetros através dos quais se torna possível avaliar nos casos concretos a boa-fé do agente público e sua lealdade para com o funcionamento das instituições. A moralidade administrativa, portanto, consiste numa específica modalidade de ética, a ética da legalidade, cuja construção requer necessariamente a análise do quadro normativo existente**.
>
> Assim, no caso dos autos, em que se discute a possibilidade de controle judicial da moralidade administrativa na nomeação de Ministro de Estado pelo Presidente da República, há evidente debate infraconstitucional, consubstanciado na previsão legal – art. 4º, I, da Lei nº 4.717/1962 – sobre a nomeação (admissão) ao serviço público (Administração Pública):
> [...]
> É necessário, portanto, firmar que o debate jurídico colocado está totalmente focalizado no marco acerca dos limites do uso da ação popular para sustar, ou não, um ato de nomeação de cidadão para o exercício de cargo público junto ao Poder Executivo Federal. O debate jurídico, portanto, se cinge à interpretação da Lei nº 4.717/1965. E é patente e evidente que o STJ possui a competência para apreciar um potencial recurso especial sobre tal controvérsia, o que se torna ainda mais evidente quando se nota que no Supremo Tribunal Federal é pacífico o entendimento de que não é cabível o recurso extraordinário se houver normas infraconstitucionais que devam ser consideradas para apreciar a violação aos princípios da Administração Pública. [...] [negrito acrescido, itálicos do original]

São pelo menos dois os acréscimos argumentativos da decisão do Ministro: a moralidade administrativa (i) não teria densidade normativa suficiente para estabelecer limites e possibilidades de atuação do administrador, o que deve ser estabelecido por legislação infraconstitucional; e (ii), por consequência, tem uma ética própria, a "ética da legalidade".

Era, repito, sábado 20 de janeiro de 2018, e a posse de Cristiane Brasil foi então marcada para o primeiro dia útil seguinte, segunda-feira, dia 22. Mas a posse não ocorreu.

1.3 No STF, a Reclamação nº 29.508/DF.

No domingo, 21 de janeiro de 2018, um dia depois da decisão do STJ, nos autos da Reclamação nº 29.508/DF, a pedido do autor popular, a Ministra Cármen Lúcia, na Presidência do Supremo Tribunal Federal, reverteu a decisão do Ministro Humberto Martins e suspendeu novamente o ato de posse, aprazado, repito, para o dia seguinte.

No dia 8 de fevereiro de 2018, a Reclamação nº 29.508/DF, acolhendo parecer favorável do Ministério Público Federal datado de 24 de janeiro, foi julgada procedente monocraticamente pela Presidente Cármen Lúcia, para fins de cassar a decisão do STJ e fixar a competência para exame do caso no STF. A decisão transitou em julgado em 14 de abril de 2018.[14]

Em que pese a Ministra Cármen Lúcia tenha observado e grifado em negrito e sublinhado no item 9 de sua decisão que, pela "limitação do interesse processual" da Reclamação, *"não esta[va] em discussão [...] a validade ou não do ato de nomeação da interessada pelo Presidente da República"*, o fato é que os argumentos apresentados pela Ministra acrescem algo à decisão liminar do juiz de 1ª instância. Citando a posição da Procuradoria-Geral da República, a Ministra fez as seguintes considerações no item 19 do seu voto de dezenove laudas:

> **19.** Entretanto, tal entendimento não é aplicável ao caso em exame porque a matéria posta em análise tem como núcleo preceito constitucional dotado de **densidade normativa suficiente** a regular a situação apresentada, como realçado no parecer da Procuradoria-Geral da República:
>
> *"Na espécie, a ação popular teve como causa de pedir não apenas o art. 4º-I da Lei nº 4.717/1965, mas também o art. 37-caput, da CF. O duplo fundamento (constitucional e infraconstitucional) pode ser retirado do mesmo trecho da inicial da ação popular citado pela Advocacia-Geral da União na inicial do pedido de suspensão de liminar:*
>
> É por todo o exposto que, s.m.j., parece estar claro que o ato administrativo que nomeia a deputada federal CRISTIANE BRASIL FRANCISCO, ao Ministério do Trabalho e Emprego, é nulo por violar **o art. 37, caput da CFRB/88, o art. 2º, c, d, e e, parágrafo único c, d e e, c/c art. 4º, I, da Lei 4.717/65.** (grifei)
>
> *Nota-se, da decisão reclamada, que o Superior Tribunal de Justiça reconheceu a sua competência para julgamento do pedido de suspensão de liminar, sob o fundamento de que a* 'a tese da liminar – autoaplicação do princípio da moralidade – não prosperaria sob o juízo do Supremo Tribunal Federal', *tendo em vista a jurisprudência da Suprema Corte no sentido de que* 'as alegações de

---

[14] O relato dos três casos foi feito com base nos dois relatórios das referidas decisões do STJ e STF.

desrespeito aos postulados da (...) moralidade (...), se dependentes de reexame prévio de normas infraconstitucionais, podem configurar, quando muito, situações de ofensa meramente reflexa ao texto da Constituição' (*ARE 728.143/SP AgR, Relator Ministro Ricardo Lewandowski, DJe 25.6.2013*).

A citada jurisprudência do Supremo Tribunal Federal incide, porém, apenas quando a aplicação do princípio da moralidade depender, ou seja, necessitar do prévio exame de alguma norma infraconstitucional.

A análise da controvérsia sobre a possibilidade de nomeação de pessoa condenada em processos trabalhistas para o cargo superior do Ministério do Trabalho não depende especificamente do exame do art. 4º-I da Lei nº 4.717/1965, que estabelece a nulidade de ato de 'admissão ao serviço público remunerado, com desobediência, quanto às condições de habilitação, das normas legais, regulamentares ou constantes de instruções gerais'. *Isso porque, segundo o próprio Superior Tribunal de Justiça,* 'em nosso ordenamento jurídico inexiste norma que vede a nomeação de qualquer cidadão para exercer o cargo de Ministro do Trabalho em razão de ter sofrido condenação trabalhista'.

<u>*Exatamente por não haver norma infraconstitucional que indique os requisitos a serem observados por candidatos ao cargo de Ministro de Estado é que a decisão liminar apoiou-se, para suspender o decreto de nomeação, exclusivamente no princípio da moralidade.*</u> *Contra essa decisão,* <u>*vale notar que a União interpôs agravo de instrumento, apresentando argumentos constitucionais relacionados com o princípio da separação dos poderes e da moralidade administrativa, bem como com a competência do Presidente da República para nomear Ministros de Estado (84-I 3 da CF). No pedido de suspensão de liminar formulado perante o Tribunal Regional Federal da 2ª Região, ateve-se, por sua vez, aos argumentos de inadequação da via eleita por falta de prova da lesividade ao erário e de ofensa aos arts. 2º e 84-I da CF*</u>. *Nada falou sobre o art. 4º-I da Lei nº 4.717/1965, o que, por falta de prequestionamento, possivelmente inviabilizará a interposição de recursos especiais ao STJ neste ponto.*

[...] (grifei) [grifos originais, salvo o negrito de "densidade normativa suficiente"]

Depois dessa cadeia de decisões, o Governo Federal simplesmente desistiu de nomear a então deputada Cristiane Brasil ao cargo de Ministra do Trabalho.

Digam o que quiserem, mas de fato o que temos é isto: uma decisão liminar de um juiz federal de Niterói, RJ, em dois parágrafos de singela fundamentação, impediu a nomeação de um Ministro de Estado, ato político, com base diretamente na moralidade administrativa. Essa decisão encontrou eco na então Presidente do STF, que, apesar de afirmar e duplamente grifar que a validade da nomeação não era objeto da decisão, na verdade, acolhendo parecer do MPF, entendeu serem ao menos plausíveis os argumentos do juiz federal, revendo o que havia sido decidido pelo então Presidente em exercício do STJ.

Numa palavra, os Presidentes do STF e do STJ, em um lapso de mais ou menos 24h e sempre recheando seus argumentos, como fizera o juiz singular, com adjetivos como "flagrante", "claro", "patente e evidente", proferiram decisões conflitantes sobre duas questões sobre a moralidade administrativa: (i) sua *densidade normativa* e (ii) seu *sentido*. Analiticamente, a estrutura dos problemas é esta: (i) a primeira questão envolveu saber se a moralidade administrativa tinha ou não densidade normativa suficiente para guiar a conduta do administrador, no caso o Presidente da República. O STF expressamente entendeu que sim, enquanto que o STJ entendeu o contrário. Já a (ii) segunda questão envolveu saber se a moralidade *proibia* o administrador de nomear para Ministra do Trabalho uma deputada federal que havia sido condenada em dois processos na Justiça Trabalho. O STF entendeu expressamente que a proibição, sustentada pelo juiz federal, era ao menos plausível, enquanto que o STJ julgou no sentido oposto.

O que está em jogo nessa "novela" jurídica? Pelo menos dois pontos, ambos centrais ao tema deste ensaio e da maioria dos "princípios jurídicos": (i) sua densidade normativa, expressamente referida nas decisões dos Ministros do STJ e STF, em sentidos opostos; (ii) sua relação com a Moral. Nenhum desses problemas é novo, e eles implicam outros tantos (como discricionariedade, separação de poderes, Estado de Direito). Entretanto, como se percebe da sequência de decisões acima, depois de quase trinta anos de a moralidade ter sido catapultada ao texto da CF/88, ela ainda causa tremenda discordância nos fóruns e tribunais superiores e está recheada de subjetivismos morais.

2 A densidade normativa dos princípios e a vagueza da linguagem

Normas jurídicas, como toda norma, existem para *guiar condutas*,[15] e quanto mais densa for uma norma, mais fácil identificar a conduta que a norma proíbe, permite ou obriga. Na oposição dicotômica hoje usual "princípios *vs.* regras", princípios seriam normas de *baixa densidade normativa*, isto é, normas que não indicam com clareza qual conduta é obrigatória, permitida ou proibida.[16] Por exemplo, "dirigir em velocidade compatível" ou "razoável". Regras seriam normas de *alta densidade normativa*, porque indicam com mais clareza qual conduta é obrigatória, permitida ou proibida. Por exemplo, "dirigir em velocidade até 60 km".

Não temos uma métrica para saber quão densa precisa ser uma norma para ser classificável como "princípio" ou "regra". O problema, entretanto, não está na *densidade,* mas sim na dicotomia "princípios *vs.* regras", que poderia ser abandonada sem grandes prejuízos, como propôs há muito tempo entre nós José Reinaldo de Lima Lopes,[17] a meu ver com razão.[18] Isso porque muito frequentemente há normas, de maior ou menor densidade, que se interconectam quando incidem em casos concretos, que, no final – e a despeito de "hermenêuticas" e "balanceamentos" ou "ponderações" entre "normas de pesos diversos" –, demandarão raciocínio que será sempre silogístico.[19] Penso como Cláudio Luzzatti:

---

[15] Cf. RAZ, Joseph. The Rule of Law and Its Virtue [1977]. In: *The Authority of Law*. Oxford: Oxford U. Press, 2009, p. 214.

[16] Sobre densidade, bem didático, cf. DIMOULIS, Dimitri. *Manual de introdução ao estudo do Direito*. 7. ed. São Paulo: RT, 2017, p. 117-122.

[17] Cf. LOPES, José Reinaldo de Lima. Juízo jurídico e a falsa solução dos princípios e das regras. *Revista de Informação Legislativa*. Brasília, ano 40, n. 160, p. 49-64, 2003.

[18] Cf. GIACOMUZZI (nota 9).

[19] Essa é a posição de Lima Lopes (ver nota 15 acima), que adoto (ver nota 9). Cf. também MAcCORMICK, Neil. *Rhetoric and the Rule of Law*: a Theory of Legal Reasoning. Oxford: Oxford University Press, 2005. cap. 4; BERGEL,

a ponderação é na verdade uma "metáfora enganosa", e o que os juristas chamam de ponderação é na verdade "um juízo de valor discricionário, às vezes nada mais que uma negociação pública".[20] O problema estará invariavelmente na construção das premissas: ou a fática, muitas vezes controversa, ou, mais importante para nós aqui, a jurídica, quando vários textos normativos, mais ou menos densos, incidem nos fatos, podendo conflitar e pedir interpretação a aplicação.[21] O que precisamos é, enfim, sabermos o que a norma proíbe, permite ou obriga, e não se ela é uma "regra" ou um "princípio".

Noutras palavras, precisamos saber se a norma tem ou não densidade normativa suficiente para proibir, permitir ou obrigar com clareza. A menos que saibamos que um princípio jurídico raramente *define* diretamente, sem a interposição de outra norma mais densa, qual a conduta é proibida, obrigatória ou permitida, a dicotomia "regras *vs.* princípios" perde substancialmente a utilidade.[22] Nas decisões do caso Cristiane Brasil, a densidade normativa da moralidade administrativa foi considerada suficiente pelo STF para guiar conduta (proibindo a nomeação), enquanto pelo STJ foi considerada insuficiente (permitindo a nomeação).

O problema passará, portanto, em saber qual o conteúdo da moralidade administrativa, o que será abordado no tópico seguinte. Só faço neste item uma última e breve anotação sobre a densidade normativa e a vagueza das normas jurídicas: nada do que foi acima dito significa que normas vagas sejam inteiramente imprestáveis para o fim a que se destinam, qual seja, guiar condutas. Jeremy Waldron lembra (sem usar a expressão "princípios"), a meu ver com acerto, que uma norma como a citada logo acima, "dirigir em velocidade razoável", não é inteiramente vaga e incapaz de guiar condutas; o que ela faz é, de certa forma, transferir a responsabilidade ao e confiar no uso da liberdade responsável do cidadão no caso concreto.[23] É, aliás, inevitável que a vagueza das palavras esteja presente na linguagem jurídica – a consequência disso é a proliferação de normas vagas, com baixa densidade e pouca capacidade de guiar condutas. Mas alguma direção há.

O que se deve fazer é buscar dentro do próprio Direito normas que tornem mais denso o conteúdo normativo das normas vagas. O problema no caso da

---

Jean-Louis Bergel. *Méthodologie Juridique*. 3. ed. Paris: PUF, 2018, p. 157-9. Pela clareza, cito Bergel: "Na realidade, as decisões jurídicas não procedem de um silogismo simples, mas de um conjunto mais ou menos complexo de silogismos. O silogismo decisivo repousa sobre toda uma série de silogismos preparatórios subjacentes, aparentes ou implícitos. [...] Assim, em direito, não é tanto a correção formal que causa dificuldade. É a escolha das premissas que se presta à discussão".

[20] LUZZATTI, 2012, p. 52-3.
[21] É a posição de Joseph Raz (Legal Principles and the Limits of Law. *Yale Law Journal*, v. 81, p. 823-854, 1972), que adoto (ver referência nota 16).
[22] Nosso Ordenamento Jurídico, entretanto, consagrou a nomenclatura e tornou inclusive a "violação a princípios" como sendo inclusive ato de improbidade administrativa (artigo 11 da Lei 8.429/92). Minha proposta dogmática para compreensão do artigo está em Giacomuzzi (2013, p. 311-8).
[23] O autor explora o tema das normas vagas em dois artigos, e em ambos utiliza o exemplo da velocidade no trânsito. Cf. WALDRON, Jeremy. Vagueness and the Guidance of Action. *In:* MARMOR, Andrei; SOAMES, Scott (ed.). *Language and the Law*. Oxford: Oxford U. Press, 2011, p. 58-82; Clarity, Thoughtfulness and the Rule of Law. *In:* KEIL, Geert; POSCHER, Ralf. *Vagueness and Law*: philosophical and legal perspectives. Oxford: Oxford U. Press, 2016, p. 317-332.

norma objeto deste ensaio é que o próprio Direito brasileiro positivou a moralidade administrativa na CF/88. O que o jurista deve fazer, portanto, é encontrar o conteúdo jurídico desta norma vaga.

3 Qual moralidade na CF/88? O Direito como Midas

Alguém já disse que teorias são mapas. Elas servem para nos ajudar a chegar a algum lugar, de preferência com coerência, consistência e segurança. Se não nos levam a lugar nenhum, são imprestáveis enquanto teorias, e devemos buscar outros mapas.

Na busca do *conteúdo* ou *sentido* da moralidade administrativa, a doutrina brasileira repetiu acriticamente e sem elaboração por anos algumas frases como "a moralidade administrativa não se confunde com a moral comum", mas é composta "pelas regras internas da boa administração". Como referi vinte anos atrás, essas frases foram retiradas da obra de Hely Lopes Meirelles, que por sua vez parece ter confiado no português António José Brandão (1906-1984),[24] que mencionava Henri Welter, o autor que mais profundamente trabalhou a ideia de moralidade e em 1929 publicou livro, *Le controle juridictionelle de la moralité administrative*, no qual as frases sim existem, mas foram cortadas em parte importante. Mas Brandão ao menos coloca a pergunta correta, embora óbvia: "Que administração é esta, e qual deve ser boa?" Eis a resposta de Brandão:

> Do contexto se depreende que, aqui, não se trata da Administração como entidade pública, mas da chamada gestão administrativa, que consiste em aplicar normas de direito público, satisfazer interêsses gerais mediante serviços burocráticos apropriados. e exercer poderes de polícia dentro dos próprios fins assinalados ao poder público pela função administrativa. É a referida gestão que, para ser "boa", dos administradores requer, por um lado, o exercício do senso moral com que cada homem é provido, a fim de usar retamente, – para o bem, entenda-se, – nas situações concretas trazidas pelo quotidiano, os poderes jurídicos e os meios técnicos; e, por outro lado, exige ainda que o referido bom uso seja feito em condições de não violar a própria ordem institucional, dentro da qual êles terão de atuar, o que implica, sem dúvida, uma sã noção do que a Administração e a função administrativa são.[25]

Não vou repetir aqui a crítica que fiz há vinte anos.[26] Aduzo só que, cientificamente, o trabalho de Brandão tem pouca utilidade; como teoria, é um mapa confuso.

---

[24] Brandão foi advogado e jusfilósofo português influenciado pela obra de Nicolai Hartmann. No v. 12 do monumental Tratado de Filosofia do Direito e Teoria Geral do Direito da Ed. Springer, há menção a Brandão no Capítulo 14, reservado à filosofia do Direito em Portugal. Cf. SOUSA E BRITO, José de *et al*. 20th Century Legal Philosophy in Portugal. *In*: PATTARO, Enrico; CORRADO, Roversi (ed.). *A Treatise of Legal Philosophy and General Jurisprudence*. v. 12 (Legal Philosohpy in the Twentieth Century: The Civil Law World). Ten Brink: Springer, 2016, especificamente p. 503, 508-9.

[25] BRANDÃO, António José. A moralidade administrativa. *Revista de Direito Administrativo*. Rio de Janeiro, v. 25, p. 454-467, jul./set. 1951, citação da p. 459.

[26] Cf. GIACOMUZZI, 2013, cap. 2, especialmente p. 81-94.

Ocorre que, como já dito, a CF/88 afinal positivou a moralidade administrativa, e *essa positivação* é sim algo que deve ser enfrentado pelo jurista, e é fácil ver que o tema pode tornar-se interessante a alguém com propensão à teoria e à filosofia do Direito, que estão sempre na base, conscientemente ou não, dos argumentos do operador do Direito.

Esse intérprete de boa-fé dirá que o juiz *deve incorporar o raciocínio moral à decisão jurídica*, dado que foi a própria CF/88 que positivou a moralidade administrativa. E para isso não é necessário que o intérprete seja um moralista dworkiniano e pense que o Direito integra a moralidade política. Não é necessário que seja um "neoconstitucionalista". Até mesmo um "positivista inclusivo" poderia dizer que a moralidade, no Brasil, se tornou parte do Direito *porque as fontes assim determinaram*, e, portanto, o conteúdo do Direito pode sim depender do seu mérito moral.[27] Um exemplo dado pelos positivistas inclusivos de incorporação da moral ao Direito vem da Carta Canadense de Direitos e Liberdades, que prevê, no artigo 24 (1), que "toda pessoa cujos direitos e liberdades, garantidos por esta Carta, tenham sido violados ou negados, pode recorrer a um tribunal de jurisdição competente para obter o remédio judicial que o tribunal considere apropriado *e justo* de acordo com as circunstâncias" [grifei]. Ora, com mais razão os "inclusivistas" diriam que a CF/88, ao positivar a moralidade administrativa, incorpora critérios morais ao Direito.

Aqui a clareza do positivismo que entendo mais correto e útil começa a ajudar – e saber as implicações das opções teóricas e conceituais ajuda muito. Estou me referindo um aspecto da conhecida *separabilidade do Direito e da Moral*, tema caro à filosofia do Direito e bastante amplo.[28] O que me interessa aqui é o seguinte aspecto: a separabilidade de mesmos conceitos, entre os diferentes ramos do saber, em diferentes concepções. A moralidade administrativa enquanto conceito jurídico pode sim ter significado diferente da moralidade comum, porque, como diz Ralf Poscher em metáfora já usada por Kelsen,[29] *o Direito é como Midas, tudo o que ele toca vira jurídico*.[30] Explicito.

O Direito pode apropriar-se de conceitos do dia a dia, tanto de ciências naturais como a medicina e a astronomia, como da filosofia, dar-lhes concepções particulares, diferentes. Isso ocorre também com conceitos morais, que, "como

---

[27] Cf. GREEN, Leslie; ADAMS, Thomas. "Legal Positivism", *The Stanford Encyclopedia of Philosophy* (Winter 2019 Edition), Edward N. Zalta (ed.). Disponível em: https://plato.stanford.edu/archives/win2019/entries/legal-positivism/. Acesso em: 18 fev. 2020. (Cf. principalmente p. 15-6).

[28] Para as diversas dimensões entre Direito e Moral, cf. KRAMER, Matthew H. *H.L.A. Hart*. Cambridge, UK: Polity, 2018, capítulo 5. Para a tese da separabilidade, cf. GREEN, Leslie. Positivism And The Inseparability Of Law And Morals. *New York University Law Review*, v. 83, p. 1035-1058, 2008. Para uma visão geral do positivismo que me parece defensável, cf. LEITER, Brian. Why Legal Positivism (Again)?. *Chicago Public Law And Legal Theory Working Paper No. 442*. Disponível em: http://www.law.uchicago.edu/academics/publiclaw/index.html. Acesso em: 16 fev. 2020.

[29] Cf. KELSEN, Hans. *Teoria geral do Direito e do Estado*. São Paulo: Martins Fontes, 1998 [1945], p. 232: "Do mesmo modo em que tudo o que era tocado pelo rei Midas tornava-se ouro, tudo a que se refere o Direito torna-se Direito, *i.e.*, algo juridicamente existente".

[30] Cf. POSCHER, 2009, p. 102-4. Este item deriva livremente das ideias do autor. O exemplo da vida humana está na p. 102.

quaisquer outros conceitos, são pronunciados como conceitos jurídicos genuínos quando são introduzidos no Direito".[31] Mesmo dentro do próprio Direito pode haver concepções diferentes de um mesmo conceito: a concepção de "vida humana" pode ser diferente no direito criminal e no direito civil, como se dá, por exemplo, na Alemanha, onde a vida humana é protegida a partir de certo momento do processo de nascimento no direito penal, e a partir da inseminação no direito civil. Isso não significa que o Direito está ignorando a medicina e a biologia, mas sim que está adaptando suas concepções para exigências e métodos jurídicos, padrões doutrinários e valores próprios dele, Direito.

Assim, o Direito pode ter e tem contato com vários outros campos do saber, ciências mais ou menos duras, filosofias moral e política, e há boas razões para o Direito ter mais contato com essas filosofias do que, por exemplo, com a meteorologia. Mas esse contato é, como dizia Max Weber, fruto de uma análise preliminar. Uma vez tornados jurídicos os conceitos morais ou políticos, a relação entre o Direito e, no caso, a moral, se separa. Pode haver, por exemplo, razões morais e jurídicas diversas para considerar a "dignidade humana" violada moralmente nalguns casos, mas não juridicamente nos mesmos casos. Posso propor a incorporação jurídica de determinados valores morais, mas isso será feito pelas necessidades, razões, métodos e instituições jurídicas.[32] A Moral (a kantiana, certamente)[33] pode exigir que o Estado mate um assassino após processo legal, mas o Direito, por razões morais tornadas jurídicas, pode proibir a pena de morte, como fazem os Direitos constitucionais alemão (artigo 102) e brasileiro (artigo 5º, XLVII, "a"), mas não o norte-americano.

Ofereço um exemplo brasileiro atual, gaúcho em especial.[34] No Brasil (ao contrário, por exemplo, da Espanha), o vinho não é considerado "alimento". O artigo 3º da Lei Federal nº 7.678/88 define que "vinho é a bebida obtida pela fermentação alcoólica do mosto simples de uva sã, fresca e madura". O Estado do Rio Grande do Sul produz cerca de 90% do vinho nacional. Tanto no plano federal quanto estadual, desde pelo menos a década de 2000 os Parlamentos discutem e até votam projetos de lei que *conceituam* o vinho como alimento, a fim de diminuir

---

[31] POSCHER, 2009, p. 105.

[32] Para as ideias deste parágrafo até aqui, cf. POSCHER, 2009, p. 104-9. Poscher desenvolve a oposição entre de Weber e Stammler, o que aqui não será feito. Lembro somente que Weber, há mais de cem anos, referia que "O desaparecimento das antigas idéias do direito natural aniquilou, em princípio, a possibilidade de atribuir ao direito, como tal, em virtude de suas qualidades imanentes, uma dignidade supra-empírica: hoje ficou demasiado patente que ele, na grande maioria de suas determinações e precisamente em muitas delas fundamentalmente importantes, é produto e meio técnico de um compromisso de interesses". *Economia e sociedade*. Brasília: Editora UnB, 1999 [1920], v. 2, p. 140. Sobre essa passagem e o "instrumentalismo jurídico" de Weber, cf. COTTERRELL, Roger. *Sociological Jurisprudence*. New York: Routledge, 2018, Cap. 14.

[33] Na Doutrina do Direito (§49, E [333]), Kant escreve: "Mas que espécie e que grau de punição adota a justiça pública como princípio e como medida? Só a lei de retribuição (*ius talionis*), mas, bem entendido, na condição de se efetuar perante a barra do tribunal [...] Mas se matou, então tem de morrer". *Metafísica dos Costumes*. Tradução de José Lamego. Lisboa: Calouste Gulbenkian, 2005 [1797], p. 209-11.

[34] Há muitos exemplos até já triviais: o conceito de "funcionário público" do artigo 327 do Código Penal brasileiro de 1940 era mais amplo que o das constituições federais que vigoraram até 1988, quando a CF passou a não mais utilizá-lo (exceto no artigo 102, I, "i", sem defini-lo), preferindo a expressão "servidor público".

a carga tributária sobre o produto. Em 2005, o PL nº 543/2005, do Deputado Paulo Pimenta (PT/RS), propunha alterar o referido artigo 3º para classificar o vinho como "alimento natural". O projeto foi arquivado em 31 de janeiro de 2015. Tentativa similar foi feita via PL nº 5965/2013, do Deputado Edinho Bez (PMDB/SC), cuja proposta era de incluir o vinho na cesta básica de alimentos. O projeto foi retirado em 6 de dezembro de 2006. No Estado do RS, em 2006, o Parlamento gaúcho chegou a aprovar, por 45 votos a zero, o PL nº 119/2005, do Deputado Estilac Xavier (PT), classificando o vinho como "alimento funcional", mas o texto foi vetado pelo Governador do Estado em 25 de outubro de 2006. Na justificativa do PL/RS nº 119, o Deputado autor da proposta disse abertamente que o projeto era "conceitual". O problema, entretanto, passa essencialmente pela finalidade de classificar o vinho como alimento, o que se dá, como foi dito, para fins de tributação. O Direito, portanto, classifica e conceitua da forma como lhe interessa.

Os críticos neoconstitucionalistas, dworkinianos e mesmo positivistas inclusivos haverão de dizer que por trás dessas considerações há uma série de assunções éticas e epistemológicas que pavimentam o caminho até aqui percorrido, como o *subjetivismo moral* e o *não cognitivismo* de valores, isto é, o entendimento de que não há verdades morais objetivas e o de que não é possível conhecê-las. Só em razão da adoção dessas premissas, diria o crítico, é que se pode separar o Direito e a Moral e também negar que eles podem, sim, ser conhecidos e descobertos e que o juiz pode sim e deve, por meio de argumentação moral, encontrar uma objetividade moral na solução de casos difíceis, como o caso paradigma deste ensaio.[35]

Discordo, embora seja correto afirmar que eu, sim, simpatize mais com o subjetivismo moral do que com o objetivismo e, sim, prefira o não cognitivismo ao cognitivismo. Essas assunções poderiam ter sido explicitadas antes – mas elas não estavam claras a mim há vinte anos: não creio que haja verdades morais objetivas, e, portanto, não há o "entendimento moral correto" (pelo menos não na maioria das questões morais), como compreendem os chamados *objetivistas*, nem me parece possível conhecer racionalmente os valores, como pensam os *cognitivistas*. Penso que as convicções morais (pelo menos a maioria) são subjetivas, e, mesmo que assim não seja, continuaremos discordando honestamente sobre elas.[36]

Mas essas assunções, embora importantes, não são decisivas para o argumento que desenvolvo aqui. Não há relação *necessária* entre, de um lado, (i) o positivismo que professo e penso ser a concepção correta de Direito a adotar, o subjetivismo moral e o não cognitivismo de valores com, de outro, (ii) a tese do Direito como Midas, que torna independentes os conceitos jurídicos dos concei-

---

[35] Um dos argumentos de Ronald Dworkin contra a tese da separabilidade encontra-se na sua defesa da objetividade moral, publicada já depois da morte de H. L. Hart. Cf. DWORKIN, Ronald. Objectivity and Truth: You'd Better Believe It. *Philosophy & Public Affairs*, v. 25, p. 87-139, 1996. Para um artigo em castelhano sobre objetivismo moral e Direito, defendendo o objetivismo, é ATIENZA, Manuel. Objetivismo moral y Derecho. *In: Filosofía del derecho y transformación social*. Madrid: Trotta, 2017, p. 193-219.

[36] Neste sentido, cf. WALDRON, Jeremy. The Irrelevance of Moral Objectivity. *In*: GEORGE, Robert P. (ed.). *Natural Law Theory*: Contemporary Essays. Oxford: Clarendon Press, 1992, 158-87.

tos morais, criando concepções diferentes. O Direito, reitero, relaciona-se com a moral assim como se relaciona com outros campos do conhecimento e ciências, naturais ou não. São, repito, *concepções diferentes para mesmos conceitos*, ainda que venham os conceitos, originariamente, de outras esferas ou disciplinas, como a moral. É precisamente a função dos juristas, como diz Ralf Poscher, construir concepções jurídicas genuínas observando os métodos jurídicos, com respeito à história jurídica e parâmetros institucionais do Direito. O fato de o Direito derivar de raciocínios morais ou conceitos morais nesse longo processo não torna a Moral (qualquer que seja) parte do Direito – eles, enfim, são sim separáveis –, nem tampouco torna a relação entre Moral e Direito estruturalmente única em comparação com outras disciplinas. A tese positivista da separabilidade do Direito e da Moral é *reforçada* pela tese do Direito como Midas. Portanto, é equivocado sustentar que (i) o Direito incluiu por vezes certas normas morais no seu interior ou (ii) a decisão judicial precisa em certos casos incorporar a moral para decidir casos difíceis. O que se passa é que Midas transforma os conceitos – naturais, físicos ou morais – e os torna jurídicos.

Há ainda razões prudenciais e democráticas que nos levam a adotar essa concepção do Direito: o "pluralismo moral". Parece agora mais fácil entender o porquê da epígrafe de Cláudio Luzzatti, que, aliás, é também e não por acaso um não cognitivista confesso em matéria de valores: o pluralismo de hoje nos exige a separação entre a moral de grupos (políticos ou outros) e o Direito.[37] Não só nada impede que a moralidade administrativa tenha um conteúdo jurídico próprio, com isso é justamente o que o Direito faz. Há muitas posições morais em jogo – e a CF/88 não adotou *nenhuma* delas em especial.

O conteúdo que proponho para a moralidade administrativa está baseado na história das ideias jurídicas que contei vinte anos atrás. No caso concreto de Cristiane Brasil, não tenho dúvida sobre estar equivocada a decisão do juiz federal e do STF, as quais, também por falta de fundamentação, são arbitrárias – justamente, e por ironia, arbitrariedade que os bem-intencionados adeptos dos princípios jurídicos afirmam querer combater. Mas é preciso boa teoria para esse combate.

4 Um caminho

Nem tudo, porém, foram subjetividades nesses mais de trinta anos de vigência da CF/88 nos tribunais. Muitos julgados há tempo fazem menção aos perigos da subjetividade da moralidade.[38] Mas uma decisão da 2ª Turma do STF, por maioria, no RE nº 405.386-RJ, que teve como redator o Ministro Teori Zavaski, me parece

---

[37] Cf. LUZZATTI, 2013, p. 50 e 132. Cito novamente Weber: "não apenas em consequência da inconciliável relação de luta entre os axiomas formais e materiais do direito natural e do trabalho das diferentes formas de doutrina de evolução, como também em consequência da decomposição e relativização de todos os axiomas metajurídicos, em parte pelo próprio racionalismo, em parte pelo ceticismo do intelectualismo moderno em geral, a axiomática do direito natural caiu hoje em profundo descrédito" (1999, p. 140).

[38] Cf. algumas decisões já antigas em Giacomuzzi (2013, Introdução).

digna de nota. Há alguma confusão no acórdão, que iniciou seu julgamento em junho de 2006 e só terminou em fevereiro de 2013. Mas os debates e o núcleo do argumento dos votos vencedores merecem referência.

Ocorreu que, no Município de Porciúncula, RJ, a Lei local nº 825/86 estabeleceu pensão vitalícia para viúva de ex-Prefeito correspondente a 30% da última remuneração do falecido. O Ministério Público fluminense ingressou com ação civil pública pretendendo a declaração de nulidade da lei e o ressarcimento ao Erário dos valores percebidos pela viúva por mais de dez anos, incluindo no polo passivo, além do ente público, a viúva, o prefeito que a sancionou e os nove vereadores que a aprovaram. A ação foi julgada procedente em primeiro grau, confirmada a decisão no TJRJ, sendo afirmado que o ato normativo em questão feria a moralidade.

No STF, a Ministra Relatora, Rosa Weber, entendeu que quando "uma lei municipal é inserida no ordenamento jurídico local com o fim único de favorecer uma pessoa específica, viúva de ex-prefeito, tem-se, a toda evidência, uma arbitrariedade emanada daquele Poder Legislativo municipal", e que "a instituição de pensão vitalícia à viúva de ex-prefeito [...] representa um privilégio que agride frontalmente os valores jurídicos contidos no art. 37 da Constituição Federal, notadamente os princípios da impessoalidade e da moralidade administrativa, esta qualificada, no caso dos autos, pela manifesta lesividade ao erário municipal", assim negando provimento ao recurso.

O Ministro Eros Grau abriu divergência (i) tanto sobre o problema da imunidade parlamentar (ii) quanto sobre o alcance da moralidade, único ponto que nos interessa aqui, e pediu vista justamente com as palavras postas na epígrafe deste trabalho. Mais de três anos depois, em setembro de 2009, o processo voltou à pauta, quando o Ministro elaborou o voto centrado no princípio da moralidade, o qual entendeu não violado. Embora longas, cito as palavras de Eros Grau, declarado positivista, omitidas as notas de rodapé e mantida a numeração do voto.

> 5. Deveras, *o conteúdo desse princípio há de ser encontrado no interior do próprio direito, até porque a sua contemplação não pode conduzir à substituição da ética da legalidade por qualquer outra*. Vale dizer, não significa uma abertura do sistema jurídico para a introdução, nele, de preceitos morais. O que importa assinalar, ao considerarmos a função do direito positivo, o direito posto pelo Estado, é que este o põe de modo a constituir-se a si próprio, enquanto suprassume a sociedade civil, conferindo concomitantemente a ela a forma que a constitui. Nessa medida, *o sistema jurídico tem de recusar a invasão de si próprio por regras estranhas a sua eticidade própria, advindas das várias concepções morais ou religiosas presentes na sociedade civil, ainda que isto não signifique o sacrifício de valorações éticas*. Ocorre que a ética do sistema jurídico é *a ética da legalidade*. E não pode ser outra, senão esta, de modo que a afirmação, pela Constituição e pela legislação infraconstitucional, do princípio da moralidade o situa, necessariamente, no âmbito desta ética, ética da legalidade, que não pode ser ultrapassado, sob pena de dissolução do próprio sistema.
>
> 6. Isto posto, compreenderemos facilmente esteja confinado, *o questionamento da moralidade da Administração, nos lindes do desvio de poder ou de finalidade*. Qualquer questionamento para além desses limites estará sendo postulado no quadro da legalidade pura e simples. Essa circunstância é que explica e justifica a menção, a um e a outro princípio, na Constituição

e na legislação infraconstitucional. Permitam-me que eu insista neste ponto: *a moralidade da Administração somente pode ser concebida por referência à legalidade.*

7. Deu-se, no caso, que um Prefeito municipal faleceu no curso de seu mandato. Daí a questão: a concessão, a sua viúva, de pensão vitalícia equivalente a trinta por cento dos vencimentos de Prefeito consubstancia desvio de poder ou de finalidade? Penso que não. [...]

11. Digo mais: *a concessão de pensões especiais em situações análogas à examinada nestes autos é corriqueira, sem que jamais essa prática tenha sido concebida como expressiva de arbitrariedade ou de desvio de poder ou de finalidade.* [itálicos acrescidos]

A Ministra Relatora, em debates, reagiu: "Eu não admito que se faça caridade com os cofres públicos. Não é adequado. Existem os mecanismos próprios para garantir a sobrevivência inclusive das viúvas de políticos". O julgamento, entretanto, foi terminado somente em fevereiro de 2013, quando o Ministro Teori Zavaski proferiu seu voto, no qual teceu considerações sobre a moralidade. Cito a parte que interessa:

a moralidade, tal como erigida na Constituição – como princípio da Administração Pública (art. 37) e como requisito de validade dos atos administrativos (art. 5.º, LXXIII) –, não é, simplesmente, um puro produto do jusnaturalismo, ou da ética, ou da moral, ou da religião. É o sistema de direito, o ordenamento jurídico e, sobretudo, o ordenamento jurídico-constitucional a sua fonte por excelência, e é nela que se devem buscar a substância e o significado do referido princípio. É certo que os valores humanos, que inspiram o ordenamento jurídico e a ele subjazem, constituem, em muitos casos, inegavelmente, a concretização normativa de valores retirados da pauta dos direitos naturais, ou do patrimônio ético e moral consagrado pelo senso comum da sociedade. Sob esse aspecto, há, sem dúvida, *vasos comunicantes entre o mundo da normatividade jurídica e o mundo normativo não jurídico (natural, ético, moral), razão pela qual esse último, tendo servido como fonte primária do surgimento daquele, constitui também um importante instrumento para a sua compreensão e interpretação.* É por isso mesmo que o enunciado do princípio da moralidade administrativa – que, repita-se, *tem natureza essencialmente jurídica* – está associado a gama de virtudes e valores de natureza moral e ética: honestidade, lealdade, boa-fé, bons costumes, equidade, justiça. *São valores e virtudes que dizem respeito à pessoa do agente administrativo, a evidenciar que os vícios do ato administrativo por ofensa à moralidade são derivados de causas subjetivas, relacionadas com a intimidade de quem o edita: as suas intenções, os seus interesses, a sua vontade.* Ato administrativo moralmente viciado é, portanto, um ato contaminado por *uma forma especial de ilegalidade: a ilegalidade qualificada por elemento subjetivo da conduta do agente que o pratica.* Estará atendido o princípio da moralidade administrativa quando a força interior e subjetiva que impulsiona o agente à prática do ato guardar adequada relação de compatibilidade com os interesses públicos a que deve visar a atividade administrativa. Se, entretanto, essa relação de compatibilidade for rompida – por exemplo, quando o agente, ao contrário do que se deve razoavelmente esperar do bom administrador, for desonesto em suas intenções, for desleal para com a Administração Pública, agir de má-fé para com o administrado, substituir os interesses da sociedade pelos seus interesses pessoais –, *estará concretizada ofensa à moralidade administrativa, causa suficiente de nulidade do ato. A quebra da moralidade caracteriza-se, portanto, pela desarmonia entre a expressão formal (= a aparência) do ato e a sua expressão real (= a sua substância), criada e derivada de impulsos subjetivos viciados quanto aos motivos, ou à causa, ou à finalidade da atuação administrativa. É por isso que o desvio de finalidade e o abuso de poder (vícios originados da estrutura subjetiva do agente) são considerados defeitos tipicamente relacionados com a violação à moralidade.* Pode-se afirmar, em suma, que a lesão ao princípio da moralidade administrativa é, rigorosamente, uma lesão a valores e princípios incorporados ao ordenamento jurídico, constituindo, portanto, uma injuridicidade, uma ilegalidade *lato sensu*. Todavia, é uma ilegalidade qualificada pela gravidade do vício que contamina a causa e a finalidade do ato, derivado da ilícita conduta subjetiva do agente. [itálicos acrescidos, salvo *lato sensu*]

O Ministro Gilmar Mendes nada acrescentou aos votos dos Ministros Eros e Teori, os quais acompanhou, observando, contudo, "o cuidado que nós devemos ter quanto à utilização do princípio da moralidade, exclusivamente, como parâmetro de controle".[39]

Os votos vencedores aqui reproduzidos caminham, a meu ver, pela trilha certa e fazem, não por acaso, referência ao desvio de finalidade, origem francesa da moralidade administrativa, e também alertam para a necessidade de circunscrever a moralidade administrativa ao jurídico, a chamada "ética da legalidade". Nesta mesma trilha, lembro, seguiu a decisão liminar do Ministro Humberto Martins no caso Cristiane Brasil, decisão revista depois pela então Presidente do STF, Cármen Lúcia.

Considerações finais

Como sabemos todos os operadores do Direito, o mais completo estudo publicado em português sobre a boa-fé tem de vida um ano a menos que a nossa Constituição Federal de 1988: trata-se da dissertação de doutoramento na Faculdade de Direito de Lisboa escrita por António Menezes Cordeiro e intitulada *A boa-fé no Direito Civil*, de 1989. Foi só no ano 2000, entretanto, que tomei contato com a obra, na qual consta uma advertência que jamais esqueci: "Não se peça, à Moral, o que ela não pode dar".[40]

A visão que hoje parece ainda dominar o ensino jurídico brasileiro e quiçá a mentalidade dos milhares de operadores do direito e, mais importante, magistrados espalhados pelos fóruns deste imenso país é, simplificando muito, a de que vivemos na era do "neoconstitucionalismo de princípios", os quais seriam impregnados de "valores morais", que estariam sempre na base das demais regras jurídicas. E em nome desses princípios morais se pede tudo.

Um princípio com a alta potencialidade de entregar o que se pede – uma espécie de supertrunfo em um jogo de cartas – é o da moralidade administrativa. Não podendo fazer melhor, uso uma paráfrase do escrito pelo Professor Menezes Cordeiro para que sirva como norte interpretativo aos operadores do Direito: não se peça à moralidade administrativa o que ela não pode dar. Ela não pode servir de biombo para esconder preferências pessoais.

---

[39] A ementa do acórdão conjuga as posições dos Ministros Eros Grau e Teori Zavascki.
[40] MENEZES CORDEIRO, António Manuel da Rocha e. *Da boa-fé no Direito Civil*. Coimbra: Almedina, 1997 [reimpressão], p. 1.174.

Referência

ARAS, Vladimir. Site JOTA de 14.01.2018. Disponível em: https://www.jota.info/opiniao-e-analise/artigos/o-caso-cristiane-brasil-e-a-tutela-judicial-da-moralidade-administrativa-14012018. Consultado em 10 fev. 2020.

ATIENZA, Manuel. Objetivismo moral y derecho. *In*: *Filosofia del del derecho y transformación social*. Madrid: Trotta, 2017, p. 193-219.

BERGEL, Jean-Louis Bergel. *Métodologie juridique*. 3. ed. Paris: PUF, 2018.

BRANDÃO, António José. A moralidade administrativa. *Revista de Direito Administrativo*, Rio de Janeiro, v. 25, p. 454-467, jul./set. 1951.

COTTERRELL, Roger. *Sociological jurisprudence*: juristic thought and social inquiry. New York: Routledge, 2018.

DIMOULIS, Dimitri. *Manual de introdução ao estudo do direito*. 7. ed. São Paulo: RT, 2017.

DWORKIN, Ronald. Objectivity and truth: you'd better believe it. *Philosophy & Public Affairs*, v. 25, p. 87-139, 1996.

GIACOMUZZI, José Guilherme. *A moralidade administrativa e a boa-fé da administração pública*. 2. ed. São Paulo: Malheiros, 2013.

GIACOMUZZI, José Guilherme. A moralidade administrativa e a boa-fé da administração pública. São Paulo: Malheiros, 2002.

GIACOMUZZI, José Guilherme. A moralidade administrativa: história de um conceito. *Revista de Direito Administrativo*, Rio de Janeiro, v. 230, p. 291-303, 2003.

GIACOMUZZI, José Guilherme. Desmistificando os princípios jurídicos de Ronald Dworkin. *Revista Novos Estudos Jurídicos – Eletrônica*, v. 19, n. 1, p. 285-320, jan./abr./2014.

GREEN, Leslie; ADAMS, Thomas. Legal Positivism. *The Stanford Encyclopedia of Philosophy* (Winter 2019 Edition), Edward N. Zalta (ed.). Disponível em: https://plato.stanford.edu/archives/win2019/entries/legal-positivism/. Acesso em: 18 fev. 2020. (Cf. principalmente p. 15-16).

GREEN, Leslie. positivism and the inseparability of law and morals. *New York University Law Review*, v. 83, p. 1035-1058, 2008.

JARDIM, Flávio. Moralidade e formalismo jurídico: o caso Cristiane Brasil. Site *JOTA* de 17.01.2018. Disponível em: https://www.jota.info/opiniao-e-analise/artigos/moralidade-e-formalismo-juridico-o-caso-cristiane-brasil-17012018#sdendnote38anc. Acesso em: 10 fev. 2010 (oferecendo outras fontes críticas, às quais remeto o leitor). Mas a decisão também foi elogiada.

KANT. *Metafísica dos costumes*. Tradução de José Lamego. Lisboa: Calouste Gulbenkian, 2005 [1797].

KELSEN, Hans. *Teoria geral do Direito e do Estado*. São Paulo: Martins Fontes, 1998 [1945].

KRAMER, Matthew H. *H.L.A. Hart*. Cambridge, UK: Polity, 2018, Capítulo 5.

LEITER, Brian. Why legal positivism (again)?. *Chicago Public Law And Legal Theory Working Paper No. 442*. Disponível em: http://www.law.uchicago.edu/academics/publiclaw/index.html. Acesso em: 16 fev. 2020.

LOPES, José Reinaldo de Lima. Juízo jurídico e a falsa solução dos princípios e das regras. *Revista de Informação Legislativa*, Brasília, ano 40, n. 160, p. 49-64, 2003.

LUZZATTI, Cláudio. *El princípio de la autoridad y la autoridad de los princípios*: la genericidad del derecho. Tradução de Pau Luque Sánchez. Madrid: Marcial Pons, 2013.

MAcCORMICK, Neil. *Rhetoric and the Rule of Law*: a Theory of Legal Reasoning. Oxford: Oxford University Press, 2005.

MENEZES CORDEIRO, António Manuel da Rocha e. *Da boa-fé no Direito Civil*. Coimbra: Almedina, 1997 [reimpressão].

PLESSIX, Benoît. *Droit administratif général*. 2. ed. Paris: LexisNexis, 2018.

POSCHER, Ralf. The Hand of Midas: When Concepts Turn Legal, or Deflating the Hart-Dworkin Debate. *In*: HAGE, Jaap; PFORDTEN, Dietmar von der (ed.). *Concepts in Law*. Springer, 2009, p. 99-115.

RAZ, Joseph. Legal Principles and the Limits of Law. *Yale Law Journal*, v. 81, p. 823-854, 1972.

RAZ, Joseph. The Rule of Law and Its Virtue [1977]. *In:* The Authority of Law. Oxford: Oxford U. Press, 2009, p. 214.

SOUSA E BRITO, José de *et al*. 20th Century Legal Philosophy in Portugal. *In:* PATTARO, Enrico; CORRADO, Roversi (ed.). *A Treatise of Legal Philosophy and General Jurisprudence*. v. 12 (Legal Philosohpy in the Twentieth Century: The Civil Law World). Ten Brink: Springer, 2016, p. 503-530 [Cap. 14].

SUNDFLED, Carlos Ari Sundfeld. Princípios Desconcertantes do Direito Administrativo. *In:* DALLARI, Adilson Abreu *et alii* (org.). *Tratado de Direito Administrativo*. São Paulo: Saraiva, 2013. v. 1, p. 276-297.

WALDRON, Jeremy. Clarity, Thoughtfulness and the Rule of Law. *In:* KEIL, Geert; POSCHER, Ralf. *Vagueness and Law*: philosophical and legal perspectives. Oxford: Oxford U. Press, 2016, p. 317-332.

WALDRON, Jeremy. The Irrelevance of Moral Objectivity. *In:* GEORGE, Robert P. (ed.). *Natural Law Theory*: Contemporary Essays. Oxford: Clarendon Press, 1992, 158-87.

WALDRON, Jeremy. Vagueness and the Guidance of Action. *In:* MARMOR, Andrei; SOAMES, Scott (Eds). *Language and the Law*. Oxford: Oxford U. Press, 2011, p. 58-82.

WEBER, Max. Trad. Regis Barbosa e Karen E. Barbosa. *Economia e sociedade*. Brasília: Editora UnB, 1999 [1920]. v. 2.

Informação bibliográfica deste texto, conforme a NBR 6023:2018 da Associação Brasileira de Normas Técnicas (ABNT):

GIACOMUZZI, José Guilherme. Moralidade administrativa: um olhar trinta anos depois. *In:* MARRARA Thiago (coord.). Princípios de direito administrativo. 2. ed. rev., ampl. e atual. Belo Horizonte: Fórum, 2021. p. 285-303. ISBN 978-65-5518-166-1.

A BOA-FÉ DO ADMINISTRADO E DO ADMINISTRADOR COMO FATOR LIMITATIVO DA DISCRICIONARIEDADE ADMINISTRATIVA[1]

THIAGO MARRARA

1 Introdução

A discricionariedade administrativa passa por uma estranha e contraditória renovação: certas forças a alargam; outras a fazem encolher.

As forças de extensão são geradas, em primeiro lugar, pela ampliação do uso de normas programáticas e finalidades públicas tanto pela Constituição, quanto pelas leis que regem o comportamento da Administração Pública, principalmente ao lhe imporem planos e programas contendo objetivos de concretização gradual. Como observa Fritz Ossenbühl,[2] essas normas – que, nos últimos anos, multiplicaram-se no Brasil[3] de modo a fortalecer o Estado planejador – ultrapassam o padrão das normas de execução (pautadas por uma lógica "quando isso, então aquilo") e, ao determinar a busca de resultados não imediatos, deixam margem mais ampla para a Administração Pública decidir como atingi-los.

Em segundo lugar, a discricionariedade ganha espaço por força do movimento de agencificação que se intensificou em meados da década de 1990, acompanhado de forte tendência de deslegalização e tecnicização. Nesse movimento, a Administração Indireta torna-se mais robusta e, para exercer as competências de regulação de bens públicos, serviços públicos e atividades econômicas, beneficia-se de uma ampla margem de ação que será utilizada para a edição de atos normativos disciplinadores dos segmentos sociais e econômicos sob sua vigilância, bem como de atos administrativos e materiais dos mais variados. Essa ampliação das formas de ação estatal no contexto do Estado regulador guarda relação com a flexibilidade de que as autoridades públicas necessitam para lidar com microrrealidades muito específicas e altamente dinâmicas.[4]

---

[1] Este artigo, originariamente publicado na *RDA*, v. 259, 2012, foi revisado e atualizado com algumas novas disposições legais e mudanças de concepção teórica para publicação neste livro.

[2] OSSENBÜHL, Fritz. Rechtsquellen und Rechtsbindungen der Verwaltung. *In:* ERICHSEN, Hans-Uwe; EHLERS, Dirk (org.). *Allgemeines Verwaltungsrecht*. 12. ed. Berlim: De Gruyter, 2003. p. 206.

[3] Cf., por exemplo, as normas brasileiras sobre planejamento cultural, planejamento urbano, planejamento agrário, planejamento econômico, planejamento de infraestruturas, planejamento ambiental, planejamento dos recursos hídricos, planejamento da saúde, planejamento da gestão de resíduos sólidos, planejamento do saneamento básico etc.

[4] No contexto do Estado regulador, explica Sérgio Guerra que "a escolha regulatória fundamenta-se na atuação do Estado sobre decisões e atuações empresariais de forma adequada, necessária e proporcional, com fundamentos

De outra parte, sem prejuízo dos fatores antecedentes, vislumbram-se, simultaneamente, forças restritivas ou limitadoras da discricionariedade administrativa. Essas forças são representadas, em primeiro lugar, pela crescente conscientização de que a proteção de direitos fundamentais constitui um interesse público a ser ponderado com outros na busca da melhor ação administrativa. No atual cenário, segundo a boa síntese de Moreira Neto, "o atendimento das necessidades concretas" da sociedade transforma-se "na razão de ser da atividade administrativa". Assim, para decidir, não basta que a autoridade estatal considere os interesses públicos primários tradicionalmente reconhecidos pela Constituição. Para além disso, compete-lhe observar os direitos fundamentais em seu conjunto. Por isso, de sua margem de discricionariedade estão necessariamente excluídas as decisões que não sejam capazes de promover interesses públicos sem concretizar – ou, ao menos, proteger – direitos fundamentais.

Em segundo lugar, pressões limitadoras da discricionariedade administrativa também resultam da revitalização da Constituição e da constitucionalização de princípios e regras gerais de direito administrativo. O movimento de revitalização dos princípios jurídicos como inquestionáveis normas vinculantes – a despeito da celeuma sobre seu conteúdo – impacta fortemente o poder de escolha que o ordenamento jurídico concede explícita ou implicitamente a entidades, órgãos e agentes públicos, quer para editar norma administrativa regulamentando um comando parlamentar, quer para praticar atos de administração (*i.e.* atos administrativos em sentido estrito e atos materiais).

Se o poder de escolha da Administração Pública, até bem pouco tempo, era apresentado pela doutrina especializada como um poder dependente de mero juízo a ser feito pela autoridade pública quanto à conveniência e à oportunidade do ato (mérito administrativo), hoje, tal concepção não pode prevalecer.[5] No direito administrativo hodierno, "conveniência e oportunidade" deixam de constituir uma mera expressão indeterminada para se consagrar como um método objetivo de escolha, pelo qual a autoridade pública está obrigada a ponderar princípios constitucionais, direitos fundamentais, razoabilidade de ação e interesses secundários da entidade administrativa. Nesse contexto, tamanhas são as restrições normativas e valorativas ao poder de escolha do agente público que a diferença

---

técnicos e científicos, que visem atender ao interesse público substantivo, sem, contudo, deixar de sopesar os efeitos dessas decisões no subsistema regulado com os interesses de segmentos da sociedade e, até mesmo, com o interesse individual no caso concreto". Cf. GUERRA, Sérgio. Discricionariedade administrativa: críticas e propostas. *Revista Eletrônica de Direito do Estado – Rede*, n. 21, p. 34-35, 2010.

[5] Criticamente sobre o conceito de mérito do ato administrativo e sobre a expressão "conveniência e oportunidade", cf. *Ibid.*, p. 9 e ss. Para o autor, "conveniência e oportunidade" é expressão que, no cenário atual, deve ceder espaço à ideia de reflexividade administrativa. Nessa linha, "o regulador deve, por meio de uma 'cláusula autorreferencial' do subsistema, permitir que brote, de forma cíclica, a produção de encaminhamentos decorrentes das próprias condições originárias de produção do subsistema. O regulador deveria deixar de fazer suas escolhas com base exclusivamente em sua ótica, naquilo que reputa ser 'conveniente' e 'oportuno', de difícil – se não impossível – compreensão e sindicabilidade por terceiros, para encarar o caso concreto de forma sistemática e transparente, sob uma interpretação analítica e empírica". *Ibid.*, p. 39.

entre discricionariedade e vinculação tende a esvaecer quase por completo em incontáveis situações.

É dentro dessa corrente de restrição da discricionariedade administrativa que o tema da boa-fé ganha relevo. Ao lado dos direitos fundamentais, da razoabilidade e de outros princípios, a boa-fé limitará as escolhas públicas possíveis, direcionando os procedimentos decisionais das autoridades públicas.

Partindo dessa afirmação, o presente ensaio buscará esclarecer: a) se a boa-fé do administrado (aqui como boa-fé subjetiva) restringe a ação pública e como isso ocorre e b) se e de que modo a boa-fé imposta à Administração Pública (aqui como boa-fé objetiva) limita sua própria ação. Para atingir esses objetivos, a uma, reapresenta-se o instituto da discricionariedade administrativa, destacando-se sua relatividade contemporânea e suas formas principais (*"discricionariedade de ação"*, *"discricionariedade na ação"* e *"discricionariedade na forma de ação"*). A duas, examinam-se os vícios típicos no exercício da discricionariedade administrativa. Com base nesses aspectos gerais, identificam-se implicações específicas da boa-fé (tanto da Administração Pública quanto do administrado) sobre a discricionariedade administrativa.

2 A discricionariedade administrativa e seus tipos básicos

De modo geral, discricionariedade é expressão que designa poder de escolha. Em sua raiz, a palavra provém de discricionário, ou seja, aquilo que é deixado à discrição de alguém, ao seu juízo de conveniência e oportunidade.

No direito público, discricionariedade significa poder de escolha do Estado que é exercido pelos agentes públicos e, subsidiariamente, pelos particulares responsáveis por funções públicas. Não se trata de conceito restrito ao direito administrativo. O poder de escolha é conferido para a autoridade legislativa (senadores, deputados, vereadores etc.), para a autoridade judicial (juízes, desembargadores etc.), bem como para autoridades no exercício da função administrativa a despeito do poder a que se vinculam.

Ainda que presente nos mais variados ramos de direito público, o poder de escolha é de fundamental relevância para o direito administrativo, ou seja, para a disciplina jurídica das funções administrativas de implementação de políticas públicas e gestão do aparelho estatal. Nesse campo, é preciso garantir ao administrador público uma margem de criatividade para elaborar e aplicar as medidas mais razoáveis e eficientes na solução de um problema ou questão ou na formulação de um plano ou programa necessário à concretização de comandos legais ou regulamentares.

As razões para essa margem necessária de escolha são simples. De um lado, o Legislativo não se encontra em condições de prever todos os fenômenos sujeitos a ação, intervenção ou controle estatal. Mesmo que estivesse, dificilmente conseguiria definir, de antemão, as medidas administrativas mais adequadas para cada caso concreto. De outro lado, ainda que detalhasse ao máximo a legislação no intuito de evitar a atitude criativa da autoridade pública, o legislador correria o sério risco de ser antidemocrático e injusto, pois nem sempre uma única solução, prevista de modo geral e abstrato em leis, é a mais adequada para lidar com uma realidade dinâmica, multifacetada e complexa, dentro de uma sociedade plural e de um território continental como o brasileiro. Em outras palavras, a discricionariedade resulta de um imperativo de ordem lógica e prática, como também constitui uma expressão do princípio da igualdade, uma vez que a garantia de margens de escolha permite à autoridade pública observar diferenças entre indivíduos, grupos, instituições, localidades e contextos ao construir suas decisões.

Esse poder de escolha, integralmente necessário a um Estado ágil, razoável e justo, jamais poderia restar ilimitado. Como explica Sérgio Guerra, a discricionariedade não representa um espaço de liberdade da administração perante o legislador.[6] O Estado de Direito coloca a Administração Pública sob o império do ordenamento jurídico e, por conseguinte, das regras e valores, escritos e não escritos, que o compõem. A discricionariedade somente é válida se exercida em respeito a tais valores e regras, ou seja, em harmonia com a juridicidade ou legalidade em sentido amplo.[7]

A margem de escolha, chamada discricionariedade administrativa, constitui não exatamente um poder autônomo, mas sim uma característica de poderes reservados aos agentes públicos. Em sentido mais técnico, não é o ato praticado pela autoridade que se diz discricionário. A escolha marca o exercício do poder. Daí ser mais correto falar de poderes caracterizados por maior discricionariedade em contraposição aos poderes marcados por predominante vinculação a soluções predefinidas pelo legislador. A expressão "ato discricionário" deve ser lida, assim, como um ato produzido com base em uma competência estatal marcada por significativa margem de escolha, para o agente estatal, em relação ao ato em si ou a algum de seus elementos clássicos. Na mesma linha, o conceito de poder discricionário necessita ser compreendido como poder liberatório, punitivo, seletivo, normativo ou de qualquer outro gênero que se exerce com apoio em escolhas do administrador público somadas às escolhas do legislador.

Nessa linha de raciocínio, ao se falar de discricionariedade, dois mal-entendidos precisam ser desfeitos: o primeiro, consistente na ideia de que discricionariedade e vinculação seriam conceitos contrapostos e que se repeliriam na prática; o segundo, de que a discricionariedade marca o ato globalmente considerado, razão pela qual não faria sentido pensar em tipos de discricionariedade.

As duas asserções expostas, frequentemente repetidas no quotidiano da Administração Pública e inclusive em textos técnicos, são falsas por uma única explicação: o poder de escolha que o ordenamento jurídico concede à autoridade

---

[6] Guerra, Discricionariedade administrativa..., *op. cit.*, p. 13.
[7] Acerca da relação entre discricionariedade e legalidade, cf., entre outros, DI PIETRO, Maria Sylvia. *Discricionariedade administrativa na Constituição de 1988*. 2. ed. São Paulo: Atlas, 2003. p. 52.

pública pode recair sobre diferentes elementos do ato executado pela Administração Pública, com pequenas exceções no tocante aos motivos e às finalidades que o dirigem.

Os motivos representam fatos e normas que sustentam o agir da Administração Pública. Os fatos constituem os motivos fáticos e, naturalmente, a autoridade está autorizada a escolher, entre os fatos reais existentes e relevantes para uma mesma situação, aqueles que fundamentam logicamente a tomada de uma decisão administrativa. Em outras palavras, na presença de vários fatos relevantes qualquer um deles poderá justificar a decisão administrativa, desde que o escolhido guarde relação com o conteúdo do ato praticado e com a finalidade pública que o dirige. É preciso haver extrema coerência entre motivo, conteúdo e finalidade.

Diferentemente dos motivos fáticos, os motivos jurídicos não se sujeitam a escolhas. Melhor dizendo: o bloco de legalidade que sustenta uma ação é dado pelo ordenamento jurídico pátrio ao qual se submete a autoridade pública. Ela não tem como dele se desviar, pois a apresentação das normas é indispensável ao controle do ato praticado pela administração e, principalmente, para que o particular eventualmente atingido pelos efeitos jurídicos do ato dele possa se defender a partir da informação acerca dos motivos empregados. Os motivos jurídicos, portanto, são dados e não permitem escolhas.

Em vista dessas razões e considerações, excetuando-se os elementos "motivo jurídico", há três campos principais de incidência do poder de escolha da Administração Pública, a seguir designados como "discricionariedade de agir" (incidente sobre o elemento "competência"); "discricionariedade no agir" (incidente sobre o elemento "objeto/conteúdo") e "discricionariedade quanto à forma para agir" (incidente sobre o elemento "forma"). Além disso, ao contrário do que se sustentou nas primeiras versões desse estudo, é possível conceber uma discricionariedade quanto à finalidade, como se demonstrará oportunamente.

a) Discricionariedade quanto à ação ou o exercício da competência administrativa (ou "discricionariedade de agir")

Na discricionariedade "de" agir, o poder de escolha reservado à autoridade pública diz respeito à atuação da Administração Pública, ou seja, a autoridade decide se o poder público efetivamente atuará ou não no caso concreto. Isso ocorre, muito frequentemente, em matéria de poder de polícia, do qual é exemplo o poder fiscalizatório. Em vista de uma denúncia de infração de normas administrativas ou de uma solicitação para apuração de infrações do gênero, em regra, existe dever de fiscalizar, mesmo porque ao Estado é vedada a renúncia imotivada e não autorizada de competência. Entretanto, nas situações em que não há um foco de ação específico cumpre à Administração Pública deliberar o que fiscalizará levando em consideração sua capacidade e seus limites fáticos. Isso se verifica, por ilustração, no controle de tráfego, de infrações à ordem econômica e financeira, de infrações ambientais etc. Nessas áreas, o campo de atuação das autoridades públicas é tão extenso que, em realidade, elas são obrigadas a concentrar seus esforços em alguns casos ou tipos de caso para, no dia a dia, exercer suas competências de modo minimamente eficiente e eficaz.

Além disso, mesmo quando houver indícios de infração administrativa conhecidos pela Administração Pública, muitas vezes sobrar-lhe-á margem para decidir se sua atuação se imporá ou não, por exemplo, em razão da relevância do caso concreto para a defesa de direitos e a concretização de interesses públicos (afastando a ação em casos de bagatela), dos custos financeiros que a ação pública gerará para os cofres públicos e da proporcionalidade da ação pública. Nessas hipóteses, aplica-se uma lógica de eficiência e de razoabilidade à ação estatal justificada por princípios constitucionais reconhecidos. Por força desses princípios e considerando-se a escassez de recursos financeiros e humanos do Estado, a Administração Pública, em algumas situações, atuará de acordo com prioridades eleitas lícita e legitimamente. Por mais que tal argumento pareça perigoso, o que quero dizer é que a ação pública é apenas potencialmente universal, pois, na realidade, depende de ponderações de princípios, interesses e direitos que, não raro, poderão apontar a omissão estatal como uma decisão válida no exercício de poderes discricionários.

Outra situação imaginável de escolha a respeito da ação surge no funcionamento dos chamados "sistemas administrativos". Como se sabe, em determinadas áreas, uma mesma tarefa administrativa pode ser exercida por diversas entidades públicas, tal como se verifica no Sistema Nacional de Meio Ambiente ou no Sistema Nacional de Direito do Consumidor. Para solucionar uma infração em matéria consumerista, por exemplo, é possível que a Senacon, um Procon estadual ou mesmo o Ministério Público ajam. Para que esse sistema funcione racional e eficientemente, e para que a segurança jurídica do cidadão seja minimamente protegida, não é aceitável que tais entidades operem de maneira sobreposta, desorganizada ou repetida. Tampouco é desejável que todas as entidades restem inertes, dando causa a um conflito negativo. Nesse cenário, portanto, é fundamental que se garanta uma discricionariedade de ação para as entidades que compõem o sistema. Elas deverão examinar a utilidade e a necessidade de sua atuação em vista dos movimentos realizados por outras entidades.

Em todas as hipóteses acima exemplificadas, a Administração Pública pode ou não exercitar uma competência que lhe foi atribuída, surgindo, pois, um tipo de *discricionariedade de ação*. Essa discricionariedade, porém, jamais deverá ser empregada como justificativa para omissões indevidas ou para a ineficiência dos órgãos e entidades que compõem a Administração Pública. O exercício da discricionariedade de ação, sobretudo quando resultar na "escolha pela omissão" do poder público diante de um caso concreto, deverá ser lícito, legítimo e motivado. Omissões que não observem esses requisitos configurarão, certamente, uma "renúncia de competência", atitude a princípio vedada pela legislação administrativa.

b) Discricionariedade quanto ao conteúdo da ação administrativa (ou "discricionariedade no agir")

Por vezes, certa entidade pública é obrigada a editar um ato (*e.g.* sancionatório, acautelatório, normativo), porém detém margem de escolha quanto ao conteúdo desse ato. Ainda que a prática do ato seja obrigatória (não havendo discricionariedade "de" ação), existe margem para escolha do conteúdo da ação. Esse tipo de margem de escolha quanto ao conteúdo frequentemente surge nas atividades administrativas de punição ou de controle prévio da atividade privada.

Em matéria de processos liberatórios, verifica-se discricionariedade "na" ação em relação a licenças e autorizações. Exemplo disso se vislumbra nos procedimentos administrativos de licenciamento ambiental. Nessa seara, no intuito de proteger interesses públicos primários, as autoridades ambientais responsáveis, de acordo com um juízo de oportunidade e conveniência, estão autorizadas a indeferir a licença, deferi-la sem condicionantes ou deferi-la mediante cumprimento futuro de condicionantes pelo empreendedor privado para compatibilizar os interesses particulares com a necessidade de redução de impactos para o ambiente natural, artificial ou cultural.

De modo semelhante, no campo do direito da concorrência, encontra-se discricionariedade "no" agir em matéria de controle de concentrações. Ao controlar as operações societárias que se enquadram nas hipóteses de controle obrigatório pelo Sistema Brasileiro de Defesa da Concorrência, as autoridades concorrenciais estão autorizadas a aprová-las sem condicionamentos, reprová-las ou aprová-las com condicionamentos sempre com o escopo de harmonizar os interesses dos agentes envolvidos na operação de mercado com os interesses públicos de proteção da concorrência, do consumidor, do trabalho e outros interesses primários tutelados pelo direito antitruste.

Em síntese, a discricionariedade administrativa "no" agir diz respeito à margem de escolha da autoridade pública na elaboração do conteúdo do ato administrativo, do ato material ou de um ato normativo que está sob sua competência. Essa discricionariedade quanto ao conteúdo da ação pode ou não se somar a uma margem de escolha quanto à ação em si, isto é, com a discricionariedade de ação. Isso significa que discricionariedade "de" agir não se confunde com discricionariedade "no" agir, na medida em que cada uma designa margens de escolha diversas e que, em cada setor de atuação da Administração Pública, existem de modo isolado ou combinado.

c) Discricionariedade quanto às formalidades da ação (ou "discricionariedade quanto à forma para agir")

Diferentemente das duas anteriores, a terceira modalidade de discricionariedade administrativa incide sobre as formalidades de criação, de instrumentalização ou de divulgação de um ato administrativo, material, opinativo ou normativo da Administração Pública. Trata-se, pois, de uma margem de escolha ou discricionariedade quanto à forma de agir.

Em inúmeras situações, o ordenamento jurídico, por motivos variados, determina requisitos formais para que a autoridade pública pratique certa conduta ou expeça algum ato. Esses requisitos formais são de três ordens: 1) requisitos quanto ao procedimento preparatório do ato ou da conduta (forma de preparação); 2) requisitos quanto à expedição do ato em si ou à manifestação da conduta (forma de manifestação); e 3) requisitos quanto à divulgação ou à publicidade do ato praticado (forma de divulgação).

Exemplos desses tipos de imposição legal de ordem formal vislumbram-se na imposição de uso de instrumentos de participação popular previamente à expedição de um ato administrativo ou normativo (*requisitos de preparação*), na obrigatoriedade do uso de alvará como forma de expedição de algumas licenças e autorizações ou na determinação do uso do decreto para publicação de regulamentos (*requisitos de manifestação*), bem como na previsão da publicação de informações ao público mediante edital, nota em diários oficiais ou anúncio na internet (*requisitos de divulgação*). Nessas e noutras situações, o direito administrativo positivo impõe exigências que restringem a ação da autoridade pública não quanto ao conteúdo do ato em si, mas sim quanto às formas e às formalidades que o circundam.

Em determinados cenários, porém, as formas de elaboração (ou requisitos procedimentais), de expedição e de divulgação de um ato da administração não estão previstas na legislação. Em outros, a despeito da previsão legal acerca das formas, a autoridade pública detém a possibilidade de escolher entre uma ou outra formalidade para a mesma finalidade. Tanto em uma hipótese quanto em outra, existirá clara discricionariedade quanto à forma de agir da Administração Pública.

Casos do gênero encontram-se, por ilustração: a) no tocante ao uso da audiência e da consulta pública em processos administrativos (art. 31 e 32 da LPA federal), revelando margem de escolha quanto a requisitos procedimentais de natureza instrutória e, portanto, prévios à elaboração de um ato da Administração Pública; b) na possibilidade de uso de divulgação de informações públicas na internet para além da divulgação tradicional e impressa, consagrando margem de escolha quanto ao uso de instrumentos de publicidade do ato da administração; e c) na possibilidade de se expedir um ato via resolução, via portaria ou via deliberação,[8] revelando margem de escolha na forma de expedição do ato da administração.

Esses e outros exemplos demonstram que a discricionariedade administrativa quanto à forma de agir é funcionalmente diversa da discricionariedade "de" agir e da

---

[8] Entenda-se o termo "deliberação" como termo técnico designante da forma de certos atos normativos expedidos por órgãos colegiados da administração pública, conforme prevê, por exemplo, a Lei de Processo Administrativo paulista.

discricionariedade "no" agir. E novamente aqui vale a advertência: a discricionariedade de forma pode ou não vir acompanhada da discricionariedade de competência e da discricionariedade quanto ao conteúdo da ação pública. Isso revela, em última instância, que os tipos de discricionariedades, além de múltiplos, são independentes, aparecendo, nos inúmeros campos de exercício da função administrativa, de modo isolado ou cumulativo. Com isso, resta claro que a compreensão da discricionariedade como marca de um ato globalmente considerado (contrapondo-se ato discricionário a ato vinculado) ou mesmo como um verdadeiro poder autônomo (o chamado "poder discricionário") configura um mal-entendido – que, aliás, surge de modo frequente em certos textos científicos nacionais.

d) Discricionariedade quanto às finalidades da ação?

Em relação à finalidade dos atos da Administração, defendeu-se, na primeira versão desse texto, a impossibilidade de discricionariedade. Vale a transcrição do raciocínio anteriormente elaborado: "(...) a finalidade pública primária que rege a ação administrativa não se sujeita às preferências da autoridade pública responsável pela decisão. Os atos da administração, incluindo os atos administrativos, são sempre praticados no intuito de se promover um ou alguns dos interesses públicos primários já previstos constitucionalmente ou, ao menos, implícitos no texto constitucional (p. ex., promoção da saúde, defesa do consumidor, proteção da concorrência etc.). O interesse público primário é sempre escolhido pelo legislador, em nome do povo, de modo direto ou indireto. A Administração Pública detém tão somente a possibilidade de determinar a finalidade imediata do ato discricionário por ela praticado, ou melhor, definir o interesse secundário considerado apto a atingir, em um segundo momento, os objetivos maiores escolhidos pelo povo e inseridos na Carta Constitucional".[9]

É preciso, contudo, temperar esse posicionamento em razão de certas situações concretas. Não há dúvidas de que, ao criar uma entidade estatal, o legislador já seleciona os interesses públicos que ela deve promover ou tutelar. Suas finalidades dadas pela lei são inalteráveis e indisponíveis por atos internos da entidade criada. No entanto, é concebível que o legislador vincule a ela uma pluralidade de finalidades. Assim, por exemplo, às universidades públicas cumpre o objetivo de promover o ensino, a pesquisa e a extensão. A seu turno, uma autarquia de defesa da concorrência geralmente serve para promover a livre-concorrência, a livre-iniciativa, a defesa do consumidor e o desenvolvimento nacional.

Essas duas situações evidenciam que uma entidade estatal pode ser instituída com o propósito de atingir múltiplas finalidades públicas. Daí ser perfeitamente legítimo que ela desempenhe suas tarefas com vistas ao atingimento de um fim

---

[9] MARRARA, Thiago. A boa-fé do administrado e do administrador como fator limitativo da discricionariedade administrativa. *RDA*, v. 259, p. 213, 2012.

escolhido dentre os vários que a guiam, naturalmente quando não se tornar viável contemplar todos eles de modo simultâneo. Aplicando-se essa lógica ao exemplo anterior, certa universidade pública, ao gerir o uso de seus espaços (auditórios, salas, bibliotecas e laboratórios), visará promover em conjunto a pesquisa, o ensino e a extensão. No entanto, caso disponha de um único auditório e, por hipótese, seu uso seja demandado para a realização de três eventos distintos e voltados isoladamente a somente uma das finalidades acadêmicas, a universidade se verá compelida a escolher a finalidade pública que prevalecerá no ato de autorização de uso do bem dentre as três finalidades que, por força de lei, orientam suas atividades como instituição estatal. Isso revela, portanto, ser concebível a escolha dos fins desde que, como dito, a concretização simultânea de todos eles se mostre inviável em um caso concreto.

No direito urbanístico, também para ilustrar, o Município pode utilizar o instrumento de transferência de direitos de construir para várias finalidades (necessidade de proteção do patrimônio histórico, de regularização fundiária etc.). Existe, pois, discricionariedade no tocante aos fins que serão acoplados ao instrumento no caso concreto.

Nos últimos anos, para coibir atuações aleatórias do Estado e imprimir mais segurança jurídica às funções administrativas, essa escolha quanto à finalidade mediata e imediata da ação pública tem sido objeto de muita atenção e debate. A LINDB, a esse respeito, deixou evidente que nenhuma decisão administrativa deverá ser tomada com base simplesmente em princípios ou em conceitos jurídicos indeterminados, sem uma análise prévia das consequências do ato (art. 20, *caput*).

Esse mandamento geral da Lei de Introdução, a uma, evidencia que escolhas de finalidade e de resultados são possíveis e, a duas, que essas escolhas devem ser feitas de antemão, forçando-se o administrador público a agir de modo calculado e planejado. Nesse sentido, a elaboração de prognóstico, as avaliações de impactos passam a fazer parte da preparação da decisão, e a explanação da escolha das finalidades passa a constituir elemento essencial da motivação, ou seja, da explicitação formal das razões de decidir. Consagra-se, pois, o consequencialismo, jargão que se tornou frequente e que traduz um comando antigo: o dever de o Estado planejar! Finalidades podem ser objeto de discricionariedade, sempre que o ordenamento abrir esse espaço e, quando isso ocorrer, a escolha dos resultados esperados será prévia e racionalmente esclarecida aos destinatários do ato.

3 Discricionariedade, vinculação e interpretação

Considerando as conclusões anteriores, o segundo mal-entendido que deve ser desfeito refere-se às relações entre discricionariedade e vinculação. Partindo-se do pressuposto de que a discricionariedade constitui uma margem de escolha relativamente a um ou mais elementos que compõem os atos da Administração Pública, é possível sustentar que discricionariedade e vinculação não são características excludentes, mas, sim, características que necessariamente convivem no exercício de certo poder administrativo. Em relação a um mesmo ato da administração, há sempre elementos vinculados e elementos discricionários. Essa afirmação supera a ideia de que discricionariedade e vinculação são características do poder que somente poderiam existir de modo isolado em face de um mesmo ato da administração. Em outras palavras, contradiz o entendimento, muitas vezes repetido, de que um ato é ou vinculado ou discricionário.

Como se sabe, o poder será exercido de modo vinculado se a escolha quanto a algum aspecto do ato da administração já constar expressamente do direito positivo. Na vinculação, a vontade do Legislador substitui a vontade da autoridade pública, predeterminando o que é considerado conveniente para atender o interesse público. Nessa situação, explica Gordillo, "o administrador não tem outro caminho, senão obedecer a lei e prescindir de sua apreciação pessoal sobre o mérito do ato. Sua conduta, em consequência, está predeterminada por uma regra de direito; não tem liberdade de escolher entre mais de uma decisão: sua atitude só pode ser uma, ainda que esta seja uma realidade inconveniente".[10]

Ocorre que a vontade do legislador, em maior ou menor grau, sempre estará presente em qualquer ato praticado pelo poder público. Ainda que nem sempre haja vinculação em relação à competência, à forma e ao conteúdo de certo ato; ela existirá inevitavelmente no tocante às finalidades públicas primárias perseguidas pela autoridade pública e aos pressupostos jurídicos (motivos) empregados pela autoridade para fundamentar seu ato. Disso se conclui que, a depender da situação, a margem de escolha da autoridade pública será maior ou menor. Contudo, em todas as situações, diante do princípio da juridicidade, sempre haverá elementos vinculados, restando impossível pensar em um ato completamente discricionário. Um mínimo de vinculação é característica inerente a toda ação estatal em um estado de direito.

A conclusão inversa é igualmente verdadeira: não é possível imaginar ato totalmente vinculado. A discricionariedade é característica inafastável do poder administrativo pelo simples fato de que o Legislador jamais será capaz de prever todos os detalhes da ação administrativa. O melhor exemplo a provar essa asserção diz respeito ao "momento" da prática do ato. Ainda que haja prazos (específicos ou gerais) a impor limites temporais de ação para a Administração Pública, o legislador é incapaz de fixar, dentro deles, o momento exato da ação da autoridade. Em outras palavras, mesmo nas situações de mais alta vinculação, um pouco de discricionariedade necessariamente sobrará.

Do exposto conclui-se o que, em cada situação concreta, a autoridade pública extrairá o grau de discricionariedade e vinculação dos valores e regras previstos no ordenamento jurídico. A discricionariedade ou margem de escolha se estenderá ou se contrairá conforme o nível de detalhamento da disciplina jurídica da ação pública.

---

[10] GORDILLO, Agustín. *Tratado de derecho administrativo*. 7. ed. Belo Horizonte: Del Rey, 2003. T. 1, p. 3 X-10 (tradução nossa).

Nas situações em que as escolhas de ação forem realizadas diretamente pelo legislador, as escolhas do administrador restarão mais restritas. Quanto mais ativo for o legislador, menos criativo será o administrador. No entanto, mesmo diante de um ordenamento extremamente detalhado, um mínimo de escolha sempre subsistirá.

Advirta-se, apenas, que a margem de escolha entendida como discricionariedade não deve ser confundida com a margem de análise inerente à interpretação jurídica. O exame do significado do texto normativo (interpretação) precede o momento de escolha das medidas (discricionariedade) previstas na norma obtida mediante processo interpretativo.

Em realidade, toda autoridade pública (desde agentes públicos até juízes e agentes políticos) está obrigada a interpretar o direito antes de agir. Em algumas situações, a interpretação dará margem a soluções diferenciadas, ou seja, comandos normativos diversos, mas oriundos do mesmo texto legal e igualmente válidos perante o ordenamento jurídico. Isso ocorre, principalmente, na presença, dentro do texto normativo, de conceitos jurídicos indeterminados, isto é, fórmulas linguísticas marcadas pela vagueza (ausência de significado claro), plurissignificação (presença de dois ou mais significados no momento de interpretação) ou por uma capacidade de transmutação de significado ao longo da história (presença de um significado diverso para cada momento de interpretação).[11]

No entanto, a margem de liberdade do sujeito na atividade de interpretação do texto normativo – sempre respeitados os métodos comumente aceitos pela ciência jurídica –, bem como as diferentes interpretações geradas a partir do texto, por exemplo, em virtude de conceitos indeterminados, não significarão que a norma extraída do texto necessariamente garantirá uma margem de escolha no tocante aos elementos de certo ato da Administração – margem de escolha quanto ao exercício da competência, ao conteúdo do ato ou à sua forma. Justamente por isso, interpretação e discricionariedade não se confundem. A interpretação envolve tão somente margem de escolha quanto aos significados do texto normativo, não se podendo extrair dela, necessariamente, discricionariedade administrativa.

Em síntese: as discricionariedades administrativas constituem margens de escolha da autoridade pública que se referem ora ao exercício de competência, ora ao conteúdo ou à forma do ato da administração (ato administrativo, ato material, ato normativo). Essas margens convivem com escolhas predeterminadas pelo próprio legislador, razão pela qual se sustenta que discricionariedade e vinculação variam de acordo com cada caso, daí não constituírem características de poder que se excluem integralmente. Ademais, as margens de escolha do administrador não se confundem com as margens de análise e conclusão do intérprete. A interpretação é atividade de extração da norma contida no texto (expressa ou implicitamente). Por meio dela se obtém norma jurídica que, em um segundo momento, concede ou não margens de escolha à autoridade pública.

---

[11] Exemplos desses conceitos se encontram nas expressões "perigo público", "moralidade", "reputação ilibada", "ordem pública", "bem-estar" etc.

4 Vícios de discricionariedade

Uma vez desfeitos alguns mal-entendidos acerca da ideia geral de discricionariedade e sua relação com outros conceitos, cumpre examinar aspectos centrais do funcionamento do poder de escolha da Administração Pública, destacando-se, inicialmente, os vícios de discricionariedade.

A exposição desses vícios, no contexto do presente ensaio, assenta-se em duas razões principais. Em primeiro lugar, ainda que, naturalmente, o cidadão não tenha direito de escolher a decisão administrativa de sua preferência entre as decisões sujeitas à discricionariedade da autoridade pública,[12] o princípio da legalidade lhe permite exigir que a Administração Pública selecione uma entre as decisões possíveis em face da discricionariedade existente em cada caso. Em outras palavras: o cidadão detém o direito a uma decisão que respeite os limites de discricionariedade e vinculação decorrentes do ordenamento jurídico. Em segundo lugar, se a boa-fé configura um fator limitativo das escolhas administrativas, então é preciso conhecer os tipos de vício de discricionariedade gerados, na prática, pelo desrespeito à boa-fé em cada caso concreto.

Em vista dessas razões, é fundamental diferenciar e esclarecer três vícios principais, a saber: a) o vício de desconhecimento da discricionariedade; b) o vício de excesso de discricionariedade e c) o vício de mau uso da discricionariedade.

a) Primeiro vício: desconhecimento da discricionariedade

O primeiro vício da discricionariedade decorre da ignorância quanto ao poder de escolha. Há situações em que a autoridade pública acredita não haver margem de escolha quer quanto à obrigatoriedade da prática do ato ("discricionariedade de agir"), quer quanto ao seu conteúdo ou formalidades ("discricionariedade no agir" e "discricionariedade quanto à forma para agir"). Assim, pautando-se pela impressão de vinculação de sua conduta, o agente público deixa de realizar uma escolha possível (*Ermessensnichtgebrauch*), agindo de acordo com aquilo que acredita ter sido determinado pelo legislador sem qualquer margem de opção. A autoridade ignora a possibilidade de escolher outros rumos por desconhecer a margem de discricionariedade prevista pela legislação *in casu*.

Nessa hipótese, os motivos pelos quais a autoridade pública não emprega a discricionariedade são inúmeros, podendo decorrer, por exemplo: a) de um erro de interpretação do texto normativo, do qual redundaria a crença de que a norma extraída do texto não geraria margem de escolha ou b) de um erro no exame do caso concreto pelo qual a autoridade subsumiria os fatos corretos a uma norma incorreta ou vice-versa. Em todas as situações, o que caracteriza o vício ora apontado é o não uso da discricionariedade pela crença de que ela não

---

[12] Ossenbühl, Rechtsquellen und Rechtsbindungen der Verwaltung, *op. cit.*, p. 214.

existe. Esse vício será de extrema relevância prática na medida em que a decisão escolhida pela autoridade (que desconhece a discricionariedade) for diversa da decisão que essa mesma autoridade teria escolhido caso estivesse ciente de suas margens de escolha.

b) Segundo vício: excesso de discricionariedade

O segundo vício da discricionariedade ocorre em situação inversa à anteriormente descrita, isto é, a autoridade vale-se de uma margem de escolha maior que aquela efetivamente concedida pelo ordenamento jurídico. Imagine-se que a lei permita à autoridade pública a escolha entre duas formas de divulgação de um ato administrativo, mas a autoridade utilize uma terceira forma não prevista. Nesse caso, verifica-se claramente um vício de excesso de discricionariedade, na medida em que a margem de escolha é indevidamente alargada pelo administrador público diante daquilo que é estabelecido pelo legislador. Daí falar-se de um vício de extrapolação da discricionariedade (*Ermessensüberschreitung*).

c) Terceiro vício: mau uso da discricionariedade

O terceiro vício, diferentemente dos dois já mencionados, consiste no uso incorreto da discricionariedade (*Ermessensfehlgebrauch*). Tal vício manifesta-se, basicamente, em duas situações. Na primeira, a decisão escolhida pela autoridade pública entre aquelas permitidas pela norma jurídica, em vez de promover finalidades públicas, é tomada por motivos pessoais, geralmente no intuito de perseguir o administrado. O uso da discricionariedade é realizado, portanto, quer com um vício de motivo, quer com um vício de finalidade. Ademais, é possível que, nessa primeira situação, o vício seja também de razoabilidade: a autoridade escolhe uma medida que se mostra indevida pela violação da regra da adequação, da necessidade ou da proporcionalidade em sentido estrito.

Na segunda situação, a decisão administrativa é tomada com base em uma realidade fática incorreta ou propositalmente distorcida. A autoridade pública altera os fatos ou seu sentido para, com isso, criar um pressuposto fático que lhe permita realizar uma escolha, a princípio, impossível. Esse vício ataca principalmente o pressuposto fático do ato da Administração, podendo levar, por conseguinte, à declaração de sua nulidade.

Tanto na primeira situação quanto na segunda, o controle do exercício da discricionariedade exige muito mais que a mera verificação e interpretação da legislação e das margens de escolha por ela criadas. No "mau uso da discricionariedade", os limites da legislação são cumpridos, mas, na prática, o exercício do poder discricionário mostra-se viciado pela atitude imoral ou irrazoável da autoridade pública. Nesse contexto, fundamental se mostra um controle contextual da prática do ato, abrangendo a situação, os aspectos volitivos do agente público competente e suas relações com o destinatário do ato. Necessária se afigura, ainda, uma investigação detalhada dos motivos do ato em confronto com seu objetivo e suas finalidades secundárias e primárias. Somente assim será possível verificar a distorção na descrição dos fatos ou o desvio de finalidade.

5) Desaparecimento da discricionariedade: redução a zero e autovinculação

Outro aspecto de extremo relevo para a teoria da discricionariedade refere-se às hipóteses de seu "desaparecimento". Por mais que a legislação tenha explicitamente garantido à Administração Pública, em um ou outro caso, margem de escolha para agir, no agir ou quanto à forma de agir, essa margem eventualmente se esvai por força de peculiaridades do cenário fático analisadas à luz de princípios e valores jurídicos, bem como de direitos fundamentais.

De modo geral, essas possibilidades dividem-se em dois grupos: o da redução integral da discricionariedade e o da autovinculação (teoria dos fatos próprios). Ambos são de fundamental reconhecimento no âmbito desse ensaio, uma vez que, como se verá mais adiante, a boa-fé muitas vezes atuará como um fator de restrição da discricionariedade, ocasionando, inclusive, seu desaparecimento a despeito da norma jurídica que a prevê. Para se compreender esse fenômeno, cumpre, preliminarmente, apresentar em mais detalhes as situações de desaparecimento da discricionariedade supramencionadas.

a) Redução integral da discricionariedade

Na primeira situação, chamada pelos alemães de "*Ermessensreduzierung auf Null*" ou redução da discricionariedade a zero, a perda da margem de escolha que o administrador público detinha a princípio decorre de uma especial situação do caso fático. De acordo com Ossenbühl, é possível que se opere uma transformação tão significativa da situação fática, que a ponderação dos fatos e normas no exercício da discricionariedade conduza o agente público a uma única saída possível, ou seja, a uma única decisão administrativa juridicamente correta.[13] A discricionariedade originariamente garantida no plano abstrato por uma regra jurídica específica transforma-se em vinculação administrativa, mas não por uma decisão direta do legislador, e sim por uma consequência da interpretação sistemática do ordenamento jurídico em face do caso concreto.

A razão para que isso ocorra não é de difícil compreensão: a discricionariedade, como bem registra Maurer, não consiste em liberdade, senão em margem

---

[13] Ossenbühl, *Rechtsquellen und Rechtsbindungen der Verwaltung, op. cit.*, p. 214. Essa teoria também foi absorvida por alguns sistemas latinos, tal como se nota nas considerações de Gordillo, *Tratado de derecho administrativo, op. cit.*, p. X-11.

de escolha pautada pelo direito[14] e concedida ao agente público para que se tutelem certos interesses públicos primários. Nesse sentido, a margem de escolha é um instrumento voltado aos objetivos do Estado e, mais especificamente, do direito administrativo. Desse modo, a discricionariedade não se rege apenas pela regra que a cria explicitamente, mas pelo ordenamento jurídico globalmente considerado, de sorte que os valores do ordenamento em vista de peculiaridades práticas podem perfeitamente apontar uma via decisória exclusiva na busca das finalidades públicas.

Gordillo lança uma hipótese de redução da discricionariedade que não redunda, porém, dos interesses públicos primários, mas sim dos direitos fundamentais. Para explicar essa hipótese, o administrativista argentino se vale do que chama de regulação indireta da atividade administrativa. A respeito, esclarece que, em algumas situações, não é o direito administrativo ou seus princípios que restringem o poder discricionário, mas sim os direitos dos cidadãos, muitas vezes reconhecidos em outros campos do direito (direito civil, trabalhista, comercial etc.). Nesse cenário, ainda que a lei administrativa possa prever discricionariedade inicial, a margem de escolha deixa de existir no momento em que o poder público se encontra obrigado a respeitar direitos fundamentais consagrados em outros subsistemas jurídico-normativos para além do direito administrativo. Nessa situação de regulação indireta ou inversa da atividade administrativa, englobam-se "todos os casos em que a lei regulamenta não o direito subjetivo de a administração atuar sobre os particulares, mas sim o direito subjetivo dos particulares a que ninguém interfira em suas atividades".[15] Em síntese, os direitos de proteção dos particulares surgem aí como outro fator a reduzir a discricionariedade administrativa sob certas circunstâncias.

Essa hipótese, apontada por Gordillo, é de importância crescente em ordenamentos que constitucionalizaram direitos fundamentais. Segundo Ehlers, a vinculação do direito administrativo ao direito constitucional não significa, apenas, que "a administração não pode infringir a Constituição. Muito mais isso: a Administração deve trabalhar ativamente para a concretização dos conteúdos constitucionais para que eles obtenham sua máxima eficácia".[16] Ora, na medida em que o direito administrativo subordina-se ao direito constitucional e que a Constituição protege direitos fundamentais de modo explícito, o direito administrativo não está autorizado a sacrificar completa e desarrazoadamente direitos fundamentais constitucionalizados. Nesse contexto, novamente de acordo com Ehlers, "se a norma de direito administrativo autoriza mais de uma possibilidade

---

[14] Nas palavras do autor, "*das Ermessen vermittelt keine Freiheit oder gar Beliebigkeit der Verwaltung. Es gibt kein 'freies Ermessen' (auch wenn diese irreführende Formulierung heute noch gelegentlich erscheint), sondern nur ein 'pflichtgemäßes Ermessen' oder besser: ein* rechtlich gebundenes Ermessen". MAURER, Hartmut. *Allgemeines Verwaltungsrecht*. 13. ed. Munique: Beck, 2000. p. 128.

[15] GORDILLO, *Tratado de derecho administrativo*, op. cit., p. X-13 (tradução nossa).

[16] EHLERS, Dirk. Verwaltung und Verwaltungsrecht im demokratischen und sozialen Rechtstaat. *In*: ERICHSEN; EHLERS, *Allgemeines Verwaltungsrecht, op. cit.*, p. 120-121.

interpretativa, ela deve ser interpretada de maneira conforme a Constituição".[17] E ser interpretada de acordo com a Constituição significa ser interpretada simultaneamente conforme as tarefas e finalidades públicas, os princípios constitucionais da Administração Pública e, por óbvio, os direitos fundamentais. Por tudo isso, é plenamente concebível que a redução integral da discricionariedade a zero decorra não exatamente de um valor público, mas da obrigatoriedade de o poder público respeitar um ou mais direitos fundamentais, sobrando-lhe, por conta dessa tarefa constitucional, apenas uma escolha aceitável no caso concreto – a despeito da margem de escolha garantida originariamente pela legislação.

b) Teoria dos fatos próprios (autovinculação)

Em situação diversa, é possível que a discricionariedade da autoridade administrativa igualmente desapareça por força da autovinculação administrativa. Entra-se aqui na seara da teoria dos fatos próprios, também conhecida como princípio da vedação do *venire contra factum proprium*.

De acordo com essa formulação teórico-normativa, se a Administração Pública tratou uma situação anterior de uma forma, é natural que mantenha o mesmo padrão de tratamento para casos futuros, a não ser que haja uma justificativa legítima e válida para a alteração do padrão decisório.

De modo geral, há dois casos diferenciados da aplicação da teoria em questão. No primeiro, a exigência da manutenção do padrão decisório opera-se em relação a um mesmo indivíduo no tocante a um mesmo assunto. Aqui, a teoria dos fatos próprios impõe à Administração Pública o respeito a uma decisão anterior definitiva,[18] vedando a afronta à coisa julgada administrativa em detrimento da segurança jurídica do administrado. A segurança jurídica soma-se ao princípio da moralidade para demandar uma conduta coerente, não contraditória ou maliciosa da Administração Pública, impedindo que altere decisões injustificadamente em prejuízo de um cenário jurídico já estabilizado.

Funcionalmente, emprega-se essa espécie de autovinculação baseada na segurança jurídica e na moralidade administrativa tanto para proteger a coisa julgada administrativa, como para fazer valer promessas do Estado apresentadas mediante ato de declaração unilateral de vontade. Em outras palavras, mesmo fora de um processo administrativo formal, a Administração deve agir de modo coerente e honesto, respeitando suas próprias promessas. Se o poder público se comprometeu de modo explícito, plausível e inequívoco a um determinado tipo

---

[17] Ibid., p. 121.
[18] O adjetivo "definitiva", nessa situação, refere-se a uma decisão administrativa que não esteja pendente de discussão por força de um pedido de reconsideração, recurso administrativo próprio ou impróprio, ou de revisão. Se há reconsideração, recurso ou revisão em curso, naturalmente a alteração da decisão anteriormente dada não representa qualquer problema do ponto de vista da teoria da autovinculação. Nesses casos, por óbvio, não se aplica a vedação do *venire contra factum proprium*.

de conduta e se adotou medidas que indicassem ao administrado sua orientação, dando-lhe estímulo para criação de fortes expectativas e para a tomada de decisões (sobretudo com efeitos pecuniários), então deve cumprir o quanto prometido, salvo na presença de justificativa válida e legítima para o descumprimento. A promessa unilateral é exigível na medida em que, além de verossímil e inequívoca, mostre-se legal, moral e condizente com os princípios regentes da Administração Pública. Afinal, a teoria da autovinculação, em nenhuma hipótese, concede ao particular um direito a atos ilícitos. Como ensina Menezes Cordeiro, ainda que se referindo ao direito civil, a vedação do comportamento contraditório diz respeito a dois comportamentos lícitos, diversos e diferidos no tempo.[19]

A segunda hipótese de aplicação do *venire contra factum proprium* em desfavor da discricionariedade administrativa surge de uma combinação do princípio da segurança jurídica com o princípio da isonomia. Nessa situação, a autovinculação da Administração Pública resulta de decisões administrativas anteriores e esparsas. Trata-se, portanto, de vinculação do poder público à jurisprudência administrativa e não à coisa julgada administrativa ou à promessa administrativa (tal como se viu na hipótese anterior). Nesse caso, o administrado que espera uma decisão da Administração Pública tem o direito de ver seu pedido ou interesse julgado em consonância com a jurisprudência anterior.

Esse mandamento decorre da segurança jurídica, pois o particular dirige suas ações, muitas vezes, em razão da jurisprudência administrativa (que detém função sinalizadora dos comportamentos privados). Assim, se o particular definiu seus comportamentos considerando um padrão decisório válido e constante, a alteração desse padrão, na medida em que se mostre desvantajoso ao particular, deverá ser excepcional e sempre justificada. De outra parte, esse direito de respeito à jurisprudência administrativa ainda se sustenta no princípio da isonomia. Se situações idênticas vividas por outros particulares foram julgadas pela Administração Pública de certa maneira, esse padrão decisório deverá ser mantido em relação a todos os outros cidadãos, já que todos são iguais perante a legislação e o Estado. Essa regra se extrai diretamente dos princípios da impessoalidade e da isonomia. Nesse sentido, o tratamento poderá divergir apenas caso haja motivo válido, legítimo e explícito para tanto[20] ou quando se constatar que o caso presente se diferencia dos precedentes contidos na jurisprudência administrativa.

Assim como ocorre na autovinculação à coisa julgada ou à promessa inequívoca, a autovinculação à jurisprudência administrativa estará necessariamente excluída caso se constate que as decisões anteriores tenham sido proferidas em desacordo com a lei e o direito. O princípio da legalidade/juridicidade administrativa se sobrepõe ao princípio da autovinculação, salvo raríssimas exceções

---

[19] MENEZES CORDEIRO, Antonio Manuel da Rocha e. *Da boa-fé no direito civil*. Coimbra: Almedina, 2001. p. 745.
[20] A motivação no caso de alteração de interpretação em divergência com jurisprudência administrativa é obrigatória por força do art. 50, inciso VII da LPA federal.

previstas no ordenamento jurídico.²¹ Como frisa Ossenbühl, o indivíduo não detém direito à manutenção ou à repetição de decisões incorretas. O erro passado cometido pela Administração Pública não impede a correção desse erro para o futuro. Nesse caso, nem a isonomia, nem a segurança jurídica são capazes de reduzir a discricionariedade.

Para além dessa ressalva, vale registrar que a teoria da autovinculação não constitui apenas uma ferramenta de proteção da segurança jurídica, da isonomia e da moralidade administrativa. Em realidade, a autovinculação traz igualmente uma série de efeitos positivos para a própria Administração Pública. Na ótima reflexão de Paulo Modesto, ela se releva administrativamente útil pelo fato de: 1) evitar "disparidade de resposta dos órgãos da estrutura administrativa a demandas equivalentes", concretizando o princípio da isonomia de modo mais abrangente; 2) reduzir "o risco de litígios acerca da aplicação da lei, em face de suspeita de decisão caprichosa ou discriminatória", na medida em que restringe a margem de escolha do agente público em cada caso; 3) acelerar a "capacidade de resposta da máquina pública a demandas repetitivas", já que a decisão atual aproveita ponderações e reflexões realizadas em casos anteriores, reduzindo, em muitas situações, os períodos de instrução e preparação da decisão; e 4) antecipar "decisões futuras em matérias de alta incerteza, facilitando a mobilização de capitais privados em tempo útil para a oferta de bens e serviços para a própria Administração ou a adesão de terceiros a políticas públicas".²²

6 Boa-fé: considerações gerais

A partir das características gerais da teoria da discricionariedade administrativa na atualidade, torna-se mais simples compreender como os princípios e direitos fundamentais surgem como fontes de pressão da margem de escolha que o ordenamento jurídico garante ao agente público no exercício de suas tarefas. A discricionariedade administrativa, em um período histórico marcado pelo primado dos princípios e pela constitucionalização do direito administrativo e dos direitos fundamentais, será naturalmente mitigada em muitas ocasiões e, noutras, ampliada. É nesse cenário de mudanças e novas reflexões sobre o grau de flexibilidade que o ordenamento necessita conceder aos órgãos e agentes públicos que a boa-fé desponta como um assunto de relevante interesse.

Ao se falar de boa-fé e suas implicações para a teoria da discricionariedade é preciso tomar dois cuidados. Em primeiro lugar, deve-se apresentar, ainda que de modo breve e simplificado, o significado da boa-fé para o direito. Em segundo lugar,

---

[21] Uma dessas exceções é o da manutenção da decisão administrativa consistente em ato administrativo ampliativo ou vantajoso ao cidadão por força da decadência quinquenal prevista em favor do administrado de boa-fé no art. 54 da LPA federal – hipótese que será comentada a seguir.

[22] MODESTO, Paulo. Legalidade e autovinculação da administração pública: pressupostos conceituais do contrato de autonomia no anteprojeto da nova lei de organização administrativa. In: MODESTO, Paulo. (coord.). *Nova organização administrativa brasileira*. Belo Horizonte: Fórum, 2010. p. 136-137.

deve-se diferenciar a boa-fé do administrado da boa-fé do administrador público ao longo do exame das implicações desse instituto para o direito administrativo.

Do ponto de vista conceitual, a boa-fé constitui um conceito geral do direito. No direito civil, que trata do instituto há razoável tempo e com grande profundidade, a boa-fé dos particulares costuma ser entendida de duas maneiras. Como boa-fé subjetiva significa a crença de alguém em um determinado comportamento de outrem. Diferentemente, como boa-fé objetiva, o conceito designa uma cláusula geral ou um *standard* jurídico composto por condutas que, em um determinado período histórico, são consideradas adequadas sob o ponto de vista da moralidade e da honestidade para as relações intersubjetivas.[23]

Não raramente, boa-fé é instituto que vem vinculado ao princípio da segurança jurídica. Entretanto, como alerta Almiro do Couto Silva, ainda que tais conceitos pertençam a mesma "constelação de valores", não podem ser tomados como sinônimos.[24] Nem sempre há uma sobreposição dos dois conceitos. Ainda que a segurança jurídica guarde uma pluralidade de significações – bem mapeadas em estudo de Judith Martins-Costa –,[25] na boa síntese de Paulo Modesto, é possível resumi-la a três tipos: segurança do direito, segurança no direito e segurança pelo direito.

A segurança *do direito* demanda "objetividade, determinabilidade e previsibilidade do *status jurídico* das condutas", ou seja, "precisão normativa, densidade normativa mínima e cognoscibilidade das prescrições jurídicas",[26] podendo ser representada pela expressão "certeza do direito".[27] Por sua vez, a segurança *no direito* exige "precisão sobre o modo de modificação das normas jurídicas e a equação de equilíbrio entre as normas de alteração do sistema e de preservação de situações jurídicas subjetivas existentes, inclusive a proteção da confiança legítima". Trata-se aqui de proteção de direitos adquiridos, coisa julgada, ato jurídico perfeito, jurisprudência etc.[28] Já a segurança *pelo direito* demanda "efetiva proteção contra toda e qualquer agressão ou ameaça de agressão contra os direitos reconhecidos no ordenamento jurídico. Cuida-se da efetividade e cobertura dos instrumentos processuais e substantivos de tutela dos direitos individuais e coletivos contra atentados do Poder Público ou de terceiros".[29]

---

[23] Sobre a distinção das figuras e as especificações da boa-fé subjetiva, cf. PENTEADO, Luciano de Camargo. Figuras parcelares da boa-fé objetiva e *venire contra factum proprium*. Revista de Direito Privado, v. 27, 2006, p. 4 e seguintes da edição digital.

[24] COUTO E SILVA, Almiro. O princípio da segurança jurídica (proteção à confiança) no direito público brasileiro e o direito da administração pública de anular seus próprios atos administrativos: o prazo decadencial do art. 54 da Lei de Processo Administrativo da União (Lei 9.784/1999). Revista Eletrônica de Direito do Estado – Rede, n. 2, p. 2, 2005.

[25] MARTINS-COSTA, Judith. A re-significação do princípio da segurança jurídica na relação entre o Estado e os cidadãos: a segurança como crédito de confiança. Revista CEJ, n. 27, p. 113, 2004. A partir de um exame do ementário do STF realizado em 2003, a autora identificou onze significações/utilizações da segurança jurídica.

[26] MODESTO. Legalidade e autovinculação da administração pública, *op. cit.*, p. 128.

[27] No direito brasileiro, é de ressaltar a importância da Lei Complementar nº 95/2008 para a garantia da certeza do direito. Tal diploma trata da redação, alteração e consolidação das leis.

[28] MODESTO. Legalidade e autovinculação da administração pública, *op. cit.*, p. 128.

[29] MODESTO. Legalidade e autovinculação da administração pública, *op. cit.*, p. 129.

Tanto a boa-fé do particular diante da Administração Pública, que, para alguns, configura a "confiança legítima",[30] quanto a boa-fé da Administração em direção ao cidadão se relacionam fundamentalmente com a segunda e a terceira concepções da segurança jurídica, ou seja, segurança no direito (referente à proteção do cidadão em face de mudanças no direito ou modificações de padrões decisórios) e a segurança pelo direito (referente às formas de proteção do cidadão contra ações estatais em geral). As implicações da boa-fé para a discricionariedade administrativa variarão, porém, conforme a perspectiva de análise adotada. Assim, é preciso que se examinem destacadamente os efeitos irradiados pela boa-fé do cidadão sobre a margem de escolha da Administração Pública, bem como os efeitos da boa-fé do próprio Estado – resultante do princípio da moralidade administrativa – sobre o exercício de seu poder de escolha e a despeito da boa-fé do cidadão. Essa análise dúplice pretende revelar, de modo mais abrangente, a pluralidade de efeitos oriundos da boa-fé e, sobretudo, que tais efeitos não são apenas restritivos, mas também criadores de novos caminhos de ação pública.

7 Boa-fé do administrado como fator restritivo da discricionariedade

No direito administrativo contemporâneo, a boa-fé do administrado-cidadão exerce papel central. A boa-fé que se mostra relevante nesse cenário é a boa-fé subjetiva, ou seja, a crença do indivíduo na atuação legal, legítima, isonômica e moral da Administração Pública. Como o Estado democrático se sustenta logicamente como ferramenta imprescindível à proteção da paz, da ordem e dos direitos fundamentais, nenhum sentido faria que pudesse atuar de maneira surpreendente, ignorando as expectativas legitimamente detidas pela sociedade ante as entidades que exercem função pública. Nos dias atuais, tal como explica Paulo Modesto, "a boa-fé é exigência a ser considerada com destaque pelo administrador nos casos de alteração de situações jurídicas subjetivas". As condutas estatais devem ser realizadas de modo a "resguardar posições jurídicas de sujeitos de boa-fé e, além disso, reclamar lealdade da Administração e fidelidade à palavra empenhada".[31]

Em regra, a necessidade de se impor o respeito à boa-fé do particular encontra fundamento maior na segurança jurídica e na consagração dos direitos fundamentais. De um lado, a segurança jurídica exige certeza, segurança e clareza na atuação estatal. De outro lado, os direitos fundamentais sugerem, entre outras coisas, que as restrições da vida particular estejam democraticamente legitimadas por escolhas do povo e que não infrinjam, entre outras coisas, o princípio da

---

[30] Para Couto e Silva, a segurança jurídica é objetiva ou subjetiva. Na modalidade objetiva, apresenta-se como conjunto de deveres de conduta honesta. Na subjetiva, como confiança legítima. Cf. COUTO E SILVA. O princípio da segurança jurídica..., *op. cit.*, p. 3.

[31] MODESTO. Legalidade e autovinculação da administração pública, *op. cit.*, p. 129.

isonomia. Sendo assim, qualquer restrição considerável da vida privada deverá encontrar fundamento em uma decisão tomada, ao menos, pelos representantes eleitos do povo. Ademais, uma restrição à vida privada deverá ocorrer de modo impessoal e isonômico, de sorte que, se o Estado agiu de certa maneira diante de determinado cidadão, deverá repetir tal padrão de conduta para todos os outros indivíduos que estejam na mesma situação, salvo por motivo de legalidade.

A proteção da confiança ou da crença do cidadão, do que resulta a obrigatoriedade de uma atuação coerente e previsível do Estado, não encontra uma única implicação no ordenamento jurídico. A ideia de que a boa-fé do particular, isoladamente ou em grupo, reduz a margem de escolha dos órgãos e agentes públicos se manifesta de modo esparso no ordenamento jurídico. Melhor dizendo: há uma série de dispositivos legais a evidenciar os efeitos jurídicos que a boa-fé irradia, influenciando as formas de atuação estatal.

Do ponto de vista restritivo, comprovando as afirmações anteriores, merecem destaque três efeitos primordiais da boa-fé do administrado de notório caráter restritivo da discricionariedade da Administração Pública,[32] a saber: a) a necessidade de respeito à jurisprudência administrativa (limitando a discricionariedade decisional); b) a vedação da aplicação retroativa de nova interpretação administrativa (ou vinculação à coisa julgada administrativa e às orientações gerais) e c) a revisão de sanções administrativas. Nas duas primeiras situações, a discricionariedade sofre restrição por força do impedimento do *venire contra factum proprium*, ainda que em diferentes contextos. Já na terceira situação, o fundamento para a redução da discricionariedade encontra apoio nos princípios da isonomia e da justiça das decisões punitivas.

a) Vinculação à jurisprudência administrativa

A necessidade de *respeito à jurisprudência administrativa* representa, para o poder público, uma obrigação primária (*i.e.*, não absoluta) de observância de decisões administrativas anteriores a despeito de não se vincularem ao mesmo caso concreto. As entidades administrativas, no exercício de seu poder decisório de efeito externo (ou seja, relativo a decisões que afetam particulares ou servidores públicos sob poder disciplinar administrativo), deverão sempre levar em conta as decisões passadas em casos semelhantes. Essa implicação da boa-fé é de grande relevo para entidades públicas com função decisional (tal como as agências reguladoras ou comissões administrativas permanentes).

Esse mandamento oriundo da boa-fé representa uma hipótese específica da aplicação da teoria dos fatos próprios ou da vedação do *venire contra factum proprium*.

---

[32] Há outros efeitos da boa-fé dignos de nota, tal como o dever de adoção de disposições transitórias para mudanças radicais de regime jurídico, bem como a responsabilidade estatal por ato ilícito ou por invalidação da norma, ambos citados por VALIM, Rafael. *O princípio da segurança jurídica no direito administrativo brasileiro*. São Paulo: Malheiros, 2010. p. 125 e ss.

A Administração Pública se vincula a seus próprios posicionamentos passados no sentido de gerar um padrão decisório para o futuro que não deve ser alterado injustificadamente. Essa aplicação da teoria dos fatos próprios encontra raiz no princípio da isonomia que, como sabido, impõe o tratamento idêntico de situações idênticas e o tratamento diferenciado de situações diversas. Nessa linha, decisões diferentes para dois ou mais casos semelhantes somente serão aceitáveis por uma expressa diferenciação prevista em lei ou ato normativo, ou mesmo por força de um interesse público claro, específico e adequado ou, ainda, caso as situações insiram-se em cenários fáticos significativamente distintos (tornando inaplicáveis os precedentes).

Reiterando: se as situações submetidas à decisão estatal forem idênticas, o tratamento diferenciado de um caso mais novo em relação ao caso anterior poderá ocorrer apenas se:

a) o caso anterior foi julgado com base em outro direito ou, quando o direito seja o mesmo, com base em uma interpretação incorreta ou ultrapassada. Naturalmente que, se a interpretação anterior era ou se tornou ilegal, sua aplicação não pode ser exigida no presente por força do princípio da legalidade administrativa. Daí ser possível afirmar que não existe direito subjetivo do cidadão a um padrão decisório estatal considerado ilegal;

b) o caso anterior foi julgado com base no mesmo direito, mas em vista de um cenário fático totalmente diverso do atual (*e.g.*, caso anterior julgado em tempo de paz e caso recente em tempo de guerra). Nessa última situação, é o interesse público analisado no contexto fático que impõe o tratamento diferenciado.[33]

Em todas as situações, o relevante é que a alteração do posicionamento jurisprudencial da Administração Pública venha acompanhada dos motivos fáticos e/ou jurídicos para tanto. Tal exigência é feita, de modo expresso, pelo art. 50, inciso VII da Lei nº 9.784/1999.

b) Vinculação à coisa julgada e às orientações gerais

Outra implicação da boa-fé em detrimento da discricionariedade administrativa se vislumbra na *vedação da retroação de novas interpretações limitativas* de direito ou interesse particular. Essa vedação decorre da vinculação da Administração Pública à coisa julgada administrativa. Trata-se, pois, de outra hipótese de aplicação da teoria do fato próprio ou da vedação do *venire contra factum proprium*. Aqui, via de regra, o administrado, cujo interesse ou direito já foi objeto de julgamento, não pode ver sua situação inexplicavelmente modificada em virtude de uma nova e

---

[33] Nesse sentido, explica Paulo Modesto que, por força do "princípio da igualdade, da boa-fé e da segurança jurídica, a reiteração de um mesmo modo de decidir em casos concretos impõe que o mesmo padrão seja adotado nas demandas futuras de mesma natureza, salvo motivação especial, fundada em alteração das circunstâncias e na necessidade de reformar o entendimento anterior em face do interesse público". Cf. MODESTO, Legalidade e autovinculação da administração pública, *op. cit.*, p. 131.

diversa decisão. Ao particular de boa-fé se assegura a manutenção das decisões administrativas que lhe beneficiaram,[34] salvo na presença de um vício insanável que imponha a anulação (impedindo convalidação) ou de um interesse público explícito e contextualmente válido, que exija a revogação do ato.

Como a autovinculação à decisão anterior está baseada na boa-fé do destinatário, ela somente poderá ser alterada pelo poder público em virtude da retroação de uma interpretação posterior se o particular beneficiado tiver agido de má-fé, por exemplo, por ter induzido o órgão decisório a erro ou por ter empregado meios indevidos no intuito de obter vantagens a que não faria jus (caso de corrupção, por exemplo).

A vedação da retroação das novas interpretações – em favor da proteção da coisa julgada administrativa – está prevista explicitamente no art. 2º, parágrafo único, inciso XIII da LPA federal. Essa norma, por seu conteúdo principiológico, aplica-se no nível da União, assim como no nível dos estados e municípios que não tenham norma própria em sentido contrário.

Ainda que o dispositivo da LPA federal não seja explícito quanto às exceções da regra por ele criada, convém reiterar que a nova interpretação administrativa poderá validamente retroagir se: a) a retroação for benéfica e logicamente recomendada por força do princípio da isonomia; b) a decisão favorável anterior tiver sido obtida por erro da autoridade decisória estimulado pelo administrado ou c) a decisão favorável tiver sido obtida por meios ilegais empregados pelo administrado.

Não bastasse isso, a vedação da retroação da aplicação em proteção da coisa julgada não afasta os institutos da revogação[35] e da anulação. Isso significa que um ato administrativo benéfico ao particular poderá ser parcial ou totalmente afastado ou substituído por motivo de interesse público (claro, específico e adequado ao caso concreto), bem como por identificação de vício grave de legalidade que impeça sua manutenção, por exemplo, através de ato de convalidação. Convém lembrar, porém, que os atos de anulação e revogação (substitutiva ou extintiva) exigirão o respeito ao direito de ampla defesa do administrado que sofre o risco de afastamento ou substituição do ato administrativo anterior.[36] Ademais, deverão conter os pressupostos fáticos e jurídicos que os sustentam, afinal todo ato da administração (não só os atos administrativos) que restrinja direitos e interesses dos cidadãos deve ser motivado, ainda que posteriormente[37] (por exemplo, em virtude

---

[34] Nessa linha, sustenta Bandeira de Mello que, "de par com o princípio da presunção de legalidade, o princípio da boa-fé é, conjuntamente com ele, outro cânone que concorre para a consagração da ideia segundo a qual a mudança de entendimento administrativo só produz efeitos para casos futuros e depois de pública notícia desta alteração de entendimento". Cf. BANDEIRA DE MELLO, Celso Antônio. *Grandes temas de direito administrativo*. São Paulo: Malheiros, 2009. p. 175.

[35] Em sentido contrário, defendendo a coisa julgada como barreira à revogação de ato administrativo, bem como ao questionamento do ato administrativo pela administração pública em juízo, cf. VALIM. *O princípio da segurança jurídica no direito administrativo brasileiro*, op. cit., p. 130.

[36] Nesse sentido, BANDEIRA DE MELLO. *Grandes temas de direito administrativo*, op. cit., p. 105.

[37] Importante explicar: o motivo é sempre preexistente. Diferentemente, a motivação (ou explicitação dos motivos) pode ser prévia ou posterior. Essa última hipótese é comum em situações de emergência em que atos da administração (sobretudo atos materiais) são praticados em contextos emergenciais.

de situações de emergência). A depender da situação, a revogação ou a anulação em detrimento da boa-fé do administrado ainda darão margem à reparação de danos ou ressarcimento pecuniário.[38]

Especificamente quanto à anulação, a LINDB estabeleceu balizas adicionais em favor do administrado de boa-fé ao afirmar que "a revisão, nas esferas administrativa... quanto à validade de ato, contrato, ajuste, processo ou norma administrativa cuja produção já se houver completado levará em conta as *orientações gerais da época*, sendo vedado que, *com base em mudança posterior de orientação geral, se declarem inválidas situações plenamente constituídas*" (art. 24, *caput*). Com esse mandamento, a estabilidade da decisão administrativa passada foi reforçada, pois a identificação da ilicitude necessita ser feita à luz de entendimentos que vigoravam no momento de elaboração do ato. O órgão responsável pela anulação não pode substituir as orientações e interpretações antigas pelas novas para sustentar a anulação.[39] E, nesse contexto, as orientações não indicam apenas a jurisprudência administrativa. De acordo com o art. 24, parágrafo único da LINDB, as orientações são amplas, abrangendo: "interpretações e especificações contidas em atos públicos de caráter geral ou em jurisprudência judicial ou administrativa majoritária, e ainda as adotadas por prática administrativa reiterada e de amplo conhecimento público".

c) Redução da discricionariedade sancionatória

Para além da redução da discricionariedade por força da teoria da autovinculação em relação à coisa julgada administrativa ou à jurisprudência administrativa, a boa-fé do cidadão perante o direito e a Administração Pública é capaz de lhe gerar benefícios igualmente em matéria sancionatória. Em outras palavras, o particular que comete infração do direito administrativo (*e.g.*, infração administrativa sanitária, ambiental, concorrencial etc.) poderá se beneficiar de uma redução da sanção caso tenha agido de boa-fé, ou seja, caso a violação por ele operada tenha ocorrido sem o intuito de cometer a infração no caso concreto. Note-se, contudo, que essa hipótese não representa um caso de redução integral da discricionariedade administrativa, senão mera redução parcial.

Em realidade, a possibilidade de obter redução da sanção administrativa por prática administrativamente punível, porém cometida de boa-fé, não encontrava até 2019 uma previsão geral no direito administrativo brasileiro. Como se

---

[38] Pode-se vislumbrar essa hipótese na revogação de uma permissão de uso econômico de bem público por particular que tenha sido expedida com prazo predeterminado. Nessa situação, ainda que a permissão de uso seja geralmente precária, o particular cria expectativa de utilizar o bem público pelo prazo previsto no ato administrativo e, por isso, despende recursos financeiros para organizar sua exploração econômica. Nada mais natural, portanto, do que indenizar o particular de boa-fé pelos danos financeiros que sofreu diante da revogação da permissão.

[39] De acordo com o art. 24, parágrafo único da LINDB, "consideram-se orientações gerais as interpretações e especificações contidas em atos públicos de caráter geral ou em jurisprudência judicial ou administrativa majoritária, e ainda as adotadas por prática administrativa reiterada e de amplo conhecimento público".

sabe, a LPA federal é extremamente sucinta ao tratar das sanções, omitindo-se, indevidamente, quanto a uma série de questões relevantes.[40] Uma das graves omissões da lei diz respeito exatamente aos efeitos da boa-fé do administrado ante o poder de sanção que a Administração Pública detém. Apesar de tal assunto não constar da lei, a consideração da boa-fé como fator limitativo da dosimetria da sanção administrativa (ato geralmente discricionário) encontra fundamento específico em inúmeros diplomas legislativos nacionais.[41] Em 2019, particularmente, a LINDB também frisou indiretamente a necessidade de se levar em conta à boa-fé do acusado ao afirmar que "em decisão sobre regularidade de conduta ou validade de ato, contrato, ajuste, processo ou norma administrativa, serão consideradas as *circunstâncias práticas que houverem imposto, limitado ou condicionado à ação do agente*" (art. 22, §1º). Na expressão "circunstâncias fáticas" cabe indubitavelmente um exame do comportamento do agente acusado.

Em síntese, pode-se afirmar que, mesmo na ausência de uma norma explícita na LPA, tem-se aqui um verdadeiro princípio geral do direito administrativo.[42] Sempre que houver margem de escolha para dosar a sanção administrativa, a boa-fé do particular deverá servir como parâmetro da discricionariedade no agir (ou discricionariedade de conteúdo) do agente público competente para punir, inserindo-se na análise das "circunstâncias práticas" sob as quais a infração ocorreu.

8 Boa-fé do administrado e flexibilização da legalidade

Para além dos três exemplos mencionados, em que se evidencia como a boa-fé é capaz de restringir, integral ou parcialmente, a discricionariedade do poder público, há situações em que a boa-fé do administrado, em vez de gerar efeitos restritivos, abre novos caminhos de atuação administrativa. No lugar de limitar as opções de ação, a boa-fé do administrado, levada em conta pelo legislador, faz nascer alternativas decisionais que, não raro, mitigam a força do princípio da legalidade administrativa. Reconhecendo essa hipótese, Martins-Costa já observava que, por vezes, a segurança jurídica recobre a proteção da confiança ou boa-fé, porém, em outros momentos, a relação conjuntural entre esses dois princípios "poderá significar o dever de afastar ou relativizar, no caso concreto, o princípio da estrita legalidade para fazer atuar outros princípios do ordenamento jurídico".[43]

---

[40] A respeito dos problemas da LPA no tratamento das sanções administrativas, cf. nossas críticas em NOHARA, Irene; MARRARA, Thiago. *Processo administrativo federal*: Lei 9.784/1999 comentada. São Paulo: Atlas, 2009. Comentários ao art. 68.

[41] Entre outros diplomas que consideram a boa-fé do cidadão-infrator como elemento de redução da discricionariedade administrativa na dosagem da sanção, mencione-se a Lei nº 6.437/1977 (Lei das Infrações Sanitárias, no art. 7º, incisos II e III) e o Decreto-Lei nº 6.514/2008 (sobre infrações ambientais, no art. 4º, inciso I).

[42] Sobre princípios gerais do direito administrativo, cf. DI PIETRO, *Discricionariedade administrativa na Constituição de 1988, op. cit.*, p. 168 e ss.

[43] MARTINS-COSTA. A re-significação do princípio da segurança jurídica..., *op. cit.*, p. 113. A partir de um exame do ementário do STF realizado em 2003, a autora identificou 11 significações/utilizações da segurança jurídica.

Dois exemplos do direito administrativo pátrio comprovam indisputavelmente essa afirmação, a saber: a possibilidade de *revisão da sanção administrativa* por força de fato novo ou circunstância relevante e a possibilidade de *manutenção de atos ampliativos viciados e não convalidáveis*, excepcionando a via clássica da anulação.

a) Revisão da sanção administrativa

Ancorado no art. 65 da LPA federal, o instituto da revisão implica, na prática, a redução ou afastamento integral da sanção administrativa anteriormente cominada quer pela constatação de fato novo, quer pela verificação de circunstância relevante. Em poucas palavras, o fato novo constitui evento, dado ou informação que surge no processo somente após a decisão, ou seja, não existia no momento da tomada da decisão sancionatória ou, mesmo que existisse, era desconhecido pela autoridade pública responsável pela instrução e sancionamento. Já a circunstância relevante representa um fato externo ao processo – que não diz respeito à matéria infrativa em si –, mas que, por suas características, permite à Administração Pública rever a sanção administrativa antes imposta em benefício de um interesse público primário (*e.g.*, proteção da saúde coletiva, defesa do ambiente, defesa da concorrência, defesa do consumidor, promoção da educação, etc.).

Nessa sistemática, a LPA federal deu margem à mitigação ou extinção completa de uma sanção anterior, aplicada por força de uma condenação por infração administrativa, que ora se pauta por uma informação nova de natureza endoprocessual ou de interesse para o assunto debatido no processo sancionatório ("fato novo"), ou por uma circunstância extraprocessual, ainda que não necessariamente nova ("circunstância relevante"). Enquanto a circunstância relevante autorizativa da revisão da sanção fundamenta-se na proteção do interesse público; o fato novo utilizado para a revisão, a qualquer tempo, diz respeito à proteção do administrado. E é exatamente aqui que a boa-fé do administrado entra em jogo.

O fato novo que permite, a qualquer tempo, por iniciativa do administrado ou da Administração Pública, a redução ou extinção da sanção administrativa aplicada em processo já encerrado tem o objetivo de proteger exatamente a boa-fé do administrado condenado. Ao abrir a possibilidade de revisão da sanção, tornando mais maleável a coisa julgada do processo punitivo, a legislação flexibiliza a "legalidade formalista" em benefício da justiça no caso concreto. O legislador optou por privilegiar a boa-fé do administrado em vez de resguardar a estabilidade da coisa julgada administrativa. Assim, se há dados, evidências ou informações que não existiam ou não foram justificadamente conhecidos no curso do processo acusatório, esses dados, evidências ou informações, mesmo que surjam após o término do processo, devem ser considerados para adequar a sanção à medida da correta carga infrativa da ação imputada ao cidadão condenado.

Não há dúvidas, pois, de que o instituto da revisão da sanção, sobretudo por fato novo, constitui uma forma claríssima de privilegiar a boa-fé do cidadão e a justiça da decisão administrativa. Ao dar margem para a redução ou a eliminação da sanção, a legislação garante a crença do cidadão na existência de um Estado justo, legítimo e razoável; um Estado que somente pune na medida em que há ilícito e, quando pune, busca a dosagem correta da sanção. Em última instância, a proteção da crença do infrator na aplicação de uma sanção administrativa justa constitui a base para o respeito ao sistema punitivo estatal e o estímulo maior para o cumprimento da sanção aplicada. É nesse cenário de influências cíclicas entre Estado e sociedade que a proteção da boa-fé do acusado se torna relevante.

b) Manutenção do ato ilegal ampliativo

Há, ainda, outra situação em que a proteção da boa-fé do administrado levou o legislador a mitigar a legalidade formal. Trata-se da decadência do poder de anulação de ato administrativo viciado que beneficia o particular. Tal efeito, que se opera após cinco anos da prática do ato (art. 54, *caput* da LPA federal), tem como requisito fundamental a boa-fé do administrado em relação ao órgão público que praticou o ato ampliativo. Em outras palavras: a legislação federal impõe a decadência, desde que não se comprove a má-fé do administrado.[44] A má-fé da Administração Pública, vale dizer, não exerce nenhuma importância jurídica aqui, como bem anota Couto e Silva.[45]

Em vista desse requisito legal, a decadência prevista na situação narrada desponta como um instrumento de proteção da crença do administrado na prática de atos lícitos pela Administração Pública.[46] Tal crença está baseada na ideia de estado de direito, no princípio da legalidade e na própria presunção de legalidade dos atos da Administração Pública. Todos esses princípios e regras gerais levam o cidadão médio a crer que os atos praticados em seu favor sejam válidos e, por essa razão, aceita seus efeitos. Há uma válida expectativa do cidadão de que o benefício gerado por certo ato administrativo de que é destinatário será mantido, na medida em que, supostamente, a Administração sempre age em observância da lei e do direito.

O cidadão que recebe, por força de um ato administrativo, uma licença para construir, uma autorização para abrir uma empresa ou exercer uma atividade comercial não poderá ver sua situação repentinamente alterada e o ato anulado após período razoável. Essa hipótese vale, inclusive, para atos de cunho patrimonial, tal como a oferta de bolsas de estudo, auxílios estatais de pesquisa,

---

[44] De modo diverso, sustenta Valim que os atos ampliativos em que haja má-fé do administrado não poderiam se sujeitar à competência de anulação administrativa sem limites temporais. Por isso, propõe que seja "buscada uma solução analógica", aplicando-se, em face do art. 205 do CC, o prazo decadencial de 10 anos para controle desses atos. Cf. VALIM, *O princípio da segurança jurídica no direito administrativo brasileiro*, op. cit., p. 133.

[45] COUTO E SILVA. O princípio da segurança jurídica..., *op. cit.*, p. 37.

[46] Explica Couto e Silva, "o art. 54 revogou, em parte, o art. 114 da Lei n. 8.112, de 11 de dezembro de 1990 (Lei do Regime Jurídico Único), segundo o qual 'a Administração deverá rever seus atos, *a qualquer tempo*, quando eivados de ilegalidade'. O exercício do poder-dever da Administração de anular seus atos administrativos viciados de ilegalidade ficou limitado pelo prazo decadencial de cinco anos". Cf. COUTO E SILVA. O princípio da segurança jurídica..., *op. cit.*, p. 22.

financiamentos públicos etc.⁴⁷ De mais difícil análise serão, porém, os casos com efeitos simultâneos de ordem ampliativa e restritiva, hipótese bem analisada por Couto e Silva.⁴⁸ Nessa situação, grosso modo, não parece adequado manter apenas o efeito ampliativo, restando a opção, para o particular, de se beneficiar do ato em sua totalidade ou dele abrir mão.

A despeito do tipo de ato ampliativo ou prestativo, em havendo vício que macula a validade do ato (vício de forma, conteúdo, motivo, finalidade ou competência), o poder público deverá mantê-lo se o poder de anulação não for exercido em cinco anos pela Administração Pública e se os outros requisitos legais forem cumpridos. Segundo Valim, a manutenção ou estabilização do ato ampliativo expurgará a invalidade do ato administrativo com efeitos *ex tunc*. O reconhecimento dessa retroação benéfica é fundamental, segundo o autor, para resguardar o direito adquirido que o ato a princípio inválido gera para o particular.⁴⁹

Ressalvem-se da regra ora tratada, contudo, os vícios gravíssimos que tenham impedido a própria existência do ato. Se o ato for inexistente, jamais tendo surgido (por exemplo, porque é praticado por órgão público desconhecido ou em benefício de destinatário indefinido), naturalmente que a decadência não se operará. Nessas situações, o vício é tão grave que o ato mal nasce, tornando-se impossível falar da geração e da manutenção de efeitos jurídicos benéficos ao cidadão.⁵⁰

9 Boa-fé do administrador como fator restritivo da discricionariedade

Quando se pensa em boa-fé no direito administrativo, há que se recordar de seu duplo sentido, ultrapassando as questões jurídicas relativas à boa-fé do administrado. Segundo Martins-Costa, além de resguardar as "situações de confiança traduzidas na boa-fé (crença) dos cidadãos na legitimidade dos atos administrativos ou na regularidade de certa conduta", o poder público "deve também agir segundo impõe a boa-fé, considerada como norma de conduta, produtora de comportamentos ativos e positivos de proteção".⁵¹ Em outras palavras, o que importa ao direito administrativo é tanto a proteção da boa-fé subjetiva do cidadão perante o poder público quanto a boa-fé objetiva do administrador público. Por isso, como adiantado anteriormente, ao se examinarem os efeitos da boa-fé sobre as margens de escolha reservadas, pela lei, ao poder público, é preciso refletir

---

⁴⁷ Em relação aos atos administrativos ampliativos ou benefícios de cunho patrimonial continuado, o prazo quinquenal de decadência deve ser contado a partir do primeiro ato de pagamento (art. 54, §1º da LPA federal).
⁴⁸ COUTO E SILVA. O princípio da segurança jurídica..., *op. cit.*, p. 35 e ss.
⁴⁹ VALIM. *O princípio da segurança jurídica no direito administrativo brasileiro*, op. cit., p. 123.
⁵⁰ Alguns autores também defendem a inaplicabilidade do art. 54 aos atos gravemente viciados. É o caso de COUTO E SILVA. O princípio da segurança jurídica..., *op. cit.*, p. 147.
⁵¹ MARTINS-COSTA. A re-significação do princípio da segurança jurídica..., *op. cit.*, p. 113. A partir de um exame do ementário do STF realizado em 2003, a autora identificou 11 significações/utilizações da segurança jurídica.

acerca da boa-fé do cidadão perante a Administração Pública e igualmente sobre a boa-fé como regra de conduta do próprio agente público. Nesse último caso, os efeitos restritivos da boa-fé para a discricionariedade independerão da boa ou má-fé do administrado.

Não é preciso muito para justificar, juridicamente, a boa-fé como um parâmetro de conduta do agente público em geral. Tal como acentua Bandeira de Mello, a boa-fé é própria da "essência do Direito e, sobretudo no Estado Democrático de Direito, sua vigência é irrefragável".[52] Por isso, a boa-fé é invocável perante quaisquer condutas estatais, sejam elas de natureza legislativa, administrativa ou jurisdicional.[53] De modo mais específico, a boa-fé do administrador deriva automaticamente da consagração da moralidade administrativa como um princípio constitucional explícito (art. 37, *caput* da Carta Magna) e, ainda, do reconhecimento da boa-fé nos textos gerais de direito administrativo, de que é exemplo a LPA federal (art. 2º, parágrafo único, inciso IV).

Nesse cenário, como já sustentamos,[54] a boa-fé imposta pelo direito como um padrão de conduta pública obrigará todas as pessoas, físicas ou jurídicas, que ajam no exercício da função administrativa a atuar de modo probo, razoável e cooperativo. E para conciliar probidade, razoabilidade e cooperação, exige-se que o agente público, necessariamente, exclua incontáveis escolhas administrativas que, a princípio, poderiam parecer-lhe viáveis. Não por outra razão, Di Pietro bem sustentou que "a discricionariedade administrativa, da mesma forma que é limitada pelo Direito, também o é pela Moral".[55]

De modo bastante sucinto, atuar de maneira proba significa agir em prol da concretização dos princípios que regem a Administração Pública brasileira. O agente público não é um aparelho cumpridor de microrregras. Ao agir, necessita refletir sobre a função de sua conduta para a consecução das tarefas maiores reservadas ao Estado. Suas ações jamais deverão ser escolhidas no intuito de lhe gerar vantagens indevidas, causar prejuízos ao erário ou negar os princípios da Administração Pública. O agente público se verá constrangido a restringir suas escolhas de agir, no agir e quanto à forma de agir aos caminhos que se mostrem aptos a compatibilizar, de modo minimamente aceitável, todos os valores, explícitos e implícitos, que permeiam a atuação estatal em determinado período histórico.

Idêntico efeito restritivo sobre a discricionariedade pode ainda resultar do dever, imposto ao agente público, de agir de modo razoável e cooperativo. Agir razoavelmente é agir de modo adequado, necessário e proporcional. O conteúdo moral da razoabilidade surge mais intensamente nas regras da necessidade e da proporcionalidade. O agir necessário se concretizará mediante a escolha da medida

---

[52] BANDEIRA DE MELLO. *Grandes temas de direito administrativo, op. cit.*, p. 179.
[53] *Ibid.* p. 177.
[54] Cf. MARRARA, Thiago. O conteúdo do princípio da moralidade: probidade, razoabilidade e cooperação. *In:* MARRARA, Thiago (org.). *Princípios de direito administrativo*. São Paulo: Atlas, 2011. p. 159 e ss.
[55] DI PIETRO, *Discricionariedade administrativa na Constituição de 1988, op. cit.*, p. 162.

restritiva mais branda contra o cidadão. O Estado que age sem necessidade, restringe imotivadamente os direitos e interesses dos cidadãos, perdendo sua razão de existir em um contexto democrático. Já o agir proporcional se concretizará pela compensação dos efeitos nocivos por ele gerados ao cidadão pelos benefícios públicos simultaneamente deflagrados. Por isso, o Estado que atua desproporcionalmente torna-se "maquiavélico", colocando qualquer finalidade estatal – por mais irrelevante que seja – sempre acima dos direitos e interesses privados. O princípio do interesse público, fenômeno inafastável do direito administrativo democrático, não significa, porém, supremacia de qualquer interesse secundário e menor da Administração Pública, senão a de interesses públicos primários específicos e adequados, sempre em consonância com a promoção dos direitos fundamentais.

Enfim, caso o agente público detenha uma margem de escolha, a decisão tomada deverá ser selecionada também de acordo com a regra moral da cooperação. Cooperar significa trabalhar em conjunto, de modo que o poder público democrático deve ser entendido naturalmente como um complexo de entidades estatais que cooperam umas com as outras em favor da execução das funções públicas e, de outra parte, cooperam com o cidadão no exercício de seus direitos e no cumprimento de seus deveres. A ação cooperativa é parte do *standard* moral de conduta imposto ao agente público. Diante das suas margens de discricionariedade, não deverá tomar decisões que se mostrem, injustificadamente, egoísticas e prejudiciais a outros órgãos e entidades públicas ou aos cidadãos.

Na prática, a força vinculante desses três parâmetros de conformação da boa-fé do administrador público atual certamente restringirá as decisões aceitáveis a um número razoavelmente pequeno. Não é de se descartar, inclusive, que reste ao administrador somente uma única saída ou conduta válida *in casu*. Nessa última hipótese, ocorrerá o já explicado fenômeno da redução integral da discricionariedade a zero, ou seja, aquilo que era discricionário no nível legal tornar-se-á vinculado na prática. Em virtude dessa consequência, jamais se deverá esquecer que a limitação da discricionariedade, hoje, não resulta apenas da boa-fé (subjetiva) do cidadão em face da Administração Pública. A boa-fé (objetiva ou como *standard* de conduta) do administrador público constitui, inegavelmente, uma força restritiva que se soma à boa-fé do cidadão como fatores de quase esmagamento das margens de escolhas públicas.[56] E desrespeitar os padrões de boa-fé no exercício da função administrativa significará não apenas agir de modo imoral, mas também de modo claramente ilegal – dando-se margem para a anulação do ato jurídico praticado e outras implicações jurídicas graves.[57]

---

[56] Nessa linha, afirma Bandeira de Mello que "não se compreenderia que a própria ordenação normativa abonasse ou fosse complacente com a má-fé. Menos ainda se compreenderia que os administradores, exatamente quando a lei lhes outorgasse discrição, isto é, esfera de certa liberdade para melhor atender ao ordenamento, pudessem expedir atos desleais ou que burlassem a boa-fé...". BANDEIRA DE MELLO. *Grandes temas de direito administrativo*, op. cit., p. 77.

[57] Segundo Di Pietro, "o ato administrativo imoral é tão inválido quanto o ato administrativo ilegal; a segunda é uma consequência da primeira, ou seja, é a de que, sendo inválido, o ato administrativo imoral pode ser

10 Conclusão

No intuito de compreender as relações entre boa-fé e discricionariedade administrativa, o presente ensaio objetivou resgatar aspectos da teoria geral da discricionariedade e então examinar se e em que extensão eles se deixam influenciar pela crença do cidadão-administrado nas ações da Administração Pública (boa-fé subjetiva do cidadão diante do Estado) e pelos padrões morais de conduta impostos à autoridade pública pelo ordenamento jurídico (boa-fé objetiva da Administração Pública).

Ao longo dessa análise, diversas conclusões foram obtidas, a saber:

1. Discricionariedade não designa um tipo de ato nem um tipo de poder, mas sim uma característica inerente aos poderes conferidos ao Estado e que, a depender do caso, existe em maior ou menor grau.
2. No âmbito da Administração Pública, a discricionariedade existe em quatro modalidades principais: a) discricionariedade de agir ou discricionariedade em relação ao exercício de uma competência administrativa; b) discricionariedade no agir ou discricionariedade quanto ao conteúdo de uma decisão; c) discricionariedade quanto à forma do agir ou discricionariedade quanto aos requisitos procedimentais, de expedição ou de divulgação de um ato da Administração Pública e d) a discricionariedade em relação às finalidades públicas (hipóteses que incluí nesta versão do estudo, modificando posição anterior). Esses tipos surgem ora de modo conjunto ora isoladamente.
3. Como não há uma discricionariedade globalmente considerada, senão tipos de discricionariedade, os conceitos de discricionariedade e vinculação não se excluem. Em um estado de direito, todos os atos são minimamente vinculados e, por diversas razões, minimamente discricionários. O que varia, verdadeiramente, é a predominância da discricionariedade e da vinculação dos atos em espécie.
4. Discricionariedade não se confunde tampouco com margem de escolha interpretativa dos textos normativos que compõem o ordenamento jurídico em geral. Da obtenção da norma jurídica mediante atividade interpretativa pode ou não derivar algum tipo de discricionariedade.
5. No exercício do poder de escolha, é possível identificar três tipos básicos de vícios. O primeiro ocorre pelo desconhecimento da discricionariedade, situação em que a autoridade escolhe determinada decisão pelo fato de não saber que dispõe de poder de escolha. O segundo se dá pelo excesso de discricionariedade, ou seja, pelo fato de a autoridade eleger um caminho decisório não abarcado pela norma que lhe concede margem de

---

apreciado pelo Judiciário, para fins de decretação de sua invalidade". Cf. DI PIETRO. *Discricionariedade administrativa na Constituição de 1988, op. cit.*, p. 161.

escolha. O terceiro, por sua vez, surge como abuso de discricionariedade, isto é, a autoridade emprega seu poder de escolha de modo imoral ou irrazoável, desviando-se das finalidades públicas.
6. Em virtude dos princípios de direito administrativo, dos interesses públicos primários e dos direitos fundamentais – todos fortemente constitucionalizados no Brasil atual –, a discricionariedade da Administração Pública muitas vezes será reduzida a zero. Isso significa que, a despeito de se garantir uma margem de escolha na lei, a situação concreta e seu contexto reduzirão a escolha a uma única decisão juridicamente aceitável.
7. Ademais, é possível que a discricionariedade desapareça em razão da teoria dos fatos próprios (teoria da autovinculação) ou da vedação do *venire contra factum proprium*. Isso ocorrerá basicamente quando a Administração se vincular a uma decisão anterior legal para o mesmo caso (proteção da coisa julgada administrativa), a decisões esparsas precedentes (proteção da jurisprudência administrativa) ou a uma promessa válida anteriormente feita (proteção de declarações unilaterais).
8. O reconhecimento das teorias de redução da discricionariedade permite que a boa-fé, tanto do cidadão quanto da Administração Pública, exerça considerável pressão sobre a discricionariedade administrativa.
9. São exemplos de restrição da discricionariedade administrativa operada pela boa-fé do cidadão a vinculação da autoridade pública à coisa julgada administrativa e às orientações gerais (por força do princípio da segurança jurídica); a vinculação da autoridade pública à jurisprudência administrativa (por força do princípio da isonomia) e a restrição do poder de dosimetria de sanções administrativas.
10. Além disso, há situações em que a boa-fé do administrado, considerada pelo legislador, gera novos caminhos decisórios, flexibilizando, inclusive, o princípio da legalidade formal. São exemplos de mitigação do princípio da legalidade em virtude da boa-fé do cidadão a decadência do poder de anular atos administrativos ampliativos e o dever de revisão de sanções administrativas que se mostrem inadequadas em virtude de fato novo.
11. Enfim, a boa-fé da Administração Pública, sobretudo como boa-fé objetiva, também opera restrições ao poder de escolha da autoridade pública no caso concreto. A boa-fé imposta ao poder público como norma de conduta derivada, em última instância, da moralidade administrativa demanda decisões probas, razoáveis e cooperativas, e não meramente legais. Por isso, a necessidade de observância simultânea desses atributos restringirá inevitavelmente o poder de escolha inicialmente conferido por uma regra jurídica ao agente público, ocasionando, não raro, o aniquilamento da discricionariedade administrativa.

Referências

BANDEIRA DE MELLO, Celso Antônio. *Grandes temas de direito administrativo*. São Paulo: Malheiros, 2009.

COUTO E SILVA, Almiro. O princípio da segurança jurídica (proteção à confiança) no direito público brasileiro e o direito da Administração Pública de anular seus próprios atos administrativos: o prazo decadencial do art. 54 da Lei de Processo Administrativo da União (Lei 9.784/1999). *Revista Eletrônica de Direito do Estado – Rede*, n. 2, 2005, edição digital, s.p., disponível em www.direitodoestado.com.br.

DI PIETRO, Maria Sylvia. *Discricionariedade administrativa na Constituição de 1988*. 2. ed. São Paulo: Atlas, 2003.

EHLERS, Dirk. Verwaltung und Verwaltungsrecht im demokratischen und sozialen Rechtstaat. In: ERICHSEN, Hans-Uwe; EHLERS, Dirk (org.). *Allgemeines Verwaltungsrecht*. 12. ed. Berlim: De Gruyter, 2003, p. 1-132.

GORDILLO, Agustín. *Tratado de derecho administrativo*. 7. ed. Belo Horizonte: Del Rey, 2003. T. 1.

GUERRA, Sérgio. Discricionariedade administrativa: críticas e propostas. *Revista Eletrônica de Direito do Estado – Rede*, n. 21, 2010, edição digital, s.p., disponível em www.direitodoestado.com.br.

MARRARA, Thiago. O conteúdo do princípio da moralidade: probidade, razoabilidade e cooperação. *In*: MARRARA, Thiago (org.). *Princípios de direito administrativo*. São Paulo: Atlas, 2011, p. 159-179.

MARTINS-COSTA, Judith. A re-significação do princípio da segurança jurídica na relação entre o Estado e os cidadãos: a segurança como crédito de confiança. *Revista CEJ*, n. 27, p. 110-120, 2004.

MAURER, Hartmut. *Allgemeines Verwaltungsrecht*. 13. ed. Munique: Beck, 2000. p. 128.

MENEZES CORDEIRO, Antonio Manuel da Rocha e. *Da boa-fé no direito civil*. Coimbra: Almedina, 2001.

MODESTO, Paulo. Legalidade e autovinculação da Administração Pública: pressupostos conceituais do contrato de autonomia no anteprojeto da nova lei de organização administrativa. In: MODESTO, Paulo (coord.). *Nova organização administrativa brasileira*. 2. ed. Belo Horizonte: Fórum, 2010, p. 115-173.

NOHARA, Irene; MARRARA, Thiago. *Processo administrativo federal*: Lei 9.784/1999 comentada. São Paulo: Atlas, 2009.

OSSENBÜHL, Fritz. Rechtsquellen und Rechtsbindungen der Verwaltung. *In*: ERICHSEN, Hans-Uwe; EHLERS, Dirk (org.). *Allgemeines Verwaltungsrecht*. 12. ed. Berlim: De Gruyter, 2003, p. 135-227.

PENTEADO, Luciano de Camargo. Figuras parcelares da boa-fé objetiva e *venire contra factum proprium*. *Revista de Direito Privado*, v. 27, p. 252-278, 2006.

VALIM, Rafael. *O princípio da segurança jurídica no direito administrativo brasileiro*. São Paulo: Malheiros, 2010.

Informação bibliográfica deste texto, conforme a NBR 6023:2018 da Associação Brasileira de Normas Técnicas (ABNT):

MARRARA, Thiago. A boa-fé do administrado e do administrador como fator limitativo da discricionariedade administrativa. *In*: MARRARA Thiago (coord.). *Princípios de direito administrativo*. 2. ed. rev., ampl. e atual. Belo Horizonte: Fórum, 2021. p. 305-338. ISBN 978-65-5518-166-1.

PARTE IV

PUBLICIDADE

PRINCÍPIO DA PUBLICIDADE

WALLACE PAIVA MARTINS JUNIOR

1 Introdução

A afirmação da publicidade como um dos princípios da Administração Pública promovida na cabeça do art. 37 da Constituição de 1988 é predicado democrático do Estado de Direito. O princípio da publicidade articula, como expõe a literatura, uma atuação "transparente, sem ocultações de atos e muito menos sigilo em relação aos mesmos. Não se admite mais, nos dias de hoje, que a Administração Pública se utilize de normas e outros procedimentos que tenham o silêncio como a sua característica de atuação".[1] Sua projeção no ambiente jurídico brasileiro, em compasso com as contemporâneas democracias ocidentais, "aponta para a necessidade de que todos os atos administrativos estejam expostos ao público, que se pratiquem à luz do dia",[2] dada a natureza pública da gestão administrativa e que se espraia à inspeção da conduta dos agentes públicos em seu exercício. Pois, como salientou o Ministro Celso de Mello, "o novo estatuto político brasileiro – que rejeita o poder que oculta e não tolera o poder que se oculta – consagrou a publicidade dos atos e das atividades estatais como valor constitucionalmente assegurado".[3]

Sua funcionalidade é elementar no Estado Democrático de Direito ao instrumentalizar a vigilância do cumprimento de outros princípios jurídico-administrativos inerentes à administração pública (legalidade, moralidade, impessoalidade, razoabilidade, proporcionalidade, segurança jurídica etc.) e conferir maiores graus de legitimidade à gestão dos negócios públicos e de respeito aos direitos dos administrados, como o devido processo legal e a possibilidade de conhecimento da ação administrativa.

Premissa inaugural de qualquer debate a seu respeito é a existência de um direito subjetivo público ao conhecimento da atuação administrativa em todos os seus níveis, evidenciando a opção política fundamental de ruptura da tradição do sigilo e de construção de um conceito de Administração Pública aberta.

---

[1] MATTOS, Mauro Roberto Gomes de. *Tratado de Direito Constitucional*. São Paulo: Saraiva, 2010, v. I, p. 774, coordenação de Ives Gandra da Silva Martins, Gilmar Ferreira Mendes e Carlos Valder do Nascimento.
[2] MENDES, Gilmar Ferreira; COELHO, Inocêncio Mártires; BRANCO, Paulo Gustavo Gonet. *Curso de Direito Constitucional*. São Paulo: Saraiva, 2010, 5. ed. p. 969.
[3] RTJ 139/712.

2 Transparência e publicidade

Qual a relação que se estabelece entre transparência e publicidade? A indagação não é de fácil solução e já mereceu atenção anteriormente.[4] Uma análise sistemática do ordenamento jurídico brasileiro instituído pela Constituição Federal de 1988 revela que a transparência estatal (ou administrativa) é um de seus princípios gerais, enquanto a publicidade se caracteriza como subprincípio (ou princípio especial) decorrente daquele que, por sua vez, deriva de princípios fundamentais estruturantes, como o democrático e republicano. A transparência tem maiores graus de abstração, densidade, generalidade e indeterminação que a publicidade.

Publicidade consiste, *grosso modo*, na divulgação oficial dos atos do poder público, ao passo que a transparência é muito mais que isso, abarcando além dela os subprincípios da motivação e da participação popular. A convergência desses subprincípios conduz à existência (positivada) do princípio da transparência na medida em que a abertura, a visibilidade, a diafanidade e a proximidade da Administração Pública são erguidas não só pelo conhecimento de sua atuação, senão por sua explicação e pela partilha no processo de tomada de decisão. Isso fornece um novo padrão de governança pela atribuição de legitimação material ao exercício do poder, um importante marco para a ruptura de um perfil autoritário, isolado, hermético, misterioso e opaco da Administração Pública.

A medida democrática de um sistema político-administrativo deve sopesar os diferentes graus de publicidade, motivação e participação da Administração Pública numa escala ascendente. Sem olvidar a existência de decretos secretos no passado, não adquire maiores níveis o ordenamento que prioriza tão somente a publicidade, olvidando a decisiva contribuição dos demais. Além disso, o maior ou menor grau de concretização dos princípios republicano e democrático pode ser avaliado em cada um dos três subprincípios, pois não angaria posições satisfatórias a organização que, de um lado, mecanicamente divulga seus atos oficiais (alguns ou sua maioria), e de outro, nega direito de acesso a informações a seus cidadãos.

A publicidade ampla é o primeiro estágio de democratização da gestão pública, mas não se esgota em si própria. Ela desempenha importante papel formal para a motivação e a participação. Entre elas se estabelece um círculo virtuoso porque "o conhecimento do fato (acesso, publicidade) e de suas razões (motivação) permite o controle, a sugestão, a defesa, a consulta, a deliberação (participação)".[5] Círculo virtuoso que tem efeitos formidáveis, bem aquilatados: a transparência é um dos deveres funcionais que alcançam a ética, articulada através de expedientes de sua instrumentalização, como a motivação, o acesso às informações, o

---

[4] MARTINS JUNIOR, Wallace Paiva. *Transparência administrativa*. São Paulo: Saraiva, 2004, p. 01-08, 19-26.
[5] MARTINS JUNIOR, Wallace Paiva. *Transparência administrativa*. São Paulo: Saraiva, 2004, p. 22.

contraditório e a participação popular.⁶ O direito brasileiro contemporâneo exibe provas dessas conclusões com as Leis do Processo Administrativo (Lei nº 9.784/99), e de Responsabilidade Fiscal (Lei Complementar nº 101/00) e o Estatuto da Cidade (Lei nº 10.257/01). Posteriormente, a Lei de Acesso à Informação (Lei nº 12.527/11) tonificou a transparência com dois eixos básicos: a publicidade como regra (e o sigilo como exceção) e a divulgação de informações públicas independentemente de pedido.

Há outro dado a se considerar. Os fins da transparência satisfazem os próprios desideratos da publicidade em maior proporção: atribuição de legitimidade, validade e eficácia à ação administrativa; instrumentalização da observância do bom funcionamento administrativo e dos direitos fundamentais dos administrados; dotação de maiores níveis de controle e fiscalização institucional e social pela vigilância dos princípios da legalidade, moralidade, impessoalidade, proporcionalidade, economicidade, eficiência, imparcialidade, razoabilidade etc.; facilitação do acesso à informação e respeito ao devido processo legal; aproximação entre Administração Pública e administrados, proporcionando maiores níveis de eficiência com a adesão destes e a satisfação de suas necessidades mais concretas por aquela; reaquisição de confiança nas instituições e de garantia de segurança jurídica.

A transparência administrativa é um dos princípios gerais de direito administrativo, como posto em acento na doutrina alienígena.⁷ A partir da pioneira experiência sueca, foi acolhida no direito comunitário europeu e nas legislações francesa, espanhola, portuguesa e italiana,⁸ assim como nos direitos norte-americano e mexicano. Destaca-se a noção de Administração Pública aberta constante da Lei nº 241/90 no direito italiano, pela qual o conceito de transparência tem conteúdo amplo, abarcando todos os perfis da atividade administrativa, que devem assegurar o conhecimento, pelos cidadãos, de toda determinação da Administração Pública, inclusive seus atos preparatórios.

Se "o governo da democracia como o governo do público em público",⁹ isso significa que ao público opõe-se o reservado e o secreto. E nem poderia ser diferente. Salvo apertadas exceções, a tônica deve ser a visibilidade ampla, completa e integral da gestão administrativa, sobretudo porque o destinatário final é o público, razão pela qual a atividade não pode ser secreta ou reservada ao círculo do poder, projetando-se por vários institutos transparentes (audiências públicas, consultas públicas, plebiscitos administrativos, referendos administrativos, publicações, notificações, direitos de acesso, informação e certidão, motivação, processo

---

[6] GONZALEZ PÉREZ, Jesus. *La ética en la Administración Pública*. Madrid: Civitas S.A., p. 27-30.
[7] QUADROS, Fausto. *A nova dimensão do Direito Administrativo (O Direito Administrativo português na perspectiva comunitária)*. Coimbra: Almedina, 1999, p. 20.
[8] Augutí CERRILLO I MARTINEZ. *La transparencia administrativa:* Unión Europea y medio ambiente. Valencia: Tirant lo Blanch, 1998, p. 21-28, 56; STIRN, Bernard. *Le sources constitutionnelles du droit administratif*. Paris: Librairie générale de droit et de jurisprudance, 1995, p. 67, 102; ZUCCHETTI, Alberto. Il sistema della tutela dei dati personali in *Privacy e accesso ai documenti amministrativi*. Milano: Dott. A. Giuffrè, 1999, p. 75-79, 111.
[9] BOBBIO, Norberto. *O futuro da democracia*: uma defesa das regras do jogo. São Paulo: Paz e Terra, 1997, p. 84.

administrativo, órgãos colegiados normativos, consultivos ou deliberativos com a participação de indivíduos, segmentos sociais ou associações representativas etc.). Por isso mesmo, cabe obtemperar que, no âmbito da representação política, é hora de repensar o caráter secreto das deliberações parlamentares (*v.g.*, art. 52, III, IV, XI, Constituição Federal) – o que já foi parcialmente feito com a Emenda Constitucional nº 76, de 2013, ao suprimir o voto secreto nos casos dos arts. 55, §2º, e 66, §4º. Neste sentido, Norberto Bobbio assinala que "sessões secretas, acordos e decisões secretas de qualquer comitê podem ser muito significativos e importantes, mas não podem jamais ter um caráter representativo", porque a representação significa "tornar visível e tornar presente um ser invisível mediante um ser publicamente presente".[10] A prerrogativa do sigilo do voto é um direito político fundamental do eleitor (art. 14, Constituição Federal), não de seu representante cujo exercício do mandato deve ser guiado pela transparência, mormente quando o objeto da deliberação é a gestão do interesse público.[11]

3 Publicidade: considerações gerais

O princípio da publicidade administrativa consiste, no sentido positivo, na obrigação de divulgação oficial dos atos da Administração Pública e, no sentido negativo, na interdição de atos ou procedimentos secretos ou sigilosos salvo as exceções normativas ditadas pela proteção do interesse público ou de qualificados interesses particulares. Como os fins dos atos e atividades da Administração Pública são públicos, natural que a sua forma de produção e de exteriorização seja pública, atendendo ao significado de transparência,[12] como instrumental de aferição do grau de respeito aos demais princípios da administração pública (legalidade, impessoalidade, moralidade, eficiência, razoabilidade etc.), aos direitos dos administrados, ao controle, à perfeição e operacionalidade do ato etc.

É possível falar-se em publicidade ampla e restrita. Na primeira hipótese, cuida-se da expansão qualitativa e quantitativa da divulgação das atividades administrativas. Não basta apenas a divulgação da maioria dos assuntos administrativos (aspecto quantitativo) se a informação transmitida tem nenhuma ou alguma utilidade, eficácia ou relevância social e jurídica (aspecto qualitativo). Na segunda hipótese,

---

[10] *O futuro da democracia*: uma defesa das regras do jogo. São Paulo: Paz e Terra, 1997, p. 86.

[11] "A cláusula tutelar inscrita no art. 14, *caput*, da Constituição tem por destinatário específico e exclusivo o eleitor comum, no exercício das prerrogativas inerentes ao *status activae civitatis*. Essa norma de garantia não se aplica, contudo, ao membro do Poder Legislativo nos procedimentos de votação parlamentar, em cujo âmbito prevalece, como regra, o postulado da deliberação ostensiva ou aberta. – As deliberações parlamentares regem-se, ordinariamente, pelo princípio da publicidade, que traduz dogma do regime constitucional democrático. A votação pública e ostensiva nas Casas Legislativas constitui um dos instrumentos mais significativos de controle do poder estatal pela Sociedade civil" (STF, ADI-MC nº 1.057-BA, Tribunal Pleno, Rel. Min. Celso de Mello, 20-04-1994, m.v., *DJ* 06-04-2001, p. 65).

[12] SILVA, José Afonso da. *Curso de Direito Constitucional positivo*. São Paulo: Revista dos Tribunais, 1990, p. 564-565; BANDEIRA DE MELLO, Celso Antônio. *Curso de Direito Administrativo*. São Paulo: Malheiros Editores, 2000, p. 84-85; CARDOZO, José Eduardo Martins. Princípios Constitucionais da Administração Pública. In: MORAES, Alexandre de (coord.). *Os 10 Anos da Constituição Federal*. São Paulo: Atlas, 1999, p. 159,.

como a regra é a publicidade e o sigilo a exceção, a restrição à publicidade deve decorrer de expressas previsões normativas, ligadas à tutela de específico interesse público ou privado, cuja ostensividade possa comprometer, e, bem por isso, merece interpretação restritiva. Não se trata de sigilo absoluto, senão de publicidade restrita porque há situações em que a limitação poderá ceder em função de algum outro interesse jurídico relevante, impondo variações nos níveis restritivos, abrindo exceções à exceção, a partir de vários critérios (tempo, pessoas, coisas, locais etc.).

Assegurando o controle e a fiscalização, a publicidade é medida de bom funcionamento administrativo e garantia de respeito aos direitos dos administrados, pois rechaça espaços aos *arcana imperii* e repele o exercício clandestino e arbitrário das atividades administrativas custeadas pelos recursos públicos. Por isso é que a publicidade incide sobre atos concluídos ou em formação e tem importantes funções, bem aquilatadas na doutrina:[13] decurso de prazo para interposição de recursos; início dos prazos de decadência e prescrição; impedimento da alegação de ignorância sobre os atos da Administração Pública. A prescrição da ação popular (se é que pode ser considerada prescritível à luz do §5º do art. 37 da Constituição Federal) tem seu termo *a quo* "a contar da data em que o fato se tornou conhecido, porque é a partir de sua publicidade que os fatos administrados podem ser controlados".[14] A consideração da publicidade como termo para impugnação de ato administrativo serve, ademais, para qualquer pretensão contra a Administração Pública à luz do prazo prescricional quinquenal estabelecido no Decreto nº 20.910/32, pois, "a lesão ao direito, que fez nascer a pretensão da autora, decorreu do ato de convocação e, não, da data de sua nomeação, razão pela qual o prazo da prescrição teve início na data da publicação do ato lesivo".[15] A jurisprudência, ademais, estabeleceu que a publicidade constitui marco para retratação de atos dependentes da vontade do administrado.[16]

A publicidade pode constituir um dever (publicação, notificação, disposição pública, propaganda) ou um direito (acesso, informação, certidão). Atualmente, denota-se tendência que dilata o esquema tradicional de formas de publicidade administrativa (publicações na imprensa privada; acesso por disponibilidade, consulta, cópia e transmissão de dados, documentos e informações dos órgãos públicos, inclusive por meios eletrônicos ou cibernéticos; prestações de contas;

---

[13] ESPÍRITO SANTO, Leonardo Motta. In: *Curso prático de Direito Administrativo*: Belo Horizonte: Del Rey, 2004, 2. ed. pp. 23-25.

[14] STJ, REsp nº 4.996-SP, 2ª Turma, Rel. Min. Ari Pargendler, 18-09-1995, v.u., *DJ* 16-10-1995, p. 34.632. No mesmo sentido: "O prazo para propositura de ação popular é de cinco anos e tem início após a publicidade do ato lesivo ao patrimônio público" (STJ, REsp nº 693.959-DF, 2ª Turma, Rel. Min. João Otávio de Noronha, 17-11-2005, v.u., *DJ* 01-02-2006, p. 491).

[15] STJ, REsp nº 898.496-DF, 6ª Turma, Rel. Min. Hamilton Carvalhido, 18-10-2007, v.u., *DJe* 14-04-2008.

[16] Neste sentido, "regida a Administração pelo princípio da publicidade de seus atos, estes somente têm eficácia depois de verificada aquela ocorrência, razão pela qual, retratando-se o servidor, antes de vir a lume o ato de aposentadoria, sua situação funcional deve retornar ao *status quo ante*, vale dizer, subsiste a condição de funcionário ativo" (STJ, RMS nº 5.164-SP, 6ª Turma, Rel. Min. Fernando Gonçalves, 15-08-2000, v.u., *DJ* 04-09-2000, p. 193).

audiências e consultas públicas; abertura ao processo administrativo a portadores de interesses individuais indiretamente afetados e de interesses difusos e coletivos; *habeas data*; comunicações a entidades particulares de caráter associativo de ramo específico, representativas de interesses difusos e coletivos, e aos órgãos públicos de controle), sendo possível afirmar-se a existência de uma pluralidade de formas de publicidade administrativa, reflexiva de um conceito de Administração Pública aberta e transparente.

A publicidade não se esgota nos meios legalmente previstos, pois o cumprimento da obrigação legal não elimina a possibilidade de avançar para maior grau de diafanidade à ação administrativa, como, aliás, sugere a doutrina italiana comentando o direito de informação.[17] No Brasil, a abertura do espaço é incentivada pelo artigo 48 da Lei Complementar nº 101/00. Sem preterição das formas legais, respeitando os princípios administrativos e os fins da publicidade administrativa, é obrigação do administrador público ampliar as formas de publicidade. Nesse sentido, importante aresto estimou que a publicidade dos julgamentos dos recursos administrativos impõe a publicação da pauta respectiva não só por afixação na repartição pública senão também por sua divulgação no órgão da imprensa oficial, como meio de assegurar a ciência do interessado.[18] E, não amiúde, regras surgem multiplicando as formas de publicidade para um mesmo ato da Administração Pública, gerando o concurso de formas de publicidade administrativa.

De qualquer modo, a publicidade requer a observância da forma da divulgação oficial dos atos da Administração Pública (art. 2º, V, Lei nº 9.784/99). Divulgações não oficiais não têm valia jurídica para os fins da publicidade, sendo ineficazes para substituição da forma (ou formas) legalmente prevista, por falta de segurança jurídica e certeza em relação ao devido processo legal administrativo. A pluralidade e a diversificação funcional das formas de publicidade impedem a fungibilidade entre elas.[19] Ainda que tenha a Administração Pública liberdade para escolher entre uma e outra forma de publicação, "não pode ora valer-se de um, ora de outro, dado que tal conduta dificultaria o conhecimento que desses atos e comportamentos devem ter os administrados".[20] A premissa se estende para novas formas criadas pela Administração Pública. Ela pode adotá-las, mas não pode dispensar a forma legal ou substituí-la pelas inovações, notadamente quando haja perigo à certeza, à segurança (jurídica) e aos direitos dos administrados (art. 2º, VIII e IX, Lei nº 9.784/99).

À publicação e à notificação somam-se outras cuja forma de divulgação não foi predeterminada, mas que têm outras funções, como a acessibilidade aos usuários de serviços públicos (art. 7º, *caput*, Lei nº 8.987/85 c.c. art. 6º, II e III, Lei

---

[17] PASTORI, Giorgio. I diritti di informazione di cui alla Legge nº 816/1985 e la loro attuazione in *Scritti in onore di Massimo Severo Giannini*. Milano: Dott. A Giuffrè, 1988. v. III, p. 594.

[18] STJ, 6.169-RR, 1ª Seção, Rel. Min. Nancy Andrighi, 28-06-2000, v.u., *DJ* 01-08-2000, p. 184, *RSTJ* 137/86.

[19] VEDEL, Georges. *Droit Administratif*. Paris: Presses Universitaires de France, 1964, p. 160-161.

[20] GASPARINI, Diogenes. *Direito Administrativo*. São Paulo: Saraiva, 1995, p. 08.

nº 8.078/90; art. 3º, IV, Lei nº 9.472/97; art. 7º, VI, Lei nº 8.080/90), o controle, a fiscalização e a participação (arts. 31, §3º, 162, parágrafo único, 225, IV, Constituição Federal; arts. 49 e 56, §3º, Lei Complementar nº 101/00; art. 21, I a III, Lei nº 8.666/93; arts. 4º e 5º, Lei nº 9.424/96; art. 3º, Lei nº 8.745/93; arts. 37 e 40, §4º, II, Lei nº 10.257/01).[21]

A Lei nº 12.527/11 (Lei de Acesso à Informação) inscreve a obrigação de divulgação de informações coletivas ou gerais em sítios oficiais da rede mundial de computadores, sem prejuízo do uso de todos os meios e instrumentos legítimos (art. 8º, §2º), e inclusive assegurando o acesso a informações públicas mediante a criação de serviço de informações ao cidadão, e a realização de audiências ou consultas públicas, incentivo à participação popular ou a outras formas de divulgação (art. 9º).

Numa visão sistemática, a publicidade pode ser classificada: a) pelo âmbito subjetivo, em impessoal e difusa (publicação, propaganda governamental), e pessoal e individual (notificação, intimação, certidão); b) pelo modo de realização, em *ex officio* (publicação, notificação) e mediante provocação do interessado (informação, certidão); c) pelo conteúdo, em transmissão de informação geral (informação) e individual (certidão); d) pela finalidade múltipla (requisito de validade ou fator de eficácia do ato, defesa de direitos, mero conhecimento de um ato, controle etc.); e) pelo reconhecimento do dever (publicação e comunicação aos destinatários) e do direito (informações de interesse particular, coletivo ou geral, certidão e acesso dos usuários a registros administrativos e atos de governo).[22]

4 Publicidade: dever

A publicidade se concretiza como dever da Administração Pública quando ela tem a obrigação de divulgação de seus atos. A Lei nº 12.527/11 (Lei de Acesso à Informação) reforçou essa obrigação ao cunhar a publicidade como regra (e o sigilo como exceção) e a divulgação de informações públicas independentemente de pedido (art. 3º, I e II). Há, basicamente, duas formas pelas quais ela cumpre esse dever: a publicação e a comunicação (intimação, notificação), que variam conforme o modo de ciência do ato.

A publicação consiste na divulgação oficial do ato através do jornal oficial ou meio de valor legal equivalente (divulgação em boletim oficial, inclusive eletrônico,

---

[21] Tais como o dever de disponibilidade de atos, documentos e processos administrativos cumprido por sua afixação ou exposição em local próprio para consulta e acesso públicos (art. 21, Lei nº 9.472/97; art. 39, Lei nº 9.472/97; art. 42, Lei nº 9.472/97; art. 34 §1º, Lei nº 8.666/93; art. 49, Lei Complementar nº 101/00), a difusão de boletins ou informativos oficiais; a inserção em meios eletrônicos ou cibernéticos de informação acessíveis por qualquer pessoa através de aparelhos privados (arts. 48 a 56, Lei Complementar nº 101/00; Lei nº 9.755/98) ou por outros meios que possibilitem igual acesso, *v.g.*, a publicidade de sessões administrativas (art. 21 e §2º, Lei nº 9.472/97; art. 18, Lei nº 9.478/97; arts. 3º, §3º, 4º, 43, I e III, §1º, Lei nº 8.666/93).

[22] MARTINS JUNIOR, Wallace Paiva. *Transparência administrativa*. São Paulo: Saraiva, 2004, p. 63-72; CARDOZO, José Eduardo Martins. Princípios constitucionais da Administração Pública. In: In: MORAES, Alexandre de (coord.). *Os 10 Anos da Constituição Federal*. São Paulo: Atlas, 1999, p. 159-163.

ou afixação em local visível e acessível a todos) para conhecimento geral porque tem como destinatários uma pluralidade indeterminada de sujeitos (publicidade impessoal); a comunicação (por meio da notificação ou da intimação) visa ao alcance de sujeitos determinados, exigindo o efetivo conhecimento do ato pelo interessado (publicidade pessoal).

Em linha de princípio, as medidas gerais são sujeitas à publicação, ao passo que as individuais à comunicação, salvo nas hipóteses em que a lei autoriza para estas a substituição pela publicação (desconhecimento dos interessados, ignorância de sua localização, impossibilidade de sua prática, *v.g.*). Entretanto, impõe-se considerar nesse discurso a repercussão na esfera jurídica dos interessados e o âmbito de eficácia dos atos sujeitos à publicidade. A Lei do Processo Administrativo estabelece que atos individuais benéficos e restritivos de direitos sempre devem ser objeto de comunicação (art. 28, Lei nº 9.784/99). Atos gerais e individuais dotados de efeitos internos ou restritos aos seus destinatários requerem comunicação direta para produção de seus efeitos, salvo disposição em contrário, e os atos normativos e gerais com efeitos externos devem ser objeto de publicação, enquanto os atos individuais com efeitos externos exigem comunicação. Há uma série de atos individuais de efeitos externos que também são objeto de publicação cumulativamente ou não à comunicação por força da atribuição de maior grau de transparência na gestão dos negócios públicos, proporcionando controle e fiscalização. Além disso, é admissível a publicação (substitutiva da notificação e com os mesmos efeitos) como forma de publicidade dos atos individuais em razão do grande número de interessados (atos coletivos, como lista de admissão ao serviço de ensino, resultados de exames etc.),[23] da pluralidade indeterminada de pessoas, de seu objeto ser um procedimento seletivo[24] (ou seja, diante do considerado ato plúrimo[25]), como, por exemplo, alguns atos individuais com vários destinatários que são, na realidade, atos preparatórios de caráter geral para formação de atos de alcance particular, e têm na publicação via escorreita da publicidade (concurso público para admissão de pessoal ao serviço público, licitação para contratação). Por outro lado, se o ato geral ou individual de efeito interno repercute sobre a posição jurídica dos administrados, impõe-se a publicação, até porque se considera que a comunicação pessoal é matéria de direito estrito,[26] resultando de lei. Também embala essa perspectiva a consideração de que atos individuais adquirem eficácia jurídica com a comunicação sem obliterar o controle e a fiscalização pela publicação concorrente.

Compete à lei determinar o modo de publicação (inserção no diário oficial, nos boletins administrativos eletrônicos ou não, na imprensa privada ou afixação em local próprio de acesso público). O cumprimento do dever de publicidade

---

[23] LAUBADÈRE, André de; VENEZIA, Jean-Claude; GAUDEMET, Yves. *Traité de Droit Administratif*. tomo I. Paris: Librairie Générale de Droit e de Jurisprudence, 1992, n. 953, p. 613-614.
[24] MATEO, Ramón Martín. *Manual de Derecho Administrativo*. Madrid: Trivium, 1996, p. 319.
[25] LANDI, Guido; POTENZA, Giuseppe. *Manuale di Diritto Amministrativo*. Milano: Dott. A. Giuffrè, 1997, p. 194.
[26] ARAÚJO, Edmir Netto de. *Curso de Direito Administrativo*. São Paulo: Saraiva, 2007, 3. ed. p. 58.

pelas formas da publicação e da comunicação aos destinatários gera a "presunção absoluta da ciência do destinatário", dispensada, quanto à publicação, prova do efetivo conhecimento,[27] pois, a publicação oficial é exigência da executoriedade do ato para produção de efeitos externos.[28] Quanto aos atos sujeitos à comunicação, seu aperfeiçoamento estabelece a presunção de ciência efetiva.

É indevida a publicidade com preterição da forma legal, em razão da insegurança jurídica relativa à existência e ao conteúdo do ato e à garantia de sua eficácia. Embora prevaleça o princípio do formalismo moderado, a forma legal deve ser observada (arts. 2º, VIII a X, 22 a 26, Lei nº 9.784/99). Somente se a lei não determinar a forma, o administrador tem liberdade para criá-la e desde que seja eficiente aos seus fins. Com relação ao modo da publicação, ela pode ser integral ou resumida. Isso também é matéria de lei que pode autorizar o modo resumido desde que promovido com suficiente grau de certeza e segurança e garanta o acesso à íntegra por outros meios (disposição pública ou consulta em meios eletrônicos, consulta em bancos de dados informatizados ou na repartição pública), lembrando-se que atos normativos exigem publicação integral. Quanto à comunicação por intimação ou notificação, há previsão de elementos obrigatórios em lei (como, por exemplo, os previstos no art. 26, §1º, Lei nº 9.784/99), notadamente os que expressem certeza e segurança aos administrados, como a motivação. A comunicação por edital é excepcional, baseada nos pressupostos de indeterminação, desconhecimento ou indefinição do domicílio de interessados (art. 26, §4º, Lei nº 9.784/99). É realizada mediante publicação oficial, de maneira subsidiária e condicional, sem caráter de fungibilidade. A exigência da publicidade pessoal (notificação ou intimação) repousa no devido processo legal, tornando efetivos os direitos de ciência, audição e defesa. A jurisprudência declara a ilegitimidade da publicação da instauração de processo administrativo restritivo de direitos, exigindo notificação.[29] Também fixa os contornos dos meios (formas) do dever de publicidade ao enunciar não bastar a publicação, sendo impositiva a comunicação aos candidatos de concurso público da convocação para uma de suas fases, mercê da inexistência de previsão no edital, diante do transcurso considerável de tempo.[30]

---

[27] CARDOZO, José Eduardo Martins. Princípios constitucionais da Administração Pública In: MORAES, Alexandre de (coord.). Os 10 Anos da Constituição Federal. São Paulo: Atlas, 1999, p. 161-162, coordenação de Alexandre de Moraes.

[28] SILVA, José Afonso da. Curso de Direito Constitucional Positivo. São Paulo: Revista dos Tribunais, 1990, p. 564-565.

[29] A decisão estampa que "é inconstitucional norma estadual que, ao disciplinar infração ao meio ambiente, determina que a cientificação inicial de processo administrativo deve ser realizada mediante publicação no Diário Oficial, equiparando-se à citação dos processos de natureza judiciária, pois tal cientificação mostra-se ficta e somente subsiste nas hipóteses em que a parte interessada estiver em lugar incerto e não sabido, sob pena de violar-se o princípio constitucional do contraditório e da ampla defesa" (STF, RE nº 157.905-6-SP, Tribunal Pleno, Rel. Min. Marco Aurélio, v.u., 06-08-1997, D.J.U. 25-09-1998, RT 759/151).

[30] O acórdão assinalou que "de acordo com o princípio da publicidade, expressamente previsto no texto constitucional (art. 37, caput da CF), os atos da Administração devem ser providos da mais ampla divulgação possível a todos os administrados e, ainda com maior razão, aos sujeitos individualmente afetados", de maneira que "se não está previsto no Edital do concurso, que é a lei do certame, a forma como se daria a convocação dos habilitados para a realização de sua segunda etapa, referido ato não pode se dar exclusivamente por intermédio do Diário Oficial, que não possui o mesmo alcance que outros meios de comunicação, sob pena de violação ao princípio da publicidade" (STJ, AgRg no REsp nº 959.999-BA, 5ª Turma, Rel. Min. Napoleão Nunes Maia Filho, 26-03-2009, v.u., DJe 11-05-2009).

Essa orientação foi, aliás, reverberada, principalmente em face de processos seletivos cuja validade é delongada.[31]

A supressão, execução incompleta, insuficiente da comunicação ou realização pela via inadequada poderá implicar nulidade ou ineficácia do ato. Nulidade, se a comunicação for considerada formalidade essencial à defesa e ao devido processo legal como integrante de alguma etapa de formação do ato[32] – ainda que de grau relativo se suprido o defeito de forma eficaz (arts. 2º, VIII e IX, e 26, §5º, da Lei nº 9.784/99) em razão da consagração do princípio do formalismo moderado, exclusivamente invocável em prol do administrado –; ineficácia, se a comunicação funcionar apenas como fator de produtividade dos seus efeitos, não comprometendo a substância do ato comunicado.

O descumprimento total ou parcial do dever de publicidade implica sanções administrativas, penais, político-administrativas. A falta de publicação (omissão ou retardamento doloso) de leis e resoluções do Poder Legislativo ou atos do Poder Executivo constitui crime de responsabilidade contra a probidade na administração (art. 9º, 1, Lei nº 1.079/50), e, na esfera municipal, o retardamento ou a abstenção de publicação de leis e atos sujeitos a essa formalidade (publicação) é infração político-administrativa (art. 4º, IV, Decreto-Lei nº 201/67). A Lei nº 10.028/00 considera infração administrativa, punida com multa imposta pelo Tribunal de Contas, "deixar de divulgar ou de enviar ao Poder Legislativo e ao Tribunal de Contas o relatório da gestão fiscal, nos prazos e condições estabelecidos em lei" (art. 5º). Refere-se ao relatório emitido no final de cada quadrimestre (com os elementos obrigatórios legalmente discriminados), publicado até trinta dias após o encerramento do período a que corresponder, com amplo acesso público inclusive por meio eletrônico. Ademais, caracteriza ato de improbidade administrativa atentatório aos princípios da administração pública por violação dos deveres de honestidade, imparcialidade, legalidade, lealdade e aos princípios da legalidade,

---

[31] "RECURSO ORDINÁRIO. MANDADO DE SEGURANÇA. ADMINISTRATIVO. CONCURSO PÚBLICO. PROCURADOR DO ESTADO DE MINAS GERAIS. NOMEAÇÃO APÓS MAIS DE TRÊS ANOS DA DATA DE HOMOLOGAÇÃO DO CONCURSO. EFETIVAÇÃO DO ATO SOMENTE MEDIANTE PUBLICAÇÃO NO DIÁRIO OFICIAL. PRINCÍPIOS DA PUBLICIDADE E DA RAZOABILIDADE. NÃO OBSERVÂNCIA.
1. Muito embora não houvesse previsão expressa no edital do certame de intimação pessoal do candidato acerca de sua nomeação, em observância aos princípios constitucionais da publicidade e da razoabilidade, a Administração Pública deveria, mormente em face do longo lapso temporal decorrido entre homologação do concurso e a nomeação do recorrente (mais de 3 anos), comunicar pessoalmente o candidato sobre a sua nomeação, para que pudesse exercer, se fosse de seu interesse, seu direito à posse.
2. De acordo com o princípio constitucional da publicidade, insculpido no art. 37, caput, da Constituição Federal, é dever da Administração conferir aos seus atos a mais ampla divulgação possível, principalmente quando os administrados forem individualmente afetados pela prática do ato.
3. Não se afigura razoável exigir que o candidato aprovado em concurso público leia diariamente, ao longo de 4 anos (prazo de validade do concurso), o Diário Oficial para verificar se sua nomeação foi efetivada" (STJ, RMS nº 21.554-MG, 6ª Turma, Rel. Min. Maria Thereza de Assis Moura, 04-05-2010, v.u., *DJe* 02-08-2010).

[32] Neste sentido, a jurisprudência (STF, MS nº 22.164-0-SP, Tribunal Pleno, Rel. Min. Celso de Mello, v.u., 30-10-1995, *DJU* 17-11-1995). O STJ deu colorido essencial ao processo administrativo sob o aspecto da ampla defesa promovendo a anulação de demissão pespegada por abandono de emprego e inassiduidade ao trabalho, exigindo que "a comunicação do indeferimento da perícia suscitada deve operar-se ainda na fase probatória, exatamente para oportunizar ao servidor a interposição de eventual recurso contra a decisão do Colegiado Disciplinar, sendo defeso à Comissão indeferi-lo quando da prolação do relatório final" (STJ, MS nº 6.952-DF, 3ª Seção, Rel. Min. Gilson Dipp, v.u., 13-09-2000, *DJU* 02-10-2000).

moralidade, impessoalidade e publicidade (arts. 4º e 11, *caput*, Lei nº 8.429/92), retardamento ou abstenção indevida da prática de ato de ofício (art. 11, II, Lei nº 8.429/92), e negativa de publicidade aos atos oficiais (art. 11, IV, Lei nº 8.429/92).

A Lei nº 12.527/11 descreve condutas ilícitas que empenham a responsabilidade de agentes públicos ou militares incluindo, entre outras, a recusa ilegal da prestação de informação, a inscrição indevida de sigilo para obtenção de proveito ou ocultação de ato ilícito, a divulgação ou acesso à informação sigilosa (art. 32). Elas caracterizam transgressão militar (média ou grave) e infração administrativa (punida, no mínimo, com suspensão) em se tratando de militares e agentes públicos, respectivamente, sem prejuízo da configuração de improbidade administrativa, conforme o disposto nas Leis nº 1.079/50 e nº 8.429/92 (art. 32, §§1º e 2º). Além disso, pessoa física ou entidade privada detentora de informações em virtude de vínculo de qualquer natureza com o poder público que deixar de observar o disposto na lei estará sujeita a sanções administrativas previstas no art. 33 (advertência; multa; rescisão do vínculo com o poder público; suspensão temporária de participar em licitação e impedimento de contratar com a administração pública por prazo não superior a dois anos; declaração de inidoneidade para licitar ou contratar com a administração pública, até que seja promovida a reabilitação perante a própria autoridade que aplicou a penalidade). Por fim, o art. 34 estabelece a responsabilidade civil objetiva do Estado pelos danos causados em decorrência da divulgação não autorizada ou utilização indevida de informações sigilosas ou informações pessoais, assegurado o direito de regresso nos casos de dolo ou culpa. Essa obrigação é estendida à pessoa física ou entidade privada que, em virtude de vínculo de qualquer natureza com órgãos ou entidades, tenha acesso a informação sigilosa ou pessoal e a submeta a tratamento indevido (art. 34, parágrafo único).

5 Publicidade: direito

Num outro sentido, a publicidade é conceituada como um direito subjetivo público de acesso à informação, exercitável em face da Administração Pública mediante provocação. É direito de estatura constitucional no Brasil (arts. 5º, XIV, XXXIII, LX e LXXII, e 37, §3º, Constituição Federal), consagrado nas convenções internacionais (Pacto Internacional de Direitos Civis e Políticos, art. 19, Decreto Legislativo nº 226/91 e Decreto nº 592/92; Convenção Americana de Direitos Humanos, art. 13, Decreto nº 678/92). No direito administrativo comunitário europeu (Resoluções nºs 31 e 81 do Conselho da Europa; Diretiva nº 95/46, de 24 de outubro de 1995; Tratado de Amsterdã, de 02 de outubro de 1997), a Comissão Europeia entende que a sua concessão mediante prévio requerimento de qualquer cidadão dispensa a indicação das razões da solicitação.[33] O acesso é um direito instituído em favor da população, abrangendo informações relacionadas a direitos e interesses

---

[33] CERRILLO I MARTINEZ, Augustí. *La transparencia administrativa:* Unión Europea y medio ambiente. Valencia: Tirant lo blanch, 1998, p. 77-78.

gerais, coletivos ou individuais, concretizando-se em vários instrumentos: direitos de informação, de certidão, e de acesso aos registros administrativos e atos de governo, *habeas data*, obtenção de cópia, consulta etc. As informações em poder da Administração Pública têm caráter público, de tal maneira que não se concebe o direito de acesso como publicidade facultativa, senão o reconhecimento de posição jurídica ativa em relação à Administração Pública, com a consequente exigibilidade e dever de prestação ao interessado.[34] O acesso é exercício de direito para fim do particular e dependente da vontade do interessado como um ato enunciativo de ato administrativo público por natureza, publicado ou não. A acessibilidade decorre da pluralidade do caráter de diafanidade do exercício da Administração Pública (art. 5º, XXXIII, Constituição Federal). Destarte, além de dever, a publicidade também configura o direito de ter-se ciência da existência e do conteúdo dos atos da Administração, não se limitando aos atos já publicados ou em etapa de aperfeiçoamento pela publicação e estendendo-se a todo o processo de formação do ato administrativo, inclusive os preparatórios de efeitos internos, ressalvados os atos cuja publicidade seja restrita em termos limitados.[35]

No plano normativo infraconstitucional, como reflexo dos arts. 2º, X, e 3º, II, da Lei nº 9.784/99, o art. 46 desse diploma legal merece interpretação ampla, não se restringindo o acesso apenas aos interessados no processo administrativo porque, por força do princípio da publicidade, a mera consulta para conhecimento, cópia ou certidão "independe da condição de 'interessado' em sentido estrito. Para isso, interessado é quem tem interesse, é qualquer pessoa",[36] a exemplo do direito italiano que assegura o acesso ao público em geral.[37]

O exercício do direito de acesso pode curvar-se a certas formalidades instituídas por lei ou não, distinguindo-se o acesso formal (escrito, solene) ou informal (verbal). Também a presença ou não da legitimidade e do interesse de acesso influi, podendo ser amplo (a qualquer pessoa) ou restrito a pessoas determinadas. A exigência ou dispensa de requisitos do acesso é matéria de lei, de acordo com parâmetros ponderáveis e razoáveis e observados os valores constitucionais da informação e da excepcionalidade da reserva e o delineamento constitucional de cada um dos seus institutos. Ponto essencial é a obrigatoriedade de motivação da concessão ou recusa, omissão ou atendimento parcial do acesso, o que, ademais, permite o controle judiciário, cujos julgados vêm acentuadamente demonstrando forte inclinação de ruptura com a tradição do sigilo. No domínio do direito de informação foi assegurada a exibição de documentos relativos a protocolo de intenções entre Estado e empresa privada, realçando a "publicidade indispensável

---

[34] ZUCCHETTI, Alberto. I rapporti tra le norme relative all'accesso ed alla tutela dei dati personali. In: *Privacy e accesso ai documenti amministrativi*. Milano: Dott. A. Giuffrè, 1999, p. 124; CERRILLO I MARTINEZ, Augustí. *La transparencia administrativa*: Unión Europea y medio ambiente, Valencia: Tirant lo blanch, 1998, p. 88-89.
[35] MARTINS JUNIOR, Wallace Paiva. *Transparência administrativa*. São Paulo: Saraiva, 2004, p. 88-115.
[36] FERRAZ, Sérgio e DALLARI, Adilson Abreu. *Processo administrativo*. São Paulo: Malheiros, 2001, p. 142-143.
[37] ALLEGRETTI, Umberto. Legge generale sui procedimento e moralizzazione amministrativa *in Scritti in onore de Massimo Severo Giannini*. v. III, Milano: Dott. A Giuffrè Editore, 1988, p. 10-11.

à demonstração da transparência dos negócios realizados pela Administração Pública envolvendo interesses patrimoniais e sociais da coletividade como um todo".[38] E em virtude da sublimação do princípio da transparência alija-se arguição de violação à privacidade e à intimidade na prestação de informação acerca da movimentação funcional de servidores públicos.[39] Em outra perspectiva, não se visualizou comprometimento do princípio da publicidade com o do devido processo legal (contraditório e ampla defesa) pela divulgação da fiscalização desenvolvida por órgão controlador, estimando a inexistência de qualquer sanção nessa atividade-alvo da publicidade.[40] No mesmo tom, foi considerado que a inclusão de empresa em cadastro público acerca de empregadores que mantenham trabalhadores em condição análoga à de escravo, após decisão em processo administrativo que observou a ampla defesa e o contraditório, não é ilícita, até porque "o processo administrativo rege-se pelos Princípios da Administração Pública, dentre os quais se destaca o Princípio da Publicidade. Daí a conclusão de que o Cadastro que veicula o nome das empresas que tiveram seus autos de infração declarados subsistentes, em processo administrativo regular, não penaliza a pessoa jurídica, apenas assegura transparência à atuação do Administrador".[41]

No ordenamento jurídico brasileiro, além das previsões constitucionais dos direitos de informação, de certidão e do *habeas data*, o direito de acesso congrega as prerrogativas de vista, obtenção de cópia e exame (ou consulta), primando, em regra, pela observância da gratuidade como ato necessário ao exercício da cidadania (art. 5º, XXXIV e LXXVI, Constituição Federal; Lei nº 9.256/96), salvo os custos relativos ao serviço, como reembolso dos gastos públicos no fornecimento de cópia.[42]

O direito de certidão é assegurado, gratuitamente, para defesa de direitos e esclarecimento de situações de interesse pessoal (art. 5º, XXXIV, "b", Constituição Federal). Tem âmbito subjetivo mais restrito, mas o caráter público da informação nele contida é iniludível, pois são certificáveis atos sujeitos à publicidade.[43] Trata-se

---

[38] STJ, RMS nº 10.131-PR, 2ª Turma, Rel. Min. Francisco Peçanha Martins, 07-11-2000, m.v., *DJ* 18-02-2002, p. 279, RSTJ 152/188.

[39] STJ, RMS nº 21.021-RJ, 1ª Turma, Rel. Min. Francisco Falcão, 16-05-2006, v.u., *DJ* 01-06-2006, p. 146.

[40] "PROCESSUAL CIVIL E ADMINISTRATIVO. MANDADO DE SEGURANÇA. CONTROLADORIA-GERAL DA UNIÃO. DIVULGAÇÃO DA FISCALIZAÇÃO SOBRE O REPASSE DE VERBAS FEDERAIS. VIOLAÇÃO À AMPLA DEFESA. INEXISTÊNCIA. (...) II – O procedimento adotado pela Controladoria-Geral da União em dar publicidade, após decorrido o prazo de cinco dias para manifestação do interessado, no site de internet da CGU, dos resultados das ações fiscais procedidas nos municípios brasileiros, em relação à aplicação dos recursos públicos federais, não atinge o princípio do contraditório ou da ampla defesa, porquanto tal proceder não decorre de processo administrativo, inexistindo qualquer conseqüência punitiva (...) IV – A Constituição Federal erige a publicidade como princípio que deve reger a Administração Pública, acentuando a necessidade de transparência dos atos do gestor público (...)" (STJ, MS nº 9.794-DF, 1ª Seção, Rel. Min. Francisco Falcão, 24-11-2004, v.u., *DJ* 01-02-2005, p. 125).

[41] STJ, MS nº 14.017-DF, 1ª Seção, Rel. Min. Herman Benjamin, 27-05-2009, v.u., *DJe* 01-07-2009, RSTJ 215/97.

[42] CARVALHO FILHO, José dos Santos. *Processo administrativo federal*. Rio de Janeiro: Lumen Juris, 2001, p. 211.

[43] MORAES, Alexandre de. *Direitos humanos fundamentais*. São Paulo: Atlas, 1997, p. 191-193; GOMES JÚNIOR, Luiz Manoel. O direito constitucional de obter informações e certidões de órgãos públicos (art. 5º, incs. XXXIII e XXXIV, B, da CF/88) e o crime de responsabilidade de prefeitos (art. 1º XV do Dec.-lei nº 201/67). *Revista dos Tribunais*, n. 708. São Paulo. Revista dos Tribunais, p. 288-293, out. 1994.

de direito assentado em norma constitucional de eficácia plena.[44] A Lei Federal nº 9.051/95 apenas regulamenta o alcance do preceito constitucional, explicitando seu exercício em face de órgãos da Administração Pública direta, bem como de entidades da Administração Pública indireta (autarquias, fundações públicas, sociedades de economia mista e empresas públicas) da União, dos Estados, do Distrito Federal e dos Municípios (art. 1º), fixando o prazo improrrogável de sua expedição em 15 (quinze) dias, a contar do registro do pedido no órgão competente (art. 1º) e exigindo a motivação do pedido pelo interessado (art. 2º).

Pressupostos do exercício do direito de certidão são a demonstração da razoabilidade do pedido, do legítimo interesse e a indicação da finalidade. A legitimidade do interesse manifesta-se pela existência de direito individual ou coletivo a ser defendido. A motivação das razões e da finalidade do requerimento de obtenção de certidão pelo interessado é necessária para o exame da conformidade do exercício do direito aos objetivos de defesa de direitos e o esclarecimento de situações de interesse pessoal, pois, o direito de certidão demanda a obtenção de informações para fins específicos, exigindo clareza do escopo a que se destina. Seu objeto são informações sobre fatos existentes e ocorridos, incidente sobre situação própria ou de terceiro que tenha relevância na esfera jurídica do interessado, bem como direitos ou interesses coletivos ou difusos (art. 1º, §§4º e 5º, Lei nº 4.717/65; art. 8º, Lei nº 7347/85). O juízo de pertinência do pedido implica a admissibilidade da denegação de certidões quando o conteúdo do ato certificável não tenha nenhuma ligação com o direito deduzido ou a deduzir-se judicial ou administrativamente.[45] Legítima a recusa da certidão pela falta de legitimação do requerente ou pela inexistência de ligação do conteúdo do ato certificável com o direito a deduzir-se, administrativa ou judicialmente,[46] embora não seja possível subordinar o deferimento à efetiva legitimidade ou procedência do direito material subjacente,[47] senão ao conhecimento de uma situação que poderá ou não dar ignição à defesa de direitos. O interesse na obtenção de certidão deve levar em conta sua finalidade objetiva: a potencialidade do exercício do controle da Administração Pública que só pode se concretizar com a emissão da certidão. Impossível "permitir à autoridade administrativa o pré-exame do direito do requerente. A negação somente pode admitir-se por falta de legitimação do requerente; por falta de ligação do conteúdo do ato certificável com o direito deduzido ou a deduzir-se em juízo ou administrativamente; ou por sigilo".[48]

O direito de informação é a mais eloquente manifestação do direito subjetivo público de acesso no ordenamento jurídico brasileiro (art. 5º, XXXIII, Constituição

---

[44] SUNDFELD, Carlos Ari. Princípio da publicidade administrativa (direito de certidão, vista e intimação). *Revista de Direito Administrativo*, Rio de Janeiro. Renovar, n. 199, jan./mar. 1995, p. 97-110.

[45] MIRANDA, Pontes de. *Comentários à Constituição de 1967*. tomo V. Revista dos Tribunais, 1968, p. 613..

[46] *RT* 510/325, *RT* 630/186.

[47] MIRANDA, Pontes de. *Comentários à Constituição de 1967*. tomo V. São Paulo: Revista dos Tribunais, 1968, p. 613.

[48] BARBOSA, Sandra Pires. Direito à informação e controle social da atividade econômica. *Revista de Direito Administrativo*, Rio de Janeiro, Renovar, n. 225, p. 57-73, jul./set. 2001.

Federal). Direito de natureza difusa, é catalogado como coletivo por envolver interesses particulares, coletivos e gerais, abrangendo todas as esferas da Administração Pública direta ou indireta. Diferentemente do direito de certidão, no direito de informação é descabida a exigência de interesse direto ou pessoal,[49] pois consiste no direito subjetivo público de se informar sobre todos os aspectos da gestão administrativa, ressalvados os casos de sigilo. A gratuidade do direito de informação é ponto luminoso da democracia e decorre da Lei nº 9.265/96 (art. 1º, III). O direito de informação não supõe o exercício de ulterior direito conexo ou decorrente nem a titularidade de um direito ou interesse legalmente protegido. Também é dispensada a indicação de sua finalidade, pois ela é presumida na norma constitucional como elementar virtude do direito de acesso à informação da gestão pública. Todavia, o direito de informação reclama a busca de uma específica informação, não podendo ser exercido sem qualquer fim individualizado. Exigindo a lei forma determinada para o exercício, como o requerimento ou petição, a recusa na prestação deve ser motivada e só encontra fundamento nas restrições à publicidade administrativa da própria Constituição (art. 5º, X, XXXIII e LX).

A Lei nº 12.527/11 deu nova modelagem ao direito de informação estatuindo a publicidade como regra (e o sigilo como exceção) e a prestação de informação pública sem necessidade de pedido. O diploma legal distingue informação pública de informação pessoal e sigilosa.

A disciplina do direito de acesso à informação pública tem os seguintes marcos: a) legitimidade do meio; b) identificação do requerente; c) especificação da informação requerida (art. 10). São defesas exigências que inviabilizem a solicitação de acesso a informações de interesse público, em especial as relativas aos motivos determinantes do pedido (art. 10, §3º). O interessado tem os direitos de conhecimento do inteiro teor da decisão negativa de acesso e de recurso.

Com relação a informações (estatais) sigilosas, a Lei nº 12.527/11 apresenta rol daquelas consideradas imprescindíveis à segurança da sociedade ou do Estado (art. 24). Elas são passíveis de classificação (ultrassecreta, secreta ou reservada) porque sua divulgação ou acesso irrestrito podem pôr em risco ou prejudicar outros interesses públicos (defesa e soberania nacionais; condução de negociações ou as relações internacionais; vida, segurança ou a saúde da população; estabilidade financeira, econômica ou monetária; planos ou operações estratégicos das Forças Armadas; atividades de inteligência etc.). A classificação tem prazos máximos e ao seu cabo a informação se torna ostensiva.

As informações pessoais são relativas à intimidade, vida privada, honra e imagem (art. 31), sendo de acesso restrito pelo prazo de cem anos, salvo aos agentes públicos habilitados ou a terceiros mediante consentimento do interessado (sob responsabilidade do uso) ou nas situações em que evidenciada sua necessidade: à prevenção e diagnóstico médico, quando a pessoa estiver física ou legalmente

---

[49] MEDAUAR, Odete. *Direito Administrativo moderno*. São Paulo: Revista dos Tribunais, 1998, p. 140.

incapaz, e para utilização única e exclusivamente para o tratamento médico; à realização de estatísticas e pesquisas científicas de evidente interesse público ou geral, previstos em lei, sendo vedada a identificação da pessoa a que as informações se referirem; ao cumprimento de ordem judicial; à defesa de direitos humanos; ou à proteção do interesse público e geral preponderante.

O direito de informação é regra geral e direito fundamental dos administrados constante da Lei nº 9.784/99, compreendendo as prerrogativas de ciência da tramitação dos processos administrativos em que tenha a condição de interessado, de vista dos autos, de obtenção de cópias dos documentos neles contidos e de conhecimento das decisões proferidas (arts. 3º, III, e 46, Lei nº 9.784/99). O direito não é só conferido em processo administrativo, senão em múltiplas matérias, com finalidade ampla, de controle institucional ou fiscalização popular (investigações das comissões parlamentares de inquérito; formulação e execução do plano diretor), ou mais restrita (defesa de interesses individuais ou coletivos pelo usuário nos serviços públicos concedidos; promoção de ação popular para fins do controle da legitimidade do enriquecimento de agentes públicos ou do combate a ato imoral ou ilegal e lesivo ao patrimônio público). A prestação de informação admite informalidade e fungibilidade (arts. 3º, II, e 46 da Lei nº 9.784/99) pela variedade de formas (petição para vista de processo ou documento, obtenção de cópia etc.) sem perda da oficialidade, devendo ser adimplida no prazo de quinze dias, contado do registro (protocolo) do pedido no órgão expedidor (art. 1º, Lei nº 9.051/95 ou de leis específicas), sob pena de responsabilidade, pois é dever do servidor público, salvo as hipóteses de sigilo (art. 116, V, Lei nº 8.112/90).

A respeito do assunto, é importante frisar que se afigura um contrassenso negar a parlamentar solicitação direta de informações ao Chefe do Poder Executivo, condicionando o pedido à deliberação de comissão ou do plenário (*v.g.*, art. 50, §2º, da Constituição). Não bastasse a necessidade de consagrar direito à minoria parlamentar de fiscalizar, se o art. 5º, XXXIII, da Constituição Federal, confere o direito de informação a qualquer pessoa, *a fortiori* não se deve limitá-lo quando o exerce sujeito investido em mandato parlamentar, sob pena de paradoxal redução de seu *status* cívico, como já escrevi[50]. Bem por isso, o Supremo Tribunal Federal assentou em sede de repercussão geral que "o parlamentar, na condição de cidadão, pode exercer plenamente seu direito fundamental de acesso a informações de interesse pessoal ou coletivo, nos termos do art. 5º, inciso XXXIII, da CF e das normas de regência desse direito" (Tema nº 832).

O direito de informação não se confunde com o *habeas data*, vocacionado ao acesso, complementação ou retificação de dados pessoais constantes de assentos, registros e bancos de dados públicos ou de caráter público, regulado pela Lei nº 9.507/97. Um dos traços distintivos é o objeto: o *habeas data* incide sobre registros ou bancos de dados de informações pessoais, enquanto o direito de informação

---

[50] MARTINS JUNIOR, Wallace Paiva. *Transparência administrativa*: publicidade, motivação e participação popular. 2. ed. São Paulo: Saraiva, 2010, p. 129, n. 14.

atinge qualquer documento, dado, registro, registrados ou não em entidade administrativa, abrangendo informações de caráter geral, lembrando-se que o *habeas data* é restrito às informações pessoais como projeção de proteção da intimidade e dirige-se também à retificação de dados. Ademais, o fundamento do *habeas data* é a dignidade da pessoa humana, o da informação é a cidadania e a transparência.

Embora possa ter como referência dados constantes de registro ou banco de organismo privado, o *habeas data* é outra forma de publicidade administrativa. A Lei Federal nº 9.507/97 instituiu um mecanismo procedimental específico e peculiar de acesso a informações pessoais constantes de registro ou banco de dados (no tocante a entidades e órgãos públicos) *a latere* do direito de informação. Os arts. 2º a 3º delineiam o processo administrativo de acesso a tais informações, de natureza sigilosa e gratuita (art. 21). Os arts. 2º, 3º e 7º, II, referem-se a um processo administrativo de acesso, retificação ou anotação, distinto da ação de *habeas data* (art. 7º). A instituição desse contencioso administrativo prévio contrasta com a garantia de acesso ao controle judiciário da Administração Pública e discrepa do próprio perfil constitucional do *habeas data* (art. 5º, XXXV e LXXII, Constituição Federal) que menciona o caráter facultativo do exercício da garantia em processo administrativo ou judicial. No entanto, a jurisprudência condiciona o *habeas data* "a prova do anterior indeferimento do pedido de informação de dados pessoais, ou da omissão em atendê-lo".[51]

A ilicitude da recusa ou omissão da expedição da certidão ou prestação de informação pode gerar a responsabilidade política, civil e criminal (art. 1º, XV, Decreto-Lei nº 201/67; art. 11, IV, Lei nº 8.429/92; art. 116, V, Lei nº 8.112/90), sendo suprível por mandado de segurança. Além disso, "o Ministério Público tem legitimidade ativa para a defesa, em juízo, dos direitos e interesses individuais homogêneos, quando impregnados de relevante natureza social, como sucede com o direito de petição e o direito de obtenção de certidão em repartições públicas".[52]

6 Publicidade e sigilo

Norberto Bobbio frisa que "todas as operações dos governantes devem ser conhecidas pelo Povo Soberano, exceto algumas medidas de segurança pública, que ele deve conhecer apenas quando cessar o perigo".[53] Na Constituição de 1988 a publicidade é a regra, mas há casos em que ela é restrita. Não se trata de sigilo, senão de restrição à publicidade motivada pela imprescindibilidade da segurança do Estado ou da sociedade, pela exigência do interesse social e pela defesa da intimidade (arts. 5º, X, XII, XXXIII, LX, e 37, Constituição Federal), tutelando

---

[51] STF, RHD nº 22-DF, Pleno, Rel. Min. Celso de Mello, 19-09-1991, *DJU* 01-09-1995, p. 27.378, *RTJ* 162:807, *RDA* 204:218-222. "Não cabe o *habeas data* (Constituição Federal, art. 5º, LXXII, *a*) se não houve recusa de informações por parte da autoridade administrativa" (Súmula nº 02, STJ).

[52] STF, RE-AgR 472.489-RS, 2ª Turma, Rel. Min. Celso de Mello, 29-04-2008, v.u., *DJe* 28-08-2008, RT 878/125.

[53] BOBBIO, Norberto. *O Futuro da Democracia*: uma defesa das regras do jogo. São Paulo: Paz e Terra, 1997, p. 84-86.

tanto o interesse público (eficiência e moralidade da ação administrativa) quanto o particular (intimidade e privacidade). Na noção de imprescindibilidade da segurança do Estado ou da sociedade e de exigência do interesse social costuma-se aninhar, no direito comparado, situações que podem servir como parâmetro para o direito brasileiro na falta de regras mais claras (segurança nacional, planos econômicos, investigações etc.). O sigilo só se impõe quando tenha utilidade para evitar a ineficiência, pois parece óbvio que a divulgação antecipada de um plano militar ou econômico teria nocivos efeitos. Com relação à privacidade, ela abrange a intimidade, envolvendo a proteção dos dados pessoais ou sensíveis. Seu caráter excepcional a circunscreve às hipóteses expressamente inscritas na Constituição Federal ou por ela autorizadas à intermediação legislativa, e demanda sempre decisão motivada da autoridade administrativa para o acesso ou negativa, controlável pelo Poder Judiciário. Os servidores públicos têm o dever funcional da discrição sobre os assuntos sujeitos à publicidade restrita (art. 116, V, "a", e VIII, Lei nº 8.112/90).

A restrição à publicidade não é absoluta, sendo flexibilizada diante da supremacia de interesse público específico (*v.g.*, arts. 93, IX, 136, I, "b" e "c", 139, III, Constituição Federal). A restrição à publicidade não pode comprometer o interesse público à informação. Portanto, características da restrição à publicidade são a relatividade e a parcialidade. Por isso, balanceando valores fundamentais, são adotados mecanismos de conciliação como condições ou limites subjetivos, objetivos, formais e parciais de acesso restrito (duração, motivação, finalidade específica, acesso exclusivo de pessoas, órgãos e entidades, competência vinculada ao cumprimento de atribuição, sujeição à autorização, exclusão de atos, fases ou etapas, operações exeqüíveis etc.), somados a cláusulas de reforço (responsabilidade do uso, extensão do dever de preservação da reserva, normas de proteção de acesso a informações restritas em relação aos interesses privados ou estranhos ao interesse público de certos agentes). Essa relatividade implica a restrição condicionada à necessidade, tornando incompossíveis restrições delongadas. Fora do círculo de restrição, prevalece a publicidade ampla, extensiva e irrestrita.

Em consequência dessas bases, decorre, por exemplo, o intercâmbio de informações entre entidades e órgãos administrativos de diferentes competências, para alcance de interesse público específico diverso da prestação de informação ou dado pelo particular, mediante autorização legal, a possibilidade de instituição de *quarentenas* em razão do exercício de altos cargos, a transparência patrimonial dos agentes públicos, a inoponibilidade do sigilo em relação a operações públicas, principalmente em relação à aplicação de recursos do Erário, a admissibilidade de conhecimento de dados reservados para defesa de direitos etc.[54]

Como já observado, o perfil dado pela Lei nº 12.527/11 ao direito de informação se assenta na publicidade como regra e o sigilo como exceção. Desse modo,

---

[54] MARTINS JUNIOR, Wallace Paiva. *Transparência administrativa*. São Paulo: Saraiva, 2004, p. 136-235.

a informação pública será sempre ostensiva, sendo excepcional o sigilo nas hipóteses de informação estatal sigilosa e pessoal. A lei estrutura o direito de acesso a informação parcialmente sigilosa, assegurando-o à parcela livre e limita a prazos máximos (ou a evento futuro determinado) a classificação de informações estatais sigilosas, descritas no rol do art. 24. O que motiva a restrição de publicidade é o predicado de imprescindibilidade à segurança da sociedade ou do Estado, podendo ser, então, informações ultrassecretas, secretas ou reservadas. A sigilosidade é, portanto, limitada no tempo, sendo válida apenas enquanto se justificar a proteção do interesse público concreto. A atribuição da classificação, aliás, deve ser inspirada pela razoabilidade, sopesando o interesse público da informação e utilizado o critério menos restritivo possível à luz da gravidade do risco ou dano à segurança da sociedade e do Estado e do prazo máximo de restrição de acesso ou o evento que defina seu termo final.

Na conformidade do quanto exposto, as informações pessoais são também tratadas na Lei nº 12.527/11 (art. 31) e receberam o reforço da disciplina da Lei Geral de Proteção de Dados Pessoais (Lei nº 13.709, de 14 de agosto de 2018), que se aplica às operações de tratamento de dados pessoais e dados sensíveis inclusive pelo poder público, salvo no que for realizado exclusivamente para os fins de segurança pública, defesa nacional, investigação ou repressão de infrações penais etc. (art. 4º, III).

7 A publicidade e os atos da Administração Pública

A literatura jurídica atribui à publicidade o predicado de fator de eficácia dos atos da Administração,[55] embora também seja estimada como requisito de validade salvo expressa previsão legal a adornando como fator de eficácia.[56] Assim como motivação e processo administrativo, publicidade é formalidade essencial do ato da Administração, podendo se situar na produção da declaração de vontade (como elemento ou requisito do ato em sua fase de formação da vontade) ou na atribuição de sua eficácia. No primeiro caso, é integrante extrínseco como exigência jurídica de sua validade, em momento prévio ou intermediário; no segundo, é fator de atribuição superveniente da eficácia do ato administrativo, também exigência jurídica, mas externa ao ato e estranha à sua formação, sendo pertinente à sua operatividade. Se a publicidade aparece amiúde como fator

---

[55] MEIRELLES, Hely Lopes. *Direito Administrativo brasileiro*. São Paulo: Malheiros, 1995, p. 88; PAZZAGLINI FILHO, Marino. *Princípios constitucionais reguladores da Administração Pública*. São Paulo: Atlas, 2000, p. 30-31; FREITAS, Juarez. *O controle dos atos administrativos e os princípios fundamentais*. São Paulo: Malheiros, 1997, p. 70; OLIVEIRA, Fernando Andrade de. A Administração Pública na Constituição de 1988 (2ª parte). *Revista de Direito Administrativo*, n. 206. Rio de Janeiro: Renovar, out./dez. 1996, p. 85; MORAIS, Marília Mendonça. Princípio da Publicidade. In: *Princípios informadores do Direito Administrativo*. São Paulo: NDJ, 1997, p. 260.

[56] ROCHA, Carmen Lúcia Antunes. *Princípios constitucionais da administração pública*: Belo Horizonte: Del Rey, 1994, p. 246; CARDOZO, José Eduardo Martins. Princípios constitucionais da administração pública. In: MORAES, Alexandre (coord.) de. *Os 10 anos da Constituição Federal*. São Paulo: Atlas, 1999, p. 159-160.

externo de produtividade de efeitos do ato (*v.g.*, contrato administrativo, nomeação de servidor público), há situações em que ela é inerente ao processo ou ciclo de formação e manifestação da vontade como elemento do ato da Administração Pública (*v.g.*, publicidade do edital na licitação ou do concurso público). É necessário investigar a função que a publicidade desempenha em relação ao ato da Administração Pública.[57]

Adquire maior grau epistemológico a análise da estrutura ou finalidade do ato e do escopo da publicidade. Esse critério se projeta para o estudo da dimensão das consequências da imperfeição ou da omissão da publicidade, proporcionando respostas que podem transitar pela nulidade ou pela ineficácia do ato. Em outras palavras: a falta ou o defeito da publicidade produzirá invalidação se ela devia integrar o processo de formação da vontade do ato, não assim quando destinada à sua exteriorização em momento posterior para atribuição de efeitos *erga omnes* ou em face do interessado. A inoperância (inexequibilidade, improdutividade) do comando dela emergente não contamina a substância e a validade do ato. Por isso, a definição da função reservada à publicidade se compete à lei, esta não poderá desconhecer essa funcionalidade que lhe imprime razoabilidade. Ademais, esse critério resolve as omissões normativas sobre o papel da publicidade. Em resumo, a publicidade é formalidade essencial, prévia ou posterior, seja como fator de eficácia, seja como elemento integrante do ciclo de produção (ou processo de formação) do ato administrativo para sua conformidade ao direito positivo.

Essa dupla funcionalidade, captada na jurisprudência, reflete-se na sanção jurídica pela omissão ou imperfeição da publicidade: a nulidade do ato a exige como requisito de validade do ato administrativo e sua essencialidade aos direitos (individuais ou transindividuais) dos administrados, como único meio de satisfação dessa finalidade (remanescendo a qualificação de mera irregularidade para a falta de essencialidade ou de nulidade relativa, sanável para a superação do defeito por meio hábil que não reduza os graus de segurança e certeza e o núcleo dos direitos dos administrados); a ineficácia a requer como fator (essencial também) de produtividade dos efeitos,[58] sendo suprida pela publicidade extemporânea, se admitida.

8 Publicidade e iniciativa legislativa

Em linha de princípio, a disciplina legislativa da publicidade administrativa não se revela como matéria que mereça trato normativo por impulsão exclusiva do Chefe do Poder Executivo. A matéria situa-se na iniciativa legislativa comum ou concorrente. Regra é a iniciativa legislativa pertencente ao Poder Legislativo; exceção é a atribuição de reserva a certa categoria de agentes, entidades e órgãos,

---

[57] MARTINS JUNIOR, Wallace Paiva. *Transparência administrativa*. São Paulo: Saraiva, 2004, p. 48-62.
[58] Não se cogita aqui da questão da vindicação antecipada dos efeitos não publicado nos atos individuais benéficos.

e que, por isso, não se presume. Corolário é a interpretação restritiva às hipóteses de iniciativa legislativa reservada[59] na medida em que, ao transferirem a ignição do processo legislativo, operam reduções a funções típicas do Parlamento e de seus membros.[60] Além de não se compreender no rol taxativo do art. 61, §1º, da Constituição Federal, nem há de se ter como assunto da reserva de Administração (art. 84, II e V, Constituição Federal). A jurisprudência abona essa conclusão.[61] Ressalve-se, no entanto, que a criação de entidade descentralizada ou órgão público destinado aos serviços de publicidade dos atos da Administração demanda lei e a observância da reserva de iniciativa legislativa (arts. 37, XIX, 61, §1º, II, "e", e 84, VI, "a", Constituição Federal).

9 Propaganda governamental

A publicidade administrativa é gênero abrangendo a propaganda de utilidade pública, institucional e mercadológica, a publicidade legal (publicação) e a promoção institucional e mercadológica, inclusive patrocínios (art. 2º, III, Decreto nº 3.296/99). A propaganda governamental abrange todas essas espécies menos a publicidade legal (divulgação oficial de atos normativos e administrativos, *ex vi* dos arts. 10 e 12, do Decreto nº 3.296/99). Enquanto a publicidade é princípio (e dever jurídico) da Administração Pública, a propaganda governamental é faculdade a ser exercida nas hipóteses e limitações constitucionais.[62] Segundo a Constituição Federal (art. 37, §1º), a propaganda governamental é uma forma de publicidade com objetos (atos, programas, obras, serviços e campanhas) e fins (informação, educação e orientação social) determinados e expressa vedação à personalização (promoção pessoal direta ou indireta, mediante nomes, símbolos ou imagens). Antes mesmo, a Lei nº 6.454/77 vedava a atribuição de nome de pessoa viva a bem público, de qualquer natureza, pertencente à União ou às pessoas jurídicas da Administração indireta, assim como a inscrição dos nomes de autoridades ou

---

[59] MEIRELLES, J. H. Teixeira. *Curso de Direito Constitucional*. Rio de Janeiro: Forense Universitária, 1991, p. 581, 592-593.
[60] STF, ADI-MC nº 724-RS, Tribunal Pleno, Rel. Min. Celso de Mello, *DJ* 27-04-2001; STF, MS nº 22.690-CE, Tribunal Pleno, Rel. Min. Celso de Mello, 17-04-1997, v.u., *DJ* 07-12-2006, p. 36.
[61] "1. Lei disciplinadora de atos de publicidade do Estado, que independem de reserva de iniciativa do Chefe do Poder Executivo estadual, visto que não versam sobre criação, estruturação e atribuições dos órgãos da Administração Pública. Não-incidência de vedação constitucional (CF, artigo 61, §1º, II, e). 2. Norma de reprodução de dispositivo constitucional, que se aplica genericamente à Administração Pública, podendo obrigar apenas um dos Poderes do Estado sem implicação de dispensa dos demais" (STF, ADI-MC nº 2.472-RS, Tribunal Pleno, Rel. Min. Maurício Correa, 12-03-2002, v.u., *DJ* 03-05-2002, p. 13). Decisão do TJSP negou a inconstitucionalidade de lei municipal "que inscreve explícita obrigação de obediência ao princípio da publicidade, e, por via de conseqüência, ao da moralidade, quando dos atos de nomeação, contratação e demissão de servidores públicos", reputando que tal "em nada interfere na atuação administrativa do Poder Executivo, na esfera de sua competência" porque "não se trata, pois, de ampliação indevida e fora da previsão constitucional das funções fiscalizadoras da Câmara Municipal, mas do exercício de sua função precípua, a legislativa, em estrito ajuste aos princípios que devem reger a atuação administrativa municipal" (RT 661/68).
[62] CARDOZO, José Eduardo Martins. Princípios Constitucionais da Administração Pública *In:* MORAES, Alexandre (coord.) de. *Os 10 Anos da Constituição Federal*. São Paulo: Atlas, 1999, p. 163.

administradores em placas indicadoras de obras ou em veículo de propriedade ou a serviço da Administração Pública direta ou indireta.

Alheia aos propósitos de informação, educação e orientação social, a Administração Pública não é livre no consumo de recursos do Erário com propagandas inúteis. Viola o mandamento constitucional a personalização (promoção pessoal) da publicidade (ou propaganda) governamental (mediante nomes, imagens, símbolos, preferências político-partidárias ou qualquer outro meio personalizante em bens públicos, placas de obras e informativos oficiais, publicação de matéria sob as expensas dos cofres públicos para defesa pessoal de autoridade). Não obstante, assiste-se, a cada alteração de governo, nos meios de comunicação, nas placas indicativas de obras, nos documentos oficiais, enfim, nas vias hábeis de difusão de ideias, a troca da "marca registrada" de cada governante, cujo escopo é a personalização, e seus efeitos nocivos são o atrelamento dos atos, obras, serviços, programas e campanhas da Administração Pública ao agente público, a associação de ideias e pessoas na massa popular receptora da propaganda, e a vinculação da atividade (atos, obras, serviços, programas e campanhas) e seu resultado àquele agente público.

Também está interditado o sutil expediente do uso de signos que identificam determinado agente público e outros artifícios personalizantes (logomarcas, *slogans*, músicas, frases, expressões ou quaisquer outros meios audiovisuais) que atinjam idênticos corolários aos da personalização direta (nomes e imagens), herdados da campanha eleitoral ou não. Ligados por estratégias de *marketing* à pessoa do agente público e não constituindo o símbolo oficial das entidades administrativas, inserem-se na proibição constitucional, valendo destacar que o parágrafo único do art. 1º do Decreto nº 3.296/99 dá conceito amplo abrangendo tudo que personaliza a publicidade administrativa ("a publicidade que, direta ou indiretamente, caracterize promoção pessoal de autoridade ou servidor público"). Em reforço, o art. 73 da Lei nº 9.504/97 proíbe tanto a publicidade oficial nos três meses precedentes ao pleito, salvo autorização e a permissão de propaganda de produtos e serviços que tenham concorrência no mercado ou o caso de grave e urgente necessidade pública (inciso VI), quanto a realização, no ano do pleito e antes dos três meses antecedentes, de despesas com publicidade oficial excedentes à média dos gastos nos últimos três anos anteriores às eleições ou do último imediatamente anterior (inciso VII) – violação considerada improbidade administrativa (art. 73, §7º).

Tradicionalmente, a Administração Pública se utiliza de meios oficiais (publicação de diário ou boletim oficial ou de editos na imprensa privada; afixação de avisos e editais no local de costume na sede da repartição etc.) para que a divulgação de seus atos oficiais adquira validade ou eficácia. As transformações geradas nas sociedades contemporâneas (em que a informação é moeda preciosa) despertaram, inclusive por inúmeros outros motivos concorrentes (politização dos meios de comunicação; universalização do acesso às informações etc.), a adoção de técnicas de *marketing* por parte dos governos que convolam diários ou boletins oficiais em verdadeiros "jornais oficiais" e a incorporação de outros meios de publicidade *lato sensu* como, por exemplo, sítios na rede mundial cibernética (*internet*), programas próprios de rádio e televisão, propaganda governamental nos meios de comunicação social etc. Essa questão não escapa à compreensão dos princípios da moralidade e da impessoalidade e da regra da proibição de personalização da publicidade oficial, exigindo dos órgãos controladores (Tribunal de Contas e Ministério Público) um enfrentamento sistemático, organizado e permanente. Impositivo é o exame da legalidade da criação dos meios oficiais de publicidade ou propaganda governamental. Geralmente são instituídos (ou transformados) órgãos ou entidades para o desempenho dessas atividades. A legalidade (reserva legal) é exigência elementar, especialmente se há despesa pública correlata, merecendo empenho na luta contra a prodigalidade da Administração notadamente nas despesas com publicidade, atos que podem ser questionados sob à luz de princípios como moralidade, razoabilidade, proporcionalidade e impessoalidade. Ainda que tenha a propaganda estatal fins de informação, educação e orientação social, e *a priori* não possa ser estimada inútil, deturpações em seu conteúdo ou volume (quantidade) podem desqualificá-la.

Para além, devem ser concebidos antídotos mais eficientes às tentativas de promoção pessoal. Um deles consiste na adoção de símbolo oficial e impessoal por lei para seu uso na propaganda governamental e na publicidade oficial. A hipótese demanda, sem embargo de posturas repressivas (Lei nº 8.429/92; Lei nº 4.717/65), no controle judiciário do poder público, o recurso à potência mandamental (positiva e negativa) da ação civil pública em face do poder público: o ajuizamento de pretensão tanto para cessação da atividade nociva (imposição da abstenção de veicular promoção pessoal, direta ou indireta, de autoridades e agentes públicos) quanto para prestação de atividade devida (imposição de transmissão de propaganda ou publicidade com os fins de informação, educação e orientação social, utilizando frases, símbolos e sinais oficiais).

Outro antídoto reside na revisão da legislação eleitoral. Redobrada atenção exige a prospecção dos vínculos jurídicos estabelecidos com empresas contratadas para prestação dos serviços de propaganda governamental e publicidade legal. Não raro são as que organizaram a campanha de agentes políticos e cuja paga correrá por conta de contratos administrativos milionários. A legislação deveria criar impedimento, evitando privilégios aos meios de comunicação apaniguados, interditando essa cortesia com chapéu alheio. Ou seja, deveria ser instituída a proibição de contribuições às campanhas eleitorais decorrentes de pessoas jurídicas, ou de seus dirigentes ou empregados, que tenham sido contratadas pelo poder público, assim como o impedimento de que empresas contribuintes possam futuramente ser contratadas ou, ainda, que o pretexto de propaganda governamental paga por elas se converta em palanque. Mesmo a propaganda eleitoral sendo permitida quatro meses antes da eleição (art. 36, Lei nº 9.504/97), a prática demonstra que, em momentos anteriores, governantes esbanjam dinheiro público para divulgação das atividades de sua gestão com clara intenção eleitoral a pretexto de prestação de contas, orientação social etc. (propaganda oficial). E se o §2º do art. 36 da lei citada inibe, no segundo semestre do ano eleitoral, propaganda partidária gratuita ou qualquer tipo de propaganda política paga no rádio e na televisão, isso é contornado pela publicidade oficial com finalidade distanciada dos propósitos constitucionais. No entanto, a Lei nº 12.232, de 29 de abril de 2010, que dispõe sobre normas gerais para licitação e contratação pela Administração Pública de serviços de publicidade prestados por intermédio de agências de propaganda, não se preocupou com a matéria, mercê de alguns preceitos inspirados pela transparência, como o que estabelece que "as informações sobre a execução do contrato, com os nomes dos fornecedores de serviços especializados e veículos, serão divulgadas em sítio próprio aberto para o contrato na rede mundial de computadores, garantido o livre acesso às informações por quaisquer interessados" (art. 16), e que "as informações sobre valores pagos serão divulgadas pelos totais de cada tipo de serviço de fornecedores e de cada meio de divulgação" (art. 16, parágrafo único).[63]

Informação bibliográfica deste texto, conforme a NBR 6023:2018 da Associação Brasileira de Normas Técnicas (ABNT):

MARTINS JUNIOR, Wallace Paiva. Princípio da publicidade. *In*: MARRARA Thiago (coord.). *Princípios de direito administrativo*. 2. ed. rev., ampl. e atual. Belo Horizonte: Fórum, 2021. p. 341-364. ISBN 978-65-5518-166-1.

---

[63] Por outro lado, a regra do §2º do art. 18 alberga o princípio da impessoalidade ao dispor que "as agências de propaganda não poderão, em nenhum caso, sobrepor os planos de incentivo aos interesses dos contratantes, preterindo veículos de divulgação que não os concedam ou priorizando os que os ofereçam, devendo sempre conduzir-se na orientação da escolha desses veículos de acordo com pesquisas e dados técnicos comprovados". A lei, ainda, contém regra de direito financeiro determinando no art. 21 que "serão discriminadas em categorias de programação específicas no projeto e na lei orçamentária anual as dotações orçamentárias destinadas às despesas com publicidade institucional e com publicidade de utilidade pública, inclusive quando for produzida ou veiculada por órgão ou entidade integrante da administração pública".

PUBLICIDADE ADMINISTRATIVA E SUA CONFORMAÇÃO CONSTITUCIONAL

FABRÍCIO MOTTA

Introdução

Com o presente artigo, objetiva-se estudar as dimensões e os efeitos jurídicos ligados ao princípio constitucional da publicidade administrativa. O estudo foi dividido em três partes: na parte inicial, é feita breve investigação sobre o contexto histórico do surgimento do Direito Administrativo, com especial ênfase na luta por uma Administração visível. A segunda parte estabelece a premissa teórica para a distinção entre princípios e regras, explicitando a utilização da teoria de Robert Alexy. Por fim, na terceira parte, é investigado o tratamento dispensado pelo ordenamento brasileiro ao princípio constitucional da publicidade, assim como as possibilidades de interpretação do mesmo em razão de suas conexões com o princípio da transparência e com o direito fundamental à informação.

1 O Direito Administrativo e a luta por uma Administração visível

Desde sua origem o Direito Administrativo possui forte vocação libertária – nasceu como instrumento para assegurar a liberdade do cidadão por meio da contenção do poder estatal. Trata-se de ramo do conhecimento jurídico que possui o cidadão em seu centro: é vocacionado à sua proteção e à imposição de deveres ao Estado em prol da sociedade. Por essa razão, atribui-se grande importância à Revolução Francesa,[1] levada a cabo com o intuito de submeter o exercício do poder a uma disciplina mais rigorosa, intentando conter os abusos verificados no antigo regime. Essa importância ganha ainda mais realce em países como o

---

[1] A importância da Revolução Francesa, para muito além do Direito Administrativo, é bem demonstrada por Eric J. Hobsbawn: "Se a economia do mundo do século XIX foi constituída principalmente sob a influência da Revolução Industrial britânica, sua política e ideologia foram constituídas fundamentalmente pela Revolução Francesa. A Grã-Bretanha forneceu o modelo para as ferrovias e fábricas, o explosivo econômico que rompeu com as estruturas socioeconômicas tradicionais do mundo não-europeu. No entanto, foi a França que fez suas revoluções e a elas deu suas idéias, a ponto de bandeiras tricolores de um tipo ou de outro terem se tornado o emblema de praticamente todas as nações emergentes, e as políticas européias (ou mesmo mundiais), entre 1789 e 1917, foram em grande parte lutas a favor e contra os princípios de 1789 (...) A França forneceu o vocabulário e os temas da política liberal e radical-democrática para a maior parte do mundo. A França deu o primeiro grande exemplo, o conceito e o vocabulário do nacionalismo. Ela forneceu os códigos legais, o modelo de organização técnica e científica e o sistema métrico de medidas para a maioria dos países (...) A Revolução Francesa é, assim, *a* revolução do seu tempo, e não apenas uma revolução (...) O rei não era mais Luís, pela Graça de Deus, rei de França e Navarra, mas Luís, pela Graça de Deus e do *direito constitucional do Estado*, rei dos franceses". (HOBSBAWN, Eric J. A Revolução Francesa. 7. ed. trad. Maria Tereza Lopes Teixeira e Marcos Penchel. Rio de Janeiro: Paz e Terra, 1996.).

Brasil, cujo Direito Administrativo se desenvolveu com maior inspiração retirada do sistema chamado "continental" do que do direito oriundo da *common law*, com fonte maior nos sistemas britânico e americano.

A Revolução Francesa liga-se ao Direito Administrativo, substancialmente, por meio do estabelecimento de dois grandes marcos: o primeiro, *filosófico e político*, refere-se à consagração da liberdade como valor principal tutelado pela sociedade, a ser protegido sob qualquer custo ou pretexto; o segundo marco, *jurídico*, impõe a submissão do poder à lei dos homens, e não mais às leis divinas ou consuetudinárias. A junção desses dois marcos determinou o entendimento de que a fonte de todo o poder reside essencialmente na nação, e a nação não reconhece nenhum interesse acima do seu e não aceita nenhuma lei ou autoridade que não a sua. A mudança, com relação ao Antigo Regime, é intensa e tentadora: sai de cena o governo pessoal e arbitrário, fundado em um pretenso poder divino, para ceder lugar a um governo fundado nas leis e em sua legitimidade.

Nesse período, o Estado era visto em crescente contraposição ao indivíduo – essa a razão pela qual os direitos fundamentais eram considerados direitos de defesa do indivíduo frente à força estatal (direitos *contra o Estado*). Essa contraposição permite reconhecer a existência de um antagonismo entre Estado e sociedade[2] – a doutrina iluminista concebe um Estado individualista, organizado a serviço do indivíduo e ligado diretamente a ele, sem entidades intermediárias. Como explica Maurizio Fioravanti:[3]

> (...) a célebre separação Estado-sociedade da época liberal funciona em ambos os sentidos: na proteção da sociedade e dos indivíduos frente a invasão arbitrária do poder público, mas também na proteção dos mesmos poderes frente às vontades particulares, individuais e de grupo, operantes na sociedade civil.

A necessidade de limitar o poder político por meio da sua divisão e repartição em vários órgãos, de forma a evitar a concentração do mesmo, atendia também às exigências de preservação da liberdade. A separação de funções exsurge como mais uma manifestação da importância da soberania popular ao reforçar a importância do poder legislativo na criação das normas e como contrapeso ao

---

[2] Nuno Piçarra aduz que a separação conceitual entre Estado e Sociedade assenta-se em fatores contraditórios e ressalta, fundamentalmente, a teoria do contrato social e do absolutismo monárquico como fatores de unidade política contra os poderes intermediários – "(...) embora a níveis totalmente diversos, respectivamente, hipotético-racional e histórico-concreto, ambos contribuíram para o monismo que haveria de caracterizar o Estado liberal que se afirmou detentor exclusivo do poder político, antes partilhado com os vários corpos intermediários, e se prendeu contrapolo nítido de uma sociedade dele esvaziada. (...) Não há aqui lugar a qualquer separação social ou horizontal, ou balança dos poderes, mediante o encaixe de grupos nas estruturas institucionais, desde logo porque não há (não deve haver) grupos com relevância política e, muito menos, de natureza estamental. Neste contexto, o princípio da separação dos poderes apenas poderá ter um carácter técnico-organizatório no interior de um Estado contraposto a uma sociedade politicamente homogênea". (PIÇARRA, Nuno. *A separação dos poderes como doutrina e princípio constitucional:* um contributo para o estudo das suas origens e evolução. Lisboa: Coimbra Editora, 1989, p.175).

[3] FIORAVANTI, Maurizio. *Los derechos fundamentales*: apuntes de historia de las constituciones. 2. ed. Madrid: Editorial Trotta, 1998, p.103, tradução nossa.

poderio do Executivo. Ganha destaque a concepção da lei como emanação da "vontade geral", na formulação de Rousseau que, necessariamente, deveria ser respeitada pela atuação da Administração.[4]

O objetivo principal de proteção da liberdade trazia em si uma etapa obrigatória: submeter o Estado, notadamente, a Administração Pública, ao Direito. Essa submissão materializou-se com a consagração do *princípio da legalidade*, vinculando as atividades da Administração à lei. O anseio pelo controle do exercício do poder confere novo realce ao direito positivado pelo Estado, consagrando um poder "normativizado" que, de acordo com a doutrina liberal, intentava criar normas que concedessem um mínimo de *segurança jurídica* e *certeza* às relações jurídicas entre os cidadãos e entre estes e o Estado.

Precisando o sentido do princípio da *segurança jurídica*, Gomes Canotilho[5] entende que o mesmo está diretamente conectado à garantia de estabilidade jurídica, segurança de orientação e realização do direito. São dignas de nota as lições de Patrícia Baptista, ao entender o princípio da segurança jurídica como plurissignificativo:

> (...) o princípio da segurança jurídica pode ser definido pelo objetivo de assegurar a acessibilidade, a previsibilidade e a estabilidade *tanto da produção como da aplicação do direito*. Para garantir a acessibilidade do direito é necessário que as normas jurídicas sejam claras, precisas, eficazes e que a elas se tenha conferido publicidade adequada. Da mesma forma, é preciso que haja coerência tanto em sua edição como na sua aplicação. (...) Por fim, a norma estatuída deve ter *pretensões de definitividade, estabilidade e plenitude*. Alterações normativas injustificadas e excessivas afrontam a exigência de estabilidade do direito e, por essa razão, atentam contra a segurança jurídica. A garantia da plenitude, por sua vez, repudia os vazios, as insuficiências e os excessos normativos. Logo, a norma jurídica deve ser o mais precisa possível, relativamente à descrição dos pressupostos de fato e das conseqüências jurídicas que da sua aplicação advirão.[6]

Estas breves considerações permitem situar, no mesmo contexto da Revolução Francesa e do surgimento do Direito Administrativo,[7] algumas características que passaram a ser exigidas no exercício do poder estatal: a) ênfase na proteção

---

[4] "De ser una vaga aspiración, una pura concepción metafísica, el principio de legalidad pasa a ser por obra de esta doctrina un preciso mecanismo político. Sobre la tesis de Rousseau, en efecto, va a montarse todo el moderno concepto de la Ley y su papel central en la teoría del Estado". GARCIA DE ENTERRÍA, 1998, p. 23.

[5] CANOTILHO, J. J. Gomes. *Direito Constitucional e Teoria da Constituição*. 7. ed. Coimbra: Almedina, 2003, p. 257.

[6] BAPTISTA, Patrícia Ferreira. *Segurança jurídica e proteção da confiança legítima no direito administrativo: análise sistemática e critérios de aplicação no Direito Administrativo Brasileiro*. Tese para o Curso de Doutorado em Direito do Estado. Faculdade de Direito da Universidade de São Paulo, 2006, 373 p. p. 43-48. Destacamos.

[7] Eduardo García de Enterría, em percuciente análise, conclui que o Direito Administrativo surge como subproduto da Revolução, como fruto de uma reação à interpretação que os revolucionários fizeram dos princípios que inspiraram o movimento: "(...) los revolucionarios, en el momento de plasmar El Estado nuevo, siguen una interpretación claramente disidente de la ortodoxia doctrinal que representaban; esta interpretación, junto con las circunstancias históricas de la Revolución y de los tiempos posteriores, permitieron y determinaron el fortalecimiento de una Administración como no habia conocido siquiera el Antiguo Régimen; pero los dogmas jurídico-políticos de la Revolución obraron ahora, ya que no para impedir ese hecho, para someterlo a una cierta disciplina, y esta disciplina fue justamente el Derecho Administrativo". GARCIA DE ENTERRÍA, Eduardo. *Revolución francesa y administración contemporânea*. Madrid – Espanha: Editorial Civitas, 1998, p. 41.

dos valores fundamentais da liberdade, propriedade e segurança; b) afirmação do princípio da separação de poderes; c) entendimento da lei como expressão da vontade geral e d) consagração do princípio da legalidade como subordinação do Estado às leis.

Esse cenário de consagração da liberdade por meio da submissão do Estado à lei seria incompatível com a *opacidade* do exercício de qualquer manifestação de poder estatal, notadamente da função administrativa. Com efeito, a política do *segredo* torna-se incompatível com a consagração da vontade geral por meio da lei, debatida abertamente, como regra, em assembleias com livre acesso do povo. Já é possível falar, nesse momento histórico, de uma afirmação da necessidade de tornar *visíveis* as relações entre Administração e cidadãos, inclusive em razão da positivação, no artigo 15 da Declaração dos Direitos do Homem e do Cidadão, de que "a sociedade tem o direito de pedir contas a todo agente público pela sua administração".[8]

Norberto Bobbio anota a força sugestiva da democracia antiga na época da revolução francesa em razão da intensidade dos momentos de fermentação e de espera do *novus ordo*.[9] Ao cunhar a sintética e já clássica formulação da democracia como *governo do poder público em público*, anota Bobbio:

> A importância dada à publicidade do poder é um aspecto da polêmica iluminista contra o Estado absoluto, mais especificamente contra as várias imagens do soberano pai ou patrão, do monarca por direito divino, ou do hobbesiano Deus terreno. O pai que comanda filhos menores de idade, o patrão que comanda súditos escravos, o monarca que recebe de Deus o direito de comandar, o soberano que é equiparado a um Deus terreno não tem nenhuma obrigação de revelar aos destinatários de seus comandos, que não constituem um "público", o segredo das suas decisões.[10]

A luta pela submissão do Estado ao Direito é também a luta por um poder *visível e previsível*, que se comporte de acordo com as leis previamente aprovadas pelos representantes do povo. Por essa razão, pode-se afirmar que "a publicidade da Administração é que confere certeza às condutas estatais e segurança aos direitos individuais e políticos dos cidadãos. Sem ela, a ambigüidade diante das práticas administrativas conduz à insegurança jurídica e à ruptura do elemento de confiança que o cidadão tem que depositar no Estado".[11] Nessa linha de raciocínio,

---

[8] GOMEZ-REINO y CARNOTA, Enrique. El principio de publicidad de la acción del Estado y la técnica de los secretos oficiales. *Revista Española de Derecho Administrativo*, Civitas, Madrid, n. 8/1976, Estudios, p. 115. Segundo o autor "(...) esta exigencia ha sido durante mucho tiempo olvidada se explica por el autor desde un punto de vista esencialmente constitucional. En efecto, desde esta perspectiva el poder ejecutivo no hace otra cosa que aplicar la ley. En este contexto, desde el momento en que se conoce la ley, pues como ciudadano, a través de los representantes libremente elegidos, se ha participado en su elaboración, no se tiene necesidad alguna de saber qué hace el ejecutivo: éste ejecuta, su papel no es otro que el de traducir el dictado de la ley a los hechos. En consecuencia, no existe una auténtica autonomía decisional del poder ejecutivo".

[9] BOBBIO, Norberto. *O futuro da democracia*. 7. ed. rev. e ampl. Tradução de Marco Aurélio Nogueira. Rio de Janeiro: Paz e Terra, 2000, p. 100.

[10] BOBBIO, 2000, p. 106.

[11] ROCHA, Cármen Lúcia Antunes. *Princípios constitucionais da Administração Pública*. Belo Horizonte: Del Rey, 1994, p. 240.

por trás da exigência de visibilidade estão a exigência de segurança do direito e a proibição da política do "segredo", entendida esta última proibição não somente como uma vedação ao arbítrio, mas como um dever de informar por parte do Estado.[12] Diante de tais assertivas, pode-se concluir que *legalidade, segurança jurídica* e *publicidade* são princípios ligados entre si e umbilicalmente conectados ao Estado Democrático de Direito.

2 Princípio democrático e publicidade

O *princípio da publicidade* é indissociável do regime democrático.[13] Não há Estado democrático sem que a sociedade, detentora e destinatária de toda manifestação de poder, tenha assegurado o direito de assistir a toda e qualquer atuação estatal que não esteja – justificadamente e excepcionalmente – protegida por sigilo.[14]

O *princípio democrático*, visto por alguns como direito fundamental de quarta geração, exsurge como "(...) o mais excelso princípio de nosso ordenamento, condicionante tanto das regras políticas como jurídicas da Lei Maior", segundo Paulo Bonavides.[15] A consideração do princípio democrático como "o mais fecundo e subjetivo dos direitos políticos da cidadania em escala de concretude",[16] exige que se enxergue em seu conteúdo possibilidades que extrapolem a ligação com o sufrágio, é dizer, a possibilidade de votar e ser votado. Gomes Canotilho relembra que o princípio democrático não somente acolhe os mais importantes postulados da *teoria democrática representativa* como também implica *democracia participativa*, isto é, "estruturação de processos que ofereçam aos cidadãos efetivas possibilidades de aprender a democracia, participar nos

---

[12] CANOTILHO, 2003, p. 1165. Na correta lição de Juarez Freitas "(...) o agente público precisa prestar contas de todos os seus atos e velar para que tudo seja feito com a visibilidade do sol do meio-dia, preservando sua própria reputação, somente se admitindo que não o faça por excepcional e estrita exigência superior do interesse público (v.g., de segurança) ou por ditames da dignidade da pessoa humana. Filosoficamente, o normal é que tudo que não possa vir a público deva ser encarado como suspeito de incorreção, nada havendo que não deva ser, de algum jeito ou em certo tempo, revelado nos regimes democráticos" (FREITAS, Juarez. *O controle dos atos administrativos e os princípios fundamentais*. 3. ed. atual e ampl. São Paulo: Malheiros, 2004, p. 56).

[13] Cumpre transcrever, sobre democracia representativa e representatividade, passagem lapidar de Carl Schmitt, citado por Bobbio: "(...) a representação apenas pode ocorrer na esfera da publicidade. Não existe nenhuma representação que se desenvolva em segredo ou a portas fechadas. Um parlamento tem um caráter representativo apenas enquanto se acredita que sua atividade própria seja pública. Sessões secretas, acordos e decisões secretas de qualquer comitê podem ser muito significativos e importantes, mas não podem jamais ter um caráter representativo" (BOBBIO, 2000, p. 101).

[14] "O secreto, invisível, reinante na Administração, mostra-se contrário ao caráter democrático do Estado. A publicidade ampla contribui para garantir direitos dos administrados; em nível mais geral, assegura condições de legalidade objetiva porque atribui à população o direito de conhecer o modo como a Administração atua e toma decisões; "abate o muro secreto da cidadela administrativa", possibilitando o controle permanente sobre suas atividades (...) com a publicidade como regra, tem-se "o diálogo em lugar do mutismo, a transparência em lugar da opacidade", e suscita-se a confiança do administrado na Administração." MEDAUAR, Odete. *O direito administrativo em evolução*. 2. ed. rev. atual e ampl. São Paulo: RT, 2003, p. 235.

[15] BONAVIDES, Paulo, *Teoria constitucional da democracia participativa*. São Paulo: Malheiros, 2001, p. 127.

[16] *Ibid*.

processos de decisão, exercer controle crítico na divergência de opiniões, produzir *inputs* políticos democráticos".[17]

Em sentido semelhante, Diogo de Figueiredo Moreira Neto ressalta a importância da democracia substantiva para além da democracia formal,

> buscando ampliar o consenso político além da formalidade da escolha de governantes — de quem deverá governar para escolha de políticas – de como deverão governar.
> Assim, não mais bastando o consenso na escolha de pessoas pelo voto formal, trata-se(...) de buscar um consenso mais amplo sobre a escolha de políticas públicas através de outras formas institucionais que possam disciplinar com fidelidade e segurança o processo de formação da vontade participativa, ou seja, a crescente importância da processualidade adequada como instrumento democrático.[18]

No atual cenário de constitucionalização dos princípios e regras tocantes à Administração Pública e de protagonismo da sociedade no diálogo com o Estado é importante estender os efeitos jurídicos do princípio democrático ao exercício da função administrativa. Segundo a lição de Alegretti, citado por Odete Medauar:

> Pressuposto de que o caráter democrático de um Estado, assim declarado na Constituição, deverá influir sobre a concepção da Administração e esta, por sua vez, incidirá positiva ou negativamente sobre o caráter democrático do ordenamento; os princípios da democracia não podem limitar-se a reger a função legislativa e a jurisdicional, mas devem informar também a função administrativa; inexiste democracia sem democracia da Administração; ao se implantar nova Constituição, ao se estabelecer novo nível de liberdade é de relevo considerar a Administração como fator fundamental de inovação.[19]

É importante, ao considerar a Administração como necessariamente aberta e permeável ao público, fazer referência ao pensamento de Kant, que considera como "fórmula transcendental do direito público" o princípio segundo o qual "todas as ações relativas ao direito de outros homens cuja máxima não é conciliável com a publicidade são injustas".[20] Nesse mesmo sentido, lembrando-se que o Direito Administrativo surgiu como reação ao absolutismo, a *visibilidade da atuação administrativa* é, mais que tendência, necessidade no atual estágio do constitucionalismo e das relações Estado-sociedade.

Destaque-se que a visibilidade necessariamente conferida à Administração possibilita o combate à ineficácia das disposições de garantia legalmente

---

[17] CANOTILHO, 2003, p. 288. Segue o autor: "As premissas antropológico-políticas da participação são conhecidas: o homem só se transforma em homem através da autodeterminação e a autodeterminação reside primariamente na participação política (orientação de 'input'). Entre o conceito de democracia reduzida a um processo de representação e o conceito de democracia como optimização de participação, a Lei fundamental apostou num conceito 'complexo-normativo', traduzido numa relação dialética (mas também integradora) dos dois elementos – representativo e participativo". (*Id.*, p. 289).

[18] MOREIRA NETO, Diogo de Figueiredo. Novas tendências da democracia: consenso e direito público na virada do século o caso brasileiro. *Revista Brasileira de Direito Público – RBDP*, Belo Horizonte, n. 3, ano 1 out./dez. 2003 Disponível em: 13 fev. 2020.

[19] MEDAUAR, 2003, p. 164.

[20] *Apud* BOBBIO, 2000, p. 104.

instituídas. Em obra sobre a chamada "Administração paralela", identificada como aquela que se constitui de procedimentos informais paralelos aos formalmente estabelecidos, Agustín Gordillo[21] ensina com maestria que:

> (...) mesmo com as leis e constituições consagrando enfaticamente o princípio da publicidade dos atos do governo e também o mais irrestrito acesso dos interessados às atuações administrativas, salvo se forem qualificadas por ato expresso e motivado como confidenciais, a verdade é que, na prática, estas disposições jamais são cumpridas facilmente. A tradição das administrações hispano-americanas é o silêncio, o segredo, a reserva, não a publicidade. O funcionário público não considera, com isso, que realiza uma atividade ilícita: ao contrário, percebe que o correto, o devido, o lícito e normal é ser o zeloso guardião de toda a informação administrativa e, sobretudo, não possibilitar o acesso a ela dos administrados ou terceiros, pois isso poderia comprometê-lo. Se o funcionário for informado da lei que dispõe em sentido contrário, sua incredulidade será genuína: ele imaginará que essa norma é ilegal, sem saber como nem por que, mas terá consciência de que a conduta que se espera dele, por parte da sociedade, não é em absoluto aquela descrita na lei, mas sim aquela que é apreendida, sem nenhuma dificuldade, de seus superiores e companheiros de trabalho.

Entretanto, Norberto Bobbio identifica a eliminação do poder invisível como uma das promessas não cumpridas pela *democracia real* em contraste com a *democracia ideal*, pois ao lado de um *Estado visível* existe sempre um *Estado invisível*. Com efeito, a democracia nasceu com a promessa de eliminar para sempre o poder invisível e de dar vida a governos cujas ações deveriam se desenvolver publicamente, sem máscara, sendo as grandes decisões políticas tomadas não nos gabinetes escuros, mas à luz dos olhos do povo. Essa promessa não cumprida tem como fundamento a ideia motriz de que a publicidade é por si mesmo uma forma de controle popular.[22]

A noção de *visibilidade do poder*, decorrência do *princípio democrático*, é também indissociável do princípio do *interesse público*. Não se pode perder de vista que o princípio do interesse público não possui conteúdo e extensão fixos e imutáveis, estando atrelado às características de cada Estado e de cada sociedade.[23] Não há fundamento em admitir, contudo, que o interesse público seja qualquer interesse abstratamente invocado pelo Estado. Ainda que esta não seja a oportunidade adequada para discutir o tema com a profundidade merecida, cabe destacar que, em sua leitura atual o princípio

> (...) afasta-se tanto do prisma individualista do interesse geral ínsito ao Estado Liberal quanto da ideia de 'razões de Estado' típica do absolutismo, que supostamente autorizaria

---

[21] O autor conclui que a participação popular e a publicidade na elaboração das normas tocantes à Administração são condições de sua futura eficácia, evitando a criação de um para-sistema, ou, segundo a terminologia de Bobbio, de um poder invisível. GORDILLO, Agustín. *La administración paralela*. Madrid: Editorial Civitas, 1992, p. 54, tradução nossa.

[22] *Id.*, p. 41

[23] A esse respeito, consulte-se o abalizado artigo da professora Maria Sylvia Zanella Di Pietro: DI PIETRO, Maria Sylvia Zanella. O princípio da supremacia do interesse público. *Revista Interesse Público* Belo Horizonte, n. 56, ano 11 jul. 2009.

o acobertamento de arbitrariedades estatais sob o manto protetor do interesse público (...) a noção hodierna dessa categoria jurídica arrima-se na compreensão do interesse geral como produto da solidariedade social, é dizer, como resultado dos anseios de uma coletividade ou mesmo de um cidadão enquanto membro do corpo social (e não apenas individualmente considerado).[24]

A ausência de visibilidade torna nulas as possibilidades de *controle popular* e de *participação* do cidadão no exercício das atividades da Administração. Dessa forma, é importante reconhecer o desenvolvimento da *participação* como meio de legitimar a Administração, de modo a *democratizá-la.* Nos estudos doutrinários, participação e controle encontram-se ligados em maior ou menor intensidade. Carlos Ayres Britto caracteriza o *controle social* do poder como direito público subjetivo do cidadão, cujo exercício objetiva investi-lo em uma situação jurídica ativa frente ao Estado. No controle social, "a regra condutora do direito o subjetivo ao controle preexiste à manifestação da vontade individual e não aporta consigo uma autorização para o seu titular agir enquanto editor normativo".[25] Trata-se, segundo o autor, de cumprimento das regras já existentes na Constituição da República. A *participação popular*, nesse mesmo magistério, exsurge como expressão de poder político, e não de direito público subjetivo, permitindo ao particular participar da produção de uma nova norma jurídica pública.[26]

Aderindo a essa distinção, com uma ressalva – *o ordenamento pode criar direito subjetivo à participação, inclusive condicionando a ela a eficácia de dado ato* – pode-se afirmar que a participação dos cidadãos nos processos decisórios e consultivos da Administração é realidade atual vinculada à diminuição da distância entre Estado e sociedade. Trata-se do rompimento clássico da dualidade radical entre Administração e cidadão – e entre autoridade e liberdade – em favor da adoção de procedimentos consensuais, que consideram a importância de coordenação entre as ações para a consecução do interesse público. Tenta-se, dessa maneira, fazer com que coincidam, na maior medida possível, a realidade social e o conteúdo das decisões administrativas.[27] Essa a principal função da participação: *garantir a legitimidade nas manifestações do poder, direcionando e controlando as opções e as escolhas.*

---

[24] GABARDO, Emerson; HACHEM, Daniel Wunder. O suposto caráter autoritário da supremacia do interesse público e das origens do Direito Administrativo: uma crítica da crítica. *In*: DI PIETRO, Maria Sylvia Zanella; RIBEIRO, Carlos Vinicius Alves. *Supremacia do interesse público e outros temas relevantes do direito administrativo*. São Paulo: Atlas, 2010, p. 11-66.

[25] BRITTO, Carlos Ayres. Distinção entre "controle social do poder" e "participação popular". *Revista de Direito Administrativo*, Rio de Janeiro, v. 189, jul./set. 1992, p. 114-122.

[26] "Por conseqüência, não há confundir a participação popular com o controle social, pois o fim de quem efetivamente participa não é atuar um comando constitucional que força o Estado a olhar para trás. A parte privada, o grupo, ou o conjunto da sociedade, nenhum deles pretende fazer da liberdade ou da cidadania um elemento de anulação do poder político, à base do 'cessa tudo que a antiga musa canta, que outro valor mais alto se alevanta' (Camões). O objetivo colimado não é fazer 'oposição' ao governo – convenhamos –, mas 'negociar' com ele a produção de uma nova regra jurídica pública. Aqui, uma emanação da soberania popular e, destarte, poder. Ali, uma emanação da cidadania, ou da liberdade e, portanto, direito" (BRITTO, *Ibid.*, p. 121).

[27] MEDAUAR, 2003, p. 230.

Ante todo o exposto, pode-se concluir que a *visibilidade* do exercício do poder, materializada no princípio da publicidade, é elemento indissociável das noções de Estado de Direito e de democracia. Sem publicidade não há controle do exercício do poder; sem publicidade as possibilidades de participação popular são meramente formais. Sem publicidade, por fim, o poder pertence ao Estado, e não ao povo. Pode-se encerrar este tópico invocando a lição do Ministro do Supremo Tribunal Federal Celso de Mello, exposta em importante decisão:

> Os postulados constitucionais da publicidade, da moralidade e da responsabilidade – indissociáveis da diretriz que consagra a prática republicana do poder – não permitem que temas, como os da destinação, da utilização e da comprovação dos gastos pertinentes a recursos públicos, sejam postos sob inconcebível regime de sigilo. Não custa rememorar que os estatutos do poder, numa República fundada em bases democráticas, não podem privilegiar o mistério, eis que a legitimidade político-jurídica da ordem democrática, impregnada de necessário substrato ético, somente é compatível com um regime do poder visível, definido, na lição de Bobbio, como "um modelo ideal do governo público em público". – Ao dessacralizar o segredo, a nova Constituição do Brasil restaurou o velho dogma republicano e expôs o Estado, em plenitude, ao princípio democrático da publicidade, cuja incidência – sobre repudiar qualquer compromisso com o mistério – atua como fator de legitimação das decisões e dos atos governamentais. – O novo estatuto político brasileiro – que rejeita o poder que oculta e que não tolera o poder que se oculta – consagrou a publicidade dos atos e das atividades estatais como expressivo valor constitucional, incluindo-o, tal a magnitude desse postulado, no rol dos direitos, das garantias e das liberdades fundamentais.[28]

3 Princípios e regras

Antes de verificar o tratamento dispensado pelo ordenamento brasileiro ao princípio da publicidade, é importante precisar que neste estudo é utilizado como marco teórico para distinção entre princípios e regras a teoria dos direitos fundamentais de Robert Alexy.

Robert Alexy é adepto da tese forte da separação entre regras e princípios, reconhecendo a existência entre eles de uma distinção qualitativa e excludente no âmbito normativo: toda norma é uma regra ou um princípio.[29] O autor enriquece a *dimensão de peso* já reconhecida nos princípios, sobretudo pela doutrina de Ronald Dworkin. De acordo com Alexy, esta dimensão de peso torna os princípios verdadeiros *mandados de otimização* – o ponto decisivo para a distinção entre eles e as regras é que

> (...) os princípios são normas que ordenam que algo seja realizado na maior medida possível, dentro das possibilidades jurídicas e reais existentes. Portanto, os princípios são *mandados de otimização*, que se caracterizam por poderem ser cumpridos em diferentes graus e que a medida devida desse cumprimento depende não somente das possibilidades

---

[28] Decisão proferida, liminarmente, no MS nº 24.725, publicada no DJ 09/12/2003 p. 42.
[29] ALEXY, Robert. *Teoria de los derechos fundamentales*. Tradução Ernesto Garzón Valdés. Madrid: CEPC, 2002, p. 85

reais, mas também das jurídicas. O âmbito das possibilidades jurídicas é determinado por princípios e regras opostos.[30]

Para Alexy, a dimensão de peso se traduz na invocação de um dever ser ideal, ao qual deve tender a aplicação do princípio. Bem por isso, os princípios referem-se a ações e situações que não são quantificáveis em abstrato. A aceitação dos princípios como *mandados de otimização* acarreta a inexistência de relações absolutas de precedência – em uma colisão entre princípios, deverá ser realizada operação de ponderação para que a decisão se dê às vistas do caso concreto.[31]

Ao contrário dos princípios, as regras são normas que, simplesmente, podem ser cumpridas ou não – se uma regra é válida deve ser feito exatamente o que ela dispõe, nem mais, nem menos. Regras, por isso, contêm determinações no âmbito do que é faticamente e juridicamente possível.[32] Já se percebe um diferente caráter inicial (*prima facie*) das regras e princípios: estes últimos somente são mandados definitivos em primeira análise, é dizer, do fato de que um princípio tenha validade para um caso não se infere necessariamente que seja definitivo, em razão da existência de outros princípios que podem ser aplicáveis ao caso concreto.[33] Para Alexy, enfim, princípios são sempre razões *prima facie*, enquanto as regras, a menos que se tenha estabelecido uma exceção, são razões definitivas. Em se tratando normas *prima facie*, isto é, que asseguram a maior proteção possível, a teoria admite a existência de outras normas que restrinjam, na aplicação concreta, os direitos fundamentais.

Na teoria de Robert Alexy princípios possuem como marca a possibilidade de *gradação*, ou seja, devem ser realizados, na maior medida possível, dentro das possibilidades fáticas e jurídicas. As possibilidades jurídicas podem ser limitadas por princípios que sinalizam em sentido oposto e também por regras que os excepcionam. Deverá o aplicador do direito, à vista do caso concreto, realizar as operações necessárias para otimizar a aplicação dos princípios, não descartando de antemão qualquer deles e nem conferindo valor absoluto a nenhum, privilegiando o máximo possível a eficácia de cada qual, por meio do processo de ponderação. A teoria comentada rechaça a existência de princípios absolutos. A eventual invocação de um princípio como absoluto poderia, além de comprometer a existência dos direitos fundamentais, obscurecer a verdadeira estrutura da norma. Ao tratar do princípio da dignidade da pessoa humana, o autor esclarece que

> (...) a norma de dignidade da pessoa humana é tratada *em parte como regra e em parte como princípio*. Para esse princípio, existe um grande número de situações de precedência nas quais é possível verificar, com alto grau de segurança, que a dignidade da pessoa humana prevalecerá sobre os princípios opostos. (...) o caráter de *regra* da norma da dignidade se

---

[30] Ibid., p. 86, tradução nossa.
[31] ALEXY, 2002, p. 96.
[32] Ibid., p. 87.
[33] Ibid., p. 99.

mostra quando, nos casos em que esta norma é relevante, não se pergunta se há ou não prevalência do princípio, mas simplesmente se a norma foi violada ou não (...) a relação de preferência do princípio da dignidade sobre outros princípios opostos decide sobre o conteúdo da regra da dignidade da pessoa humana. Absoluto não é o princípio, mas a regra que, devido à sua abertura semântica, não necessita de limitação com respeito a nenhuma relação de preferência relevante.[34]

Adotada essa concepção, não cabe elencar outros critérios (como grau de abstração, generalidade, instrumentalidade ou fundamentalidade) para amparar a distinção entre princípios e regras.

4 Publicidade, transparência e direito à informação no ordenamento jurídico-positivo

Com apoio na lição de Charles Debbasch,[35] três *substratos do princípio da publicidade* – que sublinham sua oposição ao segredo administrativo – podem ser reconhecidos:

a) *direito de saber* – a Administração atua em função do interesse geral; os cidadãos têm, portanto, o direito de saber o que acontece no interior da Administração, porque esta está a seu serviço (*direito de acesso à informação*);

b) *direito de controlar* – não basta saber, mas também ter a possibilidade de controlar a legalidade e a oportunidade das decisões administrativas (*controle social*); e

c) *direito do cidadão de ser ator, e não mero espectador da vida administrativa*. Em outras palavras, o direito de ser cidadão, e não administrado (*direito à participação*).

Há, em primeira análise, um *direito fundamental à informação* que possui um *substrato positivo* – o dever estatal de promover amplo e livre acesso à informação como condição necessária ao conhecimento, à participação e ao controle da Administração – e outro *negativo* – salvo no que afete a segurança da sociedade e do Estado e o direito à intimidade, as ações administrativas não podem desenvolver-se em segredo.[36]

Esse direito fundamental implica o reconhecimento do direito subjetivo de *conhecer* todos os expedientes e motivos referentes à ação administrativa, bem como seus desdobramentos e resultados. Há ainda direito subjetivo de *acesso* aos arquivos e registros públicos de interesse particular ou de interesse coletivo ou geral, ressalvado exclusivamente nas hipóteses em que o sigilo seja ou permaneça imprescindível à segurança da sociedade e do Estado. Não obstante, reconhece-se o direito de exigir

---

[34] ALEXY, 2002, p. 107, tradução e destaques nossos.
[35] *Apud* LUIS, José Antonio Domínguez. El derecho de información administrativa: información documentada y transparencia administrativa. *Revista española de Derecho Administrativo*, Madrid, Civitas, n. 88/1995, Estudios, p. 537.
[36] CANOTILHO, 2003, p. 828.

do Estado ações positivas para possibilitar a visibilidade, cognoscibilidade, e controle das ações administrativas.[37]

Em síntese, há o direito de *se informar* e o direito de *ser informado*. O direito de se informar está condicionado à atuação do cidadão, enquanto o direito de ser informado possui em sua contraface o dever estatal de se abrir ao conhecimento da sociedade. Por essa razão todos os atos, programas, obras, serviços, políticas públicas e campanhas do Estado deverão ser informados ao público, com caráter educativo, orientativo e de satisfação social, sem alusão a quaisquer nomes, símbolos ou imagens que caracterizem promoção pessoal de autoridades ou servidores públicos (art. 37, §1º).

O direito fundamental à informação, sistematicamente ligado ao princípio do devido processo legal, atua também como *garantia* frente ao processo de produção de decisões administrativas, em contraposição ao segredo procedimental, por meio da audiência dos envolvidos e interessados. Não é demais relembrar que as decisões administrativas dos tribunais devem ser obrigatoriamente motivadas e tomadas em sessão pública, sob pena de inconstitucionalidade por afronta ao artigo 94, inciso X.

Passando à análise do ordenamento jurídico-positivo, convém reconhecer que a Constituição brasileira conferiu ao tema tratamento privilegiado. Inicialmente, devem ser destacados os seguintes *direitos fundamentais* estabelecidos no catálogo do artigo 5º:

> Art. 5º – (...)
> XIV – é assegurado a todos o acesso à informação e resguardado o sigilo da fonte, quando necessário ao exercício profissional;
> XXXIII – todos têm direito a receber dos órgãos públicos informações de seu interesse particular, ou de interesse coletivo ou geral, que serão prestadas no prazo da lei, sob pena de responsabilidade, ressalvadas aquelas cujo sigilo seja imprescindível à segurança da sociedade e do Estado;
> XXXIV – são a todos assegurados, independentemente do pagamento de taxas:
> a) o direito de petição aos Poderes Públicos em defesa de direitos ou contra ilegalidade ou abuso de poder;
> b) a obtenção de certidões em repartições públicas para defesa de direitos e esclarecimento de situações de interesse pessoal;
> (...)
> LXXII – conceder-se-á *habeas-data*:
> a) para assegurar o conhecimento de informações relativas à pessoa do impetrante, constantes de registros ou bancos de dados de entidades governamentais ou de caráter público;
> b) para a retificação de dados, quando não se prefira fazê-lo por processo sigiloso, judicial ou administrativo;
> (...)
> LX – a lei só poderá restringir a publicidade dos atos processuais quando a defesa da intimidade ou o interesse social o exigirem.

---

[37] BOBBIO, 2000, p. 89.

Direito fundamental à informação (art. 5º, XIV) e *direito fundamental de acesso à informação* (art. 5º, XXXIII) não se confundem. Bem explica Ricardo Marcondes Martins:

> O direito geral de liberdade compreende vários direitos específicos, dentre eles o direito de expressão do pensamento (inciso IV do art. 5º da CF) e o direito de informação (inciso XIV), que, por sua vez, compreende três direitos: o direito de informar, o direito de se informar e o direito de ser informado. (...) Por óbvio, o direito à informação diz respeito à liberdade para obter dados que não constem de prontuários, documentos ou registros, sejam públicos ou privados. Compreende o direito de se inteirar de fatos até então desconhecidos. Não se confundem, portanto, o direito à informação, direito à liberdade e, pois, direito de defesa, com o direito ao acesso à informação, direito à ação estatal positiva. (...) ambos dependem de atuação do Estado, mas em diferente medida: os direitos de defesa exigem do Estado o implemento das condições institucionais para a efetivação da defesa, os direitos à prestação exigem a prestação estatal referida no suporte fático. Dito isso, é indiscutível: o direito à informação previsto no inciso XIV do art. 5º é típico direito de defesa e, implementadas as condições institucionais, exige do Estado uma abstenção, o direito ao acesso à informação previsto no inciso XXXIII do mesmo art. 5º é típico direito à prestação e exige do Estado o efetivo fornecimento dos dados. Informação num e noutro dispositivo tem significados diferentes. No primeiro refere-se a qualquer notícia e crítica; no segundo refere-se aos dados que o Estado possua.[38]

Direito à informação é direito de liberdade, essencial para a plena efetividade do direito fundamental à *liberdade de pensamento*; *direito de acesso à informação* se liga ao *princípio da publicidade*, por estabelecer condutas ativas exigíveis do Estado para tornar-se visível. Dessa forma, em que pese sua autonomia em face de previsão explícita no texto constitucional, o direito de acesso à informação também pode ser encarado como uma das dimensões do *direito fundamental à publicidade administrativa*. O *direito fundamental de acesso à informação* é regulamentado pela Lei Federal nº 12.527/11, fundada nas seguintes diretrizes gerais:

> Art. 3º (...)
> I – observância da publicidade como preceito geral e do sigilo como exceção;
> II – divulgação de informações de interesse público, independentemente de solicitações;
> III – utilização de meios de comunicação viabilizados pela tecnologia da informação;
> IV – fomento ao desenvolvimento da cultura de transparência na administração pública;
> V – desenvolvimento do controle social da administração pública.

Para além do direito de acesso à informação, o artigo 37 da Constituição, ao seu turno, determina expressamente a aplicação do *princípio da publicidade* à Administração Pública direta e indireta. Relembre-se que os princípios são considerados mandados de otimização, devendo os seus efeitos serem precisados em cada caso concreto. Por essa razão, o *princípio da publicidade* não se reduz à chamada *publicidade oficial*, assim entendida a necessidade de publicação, em

---

[38] MARTINS, Ricardo Marcondes. Direito fundamental de acesso à informação. *A&C – Revista de Direito Administrativo & Constitucional,* Belo Horizonte, ano 14, n. 56, p. 127-146, abr./jun. 2014.

veículo próprio, dos atos da Administração. A respeito da publicidade oficial ou legal, escreveu Diogenes Gasparini:[39]

> A publicidade legal, não porque haja publicidade ilegal, mas porque exigida pela lei, é a notícia oficial de atos, contratos e demais instrumentos jurídicos da responsabilidade da Administração Pública, para conhecimento, início dos efeitos, desencadeamento de prazos recursais e prescricionais e controle. Sua razão é a necessidade de ser a Administração Pública transparente em todas suas atuações. (...) A publicação legal para sua plena realização é a do jornal oficial de divulgação ou imprensa oficial, não sendo assim considerada a simples notícia veiculada pela mídia, mesmo que ocorra em programa radiofônico ou televisivo destinado a noticiar os atos oficiais da Administração Pública, conforme já decidiu o STF ao julgar o RE 71.652 (RDA 111:145). Imprensa oficial é o jornal público especialmente instituído por lei para a divulgação dos atos, contratos e outros instrumentos legais e jurídicos da Administração Pública. É chamado de diário oficial (DOU, DOE, DOM). Não se confunde com o órgão ou entidade criado para sua edição, como é o caso da imprensa nacional. (...) A regra é a publicidade dos atos, contratos e outros instrumentos jurídicos da responsabilidade da Administração Pública no diário oficial e por inteiro, embora a lei possa autorizar sua notícia resumida, como ocorre com os editais licitatórios e com os contratos e aditamentos por ela celebrados.

A *publicação na imprensa oficial* constitui condição de eficácia para que os atos emitidos pelo poder público em geral produzam efeitos. Por essa razão, o dever de publicação possui a estrutura de *regra*, e não de *princípio*, ficando afastada a possibilidade de ponderação diante da não publicação dos atos praticados pelo poder público, pois os mesmos não podem produzir efeitos jurídicos. Admite-se a existência de normas específicas para a publicação oficial, de acordo com o bem jurídico tutelado e com o objeto específico do processo ou procedimento administrativo.

Afastada a identificação do **princípio da publicidade**, insculpido no *caput* do art. 37, com a *regra* que impõe a publicidade oficial, é preciso buscar um conteúdo jurídico para o referido princípio. Inicialmente, pode-se supor que a publicidade oficial, por si só, não é capaz de garantir a *difusão* e o *conhecimento da informação*. Trata-se de requisito necessário, mas não suficiente para que se prestigie a publicidade em seu aspecto material. A difusão da informação deve ser feita da forma *mais ampla possível* e assegurada com a utilização dos meios *adequados*,[40] dependendo de seu objetivo e de seus destinatários. No atual estágio de facilidade de acesso à informação por intermédio dos sistemas e redes de informática (sobretudo, por meio da rede mundial de computadores), não existe justificativa para que os veículos oficiais de divulgação (diários oficiais, via de regra) não possuam versão informatizada, de livre e amplo acesso por meio da internet. Aliás, não parece existir justificativa para a não publicação de todos os atos não protegidos por sigilo mediante a utilização da internet, inclusive em razão das obrigações estabelecidas por intermédio da Lei nº 12.527/11.

---

[39] *Informativo de Licitações e Contratos*, fev. 2004. Editora Zênite: Curitiba, 2004, p. 10-12.
[40] Por imposição, inclusive, do princípio da proporcionalidade.

A *adequação dos meios*, certamente, só pode ser aferida à vista de cada caso concreto. Imagine um concurso público ou uma licitação internacional de grande vulto divulgados somente mediante publicação dos avisos respectivos no Diário Oficial. É possível apontar não somente a violação ao princípio da publicidade, mas também a ofensa ao princípio da proporcionalidade, em razão da omissão na utilização dos meios adequados para atrair mais interessados e, em consequência, aumentar a probabilidade de se atender a contento o interesse público. Contudo, é possível admitir teoricamente a ponderação do princípio da publicidade quando em eventual colisão com o princípio do interesse público. Utilizando o mesmo exemplo, imagine que mesmo tendo sido o concurso divulgado somente no diário oficial tenha acorrido ao certame um número bastante expressivo de candidatos e que o concurso tenha sido questionado após a nomeação dos candidatos aprovados. À vista do caso concreto, caberia ao intérprete adotar os procedimentos de ponderação e, posteriormente, de argumentação necessários para chegar à solução que melhor atendesse ao interesse público (anular o certame, prejudicando os terceiros de boa fé que a ele acorreram, ou convalidá-lo).

O **princípio da publicidade** exige não somente *quantidade* (assim entendida a divulgação no maior número possível de meios disponíveis), mas *qualidade de informação*. Ofende o princípio a disponibilização de informações em linguagem hermética, confusa, tecnicizada além do necessário para a sua correta compreensão. As informações devem ser repassadas com *clareza e objetividade* para que se possa reforçar o controle e a participação democrática da Administração. Algumas leis e outros atos normativos passaram a conter referência à transparência, não somente (ou não mais) à mera publicidade. Exemplo pioneiro é a Lei Complementar nº 101/00, Lei de Responsabilidade Fiscal, que estabeleceu uma série de instrumentos para assegurar uma gestão fiscal transparente.

Entende-se a **publicidade** como característica do que é público, conhecido, não mantido secreto. **Transparência**, ao seu turno, é atributo do que é transparente, límpido, cristalino, visível; é o que se deixa perpassar pela luz e ver nitidamente o que está por trás. A transparência exige não somente *informação disponível*, mas também *informação compreensível*. Os atos administrativos devem ser públicos e transparentes – públicos porque devem ser levados a conhecimento dos interessados por meio dos instrumentos legalmente previstos (citação, publicação, comunicação, etc.); transparentes porque devem permitir entender com clareza seu conteúdo e todos os elementos de sua composição, inclusive o motivo e a finalidade, para que seja possível efetivar seu controle. Sob essa ótica, pode-se falar em **transparência**[41] como substrato material do princípio da publicidade.

---

[41] Wallace Paiva Martins Júnior entende que o princípio da transparência administrativa é composto pelos subprincípios da publicidade, da motivação e da participação popular na gestão administrativa: "Em escala decrescente, o princípio da transparência é inerência do princípio democrático (princípio fundamental estruturante) e, à míngua de clara e precisa denominação normativo-constitucional, resulta como o valor impresso e o fim expresso pelos princípios da publicidade, da motivação e da participação popular, uma vez que todos apontam para a visibilidade da atuação administrativa e inspiram a produção de regras como o direito de petição, e certidão, e o direito à

Com efeito, para que uma informação possa ser efetivamente apreendida é necessário que seja transmitida em *linguagem adequada ao pleno entendimento* por parte do receptor da informação. Norberto Bobbio alerta para o perigo do reaparecimento do segredo por meio do governo dos técnicos ou da tecnocracia:

> (...) o tecnocrata é depositário de conhecimentos que não são acessíveis à massa e que, caso o fosse, não seriam sequer compreendidos pela maior parte ou então, no mínimo, a maior parte (isto é, os sujeitos do poder democrático) não poderia dar qualquer contribuição útil à discussão a que eventualmente fosse chamada.[42]

Por derradeiro, a *transparência* da informação também deve ser vista sob o prisma de sua *abrangência*, de forma a permitir a visibilidade não somente do ato final, mas de todos os atos preparatórios que precederam sua edição. Em outras palavras, deve-se permitir ao cidadão conhecer os meios de formação da vontade final da Administração. Nota-se a conexão sistemática do princípio da publicidade com o princípio constitucional da *motivação* – ao mesmo tempo em que de nada adianta a existência de um ato público que não seja motivado, sem a publicidade não é possível aferir a congruência da motivação. Por perseguir sempre as finalidades públicas consagradas direta ou indiretamente no ordenamento jurídico, deve a Administração sempre expor de forma clara os fatos que precedem suas ações e os fundamentos jurídicos que as autorizam. A motivação deve permitir conhecer a racionalidade decisória da Administração Pública, incluindo as alternativas que se lhe apresentavam para exercício mediante competência discricionária. O princípio da motivação administrativa liga-se intimamente ao princípio republicano, apresentando-se também como espécie de 'satisfação social' prestada pelo poder público à coletividade.

O efetivo *conhecimento da motivação*[43] apresenta particular relevância em razão de sua imprescindibilidade para o controle dos atos administrativos, em especial o exercitado pelo poder judiciário. Por meio da motivação conhece-se o pressuposto fático que antecedeu a ação administrativa, e, em cotejo com o ordenamento jurídico, é possível conferir a racionalidade decisória e ter elementos para aferir a correção do que foi decidido. O controle do correto manejo dos princípios administrativos,

---

informação, tidos como mecanismos essenciais no controle jurisdicional da transparência". (MARTINS JÚNIOR, Wallace Paiva. *Transparência administrativa: publicidade, motivação e participação popular*. São Paulo: Saraiva, 2004, p. 31). Para Juliano Heinen, a publicidade é um dos meios pelos quais se alcança a transparência: "cada Estado terá um grau de transparência proporcional aos mecanismos que a implementam. Mais especificamente, o princípio da transparência tem seu âmbito de proteção mais ou menos alargado proporcionalmente às possibilidades maiores ou menores de controle, de acesso, de participação, etc." (HEINEN, Juliano. *Comentários à lei de acesso à informação*: Lei nº 12.527/2011. Belo Horizonte: Fórum, 2014, p. 32)

[42] BOBBIO, 2000, p. 115.

[43] Na lição de Juarez Freitas (2004, p. 62), "(...) *a exigência de motivação intersubjetiva é das mais destacadas na transição para o Direito Administrativo dialógico* – em oposição ao autocrático –, evitando-se, sempre que possível, qualquer decisão unilateral, desmotivada e instabilizadora de direitos. Assim, as decisões administrativas serão motivadas e, melhor do que isso, fundamentadas, isto é, haverão de ter como suporte razões objetivas e consistentes.. (...) *A fundamentação, para além da velha versão da teoria dos motivos determinantes, há de estar presente em todos os atos, tirantes os de mero expediente, os autodecifráveis por sua singeleza e as hipóteses constitucionais de exceção*." (destaques no original).

em cada caso concreto, só é possível por meio do exame da motivação. Sem conhecimento da motivação, tornam-se meramente formais as possibilidades de participação e de controle popular da Administração.

Sobre transparência, a lição de Roberto Dromi:

> A *transparência administrativa* exige a *concorrência* de certos *elementos-partes*, que fazem a sua composição ontológica, e que configuram uma junção de conhecimento, consciência, comunicação e controle. Esses elementos são a existência de uma *publicidade real*; a participação verdadeira dos administrados; a *informação efetiva* dos atos da Administração; a celebração de *audiências públicas*; o *livre acesso* à documentação administrativa; a *legitimação coletiva* setorial ou supraindividual, em defesa dos interesses comuns dos administrados; a *competência possível*; a *motivação* causada e fundada de todos os atos do poder administrador; as *defensorias públicas* ou sociais, e o controle eficaz dos atos estatais. Todos estes aspectos viabilizam a correta atuação administrativa, nos marcos do devido processo adjetivo.[44]

É hora de sintetizar as ideias deste capítulo, em conjugação com os anteriores, à luz do ordenamento jurídico-positivo brasileiro. O *princípio democrático* é o fundamento sociopolítico do direito de acesso à informação, do direito ao controle social, do princípio da publicidade e do dever de motivação dos atos estatais. Em nosso ordenamento, esses direitos fundamentais (tenham a estrutura de regra ou de princípio) encontram-se inter-relacionados, pois o princípio da publicidade confere plena operatividade jurídica aos demais. Transparência (ou princípio da transparência), por seu turno, é a dimensão ou substrato material do princípio da publicidade.

5 Notas finais

O Direito Administrativo nasceu no cenário de luta por um poder visível, aberto à participação e ao controle por parte da sociedade. A efetivação do princípio democrático na Administração Pública se materializa por meio da participação e do controle sociais e é umbilicalmente dependente do direito fundamental à informação.

O princípio da publicidade administrativa, insculpido no art. 37 da Constituição da República e disseminado, indiretamente, por todo o texto constitucional, está sistematicamente ligado aos demais princípios de estatura constitucional, notadamente ao princípio democrático e aos direitos fundamentais de acesso à informação e ao controle social. Para além da mera publicidade oficial, exige-se que a Administração esteja exposta; que atue, em regra, à vista e sob controle da sociedade, fonte e destinatária de toda manifestação de poder.

---

[44] Destaques originais. DROMI, Roberto. Estudio preliminar. In: ALFONSO, Luciano Parejo. *Crisis y renovación en el derecho público – el tránsito al derecho público de la posmodernidad. Estudio Preliminar de Roberto Dromi*. Buenos Aires – Madrid: Editorial Ciudad Argentina, 2003, p.66.

Referências

BANDEIRA DE MELLO, Celso Antônio. *Curso de Direito Administrativo*. 11. ed. São Paulo: Malheiros, 1999.

BANDEIRA DE MELLO, Celso Antônio. *Conteúdo jurídico do princípio da igualdade*. 3. ed. São Paulo: Malheiros, 2002.

BARROSO, Luís Roberto. Fundamentos teóricos e filosóficos do novo direito constitucional brasileiro. *Revista de Direito Administrativo*. São Paulo: v. 225, p. 5-37, jul./set. 2001.

BOBBIO, Norberto. *O futuro da democracia*. 7. ed. rev. e ampl. Tradução de Marco Aurélio Nogueira. Rio de Janeiro: Paz e Terra, 2000.

BONAVIDES, Paulo, *Teoria constitucional da democracia participativa*. São Paulo: Malheiros, 2001.

CANOTILHO, J. J. Gomes. *Direito Constitucional e Teoria da Constituição*. 7. ed. Coimbra: Almedina, 2003.

FERRAZ, Luciano. Poder de coerção e poder de sanção dos Tribunais de Contas: competência normativa e devido processo legal. *Revista Fórum Administrativo*, Belo Horizonte, v. 14, p. 437-440, abr. 02.

FREITAS, Juarez. *O controle dos atos administrativos e os princípios fundamentais*. 3. ed. atual e ampl. São Paulo: Malheiros, 2004.

GORDILLO, Agustín. *La administración paralela*. Madrid: Editorial Civitas, 1992.

MARTINS, Ives Gandra da Silva; NASCIMENTO, Carlos Valder do. *Comentários à Lei de Responsabilidade Fiscal* (org.). São Paulo: Saraiva, 2001.

MARTINS JÚNIOR, Wallace Paiva. *Transparência administrativa*: publicidade, motivação e participação popular. São Paulo: Saraiva, 2004.

MEDAUAR, Odete. *O direito administrativo em evolução*. 2. ed. rev. atual e ampl. São Paulo: RT, 2003.

MEDAUAR, Odete. *A processualidade no direito administrativo*. São Paulo: RT, 1993.

MOREIRA, João Batista Gomes. *Direito administrativo*: da rigidez autoritária à flexibilidade democrática. Belo Horizonte: Fórum, 2005.

MOTTA, Fabrício. *Função normativa da Administração Pública*. Belo Horizonte: Fórum, 2007.

OLIVEIRA, Régis Fernandes de. *Responsabilidade fiscal*. 2. ed. São Paulo: RT, 2002.

ROCHA, Cármen Lúcia Antunes. *Princípios constitucionais dos servidores públicos*. São Paulo: Saraiva, 1999.

ROCHA, Cármen Lúcia Antunes. Princípios constitucionais do processo administrativo no direito brasileiro. *Revista Trimestral de Direito Público*, São Paulo, n. 17, p. 5-33.

SOUTO, Marcos Juruena Vilela. Transparência na Administração Pública. *Revista do TCM-RJ*, Rio de Janeiro, n. 35, p. 37-38, maio 2007.

TORRES, Ricardo Lobo. *Tratado de direito constitucional financeiro e tributário*. 2. ed. rev. e atual. Rio de Janeiro: Renovar, 2000. (Volume V: O orçamento na Constituição).

XAVIER, Alberto. Legalidade e Tributação. *Revista de Direito Público*, São Paulo, n. 47-48, p. 329-335, jul./dez. 1978.

Informação bibliográfica deste texto, conforme a NBR 6023:2018 da Associação Brasileira de Normas Técnicas (ABNT):

MOTTA, Fabrício. Publicidade administrativa e sua conformação constitucional. In: MARRARA Thiago (coord.). *Princípios de direito administrativo*. 2. ed. rev., ampl. e atual. Belo Horizonte: Fórum, 2021. p. 365-382. ISBN 978-65-5518-166-1.

O PRINCÍPIO DA PUBLICIDADE: UMA PROPOSTA DE RENOVAÇÃO

THIAGO MARRARA

1 Introdução: pela ampliação do princípio da publicidade

A comunicação se tornou uma tarefa irrenunciável da Administração Pública.[1] A partir do exame sistemático do estudo de Edwin Czerwick sobre o assunto, sobressaem ao menos duas razões para sustentar essa afirmação.[2] De um lado, as interações informativas entre a Administração Pública e seu entorno (ou ambiente) transformaram-se em condição para a estabilidade e o bom funcionamento da ordem social. O Estado – a despeito de movimentos liberalizantes – ainda assume tanto a prestação de serviços essenciais (direta ou indiretamente) quanto a regulação de infindáveis setores da vida privada e econômica. A comunicação de suas políticas públicas e medidas de ação é, portanto, fundamental para a atuação dos agentes sociais e econômicos que usufruem dos serviços estatais ou, ao menos, orientam-se pelas determinações estatais. Nesse contexto, a comunicação e a publicidade tornam-se condição básica à criação de previsibilidade e segurança jurídica.

De outro lado, a função comunicativa da Administração Pública está atrelada à estabilidade do próprio Estado. Em uma sociedade marcada pela fluidez de informações e por uma relação sinérgica entre informação e poder, a comunicação entre Administração e administrado é o que permite cooperação, coordenação, transparência e democratização decisória, ampliando as chances de aceitabilidade das medidas tomadas pelo administrador público e, por conseguinte, a obediência social. Nesse cenário, publicidade e comunicação são condições para a legitimação estatal – ainda que não necessariamente levem ao consenso entre Estado e cidadão. Assim, um Estado que não se comunica e que não torna públicas suas atividades dificilmente obtém o grau de legitimação necessário à aceitação e boa execução de suas políticas públicas, sobretudo aquelas marcadas por medidas altamente restritivas da esfera de liberdade e propriedade privada. Aliás, a publicidade tem essa função de contribuir com a legitimação mesmo quando os destinatários específicos das políticas públicas não as aceitem. Nesse caso, porém, a publicidade como comunicação serve para que o Estado troque informações acerca dos defeitos, problemas ou inadequações da política elaborada,

---

[1] Nesse sentido, HILL, Hermann. Staatskommunikation, JZ, p. 331, 1993.
[2] Cf. CZERWICK, Edwin. Strukturen und Funktionen der Verwaltungskommunikation, DÖV, 1997, p. 973 e seguintes.

colhendo críticas e sugestões a seu respeito em linha com o direito fundamental de reclamação garantido aos usuários.[3]

Em virtude dessas relações entre Estado, sociedade e medidas informativas, impõem-se duas conclusões inaugurais a respeito do princípio da publicidade.

Em primeiro lugar, fica claro que a publicidade estatal – consagrada expressamente no art. 37, *caput* da Constituição da República e em inúmeros outros dispositivos como princípio maior do direito administrativo brasileiro – jamais poderia ser um fim em si mesma. As formas de comunicação e transparência de informações estatais em favor da sociedade existem e justificam-se sempre como meios de busca da estabilidade social e/ou estatal. Por isso, publicidade é princípio instrumental, tal como já reconhecido e explicado por Moreira Neto há muitos anos.[4] Não se o utiliza pura e simplesmente por força de um mandamento constitucional, mas sim em razão de sua capacidade de concretizar outros princípios e valores constitucionais.

A maximização da finalidade estabilizadora exercida pelo princípio da publicidade dependerá, porém, da adequação das formas administrativas de comunicação aos contextos fáticos específicos e, ainda, do respeito a limites mínimos e máximos representados por outros princípios e direitos consagrados no ordenamento jurídico. Isso significa, em outras palavras, que a publicidade somente será empregada de modo efetivamente estabilizador das relações jurídico-administrativas, se o administrador público, nos casos concretos, responder corretamente a duas perguntas: 1) qual a forma adequada de publicidade que deve ser empregada? e 2) em que medida essas formas devem ser limitadas em virtude de direitos fundamentais ou outros princípios de direito administrativo aplicáveis à situação fática?

Seria demasiadamente pretensioso buscar responder a essas duas questões em um breve ensaio. Desse modo, restringe-se o exame à primeira indagação e é dela que se extrai a segunda conclusão inaugural. Em uma conjuntura na qual a publicidade como princípio instrumental relaciona-se com estabilidade do Estado e da sociedade, esse princípio não pode mais ser pensado apenas como fundamento de um mero dever de a Administração Pública informar genericamente aos cidadãos a prática de alguns de seus atos no intuito de validá-los juridicamente. Em outras palavras, a publicidade em sentido tradicional ou formal, entendida como obrigação de tornar públicos – geralmente mediante editais ou diários oficiais – alguns atos e decisões administrativas para cumprir um requisito de forma não mais basta.

---

[3] O direito de reclamação está consagrado no art. 37, §3º da Constituição da República e abarca, de acordo com a Lei de Defesa dos Usuários de Serviços Públicos, "reclamações, denúncias, sugestões, elogios e demais pronunciamentos que tenham como objeto a prestação de serviços públicos e a conduta de agentes públicos na prestação e fiscalização de tais serviços" (art. 2º, inciso V, da Lei nº 13.460/2016.

[4] MOREIRA NETO, Diogo de Figueiredo. *Curso de direito administrativo*, 14. ed. Rio de Janeiro: Forense, 2005, p. 83. Nas palavras do autor: "no Direito Público e no Administrativo, em particular, o *princípio da publicidade* assoma como o mais importante princípio instrumental, indispensável para a sindicabilidade da legalidade, da legitimidade, e da moralidade da ação do Poder Público...".

Para que o princípio em questão possa atingir seu potencial estabilizador de modo satisfatório, há que se repensá-lo e ampliá-lo, adequando-o a uma sociedade informacional e digital, marcada por inúmeros meios de comunicação e difusão de informações, por novas formas de interação social e, principalmente, pelo reconhecimento geral de que o acesso a informações representa poder. Além disso, há que se adequá-lo a um país plural, caracterizado por uma multiplicidade de grupos de interesse e classes sociais com aspirações diversas.

Partindo-se desses pressupostos, o presente ensaio propõe-se a oferecer novas formas de leitura do princípio da publicidade de acordo com a utilidade prática da informação prestada ou disponibilizada pela Administração Pública à sociedade. Nesse intuito, sustenta-se a necessidade de se compreender o princípio da publicidade não mais como mera "publicidade formal". Para além desse significado, é preciso que sejam adicionadas novas modalidades aqui denominadas de "publicidade-educativa", "publicidade-transparência", "publicidade-participação" e "publicidade interna".

2 Publicidade formal

A forma mais simples de compreensão do princípio da publicidade é a que o considera apenas como uma exigência de o Poder Público divulgar seus atos (principalmente os administrativos e os normativos) à sociedade como condição jurídica para que eles produzam efeitos jurídicos externos. Assim como as leis em sentido formal (expedidas pelo Legislativo), os atos da Administração Pública que incidem sobre a esfera de direitos do administrado devem ser publicados, geralmente em diário oficial, para que possam ser considerados juridicamente válidos e, em alguns casos, vinculantes.[5]

Esse tipo de concepção designa, portanto, uma publicidade de caráter formal, voltada à divulgação de algum ato oficial apenas pela necessidade de cumprir um mero requisito jurídico. Aqui, a preocupação da Administração Pública consiste em validar o ato por ela produzido, obedecendo, desse modo, uma regra legal. A publicidade se dá como divulgação puramente formal, pouco preocupada com o grau de absorção da informação pelos cidadãos. Não há, portanto, interesse em utilizar a publicidade no intuito de educar, de orientar a sociedade, de criar segurança jurídica, de legitimar a ação estatal ou de estimular o controle de legalidade da ação pública. Tampouco há grande preocupação com o destinatário da informação.

Essa visão formalista ou simbólica do princípio da publicidade – frequentemente praticada pela Administração Pública brasileira em diversos casos – não se coaduna com a ordem jurídica vigente. Não se quer dizer com isso que a

---

[5] Nesse sentido, conferir ARAÚJO, Edmir Netto de. *Curso de direito administrativo*. 5. ed. São Paulo: Saraiva, 2010, p. 79.

publicidade como requisito de validade e eficácia de atos estatais tenha desaparecido. Muito pelo contrário. O que se pretende acentuar é apenas que "divulgar simbolicamente" – sem preocupação com os destinatários – está aquém do que a Administração Pública está obrigada a fazer nos dias atuais para efetivamente colocar em prática os princípios que regem suas condutas.

Ainda que compatível com a legalidade em sentido estrito (legalidade restrita aos requisitos do ato administrativo), a publicidade meramente formal chega a ser contrária a outros princípios que regem o direito administrativo atual. Essa forma de entender o princípio é incompatível, por exemplo, com a eficiência (ou economicidade), pois a divulgação puramente formal que não gere publicidade em sentido material não justifica os custos financeiros que implica. A concepção em tela é contrária igualmente ao princípio democrático, uma vez que não estimula uma mínima visibilidade social das ações e medidas estatais.

Por esses e outros motivos, a publicidade vista sob o prisma formal precisa ser substituída por uma concepção mais ampla, flexível, efetiva e adaptada aos meios hodiernos de comunicação e de informação. A publicidade no século XXI necessita agregar algo ao escopo tradicional de simplesmente validar os atos estatais mediante o cumprimento de um requisito de forma. A cultura do diário oficial deve ser repensada e, para que isso ocorra no âmbito da Administração Pública, cumpre à ciência do direito administrativo oferecer novos caminhos interpretativos acerca do princípio em debate.

3 Publicidade educativa

Uma primeira forma de ampliação do princípio da publicidade é representada por sua modalidade educativa, que ganhou força no direito administrativo pátrio em virtude do art. 37, §1º, da Constituição da República de 1988. Nos termos desse dispositivo, "a publicidade dos atos, programas, obras, serviços e campanhas dos órgãos públicos *deverá ter caráter educativo, informativo ou de orientação social*, dela não podendo constar nomes, símbolos ou imagens que caracterizem promoção pessoal de autoridades ou servidores públicos" (g.n.).

O exame desse dispositivo permite extrair duas conclusões normativas. De um lado, resta evidente que o Legislador o editou no intuito de evitar que autoridades públicas utilizassem a máquina e os recursos estatais para se promover pessoalmente. Nesse sentido, a divulgação de obras, programas, serviços e outros atos ou políticas públicas devem ser feitas sempre de modo impessoal e razoável. A publicidade justificar-se-á na medida em que for necessária à promoção do interesse público e ao sucesso do próprio projeto ou programa estatal.

Na prática, sabe-se que essa norma contribuiu para mitigar significativamente o patrimonialismo e a apropriação de vantagens pessoais indevidas a partir de programas e atos estatais. A partir da diretriz nela contida é possível identificar indícios de desvio de finalidade na publicidade estatal. Contudo, tal dispositivo não conseguiu impedir inteiramente – e provavelmente nenhum outro conseguiria fazê-lo – o aumento da publicidade estatal com fins indiretamente eleitoreiros, pois, ainda que a publicidade de atos e programas de governo não possa estar vinculada a partidos e pessoas, essa vinculação ocorre no plano psicológico de parcela dos indivíduos por uma simples associação mental.[6]

De outra parte, para além de resguardar a impessoalidade (ou, ao menos, tentar fazê-lo), o dispositivo constitucional exposto tem o mérito de reconhecer expressamente o que aqui se denomina de "publicidade educativa". Dessa forma de compreensão do princípio origina-se para a Administração Pública a orientação de utilizar, sempre que útil, os meios de produção e transferência de informações para que políticas públicas sejam colocadas em prática e/ou valores públicos sejam disseminados pelo corpo social.

Ao relacionar-se com as políticas públicas, a publicidade educativa impõe às entidades públicas a divulgação direta (pessoal) ou indireta (de modo indireto e mediante o uso de mídias diversas) de orientações à população para que esta possa participar das políticas ou programas propostos. Nesse sentido, por exemplo, a Lei de Defesa dos Usuários de Serviços Públicos prevê o direito dos cidadãos a informações precisas e de fácil acesso nos locais de prestação do serviço e na internet sobre horários de funcionamento, localização, responsáveis, situação sobre processos administrativos, valores de taxas etc.

Ademais, é possível cogitar da publicidade educativa também em benefício da simples difusão de valores públicos – a despeito de uma política específica. Nesse quadrante, valores públicos não designam valores religiosos, político-partidários ou ideológicos. Melhor dizendo: no sentido aqui empregado, a publicidade educativa não se destina à dominação psicológica ou cultural da sociedade ou dos agentes públicos, mesmo porque tal emprego dos mecanismos de publicização jamais se coadunaria com a estrutura laica e democrática dos Estados ocidentais. A publicidade educativa não significa, destarte, propaganda no sentido mais totalitário da palavra. Afinal, a divulgação desse tipo de ideias – ainda que possível na sociedade atual a partir das liberdades públicas que são reconhecidas aos particulares – não poderia ser realizada pela Administração Pública sob pena de negar o princípio democrático, o princípio republicano e a concepção laica de Estado.

Desse modo, no contexto do presente ensaio, valores públicos designam apenas direitos fundamentais (*e.g.* liberdade de associação, manifestação, reunião, direito à educação, à saúde etc.) e interesses públicos primários (*e.g.* proteção ambiental, proteção da defesa do consumidor, proteção de pequenas empresas etc.) consagrados pelo ordenamento jurídico e que, para serem respeitados e exercitados, devem ser minimamente conhecidos quer pelos seus titulares (pessoas naturais ou jurídicas), quer por terceiros ou pelas próprias autoridades públicas.

---

[6] A associação se opera, sobretudo, nos casos em que cores (de prédios públicos e outras instalações) ou sinais sonoros ("jingles" etc.) são utilizados pelo governo e, posteriormente, pelos candidatos do partido desse governo em eleições.

Na medida em que o conhecimento (e reconhecimento) desses direitos e interesses juridicamente tutelados constitui um pressuposto de seu cumprimento, a Administração Pública exerce um papel social extremamente relevante ao utilizar o princípio da publicidade como fundamento da divulgação desses direitos e valores. Nesse cenário, a publicidade educativa desponta como publicidade voltada à conscientização de direitos e representa uma superação do conceito de Administração Pública repressiva, ou seja, de uma Administração Pública que age apenas para coibir infrações já ocorridas. A publicidade educativa exige uma atuação proativa do Estado no sentido de difundir e divulgar os valores maiores protegidos pela Carta Constitucional, estimulando as autoridades públicas e os particulares em geral a perseguirem – senão minimamente respeitarem – esses valores.

A partir dessa ideia de publicidade educativa, a Administração Pública assume um papel preventivo contra infrações de interesses públicos e direitos fundamentais e, simultaneamente, um papel cooperativo, na medida em que alerta à sociedade e aos agentes públicos que a concretização da ordem jurídica depende de atuação conjunta de todos os agentes sociais.

Do ponto de vista operacional, a publicidade educativa pode-se voltar a dois públicos diferentes. Quando se direciona à educação ou à conscientização dos agentes públicos responsáveis pela execução de políticas públicas, tem-se uma forma de educação intra-administrativa – relacionada à publicidade interna que se verá adiante. Diferentemente, quando se dirige à conscientização da sociedade, pode-se denominá-la de educação externa ou social.

Exemplos dessa última modalidade se encontram atualmente nos campos do direito da concorrência e do direito ambiental. Nesses dois setores, a Administração Pública brasileira vem exercendo um papel educativo e conscientizador vital para a concretização tanto de suas próprias políticas públicas quanto de direitos e liberdades básicas.

No direito ambiental, o papel da publicidade educativa detém *status* legal desde a edição da Lei nº 6.938, que instituiu a Política Nacional do Meio Ambiente (PNMA) em 1981. Nos termos do art. 2º, inciso X desse diploma, às entidades do Sistema Nacional do Meio Ambiente (SISNAMA) compete promover a "educação ambiental a todos os níveis do ensino, inclusive a educação da comunidade, *objetivando capacitá-la para participação ativa na defesa do meio ambiente*" (grifamos). Nesse texto, o legislador obrigou explicitamente a Administração Pública a desenvolver campanhas de educação social no intuito de difundir os valores ambientais e, secundariamente, reforçar mediante a conscientização da população o sistema de controle de infrações ambientais.[7]

Em 1988, essa estratégia educativa ganhou relevo constitucional. Por força do art. 225, §1º, inciso VI, da Carta Magna, o Poder Público ficou obrigado a

---

[7] A norma do art. 2º é reforçada pelo art. 9º, inciso XI da mesma lei. Este dispositivo, ao tratar dos instrumentos da PNMA, obriga a prestação de informações relativas ao meio ambiente e mesmo à produção de outras informações relevantes, quando ainda inexistentes.

"promover a educação ambiental em todos os níveis de ensino e a *conscientização pública* para a preservação do meio ambiente" (grifamos). O dispositivo em questão claramente dispõe que o "fomento" à conscientização ambiental não ficará restrito a formas de educação ambiental formal. Exige-se mais. O Poder Público deverá elaborar e executar formas de conscientização que não necessariamente se acoplem a atividades escolares.

Essa mesma ideia vem repetida na Lei nº 9.795/1999, que disciplina a Política Nacional de Educação ambiental. Nos termos desse diploma, a educação ambiental constitui os "processos por meio dos quais os indivíduos e a coletividade constroem valores, sociais, habilidades, atitudes e competências voltadas para a conversação do meio ambiente" (art. 1º), os quais se desenrolam "em todos os níveis e modalidades do processo educativo, em *caráter formal e não formal*" (art. 2º). Ao imporem amplas ações públicas de informação social e não restritas à educação formal, tanto o art. 225 da Constituição quanto a Lei nº 9.795 absorvem, portanto, a ideia de publicidade educativa como poderosa arma de concretização de políticas de proteção ambiental.

Essa mesma lógica, ainda que de forma menos estruturada no nível legal, também foi adotada no âmbito do Sistema Brasileiro de Defesa da Concorrência (SBDC). Além das funções de monitoramento do mercado e condução de processos administrativos e averiguações, a Superintendência Geral (SG), órgão do CADE que substituiu a extinta Secretaria de Direito Econômico (SDE), incumbe-se de uma função informativa educativa ancorada fortemente na Lei nº 12.529/2011. Nos termos do art. 13 desse diploma, compete à Superintendência "orientar os órgãos e entidades da administração pública quanto à adoção de medidas necessárias ao cumprimento desta lei" (inciso XIII); "desenvolver estudos e pesquisas objetivando orientar a política de prevenção de infrações da ordem econômica" (inciso XIV) e "instruir o público sobre as diversas formas de infração da ordem econômica, e os modos de sua prevenção e repressão".

Desses três incisos extrai-se uma tarefa informativa e preventiva direcionada à conscientização das autoridades públicas externas ao SBDC; das autoridades públicas que atuam na execução da política de concorrência e da sociedade, incluindo agentes de mercado em geral. Em outras palavras, a SG tem o dever de elaborar e divulgar informações para que tanto o Estado quanto a sociedade estejam em condições de cumprir a lei de defesa da concorrência e igualmente identificar infrações à ordem econômica.

Além disso, nos termos do art. 9º, inciso XVIII da Lei nº 12.529/2011, foi atribuída ao Tribunal Administrativo do Conselho Administrativo de Defesa Econômica (CADE) a competência de *"instruir o público* sobre as formas de infração da ordem econômica" (g.f.). Essa disposição poderia parecer esdrúxula à primeira vista, uma vez que o TADE constitui tribunal administrativo que exerce função basicamente repressiva (via controle de condutas) ou autorizativa (via controle de concentrações). Sendo essas as funções primárias do Conselho, a atividade informativa ou educacional prevista no artigo em questão deve ser entendida de duas formas. Em primeiro lugar, o TADE está obrigado a auxiliar a SG na formulação de políticas de educação e conscientização que estão sob sua competência, como secretaria voltada ao monitoramento, fiscalização e orientação do mercado e das autoridades públicas que atuam direta ou indiretamente em matéria concorrencial. Em segundo lugar, o Tribunal deve, no exercício de sua competência julgadora, proferir decisões que não se resumam a solucionar o caso concreto, mas que também tenham a preocupação de oferecer parâmetros informativos para a atuação de outros agentes de mercado. Melhor dizendo: ao julgar, o TADE deverá se preocupar em tornar públicos indiretamente ao mercado os parâmetros e critérios que utiliza para considerar uma conduta ou concentração legal ou ilegal, contribuindo, assim, para a segurança jurídica mediante o aumento da previsibilidade acerca das políticas públicas de defesa da ordem econômica. É o que se pode chamar de jurisprudência educativa ou orientadora do mercado – jurisprudência que, pelas novas normas da LINDB, gera orientações que valem como parâmetros de julgamento de legalidade de comportamentos privados.[8]

A despeito dessa e de outras questões mais técnicas, o que se quer evidenciar a partir dos exemplos do direito ambiental e do direito concorrencial é que a publicidade educativa é realidade no direito administrativo brasileiro. Por isso, essa visualização do princípio da publicidade previsto no art. 37, *caput* da Constituição da República pode e deve ser estendida para outros setores de administração pública com o escopo de disseminar o conhecimento sobre direitos fundamentais e interesses públicos primários e, com isso, dissuadir condutas ilegais, fortalecer o ordenamento e seus valores maiores.

Ao estimular a conscientização social em favor da execução de políticas públicas, o Estado retira a sociedade de sua mera condição de destinatária de normas e medidas administrativas, passando a tomá-la como parceira da Administração Pública na concretização do ordenamento jurídico. É justamente por isso que, em última instância, pode-se afirmar que a publicidade educativa aproxima o princípio da publicidade ao princípio da eficiência em seu sentido mais estrito, ou seja, eficiência como vetor que obriga o Estado a preocupar-se com os efetivos resultados de suas políticas.

4 Publicidade-transparência

Diferentemente da publicidade educativa, cuja raiz valorativa conduz ao princípio da eficiência tanto na execução de políticas públicas quanto na promoção dos valores fundamentais da sociedade – conforme determinados pela Constituição –, a "publicidade-transparência" está vinculada umbilicalmente ao princípio da legalidade (como supremacia da lei e do direito). Essa relação entre a publicidade e a legalidade

---

[8] Nos termos do art. 24, parágrafo único da LINDB: "Consideram-se orientações gerais as interpretações e especificações contidas em atos públicos de caráter geral ou em *jurisprudência judicial ou administrativa majoritária*, e ainda as adotadas por prática administrativa reiterada e de amplo conhecimento público". (Incluído pela Lei nº 13.655, de 2018).

ocorre na medida em que as informações fornecidas pelo Estado e obtidas pelos cidadãos mostram-se fundamentais para que estes: 1) exerçam seus direitos e liberdades e/ou 2) controlem a prática de atos ilegais e abusivos praticados pelo Estado.

Na primeira situação, a publicidade da informação mantida em mãos do Estado pode ser condição para que o particular, em sua vida privada, exerça seus direitos. O particular necessita de informações públicas (sobre registro civil, condição familiar, situação financeira e tributária, etc.) que o permita se relacionar juridicamente e efetivamente participar da sociedade como cidadão. Não por outra razão, o ordenamento jurídico cria uma série de mecanismos que lhe garantam o acesso a informações públicas de interesse individual, coletivo ou difuso, salvo quando o sigilo for necessário e razoável para proteger outros direitos fundamentais ou para resguardar a segurança do Estado e da sociedade.[9] Entre esses mecanismos garantidores da publicidade como "condição do exercício de direito" é de se mencionar direito de acesso aos autos de processos administrativos em geral;[10] o direito a certidões públicas; o direito de interposição de *habeas data* para conhecimento de informações ou sua retificação entre outros.[11]

Outro motivo para a sustentação da publicidade-transparência é observado na necessidade de ampliar a atividade e, por conseguinte, os meios de controle da Administração Pública. Desde algum tempo, percebeu-se que o controle de legalidade e juridicidade da ação pública é impossível de ser realizado apenas por entidades oficiais – sejam elas internas ou externas. O Estado é um ente complexo, formando por incontáveis instituições dotadas de formas e regimes jurídicos variados e cujas práticas, no Brasil, distribuem-se por vastíssimo território, atingindo uma população significativa. Por essa razão, para além da ação dos órgãos de controle interno, dos entes de supervisão (tal como os Ministérios e Secretarias) e dos Tribunais de Contas, vem desenvolvendo-se, no direito administrativo, o que se pode chamar de controle social da ação pública.

Na verdade, o controle social em si não é novo. A ação popular e outros remédios constitucionais – como o *Habeas Corpus* e o Mandado de Segurança – são

---

[9] É o que estabelece a Constituição da República de 1988 no art. 5º, incisos XXXIII e LX, e nos art. 37, §3º, inciso II e 216, §2º. Esses direitos de acesso a informações públicas foram regulamentados pela Lei nº 8.159/1991 (tratando dos arquivos públicos) e pela Lei nº 11.111/2005 (disciplinando as hipóteses de sigilo e de restrição ao direito à informação). Atualmente, discute-se proposta de nova lei a disciplinar a questão, cujo anteprojeto foi elaborado pela Controladoria-Geral da União em 2006. A lei representará um inegável avanço legislativo, pois regulamentará de modo sistematizado e para toda a Federação o acesso a dados públicos. Além disso, preverá formas de acesso por meios digitais e ampliará os mecanismos de participação; regulará os prazos de sigilo e a competência de quem os pode decretar; e estipulará sanções contra agentes públicos que violarem o direito à informação.

[10] O direito de acesso a processos administrativo se divide em direito a cópias de documentos contidos em autos; direito de vista desses documentos e direito de retirada dos autos para exame. Esses direitos foram garantidos expressamente pela LPA (Lei nº 9.784/1999), sobretudo no art. 46. A respeito, cf. NOHARA, Irene; MARRARA, Thiago. *Processo administrativo*: Lei nº 9.784/1999 comentada. São Paulo: Atlas, 2009, p. 303 e seguintes.

[11] Cf., respectivamente, o art. 5º, incisos XXXIV alínea "b" e LXXII da Constituição da República, bem como a Lei nº 9.507/1997. Vale lembrar que este diploma cria uma terceira hipótese de utilização do *habeas data*, a saber: permite que este seja impetrado para que se anote, nos assentamentos do interessado, contestação ou explicação sobre dado verdadeiro, mas justificável e que esteja sob pendência judicial ou amigável. Além disso, de modo bastante questionável, esta lei mitiga o acesso ao Judiciário por demandar que a solução do problema de acesso a dados seja, inicialmente, buscada no âmbito da Administração Pública e, apenas no caso de fracasso, seja o *habeas data* impetrado.

a maior evidência dessa afirmação. Novidade, portanto, não é o controle social em si, mas sim a criação de mecanismos de controle social que tenham natureza jurídico-administrativa, complementando os mecanismos de natureza judiciária já existentes no ordenamento jurídico pátrio. Nesse movimento, diversos institutos de controle social na via administrativa ganham força ou são criados.

De um lado, pode-se citar o reforço que foi dado pela LPA federal ao dever de motivação ou dever de apontar os pressupostos fáticos e jurídicos das decisões administrativas. Além de consagrar a motivação em atos que restrinjam direitos e interesses dos cidadãos, a lei veio a obrigar a apresentação dos motivos, por exemplo, em atos de decisão de seleção pública, concursos, recursos administrativos, licitação pública, bem como em atos que deixem de aplicar jurisprudência firmada sobre a questão decidida ou que discrepem de "pareceres, laudos, propostas ou relatórios" (art. 50, incisos III, IV, V e VII). Com isso, o dever de motivação foi bastante ampliado e não somente para permitir ao cidadão o controle de decisões que afetem diretamente seus direitos. A motivação, tal qual exposta, tem sido reforçada exatamente por ter a função de permitir que os destinatários do ato e igualmente a sociedade controlem atos que lhe digam respeito ainda que indiretamente, ou seja, como cidadãos interessados na condução séria, adequada e legal da máquina estatal.

O avanço não parou por aí. Mais do que consagrar uma ampla obrigatoriedade de motivar, a LPA ainda trouxe critérios para a elaboração da motivação. Nos termos do art. 50 da lei, a motivação será satisfatória apenas se for explícita, clara e congruente. Em poucas palavras, para serem explícitos, os motivos devem estar documentados junto à decisão administrativa. Para serem claros, devem ser compreensíveis ao "cidadão-médio", ou seja, expressos de modo legível e em linguagem acessível, restringindo-se o uso de fórmulas e conceitos técnicos apenas aos casos estritamente necessários. Para serem congruentes, devem ser logicamente concatenados e coerentes com o conteúdo da decisão e a finalidade do ato praticado pela autoridade pública. A obediência a esses três critérios na apresentação dos pressupostos fáticos e jurídicos da decisão é o que permitirá o efetivo controle social da atividade administrativa,[12] tornando possível o que aqui se denomina de "publicidade-transparência".

Mais tarde, a LINDB foi modificada também com o intuito de fortalecer a motivação, dessa vez para incluir, como elemento necessário da explicitação, as potenciais consequências dos atos praticados pela Administração Pública (art. 20 e 21). Essas exigências foram inseridas com o objetivo de evitar decisões baseadas em menções genéricas a princípios e conceitos jurídicos indeterminados, bem como decisões que não sejam acompanhadas de uma adequada avaliação de impacto. Com isso, a LINDB parece ter ampliado o conceito de motivação, que não abrange

---

[12] A propósito, entende-se aqui que as regras da explicitação, da clareza e da congruência devem direcionar a motivação mesmo nos casos em que a autoridade faça referência a pareceres, propostas, informações ou decisões anteriores – tal como permite o art. 50, §1º, da LPA. Em outras palavras, ao referir-se a outros documentos para cumprir seu dever de motivar, a autoridade deve verificar se essa remissão é compreensível e devidamente esclarecedora, complementando-a quando necessário.

unicamente os pressupostos fáticos e jurídicos da decisão, mas igualmente um olhar para o futuro, para os efeitos.

Para além do reforço ao dever de motivação, a transparência da Administração Pública brasileira vem sendo ampliada pela criação de mecanismos específicos de acesso a informação e controle. Entre outros, merecem destaque os contidos na chamada Lei de Transparência (Lei Complementar nº 131/2009).

Esse diploma acrescentou dispositivos à Lei Complementar nº 101/2000 com objetivo de ampliar a responsabilidade fiscal, a transparência dos gastos públicos e seu controle pela população. Nesse campo específico, a transparência deverá ser assegurada basicamente por duas medidas, a saber: 1) "participação popular e realização de audiências públicas durante os processos de elaboração e discussão de planos, leis de diretrizes orçamentárias e orçamentos"; 2) "liberação ao pleno conhecimento e acompanhamento da sociedade, em tempo real, de informações pormenorizadas sobre a execução orçamentária e financeira em meios eletrônicos de acesso público".

Além disso, a LC nº 131/2009 obriga os entes da Federação a disponibilizarem a qualquer pessoa física ou jurídica o acesso a informações referentes a atos de despesa, especialmente dados relativos ao "número do correspondente processo, ao bem fornecido ou ao serviço prestado, à pessoa física ou jurídica beneficiária do pagamento e, quando for o caso, ao procedimento licitatório realizado". Obriga, ainda, a disponibilização de dados relativos ao lançamento e recebimento de toda receita, inclusive as provenientes de recursos extraordinários.

Esses exemplos demonstram o papel que vem ganhando o princípio da publicidade como garantidor da transparência e do controle das atividades estatais, transformando-se assim em princípio instrumental da concretização da legalidade e do Estado Democrático de Direito. Na síntese de Moreira Neto, é essa transparência (ou visibilidade) dos atos da Administração Pública que permite "constatar a sua conformidade ou desconformidade com a ordem jurídica". Na medida em que, sem ela, "tornar-se-ia impossível controlar a ação estatal e, em última análise, seria uma falácia a sustentação dos direitos fundamentais e do próprio Estado de Direito",[13] a publicidade – como requisito da transparência – supera seu papel meramente formal de validação dos atos jurídicos para consolidar-se como verdadeiro direito fundamental.

5 Publicidade-participação

Há quem entenda transparência e participação como práticas administrativas inseparáveis.[14] Aqui, porém, toma-se a transparência e a participação como vertentes diversas do princípio da publicidade. Não que as duas coisas sejam totalmente estranhas uma a outra. Na verdade, a transparência é fundamento da administração

---

[13] MOREIRA NETO, Diogo de Figueiredo. *Curso de direito administrativo*. 14. ed. Rio de Janeiro: Forense, 2005, p. 83.
[14] Nesse sentido, aproximando a administração transparente da administração dialógica, cf. ZIPPELIUS, Reinhold. *Teoria geral do Estado*. 3. ed. Lisboa: Calouste Gulbenkian, p. 247 e HOMERCHER, Evandro. O princípio da transparência: uma análise de seus fundamentos. *Interesse Público*, n. 48, 2008, p. 7 da edição digital.

pública dialógica e consensual. Não há participação sem transparência. No entanto, para fins de explicação e sistematização, é possível distinguir uma publicidade-transparência estrita, destinada à obtenção de informações estatais quer para controlar a legalidade da ação administrativa, quer para que o cidadão exerça seus direitos e liberdades fundamentais, e uma publicidade-participação, que parte necessariamente da transparência administrativa, mas, na prática, objetiva calibrar ou partilhar o poder decisório da Administração Pública com a sociedade.

Por mais que a participação passe pela transparência – afinal, como lembra Zippelius, a coletividade somente cumpre uma função de direção e de controle ao dispor dos "devidos fundamentos de apreciação"[15] –, a finalidade maior da publicidade-participação é a cooperação decisória entre Estado e sociedade. Isso permite afirmar que as duas vertentes do princípio da publicidade distinguem-se finalisticamente: enquanto a publicidade-transparência é instrumental para concretização do princípio da legalidade, a publicidade-participação desponta muito mais como condição de concretização do princípio democrático e da tarefa de legitimação das ações públicas.

Não seria oportuno reexaminar aqui a noção de democracia, suas nuances e debates contemporâneos. Frente ao escopo deste ensaio – e para se compreender especificamente a publicidade-participação – basta recordar que democracia é uma modalidade de exercício do poder estatal. Na modalidade direta ou participativa, o povo exerce o poder por si mesmo.[16] Na modalidade indireta ou representativa, comum de estruturas estatais mais complexas e comunidades populosas, o poder é exercido por representantes geralmente eleitos. Apesar dessas duas modalidades, na essência, tanto uma quanto outra é guiada pelo respeito à vontade popular.

A democracia representativa, propriamente dita, vem sofrendo uma série de críticas e relativizações em diversos Estados ocidentais. As razões para tanto são diversas. A uma, há questionamentos acerca do funcionamento dos sistemas eleitorais, sobretudo aqueles que se pautam por uma mera regra de maioria de votos, deixando de lado a representatividade efetiva de todas as comunidades que compõem o Estado. A duas, debate-se em que medida os representantes eleitos – ainda que representativos de todas as comunidades existentes – teriam mandato absoluto para tratar adequadamente de todas as questões sociais que lhe são colocadas para debate e decisão durante a legislatura. A três, ainda que se aceite a atuação representativa pura dos membros do Legislativo, resta a discussão a respeito da legitimação democrática das ações administrativas. Em outras palavras, indaga-se se o fato de a Administração Pública agir (expedindo atos administrativos, normativos, materiais etc.) em conformidade com a lei votada pelos representantes do povo seria suficiente para legitimar suas ações. É nesse ponto específico que o debate sobre o funcionamento da democracia atinge o direito administrativo.

---

[15] ZIPPELIUS, Reinhold. *Teoria geral do Estado*. 3. ed. Lisboa: Calouste Gulbenkian, p. 247.
[16] É o que se via nas tribos germânicas, nas cidades-estados da Grécia e, ainda hoje, verifica-se em alguns cantões suíços. Cf. ZIPPELIUS, Reinhold. *Teoria geral do Estado*. 2. ed. Lisboa: Fundação Calouste Gulbenkian, 1997, p. 230.

Nesse contexto, tem sido superado o conceito tradicional de administração pública democrática como atividade conduzida de acordo com os anseios da população expressos em normas e valores que impregnam o ordenamento jurídico por força de escolhas político-normativas do Poder Legislativo. A obediência ao ordenamento jurídico – tomado idealmente como representação da vontade social – não é mais vista como suficiente para conferir legitimação democrática a toda e qualquer ação das entidades administrativas. Por força dessa conclusão, os próprios representantes do povo vêm reconhecendo a necessidade de reforço da legitimação dos atos da Administração Pública e, para que isso ocorra, são inseridos instrumentos de diálogo, participação e busca de consenso (ou consensualização) na legislação jusadministrativa. Esses instrumentos são destinados a canalizar os anseios populares, orientando a Administração no que fazer e como fazer mesmo perante leis pré-existentes.

Segundo Czerwick, esse movimento relaciona-se com vantagens político-administrativas. Melhor dizendo: o desenvolvimento das relações de contato entre Estado e sociedade decorreria do interesse estatal em ampliar a propensão cooperativa dos agentes sociais na execução de medidas administrativas (ou execução de políticas públicas) e também em obter informações, trazidas pela comunidade, para que o Poder Público elabore decisões mais adequadas do ponto de vista jurídico e material. Nessa perspectiva mais utilitarista, a publicidade unida à participação se justificaria pelo interesse do Estado em se apresentar positivamente à sociedade e melhorar sua "imagem".[17]

Por sua vez, Hormercher relaciona a participação à concretização do pluralismo, previsto como valor no preâmbulo da Constituição da República. Uma vez que a Constituição assume um compromisso com o pluralismo, o direito administrativo como direito concretizador das políticas públicas deve abrir espaço para a manifestação da vontade dos mais diversos grupos sociais. Isso permite, na visão do autor, a passagem de um cidadão como espectador para um cidadão-ator.[18] Essa concepção implica um alargamento da esfera participativa, mas que, na prática, não representa qualquer rompimento com o modelo representativo.

Em linha semelhante, Moreira Neto sustenta ser a participação fundamental para desenvolver o "sentido de cidadania e de responsabilidade pela coisa comum" nos indivíduos. Ademais, a participação estaria "intimamente referida à expansão da consciência social e ao natural anseio das pessoas de influir de algum modo nas decisões de poder que repercutirão sobre seus respectivos interesses".[19]

De outra parte, Ribeiro e Scalabrin[20] apontam os novos mecanismos de democracia participativa como uma estratégia de resgate do princípio democrático,

---

[17] CZERWICK, Edwin. Strukturen und Funktionen der Verwaltungskommunikation, *DÖV*, 1997, p. 975-976.
[18] HOMERCHER, Evandro. O princípio da transparência: uma análise de seus fundamentos. *Interesse Público*, n. 48, 2008, p. 2 da edição digital.
[19] MOREIRA NETO, Diogo de Figueiredo. *Curso de direito administrativo*. 14. ed. Rio de Janeiro: Forense, 2005, p. 80-81.
[20] RIBEIRO, Darci Guimarães; SCALABRIN, Felipe. O papel do processo na construção da democracia: para uma nova definição da democracia participativa. *Revista Brasileira de Direito Processual*, n. 65, 2009, p. 03 da edição digital.

ou seja, como meio apto a superar a crise ética em que se encontra o Poder Legislativo em países como o Brasil. Nessa linha, a democracia participativa cresce para compensar a falta de legitimação democrática das políticas públicas ou para suprir as lacunas deixadas por sua inoperância.

A despeito dos destaques que se confira a uma ou outra explicação, fato é que todas elas estão ligadas à revitalização da democracia e à busca de reforço da legitimação do Estado. Outrossim, todas elas revelam quão importante se mostra o direito administrativo na reforma da estrutura democrática. Seja para responder às críticas ao déficit democrático de alguns modelos de representação do povo no Legislativo, seja para melhorar a imagem estatal perante a população ou para estimular a responsabilidade política do cidadão, o que marca a nova visão participativa é sua ligação predominante com o momento pós-legislativo, ou seja, o momento em que a Lei é ou regulamentada pela Administração Pública ou por ela executada diretamente. Os novos mecanismos de participação são, assim, predominantemente administrativos.[21]

Esses mecanismos operam inegavelmente transformações das formas de agir da Administração Pública, substituindo as decisões unilaterais coercitivas (surdas à realidade social) por decisões cooperativas, dependentes da participação dos interessados atingidos pelo ato normativo, material ou administrativo em sentido estrito expedido pelo Poder Público. Nesse movimento, as decisões administrativas tornam-se mais conscientes dos riscos que lhes circundam e, assim, mais aptas a responderem adequadamente à sociedade. Por conseguinte, ganham mais chances de se mostrarem compatíveis não somente com a legalidade formal, mas também com os valores (sobretudo não escritos) que impregnam o sistema jurídico[22] e, consequentemente, de obterem aceitação popular em favor de seu efetivo cumprimento.[23]

Supostamente, pelas razões apontadas, o direito brasileiro foi recheado de mecanismos de participação nos últimos anos. Exemplo disso é a consagração geral da audiência e da consulta públicas na LPA federal, bem como de formas participativas na formulação de política orçamentária (art. 48 da Lei de Responsabilidade Fiscal); no planejamento municipal (art. 29, inciso XII, da Constituição da República); na organização e funcionamento do sistema de saúde (art. 198, III, da Constituição); na gestão do sistema educacional (art. 206, VI, da

---

[21] Ressalte-se, aqui, o papel do adjetivo "predominantemente". Ele designa que a busca por mais participação popular na atuação estatal concentra-se na Administração Pública, mas não exclui inovações no âmbito do Legislativo e do Judiciário. No caso brasileiro, note-se a necessidade de participação popular nos processos de construção de planos diretores (art. 40, §4º do Estatuto da Cidade) e na elaboração de lei orçamentária com os chamados orçamentos participativos. Note-se também o uso frequente de instrumentos de participação popular pelo Judiciário brasileiro, sobretudo pelo Supremo Tribunal Federal. Exemplo disso é a audiência pública convocada pelo Ministro Ricardo Lewandowski, relator da ADPF nº 186 e do RE nº 597285, para debater a política de reserva de vagas em universidades públicas com base em critérios raciais.

[22] CZERWICK, Edwin. Strukturen und Funktionen der Verwaltungskommunikation. *DÖV*, p. 975, 1997.

[23] Ressalve-se que essa afirmação – relacionando respeito à ordem legal pela Administração Pública com sua maior aceitação popular – naturalmente parte do pressuposto de que a população aceita e sustenta as normas e valores existentes no nível constitucional.

Constituição) e até mesmo na regulamentação de políticas econômicas setoriais de cunho mais técnico, como as conduzidas pelas agências reguladoras.[24]

Em todos esses exemplos, os mecanismos jurídicos utilizados buscam, para além da mera transparência destinada ao controle da legalidade, a efetiva participação da população ou de suas entidades representativas. Além disso, todos eles demonstram a relevância do processo administrativo para o fenômeno ora em questão. Frente a esse último aspecto, indispensável é a referência a Egon Bockmann Moreira. Segundo o autor, no contexto narrado, o processo administrativo "deixa de ser uma relação jurídica destinada a compor litígios e possibilitar o exercício de direitos em face de situações geradoras de gravames para transformar-se numa constante forma de relacionamento entre o cidadão e o Estado. Relacionamento esse que tem início desde o momento de formulação das regras até a sua implementação e aplicação".[25]

Corroborando esse pensamento, não parece exagero afirmar que o processo administrativo se consagra como palco da participação e instrumento de legitimação das decisões administrativas. De certo modo, esse movimento é tão intenso que a abertura do processo decisório à legitimação popular acaba por afastar – até indevidamente – questionamentos quanto ao grau de legitimação democrática da decisão final. Justamente por isso, Moreira tenazmente esclarece que "o processo, de instrumento da democracia, pode vir a tornar-se como que a essência da democracia (...)".[26]

Advirta-se, porém, que a radicalização da legitimação pelo procedimento não está imune a censuras. A relação causal entre abertura do processo administrativo, ampliação do consenso e reforço da legitimação do Estado é verdadeira em um mundo ideal, mas nem sempre no mundo real. A ciência parte de premissas, pressupostos e reduções da realidade. Por essa razão, ainda que as conclusões no mundo ideal sejam positivas, em virtude de fatores práticos, será perfeitamente possível que a abertura processual represente mera democratização simbólica ou, em um pior cenário, a captura da entidade pública por grupos de interesses fortemente representados nos mecanismos de participação popular.

Ainda, não seria demais estender vários dos riscos apontados pela doutrina clássica quanto ao funcionamento da democracia direta no âmbito de formulação da lei para a participação direta na administração pública. Em paralelo ao

---

[24] Nos termos do art. 9º da Lei Geral de Agências (Lei nº 13.848/2019), "Serão objeto de consulta pública, previamente à tomada de decisão pelo conselho diretor ou pela diretoria colegiada, as minutas e as propostas de alteração de atos normativos de interesse geral dos agentes econômicos, consumidores ou usuários dos serviços prestados". Além disso, a Lei nº 9.427/1996 determina que o processo decisório que "implicar afetação de direitos dos agentes econômicos do setor elétrico ou dos consumidores, mediante iniciativa de projeto de lei ou, quando possível, por via administrativa, será precedido de audiência pública convocada pela ANEEL" (art. 4º, §3º); e a Lei nº 9.472/1997 impõe que a ANATEL submeta "as minutas de atos normativos... à consulta pública, formalizada por publicação no Diário Oficial da União, devendo as críticas e sugestões merecer exame e permanecer à disposição do público na Biblioteca".

[25] MOREIRA, Egon Bockmann. Agências reguladoras independentes, déficit democrático e a "elaboração processual de normas". *Revista de Direito Público da Economia*, n. 2, 2003, p. 4 da edição digital.

[26] MOREIRA, Egon Bockmann. Agências reguladoras independentes, déficit democrático e a "elaboração processual de normas". *Revista de Direito Público da Economia*, n. 2, 2003, p. 6 da edição digital.

narrado por Zippelius, não é difícil imaginar que participantes de mecanismos administrativos dialógicos (tais como audiências e consultas) sejam vítimas de sua ignorância técnica ou mesmo manipulados pelas autoridades estatais, por meios de comunicação (e suas opiniões nem sempre tão neutras e puras, como bem ressaltado por Mastronardi)[27] ou por agentes econômicos interessados em uma determinada solução da questão aberta ao debate popular.[28]

Não por outra razão, alhures já sustentei o risco de se entender que as vontades trazidas ao Estado por mecanismos de participação popular sejam vistas como vinculantes do conteúdo da decisão administrativa final. Ao se defender a opinião da vinculatividade das manifestações populares expressas, por exemplo, em audiências ou consultas públicas, transforma-se a participação na "essência da legitimação", ignorando-se os riscos de distorção e falhas naturais que a acompanham.[29] Assim, a opinião mais consciente é a que garante apenas o direito de os participantes verem consideradas suas colaborações na ponderação que precede à decisão elaborada pelo Poder Público.

Resta saber afinal: como essas considerações a respeito da participação popular relacionam-se com o princípio da publicidade?

Retornando ao ponto de partida, o que a reflexão exposta procura mostrar é que o princípio da publicidade (ou a função comunicativa da Administração Pública) hoje supera o mero cumprimento de um requisito formal. Ao se falar de publicidade-participação – distinguindo-a inclusive da publicidade-transparência –, busca-se realçar que o princípio em debate também vai além da função de controle do cumprimento da legalidade para, em última instância, colaborar com a restauração do princípio democrático.

Como a publicidade, portanto, é também instrumental da democracia, então tal princípio obriga à publicização dos atos[30] e igualmente de informações estatais sempre que isso se mostrar necessário à elaboração de decisões administrativas pelo povo e para o povo.

---

[27] O autor suíço bem ressalta o fato de que os meios de comunicação de massa nem sempre expressam a opinião da sociedade, mas sim de alguns grupos de interesse que os influenciam de um modo ou outro. Nesse cenário, a tal "opinião pública" passa a configurar, muitas vezes, uma mera opinião não necessariamente representativa, mas, ainda assim, divulgada pelos meios de comunicação e "impostas" à sociedade. Esta, de criadora da opinião pública, torna-se consumidora de opiniões pré-concebidas pelos grupos que dominam os meios. Cf. MASTRONARDI, Philippe. *Verfassungslehre*: Allgemeines Staatsrecht als Lehre vom guten und gerechten Staat. Berna: Haupt, 2007, p. 277.

[28] ZIPPELIUS, Reinhold. *Teoria geral do Estado*. 3. ed. Lisboa: Calouste Gulbenkian, p. 232.

[29] Cf. comentários aos art. 31-33 da LPA em NOHARA, Irene; MARRARA, Thiago. *Processo administrativo*. Lei nº 9.784/1999 comentada. São Paulo: Atlas, 2009, p. 233, 242 e 247.

[30] Especial destaque merece a reflexão de Zippelius acerca da publicidade de atos públicos e democracia direta. Nas palavras do autor: "a mera publicidade, o mero fato de uma ação ocorrer à luz da opinião pública, obriga já os representantes a atuar de modo como se todos os observassem. Quem age em público expõe-se, portanto, também faticamente, ao risco de um deslize dele ser descoberto e publicamente divulgado pela imprensa, rádio e televisão. Deste modo, os representantes que agem em público, vêem-se obrigados a conformar a sua conduta por forma a que esta possa obter a presumível aprovação da opinião pública, e em especial das concepções ético-sociais dominantes. Também aqui reside (para além das decisões concretas dos eleitores) um elemento de democracia direta". Cf. *Teoria geral do Estado*. 3. ed. Lisboa: Calouste Gulbenkian, p. 247-248.

6 Publicidade interna

Uma forma mais rara, porém não menos importante, de se vislumbrar o princípio da publicidade consagrado no texto constitucional brasileiro se dá a partir da perspectiva da organização administrativa. Sob essa ótica, foca-se a importância do princípio da publicidade para as relações entre as autoridades administrativas e o exercício de suas funções precípuas. É nesse sentido que, aqui, fala-se de "publicidade interna" como orientação de transferência e trocas de informações no âmbito interadministrativo ou intra-administrativo a fim de promover o exercício adequado da função administrativa. A primeira modalidade (intra-administrativa) se dá dentro de uma mesma entidade administrativa (entre vários órgãos) ou dentro de um mesmo órgão administrativo (entre seus agentes públicos). A segunda, por sua vez, desenvolve-se entre duas ou mais entidades estatais de um ou mais esferas da Federação.

De modo geral, a publicidade ou função comunicativa interna absorve funções semelhantes à da "publicidade externa" – direcionada à sociedade. Ao tratar do assunto, Czerwick propôs uma sistematização da comunicação interna de acordo com três funções. Em primeiro lugar, menciona a comunicação necessária à direção e coordenação dos agentes públicos no exercício da função administrativa (*"Führungs- und Abstimmungskommunikation"*). Nesse caso, o Poder Público se utiliza da disseminação de informações (publicidade) no intuito de instruir os agentes públicos, atualizá-los quanto a novas normas e diretrizes de ação e, com isso, fortalecer a boa administração, sobretudo mediante coordenação das diversas ações estatais executadas simultaneamente. Essa proposição de Czerwick serve muito bem para estruturas federativas complexas e grandes Estados, ou seja, organizações nas quais o número de entidades estatais divididas por diversos níveis políticos seja muito alto, ampliando significativamente a complicação do funcionamento do aparato estatal.

Essa publicidade interna com efeito coordenador, no Brasil, mostra-se igualmente relevante para o funcionamento dos chamados sistemas administrativos de execução de políticas públicas. Com efeito, tornou-se comum, desde a década de 1980, organizar os chamados sistemas de entidades administrativas responsáveis por uma mesma política pública. Isso se verifica no âmbito do direito do consumidor (com o Sistema Nacional de Defesa do Consumidor – SNDC); do direito da concorrência (com o Sistema Brasileiro de Defesa da Concorrência – SBDC); do direito ambiental (com o Sistema Nacional de Meio Ambiente – Sisnama) etc.

Para que esses sistemas funcionem eficaz e eficientemente é exigido o desenvolvimento de sistemas de comunicação e publicidade entre as entidades participantes. Essa publicidade com função coordenadora é essencial para evitar falhas consistentes tanto em ações repetidas (por exemplo, fiscalização de um mesmo fato por duas ou mais entidades do mesmo sistema), quanto em ações contraditórias (por exemplo, decisões administrativas com conteúdos diversos ou contraditórios proferidas por entidades do mesmo sistema).

Essas duas modalidades de falhas – vale ressaltar – são bastante frequentes no direito brasileiro e sua ocorrência acarreta uma redução sensível da segurança jurídica no país. Por isso, ao evitar essas ocorrências, a publicidade coordenadora, além de colaborar para a eficiência da Administração Pública e igualmente para a redução ou otimização de gastos públicos com o funcionamento dos mencionados sistemas administrativos, eleva o grau de segurança jurídica em favor da estabilidade das relações jurídico-sociais.

Para além desses efeitos, Czerwick destaca o papel da comunicação interna na avaliação de informações externas ou ambientais (*"Umweltinformation"*) e sua transmissão pelas entidades públicas. Melhor dizendo: a comunicação ou publicidade interna também pode exercer o papel de digerir as reações sociais e econômicas que as condutas do Estado suscitam no corpo social. Isso se faz, basicamente, através do acompanhamento dos meios de comunicações e, igualmente, pela abertura de canais que possam ser utilizados pelos indivíduos para encaminhamento de dúvidas, críticas e sugestões ao Estado (*e.g.* ouvidorias, *ombudsman* etc.). Tanto em um caso, quanto em outro, os dados e informações obtidos pelo Poder Público são então repassados para os agentes competentes e por eles empregados para a reavaliação de políticas públicas, controlando seus atos ou omissões quer sob o enfoque da legalidade e moralidade, quer em vista dos anseios e necessidades sociais.

Em terceiro lugar, Czerwick aponta a função comunicativa interna voltada ao gerenciamento de recursos humanos das entidades da Administração Pública direta e indireta. Nesse particular aspecto, a transferência de informações entre e dentro de órgãos ou entidades administrativas se dá no intuito de motivar os agentes públicos ou integrá-los, bem como para criar uma identidade corporativa pública (*"corporate identity"*). Esse tipo de comunicação se desenvolve, praticamente, mediante jornais ou revistas de caráter institucional e direcionadas para os agentes públicos de determinada instituição, bem como por encontros, debates, oferecimento de cursos de capacitação e motivação etc.

Em última instância, essas três formas de comunicação interna agregam mais uma conclusão ao presente estudo. O princípio da publicidade, além de ter-se tornado multifacetado – exercendo funções na execução de políticas públicas, na concretização de direitos fundamentais, no desempenho de atividades de controle da legalidade administrativa e na concretização da democracia – passou a desempenhar importante papel no funcionamento das entidades administrativas. Portanto, não se pode mais interpretá-lo como um guia unicamente direcionado às relações entre a Administração Pública e os administrados. É preciso que sejam exploradas suas utilidades jurídicas voltadas à concretização da boa-administração no sentido mais amplo da palavra, isto é, boa-administração como das entidades administrativas em suas relações internas e externas.

7 Conclusão

Este ensaio teve o objetivo de estimular a ampliação e a modernização das interpretações do princípio constitucional da publicidade na Administração

Pública. Nesse intuito, buscou-se demonstrar que a publicidade formal, entendida como divulgação de atos públicos preocupada com a mera validação da ação administrativa, é insuficiente nos dias atuais. Para além dessa função formal, a publicidade figura como princípio instrumental capaz de otimizar a concretização da eficiência administrativa, dos direitos fundamentais, do controle da legalidade e da moralidade, do funcionamento da democracia e da boa gestão pública. Por essa razão, é preciso que se adicionem à publicidade formal as noções de publicidade educativa, publicidade-transparência, publicidade-participativa e publicidade interna. Cada uma dessas facetas do princípio guarda relação com outros princípios constitucionais e, na prática, viabiliza-se por instrumentos próprios, tal como o quadro-sumário seguinte pretende, a título de conclusão, demonstrar.

Versões da publicidade	Funções administrativas	Medidas de concretização
Publicidade formal	- Validar juridicamente os atos da Administração - Cumprir requisito de forma do ato administrativo	- Editais - Publicações em diários oficiais - Intimações
Publicidade educativa	- Divulgar valores públicos para gerar "conscientização social" - Divulgar políticas públicas para promover sua execução bem sucedida	- Mensagens educativas em mídias privadas ou públicas de grande penetração - Cartilhas e cartazes de instrução - Cursos de instrução da população - Orientação direta e pessoal ao cidadão - Serviços de atendimento telefônico ou on-line do cidadão - Cartas de Serviço
Publicidade-transparência	- Oferecer informações necessárias ao exercício dos direitos do cidadão - Fortalecer o controle social da legalidade e juridicidade das ações públicas.	- Divulgação de atos estatais em mídias de grande penetração social - Garantia de acesso da população a autos de processos administrativos em geral - Direito de certidão - *Habeas data* - Portais de transparência - Motivação de atos da Administração de modo claro, objetivo e congruente
Publicidade-participação	- Cooperação na tomada de decisões administrativas socialmente relevantes	- Audiência pública - Consulta pública - Conselhos de Usuários
Publicidade interna	- Coordenação interadministrativa e intra-administrativa de políticas públicas - Desenvolvimento dos recursos humanos estatais - Captação de informações externas estratégias para a avaliação de políticas públicas	- Reuniões e audiências governamentais conjuntas - Conferências de serviços - Criação de bancos de dados - Compartilhamento de informações - Mapeamento de meios de comunicação externos à Administração - Criação de veículos de comunicação institucionais

Referências

ARAÚJO, Edmir Netto de. *Curso de direito administrativo*. 5. ed. São Paulo: Saraiva, 2010.

CZERWICK, Edwin. Strukturen und Funktionen der Verwaltungskommunikation, *DÖV*, 1997.

HILL, Hermann. Staatskommunikation, *JZ*, 1993.

HOMERCHER, Evandro. O princípio da transparência: uma análise de seus fundamentos. *Interesse Público*, n. 48, 2008.

MASTRONARDI, Philippe. *Verfassungslehre*: Allgemeines Staatsrecht als Lehre vom guten und gerechten Staat. Berna: Haupt, 2007.

MOREIRA NETO, Diogo de Figueiredo. *Curso de direito administrativo*. 14. ed. Rio de Janeiro: Forense, 2005.

MOREIRA, Egon Bockmann. Agências reguladoras independentes, déficit democrático e a "elaboração processual de normas". *Revista de Direito Público da Economia*, n. 2, 2003.

NOHARA, Irene; MARRARA, Thiago. *Processo administrativo*: Lei nº 9.784/1999 comentada. São Paulo: Atlas, 2009.

RIBEIRO, Darci Guimarães; SCALABRIN, Felipe. O papel do processo na construção da democracia: para uma nova definição da democracia participativa. *Revista Brasileira de Direito Processual*, n. 65, 2009.

ZIPPELIUS, Reinhold. *Teoria geral do Estado*. 2. ed. Lisboa: Fundação Calouste Gulbenkian, 1997.

Informação bibliográfica deste texto, conforme a NBR 6023:2018 da Associação Brasileira de Normas Técnicas (ABNT):

MARRARA, Thiago. O princípio da publicidade: uma proposta de renovação. *In*: MARRARA Thiago (coord.). *Princípios de direito administrativo*. 2. ed. rev., ampl. e atual. Belo Horizonte: Fórum, 2021. p. 383-402. ISBN 978-65-5518-166-1.

MOTIVAÇÃO, PUBLICIDADE E CONTROLE: ALGUMAS REFLEXÕES

SHIRLEI SILMARA DE FREITAS MELLO

1 Considerações iniciais

O Estado realiza suas atividades por meio do exercício de quatro categorias de funções: *legislativa*, que é a criação do Direito em caráter originário; *administrativa*, consistente na aplicação do Direito, de ofício ou mediante provocação, a fim de realizar o interesse público, sem definitividade e mediante controle interno e externo; *jurisdicional*, que se expressa pela solução de conflitos de interesse mediante provocação e com definitividade, e finalmente a *função política ou de governo*, consistente na adoção de comportamentos discricionários de "condução de altos interesses do Estado e da coletividade", conforme define Alexandre Mazza.[1]

Considerando que o Direito Administrativo é um ramo do Direito Público, os termos *função* e *dever* se reiteram no exercício da função administrativa, em contraposição ao papel desempenhado pela vontade no que tange à manifestação do particular. *Função* é a prática de atos manejando interesse titularizado por outrem. *Dever* carrega conteúdo cogente, obrigatório, distanciado de subjetivismos e voluntarismos do agente.

Nessa linha, Cirne Lima afirma que "à relação jurídica que se estrutura ao influxo de uma finalidade cogente, chama-se relação de administração".[2] Na administração, o dever e a finalidade são predominantes. "A relação de administração somente se nos depara (...) quando a finalidade (...) nos aparece defendida e protegida, pela ordem jurídica, contra o próprio agente e contra terceiros".[3] Conforme o modelo delineado pela Constituição da República, "o Estado, a teor da divisão funcional do poder político, é caracterizado pela independência orgânica e especialização funcional."[4] Vladimir França[5] reafirma a ideia de que, por meio do exercício da função administrativa, "o Estado aplica as regras legislativas aos casos específicos, visando à satisfação do interesse público" – por meio da via participativa processual, frise-se.

---

[1] *Manual de Direito Administrativo*. São Paulo: Saraiva, 2011, p. 62.
[2] LIMA, Ruy Cirne. *Princípios de Direito Administrativo*. São Paulo: Malheiros, 2007, p. 105.
[3] LIMA, Ruy Cirne, *op. cit.*, p. 106.
[4] MORAES, Guilherme Peña de. *Curso de Direito constitucional*. 3. ed. São Paulo: Atlas, 2010, p. 376.
[5] FRANÇA, Vladimir da Rocha. A função administrativa. *Revista Eletrônica de Direito do Estado (REDE)*, Salvador, IBDP, n. 12, out./nov./dez. 2007. Disponível em: www.direitodoestado.com.br/rede.asp. Acesso em: 20 jun. 11.

Inicialmente, concebe-se *processo* como *modo de exercício das funções estatais*, forma de concretização do poder estatal;[6] ainda, como situação jurídica ou relação jurídica, que reflete instrumento de realização do direito material; a seu turno, procedimento indica revestimento externo do processo, rito, forma de desenvolvimento do processo consubstanciada na sequência de atos logicamente encadeados visando à produção do provimento estatal.

A *participação popular* na gestão pública – "cuja concretização só é possível mediante a procedimentalização, eis que não é razoável que a interação" da Administração Pública com os cidadãos e com seus próprios agentes ocorra mediante a lei do improviso e do voluntarismo, "variando a sua forma a cada caso concreto existente", favorecendo arbítrios e clientelismo – pode ser vislumbrada em algumas passagens da Constituição da República, citadas por Benjamin Zymler: artigo 10, artigo 37, §3º; art. 187; artigo 194, parágrafo único, inciso VI.[7]

Nessa linha, o julgado abaixo, cujo teor merece os melhores encômios:

> APELAÇÃO EM MANDADO DE SEGURANÇA – ORDEM CONCEDIDA EM PRIMEIRA INSTÂNCIA – CANCELAMENTO DE BENEFÍCIO PREVIDENCIÁRIO MEDIANTE ATO ADMINISTRATIVO, SEM OBSERVÂNCIA DAS REGRAS INERENTES AO PROCESSO ADMINISTRATIVO, BEM COMO AOS PRINCÍPIOS CONSTITUCIONAIS DO CONTRADITÓRIO E DA AMPLA DEFESA – AUSÊNCIA DE MOTIVAÇÃO DO ATO ADMINISTRATIVO – SENTENÇA MANTIDA. (...) 2 – O princípio do devido processo legal constitui, praticamente, um princípio geral de Direito, fazendo parte da essência do Direito e, principalmente, do Estado de Direito. A afronta a esse princípio, de observância obrigatória por parte da Administração, fulmina completamente o ato viciado, invalidando-o. (...) 5 – O poder de anular os próprios atos não afasta, contudo, a necessidade da observância das regras de um verdadeiro processo administrativo, como instrumento para a efetivação do controle da Administração, não sendo lícito impor sanções, deveres, ou mesmo restringir ou negar direitos a particulares, através de meros atos, olvidando-se dos princípios que estão a informar o devido processo legal, entre eles, principalmente, a ampla defesa e o contraditório. 6 – A nulidade do ato de cancelamento do benefício previdenciário em comento revela-se não apenas pelo desrespeito às regras inerentes ao devido processo legal, mas também na ausência de um dos elementos primaciais dos atos administrativos, qual seja a motivação, inerente tanto a atos vinculados, como aos discricionários, constituindo faceta da garantia da legalidade, e erigindo-se, por conseguinte, a princípio constitucional da Administração Pública, pelo que impõe-se o restabelecimento da aposentadoria por tempo de contribuição. 7 – Recurso do INSS e remessa oficial a que se nega provimento. (AMS nº 200161830051903, Juíza Suzana Camargo, TRF3 – Quinta Turma, 27/05/2003)

Exaltando os fundamentos da decisão judicial apresentada, processo administrativo seria *processo de exercício da função administrativa*, ou simplesmente *o processo da função administrativa*. Discorrendo sobre o significado profundo do

---

[6] MOREIRA, Egon Bockmann. *Processo administrativo*: princípios constitucionais e a Lei nº 9.784/99. São Paulo: Malheiros, 2010, p. 83.

[7] ZYMLER, Benjamin. *Direito administrativo e controle*. Belo Horizonte: Fórum, 2009, p. 34.

processo administrativo no Brasil, Carlos Ari Sundfeld[8] enuncia que "é preciso ouvir: essa é a simplíssima solução que o processo encarna". *Ouvir* denota atitude receptiva, abertura para o diálogo, percepção da realidade incorporada ao conjunto de fatos e documentos que serão considerados no processo administrativo. E continua sua palestra, entoando o cântico da *dignidade humana* ao afirmar que "ouvir verdadeiramente alguém só é possível se o interlocutor não é humilhado, se fala sem medo, se pode expor tudo o que lhe interessa, se não é subserviente, se não teme ofender a autoridade".

Em arremate brilhante, exalta a *democracia* ao declarar que "a grande ideia do processo é fazer com que haja participação, com que os que têm interesses direta ou indiretamente atingidos dialoguem, aberta e integralmente". Ressalta a importância do cumprimento de dever de expor fundamentos fático-jurídicos da decisão, ao gizar que "motivar é um modo de dialogar. (...) Quando a autoridade decide, ela é obrigada a dialogar com tudo o que se passou no processo". Concluindo com simplicidade invejável, decorrente da ostensiva maturidade intelectual, Sundfeld expõe que "é isso que há de fundamental na concepção de processo, *que é comum aos Parlamentos, ao Judiciário como um todo e também à Administração Pública. Ela é obrigada, antes de decidir, a ouvir, dialogar com os cidadãos*".

Do exposto se depreende, portanto, que a subsunção não só à lei, mas ao Direito, extrapola a mera relação do interesse geral com a legalidade: o agente se vê adstrito a respeitar todo o ordenamento jurídico, encabeçado pela Constituição e pelos princípios constitucionais, abarcados, por suposto, os princípios gerais do Direito. O caráter pleno da submissão, com o qual se reforça a qualificação de "servo da sociedade" atribuída ao agente público, afasta completamente toda imunidade de poder.[9]

2 Motivação

Cabe estabelecer, a princípio, a distinção entre *motivo, motivação e princípio da motivação*. *Motivo* é a circunstância fática que, por estar prevista na regra de competência como tal, torna-se apta a ensejar a prática do ato administrativo. É dizer, pressuposto fático-jurídico que autoriza ou exige o agir do administrador. É o evento cuja consequência é desencadear a reação da Administração calcada no ordenamento jurídico. Como o *motivo* é um dos pilares sobre os quais se ergue o ato, em inexistindo faticamente, o ato desabará em seguida:

> *Habeas corpus. Art. 89 da lei nº 9.099/95. Suspensão condicional do processo. Inexistência de outra ação penal. Necessidade de fundamentação do parquet para a negativa da proposta.* 1. A

---

[8] SUNDFELD, Carlos Ari. O processo administrativo e seu sentido profundo no Brasil. *In*: NOHARA, I. P.; MORAES FILHO, M. A. P. (org.). *Processo administrativo*: temas polêmicos da Lei nº 9.784/99. SP: Atlas, 2011, p. 08. Todas as aspas, até a próxima nota, referem-se à presente remissão.

[9] GIL, José Luis Meilán. Intereses Generales e interés público desde la perspectiva del Derecho Público español. *In*: BACELLAR FILHO, Romeu Felipe; HACHEM, Daniel Wunder. *Direito administrativo e interesse público*: estudos em homenagem ao Professor Celso Antônio Bandeira de Mello. Belo Horizonte: Fórum, 2010, p. 71.

circunstância de estar o réu sendo processado ou ter sido condenado como impeditiva do benefício previsto no art. 89 da Lei nº 9.099/95, consiste em requisito objetivo, que pode ser comprovado por meio de certidões. 2. Para deixar de oferecer a suspensão condicional do processo, o agente do Ministério Público deve *fundamentar a recusa com base em elementos concretos*, mostrando-se indevido o prosseguimento da ação penal quando a ausência da proposta *funda-se em motivo inexistente*. (COR nº 200704000039427, Élcio Pinheiro de Castro, TRF4 – Oitava Turma, 25/04/2007)

Quanto ao motivo, "cumpre distinguir o motivo legal e o motivo de fato. *Motivo legal* é a previsão legal *abstrata* da situação fática cuja ocorrência é requerida para a prática do ato. *Motivo de fato* é a própria situação fática, a própria circunstancia ou evento cuja existência concreta foi tomada como apoio para expedição do ato. É lógico que o motivo de fato terá de ser coincidente com o motivo de direito – isto é, com sua previsão legal – para que o ato seja válido".[10]

Como leciona Bandeira de Mello,[11] "móvel ou intenção é algo subjetivo, que reside na intimidade psicológica do sujeito", ao passo que *motivo* é pressuposto de fato e de direito que autoriza ou determina a prática do ato. A perquirição do móvel ganha relevo na teoria do desvio de poder com intenção viciada, ao passo que se cogita dos motivos aplicando-se a teoria dos motivos determinantes.[12]

Motivação, a seu turno, é pressuposto formalístico do ato estatal, que, via de regra, integra seu próprio corpo, consistente na elucidação das razões de fato e de direito que o determinaram. Em poucas palavras: exposição de motivos. Desse modo, depreende-se que o *princípio da motivação* é o postulado jurídico que cria para o agente público o dever de elucidar os motivos que o levaram a decidir em determinado sentido, *i.e.*, a imposição de exteriorizar o modo pelo qual efetuou a subsunção do fato à norma, de forma a permitir o exercício do controle da Administração pelo povo e pelo próprio Estado.

Sintetizando, tem-se:

Instituto	Motivo	Motivação	Princípio da motivação
Conceito	FATO apto a ensejar ato	Parte do ATO: fundamentação	NORMA que cria dever de expor motivos
Atributos	Existente, verdadeiro, coerente[13]	Clara, suficiente, coerente interna e externamente[14]	--------
Exemplo	Falta funcional	Em razão da falta cometida, ...	Artigo 50 da Lei nº 9.784/99

---

[10] BANDEIRA DE MELLO, Celso Antônio. *Grandes Temas de Direito Administrativo*. São Paulo: Malheiros, 2009, p. 66.
[11] BANDEIRA DE MELLO, Celso Antônio. *Grandes Temas de Direito Administrativo*. São Paulo: Malheiros, 2009, p. 66.
[12] BANEIRA DE MELLO, Celso Antônio. *Grandes Temas de Direito Administrativo*. São Paulo: Malheiros, 2009, p. 67.
[13] "Administrativo. Motivo inexistente. Ato inválido. Inexistente ou falso o motivo que deu suporte ao ato administrativo, este se torna destituído de conteúdo, inválido. – Segurança concedida" (MS nº 199700191702, Felix Fischer, STJ – Terceira Seção, 29/09/1997).
[14] Lógica interna diz respeito à lógica do discurso, à razoabilidade do raciocínio desenvolvido no ato; lógica externa diz respeito à coerência entre fato e ato praticado. Veja-se, nesse tocante, o §1º, art. 50 Lei nº 9.784/99.

Desse contexto, extrai-se até o princípio da congruência da motivação:

AGRAVO LEGAL. DECISÃO MONOCRÁTICA TERMINATIVA. ADMINISTRATIVO. SERVIDOR PÚBLICO. REVISÃO DE BENEFÍCIO DE PENSÃO POR MORTE ESTATUTÁRIA. PAGAMENTO DE VALORES EM ATRASO. AUSÊNCIA DE CHANCELA DO ATO PELO TRIBUNAL DE CONTAS DA UNIÃO. PRINCÍPIO DA CONGRUÊNCIA. PAGAMENTO ADMINISTRATIVO DE PARTE DOS ATRASADOS. AGRAVO A QUE SE NEGA PROVIMENTO. I – A controvérsia admitida na sede de agravo legal é limitada à verificação da existência de ilegalidade flagrante ou abuso de poder na decisão monocrática recorrida, a gerar dano irreparável ou de difícil reparação para a parte. II – No caso sob exame, a decisão agravada *resolveu de maneira fundamentada* as questões discutidas na sede recursal, reconhecendo afigurar-se inviável o acolhimento da tese defensiva deduzida pela agravante, (...), prevalecendo o princípio analógico do *ubi eadem ratio ibi idem jus* na solução da controvérsia, bem como o *princípio da congruência na motivação dos atos administrativos, conforme previsão do § 1º do artigo 50 da Lei nº 9.784/99*. III – Razões recursais que não contrapõem tal fundamento a ponto de demonstrar o desacerto do *decisum*, limitando-se a reproduzir argumentos visando à rediscussão da matéria nele decidida. IV – Agravo legal a que se nega provimento. (APELREE nº 200361000366409, Juiz Henrique Herkenhoff, TRF3 – Segunda Turma, 29/01/2009)

2.1 Conceito, natureza jurídica e fundamentos do dever de motivar

Se todo o poder emana do povo, e em seu nome deve ser exercido, o exercício de função se converte em atividade atrelada a *motivo e fins cogentes*. Desse modo, todo aquele que recebe prerrogativas, em decorrência do dever de alcançar certos objetivos definidos na ordem jurídica, deve prestar contas do uso que faz desses poderes funcionais e instrumentais. Por meio da *motivação* dos atos, o agente presta contas, ao Estado e à sociedade, do uso e da destinação de todas as prerrogativas inerentes ao exercício da função pública.

Em resumo: expor os motivos da adoção de qualquer comportamento é dever inerente ao exercício das funções estatais, considerando a titularidade dos interesses manejados, que toca à coletividade, e em razão da repercussão do ato, ou seja, da possibilidade de afetação da esfera jurídica de determinado destinatário, o que enseja direito e dever de participação e controle.

Conforme exposto, o *princípio da motivação* é a norma jurídica que cria para o agente público o dever de expor fatos e direito que o levaram a praticar o ato, explicitando a relação lógica entre evento (motivo, necessidade) e conteúdo da providência administrativa. Tal impositivo se infere do Estado de Direito e do princípio democrático, ambos consagrados na Constituição da República. Para os apaixonados por regras, citem-se do texto constitucional, o artigo 93, incisos IX e X; em texto legal, a Lei nº 9.784/99, que rege o processo administrativo federal, no art. 50, bem como a Lei nº 4.717/65, que regula a Ação Popular, no art. 2º.

O administrador público recebeu da lei a prerrogativa de tomar decisões reputadas úteis e necessárias, desde que exista determinada situação de fato e/ou de direito, ou ainda, desde que ocorram certos eventos. Isso acontece de modo mais pronunciado no tocante às medidas restritivas de direitos, que somente devem ser adotadas na intensidade estritamente indispensável à preservação dos interesses públicos relacionados.

Segundo Marcel Waline,[15] o *defeito no motivo do ato administrativo* pode manifestar-se de quatro maneiras:
   a) *Ausência de motivo* – a Administração não exterioriza qualquer razão, ou qualquer fato novo, para editar ou modificar um ato;
   b) *Erro de fato* – a Administração se funda, de boa-fé ou não, sobre certos fatos que se revelam inexatos ou inexistentes.

> ADMINISTRATIVO. MANDADO DE SEGURANÇA CONTRA ATO QUE SUSPENDEU OS EFEITOS DA PORTARIA DE REDISTRIBUIÇÃO DE SERVIDOR DO INCRA PARA O IBAMA. (...) ANULAÇÃO FUNDADA EM MOTIVO INEXISTENTE. PROCIMENTO DO RECURSO. CONCESSÃO DA SEGURANÇA. MANUTENÇÃO DA REDISTRIBUIÇÃO DO SERVIDOR. (...) 5. *Comprovada a manutenção do mesmo padrão de vencimentos quando da redistribuição e nos meses subseqüentes (janeiro a abril), o ato de anulação da redistribuição fundou-se em motivo inexistente, qual seja, a falta de equivalência de vencimentos.* 6. Recurso a que se dá provimento para, reformando a sentença, conceder a segurança, anulando a Portaria 173/2004 para restaurar a redistribuição do servidor para o IBAMA. (AMS nº 200434000120418, Juiz Federal Itelmar Raydan Evangelista, TRF1 – Primeira Turma, 05/06/2006.)

   c) *Qualificação falsa* – o fato invocado pela Administração como apoio de sua decisão existe, é exato, mas não se reveste do caráter jurídico que ela (Administração) lhe atribuiu. Ex.: o sindicato XYZ existe, mas não é o mais representativo da categoria, como a decisão indica. O vegetal W existe, mas não é escasso no cerrado, como declara a decisão.
   d) *Causa falsa*[16] – a ausência de causa aparece como uma modalidade de violação da lei por erro de fato ou apreciação equivocada desse fato. Geralmente é tomada como erro de fato, simplesmente, sem mencionar a *causa*. Há hipóteses em que não é a lei que exige os antecedentes, mas sim a natureza das coisas. Como exemplo, se se cogita de exoneração "a pedido", há de existir um antecedente de solicitação; caso contrário, tratar-se-á de exoneração *de ofício*, mas não "a pedido". Colocar alguém em disponibilidade por extinção do cargo que ocupava pressupõe logicamente a extinção do referido cargo. A causa é "um ato jurídico anterior dotado de existência objetiva". Nesse item, Waline parece tomar conjuntamente *motivos inexistentes*, como no exemplo da exoneração a pedido, e *requisitos procedimentais*, na visão esposada por Bandeira de Mello.[17]

Discorrendo sobre a *ilegalidade em razão dos motivos* do ato, René Chapus[18] menciona as hipóteses de *erro de direito, erro na qualificação jurídica dos fatos* e *erro de fato*, apontando inicialmente as situações que podem ocasionar *erro de direito*: a) *aplicação de norma inexistente ou inaplicável*, ou seja, erro na base legal, no fundamento

---
[15] *Traité Élementaire de Droit Administratif.* Paris: Librairie du Recueil Sirey, 1952, p. 140.
[16] WALINE, Marcel. *Op. cit.*, p. 614.
[17] BANDEIRA DE MELLO, Celso Antônio. *Curso de Direito Administrativo.* 27. ed. São Paulo: Malheiros, 2010, p. 404.
[18] CHAPUS, René. *Droit administratif général.* Tomo 1. Paris: Montchrestien, 1995, p. 914 ss.

normativo da decisão, exemplificando com o caso em que um prefeito indeferiu licença para construir baseando-se no plano diretor da comuna, considerando que a respectiva lei ainda não havia sido publicada e não era, portanto, oponível a terceiros; b) *remissão a ato administrativo ilegal*, ilustrando com a situação em que a autoridade administrativa baseia sua decisão em portaria ministerial editada por agente incompetente; e c) *interpretação equivocada da norma* aplicada, citando uma banca examinadora de concurso público que se crê apta a se pronunciar sobre a condição física dos candidatos.

Cite-se o julgado a seguir como situação de *erro de direito,* na modalidade citada acima no item "a", *aplicação de norma inexistente ou inaplicável:*

> (...) Estando, porém, vinculado, o ato de dispensa do impetrante, *a motivo inexistente* (*norma de medida provisória não inserta na lei de conversão*), deve o decreto ser anulado e reintegrado o agente na função, conservada a característica da possibilidade de exoneração, ao nuto da autoridade. Mandado de segurança, para essa finalidade, concedido. (MS nº 21170, Octavio Gallotti, STF)

Para afastar *erro na qualificação jurídica dos fatos,* os eventos que embasam a decisão devem revestir-se de aptidão jurídica para justificá-la. O Conselho de Estado inaugura tal exame com o caso *Gomel*, em 04 de abril de 1914. Uma solicitação de licença para construir no entorno de uma pequena praça parisiense foi rejeitada pela autoridade local, pelo motivo de que a obra projetada poderia prejudicar um monumento. Seria a tal pracinha oval, a praça Beauvau, um monumento? O Conselho de Estado declarou que não e invalidou, consequentemente, a decisão original. A motivação da decisão faz transparecer verdadeiramente que a qualificação jurídica da praça como monumento era premissa, erigindo-se em questão prejudicial para o exame do conteúdo do projeto da obra, a fim de detectar dano potencial ou efetivo para o "monumento". Pela intensidade do controle, Chapus considera o caso *Gomel* como o maior passo engendrado no sentido de controlar mais profundamente a legalidade da atuação administrativa.[19]

Haveria *erro de fato* em face de inexatidão material, isto é, na ausência de materialidade dos fatos externados como motivos para a prática do ato. É mais simples para a autoridade administrativa pronunciar-se sobre a existência de determinada circunstância que sobre sua qualificação jurídica, ainda que necessite de parecer técnico a respeito da matéria. Cite-se, por exemplo, a inexistência de epilepsia invocada pela Administração Pública para afastar um marinheiro da navegação, declarada a ausência da doença por profissional habilitado.[20] [21]

---

[19] CHAPUS, René. *Op. cit.*, p. 918.

[20] CHAPUS, René. *Droit administratif général.* Tomo 1. Paris: Montchrestien, 1995, p. 921.

[21] "*Administrativo. Militar. Autor desincorporado do serviço ativo do exército em função de diagnóstico dado pelo hospital do exército. Posteriormente avaliação psiquiátrica realizada por médicos do INSS cujo diagnóstico apresentado foi de incapacidade laborativa apenas temporária. Ato de licenciamento nulo porque baseado em motivo inexistente. Sentença mantida. Apelação do INSS e remessa oficial improvidas.* 1 – O autor foi incorporado ao exército em 03 de fevereiro de 1992 e desligado do serviço ativo do exército em 13 de outubro de 1998, em virtude de diagnóstico proferido,

Sobre a temática, examinem-se os julgados:

Constitucional. Administrativo. Processual civil. Agravo de instrumento. Permissão de retransmissão de programação de televisão. Revogação. (...) Decisão fundamentada (lei 9784/99, art. 50, § 1º). (...) Agravo de instrumento provido. 1- Os atos administrativos, incluindo aqueles que revogam permissão para retransmissão de programação de televisão, são dotados de presunção de legitimidade, a transferir, para aquele que contra os mesmos se insurge, o ônus de demonstrar, cabalmente, sua ilegalidade, circunstância não verificada no caso dos autos. (...) 4- A Portaria combatida *foi explícita ao revogar a permissão* de retransmissão da programação televisiva, *com fundamento nas conclusões* a que chegou o Processo Administrativo 53000.002491/01, consubstanciadas no Parecer nº 157, do Chefe da Divisão de Controle da Fiscalização, *não havendo falar-se em falta de motivação. Inteligência do art. 50, § 1º, da Lei 9784/99.* (...). (AG 200203000090020, Juiz Lazarano Neto, TRF3 – Sexta Turma, 08/04/2005)

Processual civil. Recurso especial. *Sentença suficientemente fundamentada. Ato administrativo. Motivo inexistente. Ato inválido.* Admissibilidade. Dissídio não caracterizado. Art. 255 do RISTJ. – decisão que determinou reintegração de policial militar devidamente fundamentada. Reconhecimento implícito da nulidade do ato de desligamento. – inexistente ou falso o motivo que deu suporte ao ato administrativo, este se torna destituído de conteúdo, invalido. – para caracterização do dissídio, indispensável que se faça o cotejo analítico entre a decisão reprochada e os paradigmas invocados. A simples transcrição de ementas, sem que se evidencie a similitude das situações, não se presta como demonstração da divergência jurisprudencial. – recurso especial não conhecido. (RESP 199500599023, Felix Fischer, STJ – quinta turma, 24/11/1997)

Assim enunciam as palavras do Ministro Celso de Mello:

- A exigência de motivação dos atos jurisdicionais constitui, hoje, *postulado constitucional inafastável, que traduz poderoso fator de limitação ao exercício do próprio poder estatal*, além de configurar instrumento essencial de respeito e proteção às liberdades públicas. Com a constitucionalização desse dever jurídico imposto aos magistrados – e que antes era de extração meramente legal – dispensou-se aos jurisdicionados uma tutela processual significativamente mais intensa, não obstante idênticos os efeitos decorrentes de seu descumprimento: a nulidade insuperável e insanável da própria decisão.
- *A importância jurídico-política do dever estatal de motivar as decisões judiciais constitui inquestionável garantia inerente a própria noção do Estado Democrático de Direito.* Fator condicionante da própria validade dos atos decisórios, a exigência de fundamentação dos pronunciamentos jurisdicionais reflete uma expressiva prerrogativa individual contra abusos eventualmente cometidos pelos órgãos do Poder Judiciário. (HC-69013/PI – Habeas Corpus Relator: Ministro Celso de Mello DJ –01-07-92 P-10556 RTJ Vol-00140-03 pp-00870).

---

por maioria, pela Junta de Inspeção do Hospital do Exército, que, em agosto de 1998, concluiu ser o mesmo portador de "Transtorno de Personalidade Social – Grau Leve", que o torna "incapaz definitivamente para o exercício do serviço do Exército". 2 – Entretanto, em 2001, após ter-se submetido à avaliação psiquiátrica, realizada por dois médicos, ambos indicados pelo Instituto Nacional do Seguro Social e nomeados peritos do Juízo (fls. 311), os pareceres emitidos foram no sentido de que o autor apresentou um quadro de reação aguda ao estresse, definido como transtorno transitório, dele decorrendo incapacidade laborativa apenas temporária, não se tratando de uma doença congênita (fls. 329, 331, 496, 452, 455). 3 – O ato de desincorporação do apelante do Serviço Ativo do Exército fundamentou-se em motivo divergente daquele apresentado pelos peritos do INSS, motivo esse que não existiu, nos termos da perícia realizada. Trata-se, pois, de ato nulo. 4 – Apelação do INSS e remessa oficial a que se nega provimento. Sentença confirmada."

Conclui-se, portanto, que *motivação* é a demonstração da relação de adequação lógica entre as razões apontadas pela autoridade para fundamentar a decisão e as razões fáticas e jurídicas insculpidas na norma regente da prática de determinado ato. *É a exposição de que as condições exigidas em lei estão presentes no caso concreto. A motivação, portanto, é a justificação da prática do ato pela exposição dos motivos*, com a elucidação dos fatos, do direito e da relação de coerência e pertinência entre ambos de modo a tornar legítimo o nascimento do ato administrativo. "A motivação dos atos processuais, instrumento efetivador do princípio da publicidade" do exercício das funções estatais, "garante o cumprimento de outros princípios constitucionais: legalidade, impessoalidade, moralidade e eficiência".[22] A motivação e a comunicação do ato decisório com as mesmas garantias da citação são regras instrumentais que objetivam assegurar a viabilidade do contraditório.

O autor da decisão deve expor de maneira completa e precisa as razões de fato e de direito que o levaram a praticar o ato. A exposição de tais considerações é normalmente parte do texto da decisão, e assim deve ser, de sorte que seu destinatário possa, pela simples leitura do ato, conhecer seus fundamentos. Exige-se que a motivação seja consistente e objetiva, não se reduzindo à enunciação de observações abstratas, mas que venha circunstanciada, explicitando os elementos fáticos que originaram o ato.[23]

2.2 Hipóteses: obrigatoriedade ampla

Considerando o exposto, pode-se afirmar que: a) a *necessidade/obrigatoriedade* de motivação decorre dos princípios da legalidade, da boa administração, da publicidade, do contraditório e da defesa; b) motivar é imprescindível, em se tratando de ato praticado no exercício de prerrogativa pública no Estado de Direito democrático; c) a motivação expressa relevante aspecto da efetividade do processo administrativo, razão pela qual a ausência ou insuficiência da exposição dos motivos do ato pode gerar nulidade.

A **obrigatoriedade da motivação** das decisões justifica-se por razões jurídicas e políticas. Juridicamente, por força dos incisos IX e X do art. 93 da Constituição da República, segundo os quais as decisões, tanto de natureza administrativa quanto jurisdicionais, devem ser motivadas. A razão de ordem política está ligada à *ideia de garantia, que envolve transparência e participação*. A relevância jurídico-política do dever estatal de motivar as decisões erige-se em garantia indispensável, essencial à consolidação do Estado de Direito Democrático. "O processo, instrumento de atuação de uma das principais garantias constitucionais – a tutela jurisdicional –,

---

[22] BACELLAR FILHO, Romeu Felipe. *Princípios constitucionais do processo administrativo disciplinar*. São Paulo: Max Limonad, 1998. p. 189.
[23] CHAPUS, René. *Droit administratif général*. Tomo 1. Paris: Montchrestien, 1995, pp. 1.000-1.001.

teve de ser repensado. (...) O processo tem, sobretudo, função política no Estado Social de Direito".[24]

A motivação é instrumento de *controle* dos atos estatais. Por meio desta, aferem-se as razões pelas quais o órgão julgador emitiu determinado comando. Cumpre-se, dessarte, o devido processo legal, que se realiza por meio da atividade executiva do direito (administração e jurisdição), à luz dos parâmetros jurídicos estabelecidos, conforme se extrai do julgado abaixo:

> *Administrativo. Princípio da legalidade. Ato administrativo sem motivação.* – O princípio da legalidade vincula o administrador não só à lei em 'stricto sensu'. *Salvo raríssimas exceções, é imperioso, sob pena de nulidade, que o administrador decline as razões de fato e de direito determinantes do seu ato.* – Se a decisão judicial produz uma situação fática consolidada pelo decurso de tempo, sua desconstituição e desaconselhável, mormente quando não causa prejuízo a terceiros. – Remessa oficial e recurso voluntário improvidos. (DJ – Data: 19/04/1991 – Página: 8026 Primeira Turma AMS 8905067611 AMS – Apelação em Mandado de Segurança – 694 Relator Desembargador Federal Francisco Falcão TRF5)

A obrigatoriedade da motivação era assegurada principalmente para fins recursais (exercício de direito de reexame das decisões), como nas hipóteses dispostas no CPP art. 381, CPC arts. 165 e 458 combinados e CLT art. 832. Numa concepção mais ampla, admite-se a função política da motivação, uma vez que os destinatários das decisões estatais são, em última análise, todos do povo, pois "todo o poder emana do povo, que o exerce por meio de representantes eleitos *ou diretamente*, nos termos desta Constituição" (CR, art. 1º, parágrafo único).

De acordo com Chapus,[25] a importância da obrigação de motivar reside em três exigências: (1) *democracia*, uma vez que o administrador deve prestar contas ao administrado das razões pelas quais decidiu, de modo a tornar legítimas suas ações; (2) *boa administração*, porquanto a obrigação de motivar constringe as autoridades administrativas a examinar atentamente os fundamentos das decisões a serem tomadas e desse modo prevenir atos carentes de embasamento ou difíceis de justificar; (3) *controle da Administração*, pelo fato de que, conhecendo os motivos das decisões, poderão os interessados e os órgãos de controle interno e externo apreciar melhor a legalidade de seu conteúdo. O apuro técnico relativo à motivação dos atos tem como consequência direta o amadurecimento das relações entre Estado e coletividade, por meio do diálogo em que a Administração esclarece ao público a respeito de suas decisões.

A Lei nº 9.784/99 disciplina a exigência da motivação das decisões no art. 50, cujas hipóteses abarcam: *afetação da esfera jurídica de determinado destinatário do ato; produção de efeitos externos; exercício de função pública; direito e dever de controle da atividade administrativa,* conforme se depreende do julgado:

> ADMINISTRATIVO. MANDADO DE SEGURANÇA. CONCURSO PÚBLICO PARA CARGO DE PROFESSOR ADJUNTO. DEPARTAMENTO DE MEDICINA SOCIAL DA

---

[24] THEODORO JR., Humberto. *Direito e Processo*. Rio de Janeiro: Aide, 1997, p. 49.
[25] CHAPUS, René. *Droit administratif général*. Tomo 1. Paris: Montchrestien, 1995, p. 1.001.

FACULDADE DE MEDICINA DA UFRGS. VIOLAÇÃO AO PRINCÍPIO DA MOTIVAÇÃO DOS ATOS ADMINISTRATIVOS. INCISOS I, V E VII DO ARTIGO 50 DA LEI Nº 9.784/99 1. A fundamentação do ato administrativo deve respeitar o disposto no artigo 50, inciso I, V e VII da Lei 9.784/99, cujo texto exige que os atos administrativos sejam motivados e conte com a indicação dos fatos e dos motivos jurídicos, sempre que neguem, limitem ou afetem direitos ou interesses ou decidam recursos administrativos. 2. O *princípio da motivação* exige que a administração Pública indique os fundamentos de fato e de direito de suas decisões, onde a sua *obrigatoriedade se justifica em qualquer tipo de ato, porque se trata de formalidade necessária para permitir o controle da legalidade dos atos administrativos*. 3. Apelação e remessa oficial improvidas. (APELREEX nº 200771000028719, Des. Roger Raupp Rios, TRF4 – Terceira Turma, 19/08/2009)

Conforme conclui Araújo,[26] "a garantia mais segura decorrerá da possibilidade de controle do ato administrativo com base em obrigatória fundamentação. Nesta, (o administrador) exporá a leitura que fez da lei ao concretizá-la, em cada caso, tal como está obrigado a fazer o juiz".

Somente decisões motivadas podem ensejar propriamente o exercício do *direito de reexame* (pluralidade de instâncias). Todo aquele que age no interesse de outrem – no caso, o da coletividade – deve prestar contas de seu agir mediante a motivação das decisões. Isso é exercício de *função*, dever que permeia toda a atividade estatal. "Com efeito, o fato de tanto os atos vinculados como os discricionários estarem, em maior ou menor medida, sujeitos a controle, obriga a uma mesma conclusão: devem ser motivados".[27]

Impõe-se à Administração o dever de justificar as opções feitas em relação aos interesses que o processo administrativo evidenciou. Pela discussão de determinadas matérias no processo administrativo – *ex officio* ou por iniciativa dos interessados –, surge para a Administração o dever de justificar os atos praticados durante o procedimento.[28] "A autoridade necessita referir não somente a base legal em que se quer estribada, mas também os fatos ou circunstâncias sobre os quais se apoia e, quando houver discrição, a relação de pertinência lógica entre seu supedâneo fático e a medida tomada, de maneira a se poder compreender sua idoneidade para lograr a finalidade legal. A motivação é, pois, a justificativa do ato".[29]

2.3 Controle dos motivos do ato: vinculação, discrição e conceitos fluidos

A regra geral aplicável ao dever de motivar decorre da razoabilidade: quanto maior a liberdade do agente, ou seja, quanto mais flexível a regra de

---

[26] ARAÚJO, Florivaldo Dutra de. *Motivação e controle do ato administrativo*. Belo Horizonte: Del Rey, 1992, p. 114.
[27] ARAÚJO, Florivaldo Dutra de. *Motivação e controle do ato administrativo*. Belo Horizonte: Del Rey, 1992, p. 115.
[28] ANTUNES, Luís Filipe Colaço. *A tutela dos interesses difusos em Direito Administrativo: para uma legitimação procedimental*. Coimbra: Livraria Almedina, 1989, p. 124.
[29] BANDEIRA DE MELLO, Celso Antônio. *Grandes Temas de Direito Administrativo*. São Paulo: Malheiros, 2009, p. 72.

competência, mais robusta deve ser a motivação. Existe no Direito Administrativo a tendência de estabelecerem-se balizas à *discricionariedade*, de modo a alargar as possibilidades de controle dos atos que contem com caracteres discricionários. Controlar a discricionariedade é, pois, uma necessidade dentro do contexto da subsunção da Administração à norma legal, uma vez que o fundamento da existência daquela margem de liberdade é a eficiência no cumprimento da finalidade legal, levando-se em consideração a peculiaridade das circunstâncias do caso concreto. É possível, portanto, que muito do que hoje se considera aspecto discricionário do comportamento do administrador passará a figurar no campo da vinculação.

Bandeira de Mello[30] assim conceitua a discrição administrativa:

> Discricionariedade (...) é a margem de liberdade que remanesça ao administrador para eleger, segundo *critérios consistentes de razoabilidade*, um, dentre pelo menos dois comportamentos cabíveis, perante cada caso concreto, a fim de cumprir o dever de adotar a solução mais adequada à satisfação da *finalidade legal*, quando, por força da *fluidez das expressões da lei* ou da liberdade conferida no mandamento, dela não se possa extrair objetivamente uma solução unívoca para a situação vertente.

A "margem de liberdade" efetivamente deixada pela lei corresponde, em quantidade e qualidade, ao que for imprescindível à ótima concretização do interesse público legalmente resguardado, considerando-se o atendimento das finalidades públicas. Via de consequência, trata-se de liberdade limitada pelos parâmetros legais no estrito cumprimento da finalidade contida na norma, o que vale dizer que o administrador exercitará a competência discricionária de acordo com o sentido e o alcance da norma que o autoriza a fazê-lo, sendo cabível o controle interno e externo da discricionariedade, incluindo-se o controle jurisdicional, como garantia dos agentes públicos e dos cidadãos.

A expressão "critérios consistentes de razoabilidade" enfatiza a importância da motivação do ato administrativo. O agente deverá demonstrar a robustez das razões que o levaram a agir desse ou daquele modo. Adota-se a motivação prévia como regra geral, estabelecendo-se algumas exceções, tais como nos despachos de mero expediente.

Entretanto, não há como incluir no campo da discricionariedade os chamados "conceitos jurídicos indeterminados" ou "normas flexíveis". Se a indeterminação dos conceitos existe enquanto a norma permanece geral e abstrata, no momento da aplicação ao caso concreto a incerteza conceitual desaparece porquanto, em face de situação fática específica, "a valoração desta, segundo a experiência humana, leva a uma só conclusão".[31]

---

[30] BANDEIRA DE MELLO, Celso Antônio. *Curso de Direito Administrativo*. 11. ed. São Paulo: Malheiros, 1999, pp. 641-642.

[31] ARAÚJO, Florivaldo Dutra de. *Motivação e controle do ato administrativo*. Belo Horizonte: Del Rey, 1992, p. 79.

Então, é de se adotar o entendimento firmado por Araújo,[32] deixando de lado o conceito tradicional de discricionariedade:

> A discrição caracterizará dado aspecto do ato administrativo sempre que a norma de direito positivo regulá-lo de modo a transparecer que, na apreciação do direito e das circunstâncias em que este se faz aplicável, está o administrador diante de um número determinado ou indeterminado de opções que se caracterizam como *indiferentes jurídicos*, pelo que a consideração axiológica da melhor alternativa se fará por meio de outros critérios que não de direito.

A discricionariedade se funda e somente pode ser manejada nos limites da legalidade. *Fora da lei, não há discrição.* É semente que só germina nos férteis campos da legalidade. Portanto, "entre a discricionariedade e a competência vinculada há somente diferença quantitativa", uma vez que "a atividade administrativa é execução da lei e os fins legais representam não só os limites como a medida da discricionariedade".[33]

Opera o exercício discricionário da função administrativa quando o administrador, no cumprimento do dever de optar pela solução mais adequada à satisfação da finalidade legal, elege uma entre as alternativas previamente validadas pela lei. Realiza-se tal escolha por força da finalidade legal, diante da liberdade conferida no comando normativo. Trata-se de aplicação da lei de ofício, pautada nos parâmetros nesta insculpidos. Então, toda vez que se puder demonstrar que a solução adotada não é a mais eficiente, pode-se concluir que houve ilegalidade, violação da vontade da lei. O Judiciário não pode dizer *qual é* a conduta administrativa ideal; cabe-lhe pronunciar, entretanto, a ilegalidade de conduta distanciada dos moldes legais, *i.e.*, declarar que determinado comportamento administrativo é juridicamente inaceitável.

A aferição da existência, veracidade e coerência entre motivos e ato praticado se mostra mais simples em face de atuação vinculada da Administração, posto que, em tal hipótese, o agente aplica parâmetros subjetivos e objetivos claramente estabelecidos na regra de competência.

Entretanto, quando se trata de conceitos fluidos, há relativa imprecisão do padrão legal. Desse modo, surgem os chamados indiferentes jurídicos, que são opções quejandas pré-validadas pela norma que fundamenta o ato administrativo, a serem consideradas em face das circunstâncias concretas, de modo a integrarem o conjunto das possíveis soluções admitidas em abstrato para a situação abarcada na hipótese.

Cogita-se, nesse tocante, da zona de certeza positiva e da zona de certeza negativa. Mesmo os denominados *conceitos jurídicos indeterminados* possibilitam a inclusão imediata ou a exclusão imediata de certas situações de seu âmbito de

---

[32] ARAÚJO, Florivaldo Dutra de. *Op. cit.* 1992, p. 86-87.
[33] BACELLAR FILHO, Romeu Felipe. *Princípios constitucionais do processo administrativo disciplinar*. São Paulo: Max Limonad, 1998, p. 165.

abrangência. Entretanto, permanece a incerteza no que tange à zona cinzenta (*zone grise*), em cuja extensão as fórmulas amplas estabelecidas na regra de competência somente ganharão contornos mais precisos diante de circunstâncias concretas. A incerteza há de ser dissipada pelo julgador, mediante a consideração dos elementos e fatores emergentes do caso concreto.

> RECURSO ESPECIAL – MANDADO DE SEGURANÇA – TRANSFERÊNCIA DE SERVIDOR PÚBLICO – ATO DISCRICIONÁRIO – NECESSIDADE DE MOTIVAÇÃO – RECURSO PROVIDO. 1. Independentemente da alegação que se faz acerca de que a transferência do servidor público para localidade mais afastada teve cunho de perseguição, o cerne da questão a ser apreciada nos autos diz respeito ao fato de o ato ter sido praticado sem a devida motivação. 2. *Consoante a jurisprudência de vanguarda e a doutrina, praticamente, uníssona, nesse sentido, todos os atos administrativos, mormente os classificados como discricionários, dependem de motivação, como requisito indispensável de validade.* 3. O Recorrente não só possui direito líquido e certo de saber o porquê da sua transferência "ex officio", para outra localidade, como a motivação, neste caso, também é matéria de ordem pública, relacionada à própria submissão a controle do ato administrativo pelo Poder Judiciário. 4. Recurso provido". (STJ, Sexta Turma, RMS nº 15459/MG, Rel. Min. Paulo Medina DJ 16.05.2005 p. 417)

É juridicamente possível, portanto, o controle *periférico* dos motivos, pela motivação, em hipóteses de atuação discricionária: cabe ao julgador aferir a interpretação da norma, bem como a legalidade, razoabilidade (necessidade, adequação e proporcionalidade) e moralidade da escolha do administrador, em face dos contornos do caso concreto.

No que tange à *distinção entre motivo e motivação*, bem como à aplicação da *teoria dos motivos determinantes*, analise-se decisão da Quinta Turma do STJ:

> 1. O *ato administrativo*, para que seja válido, deve observar, entre outros, o(s) princípio(s) da impessoalidade, (da) licitude e (da) publicidade. Estes três pilares do Direito Administrativo fundem-se na chamada *motivação dos atos administrativos, que é o conjunto das razões fáticas ou jurídicas determinantes da expedição do ato.* Tratando-se, na espécie, de ato do tipo discricionário e não vinculado – posto que visa a examinar a vida pregressa e investigar socialmente o candidato à admissão em concurso público –, uma vez delimitada a existência e feita a valoração, não há como o administrador furtar-se a tais fatos. Não se discute, no caso *sub judice*, se o ato que prevê a análise da conduta pessoal e social do indivíduo, através da apuração de toda a sua vida anterior, é legal ou não, porquanto notoriamente sabemos que o é. Há previsão tanto na lei (LOMAN, art. 78, §2º), como nas normas editalícias (item 3.4.1). Entretanto, o que não se pode aceitar é que este ato, após delimitado e motivado, revista-se do caráter de subjetividade, gerando uma verdadeira arbitrariedade.
> 2. Tendo o tribunal *a quo* embasado a motivação do ato, real e exclusivamente, na existência de procedimento disciplinar contra o candidato, por retenção de autos junto à OAB/Bahia, e sendo juntada a este *writ* certidão do referido órgão de classe (fls. 31) asseverando textualmente que "o requerente não sofreu, por parte deste Conselho, até a presente data, qualquer penalidade disciplinar relacionada com o exercício da advocacia", inexiste fato concreto que obste seu ingresso na carreira pretendida, sendo nulo o ato impugnado, *por falta de motivação*. Presunção de inocência (art. 5º, LVII, da Magna Carta) violada. (STJ. ROMS nº 11.336/PE. DJ 19/02/2001. P. 188)

Considerando a diferença conceitual entre *motivo e motivação*, registra-se inversão terminológica dos respectivos conceitos, no *decisum* em tela, conforme texto sublinhado. Nota-se ainda, no caso em comento, que o exame da vida pregressa do candidato à admissão em concurso público é discricionário, sem que se admita, contudo, subjetivismo como sinônimo de voluntarismo, ambos denotando arbitrariedade. Aplicou-se a *teoria dos motivos determinantes*, segundo a qual os motivos que embasaram a decisão, uma vez enunciados pelo agente, passam a integrar a validade do ato. Assim, a invocação de motivos fáticos "falsos, inexistentes ou incorretamente qualificados vicia o ato mesmo quando (...) a lei não haja estabelecido, antecipadamente, os motivos que ensejariam a prática do ato".[34] Logo, os motivos alegados devem ser: *materialmente existentes, efetivamente causadores do ato e razoavelmente*[35] *vinculados à consequência produzida pelo ato*. Como o motivo concreto que serviu de suporte ao ato impugnado no recurso ordinário simplesmente não ocorreu, o ato atacado é nulo, por ausência de *motivo* fático a ensejar sua prática.

No tocante à relevância da motivação para o controle do ato administrativo, merecem reprodução literal as escorreitas palavras de Araújo:[36]

> Conhecido o ato e verificada sua conformidade aos ditames da lei, seja por obedecer à vinculação que o caracteriza, seja porque a opção adotada se insere num leque de comportamentos alternativos, todos eles previamente validados pela norma legal, pronunciar-se-á o Judiciário pela manutenção do ato. Se, numa hipótese de discricionariedade, verificar o juiz que a opção do administrador não se achava entre as resguardadas legalmente, anulará o ato. Não se substituirá à Administração, (...) apenas invalidará o seu comportamento anterior, deixando-lhe a oportunidade de praticar novo ato, contido dentre os limites opcionais previstos na lei.
>
> (...) A contrapartida necessária da preservação da discricionariedade consiste no dever de se motivarem os atos praticados com exercício da liberdade de escolha.

A motivação serve para demonstrar que as escolhas realizadas estão contidas nos limites prescritos em lei. Então, quanto maior a margem de liberdade deixada pela lei, mais consistente deve ser a exposição dos motivos que levaram à prática do ato.

Extrai-se, do exposto, que

> Motivação + publicidade = controle

---

[34] BANDEIRA DE MELLO, Celso Antônio. *Curso de Direito Administrativo*. 11. ed. São Paulo: Malheiros, 1999, p. 286.
[35] No sentido de racionalmente, logicamente, proporcionalmente, coerentemente. Do contrário, seria *inepto* (nulo) o ato administrativo, por impertinência lógica entre suas causas e consequências.
[36] ARAÚJO, Florivaldo Dutra de. *Motivação e controle do ato administrativo*. Belo Horizonte: Del Rey, 1992, p. 132.

3 Publicidade

3.1 Conceito e fundamentos do dever de divulgar os atos

Conforme ressalta Gustavo Binenbojm, a democracia é o regime do poder visível,[37] expresso mediante manobras claras, que devem ser esboçadas e concretizadas em arena aberta e de modo justificado ou justificável, "em oposição aos regimes totalitários, nos quais" prevalece "o segredo de Estado e o controle da informação como um dado oficial".

Considerando que os poderes abstratos estatais se concretizam por meio de atos, o exercício da função administrativa deve ser público, garantindo-se a todos o controle dos atos administrativos, porquanto *públicos* são os agentes e os interesses manejados, assim como *públicas* são as prerrogativas inerentes ao exercício da função. Esse é o *fundamento* do princípio da publicidade, expresso no *caput* do art. 37 da Constituição da República, que pode ser definido como a *norma jurídica que cria para o agente público o dever de divulgar seus atos funcionais, excetuadas as hipóteses de sigilo previstas na ordem jurídica.*

A publicidade relaciona-se com a transparência da atividade administrativa, representando, nesse tocante, condição de validade dos atos administrativos, uma vez que o acesso à Administração é inerente ao Estado democrático. A publicidade é indispensável para inferir-se a legalidade do ato administrativo, sob seus vários aspectos. Sem informação não há fiscalização. E sem controle não há democracia nem justiça.

Segundo Wallace Paiva Martins Junior,[38] a ampla e efetiva publicidade da atuação administrativa, mediante a *motivação* dos atos praticados pelo agente público acompanhada de oportunidades de participação dos interessados, sejam cidadãos ou integrantes da estrutura da Administração, são instrumentos do princípio da transparência. "Concretizado por estes instrumentos, o princípio em foco é fator de legitimidade do exercício do poder", servindo ao controle dos demais princípios regentes da administração pública. "O princípio da transparência (...) colima (...) a preservação da visibilidade e do caráter público da gestão dos negócios públicos e a atribuição de legitimidade material à" função administrativa.

Nessa linha, afirma-se que "a publicidade constitui pressuposto necessário da transparência administrativa, visto que o trato da coisa pública não pode ser secreto, reservado, acessível apenas a determinados grupos hegemônicos".[39] A

---

[37] O princípio da publicidade administrativa e a eficácia da divulgação de atos do Poder Público pela internet. *Revista Eletrônica de Direito do Estado (REDE)*, Salvador, IBDP, n. 19, jul./ago./set. 2009. Disponível em: www.direitodoestado.com.br/rede.asp. Acesso em: 20 jun. 11, p. 5.

[38] *Transparência administrativa*: publicidade, motivação e participação popular. São Paulo: Saraiva, 2004, p. 33.

[39] BINENBOJM, Gustavo. O princípio da publicidade administrativa e a eficácia da divulgação de atos do Poder Público pela internet. *Revista Eletrônica de Direito do Estado (REDE)*, Salvador, IBDP, n. 19, jul/ago/set/2009. Disponível na internet www.direitodoestado.com.br/rede.asp. Acesso em 20/06/11.

regra insculpida na Constituição de 1988 (art. 37, *caput*) é a *publicidade* ampla, a valorização da submissão das condutas da Administração ao crivo popular. Diante do fato de serem os administrados atores importantes na arena do processo administrativo, a publicidade é de sua essência, sendo, portanto, impensável a aceitação de movimentos ocultos dos sujeitos processuais, respeitadas, entretanto, as *hipóteses de sigilo*, previstas no ordenamento *e devidamente justificadas*, nos moldes fixados nos itens anteriores, sobre motivação e motivo. A Carta Magna consagra no art. 5º, inc. XXXIII, o direito ao acesso a informações relativas a interesses particulares ou coletivos, salvo hipóteses de sigilo fundadas na segurança da sociedade e do Estado. Assegura-se, no inc. XXXIV, alínea "b", o direito de obter certidões, que são declarações contendo dados existentes nos registros públicos.

> Requisição de processo administrativo. O esclarecimento do juiz não pode ser embaraçado a pretexto de se tratar de matéria sigilosa; *o sigilo administrativo é muito relativo e não pode dar margem a abusos de administração, a evitar a fiscalização normal dos negócios públicos, nem ao regular pronunciamento da justiça.* (RMS nº 2303, Afrânio Costa – convocado, STF)

> Requisição de autos de processo administrativo não pode ser negada, desde que não se trate de assunto sigiloso. *Não basta que a autoridade administrativa alegue sigilo; é preciso que este se apresente pela própria natureza do assunto, podendo a sua violação redundar em prejuízo do interesse público.* (RMS nº 2255. Relator Min. Nelson Hungria. STF)

O exercício da função administrativa deve ser público, garantindo-se aos interessados o controle dos atos administrativos, porquanto os interesses manejados pelos agentes públicos são titularizados pela coletividade. Esse o fundamento do princípio da publicidade, expresso no *caput* do art. 37 da Constituição da República. A publicidade relaciona-se com a transparência da atividade administrativa, representando, nesse tocante, condição de validade dos atos administrativos, porquanto o acesso à Administração é inerente ao Estado democrático. A publicidade é indispensável para inferir-se a legalidade do ato administrativo, sob seus vários aspectos. Sem informação não há fiscalização. E sem controle não há democracia nem justiça.

De acordo com o art. 108 da Lei nº 8.443/92, serão publicadas as sessões ordinárias do Tribunal de Contas da União, podendo realizar-se sessões extraordinárias de caráter reservado, para tratar de assuntos de natureza administrativa interna ou quando a preservação de direitos individuais e o interesse público o exigirem. Na hipótese, os atos processuais terão o concurso das partes envolvidas, se assim desejarem seus advogados, podendo consultar os autos e pedir cópia de peças e certidões. Nenhuma sessão extraordinária de caráter reservado poderá ser realizada sem a presença obrigatória de representante do Ministério Público.

A regra insculpida na Constituição de 1988 (art. 37, *caput*) é a *publicidade* ampla, a valorização da transparência das condutas da Administração, de maneira a ensejar o controle e a participação popular no exercício da função administrativa.

Diante do fato de serem os interessados atores importantes na arena do processo administrativo, a publicidade é de sua essência, sendo, portanto, impensável a aceitação de movimentos ocultos dos sujeitos processuais, respeitadas, entretanto, as hipóteses legais de sigilo.

Segundo Binenbojm, a publicidade deve ser havida "como verdadeiro *mandado de otimização*, que impõe ao Estado o dever jurídico de adotar medidas progressivas de universalização do acesso" dos interessados "às informações oficiais e aos atos do Poder Público".[40]

A *relação entre publicidade, motivação e controle* se evidencia nas palavras proferidas na decisão do TRF3: "É *exigência da publicidade e da impessoalidade a motivação das decisões administrativas* (art. 37 da CF), de modo que a simples menção à decisão recorrida não é suficiente para a fundamentação da decisão relativa ao recurso. Aliás, o artigo 50 da Lei 9.784/99 exige a motivação para o caso" (AMS nº 200161000025658, Juiz Alexandre Sormani, TRF3 – Segunda Turma, 17/09/2009).

A Lei nº 8.666/93, que regula licitações e contratos administrativos, conceitua *imprensa oficial* como veículo estatal de divulgação da Administração, sendo para a União o respectivo Diário Oficial – *DOU* e, para os entes federados, aqueles que forem definidos como tais na respectiva legislação.

A Lei nº 9.784/99, que regula o processo administrativo no âmbito da Administração federal, prevê em seu art. 2º, parágrafo único, V, o dever de divulgar os atos administrativos, ressalvadas as hipóteses constitucionais de sigilo, como, por exemplo, a disciplinada no art. 5º, LX, que trata da defesa da intimidade ou interesse social. Tal norma se repete na Lei nº 13.800/01, que rege o processo administrativo no Estado de Goiás, coincidentemente no art. 2º, parágrafo único, V. Mais uma vez se giza o dever de tornar conhecidos os atos praticados, quando da leitura da Lei nº 14.184/02, que estabelece normas aplicáveis ao processo administrativo no Estado de Minas Gerais, com a diferença de as ressalvas textuais à publicidade consistirem em hipóteses constitucionais e legais de sigilo.

Na esfera estadual, a Lei nº 10.177/98, que regula o processo administrativo no Estado de São Paulo, traz disposição expressa no tocante à *publicação como condição para a produção dos efeitos externos* do ato estatal – art. 16. A publicidade, nos termos do art. 17 do mesmo diploma, opera mediante a publicação no *Diário Oficial de São Paulo*, ou pela citação, notificação ou intimação do interessado para manifestar-se no procedimento participativo. Os atos podem ser publicados de forma sintetizada, exceto quando apresentarem conteúdo normativo, hipótese na qual deverão ser divulgados em seu inteiro teor.

---

[40] O princípio da publicidade administrativa e a eficácia da divulgação de atos do Poder Público pela internet. *Revista Eletrônica de Direito do Estado (REDE)*, Salvador, IBDP, n. 19, Disponível em: www.direitodoestado.com.br/rede.asp. Acesso em: 20 jun. 11, p. 5.

A LC nº 33/96, que institui o Código de Organização e de Procedimento da Administração Pública do Estado de Sergipe, dispõe, em seu art. 4º, inc. V, que a Administração estadual, no desempenho da função administrativa, reger-se-á por "princípios gerais" tais como *publicidade*, "significando a *adequada divulgação oficial dos atos de individualização da função administrativa, para conhecimento dos seus específicos destinatários, do público em geral e para a produção dos efeitos que lhes são próprios*".

Cintra, Grinover e Dinamarco lembram que "o princípio da *publicidade* do processo constitui uma preciosa garantia do indivíduo no tocante ao exercício da jurisdição.[41] (...) Em última análise, o povo é o juiz dos juízes. E a responsabilidade das decisões judiciais assume outra dimensão, quando tais decisões hão de ser tomadas em audiência pública, na presença do povo". Contudo, "a regra geral da publicidade dos atos processuais encontra exceção nos casos em que o decoro ou o interesse social aconselhem que eles não sejam divulgados",[42] de acordo com o disposto no art. 155, incs. I e II, do Código de Processo Civil e nos arts. 483 e 792, § 1º, do Código de Processo Penal. Dentre os aspectos negativos da publicidade exasperada, destacam-se os efeitos danosos da condenação prévia, pela mídia. Talvez pela ausência de conhecimento técnico ou por imperativos de sensacionalismo, os meios de comunicação divulgam informações tendenciosas, às vezes inverídicas, sobre processos em andamento.

4 Considerações finais

1. A concretização dos princípios constitui dever de atuação efetiva do Estado, apesar das limitações fáticas e jurídicas à sua efetiva aplicação.
2. A largueza do espectro das hipóteses em que o Estado se obriga a motivar seus atos se deve, precipuamente, a três fatores: princípio participativo (democracia), sistema de freios e contrapesos (tutela e autotutela) e exercício de função, que pressupõe atividade de quem maneja interesses que não titulariza.
3. Princípio da publicidade é norma que cria dever de comunicar, ou seja, tornar comum o conteúdo dos atos estatais. Tal dever só se realiza quando atingida sua finalidade: ensejar aos destinatários dos atos o conhecimento destes, a fim de que exerçam seus direitos perante e contra o Estado.
4. O amadurecimento do modelo de administração pública vigente aponta para o incremento no respeito ao cidadão e, em contrapartida, para a exigência de mais intenso e mais efetivo cumprimento da ordem jurídica, objetivos a serem alcançados em longo prazo.

---

[41] *Rectius:* de qualquer função estatal.
[42] CINTRA, Antônio Carlos de Araújo *et alii. Teoria geral do processo.* 16. ed. São Paulo: Malheiros, 2000, p. 69.

Referências

ANTUNES, Luís Filipe Colaço. *A tutela dos interesses difusos em Direito Administrativo:* para uma legitimação procedimental. Coimbra: Livraria Almedina, 1989.

ARAÚJO, Florivaldo Dutra de. *Motivação e controle do ato administrativo.* Belo Horizonte: Del Rey, 1992.

ARAÚJO, Florivaldo Dutra de. *Motivação e controle do ato administrativo.* 2. ed. Belo Horizonte: Del Rey, 2.005.

BACELLAR FILHO, Romeu Felipe. *Princípios constitucionais do processo administrativo disciplinar.* São Paulo: Max Limonad, 1998.

BACELLAR FILHO, Romeu Felipe; HACHEM, Daniel Wunder. *Direito administrativo e interesse público:* estudos em homenagem ao Professor Celso Antônio Bandeira de Mello. Belo Horizonte: Fórum, 2010.

BANDEIRA DE MELLO, Celso Antônio. *Curso de Direito Administrativo.* 11. ed. São Paulo: Malheiros, 1.999.

BANDEIRA DE MELLO, Celso Antônio. *Curso de Direito Administrativo.* 27. ed. São Paulo: Malheiros, 2010.

BANDEIRA DE MELLO, Celso Antônio. *Grandes Temas de Direito Administrativo.* São Paulo: Malheiros, 2009.

BINENBOJM, Gustavo. O princípio da publicidade administrativa e a eficácia da divulgação de atos do Poder Público pela internet. *Revista Eletrônica de Direito do Estado (REDE),* Salvador, IBDP, n. 19, jul./ago/set. 2009. Disponível em: www.direitodoestado.com.br/rede.asp. Acesso em: 20 jun. 11.

CAVALCANTI, Eugenia Giovanna Simões. A análise da obrigatoriedade de motivação dos atos administrativos face à Constituição de 1.988. *Revista Eletrônica de Direito do Estado. (REDE),* Salvador, IBDP, n. 15, jul./ago./set. 2008.

CHAPUS, René. *Droit administratif général.* Tomo 1. Paris: Montchrestien, 1995.

CINTRA, Antônio Carlos de Araújo *et alii. Teoria geral do processo.* 16. ed. São Paulo: Malheiros, 2000.

LIMA, Ruy Cirne. *Princípios de Direito Administrativo.* São Paulo: Malheiros, 2007.

MARTINS JUNIOR, Wallace Paiva. *Transparência administrativa*: publicidade, motivação e participação popular. São Paulo: Saraiva, 2004.

MELLO, Shirlei Silmara de Freitas. Princípios do Processo Administrativo: uma visão panorâmica. *Cidadania e Justiça – Revista de Direito.* Ituiutaba, 2004.

MELLO, Shirlei Silmara de Freitas. *Tutela cautelar no processo administrativo.* Belo Horizonte: Mandamentos, 2.003.

MORAES, Guilherme Peña de. *Curso de Direito constitucional.* 3. ed. São Paulo: Atlas, 2010.

MOREIRA, Egon Bockmann. *Processo administrativo:* princípios constitucionais e a Lei nº 9.784/99. São Paulo: Malheiros, 2010.

SUNDFELD, Carlos Ari. O processo administrativo e seu sentido profundo no Brasil. *In:* NOHARA, I. P.; MORAES FILHO, M. A. P. (org.). *Processo administrativo*: temas polêmicos da Lei nº 9.784/99. SP: Atlas, 2011.

THEODORO JR., Humberto. *Direito e processo.* Rio de Janeiro: Aide, 1997.

WALINE, Marcel. *Traité Élementaire de Droit Administratif.* Paris: Librairie du Recueil Sirey, 1952.

PRINCÍPIO DA PUBLICIDADE – CRITÉRIOS PARA SUA EFETIVIDADE

DANIELA CAMPOS LIBÓRIO

O princípio da publicidade veio disposto como fundamento da Administração Pública brasileira na Constituição Federal no seu texto original. O *caput* do artigo 37 traz cinco princípios explicitados, entre eles, o da publicidade. Na sequência, seu parágrafo 1º já impõe alguns limites à publicidade: deverá ter caráter social, educativo ou informativo e é vedada a associação com nomes, símbolos ou imagens que possam caracterizar promoção pessoal de autoridades ou servidores públicos.

O Texto Constitucional indicou, mas não explicou. A dedução de seu conteúdo e alcance foi sendo construída por parâmetros normativos, pelo Poder Judiciário, por órgãos de controle e pela doutrina, que foram interpretando muito mais seu limite do que seu objetivo. Assim, vincular propaganda pública à cor do partido político do agente não pode. Mas pode grafitar na parede da Prefeitura os atos do Prefeito?

As Leis Orgânicas Municipais trazem um arcabouço bastante amplo sobre as formas de publicar seus atos. Além de Diário Oficial e imprensa local, há a rádio local, carros com autofalantes, afixação em murais, faixas penduradas pela cidade. Tudo para bem informar seus cidadãos de atos e convocações pelos Poderes Públicos.

Por certo, é óbvio que os poderes federais nacionais, para o sucesso e bom cumprimento do princípio, não podem usar apenas de iguais mecanismos. Nesse ponto, os princípios da proporcionalidade e da razoabilidade entram no cenário para separar "joio de trigo".

Pois bem, essa construção trouxe contornos cercados de exemplos do "facere" e "non facere", mas ainda há um espaço importante para discutir a profundidade do princípio da publicidade.

Em uma pesquisa jurisprudencial livre feita na Câmara dos Deputados com a expressão "princípio da publicidade", trouxe o seguinte resultado: 125 projetos de lei e/ou projetos de lei complementar, sendo que 73 ainda estão em tramitação, tendo 25 com entrada em 2019 e 26 se referem ao tema de direitos humanos.[1] Tais números só evidenciam que o princípio da publicidade encontra um lugar de peso no caminhar do Estado brasileiro atual. Mas qual seu significado?

Diversos são os diplomas normativos atuais que regem o cumprimento do princípio da publicidade. É possível associar o princípio da publicidade com a

---

[1] Em 18.02.2020. câmara.leg.br.

transparência governamental. A Lei Complementar nº 131/2009 dita que os gastos públicos devem ser cercados pela transparência e, portanto, devem ser publicados em tempo real para trazer visibilidade à sociedade sobre a gestão pública.

Mas será que é uma questão orçamentária e de limites geográficos/federativos? Para responder essa pergunta, outra deve ser feita: a população interessada entendeu a mensagem que foi passada? Como cidadão, essa pessoa tem condições de dizer e explicar o que a publicidade trouxe e se era de seu interesse?

Parece que aqui há um ponto inafastável: a compreensão da população pela mensagem que a publicidade trouxe. Se não para isso, de que serviria o princípio da publicidade?

A decisão do STJ demonstra, cabalmente, a diferença entre o aspecto formal e material do princípio da publicidade, reforçando a necessidade de compreensão e alcance da informação publicada:

> STJ, Resp-1120616/PR 2009/0104563-1 DIREITO TRIBUTÁRIO E SINDICAL. RECURSO ESPECIAL. CONTRIBUIÇÃO SINDICAL RURAL. PUBLICAÇÃO DE NOTIFICAÇÃO EM JORNAIS LOCAIS DEGRANDE CIRCULAÇÃO. APLICAÇÃO DO ARTIGO 605 DA CLT. NECESSIDADE. CONDIÇÃO DE PROCEDIBILIDADE E EXIGIBILIDADE. OBSERVÂNCIA DO **PRINCÍPIO** DA **PUBLICIDADE**. RECURSO SUBMETIDO AO REGIME PREVISTO NOARTIGO 543-C DO CPC.
>
> 1. A demanda questiona a aplicabilidade do procedimento previsto no art. 605 da CLT como condição para cobrança da contribuição referida, ao fundamento de que os editais publicados no Diário Oficial cumprem a finalidade da lei e, assim, há obediência ao princípio da publicidade, sendo prescindível sua publicação em jornal de grande circulação.
>
> 2. A jurisprudência desta Corte Superior firmou entendimento no sentido de que a publicação de editais, para fins de notificação do lançamento da contribuição sindical rural prevista no art. 605 da CLT, deve ser feita em jornal de grande circulação local. A **publicação de editais no Diário Oficial, tão somente, não é suficiente ao cumprimento dos princípios da publicidade e da não surpresa ao contribuinte**. Precedentes: AgRg no Ag 728.461/PR, Rel. Ministro Mauro Campbell Marques, Segunda Turma, DJe (grifo nosso)

Aqui deve ser trazido outro elemento que caminha junto ao princípio da publicidade: a informação. Sendo considerado por alguns como princípio, o direito à informação traz a possibilidade de controle social dos atos públicos, marco de um Estado que se pretende democrático.

Machado (2011, p. 103) alerta:

> a informação serve para o processo de educação de cada pessoa e da comunidade. Mas a informação visa, também, a dar chance à pessoa informada de tomar posição ou pronunciar-se sobre a matéria informada.

E ainda:

> A informação ambiental deve ser transmitida de forma a possibilitar tempo suficiente aos informados para analisarem a matéria e poderem agir diante da Administração Pública e do Poder Judiciário. (p. 105).

Mesmo que o autor tenha se referido ao direito ambiental, resta claro que o valor protegido é de alcance geral e traz pistas importantes sobre a questão: a informação deve: a) ter linguagem clara para a fácil compreensão social; b) diante da compreensão do que foi informado, a população percebe se ela lhe diz ou não respeito diretamente e se deve fazer algo; c) ser divulgada com um período de tempo que possibilite à população reagir e tomar decisões, se for o caso.

Granziera (2009, p. 61) reforça: "A informação constitui base para qualquer tomada de decisão, seja no âmbito dos governos, seja na iniciativa privada, seja nas movimentações sociais".

Ao pensarmos na inclusão de "movimentações sociais" na discussão, há uma quebra de paradigma, pois, além do próprio governo e da iniciativa privada, a população nunca foi vista como parte do processo da real informação que deve ser prestada pelo Poder Público, tendo sido criadas, historicamente, duas camadas informativas das ações públicas: para os "diretamente interessados" e para o povo.

Ocorre que, na medida em que a população se organizou e melhor se informou acerca de seu papel cidadão, em geral em modelos coletivos, passou a ocupar um papel inédito querendo informações e espaço de participação. Nesse aspecto, o Estado pouco fez até agora para mudar sua forma de publicar e informar a sociedade sobre seus atos. Os movimentos sociais precisam, continuamente, "farejar" informações e situações que sejam de seus interesses. Publicações sem alcance democrático, prazos exíguos e dificuldade na disponibilização de documentos são rotina para esse segmento social.

A adequação do conteúdo informado e a forma de publicá-lo devem ter como parâmetro a camada social atingida, de forma que seja possível compreender a mensagem que se quer passar. A linguagem usada e a forma escolhida para fazê-lo devem estar em consonância com as possibilidades de compreensão e atenção da população que deve receber a informação a ser prestada. Podem ser escolhidos mecanismos e linguagem diferentes para publicizar uma audiência pública para um Plano Diretor em uma cidade pequena de uma licitação internacional. Não se refere apenas ao alcance midiático da publicidade, mas sim tudo que envolve a comunicação da informação a ser prestada, de forma que alcance seu motivo e sua causa primeira: a compreensão pela população das decisões, atos e gastos que o Estado faz.

Enterría y Alfonso (1981) já detectavam a inadequação da forma da publicação dos atos públicos como forma de afastar o interesse da população:

> Esta circunstancia debe reconducirse con toda probabilidad a la formalidad y rigidez de la configuración legal del trámite, características que la Administración no ha sabido o no ha querido compensar con una acción propia dirigida a lograr un participación real de la población mediante la organización de actos informales de información y explicación de la ordenación propuesta, suscitando el debate sobre sus soluciones. (353)

Na tentativa de melhorar a informação trazida nas publicações oficiais, foi promulgada a lei nº 12.527/2011, lei de acesso à informação, fundamentada nos artigos 5º, XXXIII, 37, §3º, II, e 216, §2º da Constituição Federal. Vejamos o que traz, a exemplo, o *caput* do art. 8º:

> Art. 8º É dever dos órgãos e entidades públicas promover, independentemente de requerimentos, a divulgação em local de fácil acesso, no âmbito de suas competências, de informações de interesse coletivo ou geral por eles produzidas ou custodiadas.

Somado a isso, o artigo 9º, combinado com o artigo 45, dispõe que deve haver incentivo à participação popular por meio de audiências, consultas ou outros meios pertinentes à divulgação da informação, sendo que cada Estado e Município deverão estabelecer suas normativas acerca dos procedimentos de participação.

O disposto nesse artigo traz dois ambientes de localização: o espacial/material e o sítio eletrônico. Fácil acesso deve ser óbvio e rápido. Ter que "clicar" em 4, 5 ou mais abas para tentar localizar quando ocorrerá uma audiência pública, uma consulta, ou um prazo não é ter acesso à informação, pelo contrário, é obstrução a ela.

Por fim, mais um ponto a ser trazido ao debate refere-se à retração das formas de publicação. Sobre esse aspecto, o valor protegido refere-se às formas de publicação ajustadas à população e, dispositivo normativo posterior, alterar sua forma de publicação restringindo ou diminuindo seu alcance. Sobre isso, o Suprem Tribunal Federal traz à baila o tópico da retração:

> ADI 2500 / SC – SANTA CATARINA – AÇÃO DIRETA DE INCONSTITUCIONALIDADE
> – Relator(a): Min. CÁRMEN LÚCIA
> Julgamento: 01/08/2018 Órgão Julgador: Tribunal Pleno
> DJe-030 DIVULG 13-02-2019 PUBLIC 14-02-2019
> REQTE.(S): PROCURADOR-GERAL DA REPÚBLICA
> INTDO.(A/S) : ASSEMBLEIA LEGISLATIVA DO ESTADO DE SANTA CATARINA
> EMENTA: AÇÃO DIRETA DE INCONSTITUCIONALIDADE. ART. 2º DA EMENDA N. 21/2000 À CONSTITUIÇÃO DE SANTA CATARINA. ALTERAÇÃO DO ART. 111 DA CONSTITUIÇÃO DAQUELE ESTADO. MUDANÇA NOS CRITÉRIOS DE PUBLICAÇÃO DE ATOS ADMINISTRATIVOS MUNICIPAIS. EFEITOS RETROTATIVOS DA NOVA NORMA. AUSÊNCIA DE AFRONTA AO ART. 5º, INC. XXXVI, DA CONSTITUIÇÃO DA REPÚBLICA. PRECEDENTES. AÇÃO JULGADA IMPROCEDENTE. 1. A jurisprudência do Supremo Tribunal Federal admite, em determinadas situações jurídicas, retroatividade da lei nova sem malferimento ao resguardo constitucional do ato jurídico perfeito ou do direito adquirido 2. **Ao extinguir o antigo regime de publicação dos atos administrativos, por edital afixado na sede da prefeitura, reservando-o tão somente ao diário oficial ou a jornal local, a norma impugnada aprimorou, não afrontou, o princípio da publicidade.** 3. A retroatividade da norma na qual, na espécie, adstringe-se apenas à convalidação da publicização de atos produzidos segundo leis antigas não teria o condão de convalidá-los em sua substância. 4. Ação direta de inconstitucionalidade julgada improcedente. (grifo nosso)

Assim, chegamos à seguinte conclusão:
1. O princípio da publicidade reveste-se de forma e deve revestir-se igualmente de conteúdo (aspectos formal e material).
2. Para além de cumprir a forma de publicar prevista em lei, o Poder Público deve sempre se atentar que o conteúdo trazido pela publicação deve ser compreendido pela população.
3. Se, por um lado, há um linguajar técnico inafastável de inúmeras matérias que compõe a atuação pública, por outro, o Estado pode e deve garantir, pelos meios que entender compatíveis, que a informação produzida está sendo devidamente compreendida. Cartilhas, consultas públicas, audiências, quadro de perguntas e respostas, vídeos explicativos são alguns exemplos de produção de conteúdo acessível à população leiga, mas nem por isso, menos cidadã.
4. O momento da publicação e da disponibilização da informação também é de fundamental importância para a efetividade do princípio. Pouco tempo pode significar ceifar muitos direitos.
5. A alteração da forma de publicar os atos deve sempre visar mecanismos ampliativos em alcance e compreensão, sob pena de ferimento dos princípios republicanos e democráticos que regem o Estado brasileiro.

Referências

ENTERRÍA, Eduardo Garcia; ALFONSO, Luciano Parejo. *Lecciones de Derecho Urbanístico*. Madrid: Civitas, 1981.

GRANZIERO, Maria Luiza Machado. *Direito Ambiental*. São Paulo: Atlas, 2009.

MACHADO, Paulo Affonso Leme. *Direito Ambiental brasileiro*. 19. ed. São Paulo: Malheiros, 2011

Informação bibliográfica deste texto, conforme a NBR 6023:2018 da Associação Brasileira de Normas Técnicas (ABNT):

LIBÓRIO, Daniela Campos. Princípio da publicidade: critérios para sua efetividade. *In*: MARRARA Thiago (coord.). *Princípios de direito administrativo*. 2. ed. rev., ampl. e atual. Belo Horizonte: Fórum, 2021. p. 423-427. ISBN 978-65-5518-166-1.

PARTE V

EFICIÊNCIA

A EFICIÊNCIA NO DESENVOLVIMENTO DO ESTADO BRASILEIRO: UMA QUESTÃO POLÍTICA E ADMINISTRATIVA

EMERSON GABARDO

1 A eficiência como questão política: entre legitimidade e governabilidade

1.1 Introdução: a insolúvel questão democrática

Provavelmente o legalismo seja o principal traço funcional da formação moderna do Estado, pois sugere que o governo deve não somente fazer as leis como também a elas submeter-se (governo *per lege* e *sub lege*).[1] Mesmo em uma visão do constitucionalismo social, o legalismo acabou sendo também marca indissociável do Estado moderno, haja vista a sua função redistributiva por intermédio do oferecimento de prestações positivas aos cidadãos.[2] Todavia, o Estado de Direito não se esgota no legalismo, na medida em que também se caracteriza formalmente pelo princípio da independência dos poderes e substancialmente pela observância e proteção dos direitos fundamentais. Não há como dissociar os aspectos formais dos substanciais, pois ambos, aglutinados, é que conferem legitimidade ao sistema.[3] Sistema este que se completa com a configuração do regime de governo do Estado de Direito: a Democracia, que pode ser entendida, em uma "definição mínima", como uma contraposição a todas as formas de governo autocrático, sendo caracterizada por reger-se por um conjunto de regras, que estabelecem competências e procedimentos.[4] Não se ignora que a proposta nuclear da democracia é a "autodeterminação normativa do povo", que é tido como instância de atribuição da legitimidade do Estado.[5]

Entretanto, essa formulação notoriamente moderna apresenta-se em crise,[6] ou, como prefere Norberto Bobbio, está em "transformação", haja vista que apesar

---

[1] COSTA, Pietro. Teoria e crítica do Estado de Direito. *In*: COSTA, Pietro; ZOLO, Danilo (org.). *O Estado de Direito*: história, teoria, crítica. Tradução de Carlo Alberto Dastoli. São Paulo: Martins Fontes, 2006, p. 03 e ss.

[2] Este assunto já foi amplamente discutido em trabalho anterior, para os quais se faz remissão. Conferir: GABARDO, Emerson. *Eficiência e legitimidade do Estado*. São Paulo: Manole, 2003.

[3] FERRAJOLI, Luigi. *Derecho y razón: teoria del garantismo penal*. 3. ed. Tradução de Perfecto Andrés Ibáñez et al. Madrid: Trotta, 1998, p. 357.

[4] Definição mínima extraída de Norberto Bobbio. Cf.: BOBBIO, Norberto. *El futuro de la democracia*. Traducción de José F. Fernandez Santillán. Cidade do México: Fondo de Cultura Económica, 1996, p. 24.

[5] MÜLLER, Friedrich. *Quem é o povo?*: a questão fundamental da democracia. Tradução de Peter Naumann. São Paulo: Max Limonad, 1998, p. 62.

[6] Em contraposição à denominada "democracia dos antigos", a "democracia dos modernos" tem como principal aspecto diferenciador o seu caráter representativo. Sobre o tema, ver: BOBBIO, Norberto. *Teoria geral da política*:

dos problemas surgidos a partir no final do século, certamente que a democracia, assim como a história, ainda não chegou ao fim.[7] Ao contrário, a modernidade recente incrementou ainda mais a noção de democracia protomoderna, mediante a incorporação ao Estado de um caráter social, fundado na concretização de prestações positivas a fim de promover o bem-estar do povo (satisfação de seus interesses e direitos).[8] Essa conjuntura é que, evoluída nesse início de século XXI, possibilitou falar-se até mesmo em um "Direito Constitucional Altruísta", como propõe Michele Carducci.[9]

Jean-Marie Guéhenno, entretanto, afirma posição diversa de Bobbio sugerindo que o regime democrático moderno carece de espaço no mundo globalizado. Não existiriam mais *loci* de solidariedade nacionais em um mundo caracterizado pela fragmentação de interesses e pelas disputas econômicas notoriamente individualizantes.[10] O fim nas nações,[11] em razão da regionalização supraconstitucionalizante e o fim de política, em face da premência econômica, entre outras tantas alterações paradigmáticas ocorridas nessa transição de século, ocasionou, segundo o autor, uma ruptura brusca no modelo de Estado, fazendo com que, fatalmente, a democracia sucumba. Nas palavras de Wilson Ramos Filho, "há uma incompatibilidade entre o tempo da democracia e o tempo de uma economia globalizada".[12] As primeiras décadas do século XXI têm comprovado que Bobbio estava certo ao afirmar a tese da "constante mutação" – algo que é natural ao regime democrático: "la democracia es dinámica, el despotismo es estático y siempre igual a sí mismo".[13]

Por um outro ângulo de análise, também merece destaque a feição cada vez mais pragmática (e menos principiológica) do conceito de democracia, que depende de um ambiente em que, cada vez mais, a legitimação dos poderes do Estado depende de sua capacidade de expressar e satisfazer as vontades e os interesses

---

a filosofia política e as lições dos clássicos. Tradução de Daniela Beccaria Versiani. Rio de Janeiro: Campus, 2000, p. 375 e ss.

[7] "Uso el término "transformación" em sentido axiologicamente neutro, sin atenerme a un significado positivo o a un negativo. Prefiro hablar em transformación más que de crisis, porque crisis hace pensar en un colapso inminente; en el mundo, la democracia no goza de óptima salud, y por lo demás tampoco en el pasado pudo disfrutar de ella, sin embargo, no está al borde de la muerte". BOBBIO, Norberto. *El futuro de la democracia, op. cit.*, p. 15.

[8] A partir desta ideia, Alain Touraine identifica três princípios básicos de ordenação das instituições políticas no regime democrático: "o reconhecimento dos *direitos fundamentais*, que o poder deve respeitar; a *representatividade* social dos dirigentes e da sua política; a consciência de *cidadania*, do fato de pertencer a uma coletividade fundada sobre o direito". Cf.: TOURAINE, Alain. *Crítica da modernidade.* 4. ed. Tradução de Elia Ferreira Edel. Petrópolis: Vozes, 1997, p. 345.

[9] CARDUCCI, Michele. *Por um direito constitucional altruísta.* Tradução de Sandra Regina Martini Vial, Patrick Lucca da Ros e Cristina Lazzarotto Fortes. Porto Alegre: Livraria do Advogado, 2003.

[10] GÉHENNO, Jean-Marie. *O fim da democracia*: um ensaio profundo e visionário sobre o próximo milênio. Tradução de Howard Maurice Johnson e Amaury Temporal. 2. ed. Rio de Janeiro: Bertrand Brasil, 1999, p. 13 e ss.

[11] Ou, pelo menos, o fim do "Estado-nação", como preconiza Kenichi Ohmae. Cf.: OHMAE, Kenichi. *O fim do Estado-nação*. Tradução de Ivo Korytowski. Rio de Janeiro: Campus, 1996.

[12] RAMOS FILHO, Wilson. Direito pós-moderno: caos criativo e neoliberalismo. In: MARQUES NETO, Agostinho Ramalho *et al. Direito e neoliberalismo*: elementos para uma leitura interdisciplinar. Curitiba: EDIBEJ, 1996, p. 90.

[13] BOBBIO, Norberto. *El Futuro de la democracia, op. cit.*, p. 15.

dos representados de forma nem sempre homogênea.[14] Nessa óptica, a democracia torna-se valor demagógico; uma fonte de legitimação de cunho ideológico e não real, considerando-se, inclusive, a absoluta impossibilidade do alcance da legitimidade real no Estado racional. Por um lado, essa realidade pode ser explicada pela noção que Marcelo Neves consagrou como "constitucionalismo simbólico";[15] por outro lado, surge mais recentemente o problema da "pós-verdade".[16]

Torna-se recorrente, então, a crise da representatividade política, cuja questão consiste em saber até que ponto a democracia não é prescindível. É notório que a simples fundamentação na regra da maioria não mais satisfaz. A democracia deve ser o governo da razão, mas, isso não pode implicar a tirania da maioria.[17] Portanto, o exercício da vontade popular na moderna democracia não pode se esgotar no sufrágio universal e no voto direto, secreto e igualitário. Pierre Bourdieu adverte que os demagogos muitas vezes se locupletam de uma "maioria criada", para em um segundo momento, ajustar-se à pretensa "opinião popular". Baseiam-se, então, em supostas expectativas daqueles chamados de "humildes", oferecendo pensamentos simplistas (como os xenofóbicos, racistas, preconceituosos e totalitários). O problema se agrava sobremaneira quando a maioria popular é identificada mediante pesquisas ou "pela audiência", as quais são "cinicamente" identificadas como o veredicto democrático da maioria. Certamente, em nada isso se aproxima de um conteúdo democrático, pois "não há democracia verdadeira sem um contrapoder crítico".[18] A democracia não foi bem-sucedida, tanto em acabar com as oligarquias,[19] quanto em promover uma real participação cidadã no seu processo de construção.[20]

Apesar disso, parece apropriada a assertiva de François Châtelet, de que essa crise não ameaçaria tanto a democracia se não viessem acompanhadas de uma forte reforma de Estado que acaba por impactar as instituições,[21] retroalimentando o desapego à democracia e ao Estado de Direito. O que não significa, todavia, que a democracia ou o Estado de Direito estão em vias de extinção. Pelo contrário, o reconhecimento do processo constante de transformação afirmado por Bobbio[22] implica admitirmos novos formatos. O problema é quando os novos

---

[14] FERRAJOLI, Luigi. *Derecho y razón...*, op. cit., p. 886.

[15] NEVES, Marcelo. *A constitucionalização simbólica*. 2. ed. São Paulo: Martins Fontes, 2007.

[16] D'ANCONA, Matthew. *Pós-verdade: a nova guerra contra os fatos em tempos de fake news*. Tradução: Carlos Szlak. Barueri: Faro Editorial, 2018.

[17] FÉDER, João. *O Estado sem poder*. São Paulo: Max Limonad, 1997, p. 48.

[18] BOURDIEU, Pierre. *Contrafogos: táticas para enfrentar a invasão neoliberal*. Tradução de Roberto Leal Ferreira. Campinas: Papirus, 2000, p. 17 e 34.

[19] Que são clássicas no ambiente burocrático estamental brasileiro, como pode ser demonstrado a partir do relato de Faoro. Cf.: FAORO, Raymundo. *Os donos do poder: formação do patronato brasileiro*. v. 2, 10 ed. São Paulo: O Globo, 2000.

[20] BOBBIO, Norberto. *El Futuro de la democracia*, op. cit., p. 38.

[21] CHÂTELET, François; DUHAMEL, Olivier; PISIER-KOUCHNER, Évelyne. *História das idéias políticas*. Tradução de Carlos Nelson Coutinho. Rio de Janeiro: Zahar, 1997, p. 176.

[22] BOBBIO, Norberto. *El Futuro de la democracia*, op. cit., p. 47.

formatos implicam destruição do cerne do valor democrático ou dos princípios básicos estruturantes do Estado de Direito. Nesses casos, o que resta é apenas um embuste. Um sistema que formalmente ainda se denomina como democrático ou legal, mas que apenas é um retrato simbólico desprovido de substância.

A busca de democracia substancial, bem como o crescimento das promessas do Estado de Direito, demandam o desenvolvimento de garantias capazes de realizá-las e de instituições fortes que fomentem o apreço do povo a seus respectivos valores. As duas primeiras décadas do século XXI demonstram que o momento é de risco para as duas principais conquistas políticas da modernidade (democracia e Estado de Direito). Teorias niilistas e certas inclinações neoditatoriais da sociedade contemporânea passam a admitir o surgimento de uma legitimidade fundada na exceção, o que contraria as bases do constitucionalismo consolidado na segunda metade do século XX e pode implicar retrocessos sociais sem precedentes.

1.2 A questão da legitimação do governo pela eficiência da ação

No final do século XX e também neste início de século XXI, a chamada "perspectiva eficientista" é causa e ao mesmo tempo consequência de uma proposta mental e política de descodificação, deslegislação e desregulação, como se compusessem um fenômeno natural e inevitável.[23] Mas a própria história recente, notadamente a brasileira, tem demonstrado o quanto essa proposição não é adequada. Recorde-se que existem duas questões centrais para a democracia inclusas no problema da legitimação do Estado. A primeira diz respeito à concretização dos seus fins, principalmente no tocante às prestações positivas inerentes ao Estatuto de Direitos Humanos prescrito na Carta Magna; a segunda refere-se à legitimidade do Direito, cuja crise repousa, por sua vez, em sua ineficiência.

A confiança nas instituições jurídicas não sobreviveu aos problemas do Estado Moderno em nações cujo ordenamento normativo não conseguiu ter a efetividade almejada, o que colaborou, de forma determinante, à perene crise de legitimação do Estado contemporâneo. Apesar da radical mudança de quadro vivenciada notadamente pelo Brasil nos anos dourados deste início de século XXI (2003 a 2013), merece atenção a reflexão de Luigi Ferrajoli, ao asseverar que está na própria natureza deôntica dos valores a impossibilidade de serem integralmente realizados, adquirindo, portanto, uma inafastável conotação utópica.[24] A satisfação sempre é imperfeita, parcial, relativa e contingente. Por isso, os valores do Estado de Direito conseguem ter a vantagem de ser universais e imperecíveis, embora dando causa a uma estrutural ilegitimidade jurídica da ordem vigente. As

---

[23] FERRAJOLI, Luigi. *Derecho y razón...*, op. cit., p. 920.
[24] Aliás, esta tese não é nova. Veja-se a notória teoria do estrutural "antagonismo de valores" weberiana. Sobre o assunto, ver: ARGÜELLO, Katie. *O Ícaro da modernidade:* Direito e política em Max Weber. São Paulo: Acadêmica, 1997, p. 38 e FREUND, Julien. *Sociologia de Max Weber*. 5. ed. Tradução de Luís Cláudio de Castro e Costa. Rio de Janeiro: Forense, 2000, p. 24.

promessas dos níveis superiores não são mantidas nos inferiores, possibilitando que o problema da ilegitimidade torne-se patológico no caso de as normas se tornarem totalmente inefetivas,[25] ou no caso de os valores perderem credibilidade (dando abertura para o surgimento de perspectivas de vida radicalmente opostas).

Incrementa-se, assim, a "precariedade e vulnerabilidade" do sistema positivo, na medida em que as expectativas do povo, sempre mais numerosas e complexas, são constantemente frustradas pelos maus desempenhos dos governos,[26] ou, então, um desempenho insatisfatório face às demandas crescentes da sociedade tecnológica de consumo. Mas quando se fala nas relações entre eficiência e Estado, certamente que a problemática não reside somente na questão da inefetividade normativa e nem mesmo é uma questão exclusiva dos países em desenvolvimento. Na contemporaneidade, em que cada vez mais se apresentam problemas de cunho mundial, ou ao menos que afetam os Estados inclusos no paradigma ocidental de orientação ideológica, a crise do Direito e sua complexa relação com a eficiência apresenta-se desterritorializada.

A crise de legitimidade decorre não somente da dificuldade de concretização da democracia real, ou mesmo da ineficiência do sistema, mas sim da mentalidade em certa medida niilista que assombra o período de transição histórica vivenciado pelo ocidente.[27] Particularmente relevante, o niilismo democrático é observável quando se torna corrente uma espécie de mito característico das crises políticas, o "mito do tempo de antes". Segundo Girardet, o homem, nos momentos de insegurança, tende a buscar refúgio no que antigamente sua memória lhe apresente como uma melhor situação. Vem à tona "o sonho de que outrora fora melhor".[28] Com sua função retrospectiva, respaldada por uma nostalgia ingênua, esse mito tem paralela função prospectiva, por vezes muito perigosa. Concretamente, no caso da crise do princípio democrático, esse fenômeno é perfeitamente verificável. Mais do que uma mera inexpressividade, a democracia passa a ser entendida como um obstáculo à felicidade (tão presente no passado). E, sendo assim, abrem-se as portas para os regimes não democráticos e a defesa do estado de exceção.

No Brasil, têm sido recorrentes as manifestações de apoio à volta do regime militar, cujos aspectos de eficiência são cada vez mais lembrados – muitas vezes

---

[25] FERRAJOLI, Luigi. *Derecho y razón...*, op. cit., p. 866.

[26] GOYARD-FABRE, Simone. *Os princípios filosóficos do Direito político moderno.* Tradução de Irene A. Paternot. São Paulo: Martins Fontes, 1999, p. 298.

[27] Acredita-se que expressão "niilismo" é apropriada para descrever o fenômeno. Talvez seja Nietzsche o primeiro dos pós-modernos. Ademais, apesar deste inesperado momento de revalorização do Estado nos últimos anos (notadamente no Brasil), o fato é que o último quartel do século XX viveu um "clima" de antiestatismo, antiformalismo e antiidealismo, que em muito podem reportar-se à revolta de Nietzsche contra a monstruosidade do Estado, representado pelo "ídolo democrático", afinal, segundo o autor "Tudo nele é falso; (...) Até as suas entranhas são falsas". E, ainda, aos defensores do Estado, atribui a seguinte definição: "são doidos, macacos trepadores e turbulentos". Cf.: NIETZSCHE, Friedrich Wilhelm. *Assim falava Zaratustra.* Tradução de Eduardo Nunes Fonseca. Curitiba: Hemus, 2000, p. 37 e 39. Sobre o assunto, ver: GOYARD-FABRE, Simone. *Os princípios filosóficos do Direito político moderno*, op. cit., p. 427 e ss.

[28] GIRARDET, Raoul. *Mitos e mitologias políticas.* Tradução de Maria Lúcia Machado. São Paulo: Companhia das Letras, 1987, p. 103.

ignorando-se todos os horrores inerentes ao período; outras vezes, aceitando-os como um "mal necessário". Com a mudança no quadro político e econômico (ou seja, com a incrementação da eficiência administrativa governamental), tais movimentos acabaram sublimados por um tempo no Brasil. Mas com a propositalada e rápida destruição da memória desse período, levada a efeito pela mídia hegemônica e pelo moralismo elitista e seletivo da Operação Lava Jato, os movimentos ascenderam de forma rápida e intensa. São comuns movimentos conservadores atuarem de forma reacionária em momentos de transição. Ademais, não é possível deixar de considerar a presença dos signos autoritários no imaginário da sociedade brasileira.

Esse fenômeno não é exclusivamente nacional. A volta dos nacionalismos exacerbados, bem como do pensamento político neofacista são perigos geopolíticos concretos e perenes.[29] Impende ressaltar que são impensáveis tais movimentos perante uma mentalidade popular ainda sensível à "crise do passado"; entretanto, quando a crise do passado é cada vez mais aplacada pela "crise do presente", o conservadorismo autoritário tende a encontrar espaço. E esse recuo histórico, que causa uma repulsa niilista ao presente, ou seja, que entende absolutamente desnecessária ou perniciosa a democracia, somente colabora à ascensão de regimes antidemocráticos. Aliás, uma rápida verificação histórica é suficiente para se observar que "o terror niilista somente serviu para obcecar os regimes totalitários".[30]

Outro foco dessa mentalidade inerente ao niilismo pode ser identificado como a "cultura da sujeição".[31] Quanto mais os cidadãos têm possibilidades de participar da gestão da coisa pública, menos o desejam.[32] Primeiramente, há uma alienação decorrente de certa "revolução no quotidiano", na qual "a sociedade se despolitiza ao se descontrair em mil jogos aquisitivos, em esportes, espetáculos, facilidades".[33] As preocupações do indivíduo reduzem-se ao seu microcosmos, notadamente no aspecto econômico. Não há qualquer preocupação com temas grandiosos (revolução, democracia, ordem social). Conforme Alain Touraine, em decorrência da substituição do "pampolítico", pelo "pan-econômico", é grande o declínio do interesse pela democracia nos países ocidentais.[34] Mesmo

---

[29] Assim afirma o autor em tom irônico: "Mas é preciso passar para o outro lado e aderir à grande volta dos nacionalismos, dos particularismos, dos integralismos, religiosos ou não, que parecem progredir por todo o mundo, tanto nos países mais modernizados como naqueles mais brutalmente transtornados por uma modernização forçada?". Cf.: TOURAINE, Alain. *Crítica da modernidade, op. cit.*, p. 12.

[30] Conforme digressão sobre o assunto de Simone GOYARD-FABRE. *Os princípios filosóficos do Direito político moderno, op. cit.*, p. 305.

[31] Também chamada pelos sociólogos de "deserção do social". Cf.: SANTOS, Jair Ferreira dos. *O que é pós-moderno*. 4. ed. São Paulo: Brasiliense, 1987, p. 92.

[32] Uma visão mais otimista da sociedade de final do século XX, de forma crítica ao niilismo apontado, pode ser encontrada no livro de Anthony Giddens, que ressalta, ao lado do processo de despolitização, autores que afirmam "uma disseminação de engajamento político e ativismo". Cf.: GIDDENS, Anthony. *A terceira via: reflexões sobre o impasse político atual e o futuro da social-democracia*. Tradução de Maria Luiza X. de A. Borges. Rio de Janeiro: Record, 1999, p. 58.

[33] SANTOS, Jair Ferreira dos. *O que é pós-moderno, op. cit.*, p. 29.

[34] E continua: "Após um longo período 'pan-político', esses países vivem no 'pan-econômico': competitividade internacional, equilíbrio da balança comercial, solidez da moeda, capacidade de desenvolver novas tecnologias, eis os objetivos da gestão política". Cf.: TOURAINE, Alain. *Crítica da modernidade, op. cit.*, p. 352.

na democracia, opta-se por uma particular "liberdade" decorrente da ausência de responsabilidade política, que é típica de regimes totalitários.[35] Em segundo plano, denota-se uma apatia congênita à despolitização. "Há a percepção dos problemas e escolhas, mas a decisão parece fora do alcance do indivíduo. Os outros – os ricos, os políticos, os poderosos, etc. – é que determinam os rumos".[36] Crentes em que não importando o regime, seu futuro está definido, não se interessam mais pela política, principalmente no tocante ao sistema de representação. Passa a ser mais valorizado o governo que justificar melhor suas atitudes pelo critério de eficiência, ou que, pelo menos, conseguir "provar" isso através dos mecanismos publicitários,[37] afinal, tais mecanismos "redesenham o conceito de democracia".[38] Não interessa que os políticos representem o povo ou possuam altos ideais.[39] As eleições dependem de uma performance, seja prévia, na televisão e nas redes sociais eletrônicas, seja póstera, na eficiência pragmática de uma administração cujos fins justificam os meios. Em certa medida isso não é uma novidade histórica, mas na era da pós-verdade esses instrumentos e estratégias estão sendo potencializados em níveis impossíveis de serem adequadamente previstos.

Ademais, a apatia política é exacerbada pela impotência do indivíduo localmente considerado, frente à hegemonia da globalização. Os cidadãos sentem cada vez mais que "sua vida está interditada no plano político-participativo".[40] Se o tempo e o espaço foram abolidos, e o futuro não interessa, são obviamente privilegiadas as soluções imediatistas que se afinem com uma perspectiva global. Ou então, alguns seguem no caminho radicalmente inverso, contestando a política e a globalização, em si mesmas, como "um mau a ser combatido" – o que implica um retorno ao niilismo, ao autoritarismo e à valorização das identidades social, cultural, racial e nacional em contraste com a pluralidade e a interculturalidade típicas da democracia liberal.

Nesse caso, ocorre o fenômeno que Friedrich Müller denomina "iconização do povo". A real democracia popular, cuja legitimidade é pautada na representação efetiva do povo como sujeito ativo, é substituída por uma mitificação que propicia

---

[35] Cassirer conta que assim ponderou um merceeiro alemão quando da ascensão de Hitler: "Antes dessa situação tínhamos de nos preocupar com eleições, partidos, votos. Tínhamos responsabilidades. Mas agora tudo isso acabou. Agora somos livres". Cf.: CASSIRER, Ernst. *O mito do Estado*. Tradução de Álvaro Cabral. Rio de Janeiro: Zahar, 1976, p. 306.

[36] FERREIRA FILHO, Manoel Gonçalves. *A democracia no limiar do século XXI*. São Paulo: Saraiva, 2001, p. 65.

[37] Sobre a importância da publicidade na dominação ideológica, é interessante a leitura do capítulo "Algumas verificações: a mensagem publicitária", de Umberto Eco. Cf.: ECO, Umberto. *A estrutura ausente*: introdução à pesquisa semiológica. Tradução de Pérola de Carvalho. 7 ed. São Paulo: Perspectiva, 1991, p. 156.

[38] Afinal, "os meios de comunicação tornaram-se forma de dominação, numa forma de controle do comportamento dos membros da sociedade que, em lugar da repressão, da coação física, usa a influência psicológica". CF.: MAMEDE, Gladston. *Semiologia do Direito*: tópicos para um debate referenciado pela animalidade e pela cultura. 2. ed. Porto Alegre: Síntese, 2000, p. 185.

[39] As eleições proporcionais brasileiras de 2010 são exemplo eloquente deste fenômeno. Veja a sintomática eleição do palhaço Tiririca para a Câmara dos Deputados (só para mencionar o caso mais significativo).

[40] LIMA, Abili Lázaro Castro de. *Globalização econômica, política e Direito*: análise de algumas mazelas causadas no plano político-jurídico. Porto Alegre: Sergio Fabris, 2002, p. 237.

a criação de um "povo artificial", com a finalidade específica de conquista de uma legitimação simbólica.[41] Um povo real resta dividido, separado por classes econômicas, posições sociais, capacidade motora e cognitiva, *status*, raça, orientação sexual, gênero, idade, nação, ódios, recalques, ideologias, interesses... divisões essas que fazem parte da vida comunitária, mas que são justamente aquelas que dependem da política para produzir agregação, convergência, harmonia social, equilíbrio, igualdade – o que, afinal, produz liberdade. Torna-se muito perigoso quando a política inverte seu papel, produzindo ódio e divergência, bem como sendo incapaz de encontrar valores comuns. Nem a democracia, nem o Estado de Direito sobrevivem em um ambiente político invertido.

A partir dessa realidade adversa para a democracia material, nota-se que os governos aparentemente colocam-se na categoria de senhores do bem e do mal, como se só eles tivessem razão.[42] Segundo Pierre Bourdieu, a razão é apropriada pelos governantes, pelos ministros, pelos patrões, pelos especialistas, pela mídia hegemônica como o instrumento de progresso e de obtenção da verdade. Do lado do povo, dos sindicatos, dos intelectuais críticos, está a "desrazão", o arcaísmo, a inércia.[43] Moderno mesmo é aquele que defende "reformas" – notadamente aquelas que se prestarem a produzir retrocessos na garantia de direitos fundamentais.

Interessante observar, nesse contexto de "inércia das massas e especialização dos chefes", a clara atuação das "elites", que segundo François Châtelet, aproveitam-se da circunstância vivenciada para criticar, "ao mesmo tempo, a insuficiente representatividade e a falta de eficiência". E, assim, torna-se oportuno o momento para a apresentação de uma solução *sui generis*: "sub-repticiamente, a eficiência governamental torna-se o corretivo de todas as crises de representação". Em expressão do autor, acaba-se "por apelar à democracia para jogá-la contra si mesma".[44] Um fenômeno que acaba por reforçar imensamente o papel do Poder Executivo e, particularmente, dos líderes carismáticos que ocupam a função de Chefia do Governo.

Mais recentemente, todavia, já se pode falar também do papel do "Judiciário sobre o Executivo". A prevalência do Executivo causa muitas vezes um desequilíbrio entre os Poderes que corrompe a necessária harmonia do sistema constitucional característico do Estado de Direito. Por outro lado, a tomada do Judiciário como o "salvador da pátria" pode gerar uma sobrecrise democrática, com autonomização tecnocrática da política e moralização política indevida do

---

[41] MÜLLER, Friedrich. *Quem é o povo?...*, op. cit., p. 65.
[42] Segundo Féder, é da natureza do governante (e do ser humano) achar que sua vontade e julgamento são os melhores. Todavia, esta imanência é imensamente agravada quando há detenção de poder, pois mesmo que na modernidade "os governantes tenham deixado de se comparar aos deuses, o Estado ainda os trata como se o fossem". Cf.: FÉDER, João. *O Estado sem poder*, op. cit., p. 94.
[43] BOURDIEU, Pierre. *Contrafogos*: táticas para enfrentar a invasão neoliberal, op. cit., p. 38.
[44] CHÂTELET, François; DUHAMEL, Olivier; PISIER-KOUCHNER, Évelyne. *História das idéias políticas*, op. cit., p. 177.

Direito.⁴⁵ Realmente a realidade contemporânea, seja por uma razão ou outra, tem dificuldade de concretizar uma "divisão equilibrada de poderes estatais",⁴⁶ o que pode implicar uma paradoxal dificuldade de proteção dos direitos fundamentais e do interesse público subjacente. Mas além do problema do desequilíbrio, o perigo de desrespeito aos direitos dos cidadãos também é manifesto quando os "Poderes" passam a deliberar tomando como base interesses que, muitas vezes, nada têm a ver com o interesse público, e que proporcionam uma abstenção recíproca dos tão necessários controles.⁴⁷

Entretanto, cabe aqui uma pergunta que poderia ser inspirada em Jean-Marie Guéhenno: como é possível ser limitado o poder num mundo pragmático e sem princípios?⁴⁸ Sob a argumentação de que precisa de maior flexibilidade em sua atuação a fim de poder regular a complexidade social em ascensão, o Executivo busca cativar o Legislativo, que por sua vez, satisfaz-se com a barganha política (inclusive por meios nem sempre lícitos). Como bem salienta João Féder, "a mais perigosa estrada que se abre para o abuso do poder em plena democracia e na aplicação do sistema de Montesquieu, é a que resulta da composição entre Executivo e Legislativo".⁴⁹

Apesar de toda essa reflexão, a mentalidade contemporânea parece entender tal fenômeno como natural. A mídia e as instituições também parecem estar confortáveis sempre que se garante a ação eficiente e rápida dos governos, ainda que o preço seja o abandono dos valores. Fenômeno esse cuja raiz já fora identificada, há muito, por Bertrand Russell.⁵⁰ Em nome da eficiência, o abandono aos princípios é escancarado, com vistas a um pragmatismo de resultados na maior parte somente conveniente aos condutores do processo – no caso brasileiro, somente às elites brancas, heteronormativas, religiosas, conservadoras e muito endinheiradas.

Mesmo no regime autoritário, a eficiência prestava-se a instrumento simbólico de legitimação, como, por exemplo, quando servia de justificativa para a

---

⁴⁵ GABARDO, Emerson. Os perigos do moralismo político e a necessidade de defesa do direito posto na Constituição da República de 1988. *A&C: Revista de Direito Administrativo & Constitucional*, Belo Horizonte, ano 17, n. 70, p. 65-91, out./dez.

⁴⁶ BRITTO, Carlos Ayres. A supremacia do poder executivo da União na partilha constitucional de competências. *Revista de Direito Público*. São Paulo, Revista dos Tribunais, n. 55/56, jul./dez. 1980, p. 61.

⁴⁷ No tocante à reciprocidade de controles, cabe aqui ressaltar, ainda, uma interrogação. Como é possível admitir no sistema constitucional brasileiro a figura de "líder do governo", tão presente nas casas legislativas? Mas o fato é que tal "função", embora aparentemente incompatível com um sistema de independência de poderes, não causa qualquer estranheza ou constrangimento. Assim como também se tornaram corriqueiros os acordos de liderança, que tornam despicienda a atuação dos parlamentares eleitos, ou seja, "o povo escolhe representantes, mas estes, ao invés de legislar, elegem líderes para trabalhar por eles", como observa Ruschel. Tudo parece natural e comum. Cf.: RUSCHEL, Ruy Ruben. *Direito constitucional em tempos de crise*. Porto Alegre: Sagra Luzzatto, 1997, p. 108.

⁴⁸ GUÉHENNO, Jean-Marie. *O fim da democracia...*, op. cit., p. 73.

⁴⁹ FÉDER, João. *O Estado sem poder*, op. cit., p. 86.

⁵⁰ Assim afirma ou autor: "A defesa de Montesquieu dos poderes legislativo, executivo e judiciário, a crença tradicional inglesa no equilíbrio do poder entre êsses três ramos do govêrno, as doutrinas políticas de Bentham, bem como todo o liberalismo do século XIX, eram destinados a evitar o exercício arbitrário do poder. Mas tais métodos passaram a ser considerados incompatíveis com a eficiência". RUSSELL, Bertrand. *O poder: uma nova análise social*. Tradução de Brenno Silveira. São Paulo: Companhia Editora Nacional, 1957, p. 236.

edição de decretos-leis (cuja sucessora é a medida provisória). Sua utilização, como bem lembra Sandra Starling, nos Estados modernos, "vem ideologicamente mascarada pela justificativa da eficiência e rapidez na tomada de decisões".[51] É paradoxal, mas no Brasil essa mentalidade niilista vem servindo para justificar as atitudes arbitrárias dos governos que sucederam o regime militar. Na ditadura, a justificativa simbólica maior para tal exasperação legislativa era a "segurança nacional",[52] agora é a eficiência, a governabilidade, e em alguns casos extremos, ideias típicas do retrocesso conservador. Noções essas que estão de uma outra forma conectadas. De acordo com José Eduardo Faria: "no âmbito da segurança nacional, o ponto de partida é o estabelecimento dos fins – somente quando estes estão definidos é que, então, são escolhidos os meios considerados mais eficientes para atingi-los".[53] Fenômeno este que não é só brasileiro.[54]

2 A eficiência como questão administrativa: o princípio constitucional entre o público e o privado

2.1 Introdução: eficiência e crise do setor público

O ideal de eficiência do Estado ganhou destaque no ocidente a partir dos anos setenta com a problemática inerente à crise de eficiência institucional dos Poderes Públicos.[55] De acordo com Luciano Parejo Alfonso, esse fenômeno compreende primeiramente um descrédito da ideia de progresso indefinido, que emerge de certa desconfiança na racionalidade até então hegemônica. Como consequência lógica, essa desconfiança transforma-se em descrença na capacidade do Estado em ser o promotor da integração social justa.[56] Do ponto de vista organizacional,

---

[51] CLÈVE, Clèmerson Merlin. *O Direito em relação*: ensaios. Curitiba: Veja, 1983, p. 56.

[52] Sobre a aplicação prática da "doutrina da segurança nacional", é interessante a leitura do texto de Celso Ribeiro Bastos. Cf.: BASTOS, Celso Ribeiro. Lei de Segurança Nacional. *In: Reflexões, estudos e pareceres de direito público*. Rio de Janeiro: Forense, 1984.

[53] FARIA, José Eduardo. *Direito e Economia na democratização brasileira*. São Paulo: Malheiros, 1993, p. 87.

[54] Falando sobre o problema na Itália, assim aponta Norberto Bobbio: "O juízo sobre a maior ou menor conformidade dos órgãos do Estado, ou daquela parte integrante do poder soberano que são os partidos, às normas da Constituição e aos princípios do Estado de direito pode dar lugar ao juízo, que se repete tão freqüentemente no atual debate político de incorreção constitucional e de prática antidemocrática, que acorre, para dar um exemplo, no caso de abuso dos decretos-lei, de apelo ao voto de confiança unicamente para derrubar a oposição e, naquilo que concerne aos partidos, na prática do *sottogoverno*, que viola um dos princípios fundamentais do estado de direito, a visibilidade do poder e o controle do seu exercício". Cf.: BOBBIO, Norberto. *Teoria geral da política...*, op. cit., p. 203.

[55] Este capítulo trata-se de uma versão resumida e atualizada dos apontamentos realizados por ocasião da publicação da obra "Princípio constitucional da eficiência administrativa". Cf.: GABARDO, Emerson. *Princípio constitucional da eficiência administrativa*. São Paulo: Dialética, 2001.

[56] Descrença esta alicerçada em um conjunto de fatores tais como: a diminuição da capacidade do Estado de interferência na realidade em razão da preponderância do mercado; a baixa dos valores público-estatais (do coletivo e do solidário) e da alta dos valores da economia de mercado (do privado e do individual); e a aparente quebra do Estado fiscal-redistribuidor. Cf.: ALFONSO, Luciano Parejo. *Eficácia y administración*: tres estúdios. Madrid: Instituto Nacional de Administración Pública, 1995, p. 112.

o autor afirma que ocorre a construção de um novo modelo fortemente descentralizado e caracterizado pela "devolução" das decisões à sociedade. Essa fuga para a sociedade não poderia ocorrer sem uma intensa fragmentação das decisões, com prevalência do individualismo. Nesse contexto, a inversão de racionalidade é patente, pois passa-se a afirmar o "caráter privado" de forma dogmática, a fim de exigir do "caráter público" contínua justificação. A devolução das responsabilidades coletivas para uma sociedade individualista fomenta, por sua vez, um movimento pendular de busca por uma autoridade unificadora – facilitando a disseminação de ideias autoritárias.

Sob o fundamento de revalorização da sociedade, ressalta-se o seu descompasso com o Estado, colocando este sob uma "luz negativa", haja vista sua inadequação à lógica privada. Ocorre, portanto, uma maior valorização da realidade "como é" do que a partir do "dever ser", imposto juridicamente pelo Estado.[57] Perante essa circunstância social, torna-se fértil o terreno para o desenvolvimento das doutrinas da direção por objetivos e metas, que passam a influenciar reformas administrativas promovidas nos Estados ocidentais seja em nível constitucional ou infraconstitucional. Observa-se, especialmente a partir dos anos oitenta na Europa e noventa no Brasil, um culto à empresa privada, sem o real desejo de construção de um novo projeto de sociedade. Na expressão de Jacques Le Mouël, uma verdadeira "empresomania", destinada a defender a falaciosa tese de que os princípios da empresa se destinam ao bem comum.[58] A radicalização desse pressuposto acaba por deslegitimar ainda mais ações coletivas conduzidas por princípios do Estado social e protagonizadas por políticas públicas interventivas.

O cerne dessa nova racionalidade repousa na crença de que se algo funciona, tem êxito, e então, pode-se concluir que é verdadeiro. Todavia, Alfonso refere-se a análises empíricas que demonstram não ser o modelo gerencial garantidor de nenhum melhor resultado, na medida em que a definição de objetivos representa só uma clarificação das opções subjetivas da organização.[59] Nessa seara, Le Mouël destaca a existência de um "sofisma da administração", que pode assim ser representado: "O eficaz é verdadeiro. O verdadeiro é justo. Logo, o eficaz é justo". [60]

Essa representação eficientista da estruturação orgânica e funcional das instituições, propondo que "se a coisa funciona, por isso é verdadeira",[61] provoca ao menos duas consequências negativas para o atendimento do interesse público: a despreocupação com as externalidades negativas (afinal, os custos sociais e globais são mais difíceis de serem medidos que os econômicos e os específicos); e a despreocupação com a correspondência entre as avaliações e a realidade (ocorre a

---

[57] ALFONSO, Luciano Parejo. *Eficácia y administración...*, op. cit., p. 111-113.
[58] MOUËL, Jacques Le. *Crítica de la eficácia: etica, verdad y utopía de un mito contemporáneo*. Barcelona: Paidós, 1992, p. 10.
[59] ALFONSO, Luciano Parejo. *Eficácia y administración...*, op. cit., p. 113.
[60] MOUËL, Jacques Le. *Crítica de la eficácia...*, op. cit., p. 15 [tradução livre].
[61] MOUËL, Jacques Le. *Crítica de la eficácia...*, op. cit., p. 20 [tradução livre].

constante readequação dos critérios de averiguação da eficiência, pois esses devem tornar-se mais simples e fáceis de serem medidos, em razão da busca pela justificação estatístico-matemática).[62] No mais, Le Mouël destaca que a doutrina eficientista: a) despreza e prescinde das evidentes contradições entre o que se diz e o que se faz; b) promove regras, receitas e esquemas notadamente simplistas em face de uma realidade complexa e incerta; c) desprestigia a visão em longo prazo em benefício do imediatismo; d) por basear-se em um novo empirismo, outorga a primazia da ação sobre o conhecimento; e) possui um caráter formal-abstrato de aplicação universal (justamente por sua despreocupação com os porquês, não se interessa pelas peculiaridades de cada organização); f) entroniza a "moral da eficácia", que pode ser representada pela máxima pragmática "só é verdadeiro o que funciona para mim"; g) através da idealização de um projeto de empresa (excelência, motivação, comunicação, qualidade, gerência participativa), mascara-se a realidade e se propaga a ilusão de que o verdadeiro é justo.[63] Em um cenário de pós-verdade, quando o verdadeiro torna-se ainda mais etéreo, a justiça passa a ser um elemento *nonsense*.

A partir dessa realidade, o fenômeno da fuga para a mentalidade privatística, em que pese seja justificado pela busca de uma legitimidade perdida pelo Estado, causa uma nova deslegitimação. A tentação reformista de superar a crise reproduz o problema, em decorrência de alguns fatores-chaves, como: a) o descrédito pelo próprio Estado do seu caráter público, devido à crença desproposi-tada e excessiva na realização do interesse público através da iniciativa privada; b) a fragmentação da ação do Estado sob o princípio da eficiência, que conduz a uma utilização do Estado conforme as conveniências e não a partir dos princípios estabelecidos, com grave desprestígio ao Estado de Direito.[64] Há uma face paradoxal no pretenso "descentralismo gerencial", pois ele na realidade esconde um aspecto centralizador no campo político. Mesmo na Grã-Bretanha, a prática neoliberal thatcherista utilizou-se de uma forte centralização, pois só através dela, e de seu autoritarismo disfarçado, é que foi possível implantar a política desejada. Francisco Corrêa Guedes recorda que as *local authorities* "perderam em 1984 o direito de fixar as taxas dos seus impostos, direitos que detinham desde 1601". Dessa forma, parcela significativa dos juristas britânicos viu em tal procedimento uma clara inconstitucionalidade perante a Constituição não escrita da Inglaterra. E não foi somente no campo tributário que o gerencialismo burlou a Constituição inglesa, mas também no campo financeiro (obrigando à redução de despesas), no administrativo (impondo a privatização de serviços locais) e no trabalhista (aniquilando a oposição referente à redução da proteção social). Quebrou-se, assim, um compromisso tácito, de longa e forte tradição, de autonomia local.[65] O problema constitucional agrava-se sobremaneira quando se tem em foco uma

---

[62] ALFONSO, Luciano Parejo. *Eficácia y administración...*, op. cit., p. 118.
[63] MOUËL, Jacques Le. *Critica de la eficácia...*, op. cit., p. 29 e ss. [tradução livre das partes citadas diretamente].
[64] ALFONSO, Luciano Parejo. *Eficácia y administración...*, op. cit., p. 119.
[65] GUEDES, Francisco Corrêa. *O manto do rei*. Venda Nova: Bertrand Editora, 1991, p. 172.

Constituição rígida e, mais que rígida, dirigente. A simples integração da eficiência na perspectiva gerencial promove incompatibilidades com os demais princípios da Carta Magna. Isso ocorre pela heterogeneidade entre Administração Privada e Pública, na medida em que a primeira se rege pelos princípios da autonomia, da capacidade universal e da vinculação negativa ao Direito; já a segunda pelos princípios da heteronomia, da capacidade por atribuição legal, e da vinculação positiva ao Direito.[66] A ideia de "função" opõe-se à noção de "autonomia", que é o fundamento típico das relações do setor privado.[67]

A modernização exigida em razão do descrédito do regime jurídico administrativo tem vinculação direta com a crise de confiança no Estado e sua capacidade de gestão dos bens públicos. Contudo, a desconfiança no aparelho público é um fato congênito às sociedades políticas, que historicamente vêm administrando a relação entre o indivíduo e o grupo social organizado.[68] Dessa forma, a substituição da Administração Pública pela privada não é a melhor saída, na medida em que somente amplia o déficit democrático.[69] Isso ocorre porque qualquer processo de fuga do regime jurídico administrativo acaba por contrastar com o modelo constitucional do Estado Social. Nessa óptica, reflete Jessé Torres Pereira Junior que nas empresas privadas a eficiência é um instrumento que serve para a busca do lucro, o que é legítimo; já na Administração Pública, a axiologia é outra, pois "o lucro não é valor justificador das funções públicas".[70] Não se pode concordar, portanto, com o entendimento de Teodoro González Esteban, que afirma serem idênticos os traços principais que caracterizam a empresa privada e o organismo público.[71] Ou seja, para o autor, embora existam diferenças (e nem sempre) nos fins, os setores não se diferenciam nos meios. Tal visão comporta um grave equívoco, pois não somente nos fins (interesse público, dignidade e felicidade),[72] mas também nos meios (legalidade, objetividade, transparência) não há equivalência entre eficiência administrativa e "qualidade total".[73]

---

[66] ALFONSO, Luciano Parejo. *Eficácia y administración...*, op. cit., p. 117.

[67] "A Administração do interesse público apresenta radicais diferenças em relação à gestão dos negócios privados. Nas relações jurídicas entre particulares o que importa é a vontade de cada um, que deve ser livre, pois os interesses dos particulares são disponíveis. Já os interesses públicos são indisponíveis, motivo pelo qual as relações de direito público são presididas pelo conceito de função, ou seja, de um comportamento obrigatório determinado por um objetivo a se atingido. A atuação da administração pública como gestão de interesses qualificados como públicos, é condicionada por uma série de fatores, cuja relevância os eleva à categoria de princípios". Cf.: DALLARI, Adilson Abreu. Administração Pública no Estado de Direito. *Revista Trimestral de Direito Público*. São Paulo: Malheiros, n. 5, 1994, p. 35.

[68] Tanto é assim que Pierre Bourdieu aponta idêntico problema até mesmo no Egito Antigo. Cf.: BOURDIEU, Pierre. *Contrafogos...*, op. cit., p. 13.

[69] SANTOS, Boaventura de Sousa. *A crítica da razão indolente*: contra o desperdício da experiência. 2. ed. São Paulo: Cortez, 2000, p. 174.

[70] PEREIRA JUNIOR, Jessé Torres. *Da reforma administrativa constitucional*. Rio de Janeiro: Renovar, 2000, p. 44.

[71] ESTEBAN, Teodoro González. *La administración por calidad total y la administración publica. Seminário Regional "Los desafios de las Administraciones Públicas frente a la integración regional*. Montevideu: Oficina Nacional do Serviço Civil da Presidência da República Oriental do Uruguai, 1997, p. 221.

[72] GABARDO, Emerson. A felicidade como fundamento teórico do desenvolvimento em um Estado Social. *Revista Digital de Direito Administrativo*, v. 5, n. 1, p. 99-141, 2018.

[73] O que não quer dizer que seja inadequado pensar em uma atividade empresarial realizada por entidades ligadas ao Poder Público (tanto é assim que existem as empresas estatais exploradoras tanto de atividade econômica

2.2 O princípio constitucional da eficiência administrativa

Observado o quadro político-institucional da década de 1990 e a própria cultura antiestatista então dominante, a inclusão no sistema constitucional brasileiro do princípio da eficiência não poderia, como não foi, ser otimista e tranquila. A aparente e breve "vitória" ideológica do neoliberalismo na década de 1990 (que se apresentava como a única via possível para o futuro) influenciou fortemente a inclusão do princípio na Constituição.[74] Todavia, na prática, foi possível observar, paulatinamente, que não seria tal princípio ensejador de nenhum perigo ao regime jurídico administrativo consagrado na Constituição Federal de 1988 e pautado na supremacia do interesse público sobre o privado.[75] Sendo coerente com um discurso enaltecedor de uma interpretação constitucional do princípio da eficiência administrativa,[76] obviamente que, de pronto, denota-se descartada a hipótese de resumi-lo a uma verificação econômica da relação custo-benefício ou, *a priori*, flexibilizadora da legalidade.[77] Já é notório que a ordem jurídico-social posta na Constituição de 1988 impede tal interpretação. Deve-se considerar, primeiramente, a peculiaridade ontológica do princípio, que tem como ponto nuclear o ideal de que o administrador público esteja obrigado a exercer suas funções conforme parâmetros que o levam ao ato ótimo.[78] Certamente esse ótimo deve ser entendido de forma a representar um ideal de máxima qualificação estrutural e funcional;[79] um ideal que deve contemplar todos os aspectos concernentes à consecução do ato administrativo e, notadamente, do procedimento.[80] Não se poderia sequer

---

em sentido estrito quanto de serviço público). Ademais, poder-se-ia também pensar no regime jurídico dos serviços públicos prestados por delegatárias privadas. Tais atividades não podem ser consideradas para além das fronteiras da eficiência administrativa. Um relato de aplicação prática desta situação pode ser encontrado no texto de Tércio Ferraz e Juliano Maranhão. Cf.: FERRAZ JUNIOR, Tércio; MARANHÃO, Juliano S. de Albuquerque. O princípio da eficiência e a gestão empresarial na prestação de serviços públicos: a exploração econômica das margens das rodovias. *Revista de Direito Público da Economia – RDPE*. Belo Horizonte, ano 5, n. 17, p. 191-209, jan./mar. 2007.

[74] Um excelente trabalho sobre a questão da inclusão do princípio na Constituição e suas respectivas influências neoliberais pode ser encontrado em: SANTOS, Alvacir Correa dos. *Princípio da eficiência da Administração Pública*. São Paulo: LTr, 2003.

[75] Sobre as vicissitudes do "princípio constitucional da supremacia do interesse público sobre o privado", ver: GABARDO, Emerson. *Interesse público e subsidiariedade*: o Estado e a sociedade civil para além do bem e do mal. Belo Horizonte: Fórum, 2009, p. 251 e ss.

[76] O que já defendia Romeu Felipe Bacellar Filho desde a edição da EC n° 19/98. Cf.: BACELLAR FILHO, Romeu Felipe. *Princípios constitucionais do processo administrativo disciplinar*. São Paulo: Max Limonad, 1998, p. 194.

[77] E quanto a isso parece haver certo consenso doutrinário. Mesmo posições divergentes em outros aspectos, como a de Alexandre Santos de Aragão, que possui uma visão mais otimista quanto ao regime de resultados e o viés gerencial do princípio, partem de premissa análoga. Cf.: ARAGÃO, Alexandre Santos de. O princípio da eficiência. *Revista de Direito Administrativo*. Rio de Janeiro: Renovar, Jul./Set. n° 237, 2004, p. 1 e ss.

[78] Sobre o assunto e a defesa do "ato ótimo", ver trabalho anterior: GABARDO, Emerson. *Princípio constitucional da eficiência administrativa, op. cit.*, p. 128.

[79] Nesse sentido, assevera Adílson Dallari: "é certo que as necessidades a satisfazer são sempre maiores que as disponibilidades, até porque o atendimento daquilo que é mais premente desperta ou aviva novas aspirações. Não é possível fazer tudo, mas aquilo que for feito deve ser bem feito". Cf.: DALLARI, Adílson Abreu. Administração Pública no Estado de Direito. *Revista Trimestral de Direito Público, op. cit.*, p. 39.

[80] Ao se falar em procedimento como gênero, inclui-se o processo, como espécie. Sobre a aplicação da eficiência no procedimento aconselha-se o excelente artigo de Davi Chicóski. Cf.: CHICÓSKI, Davi. O princípio da eficiência e o procedimento administrativo. *Revista de Direito Administrativo*. Rio de Janeiro: Renovar, Jul./Set. n° 237, 2004.

imaginar um ato administrativo que receba o rótulo de "ótimo", se for ilegal. Seria um contrassenso do ponto de vista não só jurídico como, principalmente, lógico. Por esse motivo, discorda-se de autores que admitem o "ótimo ilegal" como uma possibilidade fática/lógica (ainda que juridicamente viciada). Não parece que assim seja, embora o assunto exija melhores explicações, pois é importante considerar que a impossibilidade de acolhida de um "ótimo ilegal" não impede a possibilidade de um cotejamento entre princípios – ação hermenêutica que pode fazer o princípio da eficiência se sobrepor ao princípio da legalidade (ou vice-versa, obviamente).

Quando tratam do assunto, Irene Patrícia Nohara e Thiago Marrara asseveram (exemplificando) que "se a Administração fizer uma contratação 'ótima' sem realizar licitação, ela terá fraudado importantes garantias dos administrados (...)".[81] Para os autores, aparentemente, seria possível uma ação ótima, sem respeito à legalidade, o que não parece ser a interpretação mais correta do fenômeno. Afinal, seria de se perguntar: ótimo em que sentido? No sentido econômico, talvez, mas não no jurídico. Não parece que o princípio constitucional da eficiência administrativa possa ser reduzido a um critério meramente econômico (para isso a Constituição e a doutrina já consagraram o princípio da economicidade – princípio esse que não é uma norma geral expressa da Administração Pública, como é o princípio da eficiência). A economicidade é que é um critério componente da eficiência, e não o contrário. Mas aqui se esbarra também em uma questão terminológica. E ocorre que talvez não valha a pena alongar-se muito nessa seara. Conforme já sustentado de forma mais aprofundada em trabalho anterior, parece claro que engloba a eficiência vários outros conceitos afins, tais como a eficácia, a efetividade, a racionalização, a produtividade, a economicidade e a celeridade.[82] E ainda, a eficiência parece compreender (ou equivaler) os já tradicionais princípios do bom andamento e da boa administração.

Entrementes o assunto é polêmico.[83] Merece referência a doutrina de Celso Antônio Bandeira de Mello, que prefere adotar caminho inverso (embora para chegar no mesmo ponto) ao afirmar: "Finalmente, anote-se que esse princípio da eficiência é uma faceta de um princípio mais amplo já superiormente tratado, de há muito, no Direito Italiano: o princípio da 'boa administração'".[84] Nesse

---

[81] NOHARA, Irene Patrícia; MARRARA, Thiago. *Processo administrativo:* Lei n° 9.784/99 comentada. São Paulo: Atlas, 2009, p. 68.

[82] GABARDO, Emerson. *Princípio constitucional da eficiência administrativa, op. cit.,* p. 23 e ss.

[83] Até mesmo sua condição de princípio é bastante discutida; assim como seu relacionamento com a proporcionalidade. Sobre o assunto, é interessante o texto de Fernando Leal. Cf.: LEAL, Fernando. Propostas para uma abordagem teórico-metodológica do dever constitucional de eficiência. *Revista Brasileira de Direito Público – RDDP.* Belo Horizonte, ano 4, n° 14, p. 141-166, jul./set. 2006.

[84] MELLO, Celso Antônio Bandeira de. *Curso de Direito Administrativo.* 11 ed. São Paulo: Malheiros, 1999, p. 92. Em suas últimas edições, o professor Celso Antônio, consonante ao que vinha asseverando desde a edição da EC n° 19/98, extirpou até mesmo a menção do princípio no sumário de seu Curso. Atualmente o autor apenas aponta a existência do princípio constitucional da boa administração. Cf.: MELLO, Celso Antônio Bandeira de. *Curso de Direito Administrativo.* 27. ed. São Paulo: Malheiros, 2010, p. 122. No Brasil, sobre o assunto (mas focando a boa administração como um direito fundamental) merece referência a obra de Juarez Freitas. Cf.: FREITAS, Juarez. *Discricionariedade administrativa e o direito fundamental à boa administração.* São Paulo: Malheiros, 2007.

sentido, o ideal de eficiência, como elemento da boa administração, representa a formalização jurídica de um interesse público geral definido politicamente e que é retroalimentado pela existência de uma estrutura pública organizacional.[85] Em síntese desse enfoque, deve ser esclarecido, a partir de J. Guimarães Menegale, que existem duas acepções básicas para o termo "administração". Primeiro, em um sentido lato, seria toda "atividade humana desenvolvida para alcançar determinados fins"; atividade essa cujos meios, precisam ser regrados, ordenados e encaminhados a um objetivo. Em outro sentido, a Administração é "a atividade do Estado para realizar seus fins".[86] O ideal de eficiência seria, portanto, inato à conotação dinâmica da "atividade" administrativa, como ação; como atuação ótima (sem dúvida, podendo ser econômica, mas adotando-se como critério de validade seu caráter jurídico). De todo modo, também no tocante específico da "organização" administrativa faz-se presente, ou seja, no aspecto estático, de estruturação legal.

No Direito comparado também a eficiência sofre abordagens complexas e diferenciadas.[87] João Carlos S. G. Loureiro ressalva a importância da comparação entre a eficiência e o princípio do bom andamento ou da boa organização (característico do Direito italiano)[88] e o da boa administração (como comumente expresso na doutrina portuguesa), afirmando a sua distinção, pois o primeiro enfocaria tanto a organização quanto a procedimentalização funcional, enquanto o segundo se restringiria a essa última. Já na interpretação de Guido Landi, Giusepe Potenza e Vittorio Italia, o bom andamento é representado pela imposição de controles à Administração (o interno, para a avaliação orgânica, e o externo, enfocado na gestão e nos resultados, ligados à ideia de eficiência).[89] A eficiência, portanto, ainda que um conceito indeterminado, representaria um universo contido no princípio do bom andamento que, por ser mais amplo, compreenderia também o próprio bom senso na definição de objetivos e na programação, além da busca pela maior responsabilização, coordenação e especialização funcionais (questão estrutural).[90] Já a princípio, a boa administração teria seu conceito muito mais centrado na busca de resultados positivos (questão funcional), sendo, portanto, mais restrita (pelo menos de acordo com essa perspectiva de análise, que, de certa forma, caminha em sentido inverso à impressão terminológica). Para Luigi Galanteria e Massimo Stipo, não há interesse nessa distinção, restando o "tradicional" princípio da

---

[85] ALFONSO, Luciano Parejo. *Eficacia y Administración...*, **op. cit.**, p. 126.
[86] MENEGALE, J. Guimarães. *Direito Administrativo e Ciência da Administração*. 2. ed. Rio de Janeiro: Borsoi, v. 1, 1950, p. 41.
[87] Para uma abordagem da ideia de eficiência como princípio constitucional no Direito comparado ver: MOREIRA, Egon Bockmann. *Processo administrativo:* princípios constitucionais e a Lei 9.784/1999. 4. ed. São Paulo: Malheiros, 2010, p. 187 e ss.
[88] Assim prescreve o artigo 97 da constituição italiana: "I pubblici uffici sono organizzati disponizioni di legge, in modo che siano assicurati il buon andamento e l'imparzialità dell'amministrazione".
[89] LANDI, Guido, POTENZA, Giuseppe e ITALIA, Vittorio. *Manuale di Diritto Amministrativo*. 11. ed. Milão: Dott. A. Giuffrè, 1999.
[90] Ênfase esta, na esfera organizacional, uma clara influência da doutrina norte-americana no direito italiano. Cf.: HARRIS, Joseph. *Dinamica della Pubblica Amministrazione nello Estato contemporaneo*. Bolonha: Zanichelli, 1957.

boa administração positivado na Constituição italiana como o princípio do bom andamento, a fim de exigir que a ação da Administração estabeleça-se "segundo regras que concretizam a eficiência, a economicidade, a simplicidade, a celeridade, o rendimento, etc.".[91] Outro autor italiano de relevo, Elio Caseta, entende que a eficiência é um "critério" de entendimento do princípio do bom andamento, ao lado de outros critérios como o da eficácia, da publicidade e da transparência.[92] Na mesma linha, pode ser observada a doutrina espanhola, conforme aponta Manuel Alvarez Rico, ao admitir a possibilidade de identificação de eficiência e boa administração com o dever de adequação entre meios e fins administrativos.[93]

De qualquer forma, a tradição brasileira, inspirada de forma genérica na doutrina europeia, até mesmo antes da constitucionalização do princípio, assevera a equivalência entre os três conceitos afins. Por exemplo, Hely Lopes Meirelles[94] e Adílson Abreu Dallari,[95] há muito, estudavam o então o "dever de eficiência", que, traduzido do princípio do bom andamento ou boa administração, significa a realização rápida, responsável, maximizada, abrangente e perfeita da atividade, evitando-se gastos além dos necessários, dentro da adequada estrutura institucional.[96] Não poderia ser diferente, pois, como ressalta Paulo Modesto: "o exercício regular da função administrativa, numa democracia representativa, repele não apenas o capricho e o arbítrio, mas também a negligência e a ineficiência, pois ambos violam os interesses tutelados na lei".[97]

Em termos particulares de organização estrutural, o princípio da eficiência pode ser subdividido em princípios específicos a fim de ser concretizado. Em meados do século XX, na lição introdutória do Curso de Especialização em Ciência da Administração da Universidade de Bolonha, o professor norte-americano Joseph P. Harris ensinava

---

[91] GALATERIA, Luigi e STIPO, Massimo. *Manuale di Diritto Amministrativo*. 2. ed. Torino: UTET, 1995, p. 230 [tradução livre]. Deve ser ressaltado que se optou por abordar o assunto pelo pensamento mais recente do direito italiano. Todavia, para abordagens mais tradicionais, são muito citados na doutrina dois livros básicos, de Antonio Andreani e de Guido Falzone, sobre o princípio do bom andamento ou da boa administração. Cf.: FALZONE, Guido. *Il dovere di buona amministrazione*. Milão: Giuffrè, 1953; e ANDREANI, Antonio. *Il principio costituzionale di buon andamento della publica amministrazione*. Padova: CEDAM, 1979.

[92] Pondera o autor que "este deber de adecuación de los medios a los fines supone, por outra parte, la exigencia de conseguir un determinado standard de calidad en la acción y que ésta se produzca dentro de un tiempo determinado (deber de puntualidad), como elementos integrantes de la acción administrativa, convirtiendo a eficacia en um requisito del acto administrativo y de la actividad administrativa en general". CASETA, Elio. *Manuale di Diritto Amministrativo*. 12. ed. Milano: Giuffrè, 2010, p. 52 e ss.

[93] RICO, Manuel Alvarez. *Principios constitucionales de organización de las administraciones públicas*. 2 ed. Madrid: Dykinson, 1997, p. 160.

[94] Segundo o autor: "Dever de eficiência é o que se impõe a todo agente público de realizar suas atribuições com presteza, perfeição e rendimento funcional. É o mais moderno princípio da função administrativa, que já não se contenta em ser desempenhada apenas com legalidade, exigindo resultados positivos para o serviço público e satisfatório atendimento das necessidades da comunidade e de seus membros". Cf.: MEIRELLES, Hely Lopes. *Direito Administrativo Brasileiro*. 21. ed. São Paulo: Malheiros, 1996, p. 90.

[95] Segundo o autor, "A atuação da Administração Pública deve ser dimensionada em função dos objetivos a atingir. A configuração da estrutura administrativa deve ser determinada pelas possibilidades de uma atuação concreta, permanente, generalizada e eficiente". Cf.: DALLARI, Adílson Abreu. *Administração pública no Estado de Direito, op. cit.*, p. 39.

[96] GASPARINI, Diógenes. *Direito Administrativo*. 3. ed. São Paulo: Saraiva, 1993, p. 53.

[97] MODESTO, Paulo. Notas para um debate sobre o princípio da eficiência. *Revista Interesse Público*, São Paulo, Notadez, n. 07, p. 69, jul./set. 2000.

que devem ser recordados princípios de organização ligados ao ideal de eficiência e boa administração, dos quais é interessante apontar alguns, como: o "princípio do escalonamento do pessoal" (que facilita a programação, a coordenação e a especialização, a fim de "obter um resultado eficiente e uma máxima utilização do pessoal e dos meios a disposição"); o "princípio da base funcional" (que afirma a necessidade de estruturação da organização tendo em vista a função que ela se propõe realizar); o "princípio da divisão das atividades consultivas e executivas" (pois a atividade consultiva é de grande importância para a organização, nas atividades de escutar, conciliar, assistir e opinar, sem que exista relação hierárquica com a executiva, cujas funções são planejamento, controle, produção técnica, etc.); o "princípio da unidade de comando" (deve-se saber exatamente de quem é a autoridade final de comando, bem como a responsabilidade inerente ao exercício da função); o "princípio da definição clara de funções" (que produz maior senso de unidade e maior coordenação, pois uma organização eficiente requer clareza, precisão e boa definição de atribuições); e, ainda, cabe mencionar o "princípio da especialização", (que implica uma correta atribuição de funções a quem possa realizá-las da melhor forma, por ser mais experto).[98] Enfocando de forma contundente a atividade administrativa, embora ultrapassando a mera qualificação dos serviços, Alexandre de Moraes propõe um interessante plexo de oito características que podem ser atribuídas ao princípio da eficiência. A primeira refere-se ao "direcionamento da atividade e dos serviços públicos à efetividade do bem comum"; na medida em que a Constituição Federal prevê no inciso IV do artigo 3º, como finalidade da República a promoção do "bem de todos", sem discriminações, cabe ao legislador ordinário e ao intérprete concretizar o mandamento. Conforme o autor, tem íntima ligação essa característica com o respeito do princípio implícito do respeito ao interesse público.[99] A segunda, é a "imparcialidade", pois somente essa possibilita uma atuação independente de interesses alheios aos inerentes ao exercício da função administrativa, expelindo interferências indevidas, de cunho privado. A terceira é a "neutralidade": o Estado somente é eficiente se na resolução dos conflitos de interesse valora igualmente e com justiça as posições em "jogo". A quarta é a "transparência": "o princípio da eficiência da administração pública pretende o combate à ineficiência formal, inclusive com condutas positivas contra a prática de subornos, corrupção e tráfico de influência".[100] Já a quinta característica afirma-se como a "participação e aproximação dos serviços públicos da população", ou seja, coloca-se em prática o "princípio da gestão participativa", que é decorrente direto da soberania popular e da democracia representativa, que são princípios previstos no parágrafo único do artigo 1º da Constituição.[101] A sexta é a "eficácia", que significa, na visão do

---

[98] HARRIS, Joseph P. *Dinamica della Pubblica Amministrazione nello Estato Contemporaneo, op. cit.*, p. 33 e ss.
[99] MORAES, Alexandre de. *Reforma Administrativa*: Emenda Constitucional nº 19/98. 2 ed. São Paulo: Atlas, 1999, p. 30.
[100] MORAES, Alexandre de. *Reforma Administrativa..., op. cit.*, p. 31.
[101] Esta característica implica, segundo o autor, na prática da "intervenção nos órgãos de gestão dos serviços não apenas de profissionais burocratas, mas também de representantes das comunidades em que os serviços estão inseridos (cogestão de serviços administrativos)". Cf.: MORAES, Alexandre de. *Reforma Administrativa..., op. cit.*, p. 32.

autor, a necessidade do adimplemento pelos entes administrativos das finalidades que lhe são próprias, impostas pela competência que lhes foi atribuída. A sétima é a "desburocratização", que é entendida como a forma de evitar a burocracia enquanto "entidade substancial, impessoal e hierarquizada, com interesses próprios, alheios à legitimação democrática, divorciados dos interesses da população". E, finalmente, a oitava implica a "busca da qualidade".[102]

Das características que Moraes propõe, as seis primeiras são fatalmente imbricadas com o regime jurídico administrativo imposto pelo sistema constitucional brasileiro. As duas últimas, no entanto, carecem de uma reformulação, para adaptar-se ao Direito Público. A desburocratização, em tese, não implica uma busca pela eficiência, pois o regime burocrático é o eficiente por excelência. Dever-se-ia falar então, em controle dos vícios da autonomização burocrática (e na realidade, é a isso que o autor quer se referir). Já a busca pela implantação de programas de qualidade total é de todo inconveniente, por incompatível com um regime formal, de principiologia jurídica. A Administração deve encontrar meios próprios, que são particularmente compatíveis para com a resolução de uma problemática que é inerente à organização pública e que não se resolve pela adoção de mecanismos que foram construídos para dirimir os problemas inerentes à ineficiência, ou falta de produtividade, do setor privado.

Nesse contexto conducente a uma interpretação constitucional da matéria, deve-se observar que alguns mitos inerentes ao princípio começaram a se dissipar, a partir do momento em que a doutrina e a jurisprudência passaram a tratar do tema.[103] Entre as principais falácias, destacam-se quatro: 1ª) de que seria um despropósito a transposição de um parâmetro da administração gerencial privada para a esfera pública; 2ª) de que eficiência não é parâmetro jurídico; 3ª) de que o controle da eficiência é impossível devido a sua generalidade e abstração; 4ª) de que há o risco de se "derrogar" outros princípios em favor da eficiência.[104]

Primeiro, é uma total inversão acreditar que a eficiência é "princípio" da administração privada. Princípio, em sua conotação jurídica, é norma. E como norma, a eficiência somente impera à Administração Pública, essa sim, que tem o dever de ser eficiente, pois é gestora de bens que pertencem a todos, segundo o princípio republicano. Não é possível, após a superação do personalismo na estrutura política, admitir-se a possibilidade de a Administração ser ineficiente. Tal situação, se existente, sempre configurará uma patologia do sistema. Segundo, é preciso repisar que o princípio da eficiência é norma constitucional, e como tal,

---

[102] MORAES, Alexandre de. *Reforma Administrativa...*, op. cit., p. 34.
[103] A análise destes "mitos" foi desenvolvida preteritamente em outro trabalho. Cf.: GABARDO, Emerson. *Princípio constitucional da eficiência administrativa*, op. cit.
[104] O resumo das quatro falácias foi extraído (e mais amplamente estudado) de um texto escrito em coautoria com Daniel W. Hacham. Cf.: GABARDO, Emerson; HACHEM, Daniel W. Responsabilidade civil do Estado, *faute du service* e o princípio constitucional da eficiência administrativa. *In:* GUERRA, Alexandre D de Mello; PIRES, Luis Manuel Fonseca; BENACCHIO, Marcelo (coord.). *Responsabilidade civil do Estado*: desafios contemporâneos. São Paulo: Quartier Latin, 2010, p. 243 e ss.

impõe um dever ser, com a possibilidade de coação ou sanção (controle jurisdicional, responsabilização funcional, responsabilidade civil, etc.). Afirmar que a eficiência é princípio econômico ou de outra ciência qualquer, e, portanto, metajurídico, é um erro lógico. Qual princípio é ontologicamente jurídico? Talvez somente o da legalidade. O princípio democrático é essencialmente político; o da moralidade, ético; o da justiça, sociológico. O Direito serve-se dessas categorias, incluindo-as no sistema e atribuindo-lhes juridicidade. O mesmo ocorre com a eficiência, e com muita facilidade. Como terceiro ponto, cabe salientar que vários princípios são fluidos quando *a priori* considerados. Essa condição, no entanto, não lhes retira a eficácia jurídica. Até que ponto pode-se saber, de pronto, o que é justo, moral ou democrático? Todavia, não se lhes nega a condição de parâmetros de controle jurídico-normativo. Portanto, a eficiência não necessita de metas pré-definidas para que se torne possível o controle; ao contrário, será mais útil na ausência de padrões (ou seja, no espaço de discricionariedade). Por último, insta considerar, como efetivamente vem fazendo boa parte da doutrina nacional posterior à reforma administrativa, que o princípio da eficiência tem o mesmo grau de hierarquia normativa que os demais da Constituição. Não há qualquer possibilidade de, abstratamente, um princípio afastar ou reduzir o potencial normativo do outro, notadamente, no propalado pseudoconflito entre legalidade e eficiência.[105]

Nesse contexto, é possível concluir que inúmeras possibilidades de implicação prática do princípio da eficiência na organização e na atividade administrativas poderiam ser elencadas, ainda sem que fosse esgotada a temática. No entanto, alguns pontos têm relevância central na seara da teoria da organização e atividade administrativas. Aos poucos, cabe fundamentalmente aos doutrinadores e magistrados, em conjunto com os legisladores, delinear as facetas do princípio da eficiência que, sem dúvida, têm ganhado cada vez mais espaço no cenário jurídico nacional, apesar das justificadas desconfianças que surgiram sincronicamente à transformação constante vivenciada pela mentalidade das sociedades deste início de século XX. Em tempos de proliferação de ideias autoritárias e disseminação da pós-verdade, é importante a defesa insistente de uma interpretação democrática e social da eficiência administrativa.

Referências

ALFONSO, Luciano Parejo. *Eficácia y administración: tres estúdios*. Madrid: Instituto Nacional de Administración Pública, 1995.

ANDREANI, Antonio. *Il principio costituzionale di buon andamento della publica amministrazione*. Padova: CEDAM, 1979.

ARAGÃO, Alexandre Santos de. O princípio da eficiência. *In: Revista de Direito Administrativo*. Rio de Janeiro. Renovar, n. 237, jul./set. 2004.

ARGÜELLO, Katie. *O Ícaro da modernidade: Direito e política em Max Weber*. São Paulo: Acadêmica, 1997, p. 38.

---

[105] Sobre o assunto, ver: DI PIETRO, Maria Sylvia Zanella. *Parcerias na Administração Pública*. 7. ed. São Paulo: Atlas, 2009, p. 294 e ss.

BACELLAR FILHO, Romeu Felipe. *Princípios constitucionais do processo administrativo disciplinar*. São Paulo: Max Limonad, 1998.

BASTOS, Celso Ribeiro. Lei de Segurança Nacional. *In: Reflexões, estudos e pareceres de direito público*. Rio de Janeiro: Forense, 1984.

BOBBIO, Norberto. *El futuro de la democracia*. Tradución de José F. Fernandez Santillán. Cidade do México: Fondo de Cultura Económica, 1996.

BOBBIO, Norberto. *Teoria geral da política*: a filosofia política e as lições dos clássicos. Tradução de Daniela Beccaria Versiani. Rio de Janeiro: Campus, 2000.

BONAVIDES, Paulo. *Curso de Direito Constitucional*. 25. ed. São Paulo: Malheiros, 2010.

BOURDIEU, Pierre. *Contrafogos:* táticas para enfrentar a invasão neoliberal. Tradução de Roberto Leal Ferreira. Campinas: Papirus, 2000.

BRITTO, Carlos Ayres. A supremacia do poder executivo da União na partilha constitucional de competências. *Revista de Direito Público*, São Paulo, Revista dos Tribunais, n. 55/56, jul./dez. 1980.

CARDUCCI, Michele. *Por um direito constitucional altruísta*. Tradução de Sandra Regina Martini Vial, Patrick Lucca da Ros e Cristina Lazzarotto Fortes. Porto Alegre: Livraria do Advogado, 2003.

CASETA, Elio. *Manuale di Diritto Amministrativo*. 12. ed. Milano: Giuffrè, 2010.

CASSIRER, Ernst. *O mito do Estado*. Tradução de Álvaro Cabral. Rio de Janeiro: Zahar, 1976.

CHÂTELET, François; DUHAMEL, Olivier; PISIER-KOUCHNER, Évelyne. *História das idéias políticas*. Tradução de Carlos Nelson Coutinho. Rio de Janeiro: Zahar, 1997.

CLÈVE, Clèmerson Merlin. *O Direito em relação:* ensaios. Curitiba: Veja, 1983.

COSTA, Pietro. Teoria e crítica do Estado de Direito. *In:* COSTA, Pietro; ZOLO, Danilo. (org.). *O Estado de Direito:* história, teoria, crítica. Tradução de Carlo Alberto Dastoli. São Paulo: Martins Fontes, 2006.

DALLARI, Adilson Abreu. Administração Pública no Estado de Direito. *Revista Trimestral de Direito Público*. São Paulo: Malheiros, n. 5, 1994.

D'ANCONA, Matthew. *Pós-verdade:* a nova guerra contra os fatos em tempos de fake news. Tradução: Carlos Szlak. Barueri: Faro Editorial, 2018.

DI PIETRO, Maria Sylvia Zanella. *Parcerias na Administração Pública*. 7. ed. São Paulo: Atlas, 2009.

ECO, Umberto. *A estrutura ausente*: introdução à pesquisa semiológica. 7. ed. Tradução de Pérola de Carvalho. São Paulo: Perspectiva, 1991.

ESTEBAN, Teodoro González. La administración por calidad total y la administración pública. SEMINÁRIO REGIONAL "LOS DESAFIOS DE LAS ADMINISTRACIONES PÚBLICAS FRENTE A LA INTEGRACIÓN REGIONAL. Montevideu: Oficina Nacional do Serviço Civil da Presidência da República Oriental do Uruguai, 1997.

FALZONE, Guido. *Il dovere di buona amministrazione*. Milão: Giufrè, 1953.

FAORO, Raymundo. *Os donos do poder: formação do patronato brasileiro*. 10. ed. São Paulo: O Globo, 2000. v. 2.

FARIA, José Eduardo. *Direito e Economia na democratização brasileira*. São Paulo: Malheiros, 1993.

FÉDER, João. *O Estado sem poder*. São Paulo: Max Limonad, 1997.

FERRAJOLI, Luigi. *Derecho y razón:* teoria del garantismo penal. 3. ed. Tradução de Perfecto Andrés Ibánez et al. Madrid: Trotta, 1998.

FERRAZ JUNIOR, Tércio; MARANHÃO, Juliano S. de Albuquerque. O princípio da eficiência e a gestão empresarial na prestação de serviços públicos: a exploração econômica das margens das rodovias. *Revista de Direito Público da Economia – RDPE*. Belo Horizonte, ano 5, n. 17, p. 191-209, jan./mar. 2007.

FERREIRA FILHO, Manoel Gonçalves. *A democracia no limiar do século XXI*. São Paulo: Saraiva, 2001.

FREITAS, Juarez. *Discricionariedade administrativa e o direito fundamental à boa administração*. São Paulo: Malheiros, 2007.

FREUND, Julien. *Sociologia de Max Weber*. 5. ed. Tradução de Luís Cláudio de Castro e Costa. Rio de Janeiro: Forense, 2000.

GABARDO, Emerson. A felicidade como fundamento teórico do desenvolvimento em um Estado Social. *Revista Digital de Direito Administrativo*, v. 5, n. 1, p. 99-141, 2018.

GABARDO, Emerson. *Eficiência e legitimidade do Estado*. São Paulo: Manole, 2003.

GABARDO, Emerson. *Interesse público e subsidiariedade*: o Estado e a sociedade civil para além do bem e do mal. Belo Horizonte: Fórum, 2009.

GABARDO, Emerson. Os perigos do moralismo político e a necessidade de defesa do direito posto na Constituição da República de 1988. *A&C – Revista de Direito Administrativo & Constitucional*, Belo Horizonte, ano 17, n. 70, p. 65-91, out./dez.

GABARDO, Emerson. *Princípio constitucional da eficiência administrativa*. São Paulo: Dialética, 2002.

GABARDO, Emerson; HACHEM, Daniel W. Responsabilidade civil do Estado, *faute du service* e o princípio constitucional da eficiência administrativa. *In:* GUERRA, Alexandre D de Mello; PIRES, Luis Manuel Fonseca; BENACCHIO, Marcelo (coord.). *Responsabilidade civil do Estado: desafios contemporâneos*. São Paulo: Quartier Latin, 2010.

GALATERIA, Luigi e STIPO, Massimo. *Manuale di Diritto Amministrativo*. 2. ed. Torino: UTET, 1995.

GÉHENNO, Jean-Marie. *O fim da democracia*: um ensaio profundo e visionário sobre o próximo milênio. Tradução de Howard Maurice Johnson e Amaury Temporal. 2. ed. Rio de Janeiro: Bertrand Brasil, 1999.

GIDDENS, Anthony. *A terceira via*: reflexões sobre o impasse político atual e o futuro da social-democracia. Tradução de Maria Luiza X. de A. Borges. Rio de Janeiro: Record, 1999.

GIRARDET, Raoul. *Mitos e mitologias políticas*. Tradução de Maria Lúcia Machado. São Paulo: Companhia das Letras, 1987.

GOYARD-FABRE, Simone. *Os princípios filosóficos do Direito político moderno*. Tradução de Irene A. Paternot. São Paulo: Martins Fontes, 1999.

GUEDES, Francisco Corrêa. *O manto do rei*. Venda Nova: Bertrand Editora, 1991.

GUERRA, Alexandre D de Mello; PIRES, Luis Manuel Fonseca; BENACCHIO, Marcelo (Coords.). *Responsabilidade civil do Estado*: desafios contemporâneos. São Paulo: Quartier Latin, 2010.

HARRIS, Joseph. *Dinamica della Pubblica Amministrazione nello Estato contemporaneo*. Bolonha: Zanichelli, 1957.

LANDI, Guido; POTENZA, Giuseppe; ITALIA, Vittorio. *Manuale di Diritto Amministrativo*. 11. ed. Milão: Dott. A. Giuffrè, 1999.

LEAL, Fernando. Propostas para uma abordagem teórico-metodológica do dever constitucional de eficiência. *Revista Brasileira de Direito Público – RDDP*. Belo Horizonte, ano 4, n. 14, p. 141-166, jul./set. 2006.

LIMA, Abili Lázaro Castro de. *Globalização econômica, política e Direito*: análise de algumas mazelas causadas no plano político-jurídico. Porto Alegre: Sergio Fabris, 2002.

MAMEDE, Gladston. *Semiologia do Direito*: tópicos para um debate referenciado pela animalidade e pela cultura. 2. ed. Porto Alegre: Síntese, 2000.

MEIRELLES, Hely Lopes. *Direito Administrativo brasileiro*. 21. ed. São Paulo: Malheiros, 1996.

MELLO, Celso Antonio Bandeira de. *Curso de Direito Administrativo*. 11. ed. São Paulo: Malheiros, 1999.

MELLO, Celso Antônio Bandeira de. *Curso de Direito Administrativo*. 27. ed. São Paulo: Malheiros, 2010.

MENEGALE, J. Guimarães. *Direito Administrativo e ciência da administração*. 2. ed. Rio de Janeiro: Borsoi, 1950. v. 1.

MODESTO, Paulo. Notas para um debate sobre o princípio da eficiência. *Revista Interesse Público*, São Paulo, Notadez, n. 07, jul./set. 2000.

MORAES, Alexandre de. *Reforma Administrativa*: Emenda Constitucional nº 19/98. 2 ed. São Paulo: Atlas, 1999.

MOREIRA, Egon Bockmann. *Processo administrativo*: princípios constitucionais e a Lei 9.784/1999. 4. ed. São Paulo: Malheiros, 2010.

MOUËL, Jacques Le. *Critica de la eficácia*: etica, verdad y utopía de un mito contemporáneo. Barcelona: Paidós, 1992.

MÜLLER, Friedrich. *Quem é o povo?*: a questão fundamental da democracia. Tradução de Peter Naumann. São Paulo: Max Limonad, 1998.

NEVES, Marcelo. *A constitucionalização simbólica*. 2. ed. São Paulo: Martins Fontes, 2007.

NIETZSCHE, Friedrich Wilhelm. *Assim falava Zaratustra*. Tradução de Eduardo Nunes Fonseca. Curitiba: Hemus, 2000.

NOHARA, Irene Patrícia; MARRARA, Thiago. *Processo administrativo*: Lei nº 9.784/99 comentada. São Paulo: Atlas, 2009.

OHMAE, Kenichi. *O fim do Estado-nação*. Tradução de Ivo Korytowski. Rio de Janeiro: Campus, 1996.

PEREIRA JUNIOR, Jessé Torres. *Da reforma administrativa constitucional*. Rio de Janeiro: Renovar, 2000.

RAMOS FILHO, Wilson. Direito pós-moderno: caos criativo e neoliberalismo. *In*: MARQUES NETO, Agostinho Ramalho *et al*. *Direito e neoliberalismo*: elementos para uma leitura interdisciplinar. Curitiba: EDIBEJ, 1996.

RICO, Manuel Alvarez. *Principios constitucionales de organización de las administraciones públicas*. 2. ed. Madrid: Dykinson, 1997.

RUSCHEL, Ruy Ruben. *Direito constitucional em tempos de crise*. Porto Alegre: Sagra Luzzatto, 1997.

RUSSELL, Bertrand. *O poder*: uma nova análise social. Tradução de Brenno Silveira. São Paulo: Companhia Editora Nacional, 1957.

SANTOS, Alvacir Correa dos. *Princípio da eficiência da Administração Pública*. São Paulo: LTr, 2003.

SANTOS, Boaventura de Sousa. *A crítica da razão indolente*: contra o desperdício da experiência. 2. ed. São Paulo: Cortez, 2000.

SANTOS, Jair Ferreira dos. *O que é pós-moderno*. 4. ed. São Paulo: Brasiliense, 1987.

TOURAINE, Alain. *Crítica da modernidade*. 4. ed. Tradução de Elia Ferreira Edel. Petrópolis: Vozes, 1997.

Informação bibliográfica desse texto, conforme a NBR 6023:2018 da Associação Brasileira de Normas Técnicas (ABNT):

GABARDO, Emerson. A eficiência no desenvolvimento do Estado brasileiro: uma questão política e administrativa. *In*: MARRARA Thiago (coord.). *Princípios de direito administrativo*. 2. ed. rev., ampl. e atual. Belo Horizonte: Fórum, 2021. p. 431-453. ISBN 978-65-5518-166-1.

PRINCÍPIO DA EFICIÊNCIA

GUILHERME ADOLFO DOS SANTOS MENDES

1 Introdução

A investigação dos princípios jurídicos adquiriu, nas últimas duas décadas,[1] relevância e destaque crescentes e hoje seu apogeu pode ser constatado pela publicação de inúmeras obras de envergadura, dedicadas exclusivamente ao tema ou que possuem como objeto principal de pesquisa um ramo jurídico específico, mas o extrapolam para promoverem análises mais amplas, próprias da Teoria Geral do Direito.

Há duas razões que despertaram o interesse da comunidade jurídica para o estudo dos princípios.

Em primeiro lugar, os princípios são os esteios fundamentais de todo o ordenamento. São as máximas que sustentam as demais estruturas jurídicas e, portanto, assumem posição de supremacia. Estão no patamar superior da hierarquia e, desse modo, orientam a edificação de todo o sistema normativo. Sem princípios, o conjunto de prescrições seria apenas um apanhado de regras desconexas, as quais, ao revés de orientar as condutas humanas para alcançar escopos coletivos, conduziriam a sociedade para um caos frívolo. Assim, a compreensão do direito começa necessária e primordialmente pelo estudo dos princípios e neles deve encontrar assento firme.

A outra razão para a investigação dos princípios ter adquirido destaque crescente não possui o mesmo mérito. Assim como as colunas de uma edificação devem possuir mais massa que os pisos e paredes sobre elas apoiados, os princípios também devem possuir maior densidade semântica que as regras jurídicas. Um ordenamento jurídico formado apenas por princípios de significação restrita não suportaria regras de conteúdo mais abrangente, da mesma forma que um prédio de paredes espessas não se sustentaria sobre pilares delgados.

O campo semântico – os possíveis significados – de um princípio deve ser amplo o suficiente para acomodar inúmeras regras que diretamente regulam condutas humanas de forma mais específica.

A maior abertura semântica dos princípios em relação às regras pode ser constatada no próprio processo de positivação do direito. Todos os dias, inúmeras regras são revogadas pelo Parlamento, outras tantas são afastadas pelo Judiciário,

---

[1] Como também atesta Eros Grau, em *Ensaio e discurso sobre a interpretação/aplicação do direito*. São Paulo, Malheiros, 2002, p. 36: "A última década do século passado é marcada, no campo da meditação sobre o direito, pelo paradigma dos princípios".

mas praticamente não se tem notícia da revogação de um princípio ou da sua declaração de inconstitucionalidade.

Essa característica torna o discurso sobre os princípios bem mais consensual que aquele dirigido à análise das regras jurídicas; e sobremaneira mais perene. Um bom texto sobre princípios é recebido pela comunidade acadêmica praticamente sem reações adversas e tem a possibilidade de manter a sua força por décadas sem a necessidade de o autor modificar uma só linha; já, por maior que tenha sido o esmero do Jurista ao estudar certa codificação, ao se pronunciar sobre as regras jurídicas que a compõem, receberá inapelavelmente uma saraivada de críticas e contestações por praticamente todos aqueles que se dispuserem a analisar seu trabalho e, para se manter atual, deverá se empenhar diuturnamente para acompanhar as frequentes mudanças empreendidas pelo Legislador nos textos a que sua obra faz referência.

Em quase todas as épocas, dificilmente alguém discordaria de que os filhos devem ser bem cuidados pelos pais, de que uma moradia acolhedora deve possuir temperatura amena ou de que a leitura enobrece o homem. Todavia, ao afirmarmos que a família deve impor a suas crianças a obrigação de estudar ao menos 4 (quatro) horas por dia, inclusive nos feriados, férias e finais de semana, que a temperatura agradável é de 15º Celsius, e que a leitura de folhetins eróticos incrementa nossas aptidões intelectuais, seguramente seremos contraditados em, ao menos, uma dessas afirmações. Na verdade, independentemente do número de horas de estudo que deveríamos impor aos nossos filhos, sempre seremos contestados por alguém. Uns diriam duas horas; outros, seis, mas não aos finais de semana; haveria ainda aqueles que defenderiam a total liberdade aos filhos para definirem o tempo de estudo. E quanto tempo devemos permitir de acesso à internet? Há alguns anos nem sequer faríamos essa indagação. Também haveria contestações para todo e qualquer nível de temperatura que se afirme como amena. E mesmo em relação à leitura, nenhum livro seria consensual; alguns diriam que ler a Bíblia é uma total perda de tempo, outros fariam idêntica afirmação para a "Origem das Espécies".

Mas qual a razão para tanta discórdia se todos partiram de idênticos pressupostos? Por que motivo as opiniões se alteram com o passar do tempo e novas questões devem ser acrescidas às anteriores?

A especificação significativa.

Quão mais vago for o conteúdo de uma proposição, mais duradoura ela será e menores serão as controvérsias, uma vez que haverá maiores possibilidades para cada um nela enquadrar suas próprias expectativas, mesmo antagônicas entre si. Há anos, a maioria dos países concorda que devem ser reduzidos os níveis de emissão de gás carbônico em razão do aquecimento global, mas discorda severamente sobre qual parcela de redução deve caber a cada um. Talvez nunca cheguem a um acordo sobre esse ponto.

Estabelecer a necessidade de redução dos níveis de poluentes possui a mesma natureza semântica dos princípios jurídicos – como a vedação a empregar tributos com efeito de confisco –, já a fixação do percentual que cada país ou cada empresa deve contribuir para mitigar a poluição está no plano das regras – como proibir a instituição de tributos com alíquotas superiores a 20%.

As discussões no plano dos princípios são, em geral, convergentes (a imensa maioria está de acordo com a necessidade de combate ao aquecimento global, com a vedação ao uso confiscatório de tributos e com a importância da leitura para o homem); já, no patamar das regras, redundam em violentas refregas (os países desenvolvidos defendem o mesmo percentual de redução para todas as nações, ao passo que os emergentes pleiteiam quotas percentualmente diferentes em função do grau de desenvolvimento econômico de cada país; da mesma forma, não há qualquer consenso sobre o nível de alíquota a partir do qual um tributo se torna confiscatório, bem como sobre o tipo de publicação que merece ser lido).

Desse modo, trabalhos com o mesmo nível de acuidade são recebidos com acolhida distinta; os estampidos que ouvimos para obras sobre princípios são, geralmente, de fogos de artifício; já, para livros dedicados à análise de regras, são de artilharia. Ademais, enquanto aquelas amiúde se eternizam, estes são esquecidos e servem apenas para engrossar os acervos bibliográficos ou, no máximo, tornam-se uma curiosidade histórica.

Tais circunstâncias estimulam muitos estudiosos a carregar nas tintas quando tratam de princípios, enquanto se acanham ao analisar diplomas veiculadores de regras. No Direito Tributário, por exemplo, inúmeras são as obras com densas análises sobre os mais diversos princípios (legalidade, segurança jurídica, vedação ao confisco, capacidade contributiva, etc.) e mesmo as antigas são citadas e suas conclusões referendadas pelos pesquisadores com entusiasmo similar ao de quando foram publicadas. Mas quantas investigam com profundidade as leis que disciplinam a contribuição à seguridade social? Quantos estudiosos ainda leem livros dedicados ao exame da legislação do imposto sobre a renda, publicados há cinquenta ou, quiçá, apenas vinte anos atrás?

É mais provável o reconhecimento acadêmico para aqueles que elaboram belas obras sobre princípios, sortidas de orações de refinada estética poética, que para autores de minuciosos e fatigantes tratados sobre as codificações nacionais.

Há mais vantagens em escrever sobre princípios, pois um discurso bem elaborado terá maior probabilidade de conquistar mentes e almas e por muito mais tempo que um sobre regras.

Se, por um lado, a investigação dos princípios adquiriu grande destaque nos tempos atuais em razão de ter-se compreendido que tais prescrições exercem uma função primordial para a edificação do sistema jurídico, por outro, vivemos um momento de exagero em razão das várias vantagens que os próprios estudiosos encontram ao dispensar mais tempo e mais laudas para discorrer sobre um único princípio que sobre codificações inteiras.

O deslocamento das preocupações das regras para os princípios, dos enunciados precisos para os de vasta abertura semântica, daqueles que ensejam agudas, mas necessárias controvérsias, para os de mansa aceitação, torna o discurso doutrinário mais pobre quanto ao seu conteúdo (quantos livros tratam com a profundidade analítica necessária a codificação aduaneira com todas as suas vicissitudes para o Direito Administrativo e o Tributário?) e menos rigoroso na sua exposição, onde o dom artístico de aclamação prevalece, com frequência, sobre o rigor científico de análise.

Este artigo, contudo, tratará justamente de um princípio – o da Eficiência – e não de qualquer regra específica, o que poderia ser considerado uma contradição em relação a tudo que expusemos acima. Não seria lançar mais uma gota num Mediterrâneo de textos sobre princípios, quando sabemos que, logo abaixo, há um Saara de trabalhos acadêmicos sobre inumeráveis regras que compõem o ordenamento pátrio?

Talvez, mas o fato de alertarmos para as deficiências da Doutrina atual que se debruça exageradamente sobre a análise dos princípios em detrimento das regras não nos impede de nos manifestarmos sobre os princípios. Iniciativas particulares diametralmente opostas não teriam o condão de compensar equívocos coletivos. Só serviriam para tornar o nosso próprio discurso também desequilibrado. Afinal, a proeminência da análise dos princípios em relação às regras não se deve apenas a disfunções, mas também, como havíamos afirmado inicialmente, à própria condição de os princípios figurarem como enunciados fundamentais para a edificação da ordem jurídica. Ademais, o Princípio da Eficiência ainda é carente de estudos doutrinários mais acurados. Autores de elevada estatura dispensam pouquíssimas linhas para analisá-lo ou até mesmo aduzem se tratar de uma prescrição de pouca ou nenhuma utilidade para o direito, afirmação com a qual não concordamos.

Desse modo, a despeito de enfrentarmos nesse artigo a análise de um princípio, devemos sempre estar conscientes de que a investigação jurídica empreendida por toda a comunidade acadêmica e por cada jurista em particular não deve adernar para o bordo das prescrições estruturantes do sistema jurídico. A nau das investigações jurídicas, para alcançar porto seguro e evitar os riscos de soçobrar diante das tormentas de edições legislativas, deve sempre se manter aprumada entre as regras e os princípios. Afinal, apesar de a análise dos princípios ser de fundamental importância para compreensão do sistema jurídico e para a sua aplicação, são as regras que realmente importam para as pessoas ao efetivamente modular as suas condutas; ao obrigar, permitir e proibir alguém de fazer ou deixar de fazer alguma coisa. Nada mais adequado, portanto, do que fazer esse alerta num artigo sobre princípios.

2 O conceito de eficiência

A eficiência foi introduzida expressamente no altiplano das dicções constitucionais apenas com a edição da EC nº 19/98, que ampliou a letra do art. 37, *caput*, ao acrescer o referido princípio ao lado de outros quatro originalmente prescritos: Legalidade, Impessoalidade, Moralidade e Publicidade.

Antes dessa modificação, a Doutrina já reclamava que a Administração Pública não deveria pautar suas ações exclusivamente em atenção aos referidos princípios. Outros, ainda que implícitos, deveriam ser atendidos. Dos mais lembrados, estão a supremacia do interesse público sobre o particular, a razoabilidade e a proporcionalidade. A eficiência, ainda que pouco citada, era também apontada como um desses preceitos implícitos que deveriam governar as condutas estatais. Todavia, foi a introdução expressa desse ditame que o trouxe do nadir ao zênite das preocupações do Direito Administrativo.

Todos aqueles que se dedicam ao estudo das regras que disciplinam a Administração Pública devem, desde então, adotar como premissa de investigação que as atividades de execução só atenderiam a contento os reclamos da sociedade estampados na Carta de Direitos, se, além de se pautarem na lei, de evitarem condutas moralmente reprováveis, de não promoverem discriminações e nem de agirem na sombra do controle social, também empreendessem ações eficientes.

Nesse ponto, deve ser colocada uma questão: o que deve ser compreendido por eficiência no domínio das considerações jurídicas? Confundir-se-ia com igual preceito estampado na Ciência da Administração, da Economia ou de outro campo qualquer do conhecimento humano?

Os diplomas normativos, dentre os quais a Constituição, são elaborados com palavras e expressões cuja significação só está ao alcance daqueles que dominam com alguma desenvoltura a língua usada para redigir o texto.

É improvável que um chinês, que nunca morou num país lusófono e que jamais teve lições da língua portuguesa, tenha condições de entender o significado de qualquer trecho dos diplomas jurídicos brasileiros. Não será capaz de compreender textos, frases, e nem sequer palavras isoladas como um mero "não". Já um brasileiro, ainda no nível básico de alfabetização, será capaz de distinguir com relativa precisão "é permitido fumar" de "não é permitido fumar" e se pautar em conformidade com cada uma destas prescrições.

Para compreender o significado da palavra "não" e como modifica o sentido da frase na qual foi inserida, não são necessários domínios superiores da linguagem, restritos a uma comunidade qualquer de especialistas. Bastará o conhecimento da nossa língua materna.

Isso nos legitima então a afirmar ser suficiente a mera alfabetização para possibilitar a alguém compreender plenamente o conjunto integral das dicções legais, a começar da nossa própria Constituição? Seguramente, não.

Um recém-alfabetizado é capaz de interpretar palavras e algumas frases singelas, mas certamente não está apto a compreender as múltiplas sutilezas das obras de Machado de Assis ou de Euclides da Cunha. De igual sorte, está apto para entender regras jurídicas mais simples, como "proibido fumar", mas não o significado de ramos jurídicos inteiros com suas complexas instituições e preceitos.

O exemplo, assim, não teve por objetivo demonstrar ser suficiente o domínio básico da língua nacional para possibilitar que alguém compreenda com plenitude todos os textos escritos em português, como as nossas leis.

Nosso propósito foi o de provar que os corpos superiores de significação são erigidos a partir de unidades mais singelas e com elas guardam relação, mesmo que esta relação não seja de identidade. Por mais rebuscado que possa ser o conhecimento jurídico de um chinês, não estará apto a compreender a ordem jurídica brasileira sem dominar a língua portuguesa. Nesse caso, um brasileiro recém-alfabetizado estará em melhores condições que um professor de direito da Universidade de Pequim ao se deparar, num bar em São Paulo, com o aviso "É proibido fumar".

O discurso do jurista que visa erigir o significado dos textos normativos, entre os quais aquele que se localiza no ápice do ordenamento – a Constituição Federal –, não é possível sem que se esteie em unidades menores de significação. Não é possível, pois, compreender o significado de eficiência para o Direito, sem adotar como ponto de partida o sentido genérico da mesma palavra na língua portuguesa.

Por outro lado, os significados de cada palavra e expressão reunidos num dicionário não foram ali inseridos como uma definição arbitrariamente estabelecida por uma autoridade qualquer. O dicionário não é o ponto de partida para a compreensão de uma língua. Os significados ali depositados por um estudioso são frutos do uso vivo de um dado idioma, do emprego dessas mesmas palavras e expressões em inúmeras searas linguísticas específicas. No dicionário, busca-se unificar, mediante um processo de síntese, o que há de comum aos significados das aparições de cada termo no uso corrente da língua.

Desse modo, a compreensão (a atribuição de significado) de qualquer unidade linguística (uma palavra, uma frase, um parágrafo, etc.) não é um processo que se inicie num ponto previamente estabelecido para terminar noutro especificamente determinado. Sempre há uma teia de significados, ou melhor, um novelo de lã sem pontas soltas.

Compreender qualquer texto é inevitavelmente um processo de correlacioná-lo com muitos outros e determinar o nível e a relevância dessas relações, atividade sempre realizada pelo leitor, amiúde de forma inconsciente, por meio da sua particular capacidade linguística impressa em seu aparato cognitivo por décadas de leituras as mais diversas. Às Ciências, entre as quais a Jurídica, que possuem por objeto de investigação o significado de textos, compete explicitar essas relações.

Não há significados intrínsecos ou absolutos de qualquer texto e nem sua compreensão está restrita a um subdomínio qualquer de escritos. Para interpretar um diploma normativo, o leitor não se vale apenas do sentido de textos jurídicos. Ele estabelece uma vasta gama de relações com outros tantos discursos. O sentido de um texto não está, desse modo, nele mesmo, mas sim num conjunto de conexões com inúmeros outros textos, umas mais próximas, outras mais afastadas. Evidentemente, na construção do significado de qualquer unidade textual de um diploma normativo, os vínculos com outros textos da própria ordem jurídica assumem posição de destaque, mas não são os únicos.

Ademais, o direito é uma manifestação comunicacional. Os diplomas normativos – um texto de lei, por exemplo – apresentam, nesse sentido, a mesma característica de uma carta ou de um livro. São signos passíveis de serem interpretados – como a fumaça, ao longe, que pode nos indicar um incêndio –, mas da fumaça se distinguem, uma vez que não são produzidos por um acontecimento natural, mas sim por outros homens.

Em razão disso, para interpretar, não só as condições do receptor – do intérprete – devem ser consideradas, mas também as do emissor. Uma lei, um decreto, a Constituição Federal, são signos – no caso, textos – enunciados por homens, que se valem do discurso usado por uma dada comunidade. E essa circunstância é crucial para a interpretação jurídica. Quando o legislador disciplina de forma inédita uma determinada atividade social, necessariamente tem que se valer dos termos adotados no discurso específico. Como seria possível regular as atividades do mercado financeiro sem empregar no texto da lei termos como "swap"? Como disciplinar os registros contábeis para fins comerciais sem incorporar ao diploma normativo a expressão "amortização do ágio"? Como estabelecer regras para o comércio eletrônico sem empregar o termo "internet"? E uma vez que tais vocábulos foram incorporados aos textos legais, para o leitor compreender seus significados, só deveria se valer do discurso legislativo? Claro que não.

Para interpretar uma lei que regula o mercado financeiro, sem dúvida é necessário conhecimento jurídico, próprio daqueles que dedicaram suas vidas ao estudo do direito, mas a tarefa é impossível sem que tais pessoas se debrucem sobre livros que expliquem como tais mercados operam, que indiquem qual o significado adotado pelos próprios integrantes da atividade social, agora disciplinada pelo direito. Isso não quer dizer que os significados colhidos nos livros de economia, de contabilidade, de finanças, de administração, de medicina, etc. devam ser incorporados ao se interpretar um diploma normativo na exata extensão dada por tais obras alheias às preocupações de âmbito jurídico, mas interpretar o direito não pode se fechar num processo cíclico e estanque de cotejo entre textos normativos, apenas.

O jurista é, antes de tudo, o semântico do direito. É o pesquisador apto a dizer o sentido das dicções legislativas, mas, para exercer seu ofício a contento, deve estar cônscio de que, apesar do fechamento sintático da ordem jurídica, ela é aberta no plano semântico, isto é, sob o prisma dos significados das palavras e expressões adotadas pelo legislador.

Parte da doutrina, contudo, não tem consciência dessa abertura semântica ou, pior, tem total resistência a ela. Com isso, coloca-se num estado de absoluta perplexidade ao se deparar com um vocábulo até então inédito às discussões jurídicas.

No afã de buscar o sentido de eficiência, servem-se de outros ditames jurídicos, o que conduz uma suposta explicação do alcance do preceito da eficiência a uma total confusão. O sentido lógico de conceituar algo é sobretudo distingui-lo de tudo o mais. Sócrates, ao conceituar homem, não apontou este ou aquele indivíduo em particular, não indicou características acidentais, como portar barba ou vasta cabeleira, nem evidentemente incorreu no equívoco de apontar qualidades que não lhe são próprias, como ladrar ou possuir caninos pronunciados; disse apenas se tratar de um animal *racional*. Ser animal distingue o homem de uma planta e de seres inanimados, como uma pedra; enquanto ser racional o diferencia de todos os outros animais e, de fato, reúne debaixo de uma classe todos os indivíduos que devem ser assim designados e nenhum outro mais; a racionalidade é a característica que nos permite diferenciar um homem de um chimpanzé.

Conceituar é, dessarte, explicitar o conjunto de características únicas de um determinado subdomínio, o que pode ser obtido ao nos valermos, como Sócrates, das características de uma classe superior – o gênero – acrescidas de uma diferença específica.

O gênero a que pertence a eficiência é o dos primados que devem informar a Administração Pública, mas antes de a cotejarmos com outros mandamentos, como amiúde faz apressadamente a Doutrina e, muito menos, apontar erroneamente características que não lhe são próprias, é essencial apresentar os predicados que distinguem esse ditame de todos os demais preceitos. Afirmar que a eficiência resulta, por exemplo, numa atividade transparente é o mesmo que nada dizer; afinal, a transparência é atributo do preceito da publicidade, a qual sem dúvida guarda relação com a eficiência e com ela deve se harmonizar, mas não é um dos seus elementos conceituais.

Se não houver nada que lhe confira um caráter distinto, só nos restaria dizer que a eficiência é um termo redundante em relação aos demais Princípios Administrativos e parar a discussão por aí.

Uma vez fixados os aspectos particulares da Eficiência, poderemos então partir para estabelecer as conexões com os demais ditames jurídicos; com a legalidade, com a moralidade, com a supremacia do interesse público, etc.

Devemos, assim, conceituar eficiência com o propósito de identificar o que lhe é único e particular, para só então buscar encontrar as suas relações com as diversas partes da ordem jurídica, com os demais princípios, com as instituições, com as funções, atividades, etc.

Assim, por várias razões, não é correto conceituar eficiência por meio de um processo de aferição cíclica de outros ditames jurídicos. Só a investigação completa do significado desse termo nos mais diversos domínios sociais, dos mais próximos aos mais afastados, conformando o resultado às funções do discurso normativo, nos permitirá compreender com plenitude o sentido que eficiência deve estampar para o estudo do Direito, mais especificamente para o Direito Administrativo.

O sentido de "eficiência" no Direito guarda relação com o significado de "eficiência" descrito num dicionário de língua portuguesa, bem como com o significado de "eficiência" para as Ciências da Administração e da Economia, mas não os incorpora sem matizá-los com cores próprias.

Não é possível estabelecer o que se deve entender por eficiência no Direito Administrativo, sem nos debruçarmos sobre o significado de base de eficiência na língua de Machado e Camões e sem a colaboração dos demais discursos que já empregam esse mesmo vocábulo, entre outras razões, porque foi dessas fontes que o legislador (o emissor do diploma normativo) colheu o termo para veicular sua mensagem prescritiva para um grupo social (o receptor), que também se encontra imerso nesse mesmo ambiente linguístico.

Sob o aspecto etimológico, eficiência tem como origem o particípio passado do verbo latino *"efficere"*, cujo significado é "realizar" ou "efetuar".

No dicionário analógico da língua portuguesa de Francisco Azevedo, eficiência consta das áreas de significado "grau", "poder", "agência", "utilidade" e "atividade". Na primeira área (grau), eficiência está próxima de termos como "grandeza" e "apogeu"; na segunda (poder), sucede "competência" e "eficácia" e antecede "validez" e "validade"; na terceira (agência), também está ao lado de "eficácia"; na quarta área (utilidade), uma vez mais é contígua a "eficácia", mas é sucedida por "necessidade" e "aptidão"; por fim, na quinta área (atividade) está próxima de termos como "produtividade". É importante destacar que um dicionário analógico busca classificar as palavras em áreas de significação, palavras que são relacionadas em função da maior ou menor similaridade dos seus significados. Ademais, as áreas são ainda agrupadas em categorias e subcategorias ainda mais abrangentes. A área "grau" está contida na classe "relações abstratas", categoria "quantidade" e na subcategoria "simples", junto com a área "quantidade"; as áreas "poder" e "agência" estão também contidas na grande classe de "relações abstratas", mas na categoria "causa", junto com áreas como "força" e "produção", mas o primeiro na subcategoria "relação entre causa e efeito", enquanto a segunda na subcategoria "poder em ação". Enfim, esse tipo de dicionário, ao revés de nos apresentar definições, permite-nos identificar as relações de significado entre as inúmeras palavras que compõem a língua portuguesa e, com isso, aferir o seu significado por aproximações sucessivas.

Todas essas fontes são relevantes para o processo de edificação de significado. Todavia, é indiscutível a enorme relevância dos conhecidos dicionários que nos apresentam, por meio de definições, os diversos sentidos dos termos da nossa língua.

O dicionário Houaiss e o Aulete apresentam diversas significações para eficiência. Para uma exposição completa e precisa, deveríamos apresentar cada uma delas, concatená-las com as mais diversas fontes, como dicionários analógicos e etimológicos, bem como com os inúmeros domínios da linguagem que adotam essa terminologia para seus propósitos particulares, para só então afirmarmos qual significação é a adequada à edificação do sentido de eficiência na nossa seara específica de interesse.

Para o propósito desta exposição, contudo, seremos mais sintéticos. Ao revés de analisar e descartar, um a um, cada significado de eficiência que consta nos referidos dicionários, até sobrar aquele que julgamos ser a base semântica mais adequada aos nossos propósitos de erigir o sentido circunstanciado aos enunciados normativos, vamos apresentá-lo de imediato e justificar nossa escolha.

No Houaiss, é definida como "virtude ou característica de (uma pessoa, um maquinismo, uma técnica, um empreendimento etc.) conseguir o melhor rendimento com o mínimo de erros e/ou de dispêndio de energia, tempo, dinheiro ou meios"; no Aulete, como "qualidade ou capacidade (de alguém, um dispositivo, um método etc.) de ter um bom rendimento em tarefas ou trabalhos com um mínimo de dispêndio (de tempo, recursos, energia etc.)".

É importante, nesse ponto, destacar que as duas definições são praticamente iguais, o que simplifica a investigação, pois evita o trabalho de optar por um dicionário em detrimento do outro e justificar essa opção.

Essas definições são sobremaneira minuciosas e claramente indicam o significado classificado no dicionário analógico na categoria "relação entre causa e efeito", que agrupa predicados aptos a qualificar um ofício que busca um fim, como a Administração Pública. Ademais, são definições elaboradas por meio da generalização do conceito de eficiência em diversas áreas de atividade humana. Na Administração, por exemplo, eficiência é definida como a capacidade de produzir o máximo de resultados com o mínimo de recursos; na Ciência Econômica, eficiência possui a definição de qualidade de uma economia ao obter toda a produção possível com os recursos que tem à disposição.[2] Nos dois territórios, os conceitos de eficiência são especificações da definição geral dos dicionários de língua portuguesa ou, visto por outro ângulo, as definições contidas nos léxicos são generalizações destes dois e de outros conceitos nos diversos domínios sociais.

Podemos, assim, afirmar que uma atividade humana será eficiente se alcançar o mais alto grau daquilo que se propõe obter com o menor nível de sacrifícios.

Dessarte, devemos agora fazer uma série de indagações segregadas em dois tipos.

O primeiro diz respeito aos resultados. O que o direito busca alcançar? Qual é a sua finalidade, portanto? Devemos responder a uma questão teleológica. Mais especificamente, à luz do paradigma jurídico, a que a Administração Pública visa? Quais são seus fins?

O segundo tipo de indagações é relativo aos sacrifícios. Para cumprir seus desígnios, o direito e, mais especificamente, a Administração Pública impõem custos? Para quem? Quais são e de que natureza?

Tanto na Ciência da Administração, quanto e principalmente na Ciência Econômica, os resultados e os custos são aferidos em termos materiais, patrimoniais ou monetários – até o trabalho. Não há dúvidas de que muitos dos custos incorridos pela Administração Pública e vários dos seus resultados podem ser aferidos segundo a dimensão patrimonial, mas será que essa medida é a mais apropriada para dimensionar aquilo que deve ser alcançado por um aparato estatal eficiente?

---

[2] MANKIW, N. Gregory. *Introdução à Economia* [tradução de Allan Vidigal Hastings]. São Paulo, Gengage Learning, 2005, p. 25: "Um resultado é chamado de *eficiente* se a economia está obtendo tudo o que pode dos recursos escassos que tem à disposição".

A definição de eficiência na Ciência da Administração e na Economia guarda total adequação com seus propósitos, mas guardaria com os do Direito?

Devemos lembrar que o significado de qualquer termo guarda relação com os sentidos do mesmo termo em outros contextos, mas não se identifica com eles. Afirmar, assim, que, para compreender o sentido do princípio da eficiência, é necessário identificar o significado deste vocábulo na língua portuguesa e em outros domínios do saber humano, não significa defender que tais sentidos devam ser simplesmente incorporados; pelo contrário, o contexto jurídico, a começar pela sua específica função pragmática de conformar condutas humanas intersubjetivas, é plano essencial para a completa configuração semântica.

Dessa maneira, num patamar genérico, ser eficiente é alcançar o mais alto grau de resultados com o mínimo de sacrifícios, mas não necessariamente materiais. A natureza dos resultados e dos sacrifícios é estabelecida em razão da específica função que a atividade busca desempenhar. Assim, nesse passo, devemos responder qual é a função do Direito, mais especificamente, da Administração Pública? Essa resposta define os resultados que devem ser alcançados e os sacrifícios a serem impostos.

Muitos apontam a pacificação social como a função primordial do direito. Assim como Kelsen[3] e Bobbio,[4] discordamos. Para o primeiro – destacado jusfilósofo austro-americano –, "direito é uma ordem que atribui a todo membro da comunidade seus deveres e, desse modo, sua posição na comunidade, por meio de uma técnica específica, prevendo um ato de coerção, uma sanção dirigida contra o membro da sociedade que não cumpre seu dever[5]" e, portanto, pode ser empregada para alcançar qualquer finalidade. O Direito não é um fim em si mesmo, mas um meio apto a alcançar qualquer fim. Não é o critério teleológico, pois, que define o Direito; este pode variar de sociedade para sociedade. Por conseguinte, só diante de um dado ordenamento jurídico concreto, definido a partir de determinadas coordenadas espaciais e temporais, podemos responder a essa pergunta. Devemos então solver, não a indagação sobre uma suposta função do Direito essencialmente presente a todas as ordens jurídicas, mas sim qual é a finalidade do sistema jurídico pátrio estampada em seu Diploma Súpero.

O fim, como visto, só pode ser encontrado para ordens jurídicas particulares, cada qual com o seu. Ademais, nas complexas sociedades modernas, como

---

[3] *Teoria Pura do Direito*. São Paulo, Martins Fontes, 1995, p. 42: "Mesmo que, portanto, a paz fosse de considerar como um valor moral absoluto, ou como um valor comum a todas as ordens morais positivas – o que, como mais tarde veremos, não é o caso –, não poderia o asseguramento da paz, a pacificação da comunidade jurídica, ser considerado como valor moral essencial a todas as ordens jurídicas, como o 'mínimo ético' comum a todo o Direito".

[4] *Da estrutura à função*. Barueri, Manole, 2007, p. 3: "A finalidade do direito, dizia Thomasius, era evitar o mal maior para a humanidade – a guerra – e garantir o bem menor – a paz. Ora, para garantir a paz, bastam normas que impeçam os diversos membros do corpo social de fazer mal uns aos outros, isto é, bastam precisamente as normas negativas. Thomasius cometeu o erro de apresentar como uma teoria do direito, como uma determinação filosófica da essência do direito, o que era, na realidade, um ideal político – como diríamos hoje, uma ideologia".

[5] *Teoria Geral do Direito e do Estado*. São Paulo, Martins Fontes, 2000, p. 40.

a nossa, o sistema jurídico busca alcançar, não um único desiderato, mas um complexo leque deles, os quais, diante das inúmeras situações concretas, podem ser irreconciliáveis e colidir entre si.

Em razão disso, a nossa Constituição assume um caráter dirigente. Ao estatuir inúmeros fins, muitos dos quais pertencentes a corpos ideológicos historicamente antagônicos, tece às minúcias como devem se harmonizar. Sobre esse ponto, traçamos, noutro trabalho,[6] as seguintes linhas:

> Tantos pormenores no patamar superior da ordem jurídico-nacional decorrem do momento histórico em que se situou o constituinte para edificar um ordenamento jurídico capaz de atender, a um só turno, o clamor por novas e vastas conquistas sociais, sem deixar de firmemente garantir direitos individuais próprios da concepção político-liberal.
>
> É no equilíbrio entre o modelo liberal-clássico, que conclama a presença mínima estatal a fim de possibilitar a realização máxima da personalidade humana por meio de sua liberdade de escolha e de ação, e o social-intervencionista, segundo o qual o Estado é a única organização social capaz de saciar as necessidades básicas daqueles incapazes de se auto-prover, bem como de conter as forças destrutivas internas do modo produtivo capitalista, que se assentam os ditames de nossa Constituição; e para se manter eqüidistante entre ideologias aparentemente antagônicas, necessariamente precisa ser minuciosa.
>
> O compromisso entre duas concepções ideológicas, supostamente irreconciliáveis, impôs ao constituinte um enorme esforço enunciativo. Exigiu a adoção de uma moldura constitucional dirigente; repleta, assim, de ditames que governam a atuação dos Poderes Públicos, pormenor a pormenor.
>
> O Capitalismo é o modelo jurídico-econômico contemplado pela Constituição e, assim, bens produtivos e modo de produção devem essencialmente ficar sob domínio privado. Essa opção se esteia na premissa de a liberdade econômica viabilizar a ação da lei causal da competição, que estimula agentes privados a produzir mais, melhor e com menos recursos materiais e humanos, o que conduz ao contínuo incremento quantitativo e qualitativo das utilidades disponíveis para toda sociedade.
>
> Essa visão sobremaneira otimista acerca do liberalismo econômico foi rechaçada pela História, apesar de retornar periodicamente como doutrina dominante por meio de contornos teóricos mais rebuscados, como no atual Neoliberalismo, cuja apregoada desregulamentação financeira levou quase à desintegração do sistema financeiro mundial neste ano de 2008.
>
> Além do Capitalismo, nos moldes do Liberalismo Clássico, não promover a alocação econômica da forma mais condizente com os anseios do grosso das nações e suas populações, a concepção da liberdade exacerbada, a total ausência de regulação das forças produtivas, resultam, não raro, na própria destruição das bases capitalistas. A experiência humana comprovou que o Estado não é a única forma de organização social repressora; os próprios detentores privados do capital sem os controles adequados reprimem o desenvolvimento alheio e destroem, de tempos em tempos, a si mesmos.
>
> O Capitalismo, numa moldura jurídica liberal clássica, pode ser comparado a um alazão selvagem, dotado de tamanha força motora, que num irrefreado impulso a galope pode não só esmagar criaturas menores, mas até mesmo fraturar suas próprias pernas. Deve, portanto, ser guiado à "rédea-curta", sob pena de derrubar e ferir de morte seu próprio condutor – o Estado.

---

[6] Análise crítica à vedação ao aproveitamento de créditos no simples nacional. *Revista de Direito Tributário*. São Paulo, Malheiros, 2008, p. 152-153.

Dessa forma, o modelo constitucional brasileiro compromete-se, a par de configurar-se economicamente capitalista, com o determinante papel regulamentar tendo por escopo mitigar as fraquezas desse modelo, em especial, pela manutenção de suas bases, isto é, a liberdade concorrencial e a re-alocação produtiva; ademais, apresenta destacada inspiração social. Busca prover a população dos meios mínimos necessários para uma vida digna. Elege igualmente o compromisso de dotar a população em geral de inúmeros direitos considerados, ao lado da liberdade, essenciais: a saúde, a educação, a cultura, etc.

O equilíbrio entre esses dois modelos – o Capitalista-liberal e o Intervencionista-social – informa toda a ordem jurídico-constitucional e, portanto, seus setores (...)

A Constituição brasileira de 1988 é pós-liberal, o que não significa dizer não liberal, uma vez que finca profundas raízes no solo das liberdades. Todavia, sua natureza não é de tubérculo, pois, frondosamente, ergue seus galhos na dimensão dos anseios sociais. De um lado, estatui diversas garantias para o pleno desenvolvimento livre do homem contra a atuação do Estado, de outro, impõe ao próprio aparato público a obrigação de prover direitos de outra ordem àqueles para quem a garantia à liberdade não garante o digno viver.

O Estado deve, pois, se equilibrar entre os deveres de ação e abstenção. Em contrapartida, a liberdade dos administrados não é ilimitada e nem seus contornos são estabelecidos apenas como fronteiras com as liberdades dos demais, as quais incumbiria ao Estado apenas patrulhar. Um vez que incumbe à Administração Pública agir para prover à sociedade uma vasta gama de direitos, da própria sociedade e, portanto, de cada um dos seus membros, tem de colher os meios para a consecução desses fins e, nesse passo, impõe sacrifícios, estabelece deveres que limitam – ainda que não possam extirpar nem mesmo mutilar – as liberdades.

A imposição de deveres é, portanto, o "custo" para a promoção dos direitos que exigem ação e não mera abstenção do aparato estatal.

É dito que as normas ao conformarem condutas permitidas e obrigatórias necessariamente estatuem valores positivos, ao passo que aquelas que prescrevem condutas proibidas, fixam os valores negativos. Kelsen, ao se referir às normas de imposição de deveres, cujo modal deôntico é o obrigatório, afirma que a "conduta que corresponde à norma tem um valor positivo, a conduta que contraria a norma tem um valor negativo".[7]

Ora, se os deveres correspondem a valores positivos, nada mais adequado seria afirmar ser desejável a imposição do maior número de deveres e na maior extensão possível.

Ledo engano.

Essa afirmação confunde dois planos normativos, o das normas de conduta e o das normas de estrutura, plano este que delimita as competências do Poder Público. Num Estado de Direito, os poderes públicos não são absolutos; são delimitados pelo próprio Direito. Nesse patamar, o valor positivo está no preceito

---

[7] *Teoria Pura do Direito*. São Paulo, Martins Fontes, 1995, p. 19.

de se impor o mínimo de deveres aos seus cidadãos, valor que permeia todo o espectro de dicções constitucionais; da liberdade de associação ao direito de propriedade, da livre iniciativa à taxatividade dos tributos, da não intervenção estatal no planejamento familiar ao direito de ir e vir.

A eficiência não se resume, pois, à promoção do mais elevado nível de resultados ao prover a população dos direitos estatuídos pela ordem constitucional, é também e sobretudo garantir tais direitos com o menor sacrifício pela imposição de deveres aos membros desta mesma sociedade.

Apesar do caráter dirigente da Constituição ao minuciosamente estabelecer diretrizes, limites, condições e até meios para consecução dos fins pretendidos, a realidade é sobremaneira mais complexa; na verdade, é infinita. Dessarte, não haveria como, no planalto das normas constitucionais, estabelecer, com os pormenores necessários, como a atuação estatal deveria se comportar para atingir, de forma equilibrada em cada situação concreta, os escopos constitucionalmente fixados. Na verdade, nem sequer a lei, dado o ingente caráter conotativo das normas gerais e abstratas, é capaz de tal feito.

Assim, tal atribuição é entregue, em última instância, à Administração Pública, pois responsável pela realização concreta dos mandamentos superiores, a qual deve se pautar segundo preceitos norteadores, dentre os quais, a eficiência. No exercício de cada competência que lhe é atribuída, no uso de cada poder que lhe é conferido, no desempenho de cada atividade que lhe é confiada, a Administração deve concomitante e diuturnamente buscar conferir o máximo de direitos com o mínimo de deveres.

Valendo-nos novamente das conexões semânticas para aferição do sentido de Eficiência para o Direito Administrativo, ao estudar a eficiência econômica de uma sociedade, os economistas apresentam o chamado modelo das curvas de possibilidade de produção. Tais curvas indicam os pontos de produção nos quais, dado o uso máximo dos recursos disponíveis, não é possível produzir uma utilidade a mais de um tipo sem sacrificar a produção de outro tipo de utilidade; nos pontos internos das curvas, a economia não é eficiente, pois pode ser aumentada a produção de um item sem a redução da produção de um outro. Pontos exteriores à fronteira de eficiência são impossíveis de serem alcançados, mantidas as circunstâncias de análise. Assim, em qualquer ponto na curva, independentemente da relação entre os bens produzidos, a sociedade opera economicamente com máxima eficiência. Dessa forma, a decisão de produzir mais eletrodomésticos no lugar de roupas, mais remédios no lugar de alimentos, mais automóveis no lugar de móveis e utensílios, não altera o grau de eficiência econômica.

De igual sorte, apesar de as finalidades jurídicas não serem aferidas necessariamente em termos materiais, podemos afirmar que há situações em que, dado o contexto social do momento, é factível à Administração Pública ampliar um direito sem mitigar outro e há situações em que isso não é possível.

Ademais, a eficiência econômica é aferida em relação ao uso máximo dos recursos disponíveis, que a difere da eficiência estudada pela Ciência da Administração em que o nível de sacrifícios também é considerado. A administração de uma entidade será plenamente eficiente ao atingir o máximo de resultados com o mesmo nível de custos, mas também ao consumir o mínimo de recursos para o nível desejado de resultados. De igual modo, uma atividade da Administração Pública será também eficiente, fixado o objetivo a alcançar, ao impor à sociedade o menor nível de sacrifícios.

Em diversas situações, as condições de uma dada sociedade impedem que a Administração Pública amplie direitos, sem impor deveres. Nessas mesmas condições, se optar por manter o mesmo patamar de deveres, o implemento ou ampliação de um direito resultará no abrandamento de um outro. Sempre que esse tipo de decisão for necessário, não mais estaremos diante de um juízo de eficiência, mas sim defronte a um dilema de política pública.

A eficiência impõe, de um lado, em face do paradigma liberal, o menor grau de atenuações das liberdades para um mesmo nível de resultados e, de outro, em razão do viés social, que, para um mesmo patamar de sacrifícios, a Administração Pública proveja a sociedade com o máximo de direitos. Atingidas tais condições, optar por um direito no lugar de outro, por aumentar ou reduzir sacrifícios para concomitantemente incrementar ou reduzir direitos, é transitar por inumeráveis pontos de indiferença quanto às considerações de eficiência.

3 Eficiência e os demais princípios do Direito Administrativo

O primado da eficiência possui características próprias que o diferencia de todos os demais enunciados principiológicos da Carta Constitucional e o torna sobremaneira relevante para a completa conformação do regime jurídico a que está submetida a Administração Pública.

Assim, uma vez demarcados seus traços distintivos, podemos, enfim, sem correr o risco de baralhar conceitos, investigar a relação que tal preceito deve guardar com os demais princípios a que a Administração Pública deve se submeter.

A atuação administrativa dos diversos Poderes, nos níveis federal, estadual, distrital e municipal, a atividade de cada um dos seus órgãos e entidades, a particular ação de qualquer um dos seus servidores – ou seja, todas as condutas administrativas – devem se pautar em atenção à ordem completa dos princípios explícitos e implícitos estatuídos no berço dos enunciados constitucionais.

Nesse passo, contudo, devemos indagar: poderia haver conflitos? Numa situação concreta e particular, poderia ser impossível atender um preceito sem desatender outro?

A resposta surpreendente é não, ao menos para o princípio da eficiência em relação aos demais ditames que governam a atuação estatal.

Tal afirmação se contrapõe à posição dominante daqueles que se debruçam sobre o estudo dos princípios, a qual não só aponta essa possibilidade, como apresenta densas formulações teóricas acerca da solução a se adotar.

Com amparo em Dworkin e noutros autores de renome mundial, Grau[8] aponta a distinção lógica entre regras e princípios. Aquelas seriam aplicáveis por completo ou não aplicáveis, numa relação de tudo ou nada; enquanto estes atuariam de forma diversa. Por consequência, no caso de conflitos entre regras, uma delas simplesmente não seria válida, ao passo que o conflito entre princípios resultaria, num caso, aplicação de um em detrimento do outro, porém, noutro caso, aquele que havia sido considerado, mas afastado, poderia agora prevalecer.

Humberto Ávila, em seu *Teoria dos Princípios*, contesta essa distinção entre regras e princípios até então apontada, segundo a qual a solução entre conflitos de princípios se daria no plano concreto sem que qualquer deles perdesse validade no patamar abstrato, ao passo que, no caso das regras, o conflito seria abstrato e solucionado pela invalidade de uma delas ou com a constituição de uma exceção. O autor entende que, também em relação às regras, a solução pode ser alcançada no plano concreto por ponderação de razões, com a aplicação de uma em detrimento de outra, mas sem que signifique "que ela em nada contribui para a decisão[9]".

Vamos, porém, em sentido diametralmente oposto para afirmar que, com efeito, a possibilidade de conflito entre normas, isto é, entre princípios, entre regras e entre regra e princípio, está presente, no mais das vezes, e é um vasto campo para a investigação científica com o fito de proporcionar ao aplicador um aparato mais seguro para formular sua decisão, mas temos também que considerar outra hipótese: a de impossibilidade de conflito.

Há hipóteses em que a norma – no caso, o princípio –, apesar de apresentar aspectos que o distinguem de todos os demais mandamentos, contra eles não se choca, mas se amolda em razão de operar em distintas dimensões.

O grosso dos princípios apresenta âmago finalístico, ao passo que a natureza da eficiência é instrumental. Este ditame, ao contrário da maioria dos demais, não comporta um fim em si mesmo, mas sim um meio para alcançar qualquer escopo; por isso, ajusta-se para definir seu próprio significado, já no plano abstrato, àqueles primados que apresentam caráter teleológico e, por consequência lógica, com eles não conflita.

Desse modo, afirmar que, perante uma dada situação concreta, a eficiência deve ceder diante da legalidade simplesmente não faz sentido, pois aquele primado é definido dentro dos próprios contornos da legalidade. Entre duas condutas legais, uma poderá ser mais eficiente que a outra e é por aquela que a Administração deverá optar, mas jamais haverá qualquer juízo de eficiência entre uma ação legal e outra ilegal.

De igual sorte, o atributo da eficiência não é destinado a sopesar condutas administrativas que maculem a moralidade, a impessoalidade ou a publicidade. Nesses casos, não há que se falar em eficiência sequer para negar esse atributo, pois fazer isso seria cogitar a sua própria possibilidade. Da mesma forma que um telefone

---

[8] *A ordem econômica na Constituição de 1988*. São Paulo, Malheiros, 2002; págs. 97-105.
[9] *Teoria dos Princípios*. São Paulo, Malheiros, 2010, p. 56.

celular mais ou menos saboroso, uma poça d'água elegante ou deselegante, ou uma zebra mais ou menos viscosa são frases destituídas de sentido, é absolutamente vaníloquo dizer que uma determinada atuação estatal desprovida de transparência, de legalidade, de moralidade ou de impessoalidade pode ser ou não eficiente.

A eficiência, por se caracterizar como um preceito instrumental, configura-se semanticamente para qualificar condutas já delimitadas pelos ditames que manifestam um fim. Estes podem se chocar entre si, posto que, em inúmeras situações concretas, os fins podem tomar direções diametralmente opostas, mas, fixado o escopo a se atingir, define-se o campo de aplicação da eficiência, fora do qual não há mais que se perquirir acerca deste atributo.

A eficiência não se conforma apenas aos preceitos explícitos, mas também aos implícitos, como a "supremacia do interesse público sobre o particular"; princípio este que assume enorme relevância para determinarmos o sujeito para quem os resultados jurídicos devem ser buscados e, em relação ao qual, sacrifícios são impostos.

Nesse ponto, é relevante fazer a distinção entre interesse público – dito primário – e interesse individual do Estado – chamado secundário. Este comporta os interesses do Estado como qualquer sujeito de direito; aquele, os interesses da própria sociedade.

Enquanto os particulares – pessoas físicas e jurídicas –, como regra, são livres para agir em seu próprio benefício sem considerar os resultados que suas ações possam ter para o todo social, a Administração Pública só pode atuar em seu benefício, quando tal ação se coadune com o benefício da própria sociedade; do contrário, seus interesses, insularmente apartados, devem ceder aos interesses daqueles a quem deve servir.[10]

A natureza do interesse público determina a eficiência a que o Estado deve almejar, a qual não pode ser dirigida para a busca de melhores resultados e menores custos para a máquina estatal em si, mas sim para a sociedade como um todo. A eficiência da Administração Pública jamais deve ser ensimesmada, mas sempre contextualizada com os anseios da sua população; deve se coadunar com o interesse coletivo, não com os individuais do Estado.

4 Eficiência e as atividades administrativas

Ao analisar o princípio da eficiência, Di Pietro expõe que o referido preceito:

> (...) apresenta, na realidade, dois aspectos: pode ser considerado em relação ao modo de atuação do agente público, do qual se espera o melhor desempenho possível de suas atribuições, para lograr os melhores resultados; e em relação ao modo de organizar,

---

[10] MELLO, Celso Antônio Bandeira de. *Curso de Direito Administrativo*. São Paulo, Malheiros, 2002, p. 76: "(...) o Estado, concebido que é para a realização de interesses públicos (situação, pois, inteiramente diversa da dos particulares), só poderá defender seus próprios interesses privados quando, sobre não se chocarem com os interesses públicos propriamente ditos, coincidam com a realização deles".

estruturar, disciplinar a Administração Pública, também com mesmo objetivo de alcançar os melhores resultados na prestação do serviço público.[11]

Não há reparos, propriamente ditos, a se fazer ao texto da destacada Jurista, mas suas considerações sobre o alcance da Eficiência são sobremaneira acanhadas. Só mapeiam uma diminuta fração do campo de atuação desse preceito e nem sequer apresentam qualquer aspecto que lhe seja particular. Afinal, todo princípio pode ser analisado sob a luz do desempenho particular de cada servidor e da prestação orgânica de serviço público. O funcionário público, ao executar suas atividades, deve se pautar pela eficiência, mas também em conformidade com a legalidade, com foco na moralidade, com atenção à publicidade, com cuidados para não macular a impessoalidade, com os olhos na supremacia do interesse público sobre o particular, etc. De igual sorte, a organização dos serviços públicos deve estar norteada por esses mesmos preceitos. Na verdade, a Administração Pública deve ser analisada não apenas nos seus dois planos extremos, no nível pontual e no universal, mas também nas diversas camadas intermediárias em que se estrutura; desde seus átomos (a atuação pessoal de cada servidor), passando pelas moléculas (as equipes de trabalho), pelas células e tecidos (órgãos subordinados e superiores), pelos organismos (as várias entidades da administração direta e indireta dotadas de personalidade jurídica), até seu arranjo coletivo; camada na qual as diversas entidades, dos variegados níveis, federal, estadual, distrital e municipal, devem se congregar em prol dos escopos constitucionalmente traçados. Cada um desses patamares organizacionais deve possuir esteios na eficiência e também em todos os demais princípios da Administração Pública. No universo das preocupações do Direito Administrativo, todos os primados atuam desde os níveis que precisam ser investigados por lupa até aqueles que só conseguimos apreender com o uso de telescópios.

Ademais, a eficiência não é um preceito que deve nortear apenas a específica, apesar de sobremaneira relevante, atividade administrativa de prestar serviços públicos. Em todos os seus campos, no exercício de cada uma das suas competências e funções, a Administração Pública deve se pautar pela legalidade, moralidade, impessoalidade e publicidade, bem como pela eficiência. Este preceito não é específico deste ou daquele subdomínio de interesses do Direito Administrativo, mas de todos, sem exceções; da prestação de serviços públicos e de suas formas de delegação à disciplina do processo (ou procedimento) administrativo, da imposição de restrições à propriedade privada à gestão dos bens públicos, do exercício do poder de polícia às licitações.

O dever de eficiência não se esgota num determinado nível organizacional – na particular atuação de um servidor ou na estruturação global da entidade –, nem numa determinada seara de atividades – prestação de serviço público. Prover o

---

[11] DI PIETRO, Maria Sylvia Zanella. *Direito Administrativo*. São Paulo, Atlas, 2006, p. 98.

máximo de direitos à sociedade com a imposição mínima de deveres é um vetor que deve nortear toda a atuação administrativa.

Em razão disso, por exemplo, ainda que pudesse oferecer um preço inferior aos demais concorrentes, um agente econômico, para contratar com um município, deve comprovar sua regularidade fiscal em relação também aos tributos federais e estaduais. Note-se que, no caso de débitos do fornecedor apenas no nível federal, o município poderia se favorecer ao conseguir o mesmo resultado com um menor custo, o qual, sob certo aspecto, também é social, pois provindo da imposição de tributos à coletividade. Todavia, essa contratação geraria outro custo à sociedade, a violação ao equilíbrio concorrencial. A redução do custo – nesse caso, econômico – para o orçamento municipal não compensaria a imposição de custos à sociedade, os quais não se limitam àqueles dimensionados pecuniariamente. Vale repisar, nesse ponto, que os resultados e os custos relativos aos fins jurídicos não se limitam a considerações de âmbito patrimonial. Apesar de muitos deles poderem ser aferidos por essa medida – e não negamos a importância dessa avaliação –, tal preocupação, cerne da Economia e da Ciência da Administração, apresenta para o Direito apenas um dos múltiplos aspectos a serem considerados.

Ainda em relação à disciplina das licitações, em função do princípio da ordem econômica, que prevê o tratamento favorecido para as empresas de pequeno porte (art. 170, IX, CF), a Lei Complementar nº 123/06, em seu artigo 44, estabelece que essas empresas terão preferência sobre as demais, mesmo que sua proposta seja superior em até 10% (5%, no caso de pregão) daquela mais bem classificada.

Tal previsão é também informada pela eficiência que deve se conformar, não aos resultados imediatos e aos custos específicos do aparato estatal, mas sim aos ganhos e aos custos para o todo social. Afinal, estimular os pequenos negócios fomenta a criação de mais empresas, muitas das quais, sem compensações, não teriam condições de equilibrar as vantagens naturais de ganhos de escala dos grandes empreendimentos. Com isso, atende-se o duplo escopo de estimular a atividade econômica ao manter um nível sadio de concorrência e de ampliar direitos sociais por meio da expansão da oferta de empregos, uma vez que são justamente as menores unidades que mais oferecem postos de trabalho para o mesmo nível de produção.

Os horizontes da eficiência são amplos e devem sempre ser observados em toda a sua extensão para cada competência administrativa. Em inúmeras oportunidades, contudo, esse primado é aviltado. Na desapropriação por necessidade ou utilidade pública, ou por interesse social, por exemplo, a indenização deve ser justa, prévia e em dinheiro, uma vez que impõe o menor ônus ao proprietário para resultados sociais equivalentes; no entanto, é frequente que gestores públicos, para fazerem caixa maior no período de suas administrações, descumpram essa determinação.

No exercício do poder de polícia, encontramos um dos campos mais férteis para esses amesquinhamentos. Limitar, disciplinar e fiscalizar as atividades dos particulares devem sempre estar em consonância com os múltiplos interesses da coletividade, mas amiúde são colocados em primeiro plano os interesses exclusivos e particulares da máquina estatal.

Com relativa frequência, ao disciplinar uma certa atividade privada, a Administração cria um sem número de encargos com vistas a facilitar a sua ação de fiscalizar e, com isso, reduzir os seus próprios custos. É justamente nesse momento que surge o Estado burocrático na sua acepção mais vil.

Assim, por exemplo, em razão de fraudes que ocorrem na transferência de pontos por delitos à legislação do trânsito, o órgão competente, ao revés de intensificar a fiscalização para punir os infratores, opta pela cômoda disciplina de impor a todos, em grande parte àqueles que cumprem diligentemente seus deveres, mais um ônus, o de comparecer a um cartório.

Não se nega a necessidade de imposição de deveres aos particulares, desde que nos estritos limites da lei, com o fito de potencializar o exercício do poder de polícia e de outras atividades públicas. Todavia, tais imposições devem visar à eficiência do todo coletivo e não apenas à redução dos custos da máquina estatal.

A legítima possibilidade de redução do custo do aparato público por meio do estabelecimento de deveres aos particulares só se ancora no primado da eficiência, quando a redução do sacrifício estatal é maior que o incremento dos sacrifícios impostos aos administrados globalmente considerados. No exemplo precedente, poderia ser alegado que o dever de ir a um cartório não é um ônus sobremaneira elevado em relação à redução dos custos para a máquina fiscalizadora estatal. De fato, tal afirmação estaria correta se focalizássemos um só indivíduo, mas não quando somamos as horas despendidas por todos que devem assim proceder. O Estado amiúde economiza um copo d'água ao impor uma única gota de encargos a cada um dos cidadãos, mas estas gotas, somadas para a população como um todo, muitas vezes enchem uma piscina olímpica; e, mesmo consideradas para um só indivíduo, podem transbordar seu copo já cheio até a boca por outras tantas imposições que, isoladamente consideradas, também representavam outras simples gotas. A burocracia desmedida tem como uma de suas origens o afã para obter uma eficiência simplista do aparato estatal totalmente desvirtuada daquela que deve governar as iniciativas públicas. Para reduzir seus próprios custos "a todo custo", cada gestão que sucede a anterior, ao revés de rever seus procedimentos e revogar imposições à população que não mais guardam razão de ser ou que nunca possuíram tal razão, criam mais e mais encargos ao público.

Outra mazela, supostamente ancorada no primado da eficiência, é a da pseudoespecialização. Com a justificativa de obter um aparato mais eficiente, são criados órgãos e até equipes de trabalho, ditos especializados, mas que não se comunicam entre si e, com isso, transferem o encargo dessa articulação aos particulares com graves danos à Eficiência que efetivamente deve ser almejada.

Não é incomum que, para realizar um mesmo procedimento ou para ter reconhecido um único direito, o administrado tenha que trafegar por um sem par de órgãos; frequentemente, até num único órgão, deve "bater" em mais de uma de suas portas. Deve obter um documento num dos seus setores "especializados" para levar a outro e, depois, a um terceiro. Deve se sujeitar a horários de atendimento díspares e, às vezes, em função dos prazos para cada um dos setores atender o seu pedido, deve iniciar novamente o périplo em razão da publicação de nova disciplina que exige novos documentos ou os mesmos papéis, mas com outras informações, e até com o mesmo conteúdo, mas com novo formato.

Enfim, o primado da eficiência, assim como a legalidade, a moralidade e os demais princípios da Administração Pública, deve informar todas as suas atividades administrativas e nos seus múltiplos níveis organizacionais. Todavia, devemos estar sempre atentos para a sua correta aplicação, uma vez que o exercício de qualquer competência executiva com baixos custos para o aparato estatal, mas com enormes sacrifícios para a sociedade a quem o Estado deve servir, distancia-se, em muito, daquela Eficiência albergada no planalto dos preceitos constitucionalmente estatuídos.

5 Conclusão

O preceito da eficiência informa que o Estado deve sempre primar por ações que busquem prover a população do maior patamar de direitos com a menor imposição de gravames.

Desse modo, a eficiência a ser empreendida não é meramente da Administração Pública, mas sim da administração pública *para a Sociedade*. Esse preceito não se esgota num conjunto estreito de considerações, em que se aferem os custos de cada nível do aparato público em face dos específicos resultados traçados; ele deve ser sempre verificado à luz dos resultados e sacrifícios globais para o todo orgânico do país.

No passado, em especial durante o regime ditatorial, não havia praticamente controle da gestão pública. Desmandos, obras inacabadas, serviços públicos de péssima qualidade ou reservados para poucos apaniguados eram a regra em razão do quase inexistente sistema de controle por órgãos externos ao Executivo e pela sociedade civil. Nesse contexto, o que dizer da atenção a um preceito, ainda não explícito, de eficiência?

A redemocratização afastou o Estado do centro das atenções. Em seu lugar foi posto o cidadão, que passa a usufruir dos direitos e liberdades, nos seus mais diversos e significativos campos e níveis, de forma consciente das inerentes responsabilidades que esta condição impõe e, portanto, dos deveres que devem ser atendidos por todos, mas sempre na exata medida do necessário. A sociedade passa de servo a senhor; o estado, de senhor a servo.

Como todos aqueles que devem servir a alguém, a Administração Pública e, portanto, seus gestores devem ser perenemente avaliados segundo critérios de eficiência. A consciência dessa nova condição, contudo, não foi instantânea. Não se empreendeu imediatamente com a promulgação da Carta Democrática de 1988. Ela é adquirida com o tempo, com a prática diuturna sob um novo paradigma, prática esta que amadurece e consolida novas instituições e concepções.

A realização do primado da eficiência passou, desse modo, por estágios: outrora, uma utopia distante; com a atual Constituição, um desejo próximo; dez anos mais tarde, uma aspiração reafirmada de forma expressa para, hoje, ser considerada nos critérios de controle das gestões públicas, mas ainda segundo parâmetros estreitos.

Precisamos agora iniciar nova etapa. Aferir a gestão pública, nos seus variegados desdobramentos, à luz da eficiência na sua acepção mais ampla. É tarefa difícil e extremamente complexa, mas nossa jovem democracia já possui a compleição necessária para enfrentar mais esse desafio.

Informação bibliográfica deste texto, conforme a NBR 6023:2018 da Associação Brasileira de Normas Técnicas (ABNT):

MENDES, Guilherme Adolfo dos Santos. Princípio da eficiência. *In*: MARRARA Thiago (coord.). *Princípios de direito administrativo*. 2. ed. rev., ampl. e atual. Belo Horizonte: Fórum, 2021. p. 455-476. ISBN 978-65-5518-166-1.

O PRINCÍPIO DA EFICIÊNCIA

ALEXANDRE SANTOS DE ARAGÃO

O Direito Público do Estado Contemporâneo visa satisfazer determinadas necessidades sociais, sendo vinculado ao atendimento eficiente dos fins sociais e fáticos aos quais se destina.[1]

A eficiência não pode ser entendida apenas como maximização do lucro, mas sim como um melhor exercício das missões de interesse coletivo que incumbe ao Estado,[2] que deve obter a maior realização prática possível das finalidades do ordenamento jurídico, com os menores ônus possíveis, tanto para o próprio Estado, especialmente de índole financeira, como para as liberdades dos cidadãos.

Os resultados práticos da aplicação das normas jurídicas não constituem preocupação apenas sociológica,[3] mas, muito pelo contrário, são elementos essenciais para determinar como, a partir desses dados empíricos, devam ser interpretadas (ou reinterpretadas), legitimando a sua aplicação.

O Direito deixa de ser aquela ciência preocupada apenas com a realização lógica dos seus preceitos; desce do seu pedestal para aferir se esta realização lógica está sendo apta a realizar os seus desígnios na realidade da vida em sociedade. *Uma interpretação/aplicação da lei que não esteja sendo capaz de atingir concreta e materialmente os seus objetivos não pode ser considerada como a interpretação mais correta*. Note-se que essas mudanças metodológicas evidenciam a queda do mito da interpretação como atividade meramente declaratória do que já estava na lei, da única interpretação possível, já que os resultados práticos dessa ou daquela forma de aplicação da norma terão relevante papel na determinação de qual, *entre as diversas interpretações* **plausíveis** existentes, deverá ser adotada, opção que, posteriormente, pode inclusive vir a ser alterada diante da comprovada mudança

---

[1] Fábio Konder Comparato observa que "em radical oposição a essa nomocracia estática, a legitimidade do Estado contemporâneo passou a ser a capacidade de realizar (...) certos objetivos predeterminados". Arremata afirmando que "a legitimidade do Estado passa a fundar-se não na expressão legislativa da soberania popular, mas na realização de finalidades coletivas, a serem realizadas programadamente" (COMPARATO, Fábio Konder. Juízo de constitucionalidade das políticas públicas. In: *Estudos em homenagem a Geraldo Ataliba*. São Paulo: Malheiros, 1997. v. 2, p. 350-351).

[2] MANGANARO, Francesco. *Principio di legalità e semplificazione dell'attività amministrativa*: i profili critici e principi ricostruttivi. Napoli: Edizioni Scientifiche Italiane, 2000, p. 25.

[3] "O momento indica que a luta pela demarcação de campos disciplinares está cada vez mais perdendo o seu ímpeto. NOBERT ELIAS já falava, na década de 70, que a preocupação em separar a História da Sociologia devia ser revista. O mesmo, cremos, vale para a Teoria do Direito, a sociologia e a antropologia. Concluindo, a Teoria do Direito como sistema lógico não poderá suprir-se por si mesma e será cada vez mais exposta às rupturas na sua pretensão de ausência de lacunas e contradições. Uma possibilidade compreensiva, que unifique e reconheça a falta de base Teórica desta Teoria do Direito e a abra para o convívio com outras ciências de maneira não 'colonizadora', ou seja, com prevalência de uma sobre a outra, poderia restabelecer suas características de narrativa lógica" (VERONESE, Alexandre. Os conceitos de sistema jurídico e de direito "em rede": análise sociológica e da teoria do direito. *Plúrima – Revista da Faculdade de Direito da Universidade Federal Fluminense – UFF*, v. 24, p. 147)

dos dados da realidade, que devam ser acompanhados de uma nova estratégia regulatória.

A esse propósito, são essenciais as lições de Lucio Iannotta, para quem, "no que diz respeito à fundamental relação com o princípio da legalidade, a *Administração de resultado – como Administração obrigada a assegurar com rapidez, eficiência, transparência e economicidade, bens e/ou serviços à comunidade e às pessoas – tende, de um lado, a transformar a legalidade mais em uma obrigação de respeito a princípios do que de respeito a preceitos, e, por outro lado, a assumir parâmetros de avaliação de tipo informal e substancial ou até mesmo econômico-empresarial, expressos em termos de quantidade e qualidade dos bens e dos serviços assegurados, de tempestividade das prestações, de quantidade dos recursos empregados, de prejuízos causados a terceiros, de relação custos-benefícios, etc.* A Administração de resultado parece, portanto, carregar consigo um dilema de difícil superação, sobretudo durante a passagem de um modelo de Administração autoritativa, unilateral, unitária, coercitiva e jurídico-formal, para uma Administração caracterizada pelo pluralismo, pela negociação, pelo caráter residual e subsidiário do emprego da autoridade, etc. Este dilema é constituído por dois termos: redimensionamento da lei e sua relevância no limite dos resultados alcançados, ou atenção à lei em todos os seus componentes e relevância dos resultados apenas no limite da observância da lei. No primeiro caso, teríamos a instrumentalização (ou mesmo sacrifício) da lei em relação ao resultado, e no segundo, do resultado em relação à lei."[4]

Sob a mesma inspiração, Enrique Groisman observa que "a mera juridicidade da atuação estatal como elemento de legitimação se tornou insatisfatória a partir do momento em que começou também a ser exigida a obtenção de resultados. Não se considera mais suficiente que os governantes não violem a lei: exige-se deles a redução do desemprego, o crescimento econômico, o combate à pobreza, solução para os problemas de habitação e saúde. A discussão sempre se coloca em relação a quais são as políticas mais adequadas para atingir estes fins, mas não há dúvidas de que a lei deixou de ser apenas um meio para impedir a arbitrariedade para se converter em ponto de partida para uma série de atividades nas quais há uma maior margem de delegação e de discricionariedade e um crescente espaço para a técnica".[5]

---

[4] IANNOTTA, Lucio. Princípio di legalità e amministrazione di risultato. In: *Amministrazione e Legalità*: fonti normativi e ordinamenti (Atti del Convegno, Macerata, 21 e 22 maggio 1999). Milano: Giuffrè Editore, 2000, p. 37/8, grifos nossos. Mais adiante, o autor italiano vai ainda além, afirmando, diante da eficácia expansiva dos direitos fundamentais, que, "à luz do princípio (F. SATTA), hoje cada vez mais aplicado, pelo qual a Administração, salvo expressa vedação da lei, pode sempre adotar os instrumentos mais idôneos para realizar os fins impostos ou indicados pelas leis, a Administração – sempre que não sejam possíveis até mesmo a interpretação de adequação ou a desaplicação, em razão da clareza do dispositivo limitador de direitos fundamentais e pela correspondência integral dos fatos a ele – poderá e, portanto, deverá, diante de direitos fundamentais injustamente atingidos, buscar outras vias que não produzam tal efeito" (autor e *op. cit.*, p. 46).

[5] GROISMAN, Enrique. Crisis y actualidad del Derecho Administrativo Económico. *Revista de Derecho Industrial*, v. 42, p. 894, passagem na qual o autor lembra que "esta situação suscitou o comentário paradoxo de que 'o direito não pertence mais aos juristas'". Antonio Martínez Marín assevera que "a legitimidade democrática da origem não basta para justificar o poder público. Também é imprescindível a legitimidade do exercício" (MARÍN, Antonio Martínez. *El buen funcionamiento de los servicios públicos*. Madrid: Tecnos, 1990, p. 13).

Uma breve atenção merece a relação entre a eficiência e a tecnicidade do Direito Público contemporâneo, "tecnicidade relacionada com a especificidade das atividades a serem disciplinadas, que necessitam de normas pontuais, remetidas à autonomia de órgãos técnicos, o que assegura a organização de setores específicos, assegurando a flexibilidade e a permeabilidade às exigências da sociedade econômica".[6]

O dilema deve, a nosso ver, ser resolvido não pelo menosprezo da lei, mas pela valorização dos seus elementos finalísticos. É sob esse prisma que as regras legais devem ser interpretadas e aplicadas, ou seja, todo ato, normativo ou concreto, só será válido ou validamente aplicado, se, *ex vi* do princípio da eficiência (art. 37, *caput*, CF), for a maneira mais eficiente ou, na impossibilidade de se definir esta, se for pelo menos uma maneira razoavelmente eficiente de realização dos objetivos fixados pelo ordenamento jurídico.

O princípio da eficiência de forma alguma visa a mitigar ou a ponderar o princípio da legalidade, mas sim a embeber a legalidade de uma nova lógica, determinando a insurgência de uma legalidade finalística e material – dos resultados práticos alcançados –, e não mais uma legalidade meramente formal e abstrata.

É dessa maneira que a aplicação *tout court* das regras legais deve ser temperada, não apenas pela outrora propugnada equidade, mas pela realização das finalidades constitucionais e legais aplicáveis à espécie.

O princípio constitucional da eficiência (art. 37, *caput*, CF) não legitima a aplicação cega de regras legais (ou de outro grau hierárquico), que leve a uma consecução ineficiente ou menos eficiente dos objetivos legais primários. As normas jurídicas "passam a ter o seu critério de validade aferido não apenas em virtude da higidez do seu procedimento criador, como da sua aptidão para atender aos objetivos da política pública, além da sua capacidade de resolver os males que esta pretende combater".[7]

O princípio da eficiência se vê ainda mais reforçado pelo conflito positivo que possui com o princípio da proporcionalidade, já que também por força deste, em seus elementos "adequação" e "necessidade", não se poderia impor a adoção de meio (normalmente uma interpretação) inadequado ou desnecessariamente oneroso ao atingimento das finalidades legais, pelo simples apego a uma legalidade formal, impondo-se uma legalidade material, cujo substrato se encontraria na eficiente e menos onerosa possível realização dos objetivos constitucionais que estiverem em jogo.[8] "Na Administração de resultado, o Princípio da Legalidade

---

[6] COCOZZA, Francesco. *Profili di Diritto Costituzionale applicato all'Edconomia*. Torino: G. Giappichelli Editore, 1999. (v. I: Incidenza dei rapporti economici sull'organizzazione del potere politico e sul sistema delle fonti del diritto, p. 171).

[7] MORAND, Charles-Albert. *Le droit néo-moderne des politiques publiques*, Paris: LGDJ, 1999, p. 95.

[8] "Em função do objetivo (do fim, da vontade do Legislador) a ser realizado (também com a participação dos privados: essencial também para uma melhor identificação dos interesses envolvidos), a Administração deve construir uma decisão concreta e operativa, que conserve o mais possível os bens pessoais não incompatíveis com o bem-direito de relevância pública e que satisfaça o maior número de interesses possível, satisfazendo, desta forma, o maior número de direitos fundamentais" (IANNOTTA, Lucio. Princípio di legalità e amministrazione

implica na indefectível aplicação das normas que geram bons resultados; mas também implica na impossibilidade de aplicar normas que geram maus resultados. (...) O Princípio da Legalidade relacionado com o resultado impõe, sobretudo, que o bem seja reivindicado no plano substancial': tal legalidade exclui a operatividade de previsões irrelevantes em relação ao resultado administrativo."[9]

Estamos diante de uma importante mudança na estrutura das normas jurídicas.[10] O modelo das normas jurídicas "hipótese de incidência → sanção" continua a existir, mas não é mais o único nem o mais importante, a ele tendo se somado o das normas jurídicas estruturadas pelo esquema "finalidades → meios de alcance destas finalidades".[11]

Norberto Bobbio observa que "se trata da passagem de um controle social fundado principalmente sobre normas providas de sanções ('Se fizer, ou não fizer, x, lhe será imputada a consequência y'), ao controle social confiado cada vez mais a normas técnicas cuja força deriva da relação meio-fim, ou seja, do fato de que a realização ou não de certa ação não permite alcançar o fim desejado ou imposto".[12]

Não se trata de descumprir a lei, mas apenas de, no processo de sua aplicação, prestigiar os seus objetivos maiores em relação à observância pura e simples de suas regras, cuja aplicação pode, em alguns casos concretos, se revelar antitética àqueles. Há uma espécie de hierarquia imprópria entre as meras regras contidas nas leis e os seus objetivos, de forma que a aplicação daquelas só se legitima enquanto constituir meio adequado à realização destes.

Nas palavras de Lucio Iannotta, "a interpretação da norma é obviamente finalizada à aplicação a uma realidade delimitada e circunscrita. Quem decide, sobretudo na fase de emissão da decisão, deve colher na norma, prioritariamente, os objetivos das leis, os fins, a vontade do legislador. Os bens que a norma quis proteger e, portanto, o resultado que quis alcançar; devendo-se *distinguir, portanto, no interior da norma, aquilo que é verdadeiramente finalístico (bens a serem protegidos, males a serem evitados) dos outros componentes (meios, instrumentos, formas)* correspondentes aos vários planos da realidade reproduzida e sintetizada pela norma".[13]

---

di risultato. In: *Amministrazione e legalità:* fonti normativi e ordinamenti (Atti del Convegno, Macerata, 21 e 22 maggio 1999). Milano: Giuffrè Editore, 2000, p. 45).

[9] MANGANARO, Francesco. *Principio di Legalità e Semplificazione dell'Attività Amministrativa*: i profili critici e principi ricostruttivi. Napoli: Edizioni Scientifiche Italiane, 2000, p. 174.

[10] MORAND, Charles-Albert. *Le droit néo-moderne des politiques publiques*. Paris: LGDJ, 1999, p. 101-102.

[11] Revelando a aplicação destas mudanças da Teoria Geral do Direito ao Direito Administrativo, Eduardo García De Enterría afirma que a noção meramente subsuntiva ou "declaratória" do direito "é própria dos sistemas jurídicos *private law oriented*, ordenados pelo Direito Privado (próprio de uma época pré-industrial e agrícola), que permite que se considere o direito como um sistema fechado de conceitos, próprio de uma sociedade estática, mas que é inconciliável com a época atual de proliferação e predomínio do Direito Público, que exige que vejamos o Direito como um processo aberto em função de finalidades e objetivos a alcançar; o Direito Público – acresce – é um processo sem fim, uma indefinida sucessão de soluções parciais a questões políticas" (ENTERRÍA, Eduardo García de. *La Constitución como norma y el Tribunal Constitucional*. Madrid: Civitas, p. 181-182).

[12] BOBBIO, Norberto. *Dalla Struttura alla Funzione*: nuovi studi di teoria del diritto. Milano: Edizioni di Comunità, 1977, p. 54.

[13] IANNOTTA, Lucio. Principio di legalità e amministrazione di risultato. In: *Amministrazione e legalità*: fonti normativi e ordinamenti (Atti del Convegno, Macerata, 21 e 22 maggio 1999). Milano: Giuffrè Editore, 2000, p. 44-45.

Na busca da realização dos fins últimos da lei, o Direito (e, sobretudo, o seu aplicador), para ser eficiente, deve buscar compreender os códigos do sistema social regulado, buscando, através da permeabilização das fronteiras do subsistema jurídico com os demais subsistemas sociais, em especial o econômico, o acoplamento de suas respectivas lógicas, a fim de que as finalidades legais não sejam realizadas apenas no "Diário Oficial", mas também na realidade prática do setor regulado.[14]

Gunther Teubner[15] adverte que "não podemos esquecer que as operações econômicas podem ficar indiferentes às normas jurídicas. Se a determinação jurídica não pode ser executada senão ao preço da abolição de um código econômico (o que é pouco provável para a economia como um todo, mas muito provável para setores particulares), o acoplamento estrutural (entre os dois sistemas) não é possível. Neste caso, a economia praticará a desobediência civil, prevalecendo-se dos valores mais elevados de sua instituição e escapará pelos mercados negros. (...) Não ignoramos que o Ministério Público e a polícia estarão lá! Mas se a proibição se impõe à força da baioneta é porque o código do poder tomou o lugar do código da economia e a satisfação das necessidades políticas substituiu a satisfação das necessidades econômicas. Esta situação tem o mérito de revelar as vantagens e desvantagens de uma economia esteada no mercado, mas nós podemos, apesar de tudo, *nos perguntar se é mesmo com os recursos limitados da baioneta que nos interessa tratar do tema da regulação jurídica da sociedade*. (...) Um sistema é estruturalmente acoplado ao seu ambiente (o sistema regulado) quando os eventos que nele se desenvolvem representam perturbações que servem para melhorar ou modificar as suas próprias estruturas. Se ele domina a distinção entre a autorreferência e a hetero-referência, ele *pode utilizar os acoplamentos estruturais para se emancipar do seu ambiente, na medida em que 'ele pode considerar as suas exigências como condições de suas próprias operações, como irritações ou mesmo como chances'*". Se os acoplamentos estruturais lograrem ser duráveis, intensos e institucionalmente de qualidade, terão cumprido as condições necessárias para a necessária comunicação intersistêmica.

Devemos atentar que, já na década de 1970, Norberto Bobbio notava a emergência de uma "Teoria Realista do Direito, que volta a sua atenção mais à efetividade que à validade formal das normas jurídicas, colocando o acento, mais do que sobre a autossuficiência do sistema jurídico, sobre a inter-relação entre sistema jurídico e sistema econômico, entre sistema jurídico e sistema político, entre

---

[14] Nas palavras de Niklas Luhmann, "o sistema jurídico é um sistema normativamente fechado, mas cognitivamente aberto" (LUHMANN, Niklas. l'autoriproduzione del diritto e i suoi limiti. *In: Politica del Diritto*. v. 12, p. 41). Comentando a teoria de Luhmann, Celso Fernandes Campilongo afirma que "fechamento operacional não é sinônimo de irrelevância do ambiente ou de isolamento causal. Por isso, paradoxalmente, o fechamento operativo de um sistema é condição para sua própria abertura" (CAMPILONGO, Celso Fernandes. *Política, sistema jurídico e decisão judicial*. São Paulo: Max Limonad, 2002, p. 67).

[15] TEUBNER, Gunther. *Droit et reflexivité*: l'auto-référence en droit et dans l'organisation. Tradução de Nathalie Boucquey. Paris: LGDJ-Bruylant, 1996, p. 157, 159.

sistema jurídico e sistema social em seu conjunto, (...) procurando o seu objeto, em última instância, não tanto nas regras do sistema dado, mas sim na análise das relações e dos valores sociais dos quais se extraem as regras dos sistemas. (...) A ciência jurídica não é mais uma ilha, mas uma região entre outras de um vasto continente".[16]

Informação bibliográfica deste texto, conforme a NBR 6023:2018 da Associação Brasileira de Normas Técnicas (ABNT):

ARAGÃO, Alexandre Santos de. O princípio da eficiência. *In*: MARRARA Thiago (coord.). *Princípios de direito administrativo*. 2. ed. rev., ampl. e atual. Belo Horizonte: Fórum, 2021. p. 477-482. ISBN 978-65-5518-166-1.

---

[16] BOBBIO, Norberto. *Dalla struttura alla funzione*: nuovi studi di teoria del diritto. Milano: Edizioni di Comunità, 1977, p. 56.

O PRINCÍPIO DA EFICIÊNCIA E O DIREITO FUNDAMENTAL À BOA ADMINISTRAÇÃO

BRUNO SANTOS CUNHA

1 Nota introdutória

Quando se pretende levar a cabo um estudo pormenorizado acerca da existência e das implicações práticas de um direito fundamental à boa administração no ordenamento jurídico brasileiro (ou mesmo um dever de boa administração), necessário perquirir as origens de tal construção, sobretudo à vista do princípio da eficiência, expressamente previsto em nosso ordenamento (art. 37, *caput*, da CF/88).

É que, muito embora ainda não haja expressão formal do direito fundamental à boa administração no direito brasileiro (ao contrário do ordenamento comunitário europeu e italiano, por exemplo, que o trazem de forma textual expressa, conforme será visto), toda sua concretização e formulação prática, seja no ambiente brasileiro ou estrangeiro, decorre direta e imediatamente dos princípios informativos da Administração (e do direito administrativo).

No ponto, o princípio da eficiência apresenta-se como um dos sustentáculos da formulação dogmática de tal direito fundamental, sendo certa a necessidade de que as atuações estatais sejam pautadas, em termos de qualidade, por padrões de eficiência e mensuração de resultados, a ampliar o espectro de controle e a evidenciar a boa administração.

Neste estudo, o que se pretende apresentar são os fundamentos de tal direito à luz de nosso ordenamento, dando enfoque aos princípios de direito administrativo como supedâneo para tal. Assim, cabe iniciar o ensaio com uma contextualização histórica da Administração Pública, enfocando a gênese da boa administração e o controle da atividade administrativa. Em seguida, passa-se a uma apresentação dos modelos de gestão pública e sua conexão com a boa administração, em uma leitura a partir dos movimentos de reforma do Estado e do *New Public Management (NPM)*. Na sequência, adentra-se a construção da noção de boa administração no ambiente jurídico, alçando-se o princípio da eficiência como um alicerce para tal. Por fim, expõem-se as conclusões deste percurso.

2 Contextualização histórica da Administração Pública: a boa administração e o controle da atuação administrativa

A caracterização de um direito fundamental à boa administração traz consigo a necessidade de que seja entendido o atual patamar jurídico-constitucional da Administração Pública e, bem assim, seu trilhar histórico até os dias atuais. Neste quadro, importa revelar que o chamado novo perfil de Administração Pública (ou, em outras palavras, a Nova Administração Pública)[1] é sedimentado, em muito, a partir dos caracteres de eficiência e do direito fundamental à boa administração.

Em síntese – e conforme será abordado ao longo do presente trabalho –, o que se quer evidenciar é que esse chamado novo modelo de Administração, embora de difícil conceituação direta e pragmática, é notadamente marcado por um forte viés democrático, participativo, consensual, alinhado a princípios constitucionais e direitos fundamentais, e, sobretudo, é pautado pela obtenção de resultados, já que são justamente esses resultados, como decorrência da eficiente atuação administrativa, que darão legitimidade à Administração no atual estágio constitucional. É que, diante de tal quadro constitucional, a Administração Pública é vista, muito mais do que outrora, como o *locus* inicial de construção e concretização de direitos fundamentais, individuais e sociais.

De fato, o que esse novo perfil de Administração acaba por revelar, como bem acentua a doutrina,[2] é a necessidade de que o Direito Administrativo volte a andar de mãos dadas com o Direito Constitucional, a privilegiar as atuações administrativas tendentes à concretização dos direitos fundamentais encartados na Constituição, sobretudo pelo fato de que o marco dos estudos sistematizados do Direito Constitucional, de um lado, e do Direito Administrativo, de outro, certamente remonta ao mesmo período histórico, qual seja, o da estruturação e formatação do Estado Moderno, com a concentração do poder político. Nasceram, então, os dois ramos jurídicos, como irmãos, a partir de um mesmo contexto, como verso e anverso da mesma moeda.

O que se vê, no entanto, é que o Direito Administrativo – como um mau irmão, frise-se – não acompanhou o profícuo desenvolvimento do Direito Constitucional, ora pautado pela inarredável necessidade de concretização da dignidade humana como eixo de todo ordenamento. Por certo, tal fato acarretou um verdadeiro descolamento do primeiro em relação ao segundo, sendo que a dogmática do Direito Administrativo, ainda hoje, acaba por refletir um Estado do século XVIII e, sobretudo, XIX.

Ao mesmo tempo, o que se observa no Direito Constitucional é um, por assim dizer, refinamento, que o instaura baseado em direitos e garantias fundamentais do cidadão; ao passo que o Direito Administrativo ainda permanece, em muito, autocentrado, fortemente apegado à figura do Estado impositor, imperativo, baseado nos poderes e prerrogativas da Administração e, com isso, alheio ao administrado e a seus direitos.

De se ver, pois, que o descolamento acima referido chega a ser curioso, principalmente quando se vislumbra o Direito Administrativo como o direito

---

[1] Vide: MIRAGEM, Bruno. *A nova administração pública e o direito administrativo*. São Paulo: Revista dos Tribunais, 2011.

[2] Veja-se, para tal: BINEMBOJM, Gustavo. *Uma teoria do direito administrativo:* direitos fundamentais, democracia e constitucionalização. Rio de Janeiro: Renovar, 2006, p. 18 e ss.

adjetivo da Constituição, ou seja, aquele ramo jurídico cujo fim precípuo é justamente a implementação e concretização da Constituição e, por conseguinte, do Direito Constitucional, como bem acentua Héctor Jorge Escola. No ponto, o aludido autor informa que a atribuição do que vem a ser o interesse público cabe à Constituição, enquanto definidora dos rumos políticos do Estado; por outro lado, o fundamento do Direito Administrativo é justamente a concretização de tais pautas, isto é, daquilo que é estabelecido enquanto bem comum. Assim, eis a conclusão do administrativista argentino:

> El interés público, de tal modo, es la verdadera razón de ser y la verdadera explicación del derecho administrativo, su real fundamento, lo que permite superar la afirmación de que el derecho administrativo es el derecho de la administración pública, para reemplazarla por la más exacta y general, a nuestro juicio, de que el derecho administrativo es el derecho de linterés público, pretendido a través de la actividad administrativa.[3]

De qualquer sorte – e remontando ao recorte histórico inicialmente debatido –, é de se ver que, em linhas gerais, o início dos estudos sistematizados acerca do Direito Administrativo e Constitucional é marcado por um Estado organizado em função da autoridade soberana, com uma sociedade polarizada entre o soberano e os súditos. Em tal contexto, fácil vislumbrar uma construção social "estratificada, fechada e sujeita apenas a um direito cogente, que vertia exclusivamente de uma só fonte: a pessoa detentora de soberania".[4]

Em vistas disso – e da notável dualidade havida entre soberanos e súditos no recém-instaurado Estado –, o que se tem é uma hipertrofia do poder soberano em detrimento dos cidadãos. Nesse ponto, então, a noção de controle há de sobrelevar-se, como forma inicial de contenção do poder extroverso.

De fato, é de ver-se a impossibilidade de se pensar o Estado Moderno dissociado da noção de controle. Assim – e em uma linha evolutiva –, é interessante delimitar três momentos distintos dessa correlação entre 'Estado' e 'Controle' para que se possa chegar ao patamar atual da matéria, de forma a apresentar as conexões entre os sistemas de controle da Administração, o princípio da eficiência e o consequente direito fundamental à boa administração pública.

Em um primeiro lugar, resta claro que a formatação do Estado Moderno teve como eixo central a concentração do poder político (soberania) nas mãos de uma só autoridade: o monarca (Estado absolutista). A vontade soberana era a própria vontade do rei e, portanto, infensa a qualquer espécie de controle, visto que, por sua divindade e sacralidade, este não errava.[5] Tinha-se, pois, a noção de um Estado-Polícia, que impunha normas aos indivíduos e não se submetia às mesmas.

---

[3] ESCOLA, Héctor Jorge. *El interés público como fundamento del derecho administrativo*. Buenos Aires: Depalma, 1989, p. 236.
[4] MOREIRA NETO, Diogo de Figueiredo. *Poder, Direito e Estado*: o direito administrativo em tempos de globalização. Belo Horizonte: Fórum, 2011, p. 27.
[5] Em tal quadrante, Celso Antônio Bandeira de Mello bem anota que, "com efeito, é sobejamente conhecida a frase de Laferrière: 'O próprio da soberania é impor-se a todos sem compensação'; bem como as fórmulas regalengas

Em sequência – e já em um segundo momento –, as revoluções liberais burguesas, em resposta ao absolutismo então existente, buscaram a despersonalização de tal poder, sobretudo com base nas teorias contratualistas, segundo as quais a vontade geral substituiria a vontade do soberano para melhor expressar as finalidades estatais. E essa vontade geral seria dada pela lei, formulada pelos representantes do povo nos Parlamentos. Com isso, o Estado, de ser algo marginal e por cima da lei, como era concebido pelo absolutismo monárquico, situava-se agora 'dentro da' e 'submetido à' lei, como um dos muitos sujeitos disciplinados pelo Direito.[6]

Em tal contexto – Estado de Direito –, o controle da Administração baseava-se na assunção formal de cumprimento ou não da lei, com base em um paradigma monolítico e cartesiano de controle-sanção, no qual ou a conduta administrativa era conforme às regras e aos procedimentos legalmente estabelecidos ou não era, sendo a Administração Pública eficiente e otimizada ao passo que cumprisse fidedignamente os estritos ditames legais (legalidade estrita). Tinha-se, pois, uma sindicabilidade restrita da atividade administrativa.

Ainda no ponto – e com espeque na clássica acepção de Seabra Fagundes –, a Administração aplicaria a lei de ofício e, com isso, concretizaria o direito. É que, no campo da Administração Pública, tinha-se um modelo de gestão burocrático e hierarquizado de padrão weberiano; no campo do Direito, a incidência do paradigma positivista de Kelsen, com a redução do Direito à lei. Tudo isso alinhado, apenas, à proteção do indivíduo em face do Estado, a teor do reinante liberalismo individualista e sua burocracia-guardiã, arquitetada para a não intervenção estatal.

De fato, nem a emergência do chamado *Welfare State* (Estado Social, com sua burocracia-prestacional) em complementação ao liberalismo individualista então vigente alterou, de logo, o paradigma de Administração cumpridora mecanizada das leis, já que se tentou meramente uma mudança nas leis, a abarcar novas prestações por parte do Estado. O necessário, certamente, seria uma reformulação da atuação estatal, eis que as novas tarefas da Administração não poderiam ser amoldadas a estruturas e métodos tradicionais (burocracia-guardiã), incapazes de responder às nascentes aspirações sociais.

Em um salto histórico – e nessa apertada síntese –, é possível ver que a alteração do paradigma de controle é visto como um dos instrumentais para efetiva concretização desse novo escopo estatal, que, como é sabido, traz consigo um nítido conteúdo de justiça material.

E que alteração de paradigma de controle é esta?

Na linha do Professor Diogo de Figueiredo Moreira Neto,[7] passa-se de um Estado de Direito legalista formal para um Estado Pós-Moderno, no qual

---

que sintetizavam o espírito norteador da irresponsabilidade: 'Le roi ne peut mal faire', como se afirmava na França, ou: 'The King can do no wrong', que é a equivalente versão inglesa." *In:* BANDEIRA DE MELLO, Celso Antônio. *Curso de direito administrativo.* 18. ed. São Paulo: Malheiros, 2005, p. 925.

[6] ZAGREBELSKY, Gustavo. *El derecho dúctil:* ley, derecho, justicia. 8. ed. Madrid: Trotta, 2008, p. 47.

[7] MOREIRA NETO, Diogo de Figueiredo. *Quatro paradigmas do direito administrativo pós-moderno*: legitimidade, finalidade, eficiência, resultados. Belo Horizonte: Fórum, 2008, p. 28 e ss.

substituem-se a legalidade estrita e a atuação mecanizada pela legitimidade ou juridicidade da Administração (sujeição ao Direito, não à legalidade estrita), com base nos elementos finalidade, eficiência e resultados, a evidenciar verdadeiro direito fundamental à boa administração pública, construído não apenas no sentido de detecção da ilegalidade formal, mas para implementação de ações corretivas no sentido de alcance de resultados e de melhora de desempenho da atuação administrativa em termos materiais.

Em suma, o que se tem é que aos parâmetros de aferição jurídica da ação administrativa então vigentes no Estado Moderno – existência, validade e eficácia – somam-se "quatro novas referências paradigmais – a legitimidade, a finalidade, a eficiência e o resultado – que pautam, em acréscimo às três tradicionais já referidas (...), a ação do Estado administrador público".[8]

Nesta seara, sepulta-se a ideia de que apenas o princípio estrito da legalidade deve servir para o balizamento da atividade de administração pública (em nítido viés de controle-sanção), emergindo a ideia do controle-consenso, com uma aproximação entre fatos e normas e uma valoração substancial da atividade pública. Ou seja, chega-se a uma legalidade temperada ou colorida com outros princípios e manifestações externas, já que a Administração não detém apenas limites jurídico-formais, mas também materiais (sociais e políticos) para alcance de maior eficiência e resultados em sua atuação.

Ganha corpo, então, o chamado controle de gestão ou de eficiência focado no resultado, eis que não se pode limitar o controle a uma simples subsunção à lei, como se à Administração coubesse, ainda em dias atuais, a mera execução mecanizada dos textos legais aprovados pelo Parlamento. De fato – e na linha de Luciano Ferraz –,

> se com o implementar do Estado liberal e dentro da perspectiva de uma Administração Pública executora da lei, o princípio da legalidade e o ato administrativo tornaram-se os paradigmas de controle e avaliação de todo o funcionamento dos aparatos do poder, de sorte que as ações eram tidas como legítimas quando cumprissem o comando da regra geral e abstrata e seguissem os estritos procedimentos traçados, na perspectiva da administração gerencial – sob os influxos dos modernos estudos de ciência da administração –, o controle tradicional – formalista, regulamentarista e rotineiro – demonstra-se obsoleto e ineficaz; e por isso se reorienta o controle para a análise do nível e da forma do cumprimento dos objetivos, medindo os resultados (*performances*); mas também tendo em conta o nível de cumprimento e o respeito aos valores, princípios e códigos éticos de atuação dos organismos públicos e seus agentes.[9]

O que se vê, nesta via, é uma necessidade de releitura da atuação administrativa, sobretudo no tocante ao controle e à discricionariedade, que não pode ser vista

---

[8] *Op. cit.*, p. 29.
[9] FERRAZ, Luciano. Modernização da administração pública e auditorias de programas. *Revista eletrônica sobre a reforma do Estado*. Salvador, n. 4, dezembro 2005, janeiro/fevereiro 2006. Disponível em: http://www.direitodoestado.com.br. Acesso em: 7 jul. 2011.

como uma eleição entre alternativas igualmente válidas ou indiferentes jurídicos, já que limitada pelo Direito por regras, princípios e postulados normativos,[10] dentre os quais – e o que se pretende abordar no presente trabalho – o da eficiência e o consequente direito fundamental à boa Administração.

É que, por certo, o Direito não pode se escusar da tomada de boas decisões (ou, em outras palavras, da boa administração), sendo notória a necessidade de que o controle da decisão final administrativa traga consigo aspectos procedimentais e de responsividade (*accountability*)[11] afetos à boa administração, à governança, com o colorido dos direitos fundamentais e norteados pelas finalidades estatais, a ensejar um notório aprofundamento da sindicabilidade da atuação administrativa e do controle.

Em tal quadrante, o Direito ganha papel de relevo como instrumento de promoção da qualidade da ação administrativa, emprestando vinculação jurídica à noção de boa administração, eis que inevitável o tratamento da qualidade administrativa como objeto e escopo do Direito Administrativo, com a sistematização, sobretudo a partir do princípio da eficiência, do direito fundamental à boa Administração. Assim, não só a ciência da administração, mas também o Direito, deve se ocupar da qualidade da administração.

3 Boa administração e gestão pública: a imbricação com as reformas do Estado

Ao lado da contextualização histórica acima referida acerca da Administração Pública – e de forma não sincrônica –, importa destacar outra série de movimentos que influenciam a caracterização do atual quadro da atuação administrativa brasileira. Nesta seara, as questões atinentes aos modelos de gestão pública e de administração estatal hão de ser sopesadas em face das possíveis e esperadas formas de realização da atividade administrativa. Bem assim, tal cotejo acaba por revelar alguns dos caracteres inerentes à boa administração.

Sem adentrar em maiores digressões – e voltando-se especialmente às últimas décadas de nossa história –, vale apontar que os modelos de administração pública são informados paulatinamente por ondas de mudança (reformas

---

[10] Na esteira de Humberto Ávila, tal instrumental há de ser manejado com espeque na ponderação, na concordância prática, na razoabilidade e na proporcionalidade. Vide: ÁVILA, Humberto. *Teoria dos princípios*: da definição à aplicação dos princípios jurídicos. 8. ed. São Paulo: Malheiros, 2008.

[11] Embora traga consigo um conceito notadamente fluido, é de se dizer que, em termos amplos, o *accountability* representa a necessidade e/ou obrigação de que os membros de um determinado órgão administrativo ou representativo prestem contas a instâncias controladoras ou a seus representados (destinatários). Bem assim, pode ser traduzido para o português como 'responsividade', a indicar "uma série de respostas esperadas dos agentes e instituições públicas, sem significar, necessariamente a aplicação de uma sanção jurídica." É que, na lição de Carlos Alberto de Salles, "as medidas de reforma de Estado não podem afastar ou isolar atividades e funções estatais dos mecanismos de controle e da esfera pública de discussão e debate." Vide: SALLES, Carlos Alberto de. *A arbitragem na solução de controvérsias contratuais da administração pública*. 2010. 458 f. Tese (Livre-Docência) – Faculdade de Direito da Universidade de São Paulo, São Paulo, 2010, p. 121-123.

administrativas) – ainda que seja possível vislumbrar, por vezes, certos marcos temporais em tais evoluções – no sentido de que, em última análise, a atuação administrativa seja condizente com os fins estabelecidos para os entes estatais. Na lição de Vanice Regina Lírio do Valle, importa

> examinar, ainda que brevemente, os movimentos históricos que a literatura especializada apresenta como reformistas, em que as atenções do poder político formalmente constituído se voltaram à arquitetura de uma função administrativa compatível com o modelo de Estado que se vinha transformando. (...)
> O objetivo é aferir se os modelos de administração pública propostos em nossa história mais recente guardavam um diálogo teórico coerente com o que propunha, em cada época, a administração pública enquanto disciplina autônoma.[12]

Em rápida análise – e na esteira de Bresser Pereira –, as reformas administrativas (reformas do Estado) ocorridas no Brasil podem ser alinhadas a partir de três grandes marcos, muito embora já haja expressão na literatura dando conta de uma quarta onda:[13] 1) a reforma burocrática de 1937; 2) a reforma de 1967, em um ensaio de descentralização e desburocratização; 3) a reforma iniciada em 1995, no governo de Fernando Henrique Cardoso, apoiada na proposta de administração pública gerencial.[14]

Nos termos de Bresser Pereira, a reforma burocrática de 1937 – levada a cabo no Brasil pelas mãos de Maurício Nabuco e Luiz Simões Lopes – objetivava suplantar a administração patrimonialista, "que definiu as monarquias absolutas e na qual o patrimônio público e o privado eram confundidos".[15] Para tal, buscava-se "o deslocamento de um esquema de autoridade fundado na tradição das oligarquias rurais, para outra arquitetura de poder, calcada na especialização para o exercício de funções profissionais",[16] tendo como base o mérito profissional e como instrumental a departamentalização, com nítidas divisões organizacionais a partir das variadas tarefas a cargo da Administração.

---

[12] VALLE, Vanice Regina Lírio do. *Direito fundamental à boa administração e governança*: democratizando a função administrativa. 2010. 254 f. Tese (Pós-doutorado em Administração) – Escola Brasileira de Administração Pública e de Empresas, Fundação Getúlio Vargas, Rio de Janeiro, 2010, p. 21.

[13] No ponto, Pedro Thomé de Arruda Neto anota que "no modelo de gestão pública contemporânea brasileira convivem traços identificadores dos quatro momentos histórico-didáticos identificados pelos estudiosos da administração pública, a saber: patrimonialista, burocrático, gerencial e pós-gerencial. Este último, também conhecido como societal ou alternativo, ainda se encontra em construção teórico-pragmática e tem no instituto da democracia participativa constitucional seu elemento essencial." Vide: ARRUDA NETO, Pedro Thomé de. Reforma do Estado e evolução dos modelos de gestão pública no Brasil: a democracia deliberativa como fundamento de uma nova administração pública constitucional. *Revista de direito administrativo*, Rio de Janeiro, n. 253, p. 133-158, jan./abr. 2010.

[14] BRESSER PEREIRA, Luiz Carlos. Da administração pública burocrática à gerencial. *In*: BRESSER PEREIRA, Luiz Carlos; SPINK, Peter (org.). *Reforma do Estado e administração pública gerencial*. 7. ed. Rio de Janeiro: Fundação Getúlio Vargas, 2006, p. 237.

[15] *Op. cit.*, p. 241.

[16] VALLE, Vanice Regina Lírio do. *Direito fundamental à boa administração e governança*: democratizando a função administrativa. 2010. 254 f. Tese (Pós-doutorado em Administração) – Escola Brasileira de Administração Pública e de Empresas, Fundação Getúlio Vargas, Rio de Janeiro, 2010, p. 25.

De toda sorte – e ainda que louvável o intento de separação entre o político e o administrador, a partir de um critério racional-legal –, o paradigma burocrático não se mostrou eficiente. É que, ante tal paradigma, a Administração estaria devidamente legitimada a atuar a partir do momento em que se dedicasse a executar a lei aprovada pelos representantes do povo, o que representaria, em um modelo de racionalidade formal, o paradigma burocrático de legitimação administrativa do direito administrativo clássico, vigente monopolisticamente até meados dos anos setenta do século passado, sendo firmado na esteira de um Estado notadamente liberal (e, portanto, não intervencionista).[17]

Com a transição para um modelo de Estado de cunho notadamente social – com o deslocamento na atuação estatal que, anteriormente, se quedava inerte perante o cidadão e agora deveria assumir uma postura nitidamente prestacional galgada na promoção de uma igualdade material –, a complexidade das novas atuações administrativas revelou a insuficiência da legitimação burocrática até então havida, sendo notória a necessidade de redefinição dos sistemas administrativos, a abarcar as novas competências estatais.[18]

No ponto, Juli Ponce Solé pondera que

> este modelo 'formal' de legitimación administrativa, en la cual la Administración se limitaria a ser una 'correa de transmissión' (...) de la Ley, pudo ser suficiente en el contexto del Estado liberal y mientras la actividad administrativa se limito a la ejecución de programas normativos simples. Sin embargo, el tráfico en el Estado Social y la progressiva extensión y complejidad de las tareas administrativas revelaron la insuficiencia de este modelo de legitimación.[19]

De fato, a crise do modelo burocrático abriu caminho para a instauração paulatina de novos contornos para a gestão pública: a chamada Administração Pública gerencial, galgada, no dizer de Bresser Pereira, nos seguintes preceitos:

> a) descentralização do ponto de vista político, transferindo-se recursos e atribuições para os níveis políticos regionais e locais;

---

[17] PONCE SOLÉ, Juli. Procedimiento administrativo, globalización y buena administración. *In:* PONCE SOLÉ, Juli (coord.). *Derecho administrativo global:* organización, procedimiento, control judicial. Madrid, Barcelona, Buenos Aires: Marcial Pons, Inap, 2010, p. 91.

[18] O tema remonta à montagem e estruturação do Estado Social e, da mesma forma, à formulação de um constitucionalismo social que suplante a ordem estritamente liberal-individualista do Estado Liberal, segundo a qual não competia ao Estado um papel central de guia da sociedade civil para a realização de fins comuns. Fábio Konder Comparato assinala, ainda, que para o Estado Liberal "a grande, senão única, tarefa estatal consiste em propiciar, sob a égide de leis gerais, constantes e uniformes, condições de segurança – física e jurídica – à vida individual". *In:* COMPARATO, Fábio Konder. Ensaio sobre o juízo de constitucionalidade de políticas públicas. *Revista dos tribunais*. São Paulo, ano 86, v. 737, p. 11-22, março, 1997. É que, em suma, "no Estado liberal do século XIX, a Constituição disciplinava somente o poder estatal e os direitos individuais (direitos civis e direitos políticos) ao passo que hoje o Estado social do século XX regula uma esfera muito mais ampla: o poder estatal, a Sociedade e o indivíduo". Vide: BONAVIDES, Paulo. *Curso de direito constitucional*. 18. ed. São Paulo: Malheiros, 2006, p. 229.

[19] PONCE SOLÉ, Juli. Procedimiento administrativo, globalización y buena administración. *In:* PONCE SOLÉ, Juli (coord.). *Derecho administrativo global:* organización, procedimiento, control judicial. Madrid, Barcelona, Buenos Aires: Marcial Pons, Inap, 2010, p. 91.

b) descentralização administrativa, através da delegação de autoridades aos administradores públicos, transformados em gerentes cada vez mais autônomos;

c) organizações com poucos níveis hierárquicos, ao invés de piramidais;

d) pressuposto da confiança limitada e não da desconfiança total;

e) controle *a posteriori*, ao invés do controle rígido, passo a passo, dos processos administrativos;

f) administração voltada para o atendimento do cidadão, ao invés de auto-referida.[20]

Demais disso, é de ver-se que esse novo modelo de gestão pública (gerencial) sedimentava sua construção nas mazelas da experiência burocrática, a saber: 1) descontrole financeiro; 2) falta de responsabilização de gestores e burocratas; 3) politização da burocracia; 4) fragmentação das estatais, com perda de foco de atuação governamental.[21]

De qualquer forma, vale apontar que não se pode vislumbrar um caráter substitutivo pleno em tal acepção, sendo certo rememorar, inclusive, a existência de um "movimento dialético em que há, simultaneamente, incorporações de aspectos do modelo weberiano e a criação de novos instrumentos de gestão",[22] eis que,

> se o formalismo e a rigidez burocrática devem ser atacados como males, alguns alicerces do modelo weberiano podem, porém, constituir uma alavanca para a modernização, principalmente em prol da meritocracia e da separação clara entre o público e o privado.[23]

Em linhas mais gerais – e plenamente adaptáveis ao trilhar acima debatido, ainda que dispostas a partir da experiência dos países da OCDE[24] a partir dos anos 70 e 80 –, Christopher Hood aponta os quatro eixos do chamado *New Public Management* (NPM), representando algumas das tendências internacionais mais marcantes na administração pública contemporânea, em uma agenda de reformas da administração burocrática. Na lição do autor, as ditas megatendências estariam resumidas a: 1) tentativa de desacelerar ou de reverter o crescimento do governo (máquina administrativa) em termos de despesa pública e de pessoal; 2) câmbio em direção à desestatização, a par de um inchaço nas instituições centrais do

---

[20] BRESSER PEREIRA, Luiz Carlos. Da administração pública burocrática à gerencial. *In:* BRESSER PEREIRA, Luiz Carlos; SPINK, Peter (org.). *Reforma do Estado e administração pública gerencial.* 7. ed. Rio de Janeiro: Fundação Getúlio Vargas, 2006, p. 242-243.

[21] ABRUCIO, Fernando Luiz. Trajetória recente da gestão pública brasileira: um balanço crítico e a renovação da agenda de reformas. *Revista de administração pública – RAP.* Edição especial comemorativa 1967-2007. Rio de Janeiro, 2007, p. 68.

[22] *Op. cit.*, p. 74.

[23] *Op. cit.*, p. 75.

[24] OCDE – Organização para Cooperação e Desenvolvimento Econômico. Composta atualmente por 34 países de alta renda e alto IDH – com exceção de Chile, México, Polônia e Turquia –, a OCDE busca a promoção de políticas que melhorem o desenvolvimento econômico e o bem-estar social de pessoas em todo o mundo. Para tal, é organizada como um fórum intergovernamental em que os Estados compartilham experiências e buscam soluções para problemas comuns, sobretudo pela compreensão e análise de mudanças econômicas, sociais e ambientais, a fim de fomentar a produtividade e os fluxos globais de comércio e investimento. Vide: http://www.oecd.org/.

governo, dando ênfase a uma possível subsidiariedade na prestação de serviços, em parceria, por entes não estatais; 3) desenvolvimento e fomento de automação, particularmente em tecnologia da informação, na produção e distribuição de serviços públicos; 4) internacionalização da agenda de gestão, focando-se cada vez mais em questões gerais de gestão pública, de formulação de políticas, de estilos de gestão e em cooperação intergovernamental, a par da antiga tradição de especialização compartimentalizada e isolada de cada país em temáticas de administração pública.[25]

Longe de dúvidas, pois, que o câmbio de influxos de gestão tinha como escopo o atingimento de níveis maiores de satisfação dos cidadãos em face das políticas adotadas, visto que, por ora, alçava-se o cidadão a verdadeiro destinatário das atuações administrativas. Nesse sentido – e com grande alinhamento à noção de boa administração –, Christopher Hood pontua os seguintes aspectos como as pedras de toque da doutrina do *NPM*: 1) profissionalização da gestão pública, com o necessário *accountability*; 2) padrões explícitos e medidas de desempenho, com a definição de metas e indicadores de sucesso; 3) ênfase nos controles de saídas (*outputs* / resultados); 4) desagregação e descentralização de unidades públicas, com a quebra de estruturas monolíticas; 5) maior competição no setor público, a ensejar menores custos e melhor desempenho; 6) utilização do instrumental privado – e mais flexível – na gestão da coisa pública; 7) maior disciplina e parcimônia na utilização de recursos públicos.[26]

Bem de ver, outrossim, que, no contexto jurídico, tal sorte de acontecimentos ganhava expressão, principalmente, com a Emenda Constitucional nº 19/1998, como decorrência jurídica da chamada Reforma do Estado.[27] É que, muito além de proclamar expressamente o princípio da eficiência em sede constitucional, tal manifestação do constituinte derivado reformador modificou o regime e as normas da Administração Pública, dos servidores e dos agentes políticos, alcançando também o controle das despesas e das finanças públicas, "como peças essenciais na criação de uma ordem jurídica que estabeleceu parâmetros de restrição orçamentária e de otimização de políticas",[28] em nítida promoção de um controle de resultados da atividade administrativa.

Assim, vista a contextualização histórica da Administração Pública, em termos gerais, e, bem assim, no tocante à gestão pública e à reforma do Estado,

---

[25] HOOD, Christopher. A public management for all seasons? *Public Administration*, v. 69 n. 1, p. 3-4 mar. 1991.

[26] *Op. cit.*, p. 4-5.

[27] Frise-se, aqui, o movimento de criação do MARE (Ministério da Administração e Reforma do Estado), "comandado pelo ministro Bresser Pereira. Sua plataforma foi erigida a partir de um diagnóstico que ressaltava, sobretudo, o que havia de mais negativo na Constituição de 1988 e apoiava-se fortemente no estudo e tentativa de aprendizado em relação à experiência internacional recente, marcada pela construção da nova gestão pública." Vide: ABRUCIO, Fernando Luiz. Trajetória recente da gestão pública brasileira: um balanço crítico e a renovação da agenda de reformas. *Revista de administração pública – RAP*. Edição especial comemorativa 1967-2007. Rio de Janeiro, 2007, p. 71.

[28] ABRUCIO, Fernando Luiz. Trajetória recente da gestão pública brasileira: um balanço crítico e a renovação da agenda de reformas. *Revista de administração pública – RAP*. Edição especial comemorativa 1967-2007. Rio de Janeiro, 2007, p. 71.

impende minudenciar, a partir de então, as expressões e a fundamentação do direito fundamental à boa administração no cenário jurídico, principalmente quando se tem em vista um trilhar administrativo a privilegiar a aferição e mensuração de resultados, em busca de otimização e eficiência em seu atuar.

4 Expressões e origens da boa administração no ambiente jurídico: a imbricação necessária com a eficiência

A primeira grande questão que se apresenta na discussão sobre o direito fundamental à boa administração reside em sua caracterização e premissas, sobretudo em um ordenamento jurídico como o brasileiro, que não o consagra de forma expressa. Desta feita, como seria possível tal discussão no ambiente nacional? Quais caracteres do direito estrangeiro podem ser utilizados para alicerçar tal construção?

A fim de responder a tais questionamentos, importa dissecar o arcabouço atual da boa administração – primeiramente no âmbito internacional e, depois, no cenário brasileiro –, mormente em função de sua eventual qualificação como direito fundamental, autoaplicável e amplamente extensível na tutela dos cidadãos: destinatários últimos da atividade administrativa.

Sem dúvidas, a expressão mais marcante e direta de um direito à boa administração é extraída da Carta dos Direitos Fundamentais da União Europeia, proclamada pelo Parlamento Europeu, pelo Conselho da União Europeia e pela Comissão Europeia em 7 de Dezembro de 2000 e, mais tarde, em 2007, incorporada com força vinculativa ao Tratado da União Europeia.[29] Tal documento traz, em seu art. 41, o que segue:

> Artigo 41. Direito a uma boa administração
>
> 1. Todas as pessoas têm direito a que os seus assuntos sejam tratados pelas instituições, órgãos e organismos da União de forma imparcial, equitativa e num prazo razoável.
>
> 2. Este direito compreende, nomeadamente:
>
> a) O direito de qualquer pessoa a ser ouvida antes de a seu respeito ser tomada qualquer medida individual que a afecte desfavoravelmente;
>
> b) O direito de qualquer pessoa a ter acesso aos processos que se lhe refiram, no respeito pelos legítimos interesses da confidencialidade e do segredo profissional e comercial;
>
> c) A obrigação, por parte da administração, de fundamentar as suas decisões.
>
> 3. Todas as pessoas têm direito à reparação, por parte da União, dos danos causados pelas suas instituições ou pelos seus agentes no exercício das respectivas funções, de acordo com os princípios gerais comuns às legislações dos Estados-Membros.
>
> 4. Todas as pessoas têm a possibilidade de se dirigir às instituições da União numa das línguas dos Tratados, devendo obter uma resposta na mesma língua.

---

[29] Nesse contexto, o Tratado de Lisboa de 2007 – também conhecido como Tratado Reformador –, ao reformar o funcionamento institucional da União Europeia a partir de dezembro de 2009, fez com que a Carta dos Direitos Fundamentais de Nice de 2000 se tornasse juridicamente vinculativa, compondo o ordenamento jurídico comunitário.

Além disso, o mesmo documento do ordenamento europeu estabelece, em seu artigo 43, a figura do Provedor de Justiça Europeu (uma espécie de *ombudsman*), com nítido efeito pedagógico, a fim de receber as reclamações dos cidadãos europeus acerca da má administração e, por via transversa, implementar a boa administração. Nesse quadrante, restou definido que "qualquer cidadão da União, bem como qualquer pessoa singular ou colectiva com residência ou sede social num Estado-Membro, tem o direito de apresentar petições ao Provedor de Justiça Europeu, respeitantes a casos de má administração na actuação das instituições, órgãos ou organismos da União (...)".

E tal sorte de acontecimentos, no contexto comunitário europeu, acaba por se espalhar pelos Estados Nacionais, que necessariamente absorvem e por vezes até expressam internamente os preceitos normativos da União. Ademais, tal caracterização remonta ao debate acerca de um direito administrativo sem fronteiras, para além do Estado Nação, sobretudo pelo fato de que já é possível falar – e inclusive já se fala –, na emergência de um Direito Administrativo comunitário no contexto europeu e, mais do que isso, global. Nas palavras do professor português Colaço Antunes, um Direito Administrativo sem Estado, a par do Estado Nacional, já que, conforme bem anota,

> a evolução do direito administrativo contém este profundo paradoxo: o direito administrativo nasceu com o Estado, sendo que agora se afirma e se desenvolve sem a sua referencialidade ou para além dele. (...) Daí a necessidade do eterno retorno à teoria geral e ao direito administrativo geral e substantivo.[30]

Ainda no contexto da União Europeia, interessante notar as consequências jurídico-normativas práticas da consagração do direito a uma boa administração. É que, na esteira da Carta dos Direitos Fundamentais da União Europeia, que trouxe o direito a uma boa administração estampado em seu art. 41, o Código Europeu de Boa Conduta Administrativa, aprovado pelo Parlamento Europeu em 2001, pode ser visto como uma espécie de concretização do mandamento de boa administração. Conforme a própria exposição introdutória do Provedor de Justiça Europeu, vê-se que o Código

> passou a ser um instrumento vital para pôr em prática o princípio da boa administração. Ajuda os cidadãos individuais a compreender e a fazer valer os seus direitos, e promove o interesse público numa administração europeia aberta, eficiente e independente.
>
> O Código ajuda os cidadãos a saber que padrões administrativos têm direito a esperar da parte das instituições da União Europeia. Serve igualmente como um guia útil para os funcionários nas suas relações com o público. Tornando mais concreto o princípio da boa administração, o Código ajuda a promover os mais elevados padrões de administração.

---

[30] COLAÇO ANTUNES, Luís Filipe. *Direito administrativo sem Estado*: crise ou fim de um paradigma. Coimbra: Coimbra Editora, 2008, p. 141-142.

Alinhado ao Código Europeu de Boa Conduta Administrativa, o Provedor de Justiça, após consulta pública, tornou pública uma síntese das normas éticas regedoras da Administração Pública da União Europeia na forma de cinco princípios de serviço público, a saber: 1) compromisso para com a União Europeia e os seus cidadãos; 2) integridade; 3) objetividade; 4) respeito pelos outros; 5) transparência. A efetivação de tais princípios, nas palavras do próprio Provedor, ajuda a elevar a qualidade da administração, reforçando o Estado de Direito e reduzindo as probabilidades de uma utilização arbitrária do poder discricionário.

Por certo, ainda que o Código Europeu de Boa Conduta Administrativa não seja um instrumento juridicamente vinculativo, é certo que o documento tem notável valor interpretativo e informativo no campo do direito administrativo europeu, permanecendo com alta relevância como guia de possíveis desenvolvimentos legais nacionais em torno dos conceitos de boa administração.[31]

A despeito da salutar menção preambular ao direito à boa administração no contexto europeu comunitário,[32] válido anotar, de toda sorte, que o direito italiano já convivia de há muito com preceito análogo, visto que a Constituição Italiana de 1948, na seção referente à Administração Pública, já versava em seu art. 97 sobre o "bom andamento" da Administração. Veja-se:

> Art. 97 – Os órgãos públicos são ordenados segundo disposições de lei, de modo a serem assegurados o *bom andamento* e a imparcialidade da administração. No ordenamento das repartições públicas são determinadas as esferas de competência, as atribuições e as responsabilidades próprias dos funcionários. A admissão nos cargos públicos é realizada através de concurso, salvo os casos fixados pela lei.

Ante tal pioneira previsão, é de ver-se que a Corte Constitucional Italiana teve a oportunidade de enfrentar a temática por inúmeras vezes, esmiuçando as diversas facetas do preceito.[33] Neste ponto, merece menção uma das primeiras acepções dadas ao princípio do bom andamento da administração como "verdadeira pedra angular da vida administrativa e, portanto, a condição da vida social ordenada".[34]

Em linhas históricas, Iannuccilli e Tura apontam que, em termos de significado, o princípio do bom andamento da administração mereceu, de tempos em

---

[31] Sobre a temática, veja-se: MENDES, Joana. *Good Administration in EU Law and the European Code of Good Administrative Behaviour*. EUI Working Papers Law N. 2009/09. Disponível em: https://ssrn.com/abstract=1554907.

[32] Neste ponto, interessante a referência da obra de Juarez Freitas ao direito fundamental à boa administração pública como um conceito a ser formulado sob inspiração do art. 41 da Carta dos Direitos Fundamentais de Nice. Vide: FREITAS, Juarez. *Discricionariedade administrativa e o direito fundamental à boa administração pública*. 2. ed. São Paulo: Malheiros, 2008, p. 9.

[33] Em excelente trabalho sobre a matéria, L. Iannuccilli e A. de Tura identificam as diversas óticas sob as quais pode ser visto o princípio do bom andamento da administração na jurisprudência da Corte Constitucional Italiana. Vide: IANNUCCILLI, L.; TURA, A. de. *Il principio di buon andamento dell'amministrazione nella giurisprudenza dela corte costituzionale*. Disponível em: http://www.cortecostituzionale.it/documenti/convegni_seminari/STU_212.pdf. Acesso em: 8 jul. 2011.

[34] Sentença n. 123 de 1968 – Presidente Aldo Sandulli – Relator Michele Fragali.

tempos, distinta identificação, a saber: ora como o estabelecimento de estruturas e formas de organização destinadas a assegurar um funcionamento ótimo da administração; como representação de uma meta de eficiência; como necessidade geral de eficiência administrativa; ou como representação do próprio princípio da eficiência, entendido como um ideal de gestão e contenção de custos dos serviços públicos.[35] Ainda assim, é possível vislumbrar no princípio o arcabouço para uma fórmula geral de controle de gestão, a promover uma maior funcionalidade na administração pública através da avaliação geral de custos, eficiência e eficácia dos serviços administrativos prestados.[36]

Ainda no ambiente internacional, Canotilho aduz que a questão da boa administração (*good governance*, boa governação ou bom governo) tem suas origens no âmbito da economia e política do desenvolvimento, chegando, em tempos mais recentes, ao contexto das ciências sociais, visto que se trata "de um conceito dotado de enormes potencialidades para se compreender as instituições políticas de um Estado Constitucional".[37] Abrindo o leque do preceito, Canotilho afirma que

> *good governance* significa, numa compreensão normativa, a condução responsável dos assuntos do Estado. Trata-se, pois, não apenas da direcção de assuntos do governo / administração, mas também da prática responsável de actos por parte de outros poderes do Estado, como o poder legislativo e o poder jurisdicional. Em segundo lugar, a *good governance* acentua a interdependência internacional dos estados, colocando as questões de governo como problema de multilateralismo dos estados e de regulações internacionais. Em terceiro lugar, a "boa governança" recupera algumas dimensões do *New Public Management* como mecanismo de articulação de parcerias público-privadas, mas sem enfatização unilateral das dimensões económicas. Por último, a *good governance* insiste, novamente, em questões politicamente fortes como as da responsabilidade (*accountability*) e da legitimação.[38]

É que, na esteira do constitucionalista português, a *good governance* perpassa a simples determinação e verificação de alocação de recursos e boas práticas orçamentais, sendo a "elevação dos direitos humanos e dos direitos fundamentais a pré-condição básica de qualquer boa governação".[39] E aqui, novamente, a centralidade do indivíduo (cidadão) na definição das políticas e atuações administrativas, como destinatário das atividades estatais.

No ambiente interno português, Diogo Freitas do Amaral afirma que a obrigação de prosseguir o interesse público – de ordem constitucional[40] – "exige da

---

[35] IANNUCCILLI, L.; TURA, A. de. *Il principio di buon andamento dell'amministrazione nella giurisprudenza dela corte costituzionale*. Disponível em: http://www.cortecostituzionale.it/documenti/convegni_seminari/STU_212.pdf. Acesso em: 8 jul. 2011.

[36] Sentença n. 29 de 1995 – Presidente Francesco Paolo Casavola – Relator Antonio Baldassarre.

[37] CANOTILHO, José Joaquim Gomes. *"Brancosos" e interconstitucionalidade*: itinerários dos discursos sobre a historicidade constitucional. Coimbra: Almedina, 2008, p. 326-327.

[38] *Op. cit.*, p. 327.

[39] *Op. cit.*, p. 332.

[40] Constituição da República Portuguesa – Parte III – Organização do poder político – Título IX – Administração Pública – Art. 266º – Princípios fundamentais – 1. A Administração Pública visa a prossecução do interesse público, no respeito pelos direitos e interesses legalmente protegidos dos cidadãos.

Administração que adopte em relação a cada caso concreto as melhores soluções possíveis, do ponto de vista administrativo (técnico e financeiro): é o chamado *dever de boa administração*".[41] Segundo o autor, o dever de boa administração coincide com o princípio da eficiência, que no direito português encontra previsão no art. 81º, "c", da Constituição[42] e no art. 10º do Código de Procedimento Administrativo.[43] Assim,

> a idéia é, pois, a de que a atividade administrativa deve traduzir-se em actos cujo conteúdo seja também inspirado pela necessidade de satisfazer da forma mais eficiente – isto é, mais racional, expedita e económica –, o interesse público constitucional e legalmente fixado.[44]

Diante disso, Diogo Freitas do Amaral assinala a abertura e o aumento da sindicabilidade da atuação administrativa, na esteira do dever de boa administração, sendo possível a aferição jurídico-qualitativa do Poder Público. Para o autor, isso

> significa somente que certos parâmetros outrora considerados fora do mundo da juridicidade estão hoje dentro dele. A tendência recente do Direito administrativo português, em grande parte devido à constitucionalização dos princípios gerais ora em análise, foi no sentido da transformação de certos padrões de mérito em parâmetros sujeitos a apreciação jurisdicional.[45]

Na Espanha, Juli Ponce Solé entrelaça a teoria da legitimação da atuação administrativa, o controle da Administração e as conexões entre Direito e gestão pública para evidenciar o direito à boa administração. Com isso, pondera que o controle da atividade administrativa é um elemento importante para que se evite a má administração e se garanta a qualidade no comportamento e nas decisões públicas.[46]

Com isso, o professor de Direito Administrativo da Universidade de Barcelona indica que, em princípio, há de se notar que a vinculação entre boa administração e qualidade da ação administrativa deve partir do pressuposto de que o Direito Administrativo serve como ferramenta útil para guiar a sociedade. Tal ramo jurídico deve abranger a análise dos efeitos e consequências de suas decisões,

---

[41] AMARAL, Diogo Freitas de. *Curso de direito administrativo*. 2. ed. vol. II. Coimbra: Almedina, 2011.p. 46.
[42] Constituição da República Portuguesa – Parte II – Organização económica – Título I – Princípios gerais – Art. 81º – Incumbências prioritárias do Estado – Incumbe prioritariamente ao Estado no âmbito económico e social: c) assegurar a plena utilização das forças produtivas, designadamente zelando pela eficiência do sector público.
[43] "Art. 10º – Princípio da desburocratização e da eficiência – A Administração Pública deve ser estruturada de modo a aproximar os serviços das populações e de forma não burocratizada, a fim de assegurar a celeridade, a economia e a eficiência das suas decisões."
[44] AMARAL, Diogo Freitas de. *Curso de direito administrativo*. 2. ed. Coimbra: Almedina, 2011, p. 46. v. II.
[45] *Op. cit.*, p. 48-49.
[46] PONCE SOLÉ, Juli. Procedimiento administrativo, globalización y buena administración. *In*: PONCE SOLÉ, Juli (coord.). *Derecho administrativo global*: organización, procedimiento, control judicial. Madrid, Barcelona, Buenos Aires: Marcial Pons, Inap, 2010, p. 83-84.

utilizando-se do arcabouço de outras ciências[47] a fim de trazer para si elementos e sistemas para a adoção da melhor decisão possível, não se contentando apenas com a execução automatizada da lei, a representar uma adequação a um padrão de legalidade administrativa em sentido estrito. Em tal contexto, é de ver-se o desafio da nova sistematização do Direito Administrativo, vez que, tradicionalmente, tal disciplina não esteve interessada nas boas decisões administrativas, atendo-se à revisão judicial das decisões ilegais – em nítido enfoque contra a arbitrariedade, não a favor da boa administração.[48]

De certo modo, o que se pretende é a utilização do instrumental do Direito para formulação e realização dos interesses coletivos e gerais – sem descurar dos resultados –, da mesma forma que já existente na defesa dos direitos individuais,[49] já que não se pode resumir o Direito Administrativo como sistema de defesa dos particulares (sobretudo em face do próprio Estado). Em tais termos, resta inevitável, como já apontado anteriormente, a juridicização da qualidade administrativa, como objeto e escopo do Direito Administrativo.

Adentrando na doutrina nacional – e muito pela falta de expressão normativa do direito à boa administração em solo brasileiro –, o primeiro debate que se trava indica uma necessária locução entre o princípio da eficiência e o da boa administração. Neste sentido, Heraldo Garcia Vitta informa que uma das noções retiradas a partir do plussignificativo conceito de eficiência é o dever de boa administração.[50] Celso Antônio Bandeira de Mello, por seu turno, afirma que o "princípio da eficiência é uma faceta de um princípio mais amplo já superiormente tratado, de há muito, no Direito italiano: o princípio da 'boa administração'".[51]

De outro lado, Emerson Gabardo anuncia que a "eficiência compreende os já tradicionais princípios do bom andamento e da boa administração, embora Celso Antônio Bandeira de Mello prefira o caminho inverso (...)".[52] Assim, Gabardo examina em sua obra as premissas para distinção entre eficiência e boa administração a partir do próprio direito italiano, valendo a afirmação de que a doutrina brasileira trabalha tais preceitos de forma equivalente. É que, em linhas gerais, neles estariam inseridos, entre outros, os valores comuns de organização administrativa, procedimentalização, controle de gestão e resultados, responsabilização, rendimento e economicidade.

Assim é que, em obra já clássica, embora recente, que trata da "discricionariedade administrativa e o direito fundamental à boa Administração Pública", entre outros temas, o Professor Juarez Freitas informa que, "observado de maneira

---

[47] E aqui, a Economia, Ciência Política, Administração, Finanças, etc.
[48] PONCE SOLÉ, Juli. Procedimiento administrativo, globalización y buena administración. *In:* PONCE SOLÉ, Juli (coord.). *Derecho administrativo global:* organización, procedimiento, control judicial. Madrid, Barcelona, Buenos Aires: Marcial Pons, Inap, 2010, p. 86-88.
[49] Nesse ponto, a clássica dicotomia entre direitos de defesa (1ª dimensão) e direitos a uma prestação (2ª dimensão), a ensejar uma postura estatal ora de não intervenção, ora com viés prestacional.
[50] VITTA, Heraldo Garcia. *Aspectos da teoria geral no direito administrativo*. São Paulo: Malheiros, 2001, p. 93-94.
[51] BANDEIRA DE MELLO, Celso Antônio. *Curso de direito administrativo*. 18. ed. São Paulo: Malheiros, 2005.p. 112.
[52] GABARDO, Emerson. *Princípio constitucional da eficiência administrativa*. São Paulo: Dialética, 2002, p. 100.

atenta, o direito fundamental à boa administração é lídimo plexo de direitos, regras e princípios",[53] a trazer consigo o direito à administração pública transparente, dialógica, imparcial, proba, respeitadora de uma legalidade temperada (juridicidade) e preventiva, precavida e eficaz, pois comprometida com resultados harmônicos com os objetivos fundamentais da Constituição.[54]

Bem de ver, assim, que logo no início de sua obra Juarez Freitas afirma que "o Estado Constitucional, numa de suas mais expressivas dimensões, pode ser traduzido como o *Estado das escolhas administrativas legítimas*. Assim considerado, nele não se admite a discricionariedade pura, intátil, sem limites",[55] isto é: o Estado tem sua legitimidade apoiada na eficiência administrativa e no resultado de suas ações, sendo que,

> em outras palavras, impõe-se controlar (ou, ao menos, mitigar) os contumazes vícios forjados pelo excesso degradante, pelos desvios ímprobos ou pela omissão desidiosa. Faz-se cogente, sem condescendência, enfrentar todo e qualquer 'demérito' ou antijuridicidade das escolhas e políticas públicas, para além do exame adstrito a aspectos meramente formais.[56]

Assim – e ainda de acordo com Juarez Freitas, em suas lições iniciais –, o direito fundamental à boa Administração Pública representaria norma implícita, de direta e imediata eficácia, apta a ensejar o controle das opções e atuações administrativas exercidas fora dos limites de legalidade, em sentido amplo, a partir de uma apropriação e valoração constitucional.[57] Ou seja, a caracterização do direito fundamental à boa Administração, para o aludido autor, é dada a partir da perspectiva do controle da Administração e do princípio da eficiência, com a mensuração de resultados de atuações.

Em acepção assemelhada, Diogo de Figueiredo Moreira Neto salienta a necessidade do resultado da ação administrativa, em termos de qualidade, a ampliar o espectro de controle da Administração. No ponto, aduz que

> não obstante *legítimo* o planejamento e *legítima* a execução de uma política pública, deve ser também *legítimo* o resultado, o que vale dizer: o bem ou o serviço entregue à sociedade deve necessariamente garantir uma utilização *eficiente* por parte de seus destinatários, tal como *razoavelmente estaria nas expectativas* de todos os que para tanto contribuíram com seus recursos.[58]

Longe de dúvidas, neste quadro, que a atuação administrativa já não se legitima na mera execução da lei, ganhando relevo os espaços de participação cidadã, consenso e aceitação na busca de soluções e intervenções úteis e necessárias

---

[53] FREITAS, Juarez. *Discricionariedade administrativa e o direito fundamental à boa administração pública*. 2. ed. São Paulo: Malheiros, 2008, p. 22.
[54] Op. cit. 22-23.
[55] *Op. cit.*, p. 9.
[56] *Op. cit.*, p. 9.
[57] *Op. cit.*, p. 9-10.
[58] MOREIRA NETO, Diogo de Figueiredo. *Quatro paradigmas do direito administrativo pós-moderno*: legitimidade, finalidade, eficiência, resultados. Belo Horizonte: Fórum, 2008, p. 135-136.

socialmente, informadas por exigências de eficácia, eficiência, economia e, bem assim, voltadas para resultados. Em tal âmbito, Diogo de Figueiredo Moreira Neto aponta que

> a expressão *resultado*, embora oriunda das ciências administrativas, não deve ser tomada como mera transposição de um conceito de sentido econômico, mas, com muito maior amplitude, ser *coerentemente adaptada em referência aos imperativos de efetiva realização das diretrizes constitucionais que orientam e balizam os Poderes Públicos*.[59]

É que, como ensina Paulo Modesto, o princípio da eficiência – e, por ora, o da boa administração –, ademais de trazer consigo a vinculação jurídica a uma "atuação idônea, econômica e satisfatória na realização de finalidades públicas assinaladas por lei, ato ou contrato de direito público",[60] atua como parâmetro para que se fuja tanto da prepotência como da impotência do Estado, já que a este, em dias atuais, cabe a "tarefa de oferecer utilidades concretas ao cidadão conjugando equidade e eficiência".[61]

5 Conclusão: o direito fundamental à boa administração.

Em termos finais – e vista durante o presente trabalho a necessária correlação entre eficiência e boa administração –, vale enfatizar que a ideia de alçar a boa administração a direito fundamental é decorrência da atual perspectiva de concreção dos direitos fundamentais. Assim, o que se almeja, dentro de uma ótica de garantia e efetividade plena dos direitos fundamentais a partir do texto constitucional (autoaplicabilidade), é dar juridicidade às finalidades instrumentalizadas pela Administração, visto que cabe a ela, em última análise, a efetivação prática dos valores politicamente estabelecidos como escopo estatal, sendo os cidadãos seus legítimos destinatários.

Sob esse ponto de vista, então, já seria possível elencar no rol de direitos fundamentais do ordenamento jurídico pátrio o direito fundamental à boa Administração, principalmente pela existência de inúmeros mecanismos aptos a concretizá-lo – garantia de acesso à informação, razoável duração do processo, dever de motivação, entre outros –, e, sobretudo, pelo aprofundamento dos mecanismos de controle da Administração. E daqui se extrai, por exemplo, a larga e ampla legitimidade dada aos instrumentos de controle da Administração, sejam jurisdicionais ou não; o aumento da sindicabilidade da atuação administrativa e do espectro de controle, de um caráter individual e repressivo a um caráter

---

[59] *Op. cit.*, p. 135.
[60] MODESTO, Paulo. Notas para um debate sobre o princípio constitucional da eficiência. *Revista eletrônica de direito administrativo econômico (REDAE)*. Salvador, n. 10, maio/junho/julho 2007. Disponível em: http://www.direitodoestado.com.br/redae.asp. Acesso em: 7 jul. 2011, p. 10.
[61] *Op. cit.*, p. 11.

transindividual e preventivo, cujos efeitos transbordam a toda a sociedade; um controle mais proativo em face de omissões administrativas, etc.

Tanto isto é verdade que, em termos pragmáticos, o Anteprojeto de Lei Orgânica da Administração Pública Federal e Entes de Colaboração – no afã de substituição do Decreto-lei nº 200/67 –, ainda que não expresse o direito à boa administração, elenca inúmeros mecanismos tendentes a tal, conforme aqui exposto. Por todos – e em específico –, os preceitos do art. 50, III, e art. 53 do referido anteprojeto,[62] que tratam, respectivamente, do controle de resultados e da responsividade na atuação administrativa (*accountability*). De fato – e na lição de um dos idealizadores do anteprojeto – tal evidencia o ideal de boa administração, mormente pelo fato de que

> o controle deve se deslocar de um olhar prioritariamente voltado para o processo e focado na verificação formal do cumprimento de prescrições legais para um olhar voltado para a análise dos resultados, comprometido com objetivos e efeitos e com a análise do impacto das medidas adotadas.[63]

Mais do que isso – e na linha exposta por Juli Ponce Solé –, o alinhamento de uma cultura de análise de resultados com o desenvolvimento da regulação sobre o direito à boa administração há de trazer para o direito administrativo, enquanto ciência social, não apenas o interesse na detecção e controle de comportamentos ilegais por viés repressivo (judicial ou administrativo), mas, sim, uma contribuição para a melhora na tomada de decisões administrativas e dos serviços públicos (*good governance*). Tudo isso, pois, a partir de uma requalificação da epistemologia e metodologia desse ramo do direito: seja em seus contornos executivos e práticos (políticas e atuações públicas em essência), seja em seu viés notadamente regulatório (criação de regulamentos condizentes com a boa administração – *smart regulation*).[64]

Diante de tudo isso, o que se espera, ao final, é que o direito administrativo, por intermédio dos influxos do direito fundamental à boa administração (e de sua regulação), sirva como propulsor e catalisador de uma nova cultura administrativa. Em outras palavras, que o direito administrativo sirva como promotor da boa administração, entendendo-se o direito à boa administração e tornando-o instrumento tanto para o melhor controle quanto para o aprimoramento das decisões administrativas.

---

[62] "Art. 50. O controle das atividades dos órgãos e entidades estatais deve obedecer ao disposto na Constituição, nesta Lei e na legislação especial e observar as seguintes diretrizes: III – predomínio da verificação de resultados; Art. 53. Os órgãos e as entidades estatais devem, anualmente, até 31 de março, fazer publicar, em meio eletrônico, em linguagem acessível ao cidadão, seu relatório de atividades, indicando as metas e os resultados institucionais alcançados e circunstanciando os obstáculos encontrados."

[63] MARQUES NETO, Floriano de Azevedo. Os grandes desafios do controle da Administração Pública. *Fórum de contratação e gestão pública – FCGP*. Belo Horizonte, ano 9, n. 100, p. 7-30, abr. 2010, p. 29.

[64] PONCE SOLÉ, Juli. The Right to Good Administration and the Role of Administrative Law in Promoting Good Government. Disponível em: https://ssrn.com/abstract=2737538.

Referências

ABRUCIO, Fernando Luiz. Trajetória recente da gestão pública brasileira: um balanço crítico e a renovação da agenda de reformas. *Revista de administração pública – RAP*. Edição especial comemorativa 1967-2007. Rio de Janeiro, 2007.

AMARAL, Diogo Freitas de. *Curso de direito administrativo*. 2. ed. Coimbra: Almedina, 2011. v. II.

ARRUDA NETO, Pedro Thomé de. Reforma do Estado e evolução dos modelos de gestão pública no Brasil: a democracia deliberativa como fundamento de uma nova administração pública constitucional. *Revista de direito administrativo*, Rio de Janeiro, n. 253, p. 133-158, jan./abr. 2010.

ÁVILA, Humberto. *Teoria dos princípios*: da definição à aplicação dos princípios jurídicos. 8. ed. São Paulo: Malheiros, 2008.

BANDEIRA DE MELLO, Celso Antônio. *Curso de direito administrativo*. 18. ed. São Paulo: Malheiros, 2005.

BINEMBOJM, Gustavo. *Uma teoria do direito administrativo:* direitos fundamentais, democracia e constitucionalização. Rio de Janeiro: Renovar, 2006.

BONAVIDES, Paulo. *Curso de direito constitucional*. 18. ed. São Paulo: Malheiros, 2006.

BRESSER PEREIRA, Luiz Carlos. Da administração pública burocrática à gerencial. *In*: BRESSER PEREIRA, Luiz Carlos; SPINK, Peter (org.). *Reforma do Estado e administração pública gerencial*. 7. ed. Rio de Janeiro: Fundação Getúlio Vargas, 2006.

CAETANO, Marcello. *Princípios fundamentais do direito administrativo*. 3. reimp. Coimbra: Almedina, 2010.

CANOTILHO, José Joaquim Gomes. *"Brancosos" e interconstitucionalidade*: itinerários dos discursos sobre a historicidade constitucional. Coimbra: Almedina, 2008.

COLAÇO ANTUNES, Luís Filipe. *Direito administrativo sem Estado*: crise ou fim de um paradigma. Coimbra: Coimbra Editora, 2008.

COLAÇO ANTUNES, Luís Filipe. *Para um direito administrativo de garantia do cidadão e da administração*: tradição e reforma. Coimbra: Almedina, 2000.

COMPARATO, Fábio Konder. Ensaio sobre o juízo de constitucionalidade de políticas públicas. *Revista dos tribunais*. São Paulo, ano 86, v. 737, p. 11-22, mar. 1997.

ESCOLA, Héctor Jorge. *El interés público como fundamento del derecho administrativo*. Buenos Aires: Depalma, 1989.

FERRAZ, Luciano. Modernização da administração pública e auditorias de programas. *Revista eletrônica sobre a reforma do Estado*. Salvador, n. 4, dezembro 2005, janeiro/fevereiro 2006. Disponível em: http://www.direitodoestado.com.br. Acesso em: 7 jul. 2011.

FIGUEIREDO, Marcelo. *O controle da moralidade na Constituição*. São Paulo: Malheiros, 2003.

FRANÇA, Phillip Gil. *O controle da administração pública*. 2. ed. São Paulo: Revista dos Tribunais, 2010.

FREITAS, Juarez. *Discricionariedade administrativa e o direito fundamental à boa administração pública*. 2. ed. São Paulo: Malheiros, 2008.

GABARDO, Emerson. *Princípio constitucional da eficiência administrativa*. São Paulo: Dialética, 2002.

GABARDO, Emerson. *Eficiência e legitimidade do Estado*. São Paulo: Manole, 2003.

HOOD, Christopher. A public management for all seasons? *Public Administration*, v. 69, n. 1, p. 3-19, mar. 1991.

IANNUCCILLI, L.; TURA, A. de. *Il principio di buon andamento dell'amministrazione nella giurisprudenza dela corte costituzionale*. Disponível em: http://www.cortecostituzionale.it/documenti/convegni_seminari/STU_212.pdf. Acesso em: 8 jul. 2011.

MARQUES NETO, Floriano de Azevedo. Os grandes desafios do controle da Administração Pública. *Fórum de contratação e gestão pública – FCGP*. Belo Horizonte, ano 9, n. 100, p. 7-30, abr. 2010.

MEDAUAR, Odete. *O direito administrativo em evolução*. 2. ed. São Paulo: Revista dos Tribunais, 2003.

MENDES, Joana. *Good Administration in EU Law and the European Code of Good Administrative Behaviour*. EUI Working Papers Law N. 2009/09. Disponível em: https://ssrn.com/abstract=1554907.

MIRAGEM, Bruno. *A nova administração pública e o direito administrativo*. São Paulo: Revista dos Tribunais, 2011.

MODESTO, Paulo. Notas para um debate sobre o princípio constitucional da eficiência. *Revista eletrônica de direito administrativo econômico (REDAE)*. Salvador, n. 10, maio/jun./jul. 2007. Disponível em: http://www.direitodoestado.com.br/redae.asp. Acesso em: 7 jul. 2011.

MOREIRA NETO, Diogo de Figueiredo. *Poder, Direito e Estado*: o direito administrativo em tempos de globalização. Belo Horizonte: Fórum, 2011.

MOREIRA NETO, Diogo de Figueiredo. *Quatro paradigmas do direito administrativo pós-moderno*: legitimidade, finalidade, eficiência, resultados. Belo Horizonte: Fórum, 2008.

OLIVEIRA, Gustavo Justino de. *Direito administrativo democrático*. Belo Horizonte: Fórum, 2010.

PONCE SOLÉ, Juli. Procedimiento administrativo, globalización y buena administración. *In*: PONCE SOLÉ, Juli (coord.). *Derecho administrativo global*: organización, procedimiento, control judicial. Madrid, Barcelona, Buenos Aires: Marcial Pons, Inap, 2010.

PONCE SOLÉ, Juli. The Right to Good Administration and the Role of Administrative Law In Promoting Good Government. Disponível em: https://ssrn.com/abstract=2737538.

SALLES, Carlos Alberto de. *A arbitragem na solução de controvérsias contratuais da administração pública*. 2010. 458 f. Tese (Livre-Docência) – Faculdade de Direito da Universidade de São Paulo, São Paulo, 2010.

VALLE, Vanice Regina Lírio do. *Direito fundamental à boa administração e governança*: democratizando a função administrativa. 2010. 254 f. Tese (Pós-doutorado em Administração) – Escola Brasileira de Administração Pública e de Empresas, Fundação Getúlio Vargas, Rio de Janeiro, 2010.

VITTA, Heraldo Garcia. *Aspectos da teoria geral no direito administrativo*. São Paulo: Malheiros, 2001.

ZAGREBELSKY, Gustavo. *El derecho dúctil*: ley, derecho, justicia. 8. ed. Madrid: Editorial Trotta, 2008.

Informação bibliográfica deste texto, conforme a NBR 6023:2018 da Associação Brasileira de Normas Técnicas (ABNT):

CUNHA, Bruno Santos. O princípio da eficiência e o direito fundamental à boa administração. *In*: MARRARA Thiago (coord.). *Princípios de direito administrativo*. 2. ed. rev., ampl. e atual. Belo Horizonte: Fórum, 2021. p. 483-503. ISBN 978-65-5518-166-1.

PARTE VI

INTERESSE PÚBLICO

BREVE SÍNTESE DA POLÊMICA EM TORNO DO CONCEITO DE INTERESSE PÚBLICO E SUA SUPREMACIA: TESE CONSISTENTE OU DEVANEIOS DOUTRINÁRIOS?

MARCELO FIGUEIREDO

1 Introdução

Todos aqueles que militam como professores ou advogados com o direito público têm acompanhado a recente polêmica instaurada por publicistas contemporâneos no sentido de combater a visão tradicional do que se entenda por *interesse público* e, sobretudo, sua *supremacia*.

Afirma-se, em apertada síntese, o princípio da supremacia do interesse público como sendo a base de um autoritarismo retrógado, ultrapassado e reacionário do direito administrativo.

Nosso objetivo com esse despretensioso artigo é o de sumular os argumentos favoráveis e contrários disputados por ambos os lados desta "contenda" doutrinária e, objetivamente, optar, se for o caso, por um deles.

O conceito de interesse público é indeterminado,[1] plurissignificativo e de difícil definição.

Antonio Francisco de Sousa, por exemplo, enumera pelo menos cinco significados diversos para a expressão *interesse público*:

> O interesse público, por exemplo, tem sido considerado um conceito estritamente político (directiva político-administrativa), como um conceito discricionário por excelência, como um conceito que em certos casos poderia atribuir um poder discricionário, como um conceito que atribui uma 'margem de atribuição' e, finalmente, como não passando de um mero conceito que, como qualquer outro, não atribui ao seu intérprete e aplicador qualquer poder discricionário ou margem de apreciação, mas, antes, um poder estritamente vinculado. Todas estas posições têm sido sustentadas por diferentes autores da mais elevada estirpe e pelos tribunais superiores, um pouco por toda a parte.[2]

Luís Roberto Barroso[3] sobre a matéria afirma:

> (...) O interesse público primário é a razão de ser do Estado, e sintetiza-se nos fins que cabe a ele promover: justiça, segurança e bem-estar social. Estes são os interesses de toda

---

[1] Para uma visão do conceito de "interesse público" no direito norte-americano e na Europa-Centro-Oriental, veja-se o interessante artigo de Edwin Rekosh, "Quem define o interesse público", *Revista Internacional de Direitos Humanos*, n. 2, 2005, publicada pela Rede Universitária de Direitos Humanos SUR

[2] *Conceitos indeterminados no Direito Administrativo*. Coimbra: Almedina, 1994, p. 20 em diante.

[3] Prefácio à obra de Daniel Sarmento, *Interesses públicos versus interesses privados: desconstruindo o princípio da supremacia do interesse público*, 2005.

a sociedade. O interesse público secundário é o da pessoa jurídica de direito público que seja parte em uma determinada relação jurídica – quer se trate da União, do Estado-membro, do Município ou das suas autarquias. Em ampla medida, pode ser identificado como o interesse do erário, que é o de maximizar a arrecadação e minimizar as despesas.

2 A visão dos juristas brasileiros contemporâneos

De um lado, temos uma visão mais liberal de "interesse(s) público(s)", como a aproximação formulada por Marçal Justen Filho.

Afirma o jurista paranaense que somente se evidencia um interesse público quando há compatibilidade entre o interesse social e o interesse titularizado por uma pluralidade de sujeitos integrantes da comunidade, em um dado momento.

Não é necessário, por isso, que o interesse público seja o interesse da maioria eventual, em certa situação. O que se exige é a compatibilidade entre o interesse grupal e o interesse de uma parcela da população. Sob esse ângulo, poderia utilizar-se a expressão *interesse coletivo*.

E mais adiante complementa:

> O exercício das funções estatais apenas pode legitimar-se como instrumento de realização e tutela da dignidade da pessoa humana. Nessa linha, a fórmula da *supremacia do interesse público* tem de ser compreendida em sua inteireza e pensada com cautela. Até mesmo pela força do tempo e da tradição, há o risco de ser interpretada como 'prevalência do *imperium* estatal'.
>
> Não se pode admitir que a *supremacia do interesse público* seja aplicada como algo bastante em si mesmo.[4]

Humberto Bergman Ávila[5] afirma que o chamado "princípio da supremacia do interesse público sobre o privado", rigorosamente, não é um princípio jurídico ou uma norma-princípio, tampouco pode ser havido como um postulado explicativo do Direito Administrativo.

Gustavo Binenbojm vislumbra a superação de três paradigmas clássicos do direito administrativo no Brasil e que se encontram em xeque na atualidade, a saber:

a) o princípio da supremacia do interesse público sobre o interesse privado serviria de fundamento e fator de legitimação para todo o conjunto de privilégios de natureza material e processual, que constituem o cerne do regime jurídico-administrativo;

b) a legalidade administrativa como vinculação positiva à lei, traduzida numa submissão total do agir administrativo à vontade previamente manifestada pelo Poder Legislativo;

---

[4] "Conceito de interesse público e a "personalização" do Direito Administrativo", *Revista Trimestral de Direito Público – RTDP*, São Paulo, v. 26, p. 124 e 127/, 1999.

[5] Repensando o "Princípio da supremacia do interesse público sobre o particular", *Revista Trimestral de Direito Público – RTDP*, v. 24, p. 159 a 180.

c) a intangibilidade do mérito administrativo, consistente na incontrolabilidade das escolhas discricionárias da Administração Pública, seja pelos órgãos do contencioso administrativo, seja pelo Poder Judiciário, seja pelos cidadãos, através de mecanismos de participação direta na gestão da máquina administrativa.

Como agente condutor básico da superação dogmática de tais categorias jurídicas, erige-se hodiernamente a ideia de *constitucionalização do direito administrativo* como alternativa ao déficit teórico apontado, (...) pela adoção dos *sistemas de direitos fundamentais e de democracia,* tal como instituídos na Constituição, como vetores axiológicos – traduzidos em parâmetros jurídicos – a pautar a atuação da Administração Pública.

Tais vetores convergem no princípio maior da dignidade da pessoa humana e, (I) ao se situarem acima e *para além* da lei, (II) vincularem juridicamente o conceito de interesse público e (III) estabelecerem balizas principiológicas para o exercício da discricionariedade administrativa, fazem ruir o arcabouço dogmático do velho direito administrativo.[6]

Entende o jurista carioca que há uma inconsistência teórica no princípio *da supremacia do interesse público sobre o particular com uma sistemática constitucional cidadã,* comprometida com a proteção e promoção dos direitos individuais de maneira ponderada e compatível com a realização das necessidades e aspirações da coletividade como um todo.

Para o alcance de tal desiderato, diz Binenbojm, o direito administrativo não tem mais como ser explicado a partir de um postulado de supremacia, mas de proporcionalidade.

Fábio Medina Osório[7] parece também concordar com Humberto Bergmann Ávila, relativamente à funcionalidade das normas-princípios e à impossibilidade de um princípio radical e apriorístico de prevalência do interesse público sobre o privado, na medida em que seria inconcebível e inadmissível um tal princípio constitucional de "supremacia do interesse público sobre o privado", que, de antemão, nas relações do Estado com os particulares, determinasse a invariável preponderância dos interesses públicos em detrimento dos interesses privados, em todas as hipóteses de conflitos ou colisões e de forma radical e absoluta.

Robertônio Pessoa[8] afirma:

> (...) a relação entre a Administração e os particulares não se apresenta apenas como uma *relação de poder,* conforme acentuado tradicionalmente. No Estado Democrático de Direito (CF, art. 1º, *caput),* os particulares encontram-se perante a Administração Pública não como um objeto de poder administrativo, como meros 'administrados'. No Estado

---

[6] "Da supremacia do interesse público ao dever de proporcionalidade: um novo paradigma para o Direito Administrativo", *Revista de Direito Administrativo – RDA,* Rio de Janeiro, v. 239, Rio de Janeiro, p. 7 e seguintes.

[7] "Existe uma supremacia do interesse público sobre o privado no Direito Administrativo Brasileiro?", *Revista de Direito Administrativo – RDA,* Rio de Janeiro, v. 220, p. 81 e seguintes.

[8] *Curso de Direito Administrativo moderno.* 2. ed. Rio de Janeiro: Forense, 2003, p. 45.

de Direito, ao invés de simples 'administrados' (situação que se equipara à de súdito), os particulares, enquanto membros de uma sociedade civil livre e responsável, devem ser considerados ativos colaboradores na realização dos fins do Estado e do Direito, verdadeiros sujeitos de direito, equipados com os correspondentes poderes jurídicos. Enquanto sujeitos jurídicos, ocupam no mundo do direito uma posição definida em relação ao poder público.

Tal relação apresenta-se, fundamentalmente, como uma *relação jurídica administrativa*.

Embora titularize a Administração Pública poderes e prerrogativas especiais, em atenção os interesses públicos cuja cura lhe compete em primeiro lugar, interesses estes dotados de supremacia em relação aos interesses particulares, tais poderes encontram-se integrados numa relação jurídica administrativa, na qual o particular, para além de uma situação passiva de sujeição, é titular de direitos subjetivos.

No Estado Democrático de Direito (CF, art. 1º, *caput*), onde a Administração Pública e os particulares encontram-se submetidos à ordem jurídica, a relação entre ambos constitui uma verdadeira *relação jurídica administrativa*, cuja principal referência axiológica é a satisfação dos interesses públicos com respeito aos direitos subjetivos, cujo sacrifício somente se impõe em situações extremadas.

3 A visão dos juristas "clássicos" brasileiros

Iniciemos por Celso Antônio Bandeira de Mello.

O renomado jurista paulistano em obra recente[9] afirma sobre a noção jurídica de "interesse público":

> Em rigor, o necessário é aclarar-se o que está contido na afirmação de que interesse público é o interesse do todo, do próprio corpo social, para precatar-se contra o erro de atribuir-lhe o *status* de algo que existe por si mesmo, *dotado de consistência autônoma*, ou seja, como realidade independente e estranha a qualquer interesse das partes. O indispensável, em suma, é prevenir-se contra o erro de, consciente ou inconscientemente, promover uma separação absoluta entre ambos, *ao invés de acentuar, como se deveria, que o interesse público, ou seja, o interesse do todo, é "função" qualificada dos interesses das partes,* um aspecto, uma forma específica, de sua manifestação.

E mais adiante afirma: "Donde, o interesse público deve ser conceituado como o interesse resultante do conjunto dos interesses que os indivíduos *pessoalmente* têm quando considerados *em sua qualidade de membros da sociedade e pelo simples fato de o serem*".

Alice Gonzales Borges, em clássico, denso e precioso artigo,[10] baseada nos ensinamentos de Hector Escola, distingue como o interesse público se revela em uma ordem autoritária ou democrática.

Na primeira, o "Príncipe", iluminado pela centelha divina, que faz de sua vontade a presumida e incontestável expressão da vontade de todos em geral.

---

[9] *Grandes temas de Direito Administrativo*. São Paulo: Malheiros, 2009, p. 181 a 191.
[10] "Interesse público: um conceito a determinar", *Revista de Direito Administrativo – RDA*, Rio de Janeiro, v. 205, p. 109 a 116, 1996.

Mas quando se pensa em um *interesse público* livremente aceito pelos *cidadãos*, e, sobretudo, quando os próprios cidadãos assumem a responsabilidade de sua defesa, na qualidade de substitutos processuais de toda a comunidade, cabem algumas mais detidas reflexões.

1. O interesse público é um somatório de interesses individuais coincidentes em torno de um bem da vida que lhes significa um valor, proveito ou utilidade de ordem moral, ou material, que cada pessoa deseja adquirir, conservar ou manter em sua própria esfera de valores.

2. Esse interesse passa a ser público, quando dele participam e compartilham tal número de pessoas, componentes de uma comunidade determinada, que ele passa a ser também identificado como interesse de todo o grupo, ou, pelo menos, como um querer valorativo predominante da comunidade.

3. Sem dúvida, pode bem acontecer que uma parcela da comunidade não reconheça ou identifique aquele interesse como seu, ou cujo próprio interesse se ache, até, em colisão com esse querer valorativo predominante. O interesse público, em uma ordem democrática, não se impõe coativamente. Somente prevalece, em relação aos interesses individuais divergentes, com prioridade e predominância, por ser um interesse majoritário. O interesse público e o interesse individual colidente ou não coincidente são qualitativamente iguais; somente se distinguem quantitativamente, por ser o interesse público nada mais que um interesse individual que coincide com o interesse individual da maioria dos membros da sociedade (...).

4. Na medida em que o interesse público e o particular, em uma ordem democrática, são qualitativamente iguais e respeitados, quando o interesse individual é alijado ou substituído pela natural predominância do *interesse público,* tem de ser compensado pela perda de seus direitos e interesses, mediante sua equitativa conversão em outro valor equivalente.

Por sua vez, Maria Sylvia Zanella Di Pietro,[11] em denso artigo sobre o tema, afirma que com o Estado Social o interesse público a ser alcançado pelo direito administrativo humaniza-se, na medida em que passa a se preocupar não só com os bens materiais que a liberdade de iniciativa almeja, mas com valores considerados essenciais à existência digna; quer-se liberdade com dignidade, o que exige maior intervenção do Estado para diminuir as desigualdades sociais e levar a toda a coletividade o bem-estar social. O *interesse público,* considerado sob o aspecto jurídico, reveste-se de um aspecto ideológico e passa a se confundir com a ideia de *bem comum.*

---

[11] "O princípio da supremacia do interesse público: sobrevivência diante dos ideais do neoliberalismo", *Revista Trimestral de Direito Público – RTDP*, São Paulo, v. 48, p. 63 a 76, 2004.

Depois de afirmar que há um exagero ao afirmar-se que o interesse público prevalece *sempre, em qualquer situação* sobre o particular, interpreta a aplicação do aludido princípio em consonância com o ordenamento jurídico, com os demais princípios da administração pública, e ainda destaca que nem sempre o interesse público possui sentido indeterminado, considerados os diferentes setores de atuação do Estado.[12]

Quanto ao princípio do interesse público, afirma que ele está de fato na base de todas as funções do Estado, e não só da função administrativa, sendo fundamento essencial do direito público.

Afirma categoricamente:

> Para ficarmos apenas com o direito administrativo, podemos dizer que o princípio da supremacia do interesse público está na base dos quatro tipos de atividades que se compreendem no conceito de *função administrativa* do Estado: *serviço público, fomento, intervenção e polícia administrativa.*
>
> E para quem considera a *regulação* como nova modalidade de função administrativa do Estado, é possível afirmar, sem receio de errar, que o princípio do interesse público também está na base desse tipo de atividade e faz parte de seu próprio conceito.

E mais adiante:

> A defesa do interesse público corresponde ao próprio fim do Estado. O Estado tem que defender os interesses da coletividade. Tem que atuar no sentido de favorecer o bem-estar social.[13] Para esse fim, tem que fazer prevalecer o interesse público em detrimento do individual, *nas hipóteses agasalhadas pelo ordenamento jurídico*. Negar a existência do princípio da supremacia do interesse público é negar o próprio papel do Estado.

Em conclusão afirma, contrapondo-se ao entendimento dos autores contemporâneos acima expostos:

> O princípio da supremacia do interesse público convive com os direitos fundamentais do homem e não os coloca em risco. Ele encontra fundamento em inúmeros dispositivos da Constituição e tem que ser aplicado em consonância com outros princípios consagrados no ordenamento jurídico brasileiro, em especial com observância do princípio da legalidade. A exigência de razoabilidade na interpretação do princípio da supremacia do interesse público se faz presente na aplicação de qualquer conceito jurídico indeterminado; atua como método de interpretação do princípio (na medida em que permite a ponderação entre o interesse individual e o público), e não como seu substituto.

---

[12] De fato, parece que quando o Administrador Público invoca o princípio do interesse público ou de sua supremacia, **deve senão justificá-lo, motivá-lo, prová-lo, estar disposto a fazê-lo em juízo, caso necessário.** Caso contrário, ficaria muito fácil em toda e qualquer hipótese a Administração invocá-lo para tudo fazer, a toda hora em qualquer circunstância. É dizer, um interesse público deve ser justificado, e não simplesmente presumido em todos os casos.

[13] Gabriel de Araújo Lima entende que nada obstante os melhores propósitos de seus próceres, a *teoria da supremacia* não está efetivamente, a proteger e promover os valores da democracia, da república, da legalidade e/ou do Estado Social. Afirma que a dissolução do paradigma da *supremacia do interesse público sobre o privado*, no entanto, independe da crítica de matriz neoliberal. (*Revista de Dir. Administrativo e Constitucional*, Belo Horizonte, Fórum, ano 9, n. 36, p. 123-153, 2009).

De fato, parece necessário enfatizar que o tão decantado princípio da *supremacia do interesse público sobre o interesse privado*, em *uma ordem constitucional democrática*, não pode ser visto simplesmente como um "simples" (sic) antagonismo entre o interesse individual e o interesse público, do qual decorra.

Mas a concretização dessa supremacia deve equivaler *sic et in quantum* (nos casos concretos), em benefício para cada um e todos de uma comunidade ou grupo destacado dela.

Assim, a eventual predominância de um determinado interesse público (sua supremacia) em dada situação, em absoluto, não elimina, anula ou esmaecem os interesses individuais que permanecem com seu vigor e força jurídica.

Não vislumbramos contrariedade ou uma relação de tensão direta (teoricamente falando) ou necessária entre o princípio da supremacia do interesse público e os princípios constitucionais, e mesmo o magno princípio da dignidade humana.

É dizer, em nenhum momento, o exercício da função administrativa, com todas as suas prerrogativas, tem o condão de anular ou comprimir direitos fundamentais do cidadão. Essa relação ocorre diariamente em diversos campos do direito sem que houvesse qualquer dúvida doutrinária séria a respeito do tema.

Prisões (legítimas) são efetuadas todos os dias em todo o país e não se diz que os direitos humanos são necessariamente afetados. Evidentemente que estamos a falar da aplicação legítima e *regular* do Direito. É claro que arbitrariedade, abuso de poder, ilegalidade e despotismo podem existir sempre.

Entretanto, tais casos explicitam a patologia da aplicação do direito, não sua utilização legítima e regular. É preciso, pois, não confundir a supremacia do interesse público com as suas manipulações e desvirtuamentos por determinados agentes mal-intencionados ou despreparados.

Isso também não significa que não possamos localizar aqui ou ali, normas jurídicas e leis desbordantes e inconstitucionais que tem como alegado (e falso) suporte jurídico, o princípio da supremacia do interesse público.

Recordem-se os exemplos já citados por Binenbojm,[14] do julgamento da ADIN nº 1.753-2/DF, no qual se discutia a constitucionalidade da ampliação do prazo para a propositura de ações rescisórias pelo Poder Público, de dois para cinco anos.

O relator do feito, Ministro Sepúlveda Pertence, após anotar que a jurisprudência tem transigido com alguns favores legais da tradição do nosso processo civil, como o duplo grau obrigatório e a dilatação dos prazos de resposta e recurso (RE nº 181130, Min. Celso de Mello, DJ 12.05.1995; RE nº 196.430, Min. Sepúlveda Pertence, DJ 21.11.1997), deixou consignado que tais discriminações só são toleráveis na medida em que não forem arbitrárias e servirem, *v.g.* para compensar deficiências da defesa em juízo das entidades estatais.

---

[14] *Op. cit.*, p. 24.

Na sequência, o Ministro Pertence afirma textualmente que as desequiparações que desafiarem a medida da razoabilidade ou da proporcionalidade caracterizam privilégios inconstitucionais.

De fato, há que se concordar (*ao menos em parte*), com Binenbojm, mas é preciso agregar ao seu raciocínio, o que o autor não nega, mas também não destaca, que o princípio da *supremacia do interesse público* é *um dos princípios violados,* **dentre tantos outros.**

Não há, salvo melhor juízo, uma relação direta, automática, logicamente decorrente entre a inconstitucionalidade e o aludido princípio.

É dizer, se adequadamente interpretado e manipulado pelos operadores do Direito, não há por que tê-lo como imprestável. Ao contrário, deve ser sim, um válido mecanismo de defesa da comunidade administrada, tendo como parâmetro de aplicação às normas constitucionais e seus princípios.

Lembramos ainda, diversos outros julgados onde o *princípio da supremacia do interesse público* foi invocado como razão de decidir:

a) afirmando que atende ao princípio da supremacia do interesse público a realização de concurso público por intermédio de um edital que pode ser alterado, desde que atendidos os princípios basilares da Administração (Superior Tribunal de Justiça), RMS nº 18488/RS, Rel. Min. Celso Limongi (convocado);

b) reconhecendo que a paralisação das atividades dos servidores da Justiça Eleitoral deflagrada em âmbito nacional, sem o contingenciamento do mínimo de pessoal necessário à realização das atividades essenciais, agravada pela ausência de prévia notificação da Administração e tentativa de acordo entre as partes, nos termos da Lei nº 7.783/89, atenta contra o Estado Democrático de Direito, uma vez que impede o exercício pleno dos direitos políticos dos cidadãos e ofende, expressamente, a ordem pública e os princípios da legalidade, da continuidade dos serviços públicos e da supremacia do interesse público sobre o privado. (STJ, AgRg na Pet nº 7933/DF, 2010/0087027-1, Min. Castro Meira, DJE 16/08/2010);

c) reconhecendo o dever da Administração em recorrer de ofício de decisão contrária a seus interesses, ainda diante da declaração de inconstitucionalidade dos parágrafos 1º e 2º, do artigo 126, da Lei 8.213/91, com a redação atribuída pelo artigo 10, da Lei nº 9.639/98 em face do princípio da supremacia do interesse público (STJ EDcl no AgRg no REsp nº 1121306/SP, Rel. Min. Benedito Gonçalves, DJ de 28/10/2010);

d) reconhecendo que nos casos de fornecimento de energia elétrica destinada a serviços essenciais, quando o devedor for ente público, não pode ser realizado o corte de energia indiscriminadamente em nome da preservação do próprio interesse coletivo, sob pena de atingir a prestação de serviços públicos essenciais, tais como hospitais, centros de saúde, creches, escolas e iluminação pública. (STJ Ag RG no Ag nº 1329795/CE, Min. Herman Benjamin, DJE, de 3/02/2011);

e) analisando a possibilidade de deferir-se pedido de exoneração de servidor público quando em curso processo administrativo disciplinar. Decidiu-se:

> Ainda que a finalidade específica de aplicação de penalidade possa resultar prejudicada pelo afastamento voluntário do servidor (pedido de exoneração), restam outros fins a serem alcançados pela investigação na esfera administrativa, qual seja, a possibilidade de conversão da exoneração, *em demissão por interesse público*, impossibilitando a impetrante de nova investidura em cargo público federal pelo prazo de cinco anos, nos moldes do art. 37 da Lei nº 8.112/90 (REsp 1186906/SP, Rel. Min. Humberto Martins, DJE 11/11/2010);

f) reconhecendo que o uso de faixas de domínio das rodovias não é, por atenção ao *interesse público*, marcado pela gratuidade. (AgRg no REsp nº 1007754/RS, Rel. Min. Humberto Martins, DJE 27/10/2010);

g) reconhecendo que encerrada a licitação e assinado o contrato de concessão, a suspensão dos efeitos dos atos jurídicos já praticados podem causar lesão grave ao interesse público de manter funcionando o transporte coletivo no âmbito municipal. (AgRg na Suspensão de Liminar e de Sentença nº 1.268-SP, Rel. Min. Presidente do STJ, julgado em 15 de setembro de 2010, Felix Fischer);

h) reconhecendo-se que o fundamento do poder de polícia é o *princípio da supremacia do interesse público sobre o interesse particular*. O ato administrativo que se pretende anular insere-se no exercício regular do direito do ente administrativo, não configurando violação aos princípios constitucionais da reserva legal, da anterioridade da lei e do direito adquirido (Supremo Tribunal Federal, STF, RE nº 512015/DF, Rel. Min. Dias Toffoli, julgado em 10/06/2010);

i) afirmando que o interesse público, o interesse social e o interesse da Justiça devem prevalecer ante o sigilo bancário, que é espécie de direito à privacidade, que a Constituição protege no artigo 5º, X (AI nº 823152/MT, Rel. Min. Ricardo Lewandowski, Julgamento 26/10/2010).

j) reconhecendo que a Constituição brasileira, ao fixar as diretrizes que regem a atividade econômica e que tutelam o direito de propriedade, proclama, como valores fundamentais a serem respeitados, *a supremacia do interesse público*, os ditames da justiça social, a redução das desigualdades sociais, dando ênfase especial, dentro dessa perspectiva, ao princípio da solidariedade, cuja realização parece haver sido implementada pelo Congresso Nacional ao editar o artigo 1º, da Lei nº 8.441/92. (ADI nº 1003 MC/DF, Rel. Min. Celso de Mello, Julgado em 01/08/1994, Tribunal Pleno);

k) reconhecendo que *não é possível* invocar o princípio da supremacia do interesse público quando a Administração Pública *causa prejuízo ou dano patrimonial ao fixar preços de produtos por ela vendidos em níveis inferiores aos que seriam devidos*. Responsabilidade do Estado. Setor Sucro-Alcooleiro.

Fixação de Preços pelo Setor Público. Critérios. Lei 4.807/65 (RE nº 368558 AgR/DF, Rel. Min. Carlos Velloso);

l) pedido de autorização para operar distribuição de sinais de televisão a cabo. Supremacia do interesse público sobre o privado. Autorização. Ato de natureza privada. Necessidade de preenchimento de requisitos objetivos e subjetivos (conveniência e oportunidade). (RMS nº 22665/DF, julgado em 14/03/2006, Rel. Min. Marco Aurélio).

É hora de finalizar e responder, o quanto possível objetivamente, a questão proposta. Em parte, já a respondemos ao longo do texto.

Acreditamos que a celeuma instaurada é interessante, pois chama a atenção para uma tentativa de mudança do paradigma da legalidade para o paradigma da constitucionalidade.

Mas atenção, não há razão para, com isso, negar a existência quer do conceito de interesse público, o que seria rematado disparate, quer para impugnar a existência da "supremacia do interesse público", como princípio e não como dogma, *se* por ele vier suficientemente demonstrado, justificado, amparado, motivado, apoiado nos valores constitucionais.

De outra parte, não é de estranhar que à lista de crises existentes ao longo dos séculos – do Parlamento e do Direito – se acrescente mais uma: *a crise de legitimação da Administração Pública.*

A ela debitamos consciente ou inconscientemente uma boa parte da discussão em torno desses novos paradigmas ou se quisermos, da negativa dos tradicionais pilares em que se assenta o edifício do direito administrativo

A legitimidade da Administração deve resultar da leitura sistemática da Constituição e de seus valores. Nesse sentido é positiva a polêmica travada, não para negar a existência do verdadeiro interesse público que sempre existirá deduzido da ordem jurídica, mas para chamar a atenção que já se foi o tempo do argumento da autoridade ou das "razões de Estado" travestidas ou arbitrariamente exercitadas.

Sendo assim, finalizamos com o respeitado jurista português Paulo Otero[15] sobre a flexibilidade da legalidade administrativa, que entendemos plenamente aplicável ao contexto do presente artigo. Sobre ela disserta:

> A legalidade administrativa mostra-se dotada, neste âmbito, de uma insuspeita flexibilidade no que diz respeito às formas de actuação administrativa ou, visto de ângulo diferente, os órgãos administrativos gozam aqui de uma considerável margem de liberdade decisória na escolha dos meios formais de decisão e, por arrastamento, na configuração dos respectivos poderes.
>
> No contexto desta alternatividade entre as formas unilaterais e as formas bilaterais de exercício da atividade administrativa, mostra-se mesmo possível encontrar na Constituição um fundamento justificativo da tendência para a contratualização das

---

[15] "Legalidade e Administração Pública: o sentido da vinculação administrativa à juridicidade", Almedina, 2003, p. 838

decisões administrativas, visível, aliás, a três níveis argumentativos: (i) consubstancia um aprofundamento da democracia participativa, fazendo dos particulares colaboradores da Administração na busca de uma melhor prossecução do interesse público dentro da ideia de subordinação da decisão a um princípio de boa administração, (ii) revela, segundo decorre dos princípio da coexistência entre o sector público e o sector privado de propriedade dos meios de produção, um processo de associação ou colaboração da iniciativa econômica privada com a Administração na concretização conciliatória de um modelo de Estado de bem-estar no contexto de uma economia mista; (iii) reforçando o princípio da participação dos administrados nas decisões e deliberações que lhes dizem respeito, traduz ainda uma manifestação de um modelo de Administração Pública aberta à colaboração dos particulares, conduzindo ao elevar (...) do particular à categoria de parceiro da Administração na celebração do contrato administrativo.

Informação bibliográfica deste texto, conforme a NBR 6023:2018 da Associação Brasileira de Normas Técnicas (ABNT):

FIGUEIREDO, Marcelo. Breve síntese da polêmica em torno do conceito de interesse público e sua supremacia: tese consistente ou devaneios doutrinários?. *In*: MARRARA Thiago (coord.). *Princípios de direito administrativo*. 2. ed. rev., ampl. e atual. Belo Horizonte: Fórum, 2021. p. 507-517. ISBN 978-65-5518-166-1.

INTERESSES PÚBLICOS E PRIVADOS NA ATIVIDADE ESTATAL DE REGULAÇÃO

FLORIANO DE AZEVEDO MARQUES NETO

O presente texto não deixa de ser um balanço destes últimos dez ou quinze anos de regulação. Porém, opto por um balanço pouco usual: ao invés de destacar os sucessos e problemas das reformas regulatórias vividas entre nós desde os anos 90, arrisco-me a tentar identificar as causas pelas quais demoramos tanto (e com tantas resistências) em introduzir e colocar em marcha instituições, processos e regras de uma regulação autônoma e respeitante dos direitos dos indivíduos, tomados como agentes econômicos, consumidores e cidadãos. Não tentarei fazer aqui uma defesa da importância da regulação. Já o fiz em vários textos. Tentarei demonstrar, por outro ângulo de mirada, que a regulação é um *instrumento democrático* (porque é um freio ao autoritarismo e ao voluntarismo que por décadas marcaram os Estados na região) e *emancipatório* (pois permite vencer as travas ao desenvolvimento econômico). Mais do que promover a regulação, é hora de combatermos os resquícios antidemocráticos que ainda resistem ao novo tempo e impedem muitos de ver os benefícios do Estado Regulador.

1 A dicotomia público e privado no direito moderno

A separação entre a esfera pública e privada é fundamental na afirmação do Estado e do Direito modernos. Ela decorre de dois processos aparentemente contraditórios, mas verdadeiramente complementares, que ocorrem principalmente nos séculos XVIII e XIX em solo europeu.[1] De um lado a concentração do poder nas mãos do soberano (sobrepondo-se à fragmentação do poder existente na Idade Média). De outro, e aqui residia a novidade, o movimento de contensão, de delimitação do poder, submetendo-o a limites ditados pelo Direito não mais revelado ou imposto pelo soberano, mas sim construído a partir dos mecanismos de representação e participação política.

Esses dois movimentos reinauguram a separação romana entre o público e o privado, colocando-a sob limites e garantias. À esfera privada é reconhecida certa autonomia e assegurado um conjunto de direitos, que serão titularizados pelos indivíduos que a constituem (liberdade de iniciativa, de propriedade, de culto, de expressão e imprensa, de se representar e se fazer representado, de locomoção e de

---

[1] Para um aprofundamento do que aqui apenas resumo, ver meu *Regulação estatal e interesses públicos*, São Paulo, Malheiros, 2002.

autodeterminação, entre outros que vão sendo acrescidos no curso da história). À esfera pública é destinado um papel de, em nome e para o bem de todos, exercer o poder, dentro dos limites impostos pelo Direito (é dizer pela lei, fruto da vontade da maioria dos representantes). O manejo desse poder, por conseguinte, sempre importará alguma limitação ou sacrifício ao direito ou interesse dos indivíduos que compõe a esfera privada. Porém, para que o exercício concreto desse poder seja legítimo ele deverá *(i)* ser manejado nos limites estabelecidos pela lei e *(ii)* deverá se justificar, na sua necessidade e intensidade, por ser necessário à consagração de um interesse geral, auferível por toda a coletividade.

Lembremos que, no Estado de Direito legatário da modernidade, o poder da esfera pública advém da aceitação, pelos indivíduos reunidos em sociedade, da ideia de que alguma derrogação dos seus direitos individuais é necessária para o bem coletivo. A esfera pública não existe apesar e por sobre a esfera privada. Ela existe para e por causa de assegurar o convívio harmônico e solidário dos indivíduos na esfera privada. A razão de ser do poder público só pode residir no respeito e na consagração dos direitos fundamentais dos indivíduos. A sociedade (esfera privada) deveria ser precedente e criadora do poder do Estado (esfera pública), a quem este deve servir.

2 Duas tradições: europeia e latino-americana

Os modelos de Estado e Direito na América Latina são em muito herdeiros da tradição europeia continental. Mesmo com as rupturas perpetradas pela independência, também os Estados Unidos sofreram forte influência dessa tradição, com os temperos e adequações julgadas pertinentes pelos "pais da pátria". Apesar disso, a constituição de nossas nações legou uma diferença fundamental: por aqui o Estado veio antes que a sociedade.

De fato, nosso processo de colonização deixou como marca a transposição, para o além-mar, de instituições jurídicas, políticas e administrativas do país colonizador, antes que nessas terras houvesse propriamente uma sociedade civil. O aparato judiciário, fiscal, policial, notarial, enfim, tudo que naquele tempo poderíamos chamar de Estado (ou de esfera pública) foi transposto para as colônias. Não para garantir direitos dos indivíduos organizados em sociedade, mas para marcar a presença do Estado-Colonial. Daí se poder dizer que, na América Latina, diferentemente da Europa, o *Estado cria a sociedade e não o inverso. O Estado moderno surge na Europa a partir da emancipação dos burgos e da afirmação das cidades-livres, onde a vida dos indivíduos na urbe e sua integração nas relações de troca e de cooperação fazem despertar a necessidade de uma esfera pública apta a ordenar o convívio e coibir os comportamentos desregrados. Na América Latina, o Estado surge originalmente como uma instituição de preservação dos domínios do Rei e de efetivação de sua vontade sobre as terras e riquezas da colônia.*

Isso marcou fundo nossa história e nossa cultura política, jurídica e administrativa. Quase dois séculos de independência não apagaram essas marcas. Ao invés de ser visto como um ente serviente aos indivíduos e cuja existência é condicionada ao respeito e à efetivação dos direitos fundamentais, o Estado latino-americano é visto como uma entidade independente da sociedade, prevalecente e titular de interesses próprios que são por definição predominantes sobre os interesses dos particulares. Nosso legado histórico deu ensejo a uma realidade em que a dimensão de concentração da autoridade no Estado é muito mais avantajada do que aquela outra, da contenção (limitação e condicionamento do exercício do poder). A própria lei é vista muito mais como um instrumento da autoridade do que como um limite ao seu exercício. A autonomia da sociedade é vista com reservas. A esfera pública há de prevalecer sempre, pois é nela que se realiza o interesse coletivo.

Como o Estado precedeu a existência da sociedade, isso favoreceu uma concepção autoritária de esfera pública, na qual o detentor do poder (governante) assume prerrogativas quase absolutas de intrusão na esfera privada. A sociedade civil, fraca, depende do Estado para desenvolver as relações que lhe são próprias (direito de propriedade, iniciativa econômica, trocas mercantis, exercício profissional). Além disso, tal concepção identifica a esfera pública com o Estado, de tal sorte que não exista qualquer espaço público fora dos domínios estatais.

A nossa tradição histórica tem como consequência uma maior tolerância com a intrusão da esfera pública no domínio privado.

3 A prevalência do privado: a intrusão como exceção

Numa esfera pública serviente à sociedade, a intervenção na esfera privada é aceitável em condições excepcionais. Apenas quando a atividade interventiva for justificada para impedir a violação ou imprescindível para a consagração de direitos fundamentais é que se admite que o Estado interfira na economia, na sociedade, na cultura, nos costumes. Embora ao longo do tempo cresça o rol de setores em que a presença do poder público se faz necessária (como demonstra o crescimento da intervenção do Estado dos países europeus sobre a economia nos anos 70 e 80), é possível sempre se entender que tal intrusão seja algo a ser, quando possível, evitado. Nas sociedades em que se valoriza a esfera privada, portanto, a intervenção estatal é marcada por um traço de subsidiariedade: só aceitável quando a sociedade e os atores privados, por si, não forem capazes de assegurar o direito fundamental a ser protegido ou promovido.

4 A prevalência do público: a intrusão como regra

Em outras sociedades, que corresponderam desafortunadamente à maioria das nações latino-americanas ao longo dos últimos séculos, a dinâmica público-privado é invertida. A esfera pública é tomada exclusivamente como a esfera do Estado. Por serem caracterizadas, como visto acima, por um Estado forte e sociedade civil fraca ou incipiente, o predomínio da esfera pública (Estado) e a prevalência da intervenção estatal é vista como normal e, por definição, necessária. Por aqui os sindicatos foram por muito tempo fomentados e manipulados pelo Estado. A economia dirigida pelos entes estatais. Os partidos políticos, de situação ou oposição, dependeram do Estado. Mais do que haver uma maior dependência do Estado ou uma maior leniência à intervenção estatal na esfera privada, predominou na América Latina, por tempos, a concepção de que a esfera pública é o repositório das virtudes e a esfera privada o campo dos vícios, o plano em que prevalece a cupidez e o egoísmo dos atores privados. Para as sociedades com essa formação ideológica, a intrusão estatal na vida privada seria sempre bem-vinda e bem aceita, pois ela seria prenhe da boa nova do interesse público.

5 O itinerário do interesse público: delimitação, justificação e operacionalidade do poder

Eis que chegamos a outro elemento central da formulação do Estado contemporâneo. Vimos acima que, a partir do momento em que se aceita a concentração do poder no Estado, passa-se a confiná-lo dentro dos limites do Direito. E o poder estatal (incontrastável, mas limitado) torna-se admitido se e quando houver um interesse coletivo a ser perseguido. O instrumento retórico que dá concretude a essa formulação é o chamado *interesse público*.

No itinerário da modernidade, a figura do príncipe dá lugar a uma entidade mais diáfana, a figura do interesse público.[2] Por essa concepção, haveria sempre um interesse maior, distinto dos interesses individuais, uma razão superior que a um só tempo autoriza e justifica o agir da Administração Pública. Como ela sempre persegue o interesse público (fórmula que independe do seu conteúdo), sempre deverá o agir administrativo sobrepujar os interesses – presumidamente menores – dos administrados com quem se confronta.

À noção de interesse público cumpre, então, uma *tripla função*: *(i) ela serve de limite ao poder público, que só pode agir quando identificar e explicitar um interesse público* a ser perseguido com seu ato *(função de delimitação); (ii) ela serve para justificar ao administrado a intervenção estatal* na sua esfera de direitos, pois afinal isso (o sacrifício ou o condicionamento de um direito seu) é feito em benefício de toda coletividade, da qual o indivíduo atingido também é parte e, portanto, beneficiário da ação pública *(função justificadora)* e, por fim, *(iii) cumpre um papel operacional*, pois, como o conteúdo do interesse público é aberto (já que se trata de um conceito dúctil), ele confere uma margem de manobra para o detentor do poder, legitimado que estará para intervir na esfera privada sempre que conseguir demonstrar que

---

[2] Alguns autores, com verve, dizem que o interesse público, dado o seu caráter absoluto e abstrato, poderia ser comparado com o *"mistério da fé"* da doutrina católica. Nesta acepção o interesse público seria algo em que se acredita como eixo da construção do regime jurídico administrativo, ao qual os doutrinadores devem aderir sem muito perquirir sobre o que seja seu conteúdo. Sobre a alegoria, disputam sua precedência Marçal Justen Filho e Romeu Felipe Bacellar.

isso é necessário para consagrar uma finalidade de interesse coletivo por ele eleita como relevante (*função operacional*).

Essas três funções são, na construção tradicional do direito administrativo, importantes e complementares. Porém, a função operacional é a mais importante a ser destacada para fins deste texto. E essa noção de interesse público é sobremaneira operacional, pois ao mesmo tempo em que dispensa um conteúdo (é desnecessário explicitar o que seja esse interesse público no caso concreto), ela é suficiente para justificar a derrogação dos direitos individuais, pois se há um interesse público envolvido, a ele sempre deverão ceder os interesses privados. A colocação do interesse público como fundamento e fator de legitimação da ação administrativa se apoia em duas outras formulações. De um lado, a *unicidade do interesse público*, traduzida na presunção de que em cada atuação da Administração Pública haverá um único interesse de natureza pública, a ser aferido pela autoridade detentora do poder-dever de agir. De outro lado, a formulação da *supremacia e inoponibilidade* do interesse público. Esta tem em si duas consequências: *(i) pressupõe que o interesse público seja sempre inconfundível e distinguível dos diversos interesses privados* e *(ii) que ele (o interesse público) será sempre mais denso, relevante e elevado que os interesses privados*. Essa formulação, malgrado seja bastante operacional (serve para legitimar quase sempre o agir administrativo, sem necessidade de maiores explicações), desconsidera que *não faz sentido algum se falar em finalidades públicas se elas não coincidirem com alguma aspiração*, necessidade ou expectativa de administrados (*v.g.* interesses dos administrados, privados, portanto), *já que estes são os destinatários* de qualquer agir da Administração Pública. Não haverá interesse público em vilipendiar abusiva e desnecessariamente direitos fundamentais.

6 A construção do paradigma da dicotomia absoluta

Temos então que a noção de interesse público, para ser plenamente operacional, acaba por se basear numa dicotomia absoluta entre público e privado: uma esfera exclui a outra, pois, de um lado, está o interesse público e de outro estão os interesses privados. O interesse público reside e é consagrado pela ação estatal (esfera pública). O interesse privado, residente na sociedade, seria fragmentário e individualmente titularizado. Essa concepção de interesse público pressuporá uma distinção e uma oposição essencial aos interesses privados. Só a partir da oposição absoluta é que se pode conceber a noção de supremacia do interesse público. Ele (interesse público) sempre prevaleceria e nunca poderia ser preterido ou mitigado (posto que é público, não é titularizado por ninguém isoladamente, sendo, portanto, indisponível).[3]

---

[3] Em estudo anterior, de maior fôlego, demonstrei que as raízes filosóficas desta construção estão na concepção totalizante concebida por Hegel a partir de sua formulação de dialética.

Para cumprir referida função operacional o interesse público precisa *(i)* ser tomado como algo singular e absoluto (só existir um interesse público subjacente a uma concreta ação estatal); *(ii)* antagonizar com os interesses privados e *(iii)* ser monopólio da esfera pública.

Essas três formulações constituem verdadeiros dogmas ou axiomas, muito presentes no discurso tradicional do direito administrativo. Seu emprego reiterado está na gênese da captura do interesse público pelo discurso autoritário.

6.1 O interesse público único

Não passa de um dogma a formulação de que exista um só interesse público a motivar, no caso concreto, a atuação estatal. Para cumprir sua função operacional e de justificação, formula-se uma concepção de interesse público singular, unitária, como se em cada provimento estatal existisse um e apenas um interesse público a ser consagrado. A partir dessa construção, mais retórica do que substantiva, torna-se mais fácil legitimar a ingerência estatal, pois ela se reduz à seguinte formulação: a ação do poder público corresponde à consagração do interesse público no caso concreto, pressupondo que só existe um interesse de natureza metaindividual a ser consagrado em concreto. Segue daí que a atuação do estado seria legitimada por não depender de decisão sobre qual interesse deve ser prestigiado numa determinada situação. O único interesse a prevalecer é o público e só haveria uma manifestação dele envolvida em cada intervenção estatal na esfera privada.

Tal formulação não resiste a uma reflexão mais detida. Como ensina Gaspar Ariño, tal formulação não passa de uma ilusão. Diz: "a ilusão de um interesse público objetivo, mensurável, de aquilo que é 'o melhor' para todos, está cada vez mais longe da realidade. E não é fácil identificar o que seja esse inalcançável 'interesse público', pela específica razão de que não só não existe um só 'público', senão porque existem muitos 'públicos'. E, portanto, se faz difícil aceitar como indiscutível essa presunção de titularidade exclusiva do interesse público de alguém que, de maneira arcana e como por iluminação divina, nos pode dizer a todos o que mais nos convém".[4]

Há sempre uma miríade de interesses relevantes, muitas vezes conflitantes, a disputar a ação estatal. Se é possível um controle negativo (ou seja, a verificação de que a um dado interesse não corresponde uma relevância justificadora de uma ação estatal – portanto, a verificação de que se trata de um interesse não público), de outro lado, não é possível se aferir o que ou qual seja o interesse público único, singular, que justifique a intervenção estatal na esfera privada. Mas o discurso do interesse público é dependente dessa noção de singularidade, pois sem ela teria de assumir que toda ação do poder público demanda, previamente, uma arbitragem de interesses. O que enfraqueceria a sua função legitimadora e operacional.

---

[4] ORTIZ, Gaspar Ariño. *Transparência y participación en la administración pública española*. Madrid: Universidad Carlos III, Separata, 1994, p. 84.

6.2 A autonomia do interesse público

Também é um dogma acreditar que o interesse público é autônomo em relação aos interesses privados. Igualmente aqui se trata de uma construção útil para assegurar a legitimação e a operacionalidade de intervenção estatal. Para que nos resignemos diante da intervenção estatal é importante que acreditemos que a ação do poder público colhe igualmente todos os indivíduos. Ou seja, que a intervenção da esfera pública na privada beneficia igualmente a todos e afete, ao menos potencialmente, a cada qual de maneira equitativa. Contudo isso não é correto.

Qualquer intervenção estatal gera sacrifícios desiguais (ainda que mitigados pelos mecanismos compensatórios) e propicia benefícios também não equânimes. Quando o Estado interfere na economia, haverá necessariamente setores mais beneficiados e outros afetados negativamente. Não digo que o interesse público seja ou deva ser capturado por interesses privados. Digo apenas que sempre ao agir na perseguição dos interesses públicos o Estado interfere desigualmente na esfera privada. E isso é inerente ao agir da esfera pública.

Sempre que age o Estado na perseguição de um interesse público, acaba por consagrar interesses privados que sejam com ele coincidentes. E abala outros interesses de particulares que se contraponham àquela ação estatal. Certo é que explicitar essa contingência da ação estatal enfraquece sua legitimação e operacionalidade: os interesses particulares prejudicados certamente resistirão mais à intervenção estatal ao saber que outros privados dela se beneficiam mais e que nem todos sofrem com ela igualmente. Porém, ao ter claro que o interesse público não é autônomo aos interesses privados, que afeta desigualmente aos indivíduos, emerge a necessidade de *(i)* que a ação estatal pondere todos os interesses, beneficiados ou prejudicados, antes de ser concretizada e que *(ii)* ela seja modulada e contida, de tal sorte que não se torne regra, pois a intervenção estatal acarreta, por si só, um abalo no equilíbrio entre os interesses privados.

6.3 A exclusividade estatal na consecução do interesse público

O interesse público não é consagrado apenas na esfera pública. Há um dogma, porém, de que só o Estado é legítimo e apto à consecução do interesse público. E tal ideia é a chave para formulações como a "supremacia do interesse público" ou da "inoponibilidade do indivíduo ao poder estatal". A presunção de exclusividade estatal na consagração do interesse público é fundamental na concepção autoritária da esfera pública. A partir dela seria justificada não apenas a existência e o alargamento da esfera pública, mas a sua prevalência, sempre e incondicional, sobre a esfera privada.

Da noção de exclusividade estatal na consecução do interesse público decorre outra formulação no sentido de que toda ação estatal se presta, presumidamente, à consecução do interesse público. Segue daí que qualquer intervenção estatal seria *a priori* aceitável e legítima, pois presumidamente corresponderia a uma consagração de interesse de toda gente.

A partir disso, qualquer instituto ou agente qualificado como público será portador, por si só, do interesse público. E no convívio com os agentes privados, seus interesses devem prevalecer. Tal distorção é patente no campo dos bens públicos: embora não se admita que uma propriedade privada possa ser mantida ociosa indefinidamente, o Estado possui inúmeros bens a que não dá uso algum. E muitos sustentam que esses bens cumprem sua função social simplesmente por serem "públicos" (de propriedade do Estado). Essa "função social presumida" advém exatamente do raciocínio de que o Estado é o promotor exclusivo do interesse público.

O dogma é contrariado diariamente pelos fatos. Não é só a esfera pública que concorre para consagração de interesses da coletividade.[5] Ninguém duvida que prover alimento para as populações é providência de interesse público. E nas nossas sociedades ocidentais, salvo raríssimas e discutíveis exceções, quem se incumbe disso são os agentes econômicos privados: produtores de alimentos, distribuidores, comerciantes. Tampouco é disputável que a educação é uma necessidade ao interesse coletivo. Na grande maioria dos países a educação é provida pela combinação de ações estatais e de outras entidades, empresariais, religiosas, beneméritas. O mesmo pode ser dito nos campos da assistência social, da saúde, do transporte, da comunicação e imprensa. O discurso publicista dirá: mas o móvel de grande parte das iniciativas particulares que indiretamente atendem a interesses públicos é o lucro. E é esse é o ponto. O mercado (ou seja, o campo das livres relações econômicas) pode, em muitas circunstâncias, coincidir com a consagração do interesse público, justamente por não existir uma incompatibilidade *ex ante* entre eles. Há situações em que tais interesses são antagônicos. E nestas estará justificada a ação estatal. Não porque só o Estado, em essência, possa consagrar interesses públicos, mas porque aquela parcela de interesses públicos demanda uma atuação apta a suprir hipossuficiências que impedem seu provimento pela esfera privada.

De outro lado, os fatos também demonstram que nem todas as ações estatais correspondem a um interesse público. Muita vez a intervenção estatal decorre da captura por interesses privados incrustados na esfera pública: interesses patrimoniais,

---

[5] Como afirma Pedro Gonçalves: "é hoje muito claro que o interesse público não existe apenas nas tarefas públicas, confiadas à Administração Pública. Com efeito, entendendo-se por interesses púbicos (num sentido material) os de uma pluralidade de pessoas – de um público –, em relação a bens susceptíveis de satisfazer as necessidades comuns de todas elas, é inquestionável que os actores privados desenvolvem acções marcadas pelo objectivo primordial ou até exclusivo da satisfação de interesses dessa natureza. Tais acções, embora privadas, têm a nota da 'publicidade' e apresentam-se, também elas, como acções de interesse público. São as tarefas privadas de interesse público, que se contrapõem às tarefas privadas de interesse privado (...) o interesse público não constitui, portanto, um monopólio do Estão ou da Administração Pública, não podendo sequer excluir-se a possibilidade de os interesses privados aparecerem entrelaçados e misturados com interesses públicos ou até valerem e serem assumidos como interesses dessa natureza." In: *Entidades privadas com poderes públicos: o exercício de poderes públicos de autoridade por entidades privadas com funções administrativas*. Coimbra: Almedina, 2005, p. 144 e 145.

fiscais, corporativos, manipulação política, todos esses fatores podem impelir o poder público a agir sem que haja um interesse relevante a ser atingido.

Dessa formulação resulta a suposição de que os particulares nunca poderiam ser promotores do interesse público. Ou seja, de que a consecução do interesse público seria monopólio dos agentes públicos ou dos órgãos do Estado. Estes, supõem-se, seriam movidos pelos elevados interesses públicos. Aqueles seriam engendrados pela "vilania" dos interesses privados. Daí a herança, forte entre nós, de desconfiar sempre do envolvimento dos particulares em qualquer atividade que promova as necessidades coletivas. Daí a desconfiança com a iniciativa privada e a preferência, recôndita e subliminar, pelo provimento de utilidades públicas por entes estatais. O que me levou num pequeno texto publicado há alguns anos,[6] a afirmar que entre nós não se acredita ou louva o mercado: o aceitamos a contragosto, quase como um mal necessário. E o mal necessário, a meu ver, é outro. É a captura do interesse público pela autoridade. O paradigma autoritário.

7 O paradigma autoritário da esfera pública

A construção de uma oposição entre esfera pública e esfera privada a partir de uma noção de interesse público único, autônomo e que só o Estado pode consagrar, serve perfeitamente para sedimentar o paradigma autoritário da esfera pública. No âmbito desse paradigma a perseguição do interesse público (pensado como indivisível e exclusivo) justifica e legitima toda e qualquer intervenção da esfera pública sobre a esfera privada. E em face dele não podem ser contrapostos interesses privados, pois, como vimos, faz parte daquele paradigma a ideia de supremacia do interesse público. Como o interesse público justificador da ação estatal é aberto, um conceito dúctil, caberá à autoridade, no caso concreto, o que é o interesse público (lembrando que essa concepção é baseada na ideia de unicidade e exclusividade). Daí chegamos ao cerne do paradigma: para consagrar o interesse público o Estado tudo poderia; porém cabe ao governante decidir, a cada situação, o que vem a ser o interesse público. Logo, tal paradigma confere à autoridade uma margem amplíssima de liberdade para intervir na esfera privada.

Se à esfera pública cabe exclusivamente a consecução do interesse público, se contra esse não podem ser opostos interesses privados e se a determinação concreta do interesse público compete exclusiva e unilateralmente à autoridade, temos construído um paradigma pelo qual o Estado poderia intervir em qualquer seara da esfera privada, a mercê da vontade do governante de turno. E tudo como se estivéssemos a consagrar o interesse de todos. Assim foi por décadas entre nós. Quanto mais frágil a esfera privada, mais a esfera pública avulta, intervindo em todos os campos. E quanto mais houver intervenção, mas fraca se tornará a

---

[6] Os desafios da regulação, dez anos depois. *Revista da ABAR – Associação Brasileira de Agências de Regulação*, v. 1, p. 58 a 63, 2007.

esfera privada, pois, como vimos, não existe ingerência estatal sem redução da e na esfera de autonomia dos indivíduos.

Daí porque associo esse paradigma de uma concepção autoritária de esfera pública: primeiro, porque centrada na figura da autoridade, a quem confere poderes plenos de se imiscuir na vida privada; depois porque derrogatória da autonomia dos indivíduos, incapacitados de conter o poder estatal.

8 A erosão do paradigma autoritário

Nos últimos anos, afortunadamente, esse paradigma tem sido questionado. Não apenas doutrinariamente, mas em especial pelo fato de que, mesmo na América Latina, uma série de fatores tem ao mesmo tempo fortalecido a sociedade e consequentemente a esfera privada, demonstrando o equívoco dessa concepção autoritária de esfera pública.[7] Basicamente isso decorre do fato de que as sociedades contemporâneas, no mundo todo e também por aqui, se tornam mais complexas e multifacetadas; porque cresce a conscientização dos indivíduos acerca de seus direitos e ainda porque crescentemente a esfera pública dá mostras de incapacidade para atender a todos os interesses públicos que se põem à sua frente.

8.1 Sociedades complexas e multiplicidade de interesses legítimos

O paradigma autoritário começa a ser erodido pelo fato de que as sociedades contemporâneas são crescentemente sujeitas a clivagens de interesses. Os conflitos se tornam mais complexos. As aspirações de grupo e setores sociais ficam mais desafiadoras. A própria sociedade passa a ter mecanismos de organização mais sofisticados. Nesse quadro, as aspirações da sociedade são maiores e sobrepostas. E o seu provimento torna cada vez mais difícil a manutenção dos mitos acima vistos: a pluralidade de interesses públicos, muitas vezes colidentes, fica explícita; a necessidade de arbitramento entre interesses públicos conflitantes faz impossível manter a ideia de sua autonomia face aos interesses privados; por fim, as instâncias de organização da sociedade, situadas na esfera privada, tomam crescentemente para si as tarefas de consecução de interesses metaindividuais, o que impede a continuidade do discurso da exclusividade estatal.

A par de gerar um fortalecimento da sociedade, esses processos colapsam a solidez teórica e retórica do paradigma autoritário, ensejando movimentos e discursos de emancipação da esfera privada em face da esfera pública. O que é também sinal de maturidade institucional.

---

[7] Para um aprofundamento deste processo, ver meu *Regulação estatal e interesses públicos*, cit.

8.2 Direitos fundamentais e administração processual

Concomitantemente (e mesmo como consequência do processo de fortalecimento e emancipação da esfera privada), cresceu nos últimos tempos a conscientização pelos indivíduos que são titulares de direitos fundamentais. Tal fato serve para aumentar a resistência em face de ingerências exorbitantes do poder público na esfera individual de direitos. Esse movimento leva a que a ordem jurídica, em vários países, incorpore a ideia de processo como garantia dos indivíduos em face do poder.

O fenômeno que parte da doutrina chama de processualidade administrativa[8] implica, por um lado, assegurar ao indivíduo o direito de participar da decisão acerca de qual interesse público deve ser consagrado e de conter a intervenção desproporcional do poder público para tal consagração. De outro lado, a exigência do processo na função administrativa explicita o fato de que a intervenção estatal é conflitiva, envolve arbitramento de interesses e, por conseguinte, não é indiferente em relação aos interesses existentes na esfera privada.

8.3 Sociedades ativas, crise fiscal e mecanismos de cooperação

O terceiro vetor que leva à erosão do paradigma autoritário reside na crescente incapacidade da esfera pública (o que, para o paradigma autoritário, coincide dizer o Estado) de atender a todas as demandas que chegam a ela. Quanto mais madura a sociedade, mais será ela apta a pressionar o Estado pelo atendimento de suas inúmeras e complexas demandas. Direitos fundamentais envolverão não apenas proteção face ao Estado, mas também provimentos pelo Estado.

Ao quadro de demandas crescentes corresponde também uma maior resistência na esfera privada a concorrer para o financiamento do Estado. Diante disso e da percepção da inviabilidade do financiamento que recaia nas gerações futuras (via inflação ou endividamento irresponsável), a esfera pública se depara com a incapacidade de consecução de todos os interesses que demandam sua ação. Daí a percepção pelo próprio Estado da necessidade de lançar mão de mecanismos de atribuição a entes privados da tarefa de prover esses interesses. O uso crescente de instrumentos jurídicos de cooperação e de delegação à iniciativa privada é ilustrativo disso. O que importa numa requalificação da separação entre esfera pública e esfera privada e no redimensionamento do papel de cada uma delas na consecução do interesse público.

Diante desses fenômenos todos, não é exagerado dizer que assistimos nos últimos anos à emergência de uma nova configuração da dicotomia público – privado. Não que isso seja um consenso (o debate doutrinário sobre o tema é intenso) ou que não haja resistências, idas-e-vindas e mesmo retrocessos. Há sim, e muito.

---

[8] Por todos, ver MEDAUAR, Odete. *A processualidade no Direito Administrativo*. 2. ed. São Paulo: RT, 2008.

Mas isso é próprio dos momentos de superação de um paradigma. Inegável é que já possamos identificar os contornos de uma nova relação entre a esfera pública e a esfera privada.

9 Um novo paradigma da relação público-privado

As manifestações desse novo paradigma são notáveis. Não estou a dizer que perdemos, da noite para o dia, nossa tradição autoritária e a característica leniência com as excessivas intrusões estatais. Mas podemos notar, em vários pontos, a emergência de uma maneira nova de relacionamento entre os espaços públicos e privados.

9.1 Da autoridade para o consenso

É fato que o eixo da autoridade tem cedido espaço para a introdução de mecanismos de consensualidade. Na medida em que a sociedade (ou ao menos os segmentos mais organizados dentro dela) se fortalece, mais inviável é a afirmação da esfera pública exclusivamente pela autoridade. Faz-se necessário construir consensos que legitimem a intervenção estatal. De outro lado, na medida em que avultam os conflitos e cresce a oposição entre interesses metaindividuais, é mais e mais necessário obter padrões de aquiescência entre os interessados, de modo a que a decisão que consagra um interesse público em detrimento de outros possa ser aceita e se tornar efetiva.

Isso não significa dizer que o Estado perde a autoridade. Porém, é cada vez mais necessária a combinação dos mecanismos típicos de autoridade pelos mecanismos consensuais.[9]

9.2 Do ato para o processo

Isso permite afirmar que o eixo da ação estatal dependa, mais e mais, do concurso dos interessados no âmbito juridicamente ordenado do processo administrativo. Nesse passo, a processualidade serve para deslocar a decisão sobre a intervenção estatal do âmbito individual e subjetivo da autoridade, para o âmbito objetivo do processo, onde as razões que levam a tal decisão têm de ser apresentados de forma fundamentada e pública.

Como instrumento de ação estatal, o processo administrativo assume o papel de ser um ponto de engate entre a esfera pública e a esfera privada. Nele, os interesses individuais e coletivos dos atores privados se revelam e embatem

---

[9] Sobre isso ver meu texto Do contrato administrativo à administração contratual. *Revista da Associação dos Advogados de São Paulo*, Ano XXIX, v. 107, p. 74 a 82, dez. 2009.

com vistas a permitir *(i)* a identificação do interesse público mais denso no conflito concreto; *(ii)* a escolha ótima do instrumento adequado àquela consecução, além da modulação de sua intensidade; e *(iii)* assegurar que a ação estatal será aquela mais eficiente no sentido de obter o melhor resultado com o menor sacrifício de direitos individuais. Enquanto a validade do ato administrativo dependia dos seus elementos intrínsecos (competência, conteúdo, forma, finalidade), a validade da atuação processual na esfera pública passa a depender também e especialmente de requisitos extrínsecos (participação dos interessados, adequada motivação, contraditório). O que não é transformação pouca.

9.3 O novo contrato administrativo

Outro vetor importante, fruto da consensualidade e do processo, é a transformação no papel do contrato administrativo. Podemos identificar alguns elementos conformadores dessa nova *contratualidade administrativa*. Algumas tendências já podem ser notadas, a saber: *(i)* maior deslocamento normativo da lei para o contrato, na medida em que as leis reitoras de contratos do poder público deleguem para o contrato a normatização concreta em cada negócio jurídico; *(ii)* maior margem de consensualidade, inclusive na estipulação de cláusulas contratuais no âmbito de uma fase pré-contratual de negociação entre o adjudicatário do certame prévio e o poder público; *(iii)* introdução mais frequente de contratos atípicos, com a multiplicação de objetos; *(iv)* mais recorrente utilização de contratos por desempenho, em que o particular se vincula não a objetos previamente estipulados, mas a metas de desempenho, ensejadoras inclusive de remuneração variável; *(v)* maior flexibilidade na alocação de riscos, com deslocamento de maior parcela de riscos para o privado e clara estipulação da repartição dos ganhos de eficiência com o poder público; *(vi)* flexibilização do regime de equilíbrio econômico e financeiro, com a limitação de situações de aplicação da teoria da imprevisão e, por fim, *(vii)* multiplicação das hipóteses de contratos de cooperação.

Nesse contexto, os contratos do poder público deixam de ser mecanismos meramente para exercício das atividades-meio do Estado (aquisição de bens e serviços para desempenho das funções públicas diretamente pela Administração) e passam a ser instrumentos para consecução das próprias atividades-fim. Na atividade de polícia, os termos de ajuste de conduta ou a substituição da sanção por compromissos de reparação dos danos causados pela infração. No campo dos serviços públicos, temos os contratos de gestão com organizações sociais, as parcerias público-privadas e mesmo as concessões de serviços públicos de nova geração, todos com alocações de risco mais arrojadas e consentâneas com o princípio da eficiência. Na função de fomento, também são inumeráveis as modalidades de contratos aptos a incrementar a atividade dos particulares, como nos dão notícia os contratos de incentivo, os contratos de inovação, os consórcios de desenvolvimento de pesquisas ou os contratos de condomínio em parques ou *clusters* tecnológicos. Por fim, na função de intervenção na economia, há ainda mais campo para o desenvolvimento desses arranjos, mediante contratos de *joint ventures*, consórcios empresariais.

9.4 A nova empresa estatal

A empresa estatal foi, por muito tempo, um vetor da intrusão estatal desproporcional na esfera privada (domínio econômico). No pós-guerra e até os anos 90 essas empresas atuaram com instrumento de absorção pelo Estado de significativos setores da economia. Nesse período, a atuação das estatais era acompanhada ou de monopólio das respectivas atividades ou e então de um regime de privilégios fortemente inibidor da atuação dos privados.

Na última década, temos assistido a uma reinvenção da empresa estatal.[10] Nesse novo contexto temos a emergência de um noto tipo de ente empresarial que *(i)* atua em regime de competição com os privados; *(ii)* é impelida a buscar um padrão de eficiência econômica; *(iii)* tem uma gestão profissionalizada, até certo ponto protegida das ingerências políticas indesejáveis.

Afora isso, tais companhias têm se transformado em importantes vetores de parceria institucional entre o setor público e o privado. Tais parcerias vão além do mecanismo tradicional das sociedades de capital misto, nas quais o privado apenas participa como investidor, permanecendo a gestão e a governança quase que exclusivamente com o poder público. Nessa nova empresa pública, entes públicos e privados compartilham não só o investimento, como também a gestão e as decisões estratégicas. Em muitas delas o poder público participa como minoritário de uma sociedade, no âmbito da qual pactua mediante acordo de acionistas (que não deixa de ser uma espécie de contrato, vale dizer) garantias de governança e mecanismos de proteção de seu investimento. O que leva a uma profunda reconfiguração do instituto da empresa estatal, com consequências que não caberia aqui desenvolver.

O relevante, contudo, é que essa nova forma de configuração das empresas de que participa o Estado também desafia a separação entre esfera pública e esfera privada, constituindo-se num importante vetor de convergência e composição de interesses a desafiar o paradigma autoritário e seus pressupostos e a desafiar as formas de atuação do poder público.

9.5 Serviço público em competição

Outra mudança também desafiadora, já bastante estudada nos últimos anos, diz com a abertura de muitos segmentos de serviços públicos à competição e à participação de agentes econômicos em regime de liberdade empresarial. Essa transformação é ainda mais relevante diante do fato de que o regime de

---

[10] Sobre o tema ver ARIÑO, Gaspar. *Empresa publica empresa privada.* **Cizur: Aranzade, 2007.**

exclusividade, monopólio ou privilégio nos segmentos de serviços públicos durante muito tempo foi visto pela doutrina tradicional como decorrência da suposta incompatibilidade entre o interesse público que leva a atividade a ser considerada serviço público e a admissão de particulares explorando a atividade em regime de mercado.

Ao submeter serviços públicos ao regime de competição, temos que assumir abertamente que o fato de haver uma relevância da atividade para a coletividade (o interesse público que leva o Estado a assumir o dever de organizar e disponibilizar a atividade) não é incompatível com os interesses privados consistentes em explorar economicamente essa mesma atividade. Ou de outra forma, que os interesses privados em extrair lucro da exploração daquela atividade sirvam também a objetivos de interesse público: permitir a liberdade de escolha para os utentes, fomentar mais qualidade e preços mais módicos, incentivar a eficiência econômica.

Ou seja, a submissão dos serviços públicos à competição, pode-se dizer, é condição e efeito da erosão do paradigma autoritário. É condição, pois demonstra a inexistência de contradição essencial entre interesse público e interesse privado, que podem muita vez ser convergentes. É causa porque nos segmentos de serviços públicos abertos à competição emerge reforçada a necessidade de uma atuação estatal menos autoritária, mais centrada no consenso, com respeito aos direitos dos particulares, respeito aos contratos e mitigação da prevalência absoluta do interesse estatal.

9.6 O novo regime dos bens públicos

Esse novo paradigma se apresenta também no campo dos bens públicos. Aqui temos cada vez mais claro que o patrimônio estatal não pode ser tratado como um acervo de bens absolutamente indiferente ao regime jurídico a que se submetem os bens privados.[11] Por um lado, os bens públicos também devem cumprir sua função social, submetendo-se aos regramentos gerais de ordem urbanística, ambiental, paisagística, entre outras. De outro lado, é crescente a demanda para que os bens públicos sejam objeto de exploração econômica, de tal sorte a gerar receitas para os entes estatais do que são exemplo os *naming rights*, a concessão de obra pública ou as concessões urbanísticas. Por fim, no âmbito da gestão dos bens públicos também assistimos a emergência de mecanismos de convergência entre a esfera pública e privada como dão mostra os inúmeros bens que, malgrado pertencerem ao domínio privado, são consagrados a finalidades públicas (como, por exemplo, os bens culturais, as reservas ambientais, as infraestruturas de uso coletivo, entre tantas).

Tudo isso desafia aquela apartação absoluta entre esfera pública e privada, demonstrando que a relação entre elas é, hoje, não só mais complexa, como também muito mais prenhe de possibilidades.

---

[11] A esse respeito, ver meu *Bens públicos*. Belo Horizonte: Fórum, 2009.

10 A importância da moderna regulação

Essas transformações todas desafiam o direito público a se reinventar. Nesse contexto é que avulta a importância da moderna regulação.

A atividade de regulação pressupõe a noção de equilíbrio. Opõe-se, frontalmente, àquela unilateralidade típica presente no paradigma autoritário. Mais do que isso, o exercício da regulação importa, necessariamente, a composição dos diversos interesses enredados em um dado segmento da atividade econômica ou social, sem descurar nessa composição de interesses públicos sob a cura da autoridade estatal. A atividade regulatória não exclui a presença da autoridade do Estado. Ao contrário, admite e mesmo exige sua presença.

O que a regulação permite, contudo, é uma modificação no modo de exercício dessa autoridade. Em vez de se relacionar com os agentes privados exclusivamente pelo vetor vertical, impositivo e unilateral, a regulação interage com eles num vetor predominantemente horizontal, negocial, permeado por aproximações e concessões recíprocas. Ademais, há um traço necessário de responsabilidade no manejo dessa autoridade que não mais estabelece normas e padrões de conduta a partir apenas de sua leitura do que seja o interesse público, mas se impõe como objetivo manter equilibrados os interesses envolvidos naquela dada relação econômica de modo que, a um só tempo, possa perseguir os interesses (públicos) alvitrados sem sacrificar demasiados interesses dos particulares e sem comprometer a reprodução e preservação das relações econômicas reguladas.

Esse objetivo de equilíbrio e composição de interesses, inerente à atividade regulatória, remete necessariamente a trabalhar com a ideia de sistemas. Sob dois prismas. Primeiro, porque a regulação servirá para estabelecer o engate entre a esfera pública (representada pelos sistemas jurídico e político), de um lado, e a esfera privada (correspondente aos sistemas econômico e social), de outro. Pressupondo que cada um desses sistemas possui certa identidade e que nenhum deles reúne a capacidade para se impor sobre os demais, faz-se necessário que se relacionem e estabeleçam, permanentemente, padrões de equilíbrio. A atividade regulatória bem se presta a isso.

Segundo, porque a construção dos distintos arcabouços regulatórios, ao estatuir para cada setor da vida econômica e social, um determinado equilíbrio, um código interno e um aparato normativo próprio, acaba por criar subsistemas normativos (os tais *ordenamentos setoriais* de que nos falava Massimo Severo Giannini).[12] Esses subsistemas convivem de maneira nem sempre harmônica com a unicidade e centralidade do ordenamento jurídico estatal, construído sob o prisma do monismo jurídico.[13] Jacques Chevalier ensina que "o conceito de regulação constitui um elemento chave da Teoria Geral dos Sistemas. Todo

---

[12] Cf. *Diritto Amministrativo*. Milão: Giuffrè, 1993, p. 54 a 57.
[13] Para uma crítica lúcida deste fenômeno, ver GRAU, Eros Roberto. *Direito posto e direito pressuposto*. 5. ed. São Paulo: Malheiros, 2003, p. 94 e seguintes.

sistema organizado é formado de um conjunto de elementos interdependentes e interagentes, efetivamente em permanente confronto com fatores de desequilíbrio e instabilidade advindos do seu entorno (meio ambiente). A regulação recobre esse conjunto de processos para os quais os sistemas procuram manter seu 'estado estacionário' anulando os efeitos das perturbações exteriores".[14]

A moderna regulação serve, pois, de elemento de equilíbrio entre a esfera pública e a privada, mediante a integração entre os sistemas político e jurídico, de uma parte, e o econômico, de outra. E o faz a partir da identificação de subsistemas regulados, entendidos como o conjunto integrado pelos usuários (consumidores), pelo ente regulador, pelos bens e processos que, de forma articulada e inter-relacionada, concorrem para o funcionamento e reprodução de uma dada atividade econômica (no âmbito e em torno da qual se estrutura esse subsistema). O exercício da regulação em um dado setor regulado (subsistema) envolve a construção de um arcabouço normativo que compreende princípios, conceitos, interesses e normas conformados às necessidades e peculiaridades setoriais.

A moderna regulação se apresenta como uma dimensão a um só tempo alternativa e complementar à normatividade legislada. Se pensarmos a atividade estatal tradicional em face da economia, poderemos claramente identificar duas formas de atuação.

Uma, mais abstencionista, representada pela ordenação normativa por intermédio dos comandos legais editados pelo Parlamento. Trata-se da atuação exclusivamente normativa de edição de leis que disciplinam o que pode e o que não pode ser realizado pelos indivíduos. É em torno dessa atividade que se edifica o princípio da legalidade, assegurando que alguém só será compelido a fazer ou deixar de fazer algo em virtude de lei. Nessa primeira perspectiva é o sistema jurídico que baliza a ordenação da atividade dos indivíduos no domínio econômico, fazendo-o ou mediante proibições (o que não podem os agentes econômicos fazer) ou incentivos (o que devem fazer se quiserem obter algumas vantagens).

Outra modalidade, digamos tradicional, de atuação do Estado em relação à economia, é a intervenção direta. Premido por crescentes necessidades sociais, a esfera pública (sistema político) reage absorvendo parte do sistema econômico, retirando-o do campo da livre atuação dos agentes econômicos. Trata-se do intervencionismo estatal direto na economia, representado pelo estabelecimento de monopólios estatais, atividades de exploração exclusiva ou privilegiada aos entes estatais, a constituição de sociedades de economia mista ou empresas públicas, entre outros instrumentos. Se na atividade normativa legal a atuação do Estado é feita predominantemente pelo sistema jurídico, via ordenamento estatal, na intervenção direta o sistema político exerce um papel central. Procede-se, podemos dizer, a uma politização da economia, com uma forte substituição da racionalidade econômica pela racionalidade política.

---

[14] De qualques usages du concept de régulation. *In*: MIALLE, Michel. *La régulation entre droit et politique*. Paris: Éditions L'Harmattan, 1995, p. 76.

A moderna regulação, como dito acima, emerge como outra forma de atuação em face da esfera privada. Alternativa e complementar. Alternativa, porque permite, se pensada como regulação estatal, a influência do sistema político em segmentos do sistema econômico. Complementar porque a regulação não exclui a importância dos sistemas jurídico e político, na medida em que se presta exatamente a servir como engate destes com o sistema econômico.

O que diferencia a regulação daquelas outras modalidades de relação do Estado com o sistema econômico e social é que, ao contrário das outras duas, o eixo vertical, impositivo, de estabelecimento de comandos, cede lugar à outra forma de relação, mais horizontal, onde a imposição é substituída pela interlocução, o acatamento obrigatório dá espaço à busca do consenso e a legitimidade a priori da autoridade é substituída pela legitimação processual.

De tudo isso, resta importante notar que o crescimento da atividade regulatória (estatal ou não estatal) deflui como consequência direta daquele processo de fortalecimento da esfera privada (sistema econômico) em relação à esfera pública (sistemas político e jurídico). A resposta regulatória não é causa dessa autonomia crescente. É sim consequência dela.[15]

Nesse contexto, a atividade regulatória oferece uma alternativa ao paradigma autoritário acima visto. E isso porque a atividade regulatória se mostra mais adequada a responder aos desafios contemporâneos: *i)* permite a adequação aos níveis de especialização exigidos por cada setor da economia; *ii)* enseja mais dinamismo e agilidade na função normativa, permitindo uma resposta do sistema regulatório mais ágil do que a resposta possível no âmbito do ordenamento estatal; *iii)* favorece uma maior integração entre os sistemas, uma vez que o engate entre eles não se dá pelo vértice da cada sistema e sim pela articulação no ambiente do próprio subsistema regulado (onde interagem os atores econômicos, sociais, estatais e os distintos interesses de cada qual); *iv)* favorece as mediações técnicas àquelas de matiz exclusivamente política, sem deixar de reconhecer naquelas um forte conteúdo de arbitragem de interesses.[16]

Mais do que tudo, porém, a importância da moderna regulação na dicotomia público e privado se dá pela institucionalização, pela neutralidade, pela participação e pela racionalização da ação estatal.

10.1 A institucionalização do poder

O primeiro grande ganho propiciado pela moderna regulação está no fato de que ela permite uma maior institucionalização do poder. No ambiente regulatório o Estado é obrigado a seguir cânones institucionais, a respeitar a estabilidade das relações econômicas e jurídicas e a seguir os processos que limitam e condicionam

---

[15] Sobre o tema, ver meu *Agências reguladoras:* instrumentos de fortalecimento do Estado. São Paulo: Abar, 2003, p. 14.
[16] Cf. MARZONA, Nicoletta. Il potere normativo delle autorità indipendenti. *In:* CASSESE, Sabino; FRANCHINI, Cláudio. *I garanti delle regole.* Bologna: Il Mulino, 1996, p. 103.

a ingerência do poder político. Em grande medida a regulação é um freio ao voluntarismo dos governantes. Ela não impede que cada mandatário procure imprimir no setor regulado as pautas políticas que entende cabíveis e para a aplicação das quais ele foi legitimado pelo eleitorado. Contudo, a regulação se presta a obrigar que tais pautas sejam submetidas aos procedimentos regulatórios, permitindo que elas sejam esterilizadas das ingerências oportunistas, conjunturais e passionais e, assim, possam ser absorvidas com o menor ruído possível pelo setor regulado. A prevalência e o respeito, na regulação, de prazos, processos e contratos, mesmo que contra a vontade do sistema político, ensejam uma enorme evolução no grau de institucionalidade, um dos pontos mais vulneráveis da tradição jurídica e política da América Latina.

10.2 Neutralidade e o equilíbrio de interesses

Num contexto de interpenetração das esferas público e privada, com multiplicação dos espaços de sobreposição e fusão de interesses públicos e privados, a regulação exerce um papel relevante de mediação de conflitos e arbitragem de interesses a partir de certa neutralidade em relação aos envolvidos. Daí a importância da independência do regulador em relação a todos os interesses regulados, inclusive e especialmente o sistema político. Veja-se que aqui não estamos falando de neutralidade ideológica ou imunidade técnica, nem mesmo de que a regulação deva ser alheia às políticas públicas. Contudo, embora parte da esfera pública, o regulador não pode ser reduzido a um mero apêndice do sistema político, um ente governamental caudatário da vontade política do mandatário.

Se assim for sem a independência, estará aniquilada a função regulatória. Afinal é um traço inerente da moderna regulação a independência do regulador. Como de outra feita afirmei, o ente regulador deve manter em face dos interesses regulados, incluídos aí também os interesses do poder público (quer quando controle algum operador sujeito à regulação, quer no tocante aos próprios interesses de ordem geral que se queira ver imprimidos no setor regulado). Na esteira do pensamento de Vital Moreira e Fernanda Maçãs, o surgimento dos entes encarregados da regulação objetiva "garantir a neutralidade política da gestão administrativa que desempenham, assegurando que o setor sobre o qual actuam se desenvolva de acordo com suas próprias regras, as regras e os critérios técnicos do setor em causa".[17] Importa dizer que essa neutralidade não significa que o regulador atue contra os interesses dos regulados ou em contraposição aos desígnios do poder público. Significa, sim, que no exercício de suas atividades o ente regulador deve manter equidistância dos interesses verificados no setor regulado, de modo a exercer, com prudência e proporcionalidade, suas competências de forma a melhor atingir aos objetivos visados com a regulação.

---

[17] *Autoridades reguladoras independentes*, cit., p. 29 e 30.

A busca do equilíbrio de interesses entre aqueles sujeitos à regulação faz, portanto, que o ente estatal que exerce a atividade regulatória seja neutro, no sentido de equidistante, a todos os diversos atores envolvidos. O que, convenhamos, desafia aquela concepção tradicional de interesse público acima explorada.

10.3 A participação dos interessados

Por conseguinte, não pode nem deve a regulação ser exercida de forma isolada, unilateral e distante dos distintos interesses sujeitos á regulação. É essencial que os interessados participem da atividade regulatória, expondo suas posições, defendendo seus interesses, contribuindo na construção dos marcos regulatórios. Isso faz com que a atuação do regulador seja necessariamente permeável à participação. E obriga a que todas as decisões regulatórias sejam praticadas no âmbito de processos administrativos regulares, públicos e com ritos conhecidos por todos.

O manejo da ampla gama de poderes que detêm as Agências obriga que, no seu exercício, estejam elas absolutamente adstritas ao devido processo legal, na sua acepção mais ampla (devido processo legal substantivo), com a mais ampla participação de todos os interessados. Observância de prazos, procedimentos absolutamente detalhados, formas de assegurar os direitos dos interessados, mecanismos para exercício do contraditório, critérios de aferição da proporcionalidade nas condutas regulatórias são essenciais à moderna regulação e dão azo a que ela atinja o equilíbrio entre os interesses públicos e privados envolvidos.

11 O novo desafio: espaço público eficiente e espaço privado autônomo

É chegado o momento de concluir. O que tentei aqui foi apresentar a relação que existe entre o surgimento (e a importância) da moderna regulação e as transformações que ocorrem na esfera pública e privada e na dicotomia entre elas. É certo que muito ainda está por vir e que as transformações vividas até aqui estão longe de permitir esmorecer. O velho paradigma resiste. E sua presença leva muitos a advogar que a regulação corresponde ao enfraquecimento do Estado e ao comprometimento do interesse público. Tenho comigo que a maior resistência à moderna regulação não está nos governos, mas na cultura jurídica e política que resiste a enxergar as mudanças na dicotomia público e privado.

Porém, descontada a força da velha tradição, há desafios postos para o futuro. À esfera pública corresponde ao desafio de ser eficiente sem ser autoritária. De conciliar arbitramento de interesses, racionalidade econômica e consagração de direitos fundamentais. À esfera privada corresponde à obrigação de se fortalecer e de exercer, plenamente, seus direitos e sua autonomia, não aceitando a intrusão estatal desnecessária ou desproporcional, mas também sabendo desempenhar suas funções, saindo da zona de conforto de esperar que o Estado a tudo proveja. O tempo dirá se estamos no caminho certo.

Informação bibliográfica deste texto, conforme a NBR 6023:2018 da Associação Brasileira de Normas Técnicas (ABNT):

MARQUES NETO, Floriano de Azevedo. Interesses públicos e privados na atividade estatal de regulação. *In*: MARRARA Thiago (coord.). *Princípios de direito administrativo*. 2. ed. rev., ampl. e atual. Belo Horizonte: Fórum, 2021. p. 519-539. ISBN 978-65-5518-166-1.

SOBRE O COORDENADOR

Thiago Marrara
Professor de Direito Administrativo da USP (FDRP) e consultor jurídico. Livre-Docente pela Faculdade de Direito da USP (FD). Doutor em Direito Administrativo pela Universidade de Munique (LMU). Bacharel e Mestre em Direito Administrativo pela USP (FD). Editor da *Revista Digital de Direito Administrativo da USP* (RDDA). Redigiu ou organizou, entre outras obras: *Lei anticorrupção comentada* (Fórum), *Processo administrativo brasileiro* (Fórum), *Direito administrativo: transformações e tendências* (Almedina), *Controles da Administração e Judicialização de Políticas Públicas* (Almedina), *Sistema Brasileiro de Defesa da Concorrência* (Atlas), *Tratado de direito administrativo, v. 3: direito administrativo dos bens e restrições estatais à propriedade* (RT), *Processo administrativo: Lei 9.784/1999 comentada* (RT), *Manual de direito administrativo* (Obben), *Estatuto da Metrópole Comentado* (FDRP/USP) e *Responsabilidade do Estado* (Liberars).

SOBRE OS AUTORES

Alexandre Santos de Aragão
Bacharel em Direito pela UERJ (1991). Mestre em Direito pela UERJ (2001) e Doutor em Direito pela USP (2005). Professor Titular de Direito Administrativo da UERJ. Professor do Mestrado em Regulação e Concorrência da UCAM. Professor Visitante do Instituto de Economia da UFRJ. Foi Professor da Pós-Graduação da FGV – Rio de Janeiro e São Paulo. Procurador do Estado do Rio de Janeiro. Advogado.

Bernardo Strobel Guimarães
Mestre e Doutor em Direito do Estado pela Faculdade de Direito da Universidade de São Paulo (USP). Professor de Direito Administrativo da Pontifícia Universidade Católica do Paraná (PUCPR). Advogado em Curitiba/PR.

Bruno Santos Cunha
Bacharel em Direito pela Universidade Federal de Santa Catarina (UFSC). Mestre em Direito do Estado pela Universidade de São Paulo (USP). *Masters of Laws – L.L.M.* pela University of Michigan Law School. Doutorando em Direito pela Universidade Federal de Pernambuco (UFPE). Ex-Professor da Universidade Federal de Santa Catarina (UFSC). Procurador do Município de Recife. Professor de Direito Constitucional e Administrativo. Advogado.

Cristiana Fortini
Doutora em Direito Administrativo pela UFMG. Professora Adjunta de Direito Público da UFMG. Foi Controladora-Geral do Município de Belo Horizonte. Coordenadora da Escola Superior da OAB. Diretora-Secretária do Instituto Brasileiro de Direito Administrativo. Advogada.

Daniela Campos Libório
Mestre e Doutora em Direito Urbanístico Ambiental. Especialista em Políticas Ambientais. Pós-Doutora em Gestão de Águas para Consumo Humano. Professora da graduação e pós-graduação da PUC-SP. Pesquisadora. Foi Presidente do Instituto Brasileiro de Direito Urbanístico (IBDU). Advogada.

Dora Maria de Oliveira Ramos
Bacharel pela Faculdade de Direto da Universidade de São Paulo. Procuradora do Estado de São Paulo desde julho de 1985. Especialista em Direito Civil pela Faculdade de Direito da Universidade de São Paulo. Mestre e Doutora em Direito do Estado pela Faculdade de Direito da Universidade de São Paulo. Professora Convidada da Escola Superior da Procuradoria-Geral do Estado de São Paulo.

Egon Bockmann Moreira
Professor da Faculdade e da Pós-Graduação em Direito da Universidade Federal do Paraná, onde é coordenador do Núcleo de Pesquisa em Direito Econômico (NUPEDE). Professor Visitante da Faculdade de Direito de Lisboa (2011). Mestre e Doutor em Direito do Estado, pela UFPR e Pós-Graduado em Relação Pública e Concorrência, pela Faculdade de Direito de Coimbra. Advogado e consultor em Curitiba (PR). É um dos diretores da *Revista de Direito Público da Economia – RDPE*. Advogado.

Emerson Gabardo
Professor Titular de Direito Administrativo da Pontifícia Universidade Católica do Paraná. Professor Associado de Direito Administrativo da Faculdade de Direito da Universidade Federal do Paraná. Professor Visitante Sênior no J. W. Peltason Center for the Study of Democracy at University of California. Diretor Executivo do NINC – Núcleo de Investigações Constitucionais da Universidade Federal do Paraná. Ex-vice-presidente do Instituto Brasileiro de Direito Administrativo (2017-2019). Doutor em Direito do Estado pela UFPR, com estágio de doutoramento na Universidade Clássica de Lisboa.

Fabrício Motta
Graduado em Direito pela Universidade Federal de Goiás (1998). Mestre em Direito Administrativo pela Universidade Federal de Minas Gerais (2002). Doutor em Direito do Estado pela Universidade de São Paulo (2007). É Professor Adjunto de Direito Administrativo na Faculdade de Direito da Universidade Federal de Goiás (UFG) e Conselheiro do Tribunal de Contas dos Municípios de Goiás (TCM-GO). Presidente do Instituto Brasileiro de Direito Administrativo (2017-2020).

Fernando Dias Menezes de Almeida
Professor Titular de Direito Administrativo da USP. Doutor e Livre-Docente pela Faculdade de Direito da Universidade de São Paulo (USP). Diretor Administrativo da Fundação de Amparo à Pesquisa do Estado de São Paulo (FAPESP).

Floriano de Azevedo Marques Neto
Professor Titular de Direito Administrativo da USP e Diretor da Faculdade de Direito da USP. Livre-Docente em Direito Público pela Faculdade de Direito da USP. Presidente da Asociación Iberoamericana de Estudios de Regulación (ASIER). Vice-Presidente da Sociedade Brasileiro da Direito Público. Advogado.

Guilherme Adolfo dos Santos Mendes
Professor Doutor de Direito Tributário (USP-FDRP). Bacharel, Mestre e Doutor em Direito pela USP. Auditor-Fiscal da Receita Federal. Conselheiro do CARF (antigo Conselho de Contribuintes).

Gustavo Just
Professor Associado da Universidade Federal de Pernambuco. Procurador da Fazenda Nacional. Publicou *Os limites da reforma constitucional* (Rio de Janeiro: Renovar, 2000) e *Interpréter les théories de l'interprétation* (Paris/Torino/Budapest: L'Harmattan, 2005).

Irene Patrícia Nohara
Livre-Docente em Direito Administrativo (2012, USP). Doutora (2006) e Mestre (2002) em Direito do Estado pela Faculdade de Direito da USP. Professora-Pesquisadora do Programa de Pós-Graduação *Stricto Sensu* em Direito Político e Econômico da Universidade Presbiteriana Mackenzie (UPM).

José Guilherme Giacomuzzi
Doutor em Direito pela George Washington University Law School. Professor de Direito Administrativo na UFGRS.

José Roberto Pimenta Oliveira
Mestre e Doutor em Direito do Estado pela PUC-SP. Professor de Direito Administrativo da PUC-SP, dos Cursos de Graduação e Pós-graduação em Direito. Líder do Grupo de Pesquisa Direito e Corrupção (PUCSP-CNPQ). Presidente do Instituto de Direito Administrativo Sancionador Brasileiro (IDASAN). Procurador Regional da República na 3ª Região. Coordenador Adjunto do Núcleo de Combate à Corrupção da PRR da 3ª Região (MPF).

Marcelo Figueiredo
Advogado e Professor de Direito Constitucional nos cursos de graduação e pós-graduação da Pontifícia Universidade Católica de São Paulo. Diretor da Faculdade de Direito da PUC-SP. Membro consultor da Comissão Especial de Pesquisa e Pós-Graduação em Direito da Ordem dos Advogados do Brasil (OAB). Presidente da Associação Brasileira de Constitucionalistas Democratas (ABCD), seção brasileira junto ao Instituto Ibero-Americano de Direito Constitucional, com sede no México. Obteve por concurso público os títulos de Mestre, Doutor, Livre-Docente, fazendo paralelamente os concursos de carreira, sendo, atualmente, Professor Associado aguardando o cumprimento de prazo regimental para a realização do concurso de Professor Titular. É membro do corpo diretivo (Executive Committee) da IACL – International Association of Constitutional Law – na qualidade de jurista brasileiro, Membro do IAB – Instituto dos Advogados Brasileiros –, Membro do IARGS – Instituto dos Advogados do Rio Grande do Sul –, Membro da AASP – Associação dos Advogados de São Paulo –, Ex-Diretor da IBDA – Instituto Brasileiro de Direito Administrativo –, Ex-Membro Assessor e depois Secretário da Comissão de Estudos Constitucionais do Conselho Federal da OAB – Brasil.

Maria Sylvia Zanella Di Pietro
Professora Titular de Direito Administrativo aposentada da Faculdade de Direito da Universidade de São Paulo (USP). Procuradora do Estado de São Paulo aposentada. Docente Colaboradora da Universidade Federal de Goiás.

Paulo Henrique Macera
Doutorando e Mestre em Direito do Estado (subárea Direito Administrativo) pela FDUSP. Bacharel em Direito pela FDUSP. Especialista em Direito Público pela Escola Paulista da Magistratura (EPM). Parecerista em revistas científicas da área de Direito Público. Procurador da Câmara Municipal de Campinas/SP. Advogado Consultor.

Shirlei Silmara de Freitas Mello
Doutora em Direito pela UFMG. Professora Titular de Direito Administrativo e Processo Administrativo na Universidade Federal de Uberlândia, nos cursos graduação, especialização e mestrado, nas disciplinas de Direito Administrativo e Processo Administrativo. Orientadora do Grupo de Estudos e Pesquisa em Processo Administrativo (GEPPA), na UFU. Autora da obra *Tutela cautelar no processo Administrativo* (Mandamentos). Ganhadora do 2º lugar do *Prêmio Paulo Neves de Carvalho*, no Concurso Teses do VII Congresso Mineiro de Direito Administrativo, em maio de 2011. Ex-Professora de Direito Administrativo no curso de Graduação em Direito na USIMINAS, atual Faculdade Pitágoras. Ex-Professora de Direito Administrativo nos cursos de Graduação e Mestrado em Direito na UEMG – Ituiutaba/MG.

Wallace Paiva Martins Junior
Promotor de Justiça (SP). Doutor em Direito do Estado (FADUSP) e Professor Titular de Direito Administrativo (UNISANTOS). Autor dos livros *Probidade administrativa, Transparência administrativa, Remuneração dos agentes públicos* (Saraiva) e *Controle da administração pública pelo Ministério Público* (Juarez de Oliveira).

Esta obra foi composta em fonte Palatino Linotype, corpo 10,5
e impressa em papel Offset 75g (miolo) e Supremo 250g (capa)
pela Gráfica Laser Plus, em Belo Horizonte/MG.